colección
BFV ■ Biblioteca de la Filosofía Venidera

dirigida por Fabián Ludueña Romandini

colección
BFV ■ Biblioteca de la Filosofía Venidera

Esta colección quiere abarcar en su espíritu obras que, como quería Walter Benjamin, intenten reflejar no tanto a su autor sino más bien a la dinastía a la cual éstas pertenecen. Dinastías que otorguen los instrumentos para una filosofía porvenir donde lo venidero no sea sólo una categoría de lo futuro sino que también abarque lo pasado, suspendiendo la concepción moderna del tiempo cronológico a favor de una impureza temporal en cuyo caudal pueda tener lugar la emergencia de un pensamiento inactual e intempestivo, capaz de mostrar la potencia filosófica oculta en todas las tradiciones del conocimiento. Filosofía, entonces, como el arte de la fabricación de nuevos conceptos, donde la novedad es siempre entendida tomando en cuenta su anacronismo fundamental y su perpetua inclinación a la polémica.

```
Diseño y composición:  Gerardo Miño
           Edición:  Abril de 2019
       Código IBIC:  HPJ
              ISBN:  978-84-17133-69-6
```

Cualquier forma de reproducción, distribución, comunicación pública o transformación de esta obra solo puede ser realizada con la autorización de sus titulares, salvo excepción prevista por la ley. Diríjase a CEDRO (Centro Español de Derechos Reprográficos, www.cedro.org) si necesita fotocopiar o escanear algún fragmento de esta obra.

© 2019, Miño y Dávila srl / Miño y Dávila editores SL

```
   Página web:  www.minoydavila.com
     Facebook:  http://www.facebook.com/MinoyDavila
Mail producción:  produccion@minoydavila.com
Mail administración:  info@minoydavila.com
     Oficinas:  Tacuarí 540
                (C1071AAL), Buenos Aires.
                tel-fax: (54 11) 4331-1565
```

BFV ■ Biblioteca de la Filosofía Venidera

GERMÁN OSVALDO PRÓSPERI

La máquina óptica

Antropología del fantasma y (extra)ontología de la imaginación

Para Facundo

> Cuando mis percepciones son suprimidas durante algún tiempo:
> en un sueño muy profundo, por ejemplo,
> durante todo ese tiempo no me doy cuenta de mí mismo,
> y puede decirse que verdaderamente no existo.
>
> David Hume, *Treatise of Human Nature*

> Este ojo, con el cual vemos los sueños,
> puede abrirse también en estado de vigilia
>
> Arthur Schopenhauer, *Versuch über Geistersehn und was damit zusammenhängt*

> No hay nada tan bello como lo que no existe
>
> Paul Valéry, *Au sujet d'Adonis*

> Lo que complica todo es que lo que no existe
> se empeña en hacer creer lo contrario
>
> Michel Tournier, *Vendredi ou les Limbes du Pacifique*

> Para los indios, todo parece y nada es.
> Y el parecer de las cosas se sitúa,
> sobre todo, en el campo de la inexistencia
>
> Juan José Saer, *El entenado*

Índice

Introducción general 15
    Aclaración preliminar 29

Sección I: La máquina óptica 37
    Introducción 39
    Capítulo I: El estereoscopio 47
    Capítulo II: Diplopía 53
    Capítulo III: El quiasma óptico 65
    Capítulo IV: Estereopsis antropológica 85
    Conclusión 95

Sección II: Arqueología de la(s) mirada(s) 97
    Introducción 99
    Capítulo V: Platón: la escisión de la visión 109
    Capítulo VI: Aristóteles: fantasmas fosforescentes 129
    Capítulo VII: Agustín de Hipona: del ojo de la carne al ojo del alma 143
    Capítulo VIII: Descartes: la luz y el camino 155
    Conclusión 179

Sección III: Antropología teológica de la imagen 185
    Introducción 187
    Capítulo IX: La imagen en el Antiguo Testamento 191
    Capítulo X: *Eikōn* y *phantasma* en la filosofía platónica 205
    Capítulo XI: La imagen caída 223
    Capítulo XII: Cristo como imagen consubstancial 243
    Capítulo XIII: Antropología de la *imago Dei* 267
    Capítulo XIV: Pablo de Tarso: las tres modalidades de la máquina icónica 305
    Conclusión 313

Sección IV: Ontología de la imaginación 329
    Introducción 331
    Capítulo XV: Ibn al-'Arabī y el concepto de barzakh 333
    Capítulo XVI: William Blake y el ojo de la imaginación 359
    Capítulo XVII: El aire y la luz: la estética trascendental del
                     Romanticismo 375
    Capítulo XVIII: Henri Bergson: entre lo actual y lo virtual .. 413
    Capítulo XIX: Maurice Merleau-Ponty: ontología del quiasmo 433
    Capítulo XX: Gilbert Simondon: metaestabilidad de la
                     imaginación 451
    Capítulo XXI: Gilles Deleuze: hacia un mínimo de ser 471
    Capítulo XXII: Michel Foucault: arqueología de la imaginación 485
    Conclusión 507

Conclusión general: La tierra bidimensional de la metafísica 513

Anexo: Las islas extra-ontológicas 531

Apéndices 557
    Apéndice I: Ser-en-el-espejo. La pobreza de los fantasmas. 559
    Apéndice II: ¡Abre el ojo del intelecto! 569
    Apéndice III: Los ojos divinos del Rey Sivi 575
    Apéndice IV: Cicerón: la luz y la niebla 579

Bibliografía 587
    Libros 587
    Partes de libros 605
    Artículos 607

Índice onomástico 611

Agradecimientos ■

Quisiéramos expresar nuestro agradecimiento a Facundo Roca, por las conversaciones mantenidas –hasta el hartazgo– sobre muchos de los problemas desarrollados en este libro; a Esteban Rosenzweig, por las sugerencias inestimables y siempre pertinentes; a Leandro Berón, por la consideración hacia algunas ideas planteadas en este y otros trabajos y por su espíritu filosófico; a María Luisa Femenías, por el interés filosófico en este escrito y por las agudas observaciones; a Mónica Cragnolini, por las dicusiones enriquecedoras y su amor por la filosofía. También quisiéramos agradecer muy especialmente a Fabián Ludueña Romandini, no sólo por la importancia que posee para nosotros su pensamiento, sino porque consideró desde el primer momento que esta investigación, cuya extensión supera ampliamente los parámetros de un libro estándar, merecía no obstante ser publicada en la notable colección *Biblioteca de la Filosofía Venidera*. Por último, la gentileza y el profesionalismo de Gerardo Miño, y de quienes forman parte de Miño y Dávila Editores, hicieron que el resultado final del proceso de publicación fuese por mucho superior al que había imaginado alguna vez el autor.

Introducción general

a) Ocularcentrismo

La metafísica occidental se caracteriza por una preeminencia de la visión. Tal es así que algunos autores contemporáneos han acuñado el término "ocularcentrismo"[1] para referirse a "la dominación, la hegemonía, de un paradigma visual en nuestra historia cultural" (Levin 1993: 2).[2] Esta preeminencia de la visión, además, había sido ya señalada entre otros por Hans Blumenberg en su famoso ensayo "Licht als Metapher der Wahrheit: Im Vorfeld der philosophischen Begriffsbildung": "las metáforas de la luz –dice allí Blumenberg– tienen una posición privilegiada" (2001: 141) en la historia de Occidente. También Hannah Arendt, a decir verdad, había advertido sobre la función determinante de la visión en la historia occidental. En *The Life of the Mind*, publicación póstuma de las conferencias Gifford de 1972-1974, retomando una sugerencia de Hans Jonas,[3] escribía:

> Así, desde el inicio de la filosofía formal, el pensamiento ha sido concebido en términos de visión, y dado que el pensamiento es la actividad más fundamental y más radical de la mente, la visión ha funcionado como el modelo de la percepción en general y como la medida de los otros sentidos. La predominancia de la visión está tan arraigada en el discurso griego,[4] y por lo

---

1   Sobre el término técnico *ocularcentrismo*, cfr. Jay 1991: 15-38; Levin 1993: 186-217; 1997: 397-466; Warnke 1993: 287-308 y Kavanagh 2004: 445-464. En el texto *Downcast Eyes. The Denigration of Vision in Twentieth-Century French Thought* (1993), Martin Jay sostiene que en la posmodernidad la visión no es ya el sentido predominante y que asistimos, en cambio, a una proliferación de regímenes escópicos diversos, es decir, a una suerte de anti-ocularcentrismo.
2   Además de este texto, cfr. también Levin 1988.
3   Arendt se refiere al libro de Jonas titulado *The Phenomenon of Life*, y en particular al sexto ensayo: "The Nobility of Sight. A Study in the Phenomenology of the Senses".
4   A lo largo de todo el libro hemos utilizado como criterio de transliteración de los términos griegos las normas ALA-LC 2010.

tanto en nuestro lenguaje conceptual, que pocas veces lo tenemos en cuenta, como si fuese algo demasiado obvio como para ser notado. (1978: 127)[5]

Entre los autores que más han indicado el lugar hegemónico de la visión y de la luz en la metafísica occidental es preciso mencionar, además de Martin Heidegger,[6] a Jacques Derrida. En el ensayo "Force et signification", por ejemplo, Derrida sostiene: "toda la historia de nuestra filosofía es una fotología, nombre dado a la historia o al tratado de la luz" (1967: 45).[7] Según una lógica habitual en la filosofía de Derrida, se trata de deconstruir la historia de la metafísica, el ocularcentrismo, desde la visión misma. Por eso en repetidas oportunidades el filósofo argelino ha señalado la necesidad, tanto ética como política, de oponer

---

5   Arendt está pensando en una serie de términos griegos, o derivados del griego, que poseen un sentido eminentemente visual. Citamos como ejemplos los términos *eidos, idea, nous, phantasia, theōria*. Los dos primeros derivan de la raíz indoeuropea *vid-*, de la cual proviene el sánscrito *veda* y la raíz griega *id-*, presente en el verbo *idein* y en el latino *video*, así como en todos los términos derivados de la palabra latina (cfr. Pesic 2007). Lo mismo sucede con la palabra *nous*. Bruno Snell, en *Die Entdeckung des Geistes. Studien zur Entstehung des europäischen Denkens bei den Griechen*, ha señalado el origen visual de esta palabra, la cual significa "'comprender', 'ver, examinar'; y puede traducirse simplemente por 'ver'" (1975: 22). De tal manera que el *nous* –o *noos*, en el griego homérico–, término central para la historia filosófica de Occidente, representa la potencia de la inteligencia, la visión del intelecto o, como sostiene Snell, el "ojo mental que ejerce una visión clara" (1975: 23). Lo mismo sucede con los términos *phainomenon* o *phantasia* que remiten al verbo *phainō*: traer a la luz, hacer aparecer, volver visible. La luz, *phaos*, en este sentido, es indispensable para que los fenómenos puedan aparecer. Aristóteles, en el *De anima*, expresa este privilegio de la visión y de la luz con palabras contundentes: "Pero como la vista es el principal de nuestros sentidos, la imaginación [*phantasia*] ha recibido su nombre de la imagen que la luz nos revela, puesto que no es posible ver sin luz" (*De anima*, 429a). El verbo *theōrein*, por su parte, así como las palabras a él asociadas: *theōria* (teoría), *theōros* (espectador), *theatron* (teatro), *theōrēma* (teorema), etc., significa ver, contemplar, observar, especular. "la visión que da el conocimiento –explica Max Pohlenz–, la *theōria*, es para ellos [los helenos] un fin en sí mismo" (1967: 1-2).

6   En *Sein und Zeit*, por cierto, Heidegger explica que la metafísica de Occidente ha encontrado en la visión el medio de acceso privilegiado a los entes: "la tradición filosófica buscó desde un inicio su orientación primariamente en el ver como forma de acceso a los entes *y al ser*" (1967: 147; el subrayado es de Heidegger). En el caso de Heidegger, según la interpretación de Levin, se trataría de asumir o arriesgarse en una visión post-metafísica, es decir, una vez clausurada la historia de la metafísica occidental, sería posible acceder a una visión no ya óntica, sino ontológica (cfr. Levin 1993: 186-217). Esta crítica a la visión metafísica requiere una mirada hermenéutica capaz de aprehender el Ser en su verdad: "la obra de Heidegger es una crítica a la visión de la verdad que ha dominado este discurso; pero es también un intento por ver con una mirada "aleteica" [*'aletheic' gaze*], una mirada hermenéutica que recuerde el ocultamiento de la verdad del ser en este sentido" (Levin 1993: 211-212). Esta mirada "aleteica" implica una interrogación por el claro (*Lichtung*) en el cual las cosas se vuelven visibles. Sobre este punto, cfr. Pöggeler 1990: 41-45.

7   Vasco Ronchi ha publicado en 1983 una extraordinaria *Storia della Luce. Da Euclide a Einstein*, texto en el que se evidencia el aspecto eminentemente fotológico de la historia occidental indicado por Derrida. De gran importancia, en esta misma línea, es el texto, también de Ronchi, *L'Ottica: scienza della visione* (1955).

a la luz hegemónica del *logos* una luz menor y menos violenta.[8] En "Violence et métaphysique, essai sur la pensée d'Emmanuel Lévinas", el célebre texto recopilado en *L'écriture et la différence*, Derrida dice: "Si la luz es el elemento de la violencia, es necesario batirse contra la luz con otra cierta luz para evitar la peor violencia, la del silencio y de la noche que precede o reprime al discurso" (1967: 172). No se trata, entonces, para Derrida, de oponer la luz a la oscuridad, ni la visión a la ceguera,[9] o el ocularcentrismo a la hegemonía de cualquier otro sentido. En *Mémoires d'aveugle*, se explica que no es cuestión de "restaurar una autoridad del decir sobre el ver, de la palabra sobre el dibujo [...] Se trata más bien de comprender cómo esta hegemonía [de la visión] ha podido imponerse" (1991: 60).

No es nuestra intención, en este apartado introductorio, realizar una suerte de estado de la cuestión.[10] Simplemente queremos señalar la función decisiva y privilegiada que ha tenido la visión y la luz en la cultura occidental. Nos interesa destacar, eso sí, los dos regímenes de luz señalados por Derrida. De algún modo, como veremos en el apartado siguiente, la historia de la metafísica de Occidente se ha caracterizado por articular –y en muchos casos oponer– dos regímenes de luminosidad: una luz mayor y una luz menor o, aún mejor, una luz incorpórea y una luz corpórea. Estas dos luces, y sus visiones respectivas, son esenciales para comprender el estatuto de lo humano.[11]

---

8   La relación entre el ocularcentrismo y la política ha sido debidamente indicada por diversos autores. Sirva de ejemplo el siguiente pasaje de *Vanities of the Eye*, el notable texto que Stuart Clark consagra a la crisis de la visión en la Modernidad temprana: "Las metáforas sociales y políticas asociadas con la visión eran tan importantes como las religiosas [...]. Sobre todo, la vista era el sentido soberano y una imagen de la 'mirada soberana'; el campo visual, podríamos decir, era equivalente al reino visual. Como Dios y el magistrado perfecto, los ojos veían y comprendían todas las cosas" (2007: 12).

9   A decir verdad, Derrida ha reflexionado en varias oportunidades (por ejemplo en *Mémoires d'aveugle* o en *Tourner les mots*) sobre la ceguera y su relación con la visión. Sin embargo, la ceguera o la oscuridad, en estos textos, más que oponerse a la luz o a la visibilidad funcionan como su condición de posibilidad (la cual es también, en Derrida, su condición de imposibilidad). La ceguera es, de algún modo, el aspecto trascendental o, para emplear la expresión del mismo Derrida, "cuasi trascendental" (cfr. 1991: 48), es decir, la dimensión invisible que, desde su misma invisibilidad, hace posible que algo pueda ser visto. En *Tourner les mots*, para referirse a esta ceguera o dimensión trascendental de lo visible, habla de un "agujero negro dentro del ver" (cfr. 2001: 86). Esta dimensión trascendental es también desarrollada por Gérard Simon, desde una perspectiva arqueológica, en *Archéologie de la vision: l'optique, le corps, la peinture,* además del ya clásico *Le regard, l'être et l'apparence dans l'optique de l'Antiquité.*

10 Por lo demás, cuando se realiza un estado de la cuestión se corre siempre el riesgo de empantanarse en el "estado" y no llegar jamás a la "cuestión".

11 Se objetará que la concepción histórica adoptada en este trabajo resulta criticable desde diversos puntos de vista. Hablar, en la línea de Heidegger o Derrida, de una "historia de la metafísica occidental" es por cierto problemático. Sin embargo, a pesar de las innumerables objeciones que esta aproximación filosófica de la historia ha suscitado, nos sigue resultando provechosa y extremadamente rica a la hora de crear instrumentos de pensamiento. Hacemos nuestras, en este sentido, las palabras que Marcel Gauchet escribía

b) **Binocularcentrismo**

Ocularcentrismo: el término designa la centralidad del Ojo en la metafísica de Occidente. Como si la cultura occidental se hubiese desarrollado según una órbita más o menos circular, más o menos elíptica, alrededor de un Ojo soberano: *oculus Dei*. Sin embargo, la metafísica es necesariamente *binocular*. Ya desde sus inicios en la filosofía platónica –según la tesis de Nietzsche, Heidegger y otros autores–[12] el ocularcentrismo se ha constituido a partir de una tensión en su mismo seno, a partir de una oscilación entre dos ojos, dos visiones y dos miradas. Si bien varios trabajos han señalado el aspecto dicotómico de la visión de Occidente, en ningún caso la han pensado –al menos no en el sentido en que lo haremos nosotros– a partir de la distinción "ojo del alma/ojo del cuerpo", y mucho menos han pensado a estos ojos como los dos polos que abren, desde su tensión, el espacio (trascendental o, quizás, cuasi-trascendental) de visibilidad de cada formación histórica.[13] En este texto, nos interesa examinar la tensión entre estos dos ojos y estas dos miradas desde una perspectiva fundamentalmente

---

en su texto dedicado a la *histoire politique de la religion*: "no desconocemos los peligros de la empresa y las incertidumbres inherentes a una visión caballeresca de la historia universal. No ignoramos de ninguna manera que las cosas son 'más complicadas' que como las presentamos, concebimos la desconfianza frente al género 'filosofía de la historia', hemos oído hablar de los equívocos de los 'pensamientos de la totalidad'. Los riesgos son tomados con conciencia, sin otra intención que la necesidad de comprender, y con la firme convicción no sólo de que vale la pena arriesgarse, sino de que no es posible no hacerlo. No es ceder a las sirenas de la especulación, es obedecer de manera crítica a una exigencia de sentido frente a la cual, los que se creen ingenuamente victoriosos, son quienes menos la han superado" (1985: xxi). ¿Ironía del dispositivo histórico: nos hace creer que en su superación reside nuestra liberación?

12 Según Nietzsche, con la filosofía platónica comienza la distinción entre el mundo verdadero y el mundo aparente, es decir la tiranía de lo "ideal". Sirva de ejemplo el siguiente pasaje de *Götzen-Dämmerung*: "En último término, mi desconfianza hacia Platón llega hasta el fondo: le encuentro tan alejado de todos los instintos fundamentales de los helenos, tan moralizado, tan cristiano anticipado –él eleva ya la idea de 'bien' a la categoría de idea suprema–, que para referirse al fenómeno total de Platón preferiría, más que ninguna, usar la expresión de 'farsa suprema', o, si suena mejor, de idealismo. [...] Dentro de la gran fatalidad que supuso el cristianismo, Platón fue ese equívoco y esa fascinación llamada 'ideal', que hizo posible que los individuos más nobles de la antigüedad se interpretaran mal a sí mismos y que pusieran un pie en el puente hacia la cruz" (eKGWB/GD-Alten-2). Heidegger, por su parte, en *Platons Lehre von der Wahrheit*, sostiene que Platón, al pensar lo real "bajo la sujeción a la Idea", marca el momento en el que la filosofía se convierte en metafísica. "Desde Platón, el pensar sobre el ser del ente deviene 'filosofía', porque él es un mirar ascendente hacia las 'ideas'. Pero esta 'filosofía' que comienza con Platón adquiere en lo sucesivo el carácter de lo que más tarde se llama "metafísica", cuya forma fundamental ilustra el mismo Platón en la historia que narra la alegoría de la caverna" (1997: 235).

13 De Platón en adelante, la tensión o el desfasaje concierne a la visión misma, al corazón de la metafísica en cuanto tal. Sostiene Victor Stoichita en su *Short History of the Shadow*: "el escenario platónico [el autor se refiere a la alegoría de la caverna] es la invención filosófica de una cultura que, en los siglos por venir, habrá de ser 'ocularcéntrica'" (1999: 22). No es intrascendente, en este sentido, que la expresión "ojo del

antropológica. Como afirma Giorgio Agamben en *L'aperto. L'uomo e l'animale*: "En nuestra cultura, el hombre ha sido siempre pensado como la articulación y la conjunción de un cuerpo y de un alma, de un viviente y de un logos, de un elemento natural (o animal) y de un elemento sobrenatural, social o divino" (2002: 21).[14] En nuestro caso, consideramos preciso abordar esta polaridad desde un punto de vista óptico, por lo cual los dos elementos (el natural y el sobrenatural) señalados por Agamben se reducen a dos ojos: el ojo del cuerpo y el ojo del alma. Nuestro propósito es mostrar cómo esta tensión o disparidad entre el ojo del alma y el ojo del cuerpo, en cada momento histórico, adopta rasgos particulares que deciden lo que se entiende por humano. El centro del ocularcentrismo está en realidad descentrado y desdoblado en dos ojos y dos miradas dispares. Estos dos ojos y estas dos miradas, a su vez, requieren dos regímenes de luz diversos, uno correspondiente a la luz física, otro a la luz metafísica. Siempre hay, en consecuencia, dos ojos en juego. Proponemos por lo tanto reemplazar el término ocularcentrismo por el de *binocularcentrismo*. La metafísica es "originariamente" estrábica y diplópica. Incluso Dios, paradigma del Ojo ubicuo y soberano, posee, a pesar suyo, dos ojos y dos miradas. Derrida lo sugiere, a partir de un juego terminológico y fonético, en *Mémoires d'aveugle*: "los ojos, los dos ojos [*deux yeux*], el nombre de Dios [*Dieu*]" (1991: 34).[15]

---

alma" [*to tēs psychēs omma*] aparezca por primera vez en los diálogos platónicos, particularmente en *República y Sofista*. Este tema será desarrollado en el capítulo V.

14   Con palabras similares se ha expresado Michael Clarke en *Flesh and Spirit in the Songs of Homer. A Study of Words and Myths* para indicar la concepción dualista que ha caracterizado en líneas generales a la antropología occidental: "la tradición occidental, ya sea en términos religiosos, filosóficos o en el lenguaje ordinario considera que una persona es divisible en dos elementos: por un lado, el cuerpo; por el otro, algo más, algo que es denominado alternativamente *el alma, el espíritu, la mente, el yo, das Ich, der Lebensträger, le soi,* o de alguna otra manera" (1999: 40; el subrayado es de Clarke). No obstante, es preciso aclarar que la noción de "alma" (*psychē* o *anima*) es extremadamente compleja. De hecho, podría mostrarse con facilidad que muchas veces el "alma" ha funcionado como una suerte de *tertium* irreducible a las diversas polaridades de la antropología metafísica y, en consecuencia, como un vector deconstructivo del dualismo antropocéntrico. Por eso mismo, aclaramos que en esta investigación utilizaremos el término "alma", conscientes sin embargo de su vaguedad y amplitud, para designar el elemento inmaterial e invisible, acaso racional, del ser humano y no, salvo en los casos en los que se indique lo contrario, un tercer elemento (que identificaremos más bien con la imaginación) irreducible a ambos polos. En este sentido, cada vez que se lea "alma" deberá entenderse el polo inmaterial o suprasensible del dualismo metafísico-antropocéntrico.

15   En el libro de Sirácides, de hecho, se habla de *los ojos* del Señor [*ophthalmoi kyriou*], en plural, a la vez que se los contrapone a los ojos de los hombres: "El hombre que su propio lecho viola y que dice para sí: "¿Quién me ve?; la oscuridad me envuelve, las paredes me encubren, nadie me ve, ¿qué he de temer?; el Altísimo no se acordará de mis pecados", lo que teme son los ojos de los hombres; no sabe que los ojos del Señor son diez mil veces más brillantes que el sol, que observan todos los caminos de los hombres y penetran los rincones más ocultos" (23:18-19). Retomaremos este pasaje en el capítulo XIII.

c) **Arqueología metaestable**

Michel Foucault presenta su texto *Naissance de la clinique* como una arqueología de la mirada médica. Según Foucault, cada época histórica crea sus condiciones de visibilidad, las condiciones para que algo pueda ser visto y, al mismo tiempo, para que algo permanezca invisible.[16] La noción foucaultiana de "*a priori* histórico", en nuestro caso, es pensada como una suerte de campo electromagnético, un sistema metaestable[17] atravesado por una profunda disparidad. Esta disparidad o polaridad está constituida por los dos ojos que hemos mencionado, el del alma y el del cuerpo. Llamamos *máquina óptica* al dispositivo que funciona articulando la mirada del ojo del cuerpo con la mirada del ojo del alma.[18] Lo que está en juego en estas articulaciones y desarticulaciones de ambas miradas es lo humano en cuanto tal. La máquina óptica, en este sentido, es por necesidad una máquina antropológica (cfr. Jesi 1977: 15-17; Agamben 2002: 34-43), es decir un dispositivo que genera imágenes de lo humano. Cada época histórica construye, a partir de la integración de las dos imágenes provenientes del ojo del cuerpo y del ojo del alma efectuada por la máquina óptica, su propia imagen de lo humano, es decir cada formación histórica concibe de cierta manera el cuer-

---

16   Como hemos indicado anteriormente, en *Mémoires d'aveugle* Derrida identifica a la ceguera o lo invisible con el aspecto trascendental de la visibilidad. En relación a la pintura en particular, pero también a la representación o a la visibilidad en general, Derrida sostiene que la ceguera, en tanto aspecto trascendental, "sería la condición de posibilidad del dibujo, el dibujar mismo, el dibujo del dibujo. No podría plantearse o tomarse como el objeto representable del dibujo [...] Él representaría este irrepresentable" (1991: 46). A esta dimensión invisible e irrepresentable Derrida la llama "ceguera trascendental" (cfr. 1991: 46). Esta ceguera irrepresentable e invisible es de alguna manera el medio que hace posible la visibilidad. "Esta heterogeneidad de lo invisible respecto a lo visible puede acosar a éste como su posibilidad misma. Ya sea que se lo subraye con las palabras de Platón o de Merleau-Ponty, la visibilidad de lo visible, por definición, no puede ser vista, como tampoco la transparencia de la luz de la que habla Aristóteles" (1991: 50). Emanuele Coccia, tanto en *La transparenza delle immagini* (2005) cuanto en *La vita sensibile* (2010), ha reflexionado ampliamente sobre el concepto, central para nosotros, de medio, entendido como espacio topológico de pensamiento pero también de sensibilidad. En este último sentido, también ha hecho referencia, como Derrida, al concepto de transparencia en Aristóteles (cfr., en esta perspectiva, Coccia 2005: 108-114; Coccia 2010, Parte II, cap. XVII).

17   El concepto de sistema metaestable remite a Gilbert Simondon. La metaestabilidad, que Simondon toma de la termodinámica, designa un estado que trasciende la oposición clásica entre estabilidad e inestabilidad, y que se define por singularidades o cargas potenciales en un devenir, elementos heterogéneos distribuidos asimétricamente en un sistema. Esta asimetría potencial se propaga a partir de un proceso de desfasaje (cfr. Simondon 1989: 9-30). Cada formación histórica, en esta perspectiva, debe ser entendida como una fase de actualización de un campo preindividual metaestable. El concepto de *metaestabilidad* será desarrollado con mayor detalle en el capítulo XX.

18   Como indicaremos más adelante, la máquina óptica es la categoría metodológica central de nuestra investigación. A ella estará dedicada la primera sección de este texto.

po, el alma y su interrelación. A partir de esta articulación, en general asimétrica, surge una cierta imagen de lo humano, una cierta concepción de lo que significa la *humanitas* del *homo sapiens*.

Ya en este punto, puede notarse la diferencia que separa a nuestra investigación de los trabajos de Gérard Simon. En efecto, Simon presenta su *archéologie de la vision* como una pesquisa que pretende "llegar hasta los fundamentos culturales y conceptuales que han guiado el estudio de la visión; [para] mostrar que estos fundamentos no han dejado de influir sobre lo que se ha creído legítimo ver o representar" (2003: 9-10). Pero si bien la perspectiva adoptada por Simon, al igual que por nosotros, "no es la de una historia de las ideas, sino, para retomar una oposición cara a Michel Foucault, la de una arqueología del saber" (2003: 9), esa arqueología difiere en puntos esenciales de la que proponemos aquí. En primer lugar, por el hecho –absolutamente fundamental– de que para nosotros el campo de visión está desdoblado en dos ojos y dos miradas. En segundo lugar, porque los dos ojos (el del cuerpo y el del alma) que componen la dimensión trascendental de la visión corresponden a las dos grandes regiones de la metafísica (lo corpóreo y lo incorpóreo, lo sensible y lo inteligible, etc.). En tercer lugar, porque la imagen generada por la máquina óptica, es decir por el dispositivo que se encarga de integrar las imágenes provenientes de cada ojo, es lo humano en cuanto tal. De allí que si bien nosotros haremos referencia a las tres grandes épocas que, según Simon, han determinado la concepción de la visión, a saber: la teoría antigua de una emisión del rayo visual, la teoría de Alhacén de la intromisión del rayo luminoso y la teoría de Kepler acerca de la imagen retiniana, será siempre con el objetivo de comprender la estructura y el funcionamiento de la máquina óptica, y consecuentemente la naturaleza de la imagen de lo humano producida por ella, y no con la finalidad de sacar a la luz los presupuestos que condicionan el modo de ver (empírico, científico o representativo) de una determinada época. Por eso mismo no se trata para nosotros tanto de una "antropología histórica de la imagen", según la expresión de Jean-Pierre Vernant (cfr. 2008, II: 1526), cuanto de una *historia de la imagen antropológica*, es decir una historia de algunas de las diversas imágenes de lo humano generadas por la máquina óptica. Pero si bien propondremos un enfoque claramente antropológico, es preciso aclarar, con Peter Sloterdijk, que se trata de una "antropología más allá del hombre" (cfr. 1998: 54). En el transcurso del texto quedará claro, esperamos, el sentido profundo de esta expresión.

d) Estructura general del texto

Esta investigación está estructurada en cuatro secciones. A continuación, resumimos algunas de las principales tesis que serán discutidas a lo largo del libro. Muchas ideas parecerán aventuradas, otras confusas o ininteligibles; todas, por supuesto, requerirán ser demostradas con detenimiento. Sin embargo, el propósito de los siguientes párrafos es simplemente ofrecer un panorama general de los temas que serán abordados en el transcurso del texto.

La sección I tiene sobre todo una función metodológica. Se trata allí de explicar, con el mayor rigor posible, los diferentes aspectos que constituyen la estructura formal de la máquina óptica. En principio, hemos individuado cuatro rasgos fundamentales:

1) la máquina óptica es un dispositivo estereoscópico;
2) la imagen generada por la máquina óptica es necesariamente diplópica, es decir doble o desdoblada;
3) las dos imágenes provenientes de cada ojo, el del alma y el del cuerpo, se integran o resuelven en el quiasma óptico, identificado por nosotros con la imaginación;
4) lo humano es el efecto de tridimensionalidad o profundidad, la estereopsis generada por la máquina a partir de la integración de las imágenes que provienen de cada ojo.

Esta primera sección es importante porque en ella, como dijimos, explicamos los rasgos distintivos de la categoría metodológica que funcionará como eje a lo largo de todo el recorrido planteado en esta investigación.

En la sección II aplicamos este modelo metodológico al análisis de autores concretos. Por razones de extensión, nos hemos limitado a cuatro: Platón, Aristóteles, Agustín de Hipona y René Descartes. En todos ellos, a pesar de sus diferentes contextos y momentos históricos, es posible verificar la tensión, configurada de diversas maneras, entre los dos ojos y las dos miradas. Esta sección, de algún modo, nos permite observar la máquina óptica en pleno funcionamiento. Se trata de llenar la máquina, cuya estructura *formal* ha sido explicada en la sección I, con contenidos *materiales*. Si la parte metodológica está centrada en un análisis *trascendental* del dispositivo óptico, la segunda está dedicada a un análisis *empírico*.[19] El título de esta sección, "Arqueología de la(s) mirada(s)", no sólo expresa un reconocimiento al método foucaultiano, sino también una ligera

---

19   Todos estos conceptos, "formal", "material", "trascendental", "empírico", por supuesto, remiten a la filosofía crítica de Immanuel Kant. Serán explicados con mayor detalle en la introducción a la sección II.

divergencia. Como hemos indicado, consideramos necesario pensar al espacio trascendental, lo que Foucault ha llamado el *a priori* histórico, como un campo polarizado, es decir como un sistema metaestable. La polaridad de la máquina óptica está constituida por los dos ojos de cuyas integraciones parciales surgen las diversas imágenes de lo humano. No se trata, por eso mismo, de una arqueología de *la* mirada, según reza el subtítulo de *Naissance de la clinique*, sino de *las* miradas, incluyendo el plural las dos miradas disimétricas del ojo del cuerpo y del ojo del alma.

Según una de las tesis centrales de esta investigación, lo humano es una imagen generada por la máquina óptica. Por tal motivo, la sección III está dedicada a analizar el problema del hombre como imagen. Esto no es una mera metáfora; significa, por el contrario, que lo humano, el estatuto ontológico del hombre *es* concretamente el de una imagen. Esta afirmación puede parecer sorprendente y una suerte de provocación típica del posmodernismo. Sin embargo, por extraño que parezca, el ámbito en el cual más se ha pensado desde hace siglos a lo humano como imagen es la teología, y en particular la teología bíblica. El tema del hombre como imagen de Dios, como *imago Dei*, se remonta, en el contexto de las culturas del Antiguo Cercano Oriente, al Génesis bíblico y ha sido uno de los tópicos más comentados por los exégetas y estudiosos de las más diversas corrientes teológicas, desde los rabinos y cabalistas hebreos hasta los Padres de la Iglesia y los teólogos de la escolástica. La expresión *imago Dei* no ha significado sólo que el hombre posee una relación privilegiada con el Creador o un rango preeminente en la estructura del cosmos. Varios Padres y teólogos han pensado que el término "imagen" (*ṣelem* en hebreo; *eikōn* en griego; *imago* en latín) designa el estatuto ontológico de lo humano. Si lo humano es una imagen, en nuestro caso generada por la máquina óptica, y si el tema del hombre como imagen ha sido discutido de manera privilegiada en la teología bíblica, consideramos imprescindible abordar al menos algunas cuestiones generales planteadas por los Padres y teólogos. No retomaremos aquí (en la introducción general) estos arduos problemas, pero sí nos interesa distinguir, en esta sección, dos formas de máquina óptica o, más bien, dos funcionamientos. Al interior del marco bíblico-teológico, encontramos un funcionamiento icónico, escalonado a su vez en tres momentos: la máquina pre-lapsaria, post-lapsaria y cristiana.[20] En los tres casos, la máquina produce lo humano como ícono, es decir como una imagen que guar-

---

20   El término latino *lapsus* significa caída y hace referencia, en su sentido bíblico, a la desobediencia de Adán y Eva y su consecuente expulsión del Edén.

da una semejanza, al menos en potencia, con el arquetipo divino.[21] Con Cristo, además, y aquí la influencia de Pablo de Tarso es considerable, el hombre vuelve a encontrar la posibilidad de unirse con su Creador. Cristo, por eso mismo, es el mediador, la divinidad humanizada y la humanidad divinizada. De todas formas, el punto central de esta tercera sección concierne a la transformación que se produce en la imagen de lo humano con la muerte de Dios anunciada por Nietzsche. De funcionar de modo icónico, la máquina pasa a funcionar de modo fantasmático. Esto significa que no produce ya lo humano como ícono, sino como fantasma. La muerte de Dios marca la desaparición del arquetipo trascendente en el que se fundaba el ícono. Lo cual no implica una detención de la máquina, pero sí una modificación radical en el estatuto de la imagen generada.

La última sección intenta pensar (al menos de manera embrionaria) una ontología de la imaginación. Para explicar la necesidad de abordar la imaginación desde una perspectiva ontológica se requieren dos razonamientos sucesivos: (1) si el sujeto humano es una imagen producida por la máquina óptica a partir de la integración de la imagen proveniente del ojo del cuerpo y de la proveniente del ojo del alma, y si esta función, como veremos, concierne de manera específica a la imaginación, entonces el funcionamiento de la máquina óptica es de naturaleza imaginaria; (2) si el sujeto humano es una imagen generada por la máquina óptica, es decir por la imaginación, entonces no puede pensarse a esta última sólo como una facultad psicológica. Si esto es así, hay una prioridad de la imaginación (la máquina óptica) respecto a la imagen que genera (el sujeto humano). En este sentido, consideramos oportuno desplazar el problema de la imaginación a un registro ontológico y pensar una suerte de imaginación pre o sub-humana. Con este objetivo, recorremos diversos autores, desde el sufí andaluz Ibn al-'Arabī hasta William Blake, desde Coleridge o Shelley hasta Simondon y Deleuze, pasando por Bergson y Merleau-Ponty. En Foucault, hacia el final, encontramos la posibilidad de pensar algo así como una *arqueología de la imaginación*, es decir una historicidad (y una política) de las diferentes integraciones e imágenes generadas por la máquina óptica en las diversas formaciones sociales. En líneas generales, distinguimos dos grandes maneras de pensar una ontología de la imaginación: una manera más vitalista en la línea de Spinoza-Schelling-Nietzsche, a partir de la cual se podría pensar a la imaginación como *conatus* o voluntad; otra más vinculada a la noción de acontecimiento en la línea de los estoicos, Carroll, Blanchot y el Deleuze de *Logique du sens*.

---

21 Si bien la caída supone una mutación profunda en el estatuto de lo humano, la mayoría de los Padres y las líneas dominantes de la teología bíblica acuerdan en que el hombre sigue conservando su estatuto de imagen y la posibilidad de reconstituir su alianza con el Padre. Sobre este problema, cfr. el capítulo XI.

La primera conduce a identificar la imaginación con el Ser *tout court*, al modo de Jakob Frohschammer,[22] y de pensar lo sensible y lo inteligible, la naturaleza y el espíritu (el ojo del cuerpo y el ojo del alma) como expresiones o manifestaciones de la imaginación. La segunda conduce a identificar la imaginación, no ya con el Ser *tout court*, sino con el pliegue o el quiasmo en el que se articulan las dos regiones de la metafísica occidental. De tal manera que si lo sensible y lo inteligible (o la naturaleza y el espíritu) han sido los dos grandes dominios en los que se ha estructurado lo Real a lo largo de la historia de la metafísica, si éstas han sido las dos grandes expresiones o manifestaciones del Ser –de lo Absoluto (Schelling), de la Idea (Hegel), etc.–, entonces el pliegue que las articula, el quiasmo que nosotros hemos identificado con la imaginación, en la medida en que, como dice Maurice Merleau-Ponty o Gilles Deleuze, pertenece a otro nivel y posee un estatuto diferente, no puede ser pensado según las categorías de la metafísica tradicional. Si la tradición metafísica sólo puede pensar lo sensible y lo inteligible, si sólo puede pensar el Ser o bien como naturaleza o bien como espíritu o bien como la suma de ambos, entonces la imaginación, entendida como quiasmo o superficie de polarización, es decir como membrana diversa tanto de lo sensible cuanto de lo inteligible, sólo puede ser abordada por un pensamiento sub-ontológico[23] y post-metafísico. Las consecuencias de esta sub-ontología en lo que concierne a lo humano son enormes. Lo humano, como veremos en la sección III, comienza a ser producido, a partir de la muerte de Dios, como fantasma. El fantasma se define como aquella instancia paradójica que recorre la superficie de la imaginación y conecta (o desconecta), sin confundirse con ellos, contenidos sensibles y contenidos inteligibles o lingüísticos. Ahora bien, si lo humano es un fantasma, es decir una singularidad ambigua en la que lo sensible se conecta parcialmente –pero sobre todo se des-conecta– con lo inteligible, y si esta singularidad de dos caras, como veremos, no se confunde con ninguno de los dos elementos que pone en relación, entonces lo humano

---

22 Los dos textos fundamentales de Frohschammer, en relación a nuestro tema de investigación, son *Die Phantasie als Grundprincip des Welt processes* (1877) y *Monaden und Weltphantasie* (1879). Théodule Ribot, en su *Essai sur l'imagination créatrice*, explica que "para Frohschammer, la *Phantasie* es el primer principio de las cosas: en su teoría filosófica, ella desempeña el mismo rol que la Idea de Hegel, la Voluntad de Schopenhauer, el Inconsciente de Hartmann, etc." (1900: 289). Sobre la metafísica de la imaginación en Frohschammer, cfr. Ambrosi 1898: 472-499; Séailles 1878: 198-220.

23 Hablamos de sub-ontología en la medida en que lo que caracteriza a este quiasmo o pliegue, es decir a la imaginación, no es la *existencia* en cuanto tal, propia de lo sensible y lo inteligible, sino la *subsistencia*, es decir una modalidad mínima de ser, un cero de ser propio de las imágenes. Sería posible plantear también que la imagen y la imaginación solicitan una suerte de "extra-ontología". Esta noción, por cierto, remite a Alexius Meinong. El anexo está dedicado a explorar esta posibilidad a la vez lógica y ontológica en relación a la imagen de lo humano.

no puede ser definido ni por el cuerpo ni por el alma, ni por su materialidad ni por su espiritualidad. El término "metafísica", en esta perspectiva, contiene en sí mismo la ambigüedad antropológica de la historia occidental. Él oculta, además, el estatuto prácticamente imposible, inexorablemente inexistente, de lo humano. Meta-física: el término contiene la *physis* en su interior, pero sólo para superarla en un registro más allá (*meta*) de ella. Y el hombre, en efecto, ha sido siempre pensado a partir de estos dos dominios: o bien como cuerpo (físico) o bien como alma (psíquico) o bien como un compuesto de ambos, es decir como un ser propiamente metafísico. Pero por esa misma razón, lo que ha quedado oculto o impensado en la tradición occidental es el guión o el hiato que separa y al mismo tiempo articula lo físico con lo que está más allá. En este sentido, creemos que el lugar propio del hombre está en el guión, inexistente en cuanto tal –subsistente, en el mejor de los casos–, que separa ambos niveles ontológicos. En cierto modo, lo humano *pertenece y no pertenece* a esos dos dominios. Eso, y no otra cosa, significa que el hombre es una imagen.

Aclaración preliminar ■

Es preciso aclarar que cuando hablamos, como en el último apartado de la introducción general, del "lugar propio" del hombre no nos referimos a una posición privilegiada que implique alguna forma de superioridad. En todo caso, se trata de una especificidad producida por un dispositivo histórico-político denominado máquina óptica. No obstante, es necesario advertir que a lo largo del texto se encontrarán pasajes que aluden efectivamente a una cierta especificidad humana, incluso considerada desde una perspectiva ontológica: el hombre *es* una imagen. Esta clase de aseveración obedece a dos motivos: (1) no consideramos intrínsecamente problemático hablar de una especificidad de lo humano, siempre y cuando no se convierta a esa especificidad en una jerarquía o en una relación asimétrica: especificidad no significa privilegio o superioridad (existe también una especificidad del puma, de la langosta, del delfín, del abeto, del jazmín, del cristal, del cuarzo, etc.);[24] (2) se trata, en nuestro caso, de una suerte de *experimentum cogitationis* o *philosophicum*, es decir de llevar al extremo las consecuencias implícitas en la tradición metafísica. Si la metafísica en su sentido dogmático considera lo Real desdoblado en dos niveles (en general jerárquicos), sensible e inteligible o, en términos nietzscheanos, aparente y verdadero, y si la conjunción o articulación de ambos niveles se realiza en la imaginación, entonces lo humano, siendo

---

24 No es otra cosa lo que afirma Jean-Marie Schaeffer, desde una posición claramente crítica respecto a la excepcionalidad humana, cuando advierte: "sostener que el hombre se distingue de los otros seres vivientes por el lenguaje –o lo que es más correcto, por un conjunto de características, entre las cuales, además del lenguaje, está la bipedia, el uso independiente de las dos manos, la existencia de verdaderas representaciones visiogestuales, etc.– no equivale a sostener la Tesis de la excepción humana. En efecto, toda especie se distingue de las otras por propiedades específicas" (2009: 23-24; el subrayado es de Schaeffer). Si a pesar de todo nos hemos embarcado en esta investigación *antropológica* no ha sido porque el hombre posea para nosotros algún tipo de prioridad o excepcionalidad (ontológica, gnoseológica, biológica, moral o del tipo que sea), sino, para emplear –acaso con cierta ironía– las palabras de Aristóteles, porque "es, de todos los animales, el que necesariamente conocemos mejor" (*Historia animalium* 491a20).

pensado por la metafísica como un compuesto de cuerpo y alma, es decir como el *locus* en el que tal articulación se produce, coincide con la imaginación como su potencia *específica*. Hasta aquí nada nuevo, sin duda. Pero llevar al extremo esta concepción metafísica, enfrentarla de algún modo contra sí misma, hacerla discurrir *ad absurdum*, implica reconocer que el hombre, siendo una imagen y más concretamente un fantasma, *no existe*. El *experimentum philosophicum* que proponemos aquí, por lo tanto, consiste en afirmar que, si se admiten provisoriamente las perspectivas antropológicas abiertas por la misma metafísica y se las obliga a confesar sus presupuestos velados, entonces del hombre –es preciso reconocerlo por una necesidad intrínseca al *logos* metafísico– no puede ser predicada la existencia. No se trata aquí de superar la metafísica, sino de mostrar su conclusión inevitable, su límite, el borde extremo que, una vez alcanzado, posibilita acaso la perversión de todo el sistema y de todo su discurso. Pero incluso más allá de este *Gedankenexperiment*, no consideramos ilegítimo, al menos *a priori*, interrogarnos por el *ser* de lo humano. Como ha explicado con lucidez Jean-Marie Schaeffer: "Es evidente que no necesariamente toda metafísica y toda ontología tienen que ver con la Tesis [de la excepcionalidad humana]" (2009: 30). Pero además de esta aclaración, en cierto sentido obvia, sería preciso también citar a Emmanuel Lévinas: "No se trata de asegurar la dignidad ontológica del hombre, como si la esencia bastase para ser digno, sino, al contrario, de poner en cuestión el privilegio filosófico del ser, de interrogarse sobre su más-allá o su más-acá" (2004: 36). En nuestro caso, como dijimos, el *ser* de lo humano, el *ser*-humano no es más que una imagen producida por un dispositivo histórico-político llamado máquina óptica. La pregunta que guía la presente investigación, entonces, puede formularse de la siguiente manera: ¿cuál es el estatuto ontológico del efecto imaginario o fantasmático generado por la máquina óptica? Que lo humano sea el efecto de un dispositivo no significa que no posea un estatuto ontológico (en tanto efecto imaginario, justamente). No se trata, por cierto, de una substancia o de una esencia, sino del ser (o extra-ser) evasivo de un fantasma, de un efecto fantasmático. Por lo tanto, interrogarse desde una perspectiva ontológica sobre lo humano en cuanto tal, significará esbozar una ontología (o, de nuevo, una sub o extra-ontología) del fantasma. Iteramos: la naturaleza histórico-política de la imagen humana –o de lo humano como imagen– no invalida un abordaje ontológico, más bien lo requiere. Las páginas que siguen intentan responder a este requerimiento.

■ ■ ■

En *La fin de l'exception humaine*, Schaeffer llama *tesis de la excepción humana* a la concepción según la cual "en su esencia propiamente humana, el hombre poseería una dimensión ontológica emergente, en virtud de la cual trascendería a la vez la realidad de las otras formas de vida y su propia 'naturalidad'" (2009: 13). Según Schaeffer, esta tesis se asienta en tres núcleos fundamentales:

- En su esencia, el hombre sería un "yo", un sujeto autónomo y fundador de su propio ser.
- El ser social del hombre sería esencialmente no-natural. El sustrato biológico no tendría que ver con su identidad humana.
- La esencia del ser humano consistiría en la cultura entendida como sistema simbólico.

Nos interesa transcribir estos tres ejes conceptuales porque creemos que nuestra propuesta no es reducible a ninguno de ellos. Como veremos en los capítulos que siguen, las tesis que defenderemos en este libro se oponen, casi punto por punto, a las que, según Schaeffer, han constituido el devenir antropocéntrico de la filosofía occidental. Los postulados centrales de nuestra investigación forman, de algún modo, una suerte de contrapunto de los tres núcleos conceptuales individuados –y criticados, desde luego– por Schaeffer. A la luz de nuestra perspectiva, los tres ejes deberían reformularse de la siguiente manera:

- El hombre no es un "yo" ni posee una esencia, sino que es el efecto óptico, la imagen o el fantasma, generado por un dispositivo histórico-político llamado máquina óptica.
- El ser social, pero también político, resulta ininteligible si no se lo sitúa en el marco sub, supra o para-humano, no necesariamente biológico, que lo constituye.
- La cultura, al igual que el ser social y político, no es un fenómeno exclusivamente humano (ni simbólico), sino que depende de elementos extrahumanos que la hacen posible.

Como puede verse, ninguno de estos postulados coincide con la tesis de la excepcionalidad humana. En cierto sentido, los tres ejes distinguidos por Schaeffer convergen en el carácter *autofundante* del sujeto humano. Ya sea desde una perspectiva egológica, social o cultural, el rasgo distintivo de la tradición antropocéntrica consistiría en la operación de *autofundación* –y en su consecuente jerarquización respecto al resto de los vivientes– efectuada por el Hombre, sobre todo a partir de su condición racional y pensante. De allí que Roberto Esposito, entre muchos otros, haya señalado la íntima complicidad que liga en un mismo movimiento histórico a la máquina de la teología-política, es decir de la filosofía antropocéntrica de Occidente, y al dispositivo de la persona: "Para que la máquina de la teología política pueda girar –separando lo que unifica y unificando lo que divide— tiene necesidad de un ulterior dispositivo, constituido por la categoría de 'persona'" (Esposito 2013: 7). Pero, además, si en el centro de la máquina teológico-política se encuentra el dispositivo de la persona, en el centro de este último dispositivo se encuentra la concepción según la cual el pensamiento se fundaría en una relación esencial de inherencia y de propiedad respecto a la individualidad del sujeto humano. En este sentido, Esposito ha podido afirmar que "la inherencia del pensamiento al espacio individual del sujeto constituye el epicentro del dispositivo teológico-político de la persona" (2013: 11). No vale la pena aclarar que, desde nuestra perspectiva, el pensamiento, en el cual la tradición metafísica ha fundado preferentemente la especificidad y la superioridad del *homo sapiens*, antes que ser un fenómeno humano o subjetivo, es un fenómeno eminentemente cósmico y extra-humano. El acontecimiento del pensar tiene más que ver con la meteorología, la espeleología o la cosmología que con el yo consciente de un sujeto soberano. Pensar no significa constituirse en el fundamento de las ideas o de los conceptos, sino abrir una herida en la subjetividad, una *Ichspaltung*, a fin de que el viento, la lluvia, los astros, los elementos, los demonios, los fantasmas, los animales, las plantas, los minerales, puedan darse cita y convertir al hombre en un ser pensante. (Interpretar este último enunciado como una mera metáfora significa dejar de lado lo esencial. Ya el hecho de que sólo podamos pensar este asunto decisivo en términos metafóricos indica hasta qué punto la tradición antropocéntrica ha sido incorporada en nuestras categorías de pensamiento). La condición extra-humana de la vida "interior" (psíquica, en suma) es evidente en la gran mayoría de las culturas antiguas, incluso en el mundo griego —es decir en la civilización que al parecer dio inicio a la filosofía occidental—. Los personajes de la poesía homérica, por ejemplo, pero también de la tragedia antigua, en especial Esquilo y Sófocles, como bien ha notado Bruno Snell en un célebre estudio, se caracterizan por ser habitados y atravesados por fuerzas extra-humanas: dioses, demonios, espíritus, animales, potencias naturales, etc. "Las acciones del espíritu y del alma se desarrollan por efecto de fuerzas agentes externas [*außen wirkenden Kräfte*], y el hombre es sujeto a múltiples fuerzas que se le imponen, que logran penetrarlo" (Snell 1975: 28); por tal razón, explica Ruth Padel, los griegos antiguos consideraban "ajeno [*alien*] lo que ocurría dentro de ellos" (1992: 9). Los pensamientos y los sentimientos, las emociones y las sensaciones que, al menos a partir de Sócrates y Platón y no de manera unívoca,[25] tenderán a ser confinados en la interioridad del sujeto, pertenecen en

---

25   La concepción fragmentaria y múltiple del ser humano que se encuentra en los relatos homéricos, explica Giovanni Reale, pasa a unificarse y converger, alrededor del siglo V a.C., en un centro identitario que Sócrates y Platón identifican con la *psyché*: "Se había constituido, mientras tanto, una concepción de la *psyché*

realidad a este espacio-otro, *alien*, que es fundamentalmente un espacio extra-humano. En este sentido, la presente investigación supone por necesidad un desplazamiento respecto a la tradición antropocéntrica. Sin embargo, existen varias diferencias entre nuestra propuesta y la de Schaeffer. No podemos desarrollar este punto aquí, pero se podrá comprobarlo en el transcurso de la lectura. Sólo quisiéramos indicar que para nosotros las nociones de imagen (específicamente de *phantasma*) y de imaginación (*phantasia* o *imaginatio*) no designan potencias humanas sino cósmicas y, al límite, extra-ontológicas. La imaginación, por eso mismo, es el *locus* en el que lo humano implota hasta perder sus rasgos más distintivos (sabemos al menos desde Aristóteles que los animales no-humanos también imaginan y sueñan); el *locus*, en suma, en el que el hombre, su *humanitas* y su *quidditas*, se confunde con la condición insubstancial y desfundada de los fantasmas. Está claro que este límite ontológico o, acaso mejor, *topológico* que es para nosotros la imaginación no se identifica con un sustrato biológico o biótico en su sentido moderno o contemporáneo; razón por la cual nuestra perspectiva no se inscribe, como sí en cierto sentido la de Schaeffer, en un marco biologicista.[26]

■ ■ ■

Es preciso destacar la importancia metodológica –y filosófica en un sentido general– que ha tenido para nosotros el admirable estudio de Fabián Ludueña Ro-

---

que invertía radicalmente la homérica: de vana sombra, privada de sensibilidad y conocimiento, coincidía ahora con la naturaleza misma del hombre. En consecuencia, la *expresión 'psychē' venía a imponerse como expresión de la esencia misma del hombre*" (1999: 156; el subrayado es de Reale). En este punto, Reale coincide con la tesis que defiende John Burnet en su ensayo "The Socratic Doctrine of the Soul" (cfr. 1915-16: 3-27). Alain de Libera, por su parte, remonta su *archéologie du sujet* hasta Aristóteles, en quien habría tenido lugar, aunque más no sea de modo embrionario y difuso, la *naissance du sujet*: "nuestro propósito –explica De Libera– es mostrar que el 'sujeto' aristotélico ha devenido el sujeto-agente de los modernos convirtiéndose en 'soporte' de actos y operaciones. No sorprenderá, puesto que Descartes no ha jugado un rol decisivo en esta cuestión, que el 'sujeto cartesiano' sea, si no humillado, al menos subordinado a la figura leibniziana del 'soporte de acciones', heredera de la Edad Media y de la Segunda Escolástica y que se le preste una atención particular a los principios escolásticos que, fundando la transformación del sujeto de inherencia en sujeto actuante, valen para nosotros como reglas de pasaje de una formación discursiva a otra" (2016: 39). Sobre este punto, cfr. también el imprescindible libro de James Hillman, *Re-Visionins Psychology* (1975), en particular el cap. III.

26 "Por un lado, [explica Schaeffer en el prefacio a *La fin de l'exception humaine*] desde hace por lo menos un siglo y medio, sabemos, más allá de toda duda razonable, que los humanos son –que nosotros somos– seres vivientes entre otros seres vivientes (con *todo* lo que esto implica) y que la unidad de la humanidad es la de una especie *biológica*. Por lo tanto, también sabemos que la llegada a la existencia de la humanidad se inscribe consecuentemente en la historia de lo viviente en un planeta de mediana dimensión de 'nuestro' sistema solar" (2009: 13; el subrayado de "biológica" es nuestro).

mandini *Más allá del principio antrópico. Hacia una filosofía del* outside (2012) a la hora de prevenirnos sobre los riesgos inherentes a una empresa como la que ensayamos en este libro. Según Ludueña Romandini, la filosofía y las ciencias contemporáneas "no han hecho otra cosa que desprenderse del legado humanista y antropocéntrico con el que habían inaugurado su altisonante entrada en escena a partir de la Modernidad temprana" (2012: 9). Sin embargo, uno de los aspectos decisivos de las tesis contenidas en este texto de Ludueña consiste en mostrar que, más allá de –y/o paralelamente a– este movimiento deconstructivo del "principio antropológico", es decir de la concepción "que hace del Hombre el sustrato metafísico en el cual se fundamenta un sistema filosófico" (2012: 11), ha seguido funcionando, de forma más o menos velada, un "principio antrópico", suceptible a su vez de dos modalidades: fuerte y débil (cfr. 2012: 9-12). Como resultará evidente, nuestro trabajo retoma en parte esta línea deconstructiva del antropocentrismo característica de buena parte de la filosofía contemporánea, y por lo tanto se ubica decididamente más allá del "principio antropológico". No obstante, creemos que las tesis defendidas aquí tampoco caen bajo ninguna de las dos versiones –fuerte y débil– del principio antrópico. La mayor amenaza, estimamos, se encuentra en el principio antrópico débil,

> ...cuya postulación implica un antropismo pero no hace de este necesariamente un finalismo pleno en el que, veladamente, la presencia de lo humano se transforme en condición de posibilidad de la diagramación o funcionamiento de un sistema (mítico, metafísico o cosmológico). Así, en este último caso, el hombre puede ser pensado como un *eslabón necesario* de una cadena metafísica superior. (2012: 12; el subrayado es de Ludueña Romandini)

El gesto teórico que nos permite evitar este riesgo, creemos, consiste en no perder de vista que la imagen de lo humano, lo humano como imagen, tal como lo entendemos en esta investigación, es siempre el efecto de un dispositivo óptico-antropológico, es decir el resultado, para continuar con una terminología próxima a la línea filosófica seguida por Ludueña Romandini, de una "antropotécnica" o de un conjunto de "antropoteconologías" necesariamente contingentes (cfr. Ludueña Romandini 2010). Por otro lado, si es verdad, como sostiene el filósofo argentino, que "la cuestión de la vida es todavía una herencia onto-teológica sutil de la cual se deriva aún un principio antrópico" (2012: 62), entonces no puede ser casual que la condición sub-sistente (y no ex-istente) atribuida por nosotros al fantasma, a lo humano en tanto fantasma, al fantasma en lo que tiene precisamente de no-humano, no pueda considerarse, en rigor de verdad, "vida".²⁷ Es probable, sin embargo, que las páginas que sigan se inscriban, de algún modo, en la tensión que va de lo biótico a lo a-biótico, de lo antrópico a lo an-antrópico. Sería deseable que en algunas de las tesis y postulados que examinaremos a continuación se pueda vislumbrar ya, un poco titubeante, una vía posible hacia ese "*más acá* y *más allá* de toda vida" (2012: 69) o hacia ese "entorno espectral" (2012: 69) que indican para Ludueña Romandini –y, desde luego, también para nosotros– el espacio específico de una "auténtica metafísica postdeconstruccionista" (2012: 10).²⁸

■ ■ ■

Se recordará el párrafo inicial de "Rhizome", el capítulo –la meseta– que, si bien publicado de forma independiente en 1976, funciona como introducción a *Mille plateaux*:

> ¿Por qué hemos conservado nuestros nombres? Por hábito, únicamente por hábito. Para volvernos a su vez irreconocibles. Para volvernos imperceptibles, no a nosotros mismos, sino a lo que nos hace actuar, experimentar o

---

27   En efecto, como veremos, la sub-vida, la no-ya-vida que define a lo humano tal como nosotros lo entendemos, es decir como imagen-fantasma, está más próxima a las sombras o a las vanas apariencias que poblaban el *hadēs* homérico o el *sheol* hebreo que a la concepción contemporánea –bio-política– de la vida. En este sentido, bien podríamos citar un pasaje del ejemplar estudio de William Stuart Messer sobre los sueños en Homero y la tragedia griega, a fin de ofrecer una idea aproximada de la condición ontológica de la imagen antropológica, tal como la entenderemos de aquí en más. Se trata de la escena en la que el fantasma de Patroclo visita, según relata Homero en célebres versos de la *Ilíada*, al durmiente Aquiles para solicitarle el cumplimiento de los ritos funerarios. Explica Messer: "La substancia corpórea junto con el principio vital inherente a ella no existen en el fantasma. De tal manera que esta aparición onírica posee una *psychē*, un alma aérea, y una apariencia sombría o *eidōlon*, pero es insubstancial y no existe ningún principio dador de vida [*no life-giving principle*] en ella" (1918: 19). Como veremos más adelante, la imagen de lo humano, lo humano como imagen, se asemeja a esta subsistencia y no existencia– infundada e inane a la cual le es ajena toda consistencia corpórea y todo principio vital. Al igual que el *eidōlon* antiguo, según explica Károly Kerényi en el ensayo "Agalma, Eikōn, Eidōlon", la subsistencia fantasmática que define a lo humano es como la "imagen de su sombra [...], cuando la substancia, la profundidad y la plenitud del cuerpo viviente se han perdido" (1962: 168). Como la *psychē* de los poemas homéricos, el fantasma no es sino una "imagen espectral del difunto [del hombre, en este caso], sin vida, sin capacidad de sentir, ni de conocer, ni de querer: ella es como una *imagen emblemática del no-ser-más-en-vida* [*non-essere-più-in-vita*]" (Reale 1999: 76; el subrayado es de Reale). Una idea semejante expresa Walter Otto en *Theophania: Der Geist der altgriechischen Religion*: "No se trata de una prosecución de la vida, porque lo propio de los muertos es el ser del haber sido [*das Sein des Gewesenen*]" (1956: 56). Estas dos expresiones, el *no-ser-más-en-vida* y *ser-del-haber-sido*, constituyen una suerte de *subsistenciarios* (y no ya existenciarios, en el sentido de Heidegger) del fantasma. Sobre la *psychē* en los poemas homéricos, cfr. también Rohde 1908: 1-36; Burkert 2011: 298-303; Bremmer 1983.

28   Nos parece que el anexo, en tanto identificamos allí al fantasma con la noción meinongiana de extra-Ser (*Aussersein*), constituye el límite o el costado más cercano al *out-side* de Ludueña Romandini.

pensar. Y además porque es agradable hablar como todo el mundo, y decir sale el sol, cuando todo el mundo sabe que es una manera de hablar. No llegar al punto de no decir más yo, sino al punto en el que ya no tiene ninguna importancia decirlo o no decirlo. (Deleuze & Guattari 1980: 9)

Sería preciso parafrasear este pasaje para explicitar el enfoque adoptado en la presente investigación:

¿Por qué hemos conservado el término "hombre"? Por hábito, únicamente por hábito. Para volverlo a su vez irreconocible. Para volverlo imperceptible, no al hombre mismo, sino a lo que lo hace actuar, experimentar o pensar. Y además porque es agradable hablar como todo el mundo, y decir sale el sol, cuando todo el mundo sabe que es una manera de hablar. No llegar al punto de no decir más "hombre", sino al punto en el que ya no tiene ninguna importancia decirlo o no decirlo.

Sección I
La máquina óptica

Introducción Sección I[29] ■

En el pensamiento de Furio Jesi la categoría de "máquina" posee un lugar central. En esta investigación nos interesa en particular la noción de "máquina antropológica". Pero dado que la estructura de esta máquina reproduce, en relación a lo humano, la misma estructura que la categoría de "máquina mitológica", y dado también que esta última, por tratarse del concepto central del pensamiento de Jesi, ha sido descrita y explicada con mayor detalle, nuestra exposición se detendrá primeramente en la máquina mitológica, dejando para un segundo momento la máquina antropológica.

a) La máquina mitológica

En el ensayo "La festa e la macchina mitologica", Jesi define la categoría central de su pensamiento, la máquina mitológica,[30] de la siguiente manera:

> La definimos máquina porque es algo que funciona y, a la indagación empírica, parece ser algo que funciona automáticamente. En cuanto al tipo de funcionamiento que le es propio y a la función que desempeña, debemos por ahora limitarnos a dos grupos de datos. Por un lado, se puede decir que la máquina mitológica es aquello que, funcionando, produce mitologías: relatos "en torno a dioses, seres divinos, héroes y descensos en el Hades". Por el otro, resulta que la máquina mitológica es aquello que, funcionando, da tregua parcial al hambre de mito *ens quatenus ens*. (1977: 196)

---

29 Parte de esta introducción ha sido publicada como artículo, con ligeras modificaciones, bajo el título "La máquina elíptica de Giorgio Agamben" en Revista *Profanações*, vol. 2, n°. 2 (2015a), pp. 62-83.

30 Remitimos también, en relación a la noción de máquina mitológica, al maravilloso ensayo "Gastronomia mitologica. Come adoperare in cucina l'animale di un Bestiario" del libro *Materiali mitologici. Mito e antropologia nella cultura mitteleuropea* (1979: 174-182).

Hay varios elementos para tener en cuenta en la definición de máquina mitológica avanzada por Jesi. En primer lugar, la máquina mitológica se define por su funcionamiento. Es una máquina, y no una substancia o una esencia, justamente porque *funciona*.[31] En segundo lugar, el funcionamiento de la máquina es automático, es decir, no depende ni se funda en ninguna instancia subjetiva. Dicho de otro modo: la máquina es pre-subjetiva y/o pre-personal. En tercer lugar, su funcionamiento y su función consisten en producir mitologías, es decir, hechos o productos mitológicos. En cuarto lugar, permite calmar o apaciguar, con su funcionamiento, la necesidad social de mitos.

En el epílogo al libro *Mito* (1973), titulado "La macchina mitologica: ideologia e mito", Jesi nos da algunas otras indicaciones sobre su categoría de máquina mitológica. En principio, la máquina mitológica, avanzando una idea que retomará en "La festa e la macchina mitológica", se presenta como un *modelo gnoseológico*, es decir como un instrumento que le permite al mitólogo abordar el problema del mito sin caer en supuestos metafísicos y metodológicos. Esta posibilidad proporcionada por el modelo de la máquina radica en no suponer una substancia o una esencia del mito, sino más bien en considerar como objetos de estudio sólo los productos mitológicos de la máquina o, como dice Jesi siguiendo a Károly Kerényi,[32] las *epifanías de mitos*: "para definir la forma de un dispositivo que produce epifanías de mitos y que en su interior, más allá de sus paredes no penetrables, podría contener los mitos mismos –*el* mito–, pero podría también estar vacío, podemos utilizar la imagen de la *máquina mitológica*" (Jesi 1980: 105). Como podemos ver, la máquina funciona creando paredes impenetrables alrededor de su núcleo, murallas destinadas a volver incognoscible el centro que la hace funcionar. Lo importante, de todos modos, no es tanto si el centro está lleno, es decir si *el* mito efectivamente existe, o si está vacío,[33] cuanto el hecho de que la incognoscibilidad del mito vuelve irrelevante, para el funcionamiento de la máquina, su existencia o su inexistencia. Dicho en pocas palabras, lo importante es que la máquina mitológica funciona, más allá de la existencia o inexistencia de su centro.

---

31 En este punto, el concepto de máquina mitológica se acerca al concepto de *machine* propuesto por Gilles Deleuze y Félix Guattari en *L'Anti-Œdipe*. Recordemos, sin ir más lejos, la proposición que abre el primer tomo de *Capitalisme et schizophrénie*: "Ello funciona en todas partes, a veces sin parar, a veces discontinuo" (1995: 7). En ambas concepciones, lo decisivo es que una máquina se define por su funcionamiento.

32 Kerényi es una figura central para entender el pensamiento de Jesi. El concepto de *máquina mitológica*, sin ir más lejos, es un desarrollo original del mitólogo turinés de la distinción entre *mito tecnificado* y *mito genuino* propuesta por Kerényi. Para un panorama resumido de la distinción realizada por el filólogo húngaro, cfr. Jesi 1980: 107.

33 Esta posibilidad de un centro vacío será retomada por Giorgio Agamben para pensar su concepto de máquina antropológica en particular y de máquina en general.

b) La máquina antropológica

En el ensayo "Conoscibilità della festa", Jesi introduce la categoría de *máquina antropológica*. Este texto resulta central para nosotros ya que en él se perfilan algunos de los aspectos primordiales de la categoría que funciona como eje de nuestra investigación. Leamos la definición que ofrece Jesi de la máquina antropológica:

> La máquina antropológica [...] debería ser el mecanismo complejo que produce imágenes de hombres, modelos antropológicos, referidos al yo y a los otros, con todas las variedades de *diversidad* posibles (es decir de extrañamiento del yo). Estos modelos son racionalmente apreciables, mientras no lo es lo que debería estar en el corazón de la máquina, su motor inmóvil: el hombre, que puede ser yo o un otro, y que más bien es un otro cuando es yo. (1977: 15)

Se notará que la estructura de la máquina antropológica reproduce, al menos en parte, la de la máquina mitológica. Como ésta, se define por un funcionamiento que puede ser verificado empírica y racionalmente; como ésta, además, posee un centro oculto, un motor inmóvil que la hace funcionar. En lo que difieren es sólo en su contenido presunto. Así como la máquina mitológica produce mitologías y oculta, dentro de sus paredes impenetrables, el mito en cuanto tal, su substancia o su esencia metafísica, asimismo la máquina antropológica produce imágenes del hombre y custodia, en su centro inaccesible, lo que Jesi llama el "hombre *verdadero*" (1977: 15), es decir "el hombre real en sí y por sí", el "hombre universal" (*ibid.*). Y así como no se trata de preguntarse sobre la posible existencia o inexistencia del mito, tampoco se trata de preguntarse sobre la posible existencia o inexistencia del hombre. La impenetrabilidad de las paredes que protegen el centro enigmático de la máquina es, como hemos visto, una *conditio sine qua non* de su funcionamiento. "Si, de hecho, las paredes de la máquina fuesen en cierta medida transparentes, se podría establecer en la misma medida con cierto grado de certeza si la máquina está llena o vacía" (*ibid.*). Más allá de la posibilidad (ideológica, según Jesi) de afirmar o negar el contenido enigmático de la máquina, resulta interesante notar que los productos o los efectos de la máquina antropológica son *imágenes* del hombre, de lo humano. De ella surgen, dice Jesi, "todas las imágenes del hombre que el hombre puede conocer" (*ibid.*). No hay, entonces, un hombre universal, una esencia humana, sino imágenes de lo humano creadas por la máquina antropológica. No es casual, en este sentido, que Giorgio Agamben, en *L'aperto. L'uomo e l'animale*, se refiera a la máquina antropológica como una máquina óptica: "la máquina antropogénica [...] es una máquina óptica [...] constituida por una serie de espejos en los cuales el hombre, mirándose, ve su propia imagen ya siempre deformada en rasgos de simio" (2002: 34).[34]

Uno de los aportes fundamentales que Agamben realiza al concepto de máquina, tal como aparece en Jesi, es la bipolaridad.[35] Podría decirse que a la máquina mitológica (o antropológica) de Jesi, cuya estructura es profundamente circular,[36] Agamben le introduce dos polos, convirtiéndola en una máquina elíptica bipolar.[37] De tal manera que las máquinas agambenianas no sólo se definen por un centro vacío e inaccesible como sucedía en las máquinas de Jesi, sino que poseen además una estructura bipolar. Su funcionamiento, por eso mismo, se caracteriza por articular y desarticular los dos polos que la constituyen. Ilustremos con dos gráficos la estructura de cada máquina, la jesiana y la agambeniana.

---

34 Sobre el concepto de *macchina antropologica* en Agamben, cfr. Calarco 2008: 88-102; De La Durantaye 2009: 324-334; Prozorov 2014: 155-158. La noción de máquina óptica, además, remite directamente a Michel Foucault y a Gilles Deleuze. En efecto, Foucault se refiere al panóptico como "una máquina de disociar la pareja ver-ser visto" (1975: 203) o como un "sistema arquitectónico y óptico" (*ibid.*: 207). Deleuze, por su parte, sostiene que en Foucault "toda máquina es un ensamblaje de órganos y de funciones que permite ver algo, que saca a la luz y pone en evidencia (la 'máquina prisión', o bien las máquinas de Roussel)" (2004: 65). En lo que sería su última intervención pública, en un coloquio sobre Michel Foucault realizado en 1987, Deleuze utiliza incluso la expresión *máquina óptica* para referirse a la prisión: "No es sólo la pintura, sino la arquitectura: el 'dispositivo prisión' como máquina óptica [*machine optique*], para ver sin ser visto" (2003a: 317).

35 Vale la pena aclarar que la noción de bipolaridad no le era completamente ajena a Jesi. Sin embargo, es sobre todo Agamben quien le confiere a esta noción, en su caso de proveniencia warburguiana y schmittiana, un carácter determinante e intrínseco a la estructura de la máquina, convirtiéndola además en un verdadero *terminus technicus* a la hora de diagnosticar el derrotero de la política y la ontología del mundo occidental.

36 "El horizonte sobre el cual se coloca el modelo *máquina mitológica* es el espacio donde medimos esta perenne equidistancia de un centro no accesible, respecto al cual no somos indiferentes, sino que somos estimulados a establecer la relación del 'girar en círculo'" (1980: 105). Los hechos mitológicos que conforman la vida de la comunidad giran en círculo (lo que Jesi denomina el *modello 'girare in cerchio'*) alrededor del punto central. Al igual que el Dios aristotélico, el centro de la máquina funciona como objeto de deseo. Desde su inmovilidad, incluso desde su ausencia, el centro inaccesible hace mover a la colectividad; le imprime, por así decir, un impulso y un sentido.

37 Es probable que la noción de bipolaridad remita al pensamiento de Aby Warburg. Recordemos que Agamben investigó en el *Warburg Institute* de Londres en los años 1974-75. El libro *Stanze. La parola e il fantasma nella cultura occidentale* es un resultado de esos años de investigación. Como se sabe, la concepción bipolar (esquizofrénica) de la cultura occidental es un tema recurrente en los escritos del historiador del arte alemán. Por otro lado, la influencia del pensamiento político –antagónico– de Carl Schmitt, en lo que hace a la bipolaridad de la máquina agambeniana, no debe ser desestimada. Sobre la categoría de máquina en Agamben y sus similitudes y diferencias con la máquina de Jesi, cfr. Prósperi 2015a: 62-83.

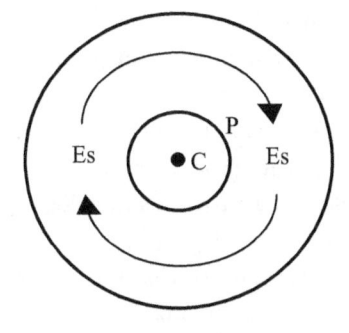

MÁQUINA DE JESI
(Estructura circular)

C: Centro inaccesible, motor inmóvil, contenido enigmático, primer motor, contenido presunto, punto latente, centro fascinatorio o hipnótico.
P: Paredes impenetrables, barreras o límites que custodian el centro.
Es: Espacio social, colectividad.

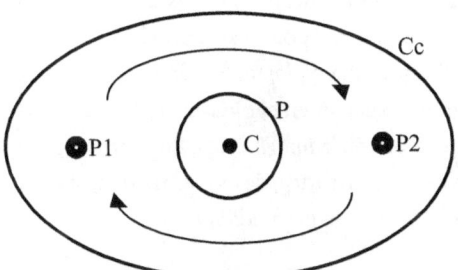

MÁQUINA DE AGAMBEN
(Estructura elíptica)

C: Centro inaccesible, motor inmóvil, centro vacío.
P: Paredes impenetrables, barreras o límites que custodian el centro.
Cc: Curva cerrada
P1: Polo 1
P2: Polo 2

En este estudio, retomaremos la categoría de máquina antropológica de Jesi, y al mismo tiempo la estructura bipolar introducida por Agamben, pero enfatizando sobre todo su aspecto óptico, meramente aludido en *L'aperto*. Nuestro concepto de máquina óptica posee, en primer lugar, como también en Jesi y Agamben, una función metodológica.

Los dos polos que constituyen la estructura de la máquina óptica, en nuestra perspectiva, son el ojo del alma (ojo metafísico) y el ojo del cuerpo (ojo físico), cada uno con una luminosidad específica, una visión particular y una mirada propia.[38] Al igual que las máquinas de Jesi y de Agamben, la máquina óptica es un dispositivo histórico, por lo cual cada momento o formación de visibilidad produce, a partir de la tensión y, por así decir, de la economía entre los dos ojos y las

---

38 Paul Virilio ha hablado de una "máquina de visión [*machine de vision*] capaz, no ya únicamente de reconocer los contornos de las formas, sino de una interpretación completa del campo visual, de la puesta en escena próximo o lejana de un entorno complejo" (1998: 77). Esta "visión sin mirada", es decir sin espectador, esta visión inhumana, exclusivamente maquínica, pertenecería a una disciplina llamada "visiónica" (*ibid.*). La máquina de visión, también denominada "perceptron", supondría una "automatización de la percepción" y una "industrialización de la visión" (77). Este dispositivo, explica Virilio, "funciona a la manera de una especie de *córtex occipital electrónico*" (94; el subrayado es de Virilio). Si bien nuestra categoría de máquina óptica no excluye necesariamente los análisis de Virilio, lo cierto es que se orienta en otra dirección. La máquina óptica, a diferencia de la máquina de visión, no es un resultado del avance tecnológico del capitalismo tardío, sino un dispositivo correlativo a la historia de la metafísica.

dos miradas, una cierta imagen del hombre, un fantasma en el que esa formación socio-histórica puede reconocerse a sí misma y a su propia humanidad. En este sentido, la máquina óptica es necesariamente una máquina antropológica. Por eso mismo, cada vez que hablemos de aquí en más de la máquina óptica estará implícito que se trata siempre de un dispositivo que produce imágenes de lo humano. Dicho de otro modo: la máquina óptica *es* la máquina antropológica, sólo que abordada desde su costado visual e imaginario.

Por tratarse de una categoría fundamental para nuestra investigación, es necesario que definamos con precisión sus rasgos más importantes. En primer lugar, se trata de una máquina *binocular* o *estereoscópica*, cuyos dos ojos, como adelantamos, son el ojo del alma y el ojo del cuerpo. En segundo lugar, la visión binocular de la máquina se caracteriza por una *diplopía*. En tercer lugar, las dos visiones y las dos miradas se integran y solapan en el *quiasma óptico*, el centro de la máquina que nosotros identificamos con la *imaginación*. En cuarto lugar, lo humano es la *resolución contingente*, es decir histórica, de esa disparidad, el efecto óptico de las dos miradas: el *relieve* o la *visión en profundidad*.

■ ■ ■

Antes de analizar cada uno de estos puntos en los capítulos sucesivos, es preciso aclarar que en esta investigación, como hemos dicho, nos proponemos realizar una reconstrucción *filosófica* (y no física o científica) de la mirada desde una perspectiva antropológica. En consecuencia, no se tratará de una historia de la ciencia óptica, de sus progresivos avances o descubrimientos. Por eso nuestra lectura de los diversos tratados sobre óptica a los que haremos referencia estará orientada a mostrar aquellos elementos que nos sirvan para pensar ya sea la tensión entre el ojo del alma y el ojo del cuerpo, ya sea la estructura formal de la máquina óptica. Más que una física o una metafísica de la mirada, nos proponemos reconstruir la tensión entre una mirada física y una metafísica.

Permítasenos también advertir que el objetivo que guía esta primera sección consiste en describir y explicar la estructura formal de la máquina óptica. Para ello, nos apoyaremos en varios autores que no necesariamente pertenecen al mismo período y a la misma tradición. Podría objetarse, por eso mismo, que la elección de los autores resulta parcial e injustificada. En efecto, bien podríamos haber elegido otros. La objeción, sin embargo, pierde su validez cuando se comprende que lo importante no son los autores abordados sino los aspectos conceptuales que extraemos de sus textos en la medida en que resultan pertinentes para nuestra categoría. No obstante, en todos los casos se trata de nociones generales que pueden encontrarse en otros autores no abordados aquí.

Resulta pertinente aclarar, por último, que en líneas generales emplearemos en esta primera sección un método analógico, no siempre explicitado.[39] Esto significa que cada vez que se presienta un salto argumental se deberá tener presente que puede tratarse de una inferencia analógica. Como bien ha mostrado Enzo Melandri en su exhaustivo texto sobre la analogía o, mejor, sobre los diversos *usos* de la analogía, el pensamiento analógico ha sido sistemáticamente marginado por la lógica tradicional: "la analogía resulta expulsada de la lógica, en la medida en que no puede ser justificada con los medios que ésta dispone" (2004: 12). Para los asépticos epistemólogos, la analogía no proporciona más que un saber "pseudo-científico" (cfr. 2004: 27). Sin embargo, el aspecto heurístico de las inferencias analógicas es muy superior al de los métodos deductivos e inductivos. "La analogía es indispensable en función del descubrimiento. El valor heurístico de la analogía se manifiesta en las actividades creativas" (2004: 703). De más está decir que nos interesan más los descubrimientos "sucios", las creaciones "desprolijas", que las iteraciones "pulcras" y los razonamientos "impecables" pero completamente inertes. El pensamiento analógico, por último, deconstruye, según Melandri, la división "humano/animal", puesto que "su génesis se remonta al mundo pre-humano" (2004: 13). Se debe tener presente, entonces, que las páginas que siguen se moverán en un espacio sub o pre-humano de pensamiento: "La historia de la analogía es la historia del pensamiento, humano y también –hay razones para creer– sub-humano" (2004: 15).[40]

En este sentido, es preciso indicar que los análisis propuestos por Agamben en *L'aperto*, a los cuales hemos hecho referencia en esta introducción a la Sec-

---

39 Sobre el problema de la analogía, cfr. Melandri 2004.
40 En efecto, como mostraremos a lo largo de esta investigación, lo humano es una imagen, un fantasma del cual, ya se verá por qué, no puede predicarse la existencia. El fantasma humano no *existe*, sino que *subsiste*. Pero si el rasgo propio del hombre, del existente humano, tal como ha sido pensado por la metafísica, es el pensamiento consciente, racional (deductivo e inductivo), entonces el pensamiento analógico, propio del fantasma humano definido por la sub-sistencia, será por eso mismo sub-humano. Permítasenos además citar un pasaje de Mónica Cragnolini sobre Derrida y su "fantología" que aclara la perspectiva (sub-humana) de esta investigación: "Un académico tradicional –un erudito– [explica Cragnolini en una paráfrasis de *Spectres de Marx*] no cree en fantasmas: lo real y lo no-real, lo vivo y lo no-vivo son separaciones que no pueden ser salvadas. Como señala Derrida, lo que acontece más allá de estas oposiciones pertenece, para el estudioso, al ámbito de la literatura y la ficción" (2007: 50). Se comprenderá pues que, en la medida en que este trabajo se ubica precisamente en la frontera entre lo vivo y lo muerto, en el entre que desgarra lo sensible y lo inteligible, en la fractura que es la morada –siempre evasiva, siempre de-morada– del fantasma, pertenece acaso más a la literatura y la ficción que al rigor (*mortis*, tal vez) de una supuesta producción "académica". Esta aclaración, sin embargo, se volverá inteligible recién al final de nuestro recorrido.

ción I, han sido criticados desde diversas perspectivas, muchas de ellas afines a la filosofía de la animalidad. Si bien no nos demoraremos en estas objeciones, permítasenos mencionar una de las interpretaciones integrales más sugerentes del pensamiento agambeniano: *La vida que viene. Estética y filosofía política en el pensamiento de Giorgio Agamben* de Paula Fleisner. En esta exhaustiva reconstrucción de algunos tópicos de la filosofía de Agamben, Fleisner señala cierta tendencia en el filósofo italiano a considerar lo humano desde una posición de excepcionalidad. Ante este riesgo antropocéntrico, la autora indica la necesidad, cuando no la urgencia, de pensar una comunidad de lo viviente que pueda "incluir formas de vida no humana (en principio, los animales)" (2015: 394), es decir una "comunidad sabática de los seres, una ontología de lo común" (*ibid.*) que vaya más allá "del prejuicio en favor de lo viviente humano" (2015: 395) en el que aún parece quedar atrapada, no sin ciertos matices y ambigüedades, la consideración agambeniana de la vida. Sólo quisiéramos añadir que la noción de *fantasma*, de imagen fantasmática generada por la máquina óptica, a partir de la cual pensamos en la presente investigación el estatuto ontológico de lo humano, no implica ningún tipo de excepcionalidad, como ya indicamos en la aclaración preliminar. El fantasma se ubica por fuera de las categorías que establecen las cesuras entre lo humano y lo animal y, por eso mismo, resulta irreductible a ambos reinos. En este sentido, *la vida que viene* es siempre una *vida póstuma*, una *Nachleben* (para decirlo con Aby Warburg), un *no-ser-más-en-vida* o un *ser-del-haber-sido*, esto es: una *sub*sistencia fantasmática y, en cuanto tal, *sub*humana.

Capítulo I ■
El estereoscopio

a) La visión binocular

Quiso la fortuna que un demonio se le apareciera en sueños a Galeno de Pérgamo,[41] según relata él mismo en el décimo libro del *De usu partium corporis humani*, y lo convenciera de escribir el siguiente experimento:

> Párate cerca de una columna, y cierra alternativamente cada uno de los ojos: cuando el ojo derecho esté cerrado, algunas partes de la columna que con anterioridad eran vistas por ese ojo sobre el lado derecho de la columna no serán ahora vistas por el ojo izquierdo; y cuando el ojo izquierdo esté cerrado, algunas partes de la columna que con anterioridad eran vistas por ese ojo sobre el lado izquierdo de la columna no serán ya vistas por el ojo derecho. Pero cuando, al mismo tiempo, abramos ambos ojos, los dos lados serán vistos, porque una gran parte se deja de ver cuando miramos con un ojo en lugar de con los dos. (X, 12, 822-823)

El científico escocés David Brewster, varios siglos después, encontrará en este pasaje una de las primeras formulaciones de la ley fundamental de la visión binocular, a saber: "la imagen de la sólida columna que vemos con ambos ojos está compuesta por dos imágenes dispares, tal como son vistas por cada ojo de forma separada" (Brewster 1856: 7).[42] Giovanni Battista della Porta, que al igual

---

41 "Existen muchas otras pruebas para las hipótesis ópticas, que ahora no es posible presentar. No hemos escrito ni siquiera éstas por nuestra voluntad, sino, como decía, por orden de un demonio. Sabrá él si alcanzo en las argumentaciones una medida conveniente al presente tratado" (X, 12, 828). El último número de la referencia corresponde al número de la página de los volúmenes III (Libros I-XI) y IV (Libros XII-XVII) de la edición de Kühn consignada en la bibliografía. Para un panorama general de la vida y la medicina de Galeno, cfr. Nutton 2004: 204-247. Sobre la concepción anatómica de Galeno, cfr. Rocca 2008: 242-262.

42 Sobre la visión binocular, cfr. Howard & Rogers 1995; Raynaud 2016: 30-33; Pons Moreno & Martínez Verdú 2004: 15-22.

que Brewster también cita este experimento de Galeno en el *De refractione optices parte*,⁴³ además de los teoremas 26, 27 y 28 de la *Óptica* de Euclides en los cuales se sugiere ya la idea de disparidad binocular, nos ofrece un diagrama que permite comprender con precisión el principio fundamental de la visión binocular.

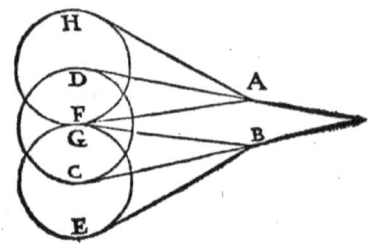

Diagrama de Giovanni Battista Della Porta utilizado para explicar la visión binocular. Extraído de *De refractione optices parte*. Napoli: Iacobum Carlinum & Antonium Pacem, 1593, p. 145.

Sea A la pupila del ojo derecho, B la del ojo izquierdo, y DC el cuerpo visto. Cuando miramos al objeto con ambos ojos vemos DC; cuando lo hacemos con el ojo derecho vemos GH, y con el izquierdo EF. Pero si es visto con un ojo, se verá diferente, porque cuando el ojo B está cerrado, el cuerpo CD, del lado izquierdo, será visto en HG; y cuando el ojo A está cerrado, el cuerpo CD será visto en FE, mientras que, cuando ambos ojos están abiertos será visto en CD. (Della Porta 1593: 145)

La visión binocular se define, entonces, a partir de estas tres imágenes: la imagen del ojo derecho (GH), la del ojo izquierdo (EF) y la de ambos ojos (DC). GH y EF, como hemos indicado, son dispares. Importa remarcar este punto porque resulta imprescindible para comprender el funcionamiento de la máquina óptica. Hemos dicho que este dispositivo visual posee una estructura bipolar. La visión (bi)nocular, cuyo principio fundamental estamos intentado exponer, designa precisamente esta (bi)polaridad. Por tratarse de una máquina óptica, la tensión bipolar asume una forma ocular. Los dos ojos, como hemos indicado, son el ojo del alma y el ojo del cuerpo. Intentemos ahora aplicar el esquema de Della Porta a nuestra categoría metodológica.

Sea A el ojo del alma y B el ojo del cuerpo.⁴⁴ Cada ojo, hemos señalado hace un momento, posee un campo específico de visibilidad: GH para A y EF para B.

---

43   Sobre las teorías ópticas desarrolladas por Della Porta, cfr. Borrelli & Hon & Zik 2017; Saito 2010: 28-35. Sobre la creación y utilización de instrumentos ópticos en Della Porta, cfr., sobre todo, Borrelli 2014: 39-61.

44   Nuestra descripción de la estructura de la máquina óptica, por el momento, es sólo formal. Hasta ahora no hemos dicho nada sobre el contenido de sus elementos. No hemos explicitado, por ejemplo, qué entende-

A su vez, cuando ambos ojos funcionan en simultáneo surge un tercer espacio: DC. Lo decisivo aquí es que DC no preexiste a las dos miradas dispares, sino que surge como un efecto o una resolución posible de la tensión provocada por los dos ojos, A-B, y por los dos campos de visibilidad dispares, GH y EF. Hablar de resolución, sin embargo, no significa hablar de síntesis. Las dos imágenes o los dos campos de visibilidad (GH y EF) *no son sintetizados* en DC.[45]

Según el esquema de Della Porta, entonces, tenemos dos ojos (A y B) y tres campos de visibilidad (GH, EF y DC), este último surgiendo como efecto de la disparidad de los dos primeros. No sólo este diagrama es fructífero para comenzar a esbozar la estructura binocular de la máquina óptica, sino también para mostrar que esa misma estructura es por necesidad estereoscópica.

b) El estereoscopio como modelo ideal de la máquina óptica[46]

David Brewster encuentra en el tratado de Della Porta, así como en el pasaje de Galeno que hemos citado, el principio mismo del estereoscopio. En una abierta polémica con Sir Charles Wheatstone, inventor del famoso dispositivo óptico, Brewster escribe estas palabras[47]:

> Observando este diagrama, reconocemos rápidamente no sólo el principio, sino también la construcción del estereoscopio. La doble imagen estereoscópica o *slide* está representada por HE; la imagen derecha, o vista por el ojo derecho, por HF; la imagen izquierda, o vista por el ojo izquierdo, por GE; y la imagen de la columna sólida en gran relieve [*in full relief*] por DC,

---

mos por "ojo del alma" o por "ojo del cuerpo". Estas cuestiones, centrales sin duda, serán abordadas en la sección II de este estudio. Por ahora sólo nos limitamos a explicar la estructura abstracta de la máquina.

45   No se trata de una síntesis, de una *Aufhebung* (en el sentido hegeliano), puesto que las diferencias específicas de cada imagen no son suprimidas en función de su integración. La imagen tridimensional que se produce a partir del solapamiento binocular no es por eso una *identidad*, sino una resolución parcial de una tensión que sin embargo mantiene las características propias de cada imagen. En vez de ser suprimidas en pos de una identidad ulterior, las particularidades de cada imagen *coexisten* en la imagen tridimensional. Retomaremos esta cuestión en el apartado *d* del capítulo III. Sobre este punto, cfr. también la nota 496.

46   En *Surveiller et punir*, Michel Foucault se refiere al panóptico como "el diagrama de un mecanismo de poder llevado a su forma *ideal*; su funcionamiento, abstraído de todo obstáculo, resistencia o frotamiento, puede ser representado perfectamente como un puro sistema arquitectónico y óptico: es de hecho una figura de tecnología política que se puede y que se debe separar de todo uso específico" (1975: 207; el subrayado es nuestro). Utilizamos el término "ideal", esta vez en relación al estereoscopio, en el mismo sentido que Foucault.

47   Para una descripción más detallada del estereoscopio y de la polémica entre Wheatstone y Brewster, cfr. Bowers 2001: 45-54. Para un panorama general de los diferentes estereoscopios creados por Wheatstone y Brewster, cfr. Howard & Rogers 1995:18-30.

tal como es producida a medio camino entre las otras dos imágenes dispares, HF y GE, por su unión, tal como sucede en el estereoscopio. (1856: 9)

El estereoscopio es un dispositivo óptico que produce la ilusión de una escena u objeto tri-dimensional a partir de dos imágenes planas diferentes, las cuales son vistas a través del aparato de tal modo que cada ojo ve sólo una de las dos imágenes.[48] Cada imagen está tomada desde dos puntos de vista ligeramente diferentes, separadas aproximadamente por la misma distancia que existe entre los ojos. La imagen derecha representa lo que vería el ojo derecho y la izquierda lo que vería el izquierdo. Cuando se observan las dos imágenes a través de un visor especial, el par de imágenes bi-dimensionales se funden en una única imagen tri-dimensional. Es importante destacar que esta imagen tri-dimensional es *producida* por un aparato específico y que por lo tanto, como ya hemos señalado, no preexiste a las imágenes bidimensionales. Brewster, en el pasaje citado, dice claramente que la imagen DC, el efecto o la resolución tridimensional de la tensión binocular, es *producida a medio camino entre las dos imágenes dispares [produced midway between the other two dissimilar pictures]*. De la misma manera, el funcionamiento de la máquina óptica no consiste más que en producir, como un efecto de relieve o de profundidad, lo humano.[49] Por eso también, como ya habíamos visto en Jesi y Agamben, la máquina óptica es necesariamente una máquina antropológica. Así como el estereoscopio produce una imagen o escena tridimensional a partir de dos imágenes dispares, así también la máquina óptica produce lo humano a partir de dos miradas o visiones dispares, la del ojo del alma y la del ojo del cuerpo. La máquina óptica es, por eso mismo, estereoscópica. En este sentido, nos resulta imprescindible hacer referencia al célebre artículo de Charles Wheatstone publicado el 1 de enero de 1838 en el Volumen 128 de *Philosophical Transactions of the Royal Society of London*. Además de proponer el neologismo *stereoscope*[50] para designar el dispositivo óptico que había inventado, Wheatstone, en el mismo artículo –titulado "Contributions to the Physiology of Vision. On Some Remarkable, and Hitherto Unobserved, Phenomena of Binocular Vision"– nos ofrece un diagrama en el que se detallan las diversas partes que lo componen. El gráfico de Wheatstone es importante para nuestra investigación en la medida en que representa la estructura de la máquina óptica. Reproducimos el diagrama y a continuación la explicación que propone el científico británico.

---

48 Sobre la historia del estereoscopio, cfr. Crone 1992: 1-16.
49 Sobre la visión binocular y la profundidad, cfr. Asakawa & Ishikawa 2010: 139-153.
50 "En tanto deberé hacer referencias frecuentes a este instrumento, será conveniente darle un nombre específico, propongo por lo tanto que sea llamado Estereoscopio, para indicar su propiedad de representar figuras sólidas" (Wheatstone 1838: 374).

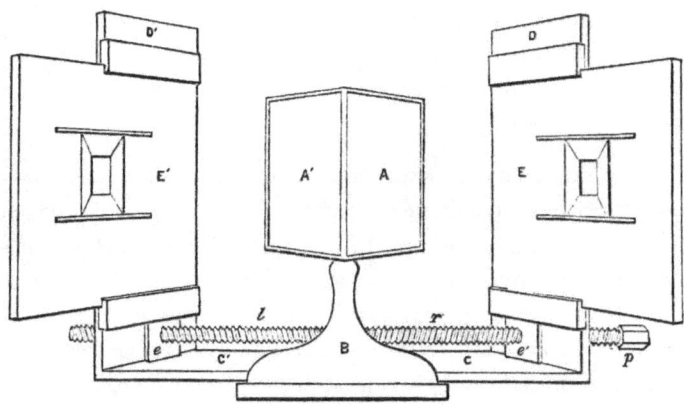

Diagrama del estereoscopio realizado por Wheastone. Extraído de "Contributions to the Physiology of Vision. On Some Remarkable, and Hitherto Unobserved, Phenomena of Binocular Vision". *Philosophical Transactions of the Royal Society of London*, vol. 128, (1838), fig. 8.

A y A' son dos espejos planos, aproximadamente de cuatro pulgadas, insertados en marcos, y ajustados de tal manera que su parte posterior forme un ángulo de 90° con la del otro; estos espejos están fijados por su límite común sobre el soporte B, el cual fue menos sencillo de representar en el dibujo, sobre la línea media de una plancha vertical, cortada de tal manera que permita a los ojos ubicarse frente a los dos espejos. C y C' son dos tableros deslizantes, a los cuales se añaden los tableros verticales D y D' que pueden ser movidos a diferentes distancias de los espejos. En varios de los experimentos que se detallan aquí, es preciso que cada tablero vertical se encuentre a la misma distancia del espejo opuesto. Para facilitar este doble ajuste empleo un tornillo de madera, *r l*, que pasa a través de las tuercas *e* y *e'*, las cuales están fijadas a la parte inferior de los tableros verticales D y D', de tal forma que al girar el extremo *p* del tornillo hacia un lado los dos tableros se aproximarán, y al girarlo en la dirección contraria se alejarán, aunque siempre manteniendo la misma distancia que el otro de la línea media *f*. E y E' son paneles, a los cuales se fijan las imágenes de tal manera que sus líneas horizontales correspondientes se encuentren en el mismo nivel: estos paneles pueden deslizarse por las muescas que se encuentran en los tableros D y D'. (1838: 375)

Ésta es la descripción que realiza Wheatstone de los componentes del estereoscopio. Al igual que hará Brewster algunos años después en su texto *The Stereoscope. Its History, Theory, and Construction*, así como en varios artículos, Wheatstone parte del principio óptico según el cual "la mente percibe un objeto de tres dimensiones [*three dimensions*] cuando dos imágenes dispares son proyectadas en las dos retinas" (1838: 373). El estereoscopio, como vimos, es un dispositivo que produce, de modo artificial, esta imagen tridimensional. Así explica el inventor inglés el funcionamiento de su reciente descubrimiento:

> El observador debe ubicar sus ojos tan cerca como sea posible de los espejos, el ojo derecho delante del espejo derecho, el ojo izquierdo delante del espejo izquierdo, y debe mover los paneles deslizantes E y E' hasta que las dos imágenes reflejadas coincidan en la intersección de los ejes ópticos [*at the intersection of the optic axes*], y formen una imagen aproximada de la misma magnitud que cada una de las imágenes reflejadas. Las imágenes coincidirán cuando los paneles se encuentren en diversas posiciones, y consecuentemente cuando sean vistas bajo diferentes inclinaciones de los ejes ópticos; pero hay una sola posición en la cual la imagen binocular será vista inmediatamente simple, con su propia magnitud, y sin fatiga en los ojos, porque solo en esta posición las relaciones ordinarias entre la magnitud de las imágenes sobre la retina, la inclinación de los ejes ópticos, y la adaptación del ojo a la visión distinta en distancias diferentes son preservadas. (1838: 375)

Esta explicación de Wheatstone nos permite comprender el funcionamiento específico de nuestra categoría metodológica. Las imágenes ubicadas en los paneles deslizantes E y E' designan los objetos propios de cada ojo: el ojo del alma y el ojo del cuerpo. El espacio que se extiende entre el espejo A (en caso de que ubiquemos allí el ojo del cuerpo) y el panel E designa el campo de visibilidad propio de la mirada corpórea; el espacio que se extiende entre el espejo A' y el panel E', al contrario, el campo de visibilidad propio de la mirada anímica o espiritual. El resultado de estas dos imágenes y de estas dos miradas correspondientes a los dos paneles, uno visto por el ojo derecho y otro por el izquierdo, sostiene Wheatstone, genera una imagen tridimensional en relieve. El producto o el efecto de estas dos imágenes dispares, en nuestro caso identificadas con la imagen vista por el ojo del cuerpo y con la imagen vista por el ojo del alma, una vez que son integradas en la mente, es lo que la historia de la metafísica occidental ha llamado *homo sapiens*.[51]

---

51 La misteriosa instancia en la que se articulan e integran ambas imágenes y ambas miradas, que en su artículo Wheatstone identifica simplemente con el término *espíritu* o *mente* (*mind*), será examinada en el capítulo III.

Capítulo II ■
Diplopía

a) **Cuerpos fantasmáticos, almas espectrales**

Aristóteles (o posiblemente un autor desconocido), en los *Problemata*, nos brinda uno de los primeros testimonios sobre la diplopía y el estrabismo. Luego de preguntarse por qué algunas personas tienen los ojos desviados (lo que se conoce, al menos a partir de Galeno, como estrabismo), avanza la reflexión siguiente:

> Si la visión de ambos ojos no permanece en el mismo punto, ellos deben estar desviados; porque lo mismo le ocurre a aquellos que, cuando se presionan bajo el ojo, un único objeto aparece doble, porque aquí también la fuente de la visión es perturbada. (XXXI, 958a)

Ian Howard y Brian Rogers, en *Binocular Vision and Stereopsis*, consideran este pasaje de Aristóteles, al que sin embargo no citan, como "la referencia más antigua a la disparidad binocular" (1995: 4). La misma idea reproduce Claudio Galeno en el Libro X del *De usu partium corporis humani*, probablemente tomándola de Aristóteles: "aprende que si la pupila de uno de los ojos resulta apretada o desplazada lateralmente hacia arriba o hacia abajo, los objetos que antes aparecían únicos aparecerán dobles" (X, 12, 819). La visión doble de un objeto, por cierto, es lo que se conoce como diplopía.[52] Otro Claudio, esta vez Tolomeo, en el *sermo secundus* de su *Óptica*,[53] describe un experimento en el que explica, acaso por vez primera, las condiciones de fusión de las imágenes binoculares y al mismo tiempo los casos en los que el objeto aparece doble. En principio, sugiere la construcción de una regla [*regula*] rectangular. En uno de sus extremos, la regla posee una concavidad para poder introducir la nariz. Luego indica que se colo-

---

52 Sobre la noción de diplopía, cfr. Pons Moreno & Martínez Verdú 2004: 210-220.
53 Para un panorama general de la óptica tolemaica, cfr. Darrigol 2012: 12-14.

quen, en dos lugares diferentes de la regla, dos cilindros [*duo cylindri*]. He aquí lo que sucede cuando vemos alternativamente uno u otro:

> Si enfocamos con nuestros ojos el cilindro más cercano, lo veremos como un objeto único; pero al más remoto lo veremos doble [*remotior est, duo*]. Si cerramos alternativamente los ojos, dejaremos de percibir el cilindro como doble [*duplici cylindro*]. Si enfocamos con nuestros ojos el cilindro más distante, nuevamente lo veremos como un objeto único [*videbimus eum unum*], pero veremos al más cercano en dos lugares. Y si cerramos alternativamente los ojos, dejaremos de percibir este cilindro como doble. (1885: 19)

A partir de este dispositivo sumamente sencillo, Tolomeo nos ofrece una de las primeras descripciones de diplopía y de sus dos formas fundamentales: la diplopía homónima, en el caso en que el objeto se encuentre más allá del punto de fijación; la diplopía cruzada, en el caso en que el objeto se encuentre más acá del punto de fijación. Tolomeo, además, incluye un diagrama para describir su experimento.

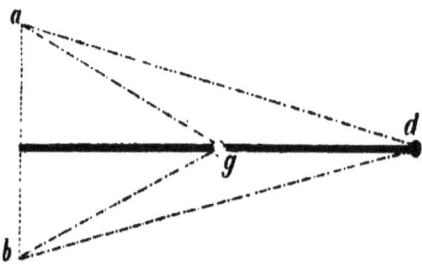

Diagrama de Tolomeo utilizado para explicar los dos casos de diplopía. Extraído de *L'Ottica*, Torino: G. B. Paravia. Pubblicata da Gilberto Govi. Ridotta in latino sovra la traduzione araba di un testo greco imperfetto, 1885. Torino: Einaudi, fig. 1 correpondiente a la p. 19.

Sea *a* el ojo izquierdo y *b* el derecho. Cuando enfocamos el cilindro colocado en *g*, el cilindro en *d* se ve doble (se trata aquí de la diplopía homónima); cuando, por el contrario, enfocamos el cilindro colocado en *d*, el cilindro colocado en *g* se ve doble (según la diplopía cruzada) (cfr. Tolomeo 1885: 19).

En el *Kitab al-Manazir*, el físico y astrónomo musulmán Abū ʿAlī al-Ḥaṣan ibn al-Ḥaṣan ibn al-Hayṭam, conocido en Occidente como Alhacén,[54] retoma

---

54   Sobre la teoría óptica de Alhacén, cfr. Raynaud 2016: 71-114; Raynaud 2003: 79-99; Smith 2015: 181-247; Smith 2001: xv-cliv; Lindberg 1976: 58-86; Denery 2005: 82-86. Sobre la influencia de Tolomeo en Alhacén, cfr. Smith 1990: 147-164; Simon 2003: 80-113. Explica Smith: "Así como el *De aspectibus* [título latino del *Kitab al-Manazir*] de Alhacén fue esencial para el desarrollo de la óptica medieval y moderna, asimismo fue esencial la *Óptica* de Tolomeo para el desarrollo del *De aspectibus*" (1990: 148).

estas ideas de Tolomeo y propone un experimento similar a partir del siguiente gráfico:

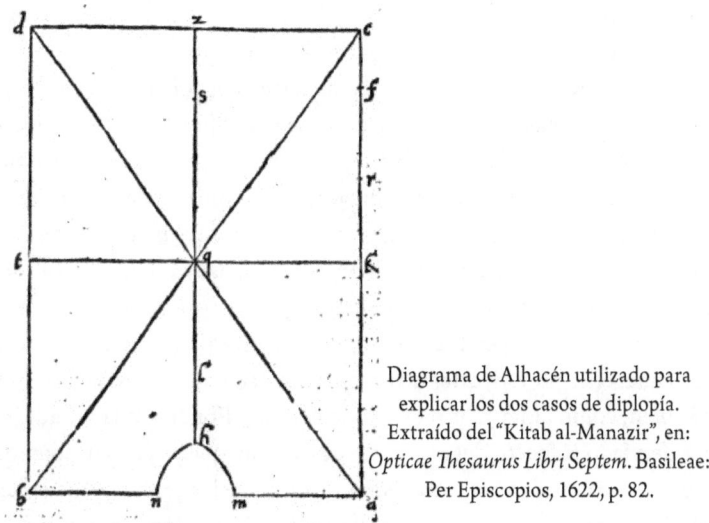

Diagrama de Alhacén utilizado para explicar los dos casos de diplopía. Extraído del "Kitab al-Manazir", en: *Opticae Thesaurus Libri Septem*. Basileae: Per Episcopios, 1622, p. 82.

Sea a el ojo derecho, b el ojo izquierdo y l, q y s los tres cilindros (construidos de cera, aclara Alhacén) colocados sobre la regla de madera [*tabula plana*]. Cuando los ojos enfocan q, los cilindros l y s se ven dobles [*duo propinqua & duo remota*]: s, por situarse más allá del punto de fijación, ilustra el caso de la diplopía homónima; l, por situarse más acá, el caso de la diplopía cruzada (cfr. *Opticae Thesaurus Alhazeni Arabis Libri* 1622: 82).[55]

Este experimento de Alhacén nos proporciona elementos importantes para la categoría central de nuestra investigación. En efecto, hemos dicho que la máquina óptica funciona a partir de una diplopía y un estrabismo. La diplopía, como bien se demuestra en estos experimentos, se produce cuando los ojos no pueden converger en un mismo punto de fijación. Cada ojo posee un punto retiniano específico que luego se superpone en el nervio común formando una imagen única. Estos puntos, sin embargo, son necesariamente dispares. El mecanismo del estereoscopio, por eso mismo, consiste precisamente en fusionar las imágenes binoculares. Lo cual se acuerda perfectamente con lo que venimos diciendo de la máquina óptica. Cada ojo, el del alma y el del cuerpo, posee un punto retiniano propio y diverso al del otro ojo. En consecuencia, cada ojo tiene también su propio objeto y su campo de visibilidad particular. Valiéndonos del diagrama de Tolomeo, podemos identificar a g con el objeto propio de a y a d con el objeto

---

[55] Este texto, conocido como *Opticae Thesaurus Libri Septem*, es una traducción directa del árabe realizada por Friedrich Risner en 1572 a pedido de Pietro Ramus (cfr. Dupré 2008: 72-74).

propio de *b*. De tal manera que cuando enfocamos a *g*, es decir cuando prima la mirada del ojo del alma, *d* se desdobla; y a la inversa, cuando enfocamos a *d*, es decir cuando prima la mirada del ojo del cuerpo, *g* se desdobla. Esto quiere decir que ninguna de las dos miradas existe de forma pura. Cuando se impone el objeto de una de ellas, el otro subsiste de forma desdoblada y especular. La diplopía de la máquina óptica muestra la naturaleza *fantasmática* de las miradas. En el experimento de Tolomeo, además, podemos observar que la resolución de la disparidad binocular deja subsistir siempre los objetos de las dos miradas bajo una forma especular y espectral. Cuando enfocamos *q*, según el esquema de Alhacén, *s* y *l* se desdoblan especularmente. Con la máquina óptica sucede lo mismo: cuando el funcionamiento estereoscópico resuelve las dos imágenes dispares en una única imagen tridimensional, la cual se produce a medio camino de las dos imágenes previas, éstas no desaparecen, sino que sobreviven o subsisten, más bien, como fantasmas o restos espectrales. Por eso cada mirada, cada ojo, está desviado respecto del otro. Esta desviación, que ya encontrábamos en Aristóteles, se conoce como estrabismo y es una de las causas principales de diplopía. La máquina óptica intenta corregir esta desviación produciendo una imagen en relieve o en profundidad. Esta producción, histórica y maquínica, es decir contingente, concierne fundamentalmente a lo humano, a la humanidad del *homo sapiens*. La producción de lo humano, en consecuencia, requiere una rectificación de la desviación, una convergencia eventual de dos miradas cuyos ojos, por fuerza, se han extraviado. La historia de la metafísica de Occidente, según la perspectiva óptica de esta investigación, no es sino la aventura de este extravío.

b) Espacio de Panum: la franja antropológica

El horóptero, término acuñado por Francisco de Aguilón,[56] se define como el lugar geométrico de los puntos del espacio cuyas imágenes caen en puntos retinianos correspondientes.[57] Como se sabe, los dos puntos retinianos relativos a las dos fóveas[58] y demás pares asociados a un punto cualquiera visto no doble, se denominan *puntos correspondientes*.[59] La visión única o simple producida por

---

56 Sobre la vida de Francisco de Aguilón, cfr. Ziggelaar 2011: 168-174. Sobre algunos aspectos generales de su teoría óptica, cfr. Ziggelaar 2012: 84–104.
57 Sobre la noción de "horóptero", cfr. Pons Moreno & Martínez Verdú 2004: 231-263; Howard & Rogers 1995: 14-18, 31-68.
58 La fóvea es el área de la retina donde se enfocan los rayos luminosos. Tiene un radio de unos 0'4 mm y está compuesta por una densa concentración de conos. La fóvea constituye el centro de la visión nítida y subtiende un arco de aproximadamente 1º, en comparación con los 240º del ángulo visual que subtiende toda la retina. Cuanto más lejos está un estímulo de la fóvea, menor es nuestra capacidad de discriminación.
59 Sobre la noción de "puntos correspondientes", cfr. Pons Moreno & Martínez Verdú 2004: 193-203.

la integración de las dos imágenes monoculares se denomina *haplopía*; la visión doble, como hemos indicado, *diplopía*.[60] De tal manera que podría también definirse al horóptero como el lugar de los puntos del espacio que tienen asignada una disparidad binocular nula, vertical y horizontal, con respecto al punto de fijación.[61] Ahora bien, según estos principios, cualquier punto que caiga fuera del horóptero, es decir de la superficie en la que convergen los ejes visuales, debería verse doble. Sin embargo, es posible corroborar que alrededor de la curva del horóptero existe un intervalo espacial, una suerte de margen más o menos extenso en el que se produce una visión haplópica y no diplópica. Para explicar este fenómeno, Peter Ludvig Panum conjeturó que la correspondencia retiniana no es punto a punto, sino punto a área (cfr. Panum 1858). De tal manera que no es estrictamente necesario que la imagen de un punto de fijación P recaiga sobre el punto correspondiente de la otra retina, sino sólo que esté dentro del área correspondiente. Estas áreas retinianas se denominan áreas de Panum y se corresponden con el espacio alrededor del horóptero donde se produce una visión haplópica, llamado *espacio de Panum*.[62]

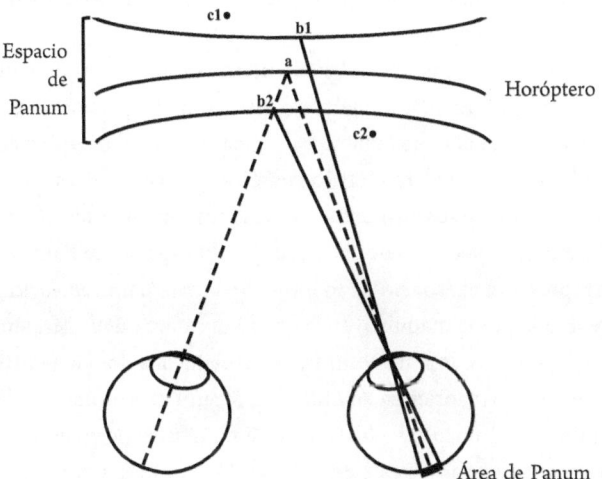

---

60 "De acuerdo a la óptica fisiológica moderna, la fusión de las dos imágenes en la visión binocular se produce cuando los puntos de fijación del objeto son 'pintados' en los puntos correspondientes de ambas retinas. El fenómeno de diplopía surge en los casos en que los puntos de fijación del objeto caen en puntos dispares sobre las superficies de cada retina" (Raynaud 2016: 79).

61 Los continuos desplazamientos de la mirada nacen de movimientos musculares de alta precisión para orientar el globo ocular, y tienen por tanto la misión de fijar durante una fracción de segundo en la fóvea ciertas porciones muy concretas de la imagen, llamadas puntos de fijación.

62 Sobre el área y el espacio de Panum, cfr. Wade & Ngo 2013: 92-94; Pons Moreno & Martínez Verdú 2004: 273-280; Raynaud 2016: 89-93.

Según este diagrama, *a* designa el punto de fijación, es decir el punto sobre el horóptero en el que convergen los ejes visuales de ambos ojos; *b1* y *b2* constituyen los puntos extremos que delimitan el espacio de Panum, el cual se corresponde con el área de Panum localizada en las retinas. Las áreas de Panum suponen la existencia de una tolerancia en los mecanismos fusionales que favorece la fusión aun cuando no exista una coincidencia total de las imágenes retinianas.[63] Por lo tanto, no es estrictamente necesario que los ejes visuales se crucen en el punto de fijación para que exista fusión. Es posible que exista una pequeña diferencia de alineación de los ejes visuales, pero que no impida la visión haplópica. Esta diferencia se conoce como *disparidad de fijación*.

Ahora bien, los puntos que caen fuera del espacio de Panum se ven dobles, es decir en diplopía. La franja adyacente al horóptero, representa el espacio en el que los puntos, aunque levemente dispares, son vistos de forma haplópica, es decir como una imagen única. Los puntos que se ubiquen por fuera de este espacio son vistos de forma diplópica. Si un punto se encuentra más allá del punto de fijación (en nuestro esquema: *c1*) se trata de una diplopía homónima o no cruzada; si se encuentra más acá (*c2* en nuestro esquema) se trata de una diplopía heterónoma o cruzada.

Estas nociones ópticas se revelan altamente significativas para nuestra categoría metodológica. La máquina óptica, hemos dicho, funciona articulando o fusionando las imágenes provenientes de cada ojo, el del cuerpo y el del alma, y produciendo una imagen tridimensional única. La fusión de las imágenes no supone una anulación de sus elementos particulares, sino más bien una integración de las diferencias específicas de cada imagen. El espacio de Panum de nuestro esquema representa el espacio de lo humano, la *franja antropológica*, es decir la región, generada por la máquina, en la que lo humano puede ser pensado como una instancia única o como un compuesto en el que los dos elementos, el corporal y el espiritual, se mantienen en una relación aún más íntima que la que existe entre un piloto y su navío.[64] La historia de la metafísica occidental se ha inclinado a producir lo humano en este espacio haplópico. Pero por eso mismo, no ha

---

63   En la medida en que el área de Panum se define como el espacio en el que pueden fusionarse las imágenes dispares y producir una visión haplópica se la denomina también área *fusional* de Panum. Sobre el área fusional de Panum, cfr. Howard & Rogers 1995: 13, 42, 53, 159, 315.

64   Nos referimos por supuesto a la célebre analogía (inválida, por supuesto) que emplea Descartes en la sexta meditación metafísica: "La naturaleza también me enseña, por medio de esas sensaciones de dolor, hambre, sed, etc., que yo no sólo estoy en mi cuerpo como un piloto en su navío, sino que estoy unido estrechísimamente y como mezclado con él, de tal manera que formo una sola cosa con él" (VII: 81). Como aclararemos en el capítulo VIII, las citas de Descartes corresponden a la edición de las obras completas de Adam y Tannery consignada en la bibliografía. Indicamos el número de tomo y luego el número de página.

dejado de verse acosada por la diplopía. Incluso en el espacio de Panum existe la disparidad, sólo que la máquina óptica funciona rectificándola y produciendo una imagen única. El punto de fijación, en este sentido, es un punto mítico, utópico. Más allá de la franja antropológica, en la zona del punto $c1$, los hombres han proyectado las existencias angélicas; más acá, en el punto $c2$, las existencias animales. El ángel es la sombra fantasmal o espectral del *más allá* de lo humano; el animal, la sombra fantasmal o espectral del *más acá* de lo humano. Dicho de otro modo: el ángel es la diplopía homónima o no cruzada del hombre; el animal, la diplopía heterónoma o cruzada. Si volvemos al diagrama de Alhacén, diremos que el punto l designa al animal mientras que el punto s al ángel. Lo interesante es que entre el más allá angélico y el más acá animal estrictamente hablando no hay nada, sólo un punto ciego, una imagen tridimensional vacía. Como se sabe, existe una zona en la retina, en el polo posterior del ojo, en la que no hay células sensibles a la luz debido a que es el lugar en el que se inserta el nervio óptico. Se denomina a esa región de la retina, en la que no hay sensibilidad óptica, *punto ciego*. Desde nuestra perspectiva, este punto ciego es precisamente lo humano, lo que la máquina produce y al mismo tiempo captura para funcionar. Normalmente no percibimos su existencia debido a que el punto ciego de un ojo es suplido por la información visual que nos proporciona el otro. Ante la falta de información visual en la zona del punto ciego, la máquina óptica recrea virtualmente y rellena esa pequeña área en relación al entorno visual que la rodea. Consideremos el siguiente experimento:

A   B   C

Sitúe su ojo izquierdo aproximadamente a 15 cm de las letras, tápese el ojo derecho y, fijando la vista con el ojo izquierdo en la letra C que está a la derecha, aleje lentamente el papel o la pantalla y podrá observar cómo desaparece la letra B al entrar en el área sin sensibilidad óptica; al continuar alejando el papel o la pantalla, la letra B volverá a aparecer.

Sea A el animal, B el hombre y C el ángel. La tradición metafísica ha intentado colmar el punto ciego de lo humano, el punto donde el hombre desaparece, con las más variadas imágenes: *zōon logon echon, animale rationale, cretura Dei, ego cogito, Geist,* etc. Lo cierto es que el lugar específico de lo humano es el punto ciego. Esto no significa ningún privilegio, por supuesto; simplemente significa que el hombre no posee una esencia que lo defina ni una naturaleza substancial. Como dirá Georges Bataille del sistema hegeliano: *horror a la mancha ciega*.[65] La metafísica antropocéntrica teme al punto de desaparición, teme a la posición en la que, de repente, el hombre dejaría de verse. El horror a la mancha ciega es el horror frente a la condición fantasmática o espectral de lo humano. El fantasma que acosa al hombre no tiene rasgos angélicos ni animales; el verdadero fantasma es el hombre mismo. El vacío espectral no se encuentra ni más allá ni más acá, ni en la pureza del espíritu ni en la brutalidad de la carne; se encuentra en el centro mismo de lo humano. El punto de fijación, por eso mismo, no puede evitar la diplopía. No es que al contemplar al hombre se insinúe la presencia sigilosa, espectral, del ángel o del animal; es que al contemplar al hombre no contemplamos nada. Pasamos del ángel al animal y del animal al ángel sin encontrarnos con ninguna substancia intermedia, como si el hombre fuese poco más que un espesor vacío, un cero de ser que no es una nada, un mínimo de ser. El punto de fijación, en consecuencia, el punto en el que la máquina óptica nos obliga a contemplar el centro esencial de lo humano, es en verdad un punto ciego. Sólo hay diplopía, disparidad. La visión haplópica es un mito generado por la máquina óptica. Dice Foucault: el hombre, a partir de Nietzsche, de Hölderlin, de Mallarmé, ha muerto. Decimos nosotros: el hombre ha nacido muerto. A diferencia de la tesis foucaultiana, su fecha de nacimiento no es reciente, sino simultánea a la historia de la metafísica y a la máquina óptica. Pero no se trata de proferir frases provocadoras. Expliquémonos: afirmar que el hombre ha nacido muerto significa afirmar que siempre ha sido el efecto tridimensional generado por un dispositivo óptico. El hombre ha sido una imagen, eso es todo. Y ha sido una imagen porque sólo así ha podido ser rellenado el punto ciego, el vacío que se abre, aun más amenazante que los ángeles y los animales, en el centro mismo de lo humano. Nietzsche ha afirmado que el hombre es una cuerda tendida entre la bestia y el superhombre. ¿Qué es esa cuerda? Es una imagen, un fantasma, un punto ciego, un cero de ser que no es una nada, un espesor que no es un vacío absoluto. Preguntarse por lo humano significará preguntarse, entonces, por el estatuto paradójico de esta singularidad en el límite de la ontología. Del animal al ángel, de la bestia al superhombre: el hombre no existe, es sólo la imagen de un puente ontológico que, en cuanto tal, no pertenece a lo existente actual.[66]

---

65 En *L'expérience intérieure*, Bataille consigna: "En el 'sistema', poesía, risa, éxtasis no son nada, Hegel se desembaraza rápidamente de ellos; él no conoce otro fin más que el saber. Su inmensa fatiga se liga a mis ojos al horror de la mancha ciega [*l'horreur de la tache aveugle*]" (1973, V: 130). Retomaremos esta cuestión en el apartado *c* del capítulo VIII.

66 Más adelante explicaremos por qué el estatuto ontológico de la imagen no se define por la existencia, como los cuerpos y las almas o las cosas y las ideas, sino por la subsistencia. En la conclusión general, además, retomaremos esta cuestión.

c) La diplopía ontológica

El término "diplopía" asume un rango decididamente ontológico en el pensamiento de Maurice Blondel.[67] En efecto, en *L'Être et les êtres* Blondel habla de una "diplopía ontológica" para referirse a la dualidad propia de la metafísica occidental en sus diversas nomenclaturas: sensible/inteligible, cuerpo/alma, materia/espíritu, etc.[68] El apartado que nos interesa lleva el sugestivo título "Nuestra diplopía ontológica [*diplopie ontologique*], ¿podrá remitir a la unidad de una visión binocular? Y cómo la fenomenología no basta para fundar la ontología" (1935: 369).[69] Blondel habla de una diplopía ontológica porque la estructura que ha determinado el estudio filosófico del Ser se encuentra siempre desdoblada en dos niveles. Así como la diplopía, desde un punto de vista óptico, alude a la visión doble de un objeto, asimismo, desde un punto de vista ontológico, alude a la concepción doble o desdoblada del Ser.

>...el estudio del *ser* ha estado también, en el curso de la historia filosófica, constantemente trabajado por una escisión entre dos posiciones del ser, sin que esta dicotomía oscilatoria haya jamás parecido desembocar en una justificación de esta doble perspectiva, en una resolución de este extraño conflicto entre dos concepciones del ser. (1935: 364)

Según esta perspectiva, es inherente a la historia de la metafísica de Occidente una escisión entre dos planos del ser o, para utilizar la expresión de Blondel, una "dicotomía oscilatoria" entre dos niveles ontológicos. ¿Cuáles son estos dos niveles? La respuesta la encontramos en el párrafo siguiente: se trata por un lado del ser entendido como "apariencia más o menos real o ilusoria" (1935: 369), y por otro lado como "verdad más o menos accesible o trascendente" (*ibid.*).[70] Esta distinción encuentra su formulación más acabada, según Blondel, en "la doctrina medieval de la esencia y de la existencia" (1935: 370), es decir, entre los "seres contingentes" (*ibid.*) por una parte, y el "Ser necesario" (*ibid.*) por la otra. Frente a esta estructura bipolar de la metafísica occidental, Blondel propone mantener la distinción de los dos planos y construir una ontología o una metafísica del ser que permita dar cuenta de la totalidad de los seres a partir de su fuente común: el Ser necesario, Dios.

---

67 Para un panorama general de la filosofía de Blondel, cfr. Bouillard 1961.
68 Sobre la ontología contenida en *L'Être et les êtres*, cfr. English 2007: 54-78.
69 El título del apartado, que se revelará esencial para Merleau-Ponty, continua: "En qué sentido la ontología después de haber ido de los seres al Ser vuelve del Ser a los seres y une el conocimiento discursivo al pensamiento asimilador en un realismo integral" (1935: 369).
70 En términos nietzscheanos diríamos que la diplopía alude a la contraposición entre el mundo verdadero y el mundo aparente. Sobre esta distinción, cfr. Nietzsche: eKGWB: GD-Welt-Fabel.

Se trata en efecto de discernir y de mantener, por así decir, dos planos superpuestos y esto en un doble sentido: - primero, en cada una de las realidades propuestas a nuestro conocimiento objetivo, parece haber dos capas, la de los datos obvios o de las apariencias fundadas en la percepción y en la aprehensión conceptual de los rasgos inteligibles, la de la substancialidad que sin duda sirve para producir el conocimiento pero cuya unidad secreta escapa al modo discursivo; - además la investigación filosófica es necesariamente conducida a distinguir, no ya dos planos en cada uno de los seres contingentes, sino también dos clases de seres en verdad inconmensurables: por un lado, todos los seres creados, finitos, en los cuales subsiste una diferencia real entre la naturaleza inteligible, la esencia y la realización positiva, la existencia individualizada y concreta, y por el otro lado, el Ser absoluto, trascendente, necesario, en su unidad y su unicidad. (Blondel 1935: 370)

Este pasaje de Blondel confirma nuestra hipótesis de que cuando las imágenes provenientes de cada ojo son integradas en la visión binocular no se produce una síntesis perfecta y definitiva, sino que cada una de las imágenes sobrevive o subsiste, por así decir, de forma espectral en la imagen tridimensional. Por eso Blondel sostiene que en cada una de las realidades propuestas a nuestro conocimiento es posible distinguir dos capas, la de la apariencia y la de la substancia. Hay como una suerte de desdoblamiento de ambas imágenes. Por un lado, la cara de la imagen que se deja integrar en la visión binocular; por otro lado, una cara espectral o fantasmática que subsiste[71] en la imagen final.

En el caso de Blondel, se trata de una superposición de dos registros ontológicos, es decir de un solapamiento de dos planos: los seres (deficientes, contingentes) y el Ser (perfecto, necesario).[72] Los seres reciben su realidad propia del Ser divino. De tal manera que son a la vez absolutamente dependientes y absolutamente distintos de su principio ontológico. Si los seres *existen*, Dios *es*. La ontología de Blondel, como vemos, se inscribe en la línea más tradicional de las concepciones y los problemas medievales. En Dios, a diferencia de las creaturas, esencia y existencia coinciden sin resto. Por eso se trata de indagar la relación, a veces misteriosa, entre "los seres segundos" y el "Ser primero" (1935: 60). Ahora bien, no hay que creer que Blondel les niega realidad a los seres segundos; en ningún momento se afirma que son irreales o inexistentes. Los seres contingentes,

---

71 El término "subsistencia", por supuesto, al igual que "insistencia", remite a la *Logique du sens* de Gilles Deleuze y, más allá, a la noción de "pseudo-existencia" o "cuasi-ser" que presenta Alexius Meinong en varios de sus textos, sobre todo previos a la *Gegenstandstheorie*. Retomaremos estas nociones en la conclusión general; en el anexo, además, retomaremos algunas nociones de la *Gegenstandstheorie*.

72 Adam English, en su estudio sobre Blondel, sostiene: "*L'Être et les êtres* intenta explorar la relación entre los seres contingentes, creados, y el 'Ser' —si es que se puede usar tal término— necesario e increado de Dios" (2007: 55).

las creaturas, existen por cierto, pero su realidad es completamente dependiente del Ser divino. No se trata de una contraposición entre la nada y el Ser o entre lo irreal y lo Real, sino más bien entre dos caras de lo real: "se trataría de dos caras, dos grados de lo real más que de un irreal opuesto a su contrario" (1935: 62). Esta diferencia aparentemente gradual de los dos planos ontológicos, sin embargo, no supone una confusión o una reducción recíproca. Por eso la diplopía, en la perspectiva de Blondel, resulta irresoluble. El Ser y los seres designan dos niveles ontológicamente inconmensurables. En un artículo titulado "Maurice Blondel et la métaphysique de l'être", Jean École explica esta condición irreductible:

> Es lo que prueba, entre otras cosas, su división del ser en dos categorías inconmensurables: por un lado, los seres deficientes y, por el otro, el Ser en sí y para sí que, hasta en su ofrecimiento de participación, les sigue siendo siempre trascendente, pues es fácil ver que ella reposa sobre una concepción analógica del ser, así como la explicación de la diferencia radical que separa estas dos categorías de seres se apoya sobre una teoría de la esencia y de la existencia que afirma su identidad en el Ser y su distinción en los seres. (1959: 168)

Diferencia radical, pues; diferencia entre la esencia y la existencia, entre la necesidad y la contingencia. Los grandes temas de la metafísica occidental se suceden uno tras otro –bajo una nueva luz, por supuesto– a lo largo de las páginas de *L'Être et les êtres*. Nos interesa este texto, tal como hemos indicado, puesto que nos permite leer la historia de la metafísica occidental como una "diplopía ontológica". Si se trata en efecto de una diplopía es porque siempre hay dos ojos en juego. Tal como hemos indicado con anterioridad, la metafísica de Occidente posee una estructura binocular; el ocularcentrismo está por necesidad escindido en dos ojos y dos miradas. Desde la perspectiva de Blondel, estos dos ojos corresponden al Ser necesario y a los seres contingentes o, si es verdad, como sostiene Jean École, que "la ontología blondeliana retoma bajo la apariencia de las relaciones del Ser y de los seres el viejo problema de lo Uno y de lo múltiple" (1959: 166), los dos ojos corresponden a lo Uno y a lo múltiple. De un lado, entonces, tendríamos el ojo del Ser Uno y absolutamente perfecto; del otro lado, el ojo de lo múltiple, es decir, un ojo fragmentado en innumerables miradas. La máquina óptica, en este sentido, funciona articulando estas dos imágenes o estas dos miradas: la sensible y la inteligible, la corporal y la anímica, la material y la espiritual, la contingente y la necesaria, etc. Pero además hemos indicado que la máquina óptica es una máquina antropológica. Esto significa que la imagen que la máquina genera a partir de la integración de ambas imágenes es precisamente lo humano, la imagen de lo humano y lo humano como imagen. De allí que la historia de la metafísica sea siempre humanista.[73] El hombre ha sido precisamente el lugar, metafísico y por tanto político, en el que estas dos regiones ontológicas han encontrado la posibilidad de su superposición o solapamiento. Si el hombre, en este sentido, ocupa un lugar central en la historia de la metafísica de Occidente no es, como querrán los renacentistas, porque posee un rol activo en el mundo y se sabe hacedor de su propio destino, ni porque emerge, a la vez como objeto y como sujeto, del entramado de los discursos de las ciencias humanas, pero tampoco porque su existencia lo libra a una responsabilidad que debería asumir sin mala fe; no, el hombre es el efecto, la imagen, producida por un dispositivo óptico que viene funcionando, con las discontinuidades y los cortocircuitos inherentes al transcurso histórico, desde los inicios de la metafísica. Acaso cuando lo real comenzó –en un comienzo sin duda mítico, inaccesible e hipotético– a ser pensado a partir de estos dos niveles que hemos señalado: sensible/inteligible, cuerpo/alma, etc., lo humano apareció para llenar el hiato y asegurar su relación. Pero este comienzo, paradójicamente, lo consignó a una región "central" pero inasible, es decir in-esencial. Enorme responsabilidad: saldar la escisión fundamental de la ontología, suturar la herida metafísica; resolver, pues, la diplopía ontológica.[74] Pero la tarea, veremos, sólo pudo ser realizada asumiendo el estatuto de la única entidad capaz de situarse a medio camino de lo sensible y lo inteligible: la imagen. La máquina dicotómica de la metafísica implica por necesidad, como instrumento de resolución posible, la puesta en marcha de la máquina óptica. De algún modo, la máquina metafísica *es* la máquina óptica. No sólo porque la historia occidental se caracteriza, como hemos señalado, por una preeminencia o una hegemonía de la visión, sino porque la única manera de salvar la fractura fundamental de la ontología de Occidente ha pasado por la imagen y en consecuencia, como veremos más adelante, por la imaginación. La aparición del hombre, en el sentido específico que le damos aquí, es decir como *imagen*, coincide con el inicio del funcionamiento de la máquina óptica.

---

73 Esta es una de las tesis, por supuesto, que avanza Martin Heidegger en *Brief über den "Humanismus"*. Metafísica y humanismo (al menos "cierto" humanismo), en Heidegger, se presuponen recíprocamente, es decir son simultáneos y correlativos: "Todo humanismo se basa en una metafísica, excepto cuando se convierte él mismo en el fundamento de tal metafísica. Toda determinación de la esencia del hombre, que, sabiéndolo o no, presupone ya la interpretación de lo ente sin plantear la pregunta por la verdad del ser es metafísica. Por eso, y en concreto desde la perspectiva del modo en que se determina la esencia del hombre, en particular y propio de toda metafísica se revela en el hecho de que es 'humanista'. En consecuencia, todo humanismo sigue siendo metafísico" (2000: 13). Sobre este problema, cfr. también Derrida 1972: 129-164.

74 El hombre está apresado en este doble movimiento de sutura y de escisión. Por esta razón Giorgio Agamben ha podido hablar de "una laceración que es a la vez una sutura, una tensión que es a la vez una articulación, una diferencia que es a la vez unidad" (2006: 25). Ese lugar, extremadamente paradójico y delicado, es propio del fantasma humano.

Capítulo III ■
El quiasma óptico

a) Dos líneas en forma de cruz

Al parecer le corresponde a Rufo de Éfeso, el famoso médico griego que vivió, según la *Suda*, en tiempos de Trajano,[75] la gloria de haber sido el primero en describir el quiasma óptico.[76] Como se sabe, los nervios ópticos conectan los ojos con el cerebro. Cada nervio mide unos 3 ó 4 mm y contiene alrededor de 250.000 axones. Luego de pasar por la retina en el disco óptico, el nervio óptico se extiende unos 5 cm hasta el quiasma óptico. En los primates y otros mamíferos, los axones que provienen de las retinas se cruzan en el quiasma y prosiguen hacia el otro lado del cerebro. Este cruzamiento de los axones se denomina *decusación*. Esta palabra proviene del latín *decussatio* que significa intersección de dos líneas en forma de cruz. El término quiasma, por su parte, proviene del griego *chiasma* y posee el mismo significado que la *decussatio* latina. Galeno, que en *De usu partium corporis humani* utiliza el término griego, reflexiona sobre su sentido y ofrece una explicación posible del quiasma óptico.

> ...es extraordinario que [los nervios sensores que descienden del cerebro a los ojos] se originen en lugares diversos y procediendo se unan para luego alejarse y divergir nuevamente. ¿Con qué fin la naturaleza no ha hecho comenzar su crecimiento desde lo alto en el mismo lugar, y, después de haber hecho nacer uno de la derecha, el otro de la izquierda, no los ha hecho ir directamente a las regiones (órbitas) de los ojos, sino que los ha hecho antes plegarse hacia el interior, los ha ligado y ha unificado sus canales, y después los ha hecho ir cada uno hacia el ojo que se encuentra en línea recta con su emergencia desde lo alto? La naturaleza no los ha ciertamente

---

75 "Rufo de Éfeso, doctor, vivió bajo el reino de Trajano junto con Crito" (*Suda*, s.v. Rouphos).
76 Sobre Rufo de Éfeso, cfr. Nutton 2004: 208-211.

intercambiado, haciendo ir el nervio de la parte derecha al ojo izquierdo y el de la parte izquierda al ojo derecho, pero el esquema de estos nervios es muy similar al de la letra X. Quien no haya realizado una disección cuidadosa puede llegar a creer que ellos se cruzan, es decir que se superponen uno al otro. Las cosas, sin embargo, no son así; en efecto, ellos se encuentran en el interior del cráneo y unifican sus canales para luego separarse de nuevo. (X, 12, 813-814)

Galeno sostiene que el quiasma óptico deriva su nombre de la letra X (*chi*). Sin embargo, no considera que los canales ópticos (por los que, según su teoría, circula el *pneuma*) se crucen y se superpongan, sino que meramente se tocan, se encuentran para volver a separarse. Es probable que haya deducido esto observando que una parte de los nervios ópticos no se cruzan en el quiasma (sólo se cruzan la mitad de las fibras axónicas, las cuales pasan del nervio óptico a la cinta óptica opuesta), de tal manera que parte del tracto que se origina en el flanco derecho del cerebro desemboca en el ojo derecho, mientras que el tracto izquierdo en el ojo izquierdo. Más allá de este aspecto, para nada menor, Galeno creía, como se seguirá creyendo hasta bien entrado el siglo XVII, que las imágenes provenientes de los dos ojos se fusionaban, al ser transportadas por el espíritu [*pneuma*] que circulaba por el interior de los nervios ópticos, en el quiasma.[77] En el centro de la X, aunque sin cruzarse ni superponerse, el espíritu visible proveniente de ambos ojos se unificaba en una única imagen y una única experiencia que le llegaba, recién entonces, al cerebro. La finalidad del quiasma, por ende, consiste en la resolución de la diplopía. Gracias a que las dos imágenes, que evidentemente son dispares, se tocan en el quiasma, vemos objetos singulares y no objetos dobles. Leamos la contundente explicación del mismo Galeno:

> ...es necesario que los ejes de los conos visuales tengan su colocación sobre un mismo plano único para que un objeto singular no aparezca doble [...] ¿Cuál es el modo más fácil y al alcance de la mano [Galeno se refiere al modo de colocar ambos canales sobre un mismo plano], del que antes me proponía hablar? Es que los dos canales se encuentren. De hecho dos líneas

---

[77] Dominique Raynaud, en *Studies on Binocular Vision. Optics, Vision and Perspective from the Thirteenth to the Seventeenth Centuries*, sostiene que recién "en el siglo dieciocho Porterfield lograría formular, sobre bases anatómicas, una crítica de la antigua idea de que la unificación de las sensaciones visuales se efectuaba al nivel del quiasma" (2016: 108). La fisiología galénica, además, se mantiene vigente en la Edad Media y la escolástica. En *De l'influence du rêve sur le délire (essai de psychophysiologie)*, el Dr. Étienne Jourdan explica: "En la Edad Media, la fisiología aristotélica y galénica del sistema nervioso central atraviesa, sin modificación esencial, lo que se llama impropiamente la fisiología de los árabes y la de los escolásticos así como la de numerosas escuelas médicas del siglo IV. La doctrina de Galeno, mejor comprendida en general que la de Aristóteles, reina y gobierna" (1901: 31).

rectas que se encuentran en un punto común, que es su vértice, están siempre sobre un mismo plano. (X, 13, 828-829)

Galeno retoma los postulados de Euclides y sostiene que la luz procede de los ojos en líneas rectas formando dos conos con sus vértices en cada ojo.[78] Sólo los objetos que caen dentro de los conos pueden ser vistos. La función del quiasma es unificar las imágenes que se forman a partir del *pneuma* que recorre ambos conos visuales. El quiasma representa, entonces, el punto de correspondencia de ambas imágenes, cuyos objetos, sin embargo, "son diferentes para el ojo derecho y para el ojo izquierdo" (Galeno, *De usu partium corporis humani*, X, 12, 823).

Alhacén, en el tratado que ya hemos citado en el capítulo previo, sostiene, al igual que Galeno, que las imágenes provenientes de cada nervio óptico convergen en el quiasma óptico, formando una imagen única. Recién entonces, aclara el físico árabe, la visión se produce. En un diagrama del *Kitab al-Manazir*, reproducido por su yerno en 1083 a partir de un manuscrito previo, podemos observar el lugar preciso en el que se fusionan las imágenes.

---

78 Ya en el primer teorema de la *Óptica*, Euclides habla de "rayos rectilíneos que proceden del ojo [*tou ommatos exagomena*]" (Definición 1). El prefijo griego *ex*, por supuesto, como su homónimo latino, indica exterioridad, salida, emisión. El verbo *exagō*, por eso mismo, significa salir de, liberarse de, marcharse. Esta teoría extromisionista, adoptada también por Hiparco de Nicea, gozará de una gran trascendencia en los siglos venideros, sobre todo a partir de la obra de Claudio Tolomeo, quien intentará demostrar *more geometrico*, al igual que Euclides, el proceso de la visión. Según refiere Apuleyo en su *Apologia sive pro se de Magia*, Arquitas de Tarento, una de las autoridades de la escuela pitagórica en tiempos de Platón, también sostenía que la visión se producía exclusivamente por medio de ciertos rayos visuales que salían de los ojos y tocaban los objetos, revelando sus formas y colores: "nuestros rayos de visión [*radii nostri*] (ya sea fluyendo desde el medio de los ojos [*seu mediis oculis proliquati*], mezclándose y uniéndose con la luz exterior como piensa Platón, ya sea procediendo meramente de los ojos [*oculis profecti*] sin ninguna mezcla externa, como supone Arquitas), cuando han impactado sobre un cuerpo denso, suave y brillante, rebotan, volviendo el ángulo de reflexión igual al ángulo de incidencia, de tal manera que pueden reproducir en el interior del espejo lo que tocan y ven afuera" (XV, 33-39-XVI, 1-3). En efecto, según la teoría extromisionista defendida por los pitagóricos, los rayos visuales surgen de los ojos, del medio de los ojos (*medium oculi*), y, luego de impactar sobre los objetos, regresan a los ojos trayendo las diversas imágenes. Sobre la teoría extromisionista en la Antigüedad, cfr. Beare 1906: 9-42.

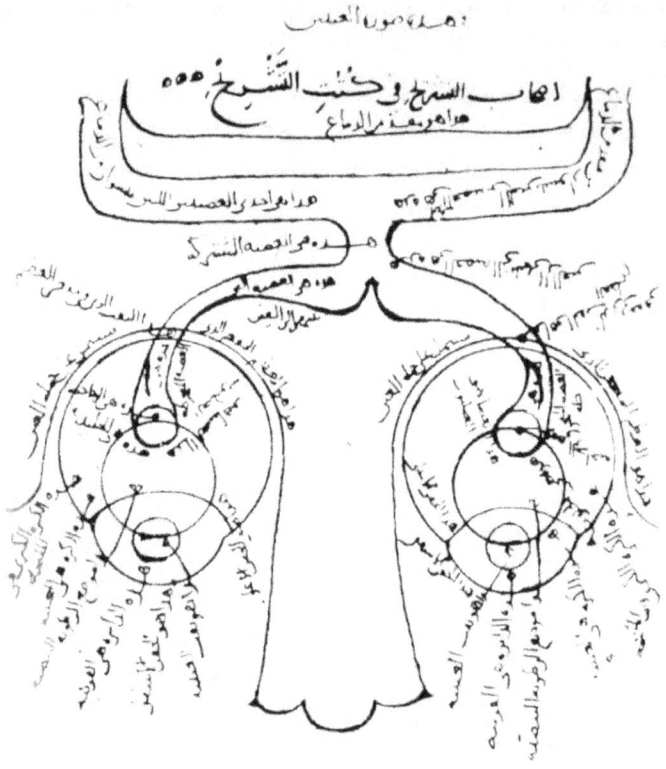

El sistema visual según Alhacén. Ilustración extraída de una copia del *Kitab-al-Manazir* realizada en 1083, MS Fatih 3212, vol. 1, fol. 81b, Süleymaniye Library.

De la parte posterior de los ojos, como se puede observar, parten los nervios ópticos. Luego de encontrarse, en el eje de la X correspondiente al quiasma óptico (*al-'aṣaba al-jawfā' al-moštareka*), se separan y se dirigen hacia el cerebro.[79] Si bien en este punto Alhacén coincide con Galeno, se distancia en otros no menos fundamentales. Por ejemplo, no adhiere a la teoría extromisionista defendida también por Euclides según la cual los rayos visuales emanarían de los ojos. El sabio árabe considera que las imágenes penetran por los ojos, convergen en el quiasma y luego llegan invertidas al cerebro, lo cual es justo. De todas formas, es recién con Francisco de Aguilón, quien cita al menos cuatro veces a Alhacén en su *Opticorum Libri Sex philosophis juxta ac mathematicis utiles*, que

---

[79] Para una explicación del sistema visual de Alhacén representado en el diagrama, cfr. Lindberg 1976: 67-71. Para una identificación de las varias partes que conforman el diagrama, cfr. Polyak 1941, figura 8 y texto explicativo.

el quiasma óptico es asimilado al sentido común y a la facultad imaginativa. La *propositio* XVIII del segundo Libro, en la cual se discuten cuestiones relativas a la visión binocular, resulta, en este sentido, esencial. La disparidad de las imágenes percibidas por cada ojo, razona De Aguilón, debería provocar una visión confusa del objeto: "dado que las imágenes en cada ojo son dispares [*minime sibi congruant*], la imagen de la cosa debería aparecer confusa y perturbada al sentido primario" (1613: 141). El término *congruere* es decisivo. Las imágenes de cada ojo no poseen congruencia o, más bien, poseen un mínimo de congruencia. Esto significa que son dispares. Tratándose de dos imágenes incongruentes, infiere el matemático jesuita, no debería producirse una imagen nítida. Sin embargo, es precisamente esto último lo que sucede. De Aguilón lo juzga milagroso [*mirus est*], y la explicación que ofrece es la siguiente:

> La razón de que los cuerpos se vean como objetos únicos [*res obiectae singulares*] no está en que imágenes aparentes formadas en cada ojo de forma separada entren en coalescencia [*mutuo exacte congruunt*], sino en que el sentido común [*communis sensus*] imparte su ayuda a ambos ojos por igual [*ex aequo*], ejerciendo su propio poder de la misma manera que los ojos ejercen el suyo cuando convergen su mirada por medio de sus ejes ópticos. De cualquier cuerpo, por ende, que cada ojo ve de manera conjunta, el sentido común produce una única noción, no ya compuesta por las dos imágenes [*non ex duabus illis*] que pertenecen a cada ojo, sino perteneciendo a y siendo acomodadas por la imaginación [*imaginatuae facultati*] a la cual (el sentido común) se la asigna. (1613: 141)

Este pasaje de De Aguilón es importante porque encontramos una clara relación entre el quiasma óptico, lugar en el que las imágenes dispares se fusionan, y la imaginación. Retomando un tópico común de la filosofía medieval y renacentista, sobre todo en su vertiente aristotélica, De Aguilón, como más tarde Descartes, ubica la facultad imaginativa en el lugar intermedio entre la sensibilidad y la inteligencia. Este punto es fundamental para nuestra categoría de máquina óptica. Como hemos indicado, la máquina funciona articulando los dos polos que la constituyen, el ojo del alma y el ojo del cuerpo. Al igual que en la fisiología del sistema óptico, esta articulación, tal como se creía desde la Antigüedad hasta la Edad Moderna, sucede en el quiasma, que De Aguilón identifica con el sentido común y la imaginación.[80] Lo cual significa que el hiato o el *topos* en el que con-

---

80 En la tradición aristotélica, retomada aquí por De Aguilón, muchas veces el *sensus communis* y la *phantasia* eran considerados prácticamente idénticos. Explica Eva Brann en relación a Aristóteles: "en el conocimiento de los 'sensibles comunes', la imaginación es prácticamente idéntica al 'sentido común', el cual es sin duda un poder para interpretar la sensación" (1991: 43). Ángel J. Cappelletti, en su estudio sobre

vergen (y al mismo tiempo divergen) la mirada del ojo del alma con la del ojo del cuerpo es precisamente la imaginación. Al igual que De Aguilón, Ignazio Danti, en sus comentarios a *Le due regole della prospettiva pratica* (1583) de Iacomo Barozzi da Vignola, sostiene que las imágenes provenientes de cada ojo se fusionan en el quiasma, sede del sentido común, razón por la cual vemos imágenes simples y no dobles. En la *annotazione seconda* de la *prima regola*, Danti propone un sencillo diagrama para ilustrar la función esencial que posee el quiasma óptico en el proceso visual. Reproducimos el gráfico y a continuación la explicación del sacerdote y matemático italiano.

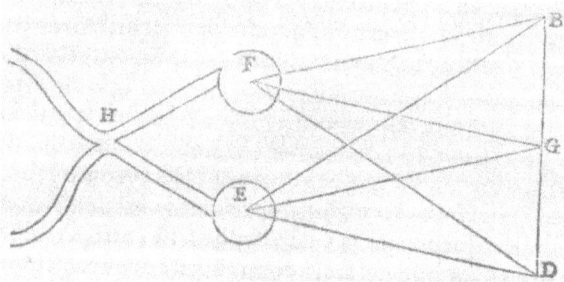

Diagrama de Ignazio Danti en el que se muestra la unificación de las imágenes en el quiasma óptico (punto H). Extraído de *Le due regole della prospettiva pratica di M. Iacomo Barozzi da Vignola*. Roma: Francesco Zannetti, 1583, p. 54.

...los espíritus visivos llevan al sentido común [*senso commune*] la cosa misma a través de los nervios de la vista, los cuales [...] se fusionan en el punto H, donde las imágenes [*species*] se mezclan y llevan la misma cosa tanto de un lado como del otro, y por tanto sucede que con los dos ojos no se ve sino una sola cosa, como si se mirase con un solo ojo. (1583: 54)

Algunos años más tarde, Descartes también identificará la instancia en la cual las imágenes monoculares se integran y funden en una única impresión con el sentido común y la imaginación. Sólo que, a diferencia de De Aguilón y de Danti, la sede de estas dos potencias no será el quiasma sino la glándula pineal. Lo importante, de todas formas, es que tanto en uno como en otros, más allá del lugar fisiológico específico (quiasma o hipófisis), la función integradora concierne a la imaginación y al sentido común o, con mayor precisión, a la acción de la imagi-

---

las teorías del sueño en la filosofía antigua, sostiene que no sólo la imaginación sino también la memoria eran identificadas con el sentido común: "Es claro que, en cuanto memoria y fantasía son sentidos internos, como el sentido común, y en cuanto están vinculados a él (hasta el punto de que algunos comentadores prefieren considerarlos como partes de un único sentido interno), el origen y la naturaleza del soñar estarían íntimamente vinculados con el origen y la naturaleza del dormir" (1987: 54).

nación sobre los datos sensibles proporcionados por el sentido común. La consecuencia inmediata que podemos extraer de esta constatación es la siguiente: si lo humano, las diversas imágenes de lo humano que la máquina ha ido produciendo a lo largo de la historia, es el efecto o el resultado de la articulación de la mirada del ojo del alma y de la mirada del ojo del cuerpo; si estas miradas, por otro lado, se fusionan en el quiasma (o la glándula pineal) y si éste, a su vez, como muestra De Aguilón, no es más que la potencia imaginativa, entonces lo humano, la *humanitas*, no es otra cosa que el producto de la imaginación, un fantasma generado, para retomar una expresión de Galeno, por el *ojo ciclópeo*.

b) El ojo ciclópeo

No es casual que encontremos en Galeno la explicación etimológica del término "quiasma" y a la vez la idea de un "ojo ciclópeo". En efecto, ambas nociones aluden a la misma función óptica: integrar o fusionar las imágenes provenientes de los dos ojos, es decir, hacer posible que veamos una imagen única y no doble. El quiasma óptico, en la medida en que integra las imágenes dispares transportadas por el *pneuma*, es un *ojo ciclópeo*.[81] Esto significa que a pesar de poseer dos ojos vemos imágenes únicas y no, salvo por alguna anomalía artificial o natural, imágenes dobles. Como sostienen Howard y Rogers: "Galeno usaba el concepto de ojo ciclópeo para referirse al quiasma óptico donde él creía que las imágenes de los dos ojos se fusionaban para formar una única impresión" (1995: 3). ¿Cuál es entonces para Galeno la utilidad primordial del quiasma óptico, es decir del ojo ciclópeo? En el Libro X del *De usu partium corporis humani*, en efecto, Galeno sostiene que "la utilidad principal y más necesaria es que no veamos dobles todas las cosas externas" (X, 14, 837). El ojo ciclópeo, en definitiva, permite resolver la diplopía.

Ahora bien, no es fortuito que De Aguilón retome esta expresión de Galeno y la utilice, al igual que el médico griego, para referirse al quiasma. Pero ahora, puesto que el quiasma se identifica con el sentido común y la imaginación, el ojo

---

[81] La idea de un ojo único, ubicado en la frente, no era exclusivo de Grecia. Al parecer, según explican B. Baljet, F. Van der Werf y A. J. Otto, también se encontraba difundida en China y la India: "El hallazgo de los restos óseos de un elefante pigmeo del período glacial en Sicilia, Messina, Palermo y Trapani, puede haber dado origen a la idea del fabuloso cíclope gigante. De hecho, la entrada de la cavidad nasal en estas calaveras fósiles tenía la apariencia de una gran órbita. En China y la India también se conocía este ojo ubicado en el medio de la frente. Este ojo podía tener relación con el ojo frontal de algunos fósiles y de anfibios y reptiles existentes. Este tercer ojo está presente también de forma rudimentaria en el hombre como el órgano pineal" (1991: 355-356).

ciclópeo pasa a designar la mirada propia de la imaginación, diversa tanto de la mirada sensible cuanto de la inteligible.

Que la cuestión concerniente al ojo ciclópeo, es decir a la resolución de la diplopía, era decisiva para De Aguilón es más que evidente por la ilustración de Peter Paul Rubens que abre el Libro primero del *Opticorum Libri Sex* en el cual se trata del órgano, el objeto y la naturaleza de la visión.[82]

Grabado de Peter Paul Rubens que ilustra el Libro I del *Opticorum Libri Sex* de Francisco de Aguilón, Antverplae, Ex Officina Plantiniana, 1633.

El grabado de Rubens ilustra la disección de un ojo ciclópeo. Un científico, sentado a la izquierda, estudia la estructura de un ojo que un grupo de *putti* le han extraído a un cíclope, cuya cabeza gigante yace inerte en el suelo a la derecha. Uno de los niños alados introduce un instrumento afilado en el orificio ocular del cíclope, como si quisiese señalar el quiasma o penetrar, quizás, en los rincones más secretos de su cráneo. No se trata, resulta obvio, de cualquier ojo. En él se esconde, en su potencia integradora y tridimensional, el misterio mismo de lo humano. El ojo cuyo secreto el científico y los querubines, la ciencia y

---

82 August Ziggelaar explica que "Rubens creó los seis grabados que abren cada uno de los capítulos o 'Libros', aunque nunca es mencionado por su nombre. Probablemente Rubens ejerció una gran influencia en la creación del libro; es posible que también haya contribuido en su contenido" (2011: 166). Para una descripción general del grabado de Rubens, cfr. Lauwereyns 2012: 41-43. Sobre la relación entre Rubens y De Aguilón, cfr. Held 1979: 257-264.

la religión, intentan a toda costa develar no es sólo el ojo de un monstruo sino el ojo, también monstruoso, del hombre. Cierta preocupación o ansiedad parece embargar a los querubines, diversa a la contemplación casi desinteresada del científico. Acaso los niños alados hayan presentido que el ojo del cíclope es en verdad el ojo del científico o, más bien, que el quiasma óptico del científico es idéntico, en su función, al ojo único dispuesto sobre la mesa hexagonal. Un *putto* está a punto de abrir el ojo ciclópeo, y lo que va a encontrar en su interior no es el misterio de lo monstruoso o lo sobrenatural, sino el misterio de lo humano, es decir el misterio de que no hay misterio.

b.1) Lo humano como monstruosidad y deformación

La figura del cíclope, desde sus primeras apariciones en la *Odisea* de Homero o en la *Teogonía* de Hesíodo, pasando por las *Metamorfosis* de Ovidio o la *Historia Naturalis* de Plinio el Viejo, ha estado siempre vinculada a lo monstruoso. Tal es así que incluso muchos siglos más tarde, en la misma época que De Aguilón, Fortunio Liceti llega a incluir un caso de ciclopía en su *De monstrorumn natura caussis et differentiis* (1634). El caso es por demás interesante ya que se trata de unos gemelos cuyos cráneos estaban fusionados. Liceti, además, acompaña el relato con la reproducción de una copia, perteneciente al cardenal Barberini en Roma, de un dibujo supuestamente realizado por Leonardo da Vinci (cfr. Leroi 2003: 71-72).

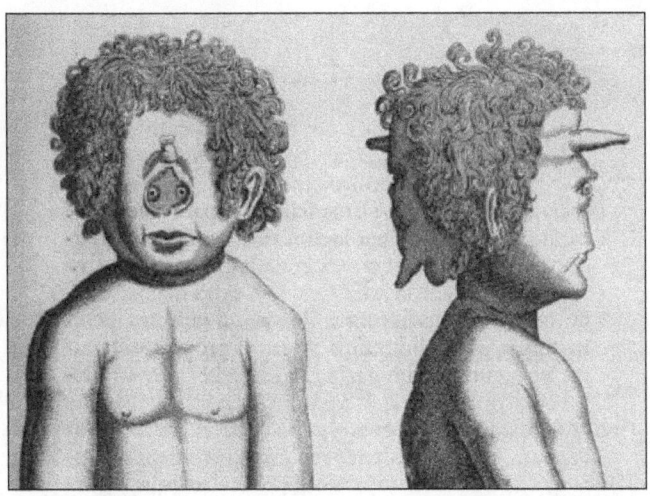

Ciclopía y doble rostro. Ilustración atribuida a Leonardo da Vinci. Extraída de Fortunio Liceti, *De monstorunt natura caussis et differentiis* (Wellcome Library, London), 1634.

A finales del siglo XVIII, el médico holandés Gerardus Vrolik comenzó a coleccionar diversos especímenes que constituirían lo que más tarde se conocería como el *Museum Vrolikianum*. Su hijo, Willem Vrolik, también médico y profesor de anatomía, fisiología, historia natural y cirugía teórica en el *Athennaeum Illustre* de Amsterdam publicó un artículo sobre la naturaleza y el origen de la ciclopía, basado en las reiteradas observaciones y estudios de especímenes humanos y mamíferos que se encontraban en el Museo familiar. El artículo, además, fue integrado como capítulo en el *Handboek der ziektekundige ontleedkunde* y dio lugar a varias planchas y litografías con descripciones en las *Tabulae ad illustrandam embryogenesin hominis et mammalium tam naturalem quam abnormen*.[83] Entre los dibujos que constituyen la plancha LIV, por ejemplo, encontramos las cabezas de dos niñas con ciclopía.

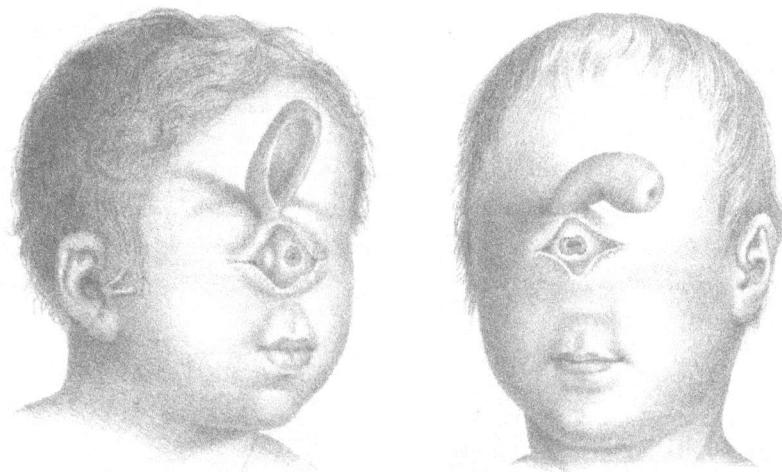

Niñas recién nacidas con ciclopía. Ilustraciones extraídas de Willem Vrolik (1849), *Tabulae ad illustrandam embryogenesin hominis et mammalium tam naturalem quam abnormen*.

La figura de la izquierda representa "la cabeza deforme de una niña [*caput infantis deformis*] afectada de ciclopía". Se trata, en este caso, según el sistema taxonómico de Emil Bock, diverso al de Vrolik, de una *ciclopía completa*, es decir de una fusión total de los dos ojos en un ojo único.[84] En efecto, Vrolik sostie-

---

83   Sobre la concepción de Vrolik acerca de la ciclopía, cfr. Baljet & Van der Werf & Otto 1991: 355-368.
84   Bock, en su *Beschreibung eines atypischen Cyclops*, divide estas malformaciones congénitas en ocho tipos: (1) Los ojos se encuentran juntos, cada uno tiene su órbita propia. La cavidad nasal es única y muy estrecha. (2) Los glóbulos oculares están muy cerca uno del otro, aunque se detectan aún dos órbitas; la nariz

ne que se trata de un "único y amplio globo ocular [*simplex sed amplus est oculi bulbus*]", cuyas "partes constituyentes son únicas [*partes oculum constituantes sunt simplices*], lo mismo que el nervio óptico [*unus tantum est nervus opticus*]." La figura de la derecha, en cambio, representa el rostro de una recién nacida, cuyo "globo ocular ciclópeo [*oculi bulbus cyclopieus*]" presenta "córneas dobles". En este caso, "los nervios ópticos son delgados y tenues."

Según Vrolik, la ciclopía es una malformación causada por el desarrollo interrumpido de los ojos y la nariz. En su ensayo *Over den aard en oorsprong der Cyclopie*, por ejemplo, define a quienes padecen esta malformación como "monstruos en los cuales tanto el órgano del olfato cuanto los de la visión están malformados, de tal manera que el primero o bien no existe o bien no se presenta en su lugar habitual, y los segundos están más o menos presentes en una forma única" (1834: 3). Actualmente, si bien la ciclopía es considerada una malformación congénita, caracterizada por la aparición de un único ojo, la explicación comúnmente aceptada difiere de la proporcionada por Vrolik. La ciclopía forma parte de un amplio espectro de malformaciones en las que el *cerebrum* o bien no llega a dividirse en dos hemisferios o bien la división es incompleta (cfr. de Rooy & Knepper 2009: 119).

Ahora bien, la ciclopía, para Vrolik y para la gran mayoría de los médicos y anatomistas del siglo XIX designa una monstruosidad, una imperfección y una deformidad. Tal es así que puede sostener, en sus *Tabulae*, que "el término cíclope nombra esos fetos monstruosos [*foetus monstrosos*] en los que el aparato visual y olfativo son ambos deformes [*ambo sunt deformes*]" (Tabula LIII). Esta monstruosidad, además, está íntimamente vinculada con el rostro.[85] La ciclopía produce una deformidad en el rostro, paradigma de la "persona" humana.

---

con su cavidad única está desplazada hacia arriba como una probóscide. (3) Como 2, pero los glóbulos se encuentran en la misma órbita. (4) Como 3, pero los glóbulos están fusionados por la esclerótica. (5) Los nervios ópticos están muy próximos, el tejido esclerótico fusionado es muy delgado, la córnea, el iris, la lente, el cuerpo ciliar y la retina son dobles. (6) Córnea simple, las otras partes dobles. Los nervios ópticos están separados por una pequeña capa de tejido conectivo. (7) Una córnea, dos lentes, esclerótica y coroides centralmente fusionadas. La retina y el nervio óptico son únicos. (8) El ojo no posee partes dobles (cfr. Bock 1989: 508-513). Según B. Baljet, F. Van Der Werf y A. J. Otto, "los tipos 3-7 son clasificados como Ciclopía incompleta, el tipo 8 como Ciclopía completa" (1991: 365). La ciclopía completa es muy inusual y se conoce como sinoftalmia. Robert Bentley Todd, en el cuarto tomo de su *Cyclopædia of anatomy and physiology*, hace referencia a estas dos formas de ciclopía, la completa y la incompleta, en sus diferentes variantes. "Puede encontrarse un nervio óptico doble con un único globo ocular. Con una duplicación completa de las partes internas del ojo, e incluso con dos ojos separados, he encontrado un único nervio óptico, y también un doble, aunque incompleto, globo ocular, así como uno simple, además de la ausencia total del nervio óptico" (1847, IV: 944).

85   "la condición imperfecta del rostro [*imperfectam faciei conditionem*] a la cual se denomina ciclopía [*cui cyclopiae nomen est datum*]" (Vrolik: *Tabula* LIII).

Si el ojo ciclópeo para Galeno no es sino el quiasma óptico, es decir la instancia en la que se integran las imágenes provenientes de cada ojo, y si el quiasma, como hemos visto en De Aguilón, no es sino la imaginación, entonces el ojo ciclópeo es el ojo propio de la imaginación. Pero ¿por qué este ojo se revela enseguida monstruoso y deforme? La monstruosidad del ojo ciclópeo es por cierto la monstruosidad de la imaginación. Pero si la imaginación, como veremos, es la potencia propia del hombre, entonces la monstruosidad de la imaginación no es otra que la monstruosidad del ser humano. El hombre es monstruoso no sólo porque imagina, capacidad que también poseen algunos animales, sino fundamentalmente porque es una imagen (proyectada por la máquina óptica). Lo monstruoso del hombre es que se ha creído propietario de una esencia, vicario excelso de una naturaleza propia y fundamental, cuando en realidad no ha sido, no es, más que una imagen generada por un dispositivo óptico. El ojo de la imaginación, el ojo ciclópeo, permite vislumbrar la tridimensionalidad vana e infundada de lo humano; es el instrumento que produce y a la vez revela el espesor o la profundidad inesencial del hombre. El cíclope es en efecto un monstruo, casi tan monstruoso y deforme como el hombre.

c) **El oculus imaginationis**

El ojo ciclópeo es el *oculus imaginationis*, el ojo de la imaginación.[86] No es de extrañar que esta expresión, "oculus imaginationis", figure en un dibujo de la página inicial del *Ars Memoriae* (Tratado Primero, Sección II, Parte III, Tomo II: 47) de Robert Fludd,[87] publicado sólo seis años más tarde que el tratado de De Aguilón y recopilado en el *opus magnum* del astrólogo y místico inglés: *Utriusque Cosmi maioris salicet et minoris metaphysica physica, atque technica Historia*.

---

86 En efecto, Pons Moreno y Martínez Verdú corroboran la condición imaginaria del ojo ciclópeo. No es casual, en este sentido, que "la percepción de la dirección visual —explican en *Fundamentos de visión binocular*— pasa de codificarse inicialmente con dos ojos reales a codificarse finalmente a través de un solo ojo imaginario, o cortical, denominado ojo cíclope" (2004: 203).

87 Sobre la relación entre la memoria y la imaginación en el Renacimiento, cfr. Yates 1999: 320-367; Coleman 1995: 562-566. Para un panorama general del pensamiento de Fludd, cfr. Godwin 1991.

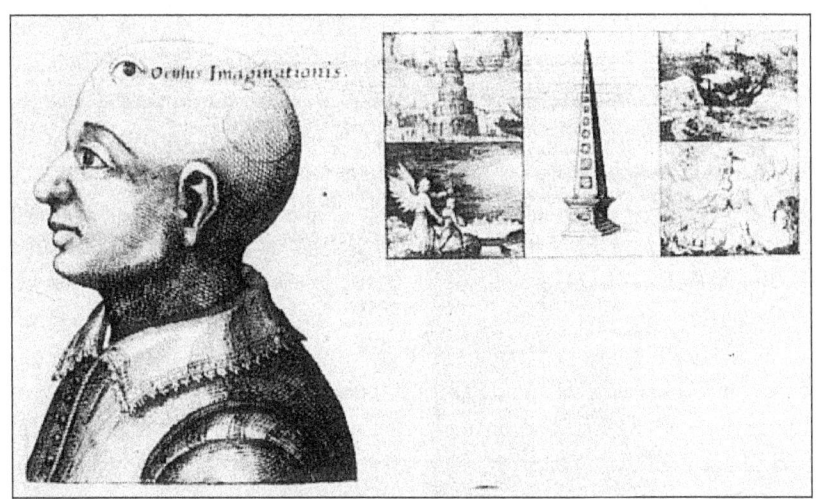

Ilustración de Robert Fludd. Extraída de *Utriusque Cosmi maioris salicet et minoris metaphysica physica, atque technica Historia* (1619).

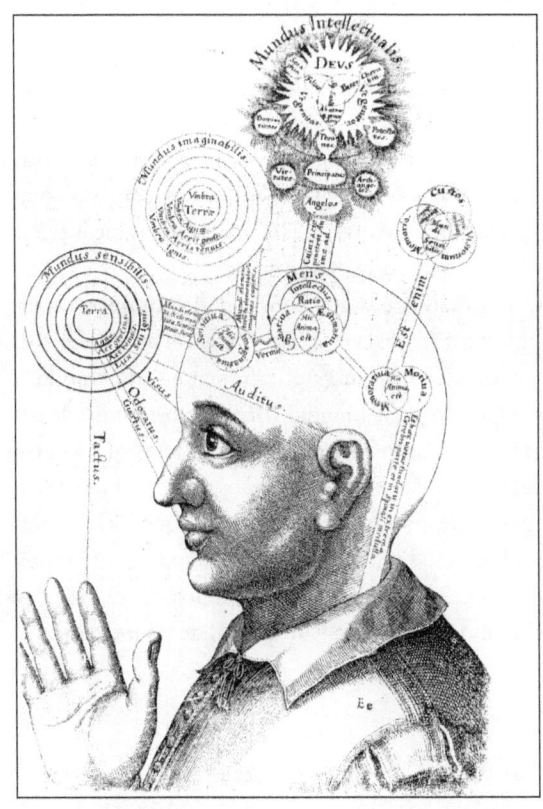

Ilustración de Robert Fludd. Extraída de *Utriusque Cosmi maioris salicet et minoris metaphysica physica, atque technica Historia* (1619).

En el Libro X de la Sección I del Tratado Primero de la *opera magna* de Fludd, titulado "De triplici animae in corpore visione", encontramos algunas indicaciones que nos permiten interpretar este enigmático *oculus imaginationis*. En las páginas de esta sección, Fludd habla de tres tipos de visión y del lugar intermedio que ocupa la imaginación o fantasía en la estructura psicológica del ser humano. La visión de la imaginación hace posible la articulación y la conexión de la visión sensible (*per sensum*) con la visión intelectual (*intellectualis*) (cfr. 1619, Tomo II: 204-221). El *oculus imaginationis*, pues, ubicándose entre el *oculus corporis* y el *oculus intellectualis*, permite articular la mirada sensible con la mirada intelectual.

Fludd nos presenta tres reinos ontológicos que se corresponden con tres potencias psicológicas: 1) el mundo sensible (*mundus sensibilis*) con la facultad sensitiva (*vis sensitiva*); 2) el mundo imaginal[88](*mundus imaginabilis*) con la facultad imaginativa (*vis imaginativa*); 3) el mundo inteligible (*mundus intellectualis*) con la facultad cogitativa (*vis cogitativa*). El *mundus sensibilis* resulta cognoscible por los sentidos: *tactus, odoratus, gustus, auditus, visus*. El *mundus intellectualis* por la *ratio*, el *intellectus* y la *mens*. El primero es inmanente; el segundo, trascendente. A través de la inteligencia el hombre se eleva al mundo espiritual y sus diversas jerarquías: ángeles, principados, tronos, etc. En el extremo más alto se encuentra por supuesto Dios. Ahora bien, el *mundus imaginabilis* es precisamente el reino intermedio que hace posible la conexión y la economía entre el *mundus sensibilis* y el *mundus intellectualis*. Sólo porque existe el *mundus imaginabilis*, las cosas sensibles pueden encontrar su contraparte inteligible, es decir, pueden ser comprendidas y pensadas; y a la inversa, sólo a través de las imágenes las ideas puras pueden encontrar una ocasión de concreción en el mundo.

Nos interesa este grabado de Fludd puesto que en él podemos observar las tres visiones y los tres ojos que constituyen la máquina óptica: el ojo sensible, el ojo inteligible y el ojo imaginativo. La máquina óptica funciona articulando la mirada del ojo corporal correspondiente al *mundus sensibilis* con la mirada del ojo anímico correspondiente al *mundus intellectualis*. El lugar en el que se produce esta articulación es precisamente el quiasma óptico, es decir el ojo cíclopeo, el *oculus imaginationis* que corresponde, en el sistema de Fludd, al *mundus imaginabilis*. Por esta razón, el mundo humano no es ni el *mundus sensibilis* ni, como han creído algunas de las líneas dominantes de la tradición metafísica, el *mundus intellectualis*, sino el mundo infundado e inesencial de las imágenes, el *mundus imaginabilis*.

---

88 Utilizamos el término "imaginal" en el sentido de Henry Corbin. La noción de "mundo imaginal" será explicada con mayor detalle en el apartado *d* del capítulo XV.

d) La lógica del quiasma: el tercero incluido

Podemos comenzar a entrever, a partir de aquí, algunos problemas que se volverán centrales en el transcurso de esta investigación. ¿Cuál es el estatuto ontológico del *mundus imaginabilis*? Formular este interrogante significa indagar el estatuto ontológico del hombre. Como veremos en la cuarta parte, se tratará de esbozar –o al menos de plantear la necesidad de esbozar– una ontología de la imaginación. Pero ya aquí se presentan varias posibilidades: 1) tanto el *mundus sensibilis* cuanto el *mundus intellectualis* son expresiones o modalidades del *mundus imaginabilis* (sería más o menos la posición romántica: Hegel, aunque reemplazando la Imaginación por la Idea; Schelling, efectuando el mismo reemplazo pero en lugar de la Idea se trata aquí de lo Absoluto; Spinoza, reemplazando la Imaginación por la Substancia y limitando los atributos sólo a dos: extensión y pensamiento); 2) el *mundus sensibilis* y el *mundus intellectualis* designan substancias diferentes; el *mundus imaginabilis*, por su parte, se desplazaría al *sensibilis* (serían los diversos dualismos ontológicos: Platón o Descartes, por ejemplo); 3) el *mundus imaginabilis* no es ni el *mundus sensibilis* ni el *mundus intellectualis* (se trataría de pensar al *mundus imaginabilis* como neutro: *ne...uter*, ni esto ni esto, ni sensible ni inteligible). A su vez, esta tercera posibilidad se puede subdividir en dos modalidades: 1) el *mundus imaginabilis* como un tercer género del Ser, un poco a la manera de la *chōra* platónica; o 2) como un mínimo de Ser, un cuasi-ser o pseudo-ser no definible por la existencia sino por la subsistencia o la insistencia (es decir, pensando la imaginación a partir de algunas categorías de Alexius Meinong, entre otros).

Cada una de estas posibilidades implica una lógica específica. Este punto es importante porque nos permite determinar cuál es la lógica que explica el funcionamiento de la máquina óptica. Como se sabe, los principios de la lógica clásica o formal, remisibles a la filosofía aristotélica, se reducen a tres: 1) el axioma de la identidad (A es A);[89] 2) el axioma de la no-contradicción (A no es no-A); 3) el axioma del tercero excluido (A o no-A). El principio de identidad establece que toda entidad es idéntica a sí misma. El principio de no-contradicción establece que nada puede ser y no ser al mismo tiempo y en el mismo

---

89 A decir verdad, el principio de identidad se encuentra ya formulado, aunque quizás no desarrollado en profundidad, en Platón: "Sóc. —Pues bien, respecto al sonido y al color, ¿no hay, en primer lugar, una misma cosa que puedes pensar de ambos a la vez, es decir, que uno y otro son? / Teet. —Sí. / Sóc. —¿No puedes pensar, igualmente, que cada uno de los dos es diferente del otro, pero idéntico a sí mismo? / Teet. —Naturalmente. / Soc.—¿Y que ambos a la vez son dos, pero cada uno por separado es uno? / Teet. —Sí, también" (*Teeteto* 185a-b).

sentido.[90] El principio del tercero excluido, por último, establece que no existe un tercer término que sea al mismo tiempo A y no-A. Esto significa que entre dos proposiciones contradictorias no hay una tercera posibilidad, la tercera está excluida. Este principio es la declaración, en el orden ontológico, que entre el ser y el no-ser no puede existir un término intermedio, es decir, algo que no sería ni ser ni no-ser. Nos interesa sobre todo este último principio porque creemos que es el que ha imposibilitado la comprensión del funcionamiento de la máquina óptica. La historia de la metafísica, por cierto, se ha caracterizado por excluir el tercer término. Por eso toda vez que el tercero ha sido afirmado, la maquinaria metafísica ha reaccionado mostrando que tal afirmación es contradictoria. De ahí la íntima relación y complicidad entre el segundo y el tercer principio. En la lógica clásica, la lógica que ha regido la forma legítima de razonamiento a lo largo de la tradición metafísica, "el segundo y el tercer axioma –nos dice Basarab Nicolescu– son, evidentemente, equivalentes" (2012: 19). Este punto es importante porque la exclusión del tercer término, del término medio, es correlativa a la exclusión de la imaginación en la historia metafísica o, para decirlo con Gilbert Durand, a "la desvalorización extrema que sufrió la imaginación, la '*phantasia*', en el pensamiento occidental y en el de la antigüedad clásica" (1964: 9). Ha sido esta exclusión la que no ha permitido pensar, durante siglos, una ontología de la imaginación y, al mismo tiempo, una lógica acorde a esa ontología. Esta exclusión de la imaginación, inherente al "pensamiento heredado", ha sido señalada entre otros por Cornelius Castoriadis:[91]

> Es así también que jamás se ha contemplado la representación, la imaginación ni lo imaginario por sí misma, sino siempre en referencia a otra cosa –sensación, intelección, percepción, realidad–, sometida a la normatividad incorporada a la ontología heredada, reducida desde el punto de vista de lo verdadero y lo falso, instrumentalizada en una función, como medio que se juzga según su contribución posible a la realización de ese fin que es la verdad o el acceso al ente verdadero, al ente realmente existente (*ontos on*). (2013: 270-271)

---

90 Aristóteles, en *Metafísica*, presenta la siguiente formulación del principio de no contradicción: "Hay un principio, en las cosas que son, acerca del cual no es posible caer en error, sino que siempre se hace necesariamente lo contrario, o sea, estar en la verdad: que 'no es posible que lo mismo sea y no sea a un mismo tiempo', e igualmente en el caso de los otros predicados que se oponen entre sí de este modo" (XI, 5, 1061b-1062a).

91 Sobre la ontología de Castoriadis, cfr. Tello 2003: 29-91; Johann 2015: 123-145; Adams 2011. Sobre la lógica del ser indeterminado (es decir, imaginario), cfr. Klooger 2009: 213-239.

Por eso es preciso modificar el tercer axioma de la lógica clásica y postular un principio del tercero incluido. Este movimiento teórico, de hecho, ha sido realizado por varios autores en el transcurso del siglo XX. Un caso notable, por la profundidad ontológica del planteo, es el del rumano Stéphane Lupasco.[92] Por el momento sólo nos interesa, para determinar la lógica específica de la máquina óptica, el principio del tercero incluido propuesto por Lupasco en *Le principe d'antagonisme et la logique de l'énergie*.[93] El axioma del tercero incluido supone la condición contradictoria de lo real, ampliamente rechazada por la lógica clásica (pero ampliamente demostrada, también, por la mecánica cuántica). Este principio del tercero incluido, a su vez, puede ser entendido o bien como "y esto y aquello", es decir como A y no-A, o bien como ni esto ni aquello, es decir como ni A ni no-A. Explica Nicolescu: "Estos aspectos contradictorios dejan de ser absurdos dentro de una lógica fundada sobre el postulado 'y esto y aquello', o mejor, '*ni* esto *ni* aquello'" (2012: 18). Nos interesa esta observación de Nicolescu en relación al axioma del tercero incluido, puesto que nos permite pensar la lógica propia de las opciones 1 y 3 mencionadas con anterioridad. Según el primer sentido (A y no-A), el principio del tercero incluido da lugar a una ontología monista como la de Schelling o Hegel: lo Absoluto es ideal *y* real; la Idea es espíritu *y* naturaleza. Los románticos, como veremos en los capítulos XVI y XVII, tienden a pensar la imaginación, desde una perspectiva metafísica, según este primer sentido del tercero incluido. Según el segundo sentido (ni A ni no-A), en cambio, el tercero incluido conduce a una ontología de lo neutro, una ontología del límite, la membrana o el quiasmo que, si bien articula (y distingue) las dos regiones de lo real, no se confunde con ninguna de ellas. Según Lupasco, es necesario introducir un tercer término (T) que permita explicar la dinámica contradictoria que existe entre A y no-A. Lupasco explica que el término o el estado T se relaciona "con el tercer valor de las lógicas trivalentes contemporáneas, el valor: ni verdadero ni falso, puesto que no es ni actual ni potencial" (1951: 27). Hablar de dinámica contradictoria, sin embargo, no significa caer en una contradicción *tout court*. Lupasco utiliza el neologismo "tridialéctica" para dar cuenta de la estructura ternaria o tripolar que existe en toda manifestación de la realidad. A diferencia de la dialéctica hegeliana, cuyo devenir sigue un orden sucesivo (la *Aufhebung* sintetiza los dos momentos previos), la tridialéctica de Lupasco su-

---

92   Sobre el pensamiento de Lupasco, cfr. Fondane 1998.
93   Joseph Brenner, en su texto *Logic in Reality*, reconstruye el principio del tercero incluido de la siguiente manera: "Un tercer elemento estado-T incluido o adicional emerge en el punto de máxima contradicción en el cual A y no-A son igualmente actualizadas y potencializadas, pero a un nivel más alto de realidad o complejidad, en el cual la contradicción se resuelve" (2008: 4). Sobre la lógica en Lupasco, cfr. también Brenner 2010: 243–285 y Nicolescu 2005: 431-441.

pone la *coexistencia* simultánea de los tres términos (A, no-A y T), de tal manera que las polaridades antagónicas subsisten intactas. Por eso Lupasco aclara siempre que el *tercero incluido* "no puede ser la síntesis hegeliana, el tercer término de la lógica de Hegel" (Lupasco 1951: 24), razón por la cual "la dialéctica que revela la lógica de lo contradictorio es una tridialéctica" (1951: 25).[94] ¿Por qué nos interesa este principio del tercero incluido? Porque explica a la perfección el funcionamiento de la máquina óptica. La máquina funciona según una lógica del tercero incluido. En efecto, hemos visto que la máquina integra la imagen del ojo del cuerpo con la imagen del ojo del alma y genera una imagen tridimensional. El quiasma óptico, además, es el lugar en el que la integración se produce.[95] Ahora bien, si retomamos el principio del tercero incluido de Lupasco e identificamos, consecuentemente, al ojo del cuerpo con uno de los polos antagónicos y al ojo del alma con el otro polo, entonces el quiasma, el ojo de la imaginación, debe ser entendido como el término T, el tercer término que ha sido sistemáticamente excluido de la metafísica occidental. Como sostiene Lupasco en *Les trois matières*:

---

94 Sobre las diferencias entre la lógica de Lupasco y la de Hegel, cfr. Brenner 2010: 252-253, 273-275; Nicolescu 2012: 28-29.

95 De nuevo es Castoriadis el que ha indicado la necesidad de pensar una nueva lógica –y una nueva ontología, por cierto– que permita dar cuenta de ciertas modalidades del Ser (por ejemplo, lo histórico-social, lo imaginario, etc.) no consideradas por la lógica tradicional: "la reflexión en torno a la historia y la sociedad se ha colocado siempre en el plano de la lógica-ontología heredada y dentro de sus fronteras. [...] La regla clásica reza así: no hay que multiplicar los entes innecesariamente. Pero, en una capa más profunda se aloja otra regla que dice: no hay que multiplicar el sentido del ser; es menester que 'ser' tenga un sentido único. Este sentido, determinado de principio a fin como determinación –*peras* entre los griegos, *Bestimmtheit* en Hegel– excluía ya por sí mismo la posibilidad de reconocer un tipo de ser que escapara de modo esencial a la determinación, como lo histórico-social o lo imaginario" (2013: 271). En nuestra perspectiva, este tipo de ser que escapa a la determinación de la lógica y de la ontología heredada es, como veremos, el *fantasma*, el hombre como fantasma. Irreductible a las dos regiones de la metafísica occidental, lo sensible y lo inteligible, el fantasma, en la medida en que "no se subsume en las categorías tradicionales, salvo nominalmente y en el vacío, que obliga a reconocer los límites estrechos de su validez, que permite entrever una lógica distinta y nueva y, por encima de todo, alterar radicalmente el sentido de ser" (2013: 273), "hace estallar la lógica y la ontología heredadas" (272-273). Esta modalidad fantasmática del Ser, lejos de definirse por la existencia, se define por la subsistencia. Es preciso destacar, además, que este principio de determinación del Ser que ha regido durante toda la tradición metafísica se equipara a la noción de "actualidad" propuesta por Alfred North Whitehead. Así, en *Process and Reality*, por ejemplo, leemos: "La ingresión definida en una entidad actual particular no debe ser concebida como la mera evocación del objeto eterno del no-ser al ser; es la evocación de la determinación fuera de la indeterminación. La potencialidad se vuelve realidad; y aún mantiene su mensaje de aquellas alternativas que han sido evitadas por la ocasión actual" (1978: 149). El ser no se agota, por cierto, en su modalidad actual. Los objetos eternos poseen un indudable estatuto ontológico, sólo que no actual; como dice Jean Wahl, "son formas potenciales, determinabilidades más que determinaciones" (1932: 183). Para un panorama general de la metafísica de Whitehead, cfr. Leclerc 1958; Wahl 1932: 127-221. Sobre la noción de "objeto eterno" en Whitehead, cfr. Cobb 2008: 23-27; Mays 1977: 62-65, 86-93; Shaviro 2009: 17-46.

Es posible considerar [...] que entre esos dos polos de lo potencial y de la actualización, una especie de zona intermedia se elabora y se organiza, en la misma trayectoria, el movimiento mismo de un polo a otro; de modo que las sistematizaciones energéticas de acontecimientos sólo pueden pasar hacia la actualización, sin actualizarse suficientemente para penetrar en nuestra noción de "realidad", y menos aun potencializarse. (1960: 124-125)

Esta zona intermedia, el término T, es la instancia que ha funcionado como límite o pliegue entre lo sensible y lo inteligible. La tridialéctica de Lupasco, además, nos obliga a pensar las distintas configuraciones históricas de la máquina sin suponer una anulación total del antagonismo ocular. De ahí la diferencia fundamental con la lógica hegeliana: "Hegel intenta superar/abolir (*aufheben*) las polaridades antagónicas, mientras que Lupasco intenta, sobre todo, asumirlas o integrarlas" (Nicolescu 2012: 29).[96] Es precisamente esta asunción o integración de las dos imágenes, la del ojo del cuerpo y la del ojo del alma, la causa de la profundidad tridimensional que define a la imagen antropológica generada por la máquina.

Por el momento, no nos interesa profundizar más en estas cuestiones. Sólo queremos dejar planteadas algunas de las posibilidades que no sólo nos han parecido características de la metafísica occidental, sino que se volverán centrales, sobre todo la 1 y la 3, para pensar una ontología de la imaginación en la cuarta sección de este escrito. Retengamos, por ahora, que lo humano es una imagen producida por la máquina óptica a partir de la integración de la mirada del ojo del cuerpo y la mirada del ojo del alma. La instancia, a la vez fisiológica y metafórica, en la que se efectúa esa integración ha sido llamada quiasma, ojo ciclópeo, tercer ojo, etc. Lo cierto es que su función, a lo largo de la historia metafísica, ha estado vinculada a la imaginación. Por tal motivo, el ojo ciclópeo es el *oculus imaginationis*, el término T, el tercero incluido, de la misma manera que el quiasma óptico es la imaginación. Este ojo no es por eso humano, de allí su naturaleza monstruosa, sino maquínico. El *oculus imaginationis* es el ojo específico de la máquina óptica, el ojo propiamente antropogénico. En este sentido, el quiasma óptico, es decir el ojo ciclópeo o el ojo imaginativo, es una de las partes esenciales de la máquina. La imagen resultante de la integración de las dos miradas, la sensible y la inteligible es, por necesidad, una imagen tridimensional. Este espesor, inasible y por así decir inexistente o, más bien, sub-sistente, es lo humano.

---

96 En un artículo publicado en 2005, Nicolescu sostiene que la operación del tercero incluido se define por una "unificación no-fusional" (435). Esta expresión, de más está decir, se ajusta perfectamente a la operación que realiza el quiasma óptico, es decir la imaginación, con las dos imágenes bidimensionales provenientes de cada ojo.

Capítulo IV ■
Estereopsis antropológica

a) La estereopsis

Ian Howard y Brian Rogers, en *Binocular Vision and Stereopsis*, sostienen que la visión binocular está íntimamente vinculada a la sensación de profundidad. "La expresión 'visión binocular' se reserva usualmente para aquellos animales que poseen un amplio espacio de superposición binocular [*overlap*] y que la usan para codificar la profundidad [*depth*]" (1995: 2). Nos interesa destacar dos términos: superposición o solapamiento y profundidad, *overlap* y *depth*. No es causal que ambos conceptos (en su versión francesa: *empiétement* y *profondeur*) sean centrales en el pensamiento de Merleau-Ponty y que adquieran toda su relevancia a la hora de plantear una ontología (de la carne) diversa a la cartesiana. Por el momento, sin embargo, nos limitaremos a considerar estos dos conceptos en la perspectiva de nuestra categoría metodológica, dejando para la cuarta parte de esta investigación un análisis de ambos términos en el pensamiento de Merleau-Ponty.

El funcionamiento de la máquina óptica se caracteriza, entonces, por solapar las dos miradas que la constituyen, la del ojo del alma y la del ojo del cuerpo, y por producir, a partir de ese solapamiento, un efecto de profundidad. Hemos dicho que ese efecto, esa ilusión de profundidad, es precisamente lo humano. Cada formación histórica tiene su modo de solapar las miradas y, en consecuencia, su modo de generar una cierta profundidad. Lo cual significa que lo humano es el efecto perceptivo generado por la *estereopsis* de la máquina óptica. Como indican nuevamente Howard y Rogers: "La expresión 'estereopsis binocular' [*binocular stereopsis*] se emplea habitualmente para designar la impresión de profundidad [*impression of depth*] provocada por las imágenes binoculares" (1995: 2).[97] Por

---

97 Sobre la estereopsis, cfr. también Pons Moreno & Martínez Verdú 2004: 305-333, 343-369.

tal motivo, hemos definido a la máquina óptica como un estereoscopio, es decir como un dispositivo que genera, a partir del solapamiento de las imágenes dispares, la visión tridimensional o en profundidad. El Dr. David Brewster, a quien ya nos hemos referido con anterioridad, explica el principio de la estereopsis:

> ...la creación estereoscópica se debe meramente a la superposición de las dos imágenes planas por el dispositivo óptico [*optical apparatus*] empleado, y a la percepción distinta e instantánea de la distancia por la convergencia de los ejes ópticos sobre los puntos similares de las dos imágenes que el estereoscopio ha unido. (1856: 3)

Tenemos aquí todos los elementos para explicar la formación de las diversas imágenes históricas que la máquina óptica produce del hombre. En líneas generales, el funcionamiento de la máquina se estructura en dos momentos: (1) la máquina superpone, es decir articula, integra, las imágenes que le llegan de los dos ojos que la constituyen: el ojo del alma y el ojo del cuerpo; (2) provoca una percepción de profundidad, de distancia, de tridimensionalidad, a partir de esa superposición. En consecuencia, la máquina óptica o, para emplear la expresión de Brewster, el *optical apparatus* no es sino, como hemos dicho, un estereoscopio.

b) Lo humano como relieve

Es sabido que el problema del relieve (*relievo*), cuestión central de la pintura renacentista, obsesionaba de manera particular a Leonardo Da Vinci. De ahí las frecuentes exploraciones con la técnica del *chiaroscuro*, tal como lo testimonia por ejemplo el cuadro *San Giovanni Battista*, para crear el efecto de relieve. El Dr. Robert Barr Smith, en el segundo volumen de *A compleat system of opticks in four books*, cita un pasaje de Leonardo en el que se evidencia la relación entre el *relievo* y la visión binocular:

> ...una pintura, aunque ejecutada con la mayor destreza y finalizada con la mayor perfección, tanto respecto a sus contornos, sus luces, sus sombras y sus colores, nunca podrá exhibir un *relievo* igual al de los objetos naturales, a menos que estos sean vistos a la distancia con un solo ojo. (1738: 44)

La idea de Leonardo es que la pintura, por más realista que sea, no podrá alcanzar nunca la profundidad de la naturaleza. Una pintura es como la naturaleza contemplada con un solo ojo. Lo que se pierde aquí, una vez desactivada la visión binocular, es precisamente el *relievo*. Este concepto de *relievo*, al igual que los de *solapamiento* y *profundidad*, son fundamentales para comprender el funcionamiento de la máquina óptica. El efecto de profundidad, creado a partir del solapamiento de las dos imágenes, genera lo humano en relieve o, mejor aun, el relieve de lo humano, lo humano como relieve. Dado que la máquina óptica es un dispositivo histórico, el hombre no es sino el relieve de la historia o, para ser más precisos, los diversos relieves que la máquina produce sobre la pintura de la historia.

El efecto de relieve, como sostiene Brewster retomando una tesis del *Treatise on Optics* de Joseph Harris, se produce por la fusión de dos imágenes dispares. "Así, el *relievo* es producido [*is produced*] por la combinación de las dos imágenes dispares [*two dissimilar pictures*] provenientes de cada ojo" (Brewster 1856: 17). Es importante notar que el énfasis siempre está puesto en el aspecto *secundario* del efecto generado por el estereoscopio. El efecto del funcionamiento de este *optical apparatus* es siempre un producto, una derivada, nunca un dato preexistente. Si aplicamos esta misma lógica a nuestra categoría, debemos concluir que lo humano, es decir la imagen tridimensional o la impresión de profundidad, es siempre el efecto o el producto del estereoscopio, nunca su condición de posibilidad.

c) **Entre las bestias y los dioses**

El tercer capítulo del "Liber Primo" del *Opticarum Libri Sex* de Francisco de Aguilón, autor al que ya hemos hecho referencia, trata de la percepción de los objetos comunes. El capítulo se abre con una ilustración de Peter Paul Rubens que nos interesa particularmente. En ella se representa un experimento óptico que demuestra lo difícil que resulta percibir la profundidad cuando se utiliza un solo ojo. Como hemos indicado en varias oportunidades, vemos en tres dimensiones porque nuestra visión es estereoscópica.

Grabado de Peter Paul Rubens que ilustra el Libro III del *Opticorum Libri Sex* de Francisco de Aguilón, Antverplae, Ex Officina Plantiniana, 1633.

El científico intenta determinar la distancia precisa en la que se encuentra una vara sostenida por un *putto*. Como explican Howard y Rogers, De Aguilón "era consciente de que la visión binocular mejora el sentido de la profundidad" (1995: 15). Uno de los niños alados, además, repite el mismo experimento que el científico e intenta calcular, también con un ojo cerrado, la distancia a la que se encuentra la vara. La mano izquierda del estudioso descansa sobre una gárgola cuyo cuerpo posee rasgos decididamente animales. De algún modo, la mirada del científico, del hombre, tiene lugar en este espacio intersticial entre el ángel y el animal. La gárgola, cuyos ojos parecieran inclinarse hacia abajo por la presión soberana de la mano humana, y los *putti*, que contemplan la vara desde una perspectiva inversa a la del sabio, constituyen los dos extremos de una región en cuyo centro, sin duda infundado, se encuentra lo humano. La gárgola animal y los niños alados son las figuras a través de las cuales Rubens nos ha representado el ojo del cuerpo y el ojo del alma. Entre la mirada sometida de la gárgola y las miradas intrigantes de los *putti* o, para utilizar una expresión de Jean-Pierre Vernant, "entre las bestias y los dioses" (cfr. 2007: 723-750) se abre una zona, un leve espesor, que no es más que la mirada humana, lo humano en cuanto tal, lo humano como imagen, como imagen tridimensional. La profundidad que percibe el científico no es sino la profundidad de lo humano, la imagen tridimensional generada por la máquina óptica. No hay que confundir la profundidad de la imagen humana o de lo humano como imagen con la profundidad de una esencia o de un fundamento; es más bien al contrario: *la imagen se opone a la esencia*. La profundidad de la imagen, la tridimensionalidad de la *imago* antropológica, no es equivalente a la profundidad de la esencia. Mientras que ésta encuentra su profundidad remontándose hasta un fundamento, aquella la encuentra en el funcionamiento estereoscópico de un dispositivo histórico-político. En este último caso, la profundidad es efecto; en el caso de la esencia, es causa, es decir fundamento. Por eso cuando afirmamos que lo humano es producido como un efecto de profundidad, como un relieve o un volumen tridimensional, no queremos decir que el hombre sea un ser más profundo, en un sentido existencial o metafísico, que los demás seres. El hombre es profundo porque es una imagen, es decir porque es una entidad que, a diferencia del cuerpo que posee una materialidad palpable y a diferencia del alma que posee una inmaterialidad impalpable, no es ni estrictamente material ni inmaterial, ni papable ni impalpable. Por tal motivo, no puede fundarse ni en su cuerpo ni en su alma, ni en la masa opaca de su carne ni en la inteligibilidad etérea de su espíritu. En suma, no es que el hombre sea una imagen porque es un ser profundo, sino que es un ser profundo porque es una imagen, es decir superficial. Como ha señalado Károly Kerényi en un ensayo notable, "la imagen tiene una superficie, o bien –más exactamente– *es* una superficie, de la cual se puede siempre afirmar, desde cierto punto de vista, que engaña" (1962: 161). Al igual que la imagen generada por la máquina óptica, lo humano posee una profundidad superficial o una superficialidad profunda. De nuevo Kerényi: "La profundidad de una imagen, incluso cuando se presenta sensible y concreta a nuestros ojos, no es sin embargo ni sensible ni concreta, sino siempre profundidad en sentido metafórico" (*ibid.*).

El grabado de Rubens nos demuestra entonces que la profundidad humana no consiste en una esencia, sino en un efecto imaginario, un mecanismo óptico. Entre la gárgola y los *putti*, entre el animal y el ángel, como bien sabía Rainer Maria Rilke, se abre un espesor que en rigor de verdad está perfectamente vacío. La profundidad, por eso mismo, es una profundidad vacía, la profundidad de un vacío. Dicho de otro modo: entre la gárgola y los niños alados no se encuentra la esencia humana, aquello que revelaría finalmente la especificidad del hombre; se encuentra un vacío, la "especificidad" de un vacío. Lo cual significa que si existe algún tipo de especificidad o excepcionalidad humana ésta no es más que la imposibilidad de poseer algo específico o excepcional. Lo propio del hombre es que no posee nada propio.[98] Llamamos imagen antropológica al modo en que una determinada formación histórico-social se re-presenta a sí misma lo que significa ser humano, lo que significa la *humanitas* del *homo sapiens*. Este desierto que han dejado vacío los dioses al partir y los animales al nunca llegar, esta suerte de pausa entre la animalidad y la divinidad, este no ser ya animal pero no ser aún dios, ha sido colmado con diversas imágenes de lo humano. Por eso la *humanitas* es siempre el efecto tridimensional, estereoscópico, generado por la articulación del ojo corpóreo del animal (el ojo aún no humano) con el ojo espiritual del dios (el ojo ya no humano). Así como la estereopsis se produce cuando la imagen del ojo derecho se integra con la imagen del ojo izquierdo, asimismo la imagen antropológica se produce cuando la imagen del ojo corporal, el ojo de esa "máquina compuesta de miembros, tal como se encuentra en un cadáver" (Descartes AT, VII: 26), se integra y solapa con la imagen del ojo anímico, el ojo de esos espíritus puros que para Descartes eran los ángeles. Los hombres, dice Rilke en un sentido opuesto al de Heidegger, no ven lo abierto.[99] A diferencia

---

98 En su estructura formal, esta aseveración se acerca al argumento esbozado por Quentin Meillassoux cuando afirma, por ejemplo, que "es posible *demostrar la absoluta necesidad de la no-necesidad de toda cosa*" (2006: 84; el subrayado es de Meillassoux). Es absolutamente necesario que no exista nada necesario; de la misma manera, la única especificidad del hombre es su carencia de especificidad.

99 Heidegger dedica varias páginas del curso dictado en el semestre invernal de 1929-30, publicado bajo el título *Die Grundbegriffe der Metaphysik. Welt – Endlichkeit – Einsamkeit*, a discutir la noción de abierto (*Offen*) en relación a la animalidad. A diferencia de Rilke, para Heidegger sólo el hombre, en la medida

de los animales, que ven lo abierto porque viven en un eterno presente y no son conscientes de la muerte y a diferencia también de los ángeles que son espíritus inmortales, los hombres, apenas al nacer, tienen los ojos dados vuelta. Pero ¿qué ven, qué vemos, con esta mirada invertida o, quizás, introspectiva? No vemos nada, un vacío. Precisemos: vemos una imagen; una imagen profunda, incluso. Vemos una cierta profundidad, es verdad, pero una profundidad tan vana e infundada como el contenido que pareciera animarla. Vemos, en suma, el espesor de un vacío que, sin embargo, no es una simple nada. Este espesor, lo hemos señalado, es producido por la imaginación, por el quiasma óptico que integra las imágenes provenientes del ojo del cuerpo y del ojo del alma.

En un interesante texto sobre Ibn-ʿArabī, autor al que volveremos en el capítulo XV, Mohamed Haj Yousef sostiene que el sentido del oído requiere sólo una dimensión, el de la vista dos dimensiones. Para que surja la imagen en tres dimensiones es necesaria la operación de integración que efectúa la imaginación. Los contenidos de la memoria, para Haj Yousef, poseen en general dos dimensiones, aunque también, en el caso de los sonidos, una sola. Pero cuando la imaginación los integra entre sí y los introduce en el flujo del tiempo se produce la tridimensionalidad. La imagen en volumen, la profundidad o el relieve, en este sentido, surge de la siguiente fórmula: imagen + tiempo. En realidad, se trata de dos imágenes (la corporal y la espiritual) más su integración en el tiempo.

> El sentido del oído requiere sólo 1-D, porque la propagación del sonido es recibida por el oído a razón de un bit por vez. La visión, por su parte, requiere 2-D porque cada vez percibimos una imagen que ocupa una superficie. Para concebir 3-D, sin embargo, necesitamos la imaginación porque el espacio 3-D que concebimos es el resultado de la integración de imágenes 2-D que percibimos a través de un flujo de tiempo. Percibimos 1-D sólo por el oído, y 2-D por la vista, y concebimos 3-D por la imaginación. Por eso nuestros pensamientos o imaginaciones que tenemos en nuestra memoria son de hecho imágenes 2-D (pero también sonidos 1-D) pero al integrarlos en el tiempo concebimos el volumen. (Haj Yousef 2008: 191)

La imagen (antropológica) en profundidad generada por la máquina óptica se asemeja, en este sentido, a los estereogramas de puntos aleatorios (*Random-dot stereograms*) inventados por Béla Julesz. Se trata de imágenes formadas por puntos distribuidos aleatoriamente que, vistos con la ayuda de un estereoscopio o simplemente con los ojos enfocados en un punto más allá de la imagen, pro-

---

en que existe en un mundo, puede ver lo abierto. Sobre el problema de la animalidad en Heidegger, cfr. Calarco 2008: 15-53; Buchanan 2008: 39-114; Agamben 2002: 52-80.

ducen una sensación de profundidad. Tomamos un ejemplo de su texto *Foundations of Cyclopean Perception*:

Estereograma de puntos aleatorios creado por Béla Julesz. Extraído de Julesz, Béla (1971). *Foundations of Cyclopean Perception*. Chicago: University of Chicago Press.

Si se mantiene fija la vista en esta imagen, y se logra desenfocar el punto de fijación, se puede percibir un cuadrado flotando delante de un fondo conformado por puntos aleatorios. La máquina óptica genera el mismo efecto de profundidad respecto del hombre, manteniéndolo, como el cuadrado del estereograma de Julesz, suspendido delante de un fondo animal y angélico. Por eso cuando se logra percibir el cuadrado tridimensional, se observan también, de forma más difusa, tres cuadrados en el fondo. Cada cuadrado representa un registro específico: el corpóreo o animal, el espiritual o angélico y el imaginario o humano. Lo humano, por eso mismo, no es sino el efecto óptico de profundidad generado por el dispositivo estereoscópico. Es como si la máquina óptica generase un espacio tridimensional para que los animales de la especie *homo sapiens* puedan contemplar allí la "verdad" de su naturaleza. Aunque más que un espacio es una suerte de superficie o pantalla proyectiva. Los animales de la especie *homo sapiens* contemplamos, como en un cine 3D, el relieve de nuestra "naturaleza". Las imágenes proyectadas sobre la pantalla mutan con el tiempo. Cada formación histórica genera su imagen específica (o secuencia de imágenes). La pantalla es una suerte de *a priori* histórico-antropológico. Hay quienes sueñan con la posibilidad de que algún día el dispositivo se detenga. Caerían entonces los anteojos 3D y veríamos no sólo la ilusión de la tridimensionalidad sino directamente la pantalla blanca, vacía; veríamos el *a priori*, lo que hizo posible que viéramos, que *nos* viéramos. Pero al ver la pantalla, y no las imágenes proyectadas en ella, ya no nos veríamos. De todas formas, la pantalla blanca, como el centro de la máquina jesiana, pareciera estarnos por siempre vedada. Así y todo, luego de Nietzsche, sabemos que la pantalla está vacía. Y ese saber, mínimo pero a la vez decisivo, nos vuelve fantasmas no-existentes. No somos por eso humanos, pero tampoco animales ni ángeles. No existimos. Ese fue el "error" del existencialismo: pensar que el hombre era el único ente del cual se podía predicar propiamente la ex-istencia. Ver la pantalla en blanco, por el contrario, significaría experimentar tal vez lo contrario: el hombre es el único ente que no ex-iste, como existen los animales y los ángeles, los cuerpos y las almas, las cosas y las ideas; el hombre sub-siste.[100] La profundidad de la imagen humana coincide con la superficialidad de la insistencia o de la subsistencia. Es sentido común: todos saben que en el cuerpo humano existe un margen que no coincide con el cuerpo, que no se agota en el cuerpo, un exceso del propio cuerpo, así como en el alma humana hay un margen que no coincide con el alma, que no se agota en el alma, un exceso de la propia alma. Durante siglos se predicó la existencia o, lo que para el caso es lo mismo, la inexistencia del cuerpo y del alma, pero nunca se pensó, o no se pensó en profundidad, su límite de articulación/desarticulación, el espesor vacío o la fractura tenue entre ambos elementos. Lo que sí es seguro es que a lo largo de los siglos, de manera velada o subrepticia, los hombres identificaron ese margen o límite con el lugar propio de las imágenes y de la imaginación. Las imágenes fueron así consignadas a este límite que es por necesidad el límite del Ser, al menos tal como ha sido concebido a lo largo de la tradición occidental. Lo curioso es que este límite ontológico, esta fractura sutil entre lo sensible y lo inteligible, este no ya sensible y no aún inteligible es precisamente lo humano.[101] Pero esta

---

100   Volveremos a esta cuestión en la conclusión general.
101   Cuando decimos que la historia de la metafísica no ha pensado el límite de articulación entre lo sensible y lo inteligible queremos decir que no lo ha pensado, salvo contadas excepciones, en su irreductibilidad, es decir como espaciamiento neutro (*nc...uter.* ni/ni), como movimiento que suspende la polaridad metafísica tradicional. La imaginación concierne propiamente a este espaciamiento. No sólo constituye el nexo entre lo sensible y lo inteligible sino también su suspensión y su perversión. En este sentido, hemos dicho que la imagen, sensible *y a la vez* inteligible pero también *ni* sensible *ni* inteligible, designa el lugar específico de lo humano. No porque este lugar albergue la esencia imperecedera del *homo sapiens*, sino porque en él se abisma lo humano hasta disolverse por completo. El lugar del hombre, la imagen y consecuentemente la imaginación, es tanto condición de posibilidad como de imposibilidad de *homo*. De la misma manera, hemos sugerido una equivalencia entre lo sensible y el cuerpo y entre lo inteligible y el alma. Sin embargo, estos términos no son sinónimos; todos ellos aluden, más bien, a regiones ontológicas y epistemológicas diversas pero solapadas. La metafísica occidental tendió a tejer una red de complicidad entre el cuerpo y lo sensible, así como entre el alma y lo inteligible. Lo cual no significa, por supuesto, que la única manera de entender lo sensible y lo inteligible esté determinada por la tradición metafísica. Nos interesa señalar, eso sí, la complicidad que existe entre antropología y metafísica, pero al mismo tiempo mostrar la posibilidad de dislocar todos estos términos y categorías. Creemos que en líneas generales la historia de la metafísica occidental ha pensado la imagen y la imaginación, en el mejor de los casos, como instancias mediadoras en-

afirmación, como hemos mostrado, no significa la reivindicación de una esencia que ubicara al hombre en una posición excepcional respecto al resto de los entes. No se trata de un privilegio ontológico, no se trata de resucitar los humanismos tradicionales bajo cualquiera de sus formas. Se trata de mostrar que lo humano, lo que los hombres han pensado a lo largo de los siglos como su "verdad" más esencial y su secreto más inalienable, no es sino una imagen. Y si el estatuto de la imagen pone en cuestión la dualidad sensible/inteligible o cuerpo/alma, lo humano debe ser pensado, en tanto imagen, con categorías diversas a estas polaridades metafísicas. Ello no significa, sin embargo, que lo humano designe un tercer género del Ser, aunque sería ya una posición más interesante que pensar al hombre como un mero compuesto de alma y cuerpo, pero sí significa que hay una frontera o más bien una región, prácticamente inextensa y extremadamente frágil, en la que tanto el cuerpo como el alma se exceden a sí mismos, una suerte de solapamiento que no es, estrictamente hablando, ni alma ni cuerpo pero que tampoco es *otra* cosa. Llamamos a esta entidad *imagen*.

---

tre las dos regiones ontológicas legadas por Platón a la posteridad, pero no ha sido capaz de pensarlas como instancias neutras o punto de suspensión de esa misma ontología. Esta incapacidad, sin duda, responde a cuestiones históricas. En efecto, pensar la imagen y la imaginación en este último sentido hubiese implicado abordar una "entidad", la imagen, y un *topos*, la imaginación, que, en sentido estricto, no pertenecen más a las categorías de la metafísica de Occidente. En tanto límite *conjuntivo*, la imaginación permite el pasaje de lo sensible a lo inteligible y viceversa; pero en tanto límite *disyuntivo*, desactiva la polaridad que lo humano precisamente ha pretendido colmar. Sobre la noción de disyunción, en un sentido cercano al que le damos aquí, cfr. Ludueña Romandini (2016: 265-271).

Conclusión Sección I ∎

A lo largo de esta primera sección, hemos explicado la estructura abstracta de la máquina óptica. Según lo desarrollado hasta aquí, podemos definir a la máquina óptica como el dispositivo histórico que produce, a partir de la integración de la imagen proveniente del ojo del alma y de la imagen proveniente del ojo del cuerpo, una imagen tridimensional de lo humano. Para comprender en profundidad el funcionamiento de la máquina hemos analizado sus partes constituyentes y al mismo tiempo su interacción. Cada capítulo de esta primera sección, por eso mismo, ha estado consagrado a explicar un aspecto específico de su estructura formal. En un sentido general, hemos individuado los siguientes aspectos estructurales:

(1) Es una máquina estereoscópica. El estereoscopio es un dispositivo óptico que produce la ilusión de una escena u objeto tri-dimensional a partir de la integración de dos imágenes planas diferentes, las cuales son vistas a través del aparato de tal modo que cada ojo ve sólo una de las dos imágenes. Cuando se observan las dos imágenes a través de un visor especial, el par de imágenes bi-dimensionales se funden en una única imagen tri-dimensional.

(2) La imagen generada por la máquina óptica es necesariamente diplópica, es decir doble o desdoblada. Cuando el funcionamiento estereoscópico de la máquina óptica resuelve las dos imágenes dispares en una única imagen tridimensional, la cual se produce a medio camino de las dos imágenes monoculares, éstas no desaparecen, sino que sobreviven o subsisten, más bien, como fantasmas o restos espectrales. La máquina óptica intenta corregir esta diplopía produciendo una imagen haplópica tridimensional.

(3) Las dos imágenes provenientes de cada ojo, el del alma y el del cuerpo, se integran o resuelven en el quiasma óptico. Nosotros hemos identificado al quiasma, retomando algunas ideas de Francisco de Aguilón e Ignazio Danti

entre otros, con la imaginación. A lo largo de la historia de la metafísica la imaginación ha sido precisamente el quiasma o el pliegue, la superficie de contacto, en la que se han articulado y a la vez distinguido los dos grandes planos del Ser tal como ha sido pensado en Occidente: lo sensible y lo inteligible, la materia y el espíritu, el cuerpo y el alma, etc. Por eso mismo, si la máquina óptica se caracteriza por articular la imagen del ojo del cuerpo con la del ojo del alma, y si esa función le ha pertenecido específicamente a la imaginación, entonces la máquina óptica es un dispositivo imaginante, es decir generador o productor de imágenes del hombre.

(4) Lo humano es el efecto de tridimensionalidad o profundidad, la estereopsis generada por la máquina óptica a partir de la integración de las imágenes bidimensionales provenientes de cada ojo. Cada formación histórica tiene su modo de solapar las miradas y, en consecuencia, su modo de generar una cierta profundidad. La máquina óptica, por lo tanto, funciona a la manera de los estereogramas de puntos aleatorios estudiados por Béla Julesz. Se trata de imágenes formadas por puntos distribuidos aleatoriamente que, al ser integradas por la máquina óptica, producen una sensación de profundidad.

Estos cuatro puntos sintetizan los principales aspectos de nuestra categoría metodológica. No nos detendremos, por el momento, en las consecuencias antropológicas que se derivan de las cuestiones desarrolladas en estos primeros capítulos. A ellas estarán consagradas otras secciones de esta investigación. Por ahora nos interesa simplemente delinear, con el mayor rigor posible, los rasgos esenciales de un modelo metodológico capaz de ser aplicado a casos concretos. Esa será nuestra tarea en la próxima sección.

SECCIÓN II
Arqueología de la(s) mirada(s)

Introducción Sección II ■

a) **La forma y la materia del fenómeno**

En los párrafos iniciales de "Die transzendentale Ästhetik", Immanuel Kant define al fenómeno como "el objeto indeterminado de una intuición empírica" (1956: 63-64) y distingue en él un aspecto material y un aspecto formal. "Lo que, dentro del fenómeno, corresponde a la sensación, lo llamo *materia* del mismo. Llamo, en cambio, *forma* del fenómeno aquello que hace que lo diverso del mismo pueda ser ordenado en ciertas relaciones" (1956: 64; el subrayado es de Kant). La materia del fenómeno nos viene dada *a posteriori*; la forma, *a priori*. Estas estructuras formales, que para Kant se encuentran en el sujeto, constituyen el objeto específico de la filosofía trascendental. "Llamo trascendental a todo conocimiento que se ocupa, no tanto de los objetos, cuanto de nuestro modo de conocerlos, en cuanto que tal modo ha de ser posible *a priori*. Un sistema de semejantes conceptos se llamaría *filosofía trascendental*" (1956: 55; el subrayado es de Kant).

Expliquemos este preámbulo. En la sección previa, hemos descripto los aspectos *formales* de nuestra categoría metodológica: la máquina óptica. Por tal motivo, salvo casos excepcionales en los que, por razones de claridad, nos hemos visto obligados a dar indicaciones más concretas, los capítulos anteriores se han limitado a explicitar su estructura abstracta. No nos ha interesado detenernos demasiado en los contenidos concretos de sus diversas configuraciones históricas. Para utilizar la terminología kantiana, diremos que la sección I ha tenido por objetivo prioritario la descripción *formal*, *a priori*, de la máquina. Los diferentes rasgos que hemos individuado (binocularidad, estereoscopia, diplopía, quiasma, profundidad, etc.) pertenecen por lo tanto a un nivel trascendental.

b) El kantismo aberrante de Michel Foucault[102]

Michel Foucault, como se sabe, ha señalado la necesidad de desplazar la dimensión trascendental, *a priori*, a un plano histórico. Y si el arqueólogo intenta remontarse de los discursos a las condiciones de enunciación y de las cosas a las condiciones de visibilidad es sólo para descubrir, en este plano trascendental, condiciones histórico-políticas.[103] El *a priori*, que en Kant designaba las condiciones de posibilidad universales y absolutas de toda experiencia posible, se vuelve, con Foucault, decididamente histórico y contingente. En cada una de las tres obras principales del período arqueológico, *Naissance de la clinique* (1963), *Les mots et les choses* (1966) y *L'arquéologie du savoir* (1969), encontramos la noción de *a priori* histórico declinada de maneras diversas pero interconectadas. Así, en *Naissance de la clinique* se define al *a priori*, de un modo cuasi fenomenológico, como la "distribución originaria de lo visible y de lo invisible en la medida en que está ligada a la partición de lo que se enuncia y de lo que es visto" (1983: viii).[104] En este libro de 1963, la noción de *a priori* histórico designa un cierto modo de articulación pre-conceptual entre el ver y el decir, entre los dos estratos que conforman el nivel arqueológico del saber o del archivo. Ya en el prefacio, por cierto, Foucault postula la necesidad de estudiar el "a priori histórico y concreto" que constituye la "estructura común que recorta y articula lo que se ve y lo que

---

102 La palabra *aberrante* viene del verbo latino *aberrare*, formado por el prefijo *ab-* (separación del exterior de un límite) y el verbo *errare* (faltar, errar, vagar). Aberrante, entonces, según su sentido etimológico, significaría algo así como "el que vaga o se aleja". Cuando utilizamos el término aberrante para referirnos a la arqueología de Foucault queremos decir que ella se aleja del kantismo pero que, a la vez, retiene (y al mismo tiempo transforma) el concepto de *a priori* y de trascendental. En este sentido, podríamos hablar también, retomando ahora una expresión de Jacques Derrida, de una dimensión "cuasi-trascendental" (cfr. Derrida 1993: 187-189). Sobre la noción de cuasi-trascendental en el pensamiento post-fundacional, desde una perspectiva política, cfr. Marchart 2007: 13-18.

103 Retomaremos la arqueología de Foucault en el capítulo XXII. Sobre la arqueología foucaultiana en relación a la visión, cfr. Shapiro 2003: 245-283. Para un panorama general del método arqueológico, cfr. Hacking 1986: 27-40; Revel 2002: 6-8. Respecto a las condiciones históricas de la visión, John Berger ha explicado en *Ways of seeing*: "El modo en el que vemos las cosas depende de lo que sabemos o de lo que creemos. En la Edad Media, cuando los hombres creían en la existencia física del Infierno, la visión del fuego debe haber significado algo diferente a lo que significa en la actualidad" (2008: 5).

104 No es éste el lugar para desarrollar la influencia que ha tenido la corriente fenomenológica en el "primer" Foucault, sobre todo Husserl y Merleau-Ponty. Más allá de la distancia indudable que toma Foucault respecto de la fenomenología, es verdad que ciertas ideas de la *Phénoménologie de la perception* han dejado su impronta en *Naissance de la clinique*. También para Merleau-Ponty, por ejemplo, según leemos en la *Phénoménologie de la perception*, "todo el saber se instala en los horizontes abiertos por la percepción" (1945: 240). De todas formas, la distancia entre Foucault y la fenomenología, como dijimos, es considerable y, en cierto sentido, abismal.

se dice" (cfr. 1983: xiv), el cual determinará las diferentes etapas de la constitución del saber médico. Por supuesto que más tarde, cuando Foucault evoque la investigación sobre la clínica y la mirada médica, explicará que no se trataba de "remitir a un acto fundador, o a una conciencia constituyente el horizonte general de racionalidad sobre el cual se han desarrollado poco a poco los progresos de la medicina" (1969: 73).

En *Les mots et les choses*, por su parte, el concepto de *a priori* designa, de una manera mucho más general, "la experiencia del orden" por el cual "el saber se ha constituido" (1966: 13). Lo que define las condiciones de posibilidad de este saber de las ciencias humanas, dice Foucault, es la manera en que cada *episteme*, cada formación histórica, pone en relación las palabras y las cosas, los signos y los cuerpos, el lenguaje y el ser. Es en este contexto que se propone la célebre (y polémica) tesis sobre la muerte del hombre y la transitoriedad de las ciencias humanas. Hay que tener presente, sin embargo, que no se trata para Foucault de descubrir alguna suerte de fundamento oculto por el discurso o de indecible metafísico (cfr. Dreyfus y Rabinow 1983: 14). Por eso Foucault sostiene que cada época dice todo lo que puede decir, según sus condiciones de enunciación. El método arqueológico, entonces, supone remontarse a las condiciones de posibilidad de los enunciados (y de las visibilidades), las cuales, sin embargo, les son por necesidad inmanentes a esos mismos enunciados y a esas mismas visibilidades. Como afirma Foucault respecto al concepto de enunciado: "al mismo tiempo no visible y no oculto" (2004: 26). Las condiciones de posibilidad del saber, el aspecto trascendental de una cierta formación histórica es, como el enunciado, al mismo tiempo no visible y no oculto.

Por último, en *L'arquéologie du savoir*, Foucault efectúa un desplazamiento en la noción de *a priori* histórico y lo entiende ahora como la condición de emergencia de los enunciados, su condición de realidad, es decir, el conjunto de reglas que explican la dispersión y distribución de los enunciados en una formación discursiva dada.

> Yo intento designar por ello un a priori que sería no condición de validez de los juicios, sino condición de realidad de los enunciados. No se trata de encontrar lo que podría volver legítima una aserción, sino de aislar las condiciones de emergencia de los enunciados, la ley de su coexistencia con otros, la forma específica de su modo de ser, los principios según los cuales ellos subsisten, se transforman y desaparecen. (1969: 167)

El *a priori* histórico, por lo tanto, a diferencia de la lógica y la gramática, tiene por función recortar un dominio restringido de estudio, definiendo las condiciones de posibilidad de los enunciados en tanto que son "cosas efectivamente dichas" (cfr. Foucault 1969: 167). En este sentido, el *a priori* se define como un sistema de selección. Es evidente que al no identificar al *a priori* histórico con la condición de validez de los juicios, Foucault se aleja de Kant. Como hemos dicho, Kant se interroga sobre la posibilidad de existencia de los conocimientos independientes de la experiencia y de todas las impresiones sensibles. La noción de *a priori* designa precisamente este conocimiento puro. Ahora bien, mientras que esta concepción formal, tal como la encontramos en Kant, se define por relación a la experiencia como lo que le es anterior, el *a priori* histórico de Foucault, por el contrario, se define como "una figura puramente empírica" (cfr. Foucault 1969: 157). No se trata ya de validar o legitimar, es decir de dar un juicio, sino de seguir el proceso de los discursos, la manera en que funcionan como prácticas regladas de forma inmanente. Se notará, entonces, el desplazamiento efectuado por Foucault en el seno de lo trascendental, entendido ahora como *a priori* histórico. En lugar de un *a priori* constituyente de los valores, de los juicios, Foucault propone un *a priori* constituido a partir de una serie de formaciones, de transformaciones y de reenvíos. El *a priori*, en suma, se vuelve "él mismo un conjunto transformable" (cfr. 1969: 168). De algún modo, Foucault retiene la noción de *a priori* pero, lejos de concebirla como una dimensión universal e incontaminada, la hace descender al devenir de la historia y de las relaciones de poder. Además, a diferencia de Kant, para quien, como hemos visto, las condiciones de posibilidad del conocimiento se encontraban en el sujeto, para Foucault las condiciones de posibilidad del sujeto se encuentran en el funcionamiento y el juego de los enunciados y las visibilidades, de los discursos y las prácticas. Ya no se trata, en consecuencia, de un *sujeto* trascendental, como en Kant, sino, para emplear una expresión de Emanuele Coccia que analizaremos en el apartado siguiente, de una *topología trascendental*,[105] es decir, de un espacio de enunciación y de visibilidad que produce, como una función derivada o un efecto, al sujeto.

c) Topología trascendental, o del medio

En *La transparenza delle immagini*, el texto que Emanuele Coccia dedica al averroísmo, el intelecto material, antes que ser pensado como una facultad o potencia subjetiva, es pensado como un *medio*. Esta teoría del medio, tal como la esboza Coccia en el texto sobre Averroes pero también en *La vita sensibile*, no sólo nos parece fundamental para la filosofía y la epistemología, sino sobre todo para lo tocante a nuestra investigación. Un medio, explica Coccia, es primeramente

---

105 También Gilles Deleuze, en su texto sobre Foucault, habla de una "topología de los enunciados" (cfr. 2004: 15).

un lugar, un *topos*. "Un medio es el espacio, el lugar metafísico que hace existir las formas en cuanto puras cognoscibilidades" (2005: 108). Este lugar metafísico que hace existir las formas en cuanto puras cognoscibilidades, en el caso de Averroes, es precisamente el intelecto material.[106] Por eso la teoría averroísta del medio supone, como hemos indicado, una *topología trascendental*.

Por esto la teoría del conocimiento y de la subjetividad debe ser sustituida por una topología trascendental [*topologia trascendentale*], que inicie con una descripción de las características peculiares de este lugar de pensamiento, eterno, inmaterial, y único para todos los hombres. (2005: 125-126)

Ahora bien, en la teoría averroísta el intelecto material es a lo pensable o a las cognoscibilidades lo que lo diáfano es a lo visible o a las visibilidades. Así como el intelecto material, sostiene Coccia, es el espacio topológico[107] que hace existir las formas de lo pensable, asimismo lo diáfano o la transparencia es el espacio topológico que hace existir las formas de lo visible. Como veremos en breve, para Aristóteles puede haber visión porque la luz actualiza el color de los cuerpos y, a partir de esa actualización, los vuelve visibles al ojo. Para que esto suceda, es preciso que exista un medio en el que tal actualización pueda producirse. El medio,

---

106 No hay que pensar que la noción de medio aluda a un espacio necesariamente metafísico. En el caso del intelecto material, en la medida en que alberga las formas abstractas en su pura inteligibilidad, se trata de un lugar metafísico. Sin embargo, también existe un medio de lo sensible, de las formas de la sensibilidad, el cual se define por un espacio físico y no ya metafísico. Se trata, en este caso, de una física de lo sensible y no de una metafísica de lo inteligible.

107 La noción de espacio topológico se define a partir de propiedades intensivas y no extensivas, como es el caso del espacio euclidiano tradicional o del cartesiano (la *res extensa*). Gilles Deleuze ha insistido en la necesidad de distinguir el *spatium* de la *extensio*. El *spatium* hace referencia a un territorio intensivo, diferencial, recorrido por singularidades y fuerzas; la *extensio*, en cambio, se refiere a un territorio extensivo, homogéneo, localizable: "Es un espacio intensivo, más bien que extensivo; de distancias y no de medidas. *Spatium* intenso en lugar de *Extensio*" (Deleuze & Guattari 1980: 598). Como podemos ver, el *spatium* no hace referencia a una extensión, sino más bien a una intensión, a un campo de intensidades, de diferencias potenciales. Ya en la época de *Différence et répétition*, Deleuze expresaba esta idea con claridad: "En el ser, la profundidad y la intensidad son lo Mismo —pero lo mismo que se dice de la diferencia. La profundidad es la intensidad del ser, o al contrario. Y de esa profundidad intensiva, de ese *spatium*, surgen a la vez la *extensio* y lo *extensum*, la *qualitas* y el *quale*" (1968: 298). Este *spatium*, esta topología trascendental –en el sentido de Coccia y Deleuze–, no deja de tener relación con la noción de *Denkraum*, así como con la de *Zwischenraum*, de Aby Warburg. Para Warburg, en efecto, la memoria es el espacio, el Atlas, en el que se sostiene el pensamiento, el espacio mismo del pensamiento (*Denkraum*). Este espacio, por supuesto, está recorrido por (y requiere de) fantasmas, es decir, imágenes póstumas o supervivientes, imágenes-fuerza o dinamogramas. Sobre el Atlas *Mnemosyne* y las nociones de *Denkraum* y de *Zwischenraum*, cfr. Didi-Huberman 2002: 452-505; Agamben 2005: 123-146. Sobre la noción de espacio topológico, cfr. Armstrong 1983: 1-26; Munkres 2000: 75-146. Sobre la noción de *Zwischenraum* como fractura o dehiscencia del *Denkraum*, cfr. Prósperi 2018: 64-66.

en este caso, es un tercer elemento, diverso tanto del órgano sensible cuanto del objeto percibido, y diverso además –y ésta es quizás la mayor originalidad de la teoría aristotélica sobre la visión– de la luz. Explica Coccia:

> En la visión, de hecho, la transparencia es algo diverso ya sea del órgano perceptivo cuanto del objeto percibido: es un tercer elemento, precisamente el *medio* de la visión. La noción de medio sirve para explicar las condiciones de la génesis y de la existencia de las *visibilidades* en cuanto tales y no de la visión efectiva de algo por parte de éste o aquel sujeto. (2005: 109)

Este punto es fundamental. Un medio se define como aquella entidad que puede hacer existir las cosas en tanto susceptibles de ser sentidas o percibidas. Lo sensible, sostiene Coccia, existe fuera de los sentidos, y lo que hace posible que las cosas puedan ser efectivamente sentidas, es decir actualizadas por el influjo de una fuente luminosa, es precisamente el medio diáfano. "El medio de la visión es lo que Aristóteles llama lo *diáfano*: aquella particular transparencia del aire o del agua, pero también de los cielos y de su peculiar elemento que permite a las formas existir en cuanto puras visibilidades" (Coccia 2005: 111).

Como hemos dicho, esta noción de medio, tal como Coccia nos la presenta, resulta fundamental para nosotros porque concierne directamente a nuestra categoría de máquina óptica. El espacio que abre la máquina en cada momento histórico debe ser entendido a partir de este concepto de *medio*. La máquina óptica posee, como hemos indicado oportunamente, una estructura bipolar o binocular: por un lado, el ojo del alma; por el otro, el ojo del cuerpo. Ahora bien, el espacio en el que se produce esta tensión entre los dos ojos y las dos miradas es precisamente un espacio topológico que tiene las características del *medio* de visibilidad explicado por Coccia, aunque se trata, a diferencia del concepto aristotélico, de un espacio necesariamente histórico y contingente en el que algo se vuelve visible para una cierta formación social: un medio trascendental. Se trata, por ende, de una *arqueología de la medialidad*.

En la sección previa, como hemos indicado, nos limitamos a describir las características formales de este espacio trascendental. Los diferentes aspectos que hemos distinguido conciernen a este medio topológico agenciado en la máquina óptica. Las imágenes de lo humano, mutables a lo largo de la historia, es decir contingentes, obedecen sin embargo a una configuración regular del *medio* visual: las imágenes antropológicas surgen siempre de la tensión y la integración de la imagen proveniente del ojo del alma y de la imagen proveniente del ojo del cuerpo. Y si bien los contenidos empíricos cambian, es decir lo que se entiende en cada formación histórica por cuerpo, por alma, por imagen, por humano en suma, las dos funciones oculares, vacías y completamente formales, así como la estructura abstracta de la máquina, permanecen intactas.

En esta sección, en cambio, nos dedicaremos al aspecto *material*, en el sentido kantiano, del dispositivo óptico. Se tratará entonces de llenar la máquina de contenidos históricos concretos o, también, de aplicar el modelo gnoseológico "maquina óptica" al análisis de casos concretos. Por tal razón, hemos titulado esta sección "Arqueología de la(s) mirada(s)", enfatizando nuestra deuda respecto al método foucaultiano, pero también señalando, con el plural entre paréntesis, algunas leves diferencias. La máquina óptica es un dispositivo que opera a nivel trascendental puesto que efectúa una configuración del espacio visual a partir de la cual podrán ser vistas ciertas imágenes de lo humano. Nuestro título, obviamente, es una paráfrasis del subtítulo de *Naissance de la clinique*: "arqueología de la mirada médica". Pero ¿por qué el plural? Porque las diversas imágenes de lo humano surgen siempre a partir de la integración y resolución de dos imágenes y dos miradas: la del ojo del cuerpo y la del ojo del alma. De tal manera que para nosotros el campo o el medio de visibilidad instaurado por la máquina óptica funciona siempre de manera bipolar, fusionando pues dos imágenes y generando, a partir de esa fusión, una imagen en profundidad: lo humano. La noción de *a priori* histórico, como hemos indicado en su momento, es pensada por nosotros como una suerte de campo electromagnético, un campo metaestable (cfr. Simondon 1989: 9-30)[108] atravesado por una profunda disparidad. Esta disparidad o polaridad está constituida por los dos ojos.

d) Los cuatro "casos"

En los capítulos que siguen, por lo tanto, nos dedicaremos a analizar esta tensión entre estos dos ojos y estas dos miradas en casos concretos. Se tratará de poner la máquina en funcionamiento, es decir de observar cómo funcionan sus diversas partes constituyentes en autores determinados. Como resulta evidente, un análisis exhaustivo de *todos* los casos en los que se detecta esta tensión resultaría imposible, además de poco fructífero. Por eso mismo, nos limitaremos a analizar cuatro autores: Platón, Aristóteles, Agustín de Hipona y Descartes. Hemos optado, salvo los dos primeros, por autores pertenecientes a diversos períodos y contextos históricos. Platón y Aristóteles, por supuesto, pertenecen a la cultura griega de los siglos V y IV a.C; Agustín a la Patrística cristiana del siglo IV d.C.; Descartes, por último, a los inicios de la Modernidad. El objetivo es mostrar que en todos estos casos, a pesar de sus radicales y evidentes diferencias histórico-

---

108 Como hemos indicado en la introducción general, retomaremos esta cuestión en el capítulo XX.

culturales, puede detectarse una misma tensión –declinada de diversas maneras, por cierto– entre los dos ojos que constituyen los polos de la máquina óptica: el ojo del cuerpo y el ojo del alma.[109] En el caso de Platón, esta tensión se expresa en la contraposición entre los ojos físicos que ven las cosas sensibles y los ojos del alma que ven las Formas inmutables; en el caso de Aristóteles, en la contraposición entre la forma y la materia o entre el acto y la potencia; en Agustín, entre el ojo de la carne y el ojo del intelecto; en Descartes, entre la luz de la razón (*lumen naturale*) y la luz de los sentidos corporales.

Podría objetarse, sin embargo, que esta selección de autores es arbitraria. Sería sin duda una objeción válida. Bien podríamos haber incluido a muchos otros autores diversos en los cuales el problema de la luz y la contraposición entre estas dos miradas ocupa un lugar central.[110] De todas formas, hemos preferido, por razones de extensión y porque no es el objetivo único y exclusivo de esta investigación, concentrarnos en estos cuatro "casos". Una rápida justificación, sin embargo, es necesaria.

La inclusión de Platón es quizás la más fácil de explicar. No sólo marca, tanto para Nietzsche como para Heidegger, el inicio de la historia de la metafísica, es decir el momento en el que lo real se divide en las dos grandes regiones de lo sensible y lo inteligible, abriendo correlativamente dos campos de visibilidad y de luminosidad diversos y jerarquizados, sino que también, y precisamente por la misma razón, encontramos en sus diálogos el primer registro de la expresión

---

109 Cuando hablamos de *diversas* declinaciones de una *misma* tensión, tenemos en mente el método propuesto por Marcel Gauchet en *Le désenchantement du monde. Une histoire politique de la religion* cuando explicita la idea de historia que resulta de la reconstrucción de las etapas y metamorfosis de lo religioso: "Si ella [la idea de historia] tiene una originalidad, es la de conjugar dos perspectivas que ordinariamente son consideradas irreconciliables: la unidad del devenir humano y la existencia en su seno de discontinuidades radicales. Unidad no implica continuidad, como si los mismos imperativos y las mismas finalidades hubiesen prevalecido en todo lugar y siempre. Discontinuidad no significa forzosamente pluralidad irreductible de momentos y de figuras cerradas cada una en sí mismas en su opaca originalidad y sin otra razón de ser que el imprevisible juego del mundo" (1985: xviii).

110 Mencionamos algunos ejemplos: Plotino, Roberto Grosseteste, Roger Bacon, Hugo y Ricardo de St. Victor, Buenaventura, Nicolás de Cusa, Averroes, etc. Los nombres podrían multiplicarse. El apéndice IV, por ejemplo, está dedicado a analizar la contraposición entre los dos ojos y las dos miradas en Cicerón. Para un panorama general de la metafísica y la teología de la Luz, cfr. Eco 2009: 99-129. En su estudio sobre mística renana, Alain de Libera explica la influencia de la teología de la luz, proveniente de una tradición neoplatónica, en la Renania de los siglos XIII y XIV: "En cuanto Dios es pura intelectualidad, el nombre de 'luz' le concierne esencialmente" (1998: 123); y también, un poco más adelante en relación a la teología emanacionista de Ulrico de Estrasburgo: "Emanacionista, ella [la teología de Ulrico] no requiere tanto una 'teología mística' cuanto una 'teoría de la luz'. No hay ninguna teología oculta. Toda la teología está disponible, porque el misterio está en la luz misma, es la Luz, es el hecho mismo de la iluminación de la inteligencia" (1998: 124). Sobre la teología de la luz en la mística renana, cfr. De Libera 1998: 118-124. Sobre la teología de la luz en relación a la arquitectura medieval, cfr. Duby 1984: 75-102.

"ojo del alma [*to tēs psychēs omma*]" (*República* VII, 529b), central para nuestra investigación.

El caso de Aristóteles también es fácil de justificar. Junto a Platón, y en menor medida a las diversas escuelas helenísticas (estoicismo, epicureísmo, atomismo, etc.), es el autor que más ha marcado, sobre todo en la escolástica, las líneas dominantes de la tradición occidental en general y en relación a la imaginación y la visión en particular.

Agustín de Hipona nos interesa porque representa, como se sabe, una de las primeras síntesis del pensamiento cristiano de los Padres de la Iglesia. Es interesante observar, en este sentido, cómo la contraposición psicológica, epistemológica y ontológica esbozada por la filosofía griega se reconfigura en un paradigma teológico cristiano. El ojo del cuerpo, en el latín de Agustín, será el ojo de la carne (*oculus carnis*); el ojo del alma, el ojo del intelecto (*oculus mentis*). Pero más allá de este desplazamiento decisivo, lo humano sigue surgiendo a partir de la tensión entre estos dos ojos y estas dos miradas.

Descartes es el último autor analizado en esta segunda sección. No es necesario indicar la importancia que posee su filosofía para la cultura y el pensamiento modernos. Interesa destacar que varios de los problemas surgidos en épocas muy anteriores reaparecen en Descartes bajo una nueva luz. Sigue presente el trasfondo religioso, por supuesto, pero a él se le suman las nuevas ideas científicas y los aportes del Renacimiento. Sin embargo, la contraposición entre dos luces y dos regímenes de visibilidad es aún perceptible.

En suma, los capítulos que siguen, como hemos adelantado, tienen por finalidad poner la máquina óptica en funcionamiento, llenarla de contenido. Si la primera parte estuvo dedicada al aspecto *formal* de la máquina, en el sentido kantiano o, más bien, foucaultiano del término, esta segunda parte está dedicada a su aspecto *material* o, mejor aun, a la relación inmanente entre la estructura abstracta del dispositivo óptico y sus eventuales contenidos empíricos. El próximo capítulo, entonces, está centrado en Platón. A él le corresponde, siendo el iniciador de la metafísica occidental, poner la máquina óptica en movimiento.

Capítulo V[111]
Platón: la escisión de la visión

a) El sol y el fuego

Según señalan algunos de los más encumbrados especialistas,[112] la ontología platónica se divide, al menos según las lecturas convencionales, en dos niveles irreductibles: lo inteligible (invisible) y lo sensible (visible).[113] En *Fedón*, por ejemplo, Platón habla de dos clases de seres, uno visible y otro invisible: "Admitiremos, entonces, ¿quieres? –dijo– dos clases de seres, una visible, otra invisible" (79a).[114] Y un poco más adelante: "Y la invisible se mantiene siempre idéntica, en tanto que la visible jamás se mantiene en la misma forma" (*ibid.*). La misma idea vuelve a aparecer en *Timeo*, cuando Platón habla de dos géneros de Ser, "siendo uno de ellos la Forma modelo, inteligible y existente de manera uniforme; y siendo el otro la copia del modelo, visible y sujeto al devenir" (48e-49a). Esta distinción entre lo inteligible y lo sensible, por supuesto, atraviesa varios de los diálogos de madurez, al menos de *Fedón* en adelante. Así, en *República*, sostiene

---

111 Parte de este capítulo ha sido publicado como artículo, con ligeras modificaciones, bajo el título "Vicisitudes de la mirada. El ojo del alma y el ojo del cuerpo en la *República* de Platón" en *Revista Internacional de Pensamiento Político*, I Época, Vol. 11 (2016a), pp. 349-368.

112 Cfr., entre otros, Cornford 1935: 24-32; Taylor 1908: 38-39; Ross 1951: 225-245; Gulley 1962: 29-34.

113 A decir verdad, el pensamiento de Platón, como todo pensamiento, no es ajeno a mutaciones y desplazamientos internos. Los llamados diálogos de juventud, en este sentido, difieren a veces en puntos sustanciales de los diálogos de madurez. De todas formas, en *República*, el texto que funciona como eje de este capítulo, Platón parece proponernos una visión dualista de la realidad. Murray W. Bundy, en "Plato's View of the Imagination", escribe: "Gradualmente, un dualismo viene a reemplazar al monismo previo heredado de Parménides: además del mundo genuino de las ideas inmutables él [Platón] está dispuesto a reconocer la existencia de un reino de sombras e impresiones" (1922: 366). Sobre los diferentes momentos de la obra platónica, cfr. Lutoslawski 1897: 35-63.

114 Para las citas de los diálogos platónicos nos basamos en las *Obras completas* editadas por Gredos. En todos los casos, hemos cotejado la traducción con el texto griego; en ocasiones la hemos modificado ligeramente.

lo siguiente: "Hay dos entidades: una de ellas es soberana sobre el género y el ámbito inteligibles; la otra sobre el visible" (VI, 509d). Nos interesa señalar que ambas regiones o géneros ontológicos suponen dos regímenes de luminosidad diferentes. Platón identifica al mundo inteligible, el *topos noētos*, con la luz diurna, y al mundo sensible o visible, el *topos horatos*, con la luz nocturna.

> Bien sabes que los ojos, cuando se los vuelve sobre objetos cuyos colores no están ya iluminados por la luz del día sino por la luz nocturna, ven débilmente, como si no tuvieran claridad en la vista. [...] Cuando el sol brilla sobre ellos, ven nítidamente, y parece como si estos mismos ojos tuvieran la claridad. (VI, 508c-d)

Según este pasaje, que en el contexto del diálogo posee un sentido a la vez ontológico y epistemológico, habría dos luces o regímenes de visibilidad diversos: por un lado, la luz diurna, cuya fuente es el sol (*hēlios*), la cual provoca una visión clara y nítida; por el otro, la luz nocturna,[115] cuya fuente (que Platón no explicita) podríamos identificar con la luna (*selēnē*),[116] la cual provoca una visión débil y confusa.[117]

---

115 Esta luz nocturna, propia del mundo sensible, será identificada con la luz del fuego en la alegoría de la caverna.

116 En VII, 516b, Platón habla, aunque en otro contexto y con otro propósito, de "la luz de la luna".

117 Esta simbología del día y la noche o, más precisamente, del sol y la luna era muy común en la cultura del mundo griego ya antes del siglo V a.C. Era usual que, incluso antes de Homero, se representase a estos astros como dos ojos divinos, cada uno con una mirada particular. Quizás haya sido Píndaro quien ha expresado con mayor claridad estas dos miradas. En el peán IX, con ocasión de un eclipse, se refiere al sol con la expresión "madre de los ojos": "¡Rayo del sol! ¿Por qué nos has engañado, Observador, madre de los ojos, estrella superior, ocultándote en pleno día?" (2001: 189). Según Ian Rutherford, Píndaro enfatiza en estos versos "la idea del sol como una fuente de luz y por lo tanto de visión" (2001: 194). Si el sol puede ser considerado la madre de los ojos es porque su luz hace posible que los mortales puedan alcanzar la sabiduría. Por este motivo, Píndaro se refiere, en los versos siguientes, al "camino de la sabiduría" (2001: 189) que la llegada del eclipse amenazaría con oscurecer. Esta relación entre el sol y la sabiduría, como veremos, será clave en Platón, sobre todo en la alegoría de la caverna. La idea del sol como el dios de la visión, el ojo que todo lo ve, se encuentra ya en Homero. En *Ilíada* III, 277, leemos, en efecto: "Tú, sol, que ves todas las cosas". Sófocles, en *Edipo en Colona*, expresa la misma idea por boca de Edipo, en el momento en que lanza una imprecación contra Creonte y elige al sol como garante: "Dios / Sol que todo lo ves" (*Edipo en Colona*, 868-869) (cfr. Jouanna 2005: 39-56). Los poetas griegos, sin embargo, no sólo han considerado al sol como fuente de visibilidad (y, alegóricamente, de sabiduría) sino también a la luna. El mismo Píndaro, en la Oda III de las *Olímpicas*, menciona el ojo crepuscular de la luna: "Para ese entonces, los altares habían sido consagrados a su padre, / Y a mediados de mes el ojo del crepúsculo brilló fuertemente, / La Luna llena con su carro de oro" (*Olímpicas*, Oda III, 19-20). Jean-Marc Luce, haciendo referencia a estos pasajes de Píndaro, sostiene: "En Grecia, el sol es el ojo del día, la luna el ojo de la noche, y sus rayos son sus miradas" (2013: 13). Ya Hesíodo, señala también Luce, había identificado al ojo del sol, al que Píndaro se referirá con la expresión "madre de las miradas" (Peán IX), con el "ojo del Dios" (*Los trabajos y los días*, 267), es decir de Zeus.. En *Los siete contra Tebas*, por su parte, Esquilo se refiere a la luna como el "ojo de

En el Libro VI de *República*, poco antes de relatar, al inicio del Libro VII, la famosa alegoría de la caverna, Platón presenta estas dos miradas (la solar y la lunar, la diurna y la nocturna), cada una con un campo de visibilidad respectivo: el campo inteligible, en el cual las cosas son pensadas pero no vistas, y el campo visible, en el cual las cosas son vistas pero no pensadas (cfr. VI, 507b). En la serie de comparaciones que se proponen en el Libro VI, a diferencia de la alegoría del Libro VII, el sol cumple la función, en el mundo visible, que cumple el Bien, Idea de las Ideas, fundamento último de lo existente, en el mundo inteligible. "El Bien es en la región inteligible respecto a la inteligencia y a los objetos de la inteligencia, lo que el sol es a la visión en la región de lo visible" (VI, 508c). De tal manera que la Idea de Bien representa la fuente de luminosidad propia de la inteligencia mientras que el sol representa la fuente de luminosidad propia de los sentidos. Aquí pareciera existir una contradicción con lo que hemos afirmado anteriormente cuando decíamos que el sol representa la luz propia del mundo inteligible. Todo depende del modo en que se considere al sol: o bien según un sentido alegórico, y entonces representa la Idea de Bien y la luz de la inteligencia, o bien según un sentido literal, y entonces representa la fuente de luz propia del mundo sensible. Platón suele oscilar entre ambos sentidos.[118] En la alegoría de la caverna, sin embargo, el sol será interpretado según el primer sentido y,

---

la noche". En los versos 387-390, el poeta se dedica a describir el emblema que Tideo, el caudillo argivo que espera furioso el momento propicio para atacar la puerta Preto, lleva sobre su escudo: "Sobre el escudo lleva un fastuoso emblema. / Es la imagen del cielo con sus astros resplandecientes; / En el medio brilla la luna llena, / Reina de los astros, ojo de la noche" (*Los siete contra Tebas*, 387-390). Es probable que esta relación (sagrada y mitológica) entre el sol, la luna y la visión se retrotraiga a la civilización egipcia. El dios Horus, como se sabe, poseía dos ojos, el ojo derecho correspondía al sol y el izquierdo a la luna. No es causal que entre los amuletos más populares, sostiene Carol Andrews en *Amulets on Ancient Egypt*, se encontraba precisamente el ojo *weijat* o *udjat* del dios Horus. "Este Horus (el griego Haroeris), el halcón celestial y el gran dios creador cuyo ojo derecho era el sol y cuyo ojo izquierdo era la luna" (1994: 43). Encontramos una confirmación de esta idea en el tratado sobre *Isis y Osiris* de Plutarco, en el cual se alude al culto que rendían los egipcios tanto al ojo del sol como al de la luna. "En sus himnos sagrados en honor a Osiris, ellos invocan a aquel que se oculta en los brazos del sol, y el último día del mes de Epífisis, donde el sol y la luna se encuentran sobre la misma recta, se celebra el nacimiento de los Ojos de Horus, puesto que ellos consideran que no sólo la luna, sino también el sol son el ojo y la luz de Horus" (*Isis y Osiris*, 52). Como sea, en la civilización griega, estos dos ojos, el ojo del día y el ojo de la noche, el sol y la luna, no siempre poseen un mismo estatuto. Sobre todo en Platón, como veremos, el sol, por la visión clara y distinta que hace posible con su luz y porque es equiparado a la Idea de Bien, posee una preeminencia indiscutible sobre la luna. Cabe mencionar, sin embargo, que en la *Teogonía* de Hesíodo el día proviene de la noche y no a la inversa: "Del Caos surgió Érebo y la negra Noche, y de la Noche nacieron el Éter y el Día, a quienes concibió en contacto amoroso con Érebo" (*Teogonía*, 123-124).

118 Peter Pesic ha sido también sensible a esta aparente "contradicción" en varios de los diálogos platónicos. Leemos en el artículo "Seeing the Forms": "Estas contradicciones reflejan las diferencias entre una 'visión' literal y una metafórica, entre el sol y el Bien" (2007: 6).

por lo tanto, como análogo al Bien. De todas maneras, ya en el Libro VI la luz diurna, solar, difiere ostensiblemente de la luz nocturna, lunar. Cada uno de estos reinos, el sol y la luna, el día y la noche, designan, como hemos indicado, un régimen específico de luminosidad: la claridad inteligible y la penumbra sensible (cfr. VI, 509b).[119]

Es interesante notar que, en Platón, la luz no se confunde ni con los ojos ni con la visión. La luz es un tercer género, que recuerda acaso al término *chōra* del *Timeo*,[120] diverso tanto de la visión cuanto de lo que puede ser visto. Según podemos leer en *República* VI, 507c-d, además de la vista, que se encuentra en el ojo, y del color, que se encuentra en las cosas, se necesita de "otro género" (cfr. VI, 507d) para que algo pueda ser visto. Este tercer género es la luz (*phaos*).

Aunque la visión puede encontrarse en los ojos y el que la posee puede tratar de usarla, y aunque el color sea presente, sin la existencia de un tercer elemento adaptado específica y naturalmente para ese propósito, la visión no vería nada y los colores serían invisibles. (VI, 507d-e)

La luz es la condición de posibilidad de la visión.[121] Por eso Platón señala que el sol, incluso siendo el vástago del Bien, que es su Padre (cfr. VI,

---

119 El término *saphēneia* (claridad), en su versión latina *claritas*, tendrá una larga descendencia en la filosofía y el arte cristiano hasta bien entrada la Edad Media. Ya en Platón la verdad, la *alētheia*, es indisociable de la claridad (*saphēneia*) (cfr. VI, 511d-e). En la *Storia della bellezza*, Umberto Eco explica: "Uno de los orígenes de la estética de la *claritas* deriva sin dudas del hecho de que en numerosas civilizaciones se identificaba a Dios con la luz: el Baal semítico, el Ra egipcio, el Ahura Mazda iranio son todos ellos personificaciones del sol o de la benéfica acción de la luz, que conducen naturalmente a la concepción del Bien como sol de las ideas en Platón; a través del neoplatonismo, estas imágenes penetran en la tradición cristiana" (Eco 2009: 102).

120 "Ahora el argumento nos obliga a revelar con palabras una Forma que es difícil y oscura. ¿En qué consiste? ¿Cuál es su naturaleza? Consiste en ser el receptáculo, y de algún modo la nodriza, de todo devenir" (*Timeo*, 48e-49a). Este tercer género ontológico, este *triton genos*, ni visible ni invisible, ni sensible ni inteligible, designa más bien un lugar, un espacio: *chōra*. Platón lo identifica, aunque siempre señalando la imposibilidad de construir una identidad sobre lo que esta palabra nombra, con la Madre (cfr. *Timeo*, 50d), mientras que identifica a las Formas arquetípicas con el Padre (cfr. *ibid.*) y a las copias con el Hijo (cfr. *ibid.*). Este espacio, maternal y difícil de aprehender en la medida en que es capaz de recibir todas las formas, es en sí mismo amorfo (cfr. 50d). En una línea similar, aunque sin hacer referencia al término *chōra*, Anne Merker, en *La Vision chez Platon et Aristote*, ha sostenido la tesis de que lo visible, en Platón, finalmente sería "un término medio, un lazo en el sentido particular de medialidad, entre lo sensible y lo inteligible" (2003: 123).

121 En la teoría óptica de Platón parecen convivir ideas cercanas a la teoría extromisionista defendida por los pitagóricos con otras cercanas a la teoría intromisionista defendida por los atomistas. Ya en *Menón*, Platón suscribe a la teoría de los efluvios que provienen de las cosas junto con la teoría de los rayos visuales que surgen del ojo, muy cercana a las ideas de Empédocles. Por un lado, entonces, leemos: "los objetos producen determinadas emanaciones como dijo Empédocles" (76c); por otro lado: "el color es la emanación de la figura perceptible en correspondencia con la vista" (76d). De todas maneras, la formulación más aca-

506e),[122] no es la visión y no debe ser confundido con ella. "¿No es verdad que el sol no es la visión…?" (VI, 508b). La luz es un tercer elemento o tercer género que permite establecer un vínculo entre el sentido de la vista y el poder de ser

> bada de la teoría óptica la encontramos en *Timeo* 45b-46c, cuando Platón relata la creación del hombre, y en especial de los órganos sensoriales, en manos de los dioses menores. Citamos el pasaje *in extenso*: "Los primeros instrumentos que construyeron fueron los ojos portadores de luz y los ataron al rostro por lo siguiente: idearon un cuerpo de aquel fuego que sin quemar produce la suave luz diurna. En efecto, hicieron que nuestro fuego interior, hermano de ese fuego, fluyera puro a través de los ojos, para lo cual comprimieron todo el órgano y especialmente su centro hasta hacerlo liso y compacto —para impedir el paso del más espeso y filtrar sólo al puro. Cuando la luz diurna rodea el flujo visual, entonces, lo semejante cae sobre lo semejante, se combina con él y, en línea recta a los ojos, surge un único cuerpo afín, donde quiera que el rayo proveniente del interior coincida con uno de los externos. Como causa de la similitud el conjunto tiene cualidades semejantes, siempre que entra en contacto con un objeto o un objeto con él, transmite sus movimientos a través de todo el cuerpo hasta el alma y produce esa percepción que denominamos visión. Cuando al llegar la noche el fuego que le es afín se marcha, el de la visión se interrumpe; pues al salir hacia lo desemejante muta y se apaga por no ser ya afín al aire próximo que carece de fuego. Entonces, deja de ver y se vuelve portador del sueño, pues los dioses idearon una protección de la visión, los párpados". Timeo sostiene, retomando una idea habitual en ciertos filósofos presocráticos, que el ojo contiene un fuego interior que produce luz pero no quema. A causa de su naturaleza pura y sutil, este fuego puede fluir a través del ojo. Cuando esto ocurre de día, el rayo luminoso emitido por el ojo entra en coalescencia con la luz diurna y, puesto que ambas luces son afines (hermanas, dice Platón), forman un cuerpo luminoso. Este cuerpo de luz puede impactar en un objeto y sufrir por lo tanto una afección, la cual retorna desde el objeto a través del cuerpo de luz hasta el ojo y de allí hasta el alma donde se produce la visión. Durante la noche, el fuego exterior, afín al que existe dentro del ojo, desaparece y por lo tanto la visión no puede producirse. En última instancia, la causa de la visión consiste en el encuentro o la coalescencia del rayo visual que surge del ojo con la luz externa. Leamos un pasaje del *Teeteto* en donde Platón alude a este punto de encuentro, este límite intermedio entre el ojo y el objeto que engendra la visión. "Precisamente, cuando llegan a un punto intermedio la visión, desde los ojos, y la blancura, desde lo que engendra a la vez el color, es cuando el ojo llega a estar pleno de visión y es precisamente entonces cuando ve y llega a ser no visión, sino el ojo que está viendo" (*Teeteto* 156d-e). Según este pasaje, y en consonancia con lo que hemos visto en el *Timeo*, Platón postula la necesidad de que exista un agente externo, la luminosidad que parte del objeto hacia el ojo, y un agente interno, el fuego visual que parte del ojo hacia el objeto, para que la visión pueda producirse. Existe otro pasaje, en el *Timeo*, que merece la pena ser citado ya que en él Platón esboza su teoría de los colores: "Las partículas que proceden de los otros cuerpos y afectan la visión son, unas, menores, otras, mayores y otras, iguales a las partículas visuales propiamente dichas. Las iguales son imperceptibles, las que denominamos transparentes; en cuanto a las mayores y las menores, aquéllas contraen el rayo visual, éstas lo dilatan" (67d). El color es una llama que fluye de todos los cuerpos. En el caso de la visión, esta llama impacta en el rayo visual. Si las partículas de la llama son del mismo tamaño que las del rayo visual, la visión no se produce ya que se trata de objetos transparentes. Si las partículas de la llama son mayores, comprimen el rayo visual oscureciéndolo hasta el negro que es su extremo. Si las partículas de la llama son menores, lo dispersan, aclarándolo hasta el blanco que es su otro extremo: "lo que tiene la propiedad de dilatar el rayo visual es blanco; negro, su contrario" (*Timeo* 67e). El resto de los colores son mezclas del negro y el blanco. Sobre la teoría óptica platónica, cfr. Beare 1906: 42-56; Ronchi 1983: 11-13; Trouessart 1854: 17-18; Lindberg 1976: 3-5.
>
> 122 Esta idea, por supuesto, al igual que la relación entre claridad y verdad (*saphēneia* y *alētheia*) antes indicada, será fundamental para la teología cristiana y para la tradición neoplatónica (Plotino, Agustín, Grosseteste, etc.) (cfr. Lindberg 1986: 4-42; Mazzeo 1958: 191-229; Azevedo Ramos 2014: 116-139; Riedl 1942: 1-9).

visto (cfr. VI, 508a). De tal manera que la luz y el sol no son ni la vista ni el ojo. "Ni la vista misma, ni aquello en lo cual se produce –lo que llamamos 'ojo'– son el sol" (VI, 508a-b). Para decirlo en términos aristotélicos: sólo porque hay luz, la potencia visual puede actualizarse.[123] Ahora bien, este tercer género, este tercer elemento que hace posible que algo pueda ser visto se encuentra, tanto en la ontología cuanto en la psicología y la epistemología platónicas, escindido en los dos regímenes luminosos que hemos distinguido: la luz propia de lo inteligible (luz diurna) y la luz propia de lo sensible (luz nocturna). Estos dos campos de luminosidad dan lugar a dos miradas diversas:

> Del mismo modo piensa así lo que corresponde al alma: cuando fija su mirada en objetos sobre los cuales brilla la verdad y lo que es, concibe, conoce y parece tener inteligencia; pero cuando se vuelve hacia lo sumergido en la oscuridad, que deviene y perece, entonces opina y percibe débilmente con opiniones que la hacen ir de aquí para allá, y da la impresión de no tener inteligencia. (VI, 508d)

Vemos en este pasaje algunos términos que serán claves en la alegoría de la caverna. Por un lado, el mundo oscuro de la opinión, del devenir; por el otro, el mundo brillante de la verdad, de las esencias inmutables. Por un lado, la luz (*phaos*) de lo inteligible; por el otro, la oscuridad (*skotos*) de lo sensible. Sin embargo, no hay que creer que la oscuridad supone una ausencia total de visión. El mundo del devenir, como mostrará Platón en *Sofista*, no es el no-ser absoluto, sino el no-ser *relativo*. De la misma manera, el mundo sensible, el mundo subterráneo de la alegoría, no designa una falta absoluta de visión, sino una visión débil y falaz, una luminosidad nocturna y crepuscular. El verbo *amblyōssō*, que figura en el pasaje recién citado, es interesante porque significa "ver de modo deficiente" y en Platón designa la visión propia del mundo sensible, de los ojos físicos. De algún modo, cuando el alma se sumerge en la oscuridad de la materia accede a una visión deficiente. Platón distingue con precisión estos dos regímenes de luz en la alegoría de la línea, haciendo corresponder el registro epistemológico con el psicológico:

> Y ahora aplica a las cuatro secciones estas cuatro afecciones que se generan en el alma: inteligencia, a la suprema; pensamiento discursivo, a la segunda; a la tercera asigna la creencia y a la cuarta la conjetura o imaginación; y

---

[123] También para Aristóteles la luz es fundamental; sin embargo, el medio que hace posible que algo sea visto es la transparencia o lo diáfano. Sólo porque existe este medio transparente la luz puede iluminar las cosas y hacer visibles los colores. Abordaremos la teoría óptica aristotélica en el próximo capítulo.

ordénalas proporcionalmente, considerando que cuanto más participan de la verdad tanto más participan de la claridad. (VI, 511d-e)

Como podemos ver, la inteligencia, a la cual le corresponde el pensamiento dialéctico, es el nivel más alto, y por lo tanto más luminoso, de la gnoseología platónica. La imaginación, por su parte, a la cual le corresponde la conjetura, es el nivel más bajo, y en consecuencia el más oscuro.

Estos dos regímenes de luz y estas dos miradas requieren de dos ojos diversos: el ojo del alma que ve las Formas inmutables y el ojo del cuerpo que ve las apariencias perecederas. El campo de visibilidad que recorre el ojo del alma es el reino inteligible cuyo conocimiento supremo es la dialéctica; el campo de visibilidad que recorre el ojo del cuerpo es el reino sensible cuya visión sólo puede aspirar a la creencia. Al primer ojo le corresponde la ciencia (*epistēmē*); al segundo, la opinión (*doxa*). Platón lo expresa a la perfección en el Libro VII:

Por consiguiente, el método dialéctico es el único que se dirige, cancelando los supuestos, hasta el principio mismo, a fin de consolidarse allí. Y dicho método empuja poco a poco al ojo del alma, cuando está sumergido realmente en el fango de la ignorancia, y lo eleva a las alturas, utilizando como asistentes y auxiliares para esta conversión a las artes que hemos descrito. (533c-d)

La expresión *to tēs psychēs omma* (el ojo del alma)[124] vuelve a aparecer en *Sofista*, esta vez en plural (*ta tēs psychēs ommata*), también en relación al pensamiento dialéctico propio del filósofo. Luego de explicar en qué consiste el método dialéctico, la verdadera ciencia, Platón distingue la figura del filósofo de la del sofista. "Aquél [el sofista], escabulléndose en la tiniebla del no ser, actúa en combinación con ella, y es difícil distinguirlo a causa de la oscuridad del lugar" (254a). El régimen de luminosidad propio del sofista, en este caso, es la oscuridad o la tiniebla. Su mirada es por eso débil y confusa. El filósofo, por el contrario, goza de una mirada nítida y brillante.

El filósofo, por otro lado, relacionándose siempre con la forma del ser mediante los razonamientos, tampoco es fácil de percibir, a causa, esta vez, de la luminosidad de la región. Los ojos del alma de la mayor parte de la gente son incapaces de esforzarse para mirar a lo divino. (254a-b)

---

124 Según sostiene David Konstan en el ensayo "Biblical Beauty. Hebrew, Greek, and Latin", "aparentemente fue Platón quien acuñó la expresión 'el ojo del alma'" (2013: 134). La misma idea es confirmada por Murray W. Bundy en el artículo "Plato's View of the Imagination": "Platón insiste entonces en que la verdad es un asunto de recta visión, y es el primero, por lo que sabemos, en hablar del ojo del alma. En este punto de su pensamiento, sin embargo, la imaginación no podría ser identificada con ese ojo" (1922: 367).

Ni el sofista ni el filósofo son fáciles de percibir, pero mientras que aquel no lo es por exceso de oscuridad, éste no lo es por exceso de luz. La misma idea expresa Platón en *República*, esta vez en relación a la dificultad visual que prueban quienes ascienden de la caverna a la luz del sol así como quienes descienden de la luz solar al mundo subterráneo. Dada la importancia del pasaje lo citamos *in extenso*:

> Pero si alguien tiene sentido común, recuerda que los ojos pueden ver confusamente por dos tipos de perturbaciones: uno al trasladarse de la luz a la tiniebla, y otro de la tiniebla a la luz; y al considerar que esto es lo que le sucede al alma, en lugar de reírse irracionalmente cuando la ve perturbada e incapacitada de mirar algo, habrá de examinar cuál de los dos casos es: si es que al salir de una vida luminosa ve oscuramente por falta de hábito, o si, viniendo de una mayor ignorancia hacia lo más luminoso, es obnubilada por el resplandor. Así, en un caso se felicitará de lo que le sucede y de la vida a que accede; mientras en el otro se apiadará, y, si se quiere reír de ella, su risa será menos absurda que si se descarga sobre el alma que desciende desde la luz. (VII, 518a-b)

Existe un tránsito de la mirada, un doble movimiento que es en verdad una conversión y una transmutación. Por un lado, una conversión del ojo del cuerpo, un tránsito del ojo físico al ojo metafísico, un movimiento de purificación que Platón describe, en el párrafo citado, como un pasaje de la tiniebla a la luz; por otro lado, una degradación del ojo del alma, un tránsito en sentido inverso, del ojo metafísico al ojo físico, un movimiento de corrupción que Platón describe, en el mismo párrafo, como un pasaje de la luz a la tiniebla. Cuando el ojo metafísico se abre, y se cierra simultáneamente el ojo físico, el alma accede a una visión pura que le permite contemplar las esencias inmutables. En *Banquete*, por ejemplo, Alcibíades cuenta que se había enamorado de Sócrates y que una noche en que lo había invitado a cenar y le había expresado su deseo de convertirse en su amante, Sócrates le había respondido que no era para nada tonto, ya que si lo veía como alguien bello era porque no estaba viendo su belleza física, sino algo mucho más sublime. La verdadera belleza, le dice Sócrates, se percibe con la mirada del pensamiento y no con los ojos físicos. "La vista del entendimiento, ten por cierto, empieza a ver agudamente cuando la de los ojos comienza a perder su fuerza, y tú todavía estás lejos de eso" (219a). Con la mirada del entendimiento se ve la Belleza en sí; con la de los ojos físicos, sólo la belleza física, la belleza aparente o perecedera. Es tarea de la educación (*paideia*) dirigir la mirada de los hombres. La alegoría de la caverna es, entre otras cosas pero de manera fundamental, un adiestramiento y un direccionamiento de la mirada.

b) **Ortopedia de la mirada**

Recordemos la descripción que hace Platón de la escena subterránea[125] al comienzo del Libro VII de *República*:

Después de eso –proseguí– compara nuestra naturaleza respecto de su educación y de su falta de educación con una experiencia como ésta. Represéntate hombres en una morada subterránea en forma de caverna que tiene la entrada abierta en toda su extensión a la luz. En ella están desde niños con las piernas y el cuello encadenados, de modo que deben permanecer allí y mirar sólo delante de ellos, porque las cadenas les impiden girar en derredor la cabeza. Más arriba y más lejos se halla la luz de un fuego que brilla detrás de ellos; y entre el fuego y los prisioneros hay un camino más alto, junto al cual imagínate un tabique construido de lado a lado, como el biombo que los titiriteros levantan delante del público para mostrar, por encima del biombo, los muñecos. (514a-b)

El tema central de este relato, como lo indica el mismo Platón al inicio del párrafo citado, es la educación, la *paideia*.[126] La situación de los hombres, a la que más tarde Platón se referirá como la situación de los Estados, es similar a la de estos prisioneros encadenados en la prisión subterránea. Vemos aquí que la luminosidad nocturna que habíamos señalado en el Libro VI se ha transformado en la luz del fuego. La luz de la luna propia del mundo sensible es ahora la luz del fuego que brilla tenuemente dentro de la caverna. A ella se opone, como ya vimos, la luz del sol, símbolo de la Idea suprema.

Ahora bien, nos interesa detenernos sobre todo en el aspecto óptico o visual del relato platónico, así como en su relación con el ideal educativo. Los prisioneros sólo pueden mirar hacia adelante porque las cadenas les impiden girar la cabeza. Sólo ven las "sombras proyectadas por el fuego en la parte de la caverna que tienen frente a sí" (VII, 515a). ¿Cuál es la función de la educación frente a este panorama? Su función es liberar a los prisioneros de sus cadenas y curarlos de su ignorancia. Es interesante notar que esta liberación concierne fundamentalmente a la luz y a la dirección de la mirada.

Examina ahora el caso de una liberación de sus cadenas y de una curación de su ignorancia, qué pasaría si naturalmente les ocurriese esto: que uno

---

125 El estudioso John Henry Wright, en un curioso artículo titulado "The Origin of Plato's Cave", sostiene la tesis de que Platón habría visitado la Cueva de Vari, en el Monte Himeto, la cual habría servido de inspiración para la alegoría propuesta en el Libro VII de *República* (cfr. Wright 1906: 131-142).
126 Sobre la educación en Platón y en el mundo griego clásico, cfr. Jaeger 1955, en especial caps. VIII, IX y X.

de ellos fuera liberado y forzado a levantarse de repente, volver el cuello y marchar mirando a la luz y, al hacer todo esto, sufriera y a causa del encandilamiento fuera incapaz de percibir aquellas cosas cuyas sombras había visto antes. (515c)

La educación consiste en que el prisionero gire el cuello y marche mirando la luz. Como expondremos a continuación, toda la alegoría está construida a partir de un disciplinamiento de la mirada.[127] En el pasaje recientemente expuesto, se trata de que el prisionero observe la luz del fuego. Esta mirada, según nuestra clave interpretativa, se corresponde con los ojos sensibles, es decir con la visión del cuerpo, la luz lunar. El prisionero liberado es forzado a "mirar hacia la luz misma" (cfr. VII, 515d). Se trata, como dijimos, de la luz del mundo sensible. Sin embargo, este primer encandilamiento que padece el prisionero al mirar el fuego es necesario como paso previo para ascender a la luz verdadera del mundo inteligible.[128]

El verbo *anankazō*, que Platón emplea en el pasaje que acabamos de exponer, es importante porque significa obligar, forzar, y enfatiza el adiestramiento de la mirada propuesto por la educación platónica. La educación es sobre todo un adiestramiento visual. El prisionero es obligado a girar el cuello y mirar la luz. Se trata de forzar la mirada, la potencia de ver que Platón, en este pasaje, identifica con el verbo *blepō* (mirar hacia, fijar la mirada). Además del verbo *anankazō* (forzar, obligar), Platón utiliza a veces el verbo *biaō* (constreñir, compeler), el cual tiene el mismo sentido coercitivo. Aparece, por ejemplo, cuando se obliga al prisionero a salir de la caverna.

Y si a la fuerza se lo arrastrara por una escarpada y empinada cuesta, sin soltarlo antes de llegar hasta la luz del sol, ¿no sufriría acaso y se irritaría por ser arrastrado y, tras llegar a la luz, tendría los ojos llenos de fulgores que le impedirían ver uno solo de los objetos que ahora decimos que son los verdaderos? (515e-516a)

---

127 Jean-François Mattéi, en su texto sobre Platón, brinda una descripción inspirada de la liberación del prisionero y de su ascenso hacia la luz (cfr. 2005: 3-6). Una vez fuera de la cárcel subterránea, el (ya no) prisionero "se detiene de golpe, en lo alto, pues la luz es demasiado viva. Y por primera vez, luego de días, él desvía los ojos. No para protegerlos o aliviarlos, sino para pensar en lo que hay de más luminoso. [...] La luz es lo que desborda toda cosa, y desbordándola, le ofrece sus límites y sus contornos" (2005: 5).

128 Es cierto que la educación, tal como la presenta Platón en *República* y *Leyes*, está destinada en principio a todos los hombres, pero sólo algunos, los mejores, están dispuestos a realizar el esfuerzo requerido para abrir el ojo del alma y conocer las realidades suprasensibles. En *República* VII 519c, Platón, para referirse a los gobernantes-filósofos, utiliza la expresión "mejores naturalezas". Sobre las diferencias y semejanzas entre la concepción pedagógica de *República* y *Leyes*, cfr. Stalley 1983: 134-136.

Estos dos términos técnicos, *anankazō* y *biaō* (forzar y constreñir), designan el funcionamiento propio de la educación. El primer paso consiste en obligar al prisionero a mirar la luz del fuego, el segundo paso consiste en obligarlo a mirar la luz del sol. El sol y el fuego, *hēlios* y *pyr*, en la alegoría del Libro VII, designan los dos regímenes de visibilidad, las dos luces que hacen posible las dos miradas características de la filosofía occidental: la mirada ígnea del mundo sensible y la mirada solar del mundo inteligible. El ideal educativo consiste en corregir "la visión del alma" (cfr. VII, 519b) y no dejarla mirar hacia las regiones del deseo y los apetitos. Se trata por eso de hacer que el alma mire, con el órgano específico que posee para ello (la inteligencia (*nous*), el ojo del alma), hacia arriba, adonde *debe*. Hay en Platón una *moral de la mirada*.[129] Según adonde se dirija, la mirada puede ser "útil y provechosa o inútil y perjudicial" (cfr. VII, 518e-519a). El objetivo de la educación es adiestrar el órgano del alma para que contemple lo que es, la luz solar del mundo inteligible. Leamos el extenso pero decisivo pasaje siguiente:

> Pues bien, el presente argumento indica que en el alma de cada uno hay el poder de aprender y el órgano para ello, y que, así como el ojo no puede volverse hacia la luz y dejar las tinieblas si no gira todo el cuerpo, del mismo modo hay que volverse, desde lo que deviene, con toda el alma, hasta que llegue a ser capaz de soportar la contemplación de lo que es, y lo más luminoso de lo que es, que es lo que llamamos el Bien. [...] Por consiguiente, la educación sería el arte de volver este órgano del alma del modo más fácil y eficaz en que puede ser vuelto, mas no como si le infundiera la vista, puesto que ya la posee, sino, en caso de que se lo haya girado incorrectamente y no mire adonde, posibilitando la corrección. (VII, 518c-d)

De nuevo nos encontramos, en este pasaje, con un verbo central para comprender la técnica educativa: *orthoō*. Este término, del cual deriva el español "ortopedia", significa enderezar, corregir, rectificar. Toda la alegoría de la caverna, en este sentido, no es sino una gran *ortopedia de la mirada*, una rectificación de la visión. Educar no consiste en hacer ver, puesto que los prisioneros ya poseen la potencia de la visión, sino más bien en corregir la mirada, enderezarla hacia la luz verdadera, hacia el sol. El educador es un administrador o un gestor de la mirada.

---

129 Esta concepción moral de la visión será una constante en la tradición teológica del cristianismo. Baste mencionar como ejemplo, por lo explícito del título, el *Tractatus moralis de oculo* de Pedro de Limoges. Al igual que Platón, aunque en un contexto ya cristiano, Pedro exhorta a mantenerse fieles a la mirada espiritual (el ojo del alma), la única legítima y veraz, y a distanciarse de la mirada corpórea (el ojo del cuerpo), falaz y engañosa. Como sostiene Dallas G. Denery: "Él [Pedro] dedica los ocho capítulos de su tratado a una amplia exploración de las diversas maneras en las que los siete vicios distorsionan nuestra visión espiritual" (2005: 102). Sobre el *Tractatus moralis de oculo* de Pedro de Limoges, cfr. Denery 2005: 75-82, 100-106.

Este direccionamiento de la mirada ofrecerá un criterio preciso para evaluar si un saber es benéfico o pernicioso para los hombres. Es bueno "aquello que fuerza al alma a girar hacia el lugar en el cual se halla lo más dichoso de lo que es, que debe ver a toda costa" (526e). Hemos indicado ya la importancia y el rol ortopédico que posee este *girarse o volverse hacia la verdad* que es también y sobre todo un *volver la mirada hacia la luz*, hacia aquello, acaso lo único, que *debe* ser visto: la Idea de Bien, la esencia, la *ousia*. La educación, en este sentido, debe provocar un ascenso de la mirada. Con ciertos ecos órficos y pitagóricos, Platón describe esta ascensión a la verdad como si se tratase de una suerte de resurrección. "¿Quieres ahora que examinemos de qué modo se formarán tales hombres, y cómo se los ascenderá hacia la luz, tal como dicen que algunos han ascendido desde el Hades hasta los dioses?" (VII, 521c).[130] Ser educado, de algún modo, es pasar de la muerte a la vida, ascender a la luz del conocimiento legítimo. La educación es, ante todo, una técnica de purificación y resurrección de la mirada.

> ...gracias a estos estudios el órgano del alma de cada hombre se purifica y resucita cuando está agonizante y cegado por las demás ocupaciones, siendo un órgano que vale más conservarlo que a diez mil ojos, ya que sólo con él se ve la verdad. (VII, 527d-e)

Este proyecto pedagógico que Platón explicita en *República* se inscribe, evidentemente, dentro de su proyecto político. Como se sabe, los únicos capaces de realizar en la práctica el Estado perfecto, según la doctrina expuesta por Sócrates en *República*, son los filósofos. La inclinación a la verdad que guía a los filósofos los vuelve idóneos para gobernar el Estado. De tal manera que, para Platón, deben reunirse "en un solo individuo el poder político y la filosofía" (cfr. *República* V, 473d). En este sentido, Franco Catenaro, en *Il pensiero politico di Platone*, señala esta posición privilegiada del filósofo en el sistema aristocrático de Platón. "Solamente el filósofo, por tanto, contemplador de la verdad sobrenatural, del Sumo Bien, principio y orden de todas las cosas, puede trasladar aquella universal armonía en el Estado, del cual él solamente puede ser el perfecto custodio" (2013: 133). Los filósofos conocen las Ideas, a las que Platón identifica con la

---

130 En el Libro IV de las *Enéadas*, Plotino retoma la alegoría platónica y refuerza la relación entre el mundo subterráneo y la muerte: "El alma caída es entonces encadenada, aprisionada, obligada a recurrir a los sentidos puesto que no puede hacer uso inmediato de la inteligencia; ella está sepultada, como se dice, en una tumba, en una caverna. Pero, por su conversión hacia el pensamiento, ella rompe sus cadenas, asciende a las regiones superiores, cuando parte de los datos de la reminiscencia para elevarse a la contemplación de las esencias" (*Enéadas* IV, 7, 4). El cuerpo en el que ha caído el alma es una suerte de sepultura o tumba; por la misma razón, la caverna en cuanto tal es como un cementerio, el cementerio de lo sensible, de la materia. "Lo que Platón llama caverna, y Empédocles antro, es, creo, el mundo sensible; romper sus cadenas y salir de la caverna significa, para el alma, elevarse al mundo inteligible" (*Enéadas* IV, 7, 1).

vigilia, pero deben descender a la caverna, a la que identifica con el sueño, para gobernar. Existe, por eso mismo, un ascenso y un descenso (una *anabasis* y una *katabasis*) de la mirada. El movimiento de ascenso (*anabasis*) describe el pasaje de la física a la metafísica, del ojo del cuerpo al ojo del alma, de la tiniebla a la luz; el movimiento de descenso (*katabasis*), por el contrario, un pasaje de la metafísica a la física, del ojo del alma al ojo del cuerpo, de la luz a la tiniebla. "Piensa ahora esto: si descendiera nuevamente y ocupara su propio asiento, ¿no tendría ofuscados los ojos por las tinieblas, al llegar repentinamente del sol? (VII, 516e). El filósofo-rey es el único capaz de realizar la República ideal ya que, habiendo abandonado la caverna de la opinión (*doxa*) y contemplado las Formas eternas, puede descender, luego, a liberar al resto de los prisioneros y hacerles cobrar consciencia de su situación. Los filósofos-reyes, sostiene Platón, deben aprender a mirar las tinieblas.

> Cada uno a su turno, por consiguiente, debéis descender hacia la morada común de los demás y habituaros a contemplar las tinieblas: pues, una vez habituados, veréis mil veces mejor las cosas de allí y conoceréis cada una de las imágenes y de qué son imágenes, ya que vosotros habréis visto antes la verdad en lo que concierne a las cosas bellas, justas y buenas. Y así el Estado habitará en la vigilia para nosotros y para vosotros, no en el sueño, como pasa actualmente en la mayoría de los Estados, donde compiten entre sí como entre sombras y disputan en torno al gobierno, como si fuera algo de gran valor. (VII, 520c-d)

Se vuelve evidente el aspecto político de la educación y de toda la alegoría. Sólo los filósofos-reyes, por tener la capacidad de mirar con el ojo del alma, pueden despertar a la *polis*, y consecuentemente a la política, de su letargo onírico. La educación, como técnica específica de este despertar, corre en paralelo con la vigilia política o, más bien, con la política de la vigilia que propone Platón. La vigilia (*hypar*) se opone, desde un punto de vista político, al sueño (*onar*).[131] El ideal aristocrático de Platón se muestra en todo su espesor en el hecho de que sólo los filósofos-reyes, porque viven despiertos y purificados por la luz solar que posibilita la visión del ojo del alma, pueden gobernar a los durmientes sub-

---

131 En líneas generales, los dos ejes que conforman la concepción antigua de la caverna son la muerte (el Hades, el inframundo) y el sueño (*Hypnos* y sus mil hijos, los *Oneiroi*, que, como se sabe, habitan bajo la tierra). Leemos en las *Metamorfosis* de Ovidio: "Hay cerca de los cimerios, en un largo receso, una caverna, un monte cavo, la casa y los penetrales del indolente Sueño, en donde nunca con sus rayos, o surgiendo, o medio, o cayendo, Febo acercarse puede. Nieblas con bruma mezcladas exhala la tierra, y crepúsculos de dudosa luz" (XI: 592-596). Sobre la relación entre el sueño, la muerte y el mundo subterráneo, cfr. Blumenberg 2009: 356-372. Sobre el sueño y la muerte en la tragedia griega, cfr. Messer 1918: 40-44.

terráneos, al pueblo que sólo ve sombras y fantasmas reflejados en la pared más oscura de la caverna.[132]

En esta perspectiva, merece la pena comparar la figura del poeta con la del filósofo, ya que ambas son paradigmáticas de las dos miradas que hemos individuado en las páginas previas. En el libro X de *República*, como se sabe, Platón condena a la poesía por considerarla perjudicial para la formación virtuosa de los ciudadanos. En este sentido, propone que los poetas sean expulsados de la ciudad ideal.[133] En principio, la poesía es para Platón una forma de arte mimético o imitativo: "todos los poetas, empezando por Homero, son imitadores de imágenes de virtud" (X, 600e). A diferencia del filósofo que puede conocer lo verdadero, el poeta, en tanto imitador, sólo puede acceder al mundo de las apariencias, a la opinión: "el que hace una apariencia, el imitador, no entiende nada del ser, sino de lo aparente" (601b).[134] No le es dado al poeta salir de la caverna. La condena platónica de la poesía, de todas formas, se basa sobre todo en la función perniciosa y, por así decir, contraproducente que posee dentro del proyecto educativo. Según Platón, la poesía distrae de la verdad y pervierte el alma. Así como el filósofo abre el ojo del alma, es decir de la potencia racional y, manteniendo cerrado el ojo del cuerpo, contempla las verdaderas esencias, asimismo el poeta abre el ojo del cuerpo y, siendo incapaz de elevarse hasta lo inteligible, se limita a contemplar las meras apariencias. "De ese modo, diremos que el poeta imitativo implanta privadamente un régimen perverso en el alma de cada uno condescendiendo con el elemento irracional que hay en ella […], creando apariencias enteramente apartadas de la verdad" (605b-c). El vínculo entre filosofía y poesía adopta rápidamente rasgos políticos. Si se admite la existencia de los

---

132 Es interesante contraponer, en esta perspectiva, la alegoría platónica a la alegoría aristotélica que, a pesar de la pérdida del manuscrito *De philosophia*, al parecer redactado por Aristóteles alrededor de los 37-39 años en forma de diálogo, conservamos a través de Cicerón. Más allá de las evidentes referencias a la alegoría de *República*, no dejan de llamar la atención las no menos evidentes discrepancias. Cfr., en este sentido, *De natura deorum*, II, 95. Sobre la alegoría aristotélica transcripta por Cicerón, cfr. Blumenberg 2009: 151-159.

133 La célebre condena de la poesía, sin embargo, debe ser matizada. El mismo Platón, por otro lado, acepta que se la utilice para fines precisos, siempre y cuando no vaya en contra de los valores virtuosos de la ciudad (cfr., por ejemplo, *República* III, 398a-b, 401b). Sobre la concepción platónica de la poesía, cfr. Greene 1918: 1-75.

134 En *Sofista*, Platón profundiza aun más su concepción de la mímesis. En principio, considera dos clases de técnicas imitativas: por un lado, la técnica icónica [*technē eikastikē*] fundada en una semejanza entre la copia y el modelo. Este es el ámbito propio de los íconos. Por otro lado, la técnica fantasmática [*technē phantastikē*] que Platón identifica, no ya con los íconos, sino con los fantasmas. Este es el ámbito de las imágenes que no remiten a ningún arquetipo. En el libro X de *República*, Platón sostiene que los poetas (o al menos algunos de ellos) sólo logran producir meros fantasmas (cfr. 598b). Sobre este punto, cfr. el apartado *c* del cap. X.

poetas en la ciudad ideal se corre el riesgo de que la parte destinada a gobernar (los filósofos-reyes) resulte gobernada, y la parte destinada a ser gobernada, el pueblo, se instituya como gobernante. "Porque ella [la poesía] riega y nutre en nuestro interior lo que había que dejar secar y erige como gobernante lo que debería ser gobernado a fin de que fuéramos mejores y más dichosos, no peores y más desdichados" (X, 606d). La educación, como vemos, forma parte –y parte fundamental, por cierto– del proyecto político platónico.

c) Democracia de la luz

En su texto ya clásico sobre *República*, Julia Annas recurre al film *Il conformista* (1970), de Bernardo Bertolucci, para avanzar algunas reflexiones sobre la actualidad del mito platónico. La caverna es equiparada, en la película, a la Italia de Mussolini. Los prisioneros no existen, como ya Platón había notado, en un mundo ajeno a la política. En la perspectiva de Bertolucci, al igual que en la de Annas, los habitantes de la caverna son ante todo conformistas políticos. "La condición humana no es un vacío social; hay gente en la Caverna manipulando a los prisioneros, así como los prisioneros mismos. Ellos son prisioneros en un determinado sistema político; son conformistas políticos" (Annas 1981: 257). La caverna, como muestra perfectamente Bertolucci en el film aludido, describe el espacio mismo de la política que, en este caso, es identificado con las sombras, los reflejos y las apariencias. La cueva es la Italia fascista alucinada por *il Duce*. Ciertos personajes, ocultos también en este mundo de sombras, manipulan a los prisioneros. Esta manipulación concierne primeramente a la mirada. Los manipuladores o titiriteros mantienen entretenidos a los prisioneros con imágenes vanas y apariencias superficiales.

> Una sociedad como ésta no tiene interés en envalentonar a sus ciudadanos a desarrollar sus propios puntos de vista morales. Tiene interés más bien en exacerbar la conformidad a la opinión recibida por "los medios" dominantes (por decirlo de algún modo) y de llevar a la gente a preocuparse sólo de las imágenes que se les presentan, no viendo ninguna necesidad de una respuesta moral positiva propia. (Annas 1981: 257)

Esta comparación entre las imágenes proyectadas sobre la pared de la caverna y la función de los medios masivos de comunicación en las sociedades actuales había sido ya sugerida, entre otros, por John Martin Cocking en el escrito póstumo *Imagination. A Study in the History of Ideas*. En él, Cocking compara la crítica de Platón a la poesía y la tragedia, es decir a la mímesis, con la crítica actual a los medios de comunicación, en especial a la televisión: "la crítica de Platón hacia la tragedia es muy similar a la crítica de nuestro tiempo a la violencia televisiva, y los argumentos y las incitaciones a la catarsis continúan aún hoy" (2005: 5). Las sospechas de Platón respecto a la tragedia son las mismas, prosigue Cocking, "que tienen los moralistas hoy sobre las imágenes más crudas de la televisión" (*ibid.*).[135]

La educación, para Annas, constituye una vía de resistencia a este conformismo político, generado en parte por los medios. En las páginas previas hemos intentado mostrar que la educación supone necesariamente una ortopedia de la mirada. De todas formas, no hay que concluir que este direccionamiento visual implique un abandono de la educación o una apología de las sombras. Muy por el contrario: implica que, si bien todas las miradas de los prisioneros, nuestras miradas, son direccionadas por los dispositivos (en especial por el dispositivo televisivo, como señala Cocking), son los mismos prisioneros los que deben elegir democráticamente quién dirige sus miradas, quién es el titiritero, el dispensador de las sombras y los reflejos. Lamentablemente, con frecuencia son los titiriteros, representados sobre todo por las corporaciones mediáticas, quienes dirigen las miradas de los prisioneros hacia su propia gloria y quienes determinan quién será la figura destinada a subir a la luz solar y gobernar la vida de los habitantes subterráneos. De nuevo aquí es preciso separar lo que acaso Dios (acaso el hombre) ha unido: el poder político y el poder económico. Ya Platón había mostrado que la *oligarchia*, el gobierno de unos pocos que poseen riquezas, era un régimen político decadente y muy inferior a la *aristokratia*, el gobierno de los mejores, los filósofos-reyes, la forma más perfecta de gobierno según se afirma en *República*. Claro que la *dēmokratia*, el gobierno de la mayoría popular, del pueblo (*dēmos*), era para Platón incluso inferior a la oligarquía. En la actualidad, de todas formas, debemos buscar en el pueblo,[136] que Platón desdeñaba, el sujeto que resiste a la acción de los diversos dispositivos, sobre todo al nexo que suele establecerse entre la oligarquía, equiparada en este caso a las corporacio-

---

135 Hans Blumenberg, por su parte, ha identificado la proyección de sombras en la caverna platónica con una suerte de cinematógrafo y con la teledependencia contemporánea. Sin embargo, para Blumenberg, la situación de los prisioneros no es, *a priori*, condenable, razón por la cual su liberación por la fuerza es en cierto sentido un acto coercitivo (cfr. 2009: 88). En principio, sostiene Blumenberg, no existe (ni tendría por qué existir) ningún descontento intrínseco respecto a las sombras de la caverna; éstas se podrían desvalorizar sólo si se las considera en relación a las Formas inteligibles. De todas formas, es claro que quienes proyectan las sombras, en la interpretación de Blumenberg, persiguen "fines que no son ciertamente teóricos" (2009: 90). La teoría pedagógica de Platón, de nuevo, sólo se comprende en el marco de su teoría política.

136 No es preciso insistir que el *dēmos* platónico difiere radicalmente del "pueblo" contemporáneo. Los únicos que podían ser considerados ciudadanos en la Atenas del siglo V a.C. eran los varones, mayores de edad cuyos padres hubiesen nacido también en Atenas.

nes hegemónicas, y las figuras políticas, los "mejores" (*aristoi*), que salen de la caverna. En realidad, no se trata tanto de resistir al nexo (inevitable, como vimos en las páginas precedentes) entre la proyección de imágenes y quienes acceden a la luz solar, entre los *mass-media* y el poder político, sino más bien a su ocultamiento o enmascaramiento. El pueblo tiene el derecho de saber quién proyecta las imágenes y desde qué lugar ideológico lo hace. En este sentido, es necesario que el prisionero gire su cabeza y vea el fuego de frente; es necesario por lo tanto que sepa quién ha encendido la fogata y quién administra su luz. Y es necesario también, y este es un tema central, que las fogatas se multipliquen en la caverna. Porque el problema no radica tanto en que las miradas sean direccionadas, lo cual hemos visto es inevitable, sino en que lo sean en un único sentido. Si un solo fuego dirige la mirada de los prisioneros, el pueblo estará perdido. Multiplicar los fuegos, democratizar las fogatas, es una tarea política. Lo que vuelve esclavos a los habitantes subterráneos no es tanto el nexo entre aristocracia y oligarquía, sino el hecho de que el nexo no sea también proyectado, es decir explicitado públicamente, con el resto de las imágenes. Los "mejores" (*aristoi*), en las democracias actuales, no son por supuesto los filósofos-reyes capaces de recibir la luz del sol, sino los representantes políticos elegidos por el pueblo, lo cual significa que el término *aristoi* no les conviene y tampoco el régimen conocido como aristocracia. Como hemos dicho, muchas veces la oligarquía, el poder económico, funciona en las sombras y dispone, con el monopolio de sus imágenes y la consecuente ortopedia de la mirada, la suerte de los representantes políticos. Cuando eso sucede, cuando la luz de una sola fogata determina quién saldrá de la caverna y gobernará la vida del pueblo, los prisioneros son más esclavos que nunca. Frente a esta fogata monopólica, sólo resta la posibilidad –la urgencia– de encender otros fuegos que, si bien no la anulen por completo, al menos la fragmenten y la destituyan de su privilegio hegemónico.

En *Il Regno e la Gloria. Per una genealogia teologica dell'economia e del governo*, Giorgio Agamben sostiene que es precisamente la gloria, la *doxa*, término que ha sido traducido en general por opinión,[137] la que permite conectar y mantener unidos el poder político, fundado en la idea de un Dios-Padre trascendente y soberano que reina pero no gobierna, y el poder económico, fundado en la idea de un Dios-Hijo inmanente que gobierna, es decir administra, gestiona, pero no

---

137 "La democracia contemporánea es una democracia integralmente fundada sobre la gloria, es decir sobre la eficacia de la aclamación, multiplicada y diseminada por los *media* más allá de toda imaginación (que el término griego para gloria –*doxa*– sea el mismo que designa hoy a la opinión pública es, desde este punto de vista, algo más que una coincidencia)" (Agamben 2007: 280).

reina.[138] Estos dos poderes, el trascendente (que dará lugar al Estado soberano moderno) y el inmanente (que dará lugar al neoliberalismo económico) pueden funcionar en sincronía porque la gloria, cuyos dispensadores actuales son los *mass-media*, los vuelve indistinguibles y los remite a un mismo campo de fuerzas.[139] Coincidimos con Agamben en que los medios masivos de comunicación son hoy los dispensadores de la gloria y los consecuentes formadores de la *communis opinio*. Disentimos, en cambio, en el hecho de que para nosotros no es indiferente si la gloria proviene de un poder o del otro, es decir si proviene del estado nacional (poder soberano) o de las corporaciones transnacionales (poder económico). El problema, estimamos, no está tanto en la gloria en sí misma, sino en los mecanismos de su dispensación, y sobre todo en el ocultamiento de su lugar ideológico de proveniencia. En efecto, para Agamben la soberanía y la economía constituyen los dos polos de la máquina gubernamental de Occidente, es decir los dos grandes paradigmas a partir de los cuales se ha ido constituyendo el poder a lo largo de la historia occidental. La función de la gloria (de la liturgia, las alabanzas, los himnos, las aclamaciones, etc.) consistiría en unir estos dos polos y en hacerlos funcionar en simultáneo. De allí el doble aspecto que la caracteriza.

¿Cuál es la sustancia –o el procedimiento, o el umbral– que permite conferir a algo un carácter propiamente político? La respuesta que nuestra investigación sugiere es: la gloria, en su doble aspecto, divino y humano, ontológico y económico, del Padre y del Hijo, del pueblo-sustancia o del pueblo-comunicación. El pueblo –real o comunicacional– al cual de algún modo el *government by consent* y la *oikonomia* de las democracias contemporáneas deben inevitablemente remitir, es, en su esencia, aclamación y *doxa*. (Agamben 2007: 283)

Lo que se pierde de vista aquí es el hecho de que, si bien la gloria proviene siempre de los dos polos de la máquina (a los cuales articula), y si bien ambos son por eso funcionales a la gloria, eso no significa que su lugar de proveniencia sea indiferente. Es decir: la complicidad de ambos polos, el soberano y el económico, respecto a la gloria no legitima su confusión y su equivalencia. Creemos que es a partir de esta confusión y de esta equivalencia que Agamben, considerando que actualmente asistimos a una "soberanía popular vaciada de todo sentido" (2007: 303), indica la necesidad correlativa de pensar "una política que esté a la altura

---

138   Sobre la relación entre gloria y teología, cfr. Agamben 2011: 135-151. Sobre el problema de la gloria en Agamben, cfr. De La Durantaye 2009: 172-178; Prozorov 2014: 38-42.

139   Es verdad que Agamben introduce una aclaración ulterior a la hora de explicar la genealogía de la soberanía. La soberanía dinástica derivaría del paradigma teológico-político; la popular democrática, del paradigma teológico-económico-providencial (cfr. Agamben 2007: 303).

de la ausencia de obra del hombre, sin recaer simplemente en la asunción de una tarea biopolítica" (2005: 376). No obstante, para nosotros, al menos en sociedades periféricas como las nuestras, la gloria soberana *no es idéntica* a la gloria económica. Por eso el problema no radica, como hemos dicho, en que exista un nexo entre los medios y el poder político o entre los medios y el poder económico, sino en que ese nexo no sea explicitado por la misma gloria. Lo siniestro y lo perverso no está en la ideología de los *mass-media*, sino en su presunta neutralidad e independencia. Dicho de otro modo: lo funesto no es la política, sino la presunción de su ausencia, el vínculo (falso pero aparentemente efectivo) que se ha establecido –y probablemente los mismos medios han cumplido aquí una función esencial– entre apolítica y honestidad. Romper este lazo, o el correlativo "política = corrupción", es de la mayor importancia. Lo que parece claro es que este movimiento de deconstrucción no podrá realizarse prescindiendo de los dos polos o poderes de la máquina gubernamental, como parecería sugerir Agamben.[140] Es probable que si los dispositivos que proyectan las sombras y los reflejos en la pared de la caverna fueran desactivados, los prisioneros quedarían a ciegas. Se habrían liberado de las falsas apariencias, pero serían quizás más esclavos que nunca de la oscuridad. Sólo una multiplicación de las fogatas, creemos, permitiría pensar en una modesta liberación de los habitantes subterráneos.[141] No se trataría, ya, de arribar a la luz solar. La historia, quizás, nos ha enseñado que sólo hay

---

140   Georges Didi-Huberman, en *Survivance des lucioles*, ha criticado las aporías en las que parece caer a veces el pensamiento político de Agamben. Según Didi-Huberman, al rechazar los dos polos de la máquina, sus dos funcionamientos eventuales, el soberano y el económico, Agamben no logra pensar una política del contra-poder. "Ello significa, concretamente, que una arqueología filosófica, en su 'rítmica' misma, está obligada a describir los tiempos y los contra-tiempos, los golpes y los contra-golpes, los sujetos y los contra-sujetos. Y ello significa que a un libro como *El Reino y la Gloria* le falta, fundamentalmente, la descripción de todo lo que le falta tanto al reino (me refiero a la 'tradición de los oprimidos' y la arqueología de los contra-poderes) como a la gloria (y me refiero a la tradición de las oscuras resistencias y a la arqueología de las 'luciérnagas')" (Didi-Huberman 2012: 62). Esta imposibilidad de pensar en una forma de contra-poder, por otra parte, no se debe por supuesto a una incapacidad o ceguera del pensador italiano, sino a sus mismos presupuestos filosófico-metodológicos: todo "contra" forma parte de la misma máquina. No se trata, para Agamben, de afirmar un polo sobre el otro, puesto que ambos forman parte de un mismo funcionamiento que debe ser desactivado. En *Il Regno e la Gloria*, la luminosidad ubicua y gloriosa del poder es identificada con la sociedad espectacular de Guy Debord. La luz del poder, en este sentido, pareciera haber obliterado por completo las luces menores que Didi-Huberman identifica con las luciérnagas, es decir con el resplandor del contra-poder. "Lo que desaparece –advierte Didi-Huberman– en esta feroz *luz del poder* no es otra cosa que la menor imagen o *resplandor del contrapoder*" (2012: 68).

141   Jugando un poco con el título del célebre libro de Julio Cortázar, diríamos que lo saludable no sería ya *el fuego*, sino *todos* los fuegos. Como indica Virginia Cano: "la esperanza no es la de la luz blanca y transparente que viene de arriba y suele cegar a los de abajo. En todo caso, la lucha es por la variabilidad de las posiciones y de la multiplicidad de los colores. Por la aceptación de su carácter endeble y transitorio" (2017: 103).

luz en la caverna y que el sol divino no es sino la proyección del fuego humano; para decirlo con Feuerbach, el sol no es sino un fuego alienado. Es probable que todo haya sucedido y siga sucediendo en la caverna. Lo deseable sería que su luz, la única que tenemos, no provenga de una sola fogata.

Capítulo VI ∎
Aristóteles: fantasmas fosforescentes

a) Teoría de la visión

Aristóteles aborda el problema de la visión fundamentalmente en *De anima* y en *De sensu et sensibilibus*. Como es su costumbre, comienza por precisar el objeto propio del fenómeno que va a someter a examen, en este caso la visión. "Lo visible es, por tanto, el color. Éste, a su vez, es lo que recubre a todas aquellas cosas que son visibles por sí [...] [es decir] que poseen en sí mismas la causa de su visibilidad" (418a26). De algún modo, lo visible (*to horaton*) es más amplio que el color. Sin embargo, este último es considerado, según explica John Beare en *Greek Theories of Elementary Cognition*, "el nombre más general para el objeto propio e inmediato visto en la luz" (1906: 57). En efecto, Aristóteles sostiene que el color, al cual le dedica varias páginas del *De sensu et sensibilibus*, se vuelve visible sólo en presencia de la luz: "el color no puede ser visto sin luz" (*De anima*, 419a5). Ahora bien, para que se produzca la visión es necesario que el órgano sensorial, por acción de la luz, sea afectado por el color percibido. Pero dado que Aristóteles rechaza la teoría de los efluvios y las emanaciones defendida por los atomistas, para que esta afección sea posible debe existir un elemento intermedio entre el objeto visto y el órgano perceptivo: lo diáfano o lo transparente [*diaphanēs*].

> En efecto, la visión se produce cuando el órgano sensorial padece una cierta afección; ahora bien, es imposible que padezca influjo alguno bajo la acción del color percibido, luego ha de ser bajo la acción de un agente intermedio [*metaxy*]; por fuerza ha de haber, pues, algo intermedio y, por tanto, hecho el vacío, no sólo no se verá hasta el más mínimo detalle, sino que no se verá en absoluto. Queda dicho por qué causa el color se ve únicamente a la luz. (*De anima*, 419a 6-7)

Entre el ojo y el objeto no puede haber vacío, como sostenían Demócrito y Leucipo, pues si así fuera no se vería en absoluto. La condición de posibilidad de la visión, por eso mismo, es la transparencia. Sólo porque existe un medio transparente, el cual puede ser actualizado por una fuente luminosa, la visión es posible. En *De sensu et sensibilibus*, Aristóteles lo confirma: "no es posible ver sin luz [...] pero hay un medio entre lo que se ve y el ojo, y el movimiento producido a través de ese medio es el que provoca la visión" (438b). El color, vuelto visible por acción de la luz, provoca un movimiento en el medio transparente, el cual es recibido por el órgano sensible. Por tal motivo Aristóteles puede definir a la naturaleza propia del color como la capacidad de poner en movimiento el medio transparente. "Todo color es un agente capaz de poner en movimiento a lo transparente en acto y en esto consiste su naturaleza" (*De anima*, 418b). El color se encuentra en el límite de cada cuerpo. No hay que concluir por ello, advierte Aristóteles, que el color *sea* el límite del cuerpo. "Se halla, pues, el color en el límite del cuerpo, pero no es el límite del cuerpo, sino que es preciso pensar que la misma naturaleza que presenta un color en el exterior existe también en el interior" (*De sensu et sensibilibus*, 439a-b).

El color se encuentra en la superficie visible de un cuerpo. Para que se vuelva visible, como hemos indicado, es necesaria la presencia de la luz. Ya Platón, así como otros filósofos anteriores, a decir verdad, había señalado la importancia de la luz para la visión. Sólo que en el caso de Platón, tal como hemos visto por ejemplo en el *Teeteto*, la luz es identificada con el medio *tout court*, es decir con la condición de posibilidad de la visión. Aristóteles, en cambio, introduce una distinción ulterior que tendrá una gran trascendencia en la historia filosófica y fisiológica, sobre todo en la tradición árabe. La condición de posibilidad de la visión no es ya sencillamente la luz, sino lo transparente. Esta teoría de lo diáfano como medio de visibilidad, ya esbozada de algún modo por Alcmeón de Crotona, es fundamental. Sólo porque existe este medio transparente la luz puede iluminar los cuerpos y hacer visibles los colores. Y dado que el color se encuentra en el límite de cada cuerpo, representa también, sostiene Aristóteles, el límite de lo transparente. "Dado que el color se halla en el límite del cuerpo, estaría en el límite de lo transparente, de manera que el color sería el límite de lo transparente en un cuerpo determinado" (*De sensu et sensibilibus*, 439b). Ahora bien, ¿qué entiende Aristóteles exactamente por 'transparente'? Leamos el siguiente pasaje del *De anima* (por su importancia lo citamos *in extenso*):

> Hay, pues, algo que es transparente. Y llamo "transparente" a aquello que es visible si bien –por decirlo en una palabra– no es visible por sí, sino en virtud de un color ajeno a él. [...] La luz, a su vez, es el acto de esto, de lo transparente en tanto que transparente. Por el contrario, en los cuerpos transparentes en potencia se da la oscuridad. La luz es, pues, el color de lo

transparente cuando lo transparente está en acto bajo la acción del fuego o de un agente similar al cuerpo situado en la región superior del firmamento: y es que la propiedad inherente a éste es una y la misma que la del fuego. (418b2)

Lo transparente es aquello que, si bien no es visible por sí, hace posible la visión; es lo que abre, de algún modo, el ámbito de lo visible. Por eso Aristóteles sostiene, dándole la razón a Demócrito, que el ojo está hecho de agua. Sin embargo, la causa de la visión, ahora sí a diferencia de Demócrito, no está en el agua en sí misma, sino en la transparencia. "Que el ojo es de agua es cierto, pero, sin embargo, no se produce la visión porque sea de agua, sino porque es transparente" (*De sensu et sensibilibus*, 438a).

La luz, como podemos observar, no se confunde con el medio diáfano *tout court*, sino sólo con lo diáfano en acto. La luz, dice Aristóteles, es la transparencia en acto, la actualidad de lo diáfano. En el pasaje del *De anima* citado con anterioridad se encuentra la extraordinaria (y, en cierto sentido, poética) idea de que la luz es el color de la transparencia en acto. La misma idea aparece también en *De sensu et sensibilibus*:

> ...la luz es el color de lo transparente por accidente –pues, cuando hay algo ígneo en lo transparente, su potencia es luz, y su ausencia, oscuridad–. Pero aquello a lo que llamamos transparente no es algo privativo del aire o del agua ni de otro de los cuerpos así llamados, sino que es una naturaleza y una potencia común que no es separable, sino que se halla en ellos y se da en los demás cuerpos, en unos más y en otros menos. (438a)

Estos pasajes de Aristóteles son remarcables: lo transparente designa una naturaleza o una potencia que puede existir en acto (como luz) o en potencia (como oscuridad). Así como la luz es el color de lo diáfano en acto, asimismo la oscuridad puede ser entendida como el color de lo diáfano en potencia. En uno de los artículos más importantes de Giorgio Agamben titulado "La potenza del pensiero", encontramos esta sugerencia: "Y si la luz es, como agrega [Aristóteles] poco después, el color de lo diáfano en acto [...], no sería entonces errado definir a la oscuridad, que es la *sterēsis* de la luz, como el color de la potencia" (2005: 278). Agamben está aludiendo a *De anima* 418b2, donde Aristóteles define a la luz como el color de lo transparente en acto. La oscuridad, además, es definida por Aristóteles como lo contrario de la luz: "Parece, además, que la luz es lo contrario de la oscuridad; ahora bien, la oscuridad es la privación de una disposición tal en lo transparente, luego evidentemente su presencia es la luz" (*De anima*, 418b3). La luz y la oscuridad son las dos modalidades de lo diáfano, sus dos colores, el color del acto y el de la potencia. Cuando la luz actualiza el medio transparente, los colores se vuelven visibles; cuando la transparencia se oscurece, en cambio, por falta de una fuente lumínica, los colores se vuelven invisibles y la visión adopta una modalidad potencial. De todas formas, lo transparente en sí mismo es incoloro.

Incoloro es, por lo demás, tanto lo transparente como lo invisible o bien a duras penas visible, por ejemplo, lo oscuro. Esto último no es sino lo transparente pero no cuando es transparente en acto, sino cuando lo es en potencia: es que la misma naturaleza es unas veces oscuridad y otras luz. (418b26)

De este pasaje podría deducirse que lo oscuro es también, como lo diáfano, incoloro. Sin embargo, creemos que lo oscuro, tal como sugiere Agamben, no es incoloro como lo transparente, sino que es el color de la potencia. Por eso Aristóteles aclara que lo oscuro no es invisible, como lo diáfano, sino a duras penas visible [*to molis horōmenon*]. La oscuridad no designa una ausencia total de visibilidad, sino una visión en potencia, la visión del color de la potencia. En la medida en que lo diáfano designa en Aristóteles una misma naturaleza que puede adoptar dos modalidades diversas, la luminosa del color en acto y la oscura del color en potencia, Agamben aclara, entre paréntesis, que no es del todo exacto identificar a la metafísica antigua con una metafísica de la luz: "El lugar común que quiere que la metafísica antigua sea una metafísica de la luz no es, por lo tanto, exacto. Se trata, más bien, de una metafísica de lo diáfano, de esta *physis* anónima capaz tanto de la tiniebla como de la luz" (2005: 278). Creemos, sin embargo, que es justo identificar a la Antigüedad, e incluso a la historia de la cultura occidental, con una metafísica de la luz ya que, por un lado, la idea aristotélica de un medio diáfano no engloba la totalidad del pensamiento antiguo, el cual, como vimos por ejemplo en Platón, identifica al medio de visibilidad con la luz y no con la transparencia y, por otro lado, incluso adoptando la perspectiva aristotélica, existe una evidente jerarquía en las dos modalidades de lo diáfano. De tal manera que lo propio de la historia metafísica no es la ignorancia de la oscuridad, es decir de lo transparente en potencia, sino la valoración asimétrica de una de sus modalidades, la luz actual, sobre la oscuridad potencial.

b) La fosforescencia

Tanto en *De anima* como en *De sensu et sensibilibus* Aristóteles menciona como de pasada el caso de ciertos objetos que son visibles en la oscuridad pero no emiten luz. Se trata de tres pasajes (dos del *De anima* y uno del *De sensu et sensibilibus*) en los que Aristóteles expresa una cierta incomodidad para ubicarlos en alguna de las categorías de su teoría. Quisiéramos citarlos *in extenso*, ya que en ellos se ponen en cuestión, no siempre de forma explícita, algunos de los supuestos de la filosofía aristotélica en particular y de la filosofía occidental en general. Estos objetos, visibles pero incoloros, brillantes pero no luminosos, suponen una desarticulación de los conceptos centrales de Aristóteles: alma/cuerpo, forma/materia, acto/potencia, etc. El primer pasaje corresponde a *De anima* 438a26: "Visible es, a su vez, el color así como otro objeto que carece de nombre [*anōnymon*], si bien cabe describirlo por medio de una frase; en cualquier caso quedará claro a qué aludimos, especialmente por lo que vendrá a continuación". Recordemos que Aristóteles ha identificado al color con el objeto propio de la visión. Para que sea posible la visión es necesario que el color, actualizado por la acción de la luz, modifique el medio diáfano y afecte el órgano sensorial. En el pasaje recién citado, sin embargo, se hace referencia a ciertos objetos que carecen de nombre y que extrañamente no se identifican con los objetos coloridos. Aristóteles anuncia que quedará claro más adelante. Probablemente se refiere al segundo pasaje que quisiéramos citar, *De anima* 419a:

> Por otra parte, no todo lo que se ve es visible a la luz, sino solamente el color característico de cada cosa: ciertas cosas, desde luego, no se ven a la luz, y, sin embargo, producen sensaciones en la oscuridad, por ejemplo todas aquellas cosas que parecen ígneas y brillantes –no hay en nuestra lengua un término único para designarlas– como son los hongos, el asta y las cabezas, escamas y ojos de los peces. Sin embargo no se percibe el color característico de ninguna de ellas. Por qué razón se ven tales cosas es otro asunto [*allos logos*]. Por el momento quede claro, al menos, que lo que se ve a la luz es el color, y de ahí que éste no se vea si no hay luz: la esencia del color, en efecto, consiste en ser el agente que pone en movimiento a lo transparente en acto y el acto de lo transparente es, a su vez, la luz.

Estos extraños objetos, ígneos y brillantes, que producen sensaciones en la oscuridad son lo que hoy se conoce como objetos fosforescentes. La incomodidad de Aristóteles es manifiesta: no sólo no existe un término en la lengua griega para designarlos, sino que tampoco es posible explicar con precisión por qué se ven tales cosas. El motivo por el cual estos enigmáticos objetos son visibles, sentencia Aristóteles, es otro asunto [*allos logos*].[142] Pero este otro asunto, este *allos logos* que en el *De anima* es dejado rápidamente de lado, resulta para nosotros fundamental. En *De sensu et sensibilibus*, como hemos indicado, encontramos otra

---

142 El traductor de la edición francesa, en efecto, aclara: "Sería difícil decir en qué obra Aristóteles ha tratado esta cuestión: al menos entre aquellas que nos quedan no es discutida". Nos referimos a la primera traducción francesa del *De anima* editada por *Librairie philosophique de Ladrange* en 1846. Las notas, al igual que la traducción, corresponden a Jules Barthélemy-Saint-Hilaire.

referencia, también ligera, a estos objetos visibles en la oscuridad, en este caso identificado con las superficies lisas y pulidas.

> ...los cuerpos lisos brillan en la oscuridad, pero, sin embargo, no producen luz, y lo que llamamos 'negro' del ojo, esto es, su centro, es liso. [...] Pues lo liso brilla naturalmente en la oscuridad –como las cabezas de algunos pescados y la tinta de la sepia. (437a-b)

De algún modo, como veremos, todos estos objetos mencionados por Aristóteles, los hongos, las escamas, las cabezas y los ojos de los pescados, la tinta de la sepia, etc.,[143] representan una mancha ciega o un punto de fuga en la teoría aristotélica sobre la visión, y más allá, en la metafísica misma. Consideremos la cuestión con detenimiento.

Según la interpretación que propone John Beare de estos pasajes, podrían distinguirse "tres clases de visibles: (1) el color (visto solo en la luz); (2) el fuego (visto tanto en la luz como en la oscuridad); (3) los objetos fosforescentes (vistos solo en la oscuridad)" (1906: 57). La fosforescencia, como se ve, no se identifica ni con el color ni con el fuego. Lo propio de los objetos fosforescentes es ser visibles en la oscuridad, pero, a diferencia del fuego, no serlo en la luz. La fosforescencia pone en cuestión la dicotomía acto/potencia sin identificarse, como hace Agamben respecto a la oscuridad, con la impotencia o la potencia de no. Los objetos fosforescentes son visibles en acto, sólo que en un medio oscuro, precisamente el medio que caracteriza a la potencia. Estos tres tipos de objetos mencionados por Beare, implícitos ya en los tratados aristotélicos, aparecen con toda claridad, a decir verdad, en los comentadores antiguos. En el comentario al *De anima* de Simplicio, por ejemplo, luego de explicarse que los cuerpos visibles se dividen en dos grupos, aquellos que poseen en sí mismos lo que los vuelve visibles y aquellos que reciben la causa de su visibilidad de forma adventicia,

---

[143] El zoólogo y biólogo marino Edmund Newton Harvey, en su maravillosa *History of Luminiscence. From the Earliest Times Until 1900*, menciona a Aristóteles como uno de los primeros naturalistas en darse cuenta que los cuerpos luminscentes eran incoloros y podían verse en la oscuridad. "Él [Aristóteles] no solo enumeró algunos cuerpos luminscentes sino que se dio cuenta que eran diferentes de otros cuerpos que poseían color y podían verse durante el día" (1957: 23). Luego de citar *De anima* 419a, Harvey avanza algunas explicaciones sobre los cuerpos mencionados por Aristóteles. La luminiscencia producida por la cabeza y las escamas de algunos peces, por ejemplo, puede deberse a las bacterias que se forman en estas substancias. El caso de la tinta de la sepia, sostiene Harvey, es interesante. Además de las bacterias propias a estos cuerpos, ciertas especies (*Sepiola y Rondeletia*) poseen glándulas luminosas. Una especie en particular que habita en las profundidades oceánicas, la *Heteroteuthis dispar*, "descarga una secreción brillante luminosa a la que podría considerarse como un 'jugo' [*juice*]" (1957: 25). Para una descripción de los diferentes cuerpos luminiscentes citados por Aristóteles, tanto en *De anima* cuanto en *De sensu et sensibilibus*, cfr. Harvey 1957: 23-26.

como el aire que es visto por acción de la luz, se mencionan estas tres clases de objetos visibles.

De aquellos cuerpos que tienen en sí mismos la causa de su visibilidad, algunos son vistos solo en la luz, como los colores en la medida en que su brillo es capaz de llenar activamente la transparencia intermedia, algunos solo en la oscuridad, los cuales poseen una cierta fosforescencia pero no la suficiente como para emitir luz, por ejemplo las escamas de algunos peces y hongos, algunos trozos podridos de madera y de astas, y otros por último son visibles tanto en la luz cuanto en la oscuridad, como el fuego que es visto en lo oscuro cuando no hay ninguna luz [...], y en la luz cuando lo transparente se vuelve actualmente transparente por su influjo. (428a26)

Y poco después:

Habiendo dicho cómo lo transparente es visto, cuando es transparente en acto, y cuál es la naturaleza de los colores, él [Aristóteles] menciona ciertas cosas vistas en la oscuridad, 'objetos ardientes y cosas luminosas', aunque no tan luminosas como para producir luz (ya que no podrían ser vistas en la oscuridad), por ejemplo el carbón, las nubes rojas, gusanos luminosos y otras cosas que brillan en la oscuridad sin emitir luz. De ninguna de estas cosas es visible el color, solo su brillo, ya que su color es visto en la luz, pero ellas brillan sin luz. (419a1)

Estos pasajes de Simplicio indican la aporía a la que se enfrentaba Aristóteles. En efecto, el color es definido por Aristóteles como el objeto propio de la visión en acto, es decir en un medio transparente actualizado por la luz. Por ese motivo, como se lee en *De anima*, "no es posible ver sin luz" (419a). De todas maneras, Aristóteles matiza esta afirmación sosteniendo que lo visible y el color no son estrictamente lo mismo, aun si los colores son de hecho la clase de cosas que pueden ser vistas. Ahora bien, en el caso de los objetos fosforescentes, se produce una visión sin luz, lo cual significa que se trata de una visión sin color, es decir de una visión no actual, ya que la luz es la actualidad de la transparencia. ¿Cómo es posible ver en la oscuridad sin luz? Aristóteles no lo explica y expresa su embarazo cuando posterga el tratamiento de ese asunto para otro momento.[144]

---

[144] Teofrasto parece ser consciente del problema al que se enfrentaba Aristóteles cuando hace referencia, en *De sensibus*, a "ciertos objetos que por su propio color brillan en la noche" (18-19). Es interesante notar que Teofrasto utiliza el término *chroa* y no *chrōma* para referirse al presunto "color" de los objetos fosforescentes. Según sugiere George Malcolm Stratton en *Theophrastus and the Greek Physiological Psychology before Aristotle*, Teofrasto habría reemplazado *chrōma* por *chroa*, un término mucho menos habitual, para no contradecir a Aristóteles, quien sostenía que no vemos los colores de los objetos fosforescentes. "Pero dado que Teofrasto no emplea el término usual para color aquí, ¿no habría sido su propósito, obviando

Como afirma Ronald Polansky en *Aristotle's De anima*: "Si la fosforescencia es un fenómeno tan raro en comparación con el color, no necesita recibir una gran atención en la teoría de la visión" (2007: 275). La aporía que representa este raro fenómeno no existiría si se considerase que los objetos fosforescentes son causa de su propia luminosidad, pero Aristóteles no admite que estos objetos sin nombre –literalmente *anónimos*– emitan luz. Este es el punto fundamental. Si el cuerpo fosforescente no emite luz, ¿cómo puede ser visto *actualmente* en un medio oscuro? Hemos dicho, con Agamben, que, así como la luz es el color de lo diáfano en acto, la oscuridad es el color de lo diáfano en potencia. "La oscuridad es verdaderamente el color de la potencia, y la potencia es esencialmente disponibilidad de una *sterēsis*, potencia de no-ver" (Agamben 2005: 279). Esta potencia de no-ver, esta impotencia, la oscuridad, no es una mera ausencia de visión, sino una autoafección de la retina cuando no existen fuentes luminosas. Sin embargo, el caso de los objetos fosforescentes es ligeramente diverso. No se trata aquí de una autoafección de la retina, como explica Agamben en el caso de la oscuridad, ya que los objetos afectan al órgano sensorial desde fuera. Pero tampoco se trata, en sentido estricto, de una fuente luminosa, ya que estos misteriosos objetos, sostiene Aristóteles, no emiten luz. De algún modo, la fosforescencia alude a una luminosidad que hace posible la visión sin iluminar, de tal manera que convive una cierta luz, la cual hace posible una visión actual, con un medio oscuro, el cual es propio de la visión en potencia. Para explicar la visión de los objetos fosforescentes tendríamos que hablar de una potencia en acto o de un acto en potencia. El caso es de lo más curioso e interesante. De nuevo, no se trata de una potencia de no-ver, como señala Agamben respecto a la oscuridad, ya que a los cuerpos fosforescentes se los ve *en acto*; no obstante, tampoco se trata de una visión plenamente actual, ya que se produce en un medio oscuro, en una potencia que no logra ser actualizada por la luz. Para retomar las palabras de Simplicio, los objetos fosforescentes no poseen la suficiente luz como para "iluminar todo el intervalo a causa de su debilidad o su distancia. Por lo tanto, son vistos también en la oscuridad" (418a26). Esta convivencia de la luz y la oscuridad pone en cuestión las categorías del acto y la potencia y, más allá, la distinción central de la antropología aristotélica: la forma (el alma) y la materia (el cuerpo). Tal es así que Plotino, en uno de los tratados del libro IV de las *Enéadas* consagrado al problema de la visión, encontrará en estos objetos brillantes que pueden ser vistos en un medio oscuro una de las objeciones posibles a la teoría

---

el término más común y definido, evitar la consecuencia de que al mirar los objetos fosforescentes en la oscuridad vemos su color (*chrōma*) propio –una posición que Aristóteles mismo niega explícitamente (*De Anim.* 419a6)?" (Stratton 1918: 172-173).

de la medialidad que se remitía a Aristóteles y, más allá, a Alcmeón de Crotona. Para Plotino, ni siquiera es necesario plantear la existencia de objetos fosforescentes para demostrar las aporías en las que caen quienes defienden la existencia de un medio de visión. Ya el mero hecho de poder ver en la oscuridad, incluso objetos que emiten luz, tales como los faros, el fuego o las estrellas implica un problema que estas teorías no logran resolver. De hecho, uno de los motivos por los cuales Plotino no acepta la existencia de un medio entre el objeto visto y el ojo es que en la oscuridad podemos ver objetos luminosos sin necesidad de que se actualice el medio de visión.

La evidencia más importante de que no vemos la forma del objeto sensible por una suerte de transmisión a través del medio aéreo que ha sido afectado es que el fuego y los cuerpos celestes y sus formas son vistas de noche en la oscuridad. (*Enéadas* IV, 5, 3.1-5)

De todas formas, en un pasaje posterior del mismo tratado, Plotino parece hacer referencia indirectamente a los objetos fosforescentes mencionados por Aristóteles, en particular a los ojos de ciertos animales que parecen contener un fuego propio.

Como para los ojos, uno puede ver lo que ocurre cuando los animales tienen ojos luminosos, y su luz se encuentra también fuera de los ojos; y con animales que han comprimido al fuego dentro de ellos, y cuando lo expanden, en la oscuridad, el fuego brilla fuera de ellos, y cuando lo contraen ya no hay más luz exterior, pero ésta no ha perecido, aunque tendría que estar afuera o adentro. ¿Qué sucede aquí? ¿Se ha ido? Pues bien, no está afuera porque el fuego no alcanza el exterior, sino que se ha ido al interior. ¿También se ha ido la luz misma? No, solo el fuego; pero cuando se ha ido al resto del cuerpo que tiene en frente, la actividad no alcanza el exterior. La luz de los cuerpos, por lo tanto, es el acto externo de un cuerpo luminoso; pero la luz en los cuerpos de esta clase, es decir, los que pertenecen primera y originariamente a esta clase, es también substancia, correspondiente a la forma del cuerpo primario luminoso. Cuando un cuerpo de esta clase, junto con su materia, entra en una mezcla, produce color; pero la actividad por sí misma no lo produce; solo tiñe, por así decir, la superficie, en la medida en que depende de algo más y es, uno podría decir, dependiente de eso, y lo que lo separa de este algo más lo separa de su actividad. (*Enéadas* IV, 5, 7.24-41)

Como podemos ver en este arduo pasaje, Plotino intenta resolver la aporía de los objetos fosforescentes distinguiendo dos clases de luces, la exterior y la interior, o, más bien, dos modalidades de la misma luz. Por un lado, tenemos el fuego interior del ojo, el cual no se confunde con la luz.[145] En efecto, cuando el fuego se apaga la luz no desaparece, sino que se repliega, por así decir, al interior. Plotino distingue entre la luz *de* los cuerpos [*tōn sōmaton phōs*], a la cual define como la actividad externa de un cuerpo luminoso, y la luz *en* los cuerpos [*phōs to en sōmasi*], que corresponde a la forma del cuerpo luminoso. El color surge cuando esta forma luminosa se mezcla con un cuerpo material; en sí misma, sin embargo, esta luz formal es incolora y sólo se limita, según aclara Plotino con una expresión enigmática, a teñir la superficie del cuerpo. No nos detendremos más tiempo en la teoría plotiniana de la visión, la cual ameritaría un libro entero. Sólo nos interesa mostrar aquí las aporías y los problemas que suscitaron los objetos fosforescentes en las diversas concepciones antiguas de la visión. En el caso de Plotino, pareciera ser que estos objetos misteriosos, como los ojos de algunos animales que se ven en la oscuridad, representan una suerte de convivencia paradójica de una luz formal y una luz material, un fuego interno y un fuego externo.

c) El color de la imaginación

En *De anima* 412a9-11, Aristóteles sostiene que "la materia es potencia mientras que la forma es acto". Como se sabe, la substancia (*ousia*) puede entenderse, para Aristóteles, o bien como forma, o bien como materia o bien como el compuesto de ambos. En el caso de los seres vivos, de los cuerpos animados, el cuerpo es identificado con la materia y el alma con la forma, lo cual significa, según el pasaje recién citado, que el alma es el acto del viviente mientras que el cuerpo es su potencia.[146]

En efecto, dado que, como ya hemos dicho, la substancia se entiende de tres maneras –bien como forma, bien como materia, bien como el compuesto de ambas– y que, por lo demás, la materia es potencia mientras que la forma es acto y puesto que, en fin, el compuesto de ambas es el ser animado, el cuerpo no constituye el acto del alma, sino que, al contrario, ésta constituye el acto de un cuerpo. (414a14-18)

---

145 Es probable que Plotino esté pensando, al hablar de un fuego interior al ojo, en lo que hoy se conoce como deformación de los fosfenos, es decir las sensaciones luminosas producidas por la deformación (por ejemplo una presión ejercida con un dedo) del globo ocular en total oscuridad. Para un panorama de esta idea, presente ya en Alcmeón de Crotona, cfr. Grüsser & Hagner 1990: 57-85.

146 A decir verdad, Aristóteles introduce una ulterior distinción dentro del acto mismo, el cual se subdivide en acto primero y segundo. Por ejemplo, el alma es el acto primero de un cuerpo viviente, aunque no ejerza efectivamente sus funciones. El ejercicio de las funciones anímicas es el acto segundo. Para ejemplificar esta distinción, Aristóteles alude, entre otros casos, a la diferencia que existe entre el sueño (acto primero) y la vigilia (acto segundo). Sobre las dos modalidades de la actualidad, cfr. Ross 1995: 138-142.

De algún modo, en Aristóteles los dos ojos que conforman la estructura de nuestra categoría de máquina óptica se identifican, según queda claro en estos pasajes del *De anima*, con un ojo actual y un ojo potencial, una mirada en acto, la mirada del alma, y una mirada en potencia, la mirada del cuerpo. La máquina óptica, en el caso del estagirita, es una máquina hilemórfica. En efecto, puesto que el alma es entendida por Aristóteles como la forma en acto de un viviente y el cuerpo como la materia en potencia, la mirada del ojo del alma designará una mirada o una visión en acto mientras que la del ojo del cuerpo designará una mirada o una visión en potencia. Ahora bien, hemos visto que Aristóteles, tanto en el *De anima* como en *De sensu et sensibilibus*, identifica a la luz con el color de lo diáfano en acto y a la oscuridad –según una sugerencia que, como vimos, avanza Agamben en el ensayo "La potencia del pensiero"– con el color de lo diáfano en potencia. Si esto es así, habría que concluir que el ojo del alma, en el marco de la teoría psicológica y metafísica de Aristóteles, coincide con la luz, mientras que el ojo del cuerpo coincide con la oscuridad. En uno de los polos de la máquina tendríamos una visión en acto, la visión del alma, y en el otro polo una visión en potencia, la visión del cuerpo. De tal manera que la máquina óptica, en el caso de Aristóteles, permite pasar de una visión en potencia a una visión en acto y viceversa. En este punto al menos, pasar de una mirada en potencia a una mirada en acto, es decir de una mirada física a una mirada anímica, del ojo del cuerpo al ojo del alma, supone, como en Platón, un pasaje de la oscuridad a la luz. Por el contrario, cuando el ojo del alma se cierra y se abren los ojos físicos, se produce un pasaje de la luz a la oscuridad. La diferencia entre Platón y Aristóteles, en todo caso, consiste en que para aquél este pasaje de la oscuridad a la luz y de la luz a la oscuridad supone un salto cualitativo y una diferencia trascendente, mientras que para éste supone una modificación gradual en un espacio inmanente. Para decirlo de otro modo: en Aristóteles, tanto la luz como la oscuridad pertenecen al interior de la caverna; la luz de las formas es inmanente a las cosas.

Ahora bien, hemos visto también que los objetos fosforescentes, a diferencia del color que se ve en la luz, y a diferencia del fuego, que se ve tanto en la luz como en la oscuridad, son percibidos solamente en la oscuridad. Lo cual no parece problemático, salvo por el hecho de que estos curiosos objetos, como hemos señalado, no emiten luz. Se trata aquí de una visión extremadamente peculiar, una visión cuyo tratamiento Aristóteles deja para otro momento.[147] De alguna manera, un objeto luminoso e incoloro, que sin embargo no emite luz, en un

---

147 Juan Filópono, en su comentario al *De anima*, pareciera sugerir que Aristóteles trata esta cuestión en *De sensu et sensibilibus*. Sin embargo, como explica R. D. Hicks, "ninguna palabra es mencionada en *De sensu*" (1907: 373).

medio oscuro, es decir no actualizado por la luz, se vuelve a pesar de todo visible. Nos interesan particularmente estos objetos fosforescentes porque aluden a un ojo específico que no se confunde ni con el ojo del alma, que ve los colores actualizados en un medio luminoso, ni con el ojo del cuerpo, que no ve ningún color o, a lo sumo, el color de la oscuridad, de la potencia. Citemos nuevamente un pasaje del *De anima*: "Incoloro es, por lo demás, tanto lo transparente como lo invisible o bien a duras penas visible, por ejemplo, lo oscuro. Esto último no es sino lo transparente pero no cuando es transparente en acto, sino cuando lo es en potencia: es que la misma naturaleza es unas veces oscuridad y otras luz" (418b).

Ahora bien, si la luz es el color del acto, de la forma, del ojo del alma, y si la oscuridad es el color de la potencia, de la materia, del ojo del cuerpo, ¿dónde ubicar estos objetos fosforescentes que, pese a ser incoloros, no son por eso transparentes? O más bien, ¿a qué ojo remiten, a qué facultad? La fosforescencia supone un régimen de visibilidad que no se reduce ni al acto, la luz, puesto que el medio está oscuro, ni a la potencia, la oscuridad, puesto que el objeto brilla. Creemos que estos extraños objetos que Aristóteles enumera estupefacto ponen en juego una visión que difiere tanto de la visión sensible cuanto de la visión inteligible y que indican una suerte de tercer campo de visibilidad que concierne propiamente a la imaginación.[148] Si la luz es el color de lo diáfano en acto, es decir del alma, de la inteligencia, y si la oscuridad es el color de lo diáfano en potencia, es decir del cuerpo, de la sensibilidad, entonces *la fosforescencia es el color de la imaginación*, el color de una potencia actual o de un acto potencial; el color, en suma, de una instancia, un límite o un hiato en el que lo posible es ya actual y lo actual siempre posible o, mejor aún, un límite para siempre ajeno a lo actual y lo potencial. Para decirlo de nuevo: si el acto corresponde al alma, es decir a la forma, y si la potencia corresponde al cuerpo, es decir a la materia, o, lo que es lo mismo, si lo propio del alma (de la forma, del acto) es la luz y lo propio del cuerpo (de la materia, de la potencia) es la oscuridad, entonces la fosforescencia designa algo que no es ni alma ni cuerpo, ni forma ni materia, ni acto ni potencia: la imaginación. Por eso para Aristóteles "la imaginación –explica Richard Kearny– se ubica a medio camino entre la *aisthēsis* y la *noēsis*. La imagen sirve como un puente entre lo interior y lo exterior. Es a la vez una ventana hacia el mundo y un espejo en el alma" (2003: 107). Ni la oscuridad de la sensación ni la luz del intelecto, lo propio de la imaginación es la fosforescencia.

Tal vez estos objetos incoloros pero brillantes debían carecer de nombre. Ningún término habría sido capaz de nombrar esta modalidad paradójica del

---

[148] Sobre la imaginación (*phantasia*) en Aristóteles, cfr. Schofield 1995: 250-279; Watson 1988: 14-37; Kearney 2003: 106-113; Brann 1991: 40-46.

Ser (o, *in extremis*, del extra-Ser), este pliegue de lo sensible y lo inteligible, este umbral que la historia de la metafísica, imponiéndose de todas formas sobre esta potencia (a)nónima –imponiéndose para relegarla a una función marginal y por así decir secundaria– habría de llamar, pese a todo, imaginación.

Capítulo VII [149] ■

Agustín de Hipona:
del ojo de la carne al ojo del alma

Si un jardín fue el escenario de la caída, de la irrupción del pecado en la vida humana, también fue, acaso por una curiosa ironía, el escenario en el que, no ya *el* hombre, sino *un* hombre, Agustín de Hipona, encontró el camino de ascenso hacia la divinidad. No se trató, por cierto, del jardín del Edén, sino de uno mucho más modesto ubicado en algún patio de Milán. Mientras atravesaba una profunda crisis espiritual, relata Agustín en *Confessiones*, se recostó a llorar debajo de una higuera, habiéndose apartado de Alipio, amigo fiel y futuro discípulo, para que no lo incomodase. En determinado momento, escuchó la voz de un niño proveniente de una casa vecina que decía cantando: "Toma, lee [*tolle, lege*]" (VIII, XII, 29). De inmediato cambió su semblante. Volvió al lugar donde se encontraba Alipio, abrió al azar el libro del Apóstol y leyó un pasaje en el que se encomendaba abandonar los placeres de la carne y seguir el camino de Jesucristo. "No quise leer más, ni era necesario. Al instante, con las últimas palabras de ese pensamiento, como si una *luz de seguridad* se hubiese difundido en mi corazón, se disiparon todas las tinieblas de la duda" (VIII, X, 29; el subrayado es nuestro). Agustín había entrevisto el camino que conduce de las tinieblas de la carne a la luz del espíritu. Ahora podía estar seguro, una luz, la *lux securitatis*, desde las alturas, lo guiaría e iluminaría sus pasos. Atrás habrían de quedar las borracheras, los prostíbulos de Tagaste, los astrólogos de Cartago; atrás, el maniqueísmo romano, la vida lasciva… Agustín, al fin, se había convertido.[150]

---

149 Parte de este capítulo ha sido publicado como artículo, con ligeras modificaciones, bajo el título "*Lux corporea, lux incorporea*. El ojo de la carne y el ojo del alma en Agustín de Hipona" en *Revista Española de Filosofía Medieval*, Vol. 24 (2017), pp. 19-33. Aclaramos también que las traducciones de los textos de Agustín están basadas en la edición bilingüe de las obras completas de la Biblioteca de Autores Cristianos. En ocasiones hemos modificado ligeramente la traducción.

150 Sobre la vida de Agustín, cfr. O'Donnell 2006: 8-25.

a) Del ojo de la carne al ojo del alma

Se trata de ascender hacia la luz incorpórea. El sol absoluto, si bien inteligible como en Platón, es ahora alegoría del Creador: el Padre, la primera hipóstasis de la Trinidad.[151] Elevarse a Dios significa entrar en sí mismo, reemplazar el hombre exterior por el hombre interior. "Entré [en mí mismo] y vi con el ojo de mi alma [*oculo animae meae*], como quiera que él fuese, por encima de ese ojo de mi alma, por encima de mi inteligencia, la luz inmutable [*lux incommutabile*], no la que es ordinaria y visible a toda carne [...] sino otra cosa, muy diferente de todas nuestras luces" (*Confessiones* VII, X, 16). ¿Qué es el ojo del alma? Es la inteligencia purificada de todo vestigio corpóreo, el espíritu liberado de toda atadura carnal. "El ojo del alma [*oculus animae*] es la mente pura de toda mancha corporal [*mens est ab omni labe corporis pura*], esto es, alejada y limpia del apetito de las cosas corruptibles" (*Soliloquiorum* I, VI, 12). Para poder abrir el ojo del alma y cerrar el ojo del cuerpo es preciso la ayuda de Cristo, el "íntimo médico [*medice meus intime*]" (cfr. *Confessiones* X, III, 4) que permite sanar la visión y curar al hombre de la ceguera.[152] La vida del verdadero cristiano consiste en sanar o curar el ojo del alma, el ojo que fue obstruido con la caída en el momento preciso en el que se abrieron los ojos corporales. La caída del hombre coincide, en este sentido, con la caída de los párpados de los ojos espirituales. La función de Cristo, y de la gracia, en la perspectiva de Agustín, consiste en volver a abrir estos ojos clausurados por el pecado; volver a hacer posible, en suma, la visión de Dios, la *visio Dei*. "Toda nuestra tarea en esta vida, hermanos, consiste en sanar el ojo de la mente [*oculus cordis*], a través del cual Dios puede ser visto" (*Sermo* LXXXIX, V, 5).[153] Para sanar este ojo de la mente, entonces, se debe cerrar el "ojo de la carne" enceguecido por la concupiscencia.[154] Agustín utiliza la expresión "concupiscencia de los ojos"[155] para referirse a la visión propia de los ojos carnales o, más bien,

---

151 Sobre la influencia platónica en el pensamiento de Agustín, cfr. Cary 2008: 3-32.
152 Sobre el ojo del alma y el ojo del cuerpo en Agustín, cfr. Miles 1983: 125-142.
153 En este caso, Agustín utiliza la expresión *oculus cordis*, literalmente "el ojo del corazón". En muchos Padres de la Iglesia, por ejemplo en Mario Victorino, figura influyente en Agustín, la expresión es equivalente a *oculus mentis* u *oculus intellectualis*, el ojo de la mente o el ojo del intelecto. Lo mismo sucede en el caso de Agustín. La expresión *oculus cordis*, además, remite directamente a Pablo de Tarso: "Mi oración es que los ojos de vuestro corazón [*oculos cordis*] sean iluminados, para que sepáis cuál es la esperanza de su llamamiento, cuáles son las riquezas de la gloria de su herencia en los santos" (Efesios 1:18).
154 Para un panorama general del problema relativo al ojo de la carne, cfr. Biernoff 2002: 17-59.
155 Esta expresión remite, por supuesto, a 1 Juan 2:16: "Porque todo lo que hay en el mundo, la concupiscencia de la carne [*he epithymia tēs sarkos*], y la concupiscencia de los ojos [*he epithymia tōn ophthalmōn*], y la soberbia de la vida, no es del Padre, sino del mundo."

a la "voluptuosidad de estos ojos de mi carne [*voluptas oculorum istorum carnis meae*]" (*Confessiones* X, XXXIV, 51). A estos ojos corpóreos que solo revelan la "viscosidad de la concupiscencia [*concupiscentiae visco*]" (*ibid.* X, XXX, 42), Agustín contrapone los "ojos invisibles [*invisibiles oculos*]" (*ibid.* X, XXXIV, 52) cuya mirada revela la luz divina.[156]

En definitiva, nos encontramos con dos ojos y dos visiones radicalmente diversas: la visión sensible y la visión inteligible. En *De Trinitate*, en efecto, Agustín afirma: "Dos son, pues, las visiones: una, la del que siente [*sentientis*]; otra, la del que piensa [*cogitantis*]" (XI, 9, 16). Así como la visión del cuerpo alude al mundo sensible, así también la visión de la mente o la visión del pensamiento alude al mundo inteligible. La visión sensible pertenece al hombre exterior; la inteligible, al hombre interior.

Como es habitual en el *De Trinitate*, Agustín parte de la trinidad que caracteriza al hombre exterior, es decir a la visión sensible, para llegar luego a la trinidad del hombre interior.[157] Los tres elementos que intervienen en la visión corpórea son "la imagen visible del cuerpo, su imagen impresa en el sentido, que es visión y sentido informado, y la voluntad del ánimo aplicando el sentido donde se verifica la visión al objeto visible" (*De Trinitate* XI, II, 4). Además de esta trinidad exterior, existe también una trinidad propia del alma, pero dependiente en parte de los sentidos corporales. Esta segunda trinidad está integrada por "la memoria, la visión interior y la voluntad, que une a las dos" (*ibid.* XI, III, 6). Esta segunda trinidad, si bien dependiente de la información sensible, pertenece ya al hombre interior. Por tal motivo, es más perfecta. "Pero el alma racional se deforma [*anima rationalis deformiter*] cuando vive según la trinidad del hombre exterior [*trinitatem exterioris hominis*]" (*ibid.*). Ambas visiones, la sensible y la anímica, la externa y la interna, presentan una clara analogía. El objeto visible es al sentido de la vista lo que la imagen del objeto en la memoria es a la mirada del alma; por lo mismo, la visión sensible del que mira es al objeto corpóreo lo que la visión del alma es a la imagen del cuerpo que está en la memoria; por último, la atención de la voluntad es a la unión del objeto sensible con el sentido lo que es la misma voluntad a la unión de la imagen que está en la memoria con la mirada del pensamiento. A esta segunda trinidad le corresponde la visión imaginaria, la visión que, si bien pertenece ya al hombre interior, depende sin embargo de las imágenes recibidas por los sentidos, también llamados por Agustín "las puertas de la carne [*fores carnis*]" (*Confessiones* X, VI, 9). Los tres elementos que conforman

---

156 Sobre el problema de la concupiscencia en Agustín, cfr. Nisula 2012.
157 Sobre el problema de la estructura trinitaria de la psicología agustiniana, cfr. Gioia 2008; Teske 2006: 116-123; O'Daly 1987. Sobre el problema de la Trinidad, cfr. Ayres 2010.

esta segunda trinidad interior, sin embargo, no difieren entre sí por naturaleza puesto que todos pertenecen a una misma substancia anímica.

Ahora bien, existen dos partes o dos funciones del alma según Agustín: una superior, a través de la cual se conocen las realidades inteligibles y eternas, y una inferior, a través de la cual se conocen las realidades temporales y mundanas. Es preciso juzgar las cosas mudables y contingentes según el parámetro de las esencias eternas. La imagen de Dios en el hombre corresponde a la parte superior del alma.[158]

> Como dijimos al hablar de la esencia del alma humana, porque, si toda ella contempla la verdad, es imagen de Dios [*imago Dei est*]; mas, cuando una de sus facultades es enviada, por decreto de la voluntad, para que actúe en las cosas temporales [*rerum temporalium*], permanece imagen de Dios [*imago Dei est*] en la parte que ve y contempla la verdad; pero la parte que se ocupa en las acciones inferiores no es imagen de Dios [*non est imago Dei*]. Y cuanto más eleve su pensamiento hacia lo eterno, tanto más fielmente es formada a imagen de Dios; y por eso no se ha de cohibir, moderar o contener su ascensión. (*De Trinitate* XII, VII, 10)

Agustín utiliza el término "ciencia" (*scientia*) para referirse al conocimiento justo y verdadero de las realidades mundanas o temporales, y utiliza el término "sabiduría" (*sapientia*) para referirse al conocimiento de las esencias inteligibles. Como resulta obvio, la sabiduría es superior a la ciencia. Ambas son saberes y actividades inteligibles, es decir anímicas y por lo tanto propias del hombre interior. Sin embargo, la parte inferior del alma está orientada al mundo natural mientras que la parte superior se dirige a las alturas del mundo inteligible. Este "espacio" anímico o intelectual posee una luminosidad específica que Agustín denomina "luz incorpórea", la cual difiere por naturaleza de la "luz corpórea" que ilumina el mundo sensible.

> Es preferible creer que, disponiéndolo así el Hacedor, la esencia del alma intelectiva [*mentis intellectualis*] descubre en las realidades inteligibles [*rebus intelligibilibus*] del orden natural [*naturali ordine*] dichos recuerdos, contemplándolos en una luz incorpórea especial [*luce sui generis incorporea*], lo mismo que el ojo de la carne [*oculus carnis*] al resplandor de esta luz material [*corporea luce*] ve los objetos que están a su alrededor. (*De Trinitate* XII, 15, 24)

Se trata de las dos miradas o los dos regímenes de visibilidad que individua Platón en la alegoría de la caverna. El fuego, fuente de visibilidad de lo sensible,

---

158 Sobre el problema de la *imago Dei* en Agustín, cfr. Schumacher 2011: 25-65.

representado en este caso por la *lux corporea*; el sol, fuente de visibilidad de lo inteligible, representado por la *lux incorporea*. La *lux corporea* hace posible la visión del *oculus corporis*; la *lux incorporea*, en cambio, la del *oculus mentis* u *oculus cogitationis*. La mirada del pensamiento, la *acies cogitationis*, imprime, por así decir, las formas eternas o esencias en el ojo de la mente, en el *oculus mentis*. De la misma manera, el sentido de la vista, el *sensum oculorum*, imprime las imágenes de los objetos en los ojos físicos, en el *oculus corporis*. Por esta razón, estas dos visiones, asegura Agustín, "difieren por naturaleza" (*De Trinitate* XI, II, 2), ya que en la visión intelectual se trata de "la mirada del alma [*acies animi*]" (*ibid*. XI, IX, 16), mientras que en la visión sensible se trata de un mero "sentido corporal [*sensus corporis*]" (*ibid*. XI, II, 2).

Para Agustín, entonces, se trata de sosegar lo más posible el aspecto sensible del alma, y de elevarse y cultivar su parte superior y racional. Esta elevación, a la vez epistemológica y ética, constituye la verdadera conversión del cristiano, el pasaje de su ser exterior, carnal y sensible, a su ser interior, racional y espiritual: "es hora ya de penetrar, partiendo de este hombre carnal y animal [*animali atque carnali*], denominado exterior, del cual hemos largamente tratado, en el hombre interior" (*De Trinitate* XI, IX, 18). Esta frase, lejos de indicar un cambio de registro en el hilo argumentativo del *De Trinitate*, indica más bien un movimiento de ascenso y de purificación. Pasar del hombre exterior al hombre interior, en Agustín, significa abandonar, para utilizar un lenguaje platónico, el mundo de la caverna y elevarse a la vida beatífica del mundo espiritual. Este abandono del reino subterráneo implica una ascesis y un cuidado del alma, la parte más noble del hombre, la interioridad espiritual que lo diferencia de las bestias. "Sabia advertencia de nuestro supremo Hacedor, para que en nuestra parte más noble [*meliore nostri parte*], esto es, en el alma [*animo*], no nos asemejemos a las bestias, de las cuales nos distinguimos ya por la rectitud de nuestro cuerpo" (*ibid*. XII, I, 1). La vida animal, entonces, está íntimamente vinculada con la vida apetitiva del cuerpo. Este espesor material de la carne, a la vez necesario y pecaminoso, es, como dijimos, el hombre exterior. A él le corresponde el ojo del cuerpo y, al extremo, el ojo de la carne, así como al hombre interior le corresponde el ojo de la mente. A través de la visión interior, una vez desligada por completo de su soporte físico, el hombre puede contemplar las verdades eternas.

Pero a pocos es dado llegar hasta ellas [se refiere a las Ideas o razones inteligibles e incorpóreas (*intelligibiles incorporalesquu rationes*)] con la mirada de la inteligencia [*mentis acie*], y cuando se llega, en cuanto es posible, no es dable fije en ellas la mirada el espectador, sino que su vista se siente como rechazada [*repellitur*], surgiendo entonces un conocimiento fugaz [*transitoria cogitatio*] de la realidad que no pasa. (*De Trinitate* XII, XIV, 23)

Esta contemplación efímera de la realidad que no pasa es la visión máxima a la que puede aspirar el cristiano. Para ello es imprescindible el amor. Los últimos libros del *De Trinitate* insisten en la necesidad de la fe y el amor para la *contemplatio Dei*. En el extremo opuesto, se encuentra por supuesto el mundo de la carne y el ojo de la concupiscencia.

b) La "*visio spiritalis*"

El error y el pecado, hemos visto, surgen cuando permanecemos en el plano sensible, es decir, cuando nos atenemos sólo al régimen de visibilidad abierto por la *lux corporea*. Si el alma no contempla y juzga el mundo sensible a partir de las esencias eternas reveladas por la *lux incorporea* corre el "riesgo de resbalar hacia las cosas inferiores [*periculosa est nimia in inferiora progressio*]" (*De Trinitate* XII, VII, 10). Este riesgo, sin embargo, no se encuentra en el mundo corpóreo en sí mismo, sino más bien en la distracción que puede generar en el alma. Agustín considera que esta distracción en los placeres de la carne es equivalente a "prostituir el alma [*prosternere est animum*]" (*De Trinitate* XII, I, 1). Sin embargo, el peligro no se encuentra tanto en la *lux corporea* en sí misma, sino en el punto de contacto de la *lux corporea* y la *lux incorporea*, es decir en el límite o confín del cuerpo y el alma o, para emplear la terminología agustiniana, del hombre exterior y el hombre interior. El problema consiste en la potencial influencia –y corrupción, por cierto– que puede ejercer el *oculus carnis* sobre el *oculus mentis*. Para que esta influencia pueda producirse, además, es preciso que ambos ojos se relacionen; es preciso que la mirada del pensamiento se impregne de la substancia corpórea. "Cuando olvida la voluntad los bienes mejores y ávida se solaza en estos placeres, se hace impura [*immunda fit*]. Es un mal pensar en ellos cuando presentes se tienen, y aun más nocivo cuando ausentes están [*cum absunt pernieiosius cogitantur*]" (XI, V, 8). El lugar de esa impregnación, en la teoría epistemológica y psicológica de Agustín, es la imagen. Pensar en un cuerpo teniéndolo presente es sentir o percibir; pensar en un cuerpo ausente, en cambio, es imaginar. "Y estas impresiones imaginarias [*impressiones imaginum*] surgen no sólo cuando la voluntad es por el deseo impulsada [*appetendo in talia voluntas intenditur*], sino incluso cuando anhela evitarlas y huir, porque, al estar en guardia, se ve forzada a mirar esos mismos objetos que desea no ver" (*De Trinitate* XI, VI, 7). La sensación sin materia, que para Aristóteles definía el estatuto propio de la imagen, se transforma en

Agustín en una suerte de presencia virtual de la carne en el alma. La imagen es la carne del espíritu, así como el espíritu de la carne. Alma y cuerpo, en todo caso, encuentran en la imagen su punto de mayor tensión y al mismo tiempo de mayor indiferenciación.

Si la voluntad, que lleva y trae de aquí para allá la mirada para su información y la une, una vez informada, a su objeto, se concentra toda en su imagen interna [*ad interiorem phantasiam tota confluxerit*], apartando por completo la mirada del alma [*animi aciem*] de la presencia de los cuerpos que rodean nuestros sentidos y de los mismos sentidos del cuerpo, y la convierte enteramente a la imagen que dentro intuye, choca entonces con una semejanza tan grande de la especie sensible, expresión del recuerdo, que ni la razón distingue si es cuerpo exteriormente visto [*corpus ipsum videatur*] o es la imagen interna de su pensamiento [*an intus tale aliquid cogitetur*]. (XI, IV, 7)

Esta indistinción que la imaginación genera entre el cuerpo sensible y la mirada del pensamiento es el mayor peligro.[159] Si la voluntad se concentra en una imagen, si se abisma fascinada en un fantasma, corre el riesgo de demorarse en la antesala de la carne, más aun, en la versión etérea de la carne. La imaginación genera una suerte de carne sutil, ligeramente inmaterial, pero que por eso mismo puede conducir al cristiano por el camino de la concupiscencia. El ejemplo que menciona Agustín para explicar los peligros de la fantasía es más que contundente: "Recuerdo haber oído a uno que tan al natural veía él en su imaginación la forma maciza de un cuerpo femenino [*speciem feminei corporis*], que la sensación de estar carnalmente unido a ella le provocaba derrame seminal [*genitalibus flueret*]" (XI, IV, 7). Estos "fantasmas de la imaginación [*imaginata phantasmata*]" (cfr. XII, V, 8) constituyen, entonces, el mayor peligro. Ellos insinúan, en su tenue existencia, la materialidad de la carne; en ellos el alma, consignada en su origen a las cosas excelsas, se habitúa a los cuerpos bajo el modo de la ausencia. En los fantasmas, pues, el alma aprende que está unida a un cuerpo. Este "espacio" inextenso, anímico, propio de la imaginación y de las imágenes almacenadas en la memoria, posee una visión específica que no se confunde ni con la mirada corpórea ni con la mirada intelectual. En el *De Genesi ad litteram*, Agustín la llama "visión espiritual [*visio spiritalis*]" (cfr. XII, XXIX, 51). "Diré que, conforme a esta distinción, llamaremos ahora espiritual al género de visiones [*spiritale nunc appellavimus tale genus visorum*] por el que nos representamos en el alma las imágenes de los cuerpos ausentes [*corporum absentium imagines cogitamus*]" (XII, IX, 20). Como podemos ver, Agustín denomina *visio spiritalis* a la visión

---

159 Sobre el problema de la imaginación en Agustín, cfr. O'Daly 1987: 106-130.

propia de la imaginación, aquella que permite contemplar no sólo cuerpos ausentes sino también cuerpos inexistentes o creados a capricho. Entre las tres visiones que se distinguen en el Libro XII del *De Genesi ad litteram* existe una clara jerarquía. La visión espiritual es superior a la corporal, así como la intelectual es superior a la espiritual. "La visión espiritual [*visio spiritalis*] es más excelente que la corporal [*quam corporalis*] y la intelectual [*intellectualis*] es superior a la espiritual [*quam spiritalis*]" (XII, XXIX, 51). Esto significa, además de la excelencia de la función que concierne a cada visión, que la corporal no puede existir sin la espiritual, ni ésta sin la intelectual. Pero sí puede existir la intelectual sin la espiritual y la corporal.

El lugar que ocupa en el último libro del *De Genesi ad litteram* la *visio spiritalis*, la visión de la imaginación, es sumamente interesante. Ella es la que permite conectar el mundo sensible de los cuerpos con el mundo inteligible del espíritu. En efecto, Agustín sostiene que para que se forme la visión corporal es preciso que se forme también la espiritual. En general, esta visión paralela no es advertida, salvo "cuando el sentido ha sido apartado del cuerpo, para que aquello que se veía por medio del cuerpo se vea ahora en el espíritu" (XII, XXIX, 51). La imaginación hace posible que lo que pertenecía al registro corporal asuma un estatuto espiritual, es decir que lo que era contemplado por la mirada corpórea sea ahora contemplado por la mirada incorpórea; y a la inversa, que lo que poseía una naturaleza exclusivamente espiritual entre en contacto con el mundo de los cuerpos. Como dijimos, el lugar de este doble movimiento, de esta tensión, es la imagen y consecuentemente la imaginación. En un pasaje fundamental, Agustín indica el lugar intermedio, limítrofe y absolutamente paradójico que ocupa la *visio spiritalis* en relación a la *visio corporalis* y la *intellectualis*.

> Por lo mismo, ni absurda ni inconvenientemente juzgo que la visión espiritual [*spiritalem visionem*] ocupa cierto medio entre la intelectual y la corporal [*inter intellectualem et corporalem*], pues creo que con toda propiedad se llama medio [*medium dici*] a lo que ciertamente no es cuerpo [*quod corpus quidem non est*], pero es semejante al cuerpo [*sed simile est corporis*]; por lo tanto, está entre aquello que verdaderamente es cuerpo [*inter illud quod vere corpus est*] y aquello que ni es cuerpo ni semejanza de cuerpo [*quod nec corpus est, nec simile corporis*]. (XII, XXIV, 51)

La visión espiritual se ubica en el límite de lo corpóreo y lo incorpóreo, de lo sensible y lo inteligible. Su "lugar" es el *entre*, el *medium* que articula lo que es cuerpo y lo que no lo es. Por lo mismo, la luz específica de este *medium* o intervalo no es la *lux corporea* del mundo sensible ni la *lux incorporea* del mundo inteligible, sino una *lux* a la vez corpórea e incorpórea o, quizás, ni corpórea ni incorpórea. En todo caso, más allá de cómo se piense la naturaleza de esta luz enigmática (e incluso habría que ver si se trata en verdad de una luz), lo cierto es que pone en cuestión los dos registros lumínicos, y al mismo tiempo oculares, de la metafísica occidental. Acaso esta luz paradójica, ni espiritual ni carnal, ni inteligible ni sensible, no es otra que la luz antropogénica proyectada por la máquina óptica, la luz (*phaos*) contenida en el término "fantasía" (*phantasia*), y la entidad que revela esa luz no es otra que la imagen (*imago*) contenida en el término "imaginación" (*imaginatio*).

c) ¿Hacia una "*civitas phantastica*"?

En *De civitate Dei*, este doble registro óptico, en cuyos extremos se ubican la visión de las esencias eternas y la visión de las cosas corporales, es pensado desde un punto de vista político (en su sentido etimológico).[160] Al ojo de la carne le corresponde la ciudad del hombre, la "ciudad terrenal" (*De civitate Dei* I, I), mientras que al ojo del alma la ciudad de Dios, la "ciudad santa" (*ibid*., XI, I). Ambas ciudades, además, representan dos clases de hombres: aquellos que viven según el hombre, y que según la metáfora óptica corresponderían al ojo de la carne, y aquellos que viven según Dios, correspondientes al ojo del alma. Así como a la ciudad espiritual le corresponde el reino de Dios, a la ciudad carnal le corresponde el destino sufriente del Diablo:

> He dividido la humanidad en dos grandes grupos: uno, el de aquellos que viven según el hombre, y otro, el de los que viven según Dios. Místicamente damos a estos grupos el nombre de ciudades, que es decir sociedades de hombres. Una de ellas está predestinada a reinar eternamente con Dios, y la otra, a sufrir un suplicio eterno con el diablo. (*ibid*. XV, I, 1)

La separación de las dos ciudades encuentra su consumación en el fin de los tiempos, en el *eschaton*, luego del Juicio. A lo largo de la historia, en cambio, conviven y coexisten; es más, la historia en cuanto tal no es sino la coexistencia (la eventual contaminación) de ambas ciudades: "Estas dos ciudades están mezcladas y confundidas durante esta vida terrenal hasta que se separen en el Juicio Final" (*ibid*. I, XXXV). La historia humana no es sino la historia de estas dos ciudades o, más bien, de la tensión que dinamiza su devenir.[161] En esta vida terrenal,

---

160   Sobre el pensamiento político de Agustín, cfr. Dyson 2005; Weithman 2006: 234-252.
161   La contraposición entre estas dos ciudades, por supuesto, es un tema bíblico. En las epístolas de Pablo o en el Apocalipsis, por ejemplo, el paradigma de la ciudad carnal es Babilonia, mientras que el paradigma de la ciudad santa es Jerusalén. Sobre el conflicto entre las dos ciudades en la Antigüedad, y en las cartas paulinas en especial, cfr. Prósperi 2015: 109-128.

secular dice Agustín, las dos ciudades se encuentran mezcladas y confundidas. La caída representa el momento en el que se constituye la ciudad terrena. El pecado sumerge a los hombres en la ciudad carnal, mientras que la gracia los eleva a la ciudad celestial: "La naturaleza, maleada por el pecado, engendra los ciudadanos de la ciudad terrena, y la gracia, que libera del pecado, engendra los ciudadanos de la ciudad celestial" (*De Trinitate* XV, II). De lo que se trata, parece sugerir el obispo de Hipona, es de cerrar el *oculus carnis*, es decir de abandonar la ciudad del hombre, la ciudad terrenal y ascender a la ciudad de Dios, la ciudad santa, es decir, abrir el *oculus mentis*. Espíritu (*spiritus*) y Carne (*caro*) son los términos en conflicto. Agustín no tarda en decírnoslo, poniendo en relación la ciudad santa con el espíritu y la terrena con la carne. El combate entre ambas ciudades se lleva a cabo también en el interior de cada hombre: "Y en cada hombre, la carne apetece contra el espíritu, y el espíritu contra la carne" (*ibid*. XV, V). Así como el *oculus carnis* corresponde a la parte pecaminosa de cada hombre y el *oculus mentis* a la parte santa y espiritual, asimismo el ojo carnal alude a la ciudad terrena y el ojo espiritual a la ciudad celestial. La separación de estos dos ojos será absoluta y definitiva recién en el Juicio Final, es decir en el fin de la historia. Se torna evidente, por ello mismo, el aspecto profundamente político de estas dos ópticas o campos de visibilidad. Así como la historia humana, para Agustín, no es sino la lucha o la tensión entre estas dos ciudades, la ciudad del hombre y la ciudad de Dios, así también el hombre no es sino el efecto de la tensión entre dos miradas: una que lo eleva a Dios y otra que lo hunde en la animalidad: "la ciudad de los impíos, refractaria a las órdenes de Dios... [es] incapaz de hacer prevalecer el alma sobre el cuerpo" (*Ibid*. XIX, XXV). Por eso se trata para Agustín de acceder, a través de Cristo, a la luz divina, y correlativamente de abandonar la oscuridad diabólica. En este sentido, la historia humana no es sino una historia de las sombras, es decir de la tensión y de la economía de la luz y la oscuridad. Luego del Juicio Final, cuando se establezca definitivamente la Ciudad santa y el pecado sea derrotado, "Dios –explica Agustín– imperará sobre el hombre, y el alma sobre el cuerpo" (*Ibid*. XIX, XXVIII).

No es casual que Agustín identifique a la ciudad santa, es decir a la Jerusalén celestial, con la visión perfecta de la gloria divina. Luego del Juicio Final, los salvados podrán contemplar a Dios cara a cara, verán su rostro y conocerán su Nombre.

> Entonces la semejanza de Dios será perfecta en esta imagen, cuando tenga lugar la visión perfecta de Dios [*Dei perfecta visio*]. De esta visión dice el apóstol Pablo: *Porque ahora vemos como en un espejo, como en enigmas; pero entonces veremos cara a cara*. Y de nuevo: *Nosotros a cara descubierta contemplaremos la*

gloria del Señor como en un espejo y nos transformaremos en la misma imagen, de gloria en gloria, como impulsados por el Espíritu del Señor. (*Ibid.* XIV, XVII, 23)

Este pasaje de 1 Corintios 13:12 obsesiona a Agustín. En él se cifra, de algún modo, la finalidad (*telos*) de la historia humana, y al mismo tiempo la finalidad de la visión. Así como la lucha entre las ciudades debe desembocar en el triunfo de la ciudad santa, así también la tensión entre las dos visiones debe resolverse en el triunfo del *oculus mentis* sobre el *oculus carnis*, es decir en la visión de la gloria celestial, en la *contemplatio Dei* (cfr. *De civitate Dei* XII, XIV, 23). Al final de los tiempos, como las dos ciudades, las dos visiones serán separadas y el *oculus carnis* se cerrará para siempre.

Ahora bien, es lícito preguntarse cómo estas dos ciudades, la humana o terrenal y la divina o celestial, difiriendo radicalmente, al igual que la mirada corpórea y la mirada inteligible, pueden sin embargo existir mezcladas en la historia. La respuesta, curiosamente, es la misma que respecto a la visión. Así como la visión sensible y la visión inteligible pueden conectarse a través de la visión espiritual, asimismo la *terrena civitas* puede mezclarse con la *sanctae civitas* gracias al espacio abierto por una *civitas* para la cual pareciera no existir nombres pero que podríamos denominar, continuando con la terminología agustiniana, *civitas spiritalis* o, quizás mejor, *civitas phantastica* o *imaginalis*. Esta ciudad, difícil de pensar, sería el espacio propio de la política. Como dice Jacques Derrida en *Spectres de Marx*: "la esencia de lo político siempre tendrá la figura inesencial, la no-esencia misma de un fantasma" (1993: 118). Es evidente que esta esencia fantasmal de lo político, es decir este no-aún o no-ya esencia, solicita una concepción fantasmática de lo popular, un pueblo de fantasmas: "Habría que considerar a la imagen [...], según una primera aproximación, como lo que *sobrevive de un pueblo de fantasmas*" (Didi-Huberman 2002: 41).[162]

---

162 Habría que indagar si esta *civitas imaginalis* guarda alguna relación con el *parti imaginaire* de Tiqqun: "El Partido Imaginario es la forma particular que asume la Contradicción en el período histórico donde la dominación se impone como dictadura de la visibilidad y dictadura *en* la visibilidad, en una palabra como Espectáculo. [...] su carácter más remarcable es justamente ser considerado inexistente o, para ser exactos, imaginario. Es sin embargo de él, y exclusivamente de él, que se habla sin parar, puesto que es lo que cada día perturba más visiblemente el buen funcionamiento de la sociedad" (Tiqqun I, 1999: 50). Como veremos más adelante, particularmente en la conclusión general, la noción de fantasma, tal como la entendemos aquí, posee más de un rasgo en común con la noción de "bloom" (cfr. Tiqqun 2000), lo cual no significa que las concepciones políticas de ambas posturas, la nuestra y la de Tiqqun, sean totalmente equivalentes (cfr., al respecto, las notas 358 y 573).

Capítulo VIII ■
Descartes: *la luz y el camino*

a) *Lumen naturale* y *lumen naturae*

"Cuando era niño, amaba a una joven de mi edad, que era un poco bizca" (carta de Descartes a Chanut, 6 de junio 1647; V: 57).[163] Se ignora si habrá sido este amor juvenil por una estrábica la causa de la persistente obsesión de Descartes por la óptica. A este interés, de algún modo frecuente en varios autores modernos, habría que sumarle la obsesión por el camino (por el método, en suma) que conduce a la verdad. En efecto, dos cuestiones retornan incesantemente en los textos cartesianos: la luz y el camino cierto. Ambas se presuponen recíprocamente. Para seguir el camino justo, es necesario ver bien; para ver bien, es necesaria una luz específica; para descubrir esta luz específica es necesario seguir el camino justo. El método,[164] el camino, es indisociable de una fotología. Discurso del método y Tratado de la luz[165] abren el espacio de la filosofía cartesiana. Se trata de encontrar reglas que permitan dirigir el espíritu, el "ingenio", según la luz de la razón. Las *Regulae ad directionem ingenii* suponen un encauzamiento del alma y al mismo tiempo un criterio lumínico, un parámetro que permita discernir lo verdadero de lo falso o, también, que permita separar la luz de la verdad de las tinieblas del error.[166] Pero ¿cuál es esta luz? ¿Cuál es la luz que permite seguir el

---

163   Las citas de Descartes correponden a la edición de las obras completas de Adam y Tannery consignada en la bibliografía. Indicamos el número de tomo y luego el número de página.

164   Heidegger ha indicado la importancia del método en la Modernidad en general y en Descartes en particular. En *Die Frage nach dem Ding*, comentando las *Regulae ad directionem ingenii*, sostiene: "El método no es una pieza de la indumentaria de la ciencia entre otras, sino la instancia fundamental a partir de la cual se determina lo que puede llegar a ser objeto y cómo puede llegar a serlo" (1984: 102).

165   No se trata, como veremos, de la luz física, a cuya descripción se aboca Descartes en *Le traité de la lumière*. La luz que permite vislumbrar la verdad, que permite pues la e-videncia, es una luz metafísica o intelectual.

166   Sobre las *Regulae*, cfr. Joachim 1957.

camino justo? Descartes la llama, sin proporcionar nunca una definición exhaustiva, "luz natural [*lumen naturale*]".[167] En los *Principia philosophiae*, se identifica con una potencia cognoscitiva [*facultas cognoscendi*] otorgada por Dios:

> De donde se sigue que la facultad de conocer [*cognoscendi facultatem*] que él [Dios] nos ha dado, que llamamos luz natural [*lumen naturale*], no percibe jamás ningún objeto que no sea verdadero en lo que percibe, es decir en lo que conoce clara y distintamente; puesto que de ser así tendríamos que creer que Dios es engañador, si nos hubiese otorgado esta facultad para que tomemos lo falso por verdadero cuando hacemos buen uso de ella. (VIII: 16)

La luz natural es una potencia que nos permite conocer algo de forma clara y distinta, es decir evidente. Gracias a la luz natural, podemos acceder a un conocimiento cierto, a la videncia cierta que transforma lo visto en e-vidente. No hay que pensar, sin embargo, que el *lumen naturale* sea una facultad más entre las otras facultades del sujeto: sensibilidad, intelecto, memoria, etc. No se confunde con ninguna facultad en particular; instaura, más bien, un uso correcto (o recto, sin más) de las facultades. El *lumen naturale*, en suma, es una garantía de veracidad. *La recherche de la vérité par la lumière naturelle*: la búsqueda de la verdad *debe* pasar, y necesariamente, según el título de este diálogo inconcluso, por la luz natural. Hay una *moral epistemológica* en el planteo cartesiano, el cual, si bien se presenta como una búsqueda independiente de la religión y de la filosofía, determina las opiniones que *debe* tener el "hombre honesto" sobre todas las cosas que pueden ser pensadas.[168] Es más, el hombre deviene honesto en la medida en que se guía por la luz natural. Esta idea recorre también las *Meditationes de prima philosophia*. En la cuarta meditación, por ejemplo, Descartes equipara al error con el pecado (cfr. VII: 58) y, al mismo tiempo, atribuye a la luz natural la capacidad de mantener dentro de sus límites a la voluntad para que no se desvíe de "lo verdadero y de lo bueno [*vero & bono*]" (VII: 58).

---

167   Sobre la noción de "*lumen naturale*" en Descartes, cfr. Baillot 1963: 209-215; Boyle 2009: 81-118; Smith 2015: 109-110; Cottingham 1993: 32-34, 94-96; Hamelin 1921: 184-192.

168   El título completo del diálogo es: *La recherche de la vérité par la lumière naturelle qui toute pure, & sans emprunter le secours de la Religion ni de la Philosophie, determine les opinions que doit avoir un honeste homme, touchant toutes les choses qui peuvent occuper sa pensée, & pénètre jusque dans les secrets des plus curieuses sciences* (cfr. X: 495).

La expresión *lumen naturale*, sin embargo, puede prestarse a confusión. El *lumen naturale* no es la luz de la naturaleza (el *lumen naturae*, tal vez); por curioso que parezca, es su exacto contrario.[169]

Cuando digo que me parece que la naturaleza me lo enseña, entiendo por esta palabra una cierta inclinación espontánea [*spontaneo quòdam impetu*] que me lleva a creer [*credendum*] esto, y no una luz natural [*lumine aliquo naturali*] que me haga saber que es verdadera. Ahora bien, estas dos cosas difieren mucho entre sí [*multum discrepant*]; pues todo lo que la luz natural me muestra, como, por ejemplo, que de mi duda se sigue que yo soy, y cosas semejantes, no puede ser dudoso de ningún modo, porque no puede haber ninguna otra facultad, o potencia, en la que pueda confiar tanto como en ella, y que me enseñe a distinguir lo verdadero de lo falso. Pero, en cuanto a los impulsos que me son naturales [*impetus naturales*], he advertido, cuando se ha tratado de elegir entre las virtudes y los vicios, que me han conducido a menudo al mal cuando se trataba de elegir el bien, y no veo por qué en otro asunto he de confiar en ellos. (VII: 38-39)

La naturalidad contenida en la expresión *lumen naturale* no es la naturaleza sensible, la *physis* del mundo material que se conoce a través de los sentidos corporales. Se trata de otra naturaleza, de una suerte de anti-*physis* o, mejor aun, meta-*physis*. Hay que tener presente estos dos sentidos del término *natura*: uno físico, material; otro metafísico, intelectual. La luz natural ilumina, de algún modo (de un modo paradójico, por cierto), lo que no puede haber de natural en esa luz. Su sentido se aclara tanto en las *Regulae ad directionem ingenii* como en *La recherche de la vérité par la lumière naturelle*: en ambos textos, Descartes se refiere a la luz natural con la expresión "luz de la razón [*lumen rationis*]" (X: 361).[170] La luz natural, el *lumen naturale*, en este sentido, es lo contrario de la luz física de la naturaleza, del *lumen naturae*. Incluso cuando, en *La recherche de la vérité par la lumière naturelle*, Descartes emplea la expresión "luz de la naturaleza [*lumière de la nature*]" (X: 368) para referirse al *lumen naturale*, necesariamente infalible e inteligible, siente la necesidad de aclarar, poco después, que esta luz de la naturaleza no es sino la "voz de su propia razón [*voix de sa propre raison*]" (*ibid.*). La luz natural, por lo tanto, es como el sol de la alegoría platónica o como la *lux incorporea* de Agustín; la luz de la naturaleza, por el contrario, como el fuego de la caverna platónica o la *lux corporea* de la filosofía agustiniana. Una, la luz

---

169 Como aclara Stephen H. Daniel: "En ningún lugar de sus *Meditaciones* Descartes habla explícitamente de una luz de la naturaleza (en términos tales como *lumen naturae* o *lux naturae*): su expresión es siempre *lumen naturale*" (1978: 93).

170 En las *Regulae ad directionem ingenii*, Descartes también emplea la expresión *lux rationis* (X: 368).

natural, inteligible, conduce a la verdad; la otra, la luz de la naturaleza, sensible, a la mera creencia. Ambas, sin duda, discrepan entre sí. La luz natural es digna de confianza, los impulsos naturales son dignos de reproche. ¿Por qué *sé*, por ejemplo, que para dudar o pensar tengo necesariamente que existir? Porque el *lumen naturale* me lo enseña. ¿Por qué *creo* que las cosas exteriores se corresponden con las ideas que se forman en mi espíritu? Porque un *impetus naturale* me lo enseña. Pero mientras que este *impetus* es falible, el *lumen* no. Esta distinción, por supuesto, reproduce la división alma/cuerpo. La luz natural, de más está decirlo, corresponde al alma o al espíritu, mientras que el impulso natural corresponde al cuerpo. Descartes sostiene, en efecto, que existen cosas de naturaleza intelectual, cosas de naturaleza material y cosas a la vez materiales e intelectuales. La luz natural es propia de la primera categoría.

> Nosotros decimos, en segundo lugar, que las cosas llamadas simples por relación a nuestra inteligencia son o puramente intelectuales, o puramente materiales, o intelectuales y materiales a la vez. Son puramente intelectuales las cosas que la inteligencia conoce con la ayuda de una cierta luz natural, y sin la ayuda de ninguna imagen corporal. (X: 419)

No sólo las cosas materiales quedan fuera del espectro lumínico de la luz natural, sino también las imágenes. Los sentidos y la imaginación, en la medida en que dependen del cuerpo, no reciben la luz natural del espíritu. En el mundo crepuscular de la materia, a la que estas dos facultades están inexorablemente ligadas, sólo parecen abrirse caminos falsos, atajos que no conducen a ningún lugar, sendas perdidas... La luz natural, entonces, pertenece al reino inteligible, al espacio circunscripto, pero a la vez ilimitado, de las ideas innatas y de las verdades eternas.

He aquí algunas de las verdades que me enseña la luz natural:

(1) Que si dudo o pienso tengo que existir.
(2) Que debe haber tanta realidad en la causa eficiente como en el efecto.
(3) Que la conservación y la creación no difieren más que respecto a nuestra manera de pensar.
(4) Que Dios no puede engañar, puesto que el engaño depende necesariamente de algún defecto, y Dios es infinitamente perfecto.
(5) Que el conocimiento del entendimiento debe siempre preceder a la determinación de la voluntad.
(6) Que conocemos mejor una cosa o substancia cuando individuamos sus propiedades o atributos.

¿De dónde proviene, en definitiva, la luz natural, el *lumen* que me revela estas verdades? Descartes sostiene, retomando sin duda una larga tradición teológico-filosófica, que proviene de Dios, fuente de luz infinita: "Y el primero de sus atributos [de Dios] que debe ser considerado aquí, consiste en que es lo más verdadero y la fuente de toda luz" (VIII: 16).[171] Se vuelve evidente la diferencia radical que existe entre la luz de la naturaleza, la luz física que sólo revela cosas materiales a través de los sentidos y, a partir de ellos, a través de sus representaciones imaginarias, y la luz metafísica, necesariamente verdadera e inteligible, cuya fuente es Dios. Ambas luces, como en Platón, corresponden a las dos grandes regiones ontológicas distinguidas por Descartes: la *res extensa* y la *res cogitans*. La luz natural o metafísica se difunde por la *res cogitans*; la luz física, en cambio, por la *res extensa*. Resulta evidente que a cada registro ontológico, a cada campo de visibilidad, le corresponde un ojo en particular. El ojo que recorre, con su mirada falaz, la extensión material es sin duda el ojo físico, el ojo con el cual percibimos las figuras, los colores, las magnitudes, las diversas características de los cuerpos. Por el contrario, el ojo que recorre la región espiritual, inextensa y necesariamente verídica, es el ojo del alma o, según el plural que emplea Descartes en las *Meditationes de prima philosophia*, los "ojos del alma [*mentis oculis*]" (VII: 36).

El gesto propio de Descartes, al menos a lo largo de las *Meditationes*, consiste en "separar la mente de los sentidos" (VII: 48), lo cual equivale consecuentemente a "separar [el] pensamiento de las cosas imaginables y dirigirlo solamente a las inteligibles e inmateriales" (*ibid.*). En la sexta meditación, en efecto, Descartes se dedica a distinguir la concepción de la imaginación y a identificar, al mismo tiempo, la concepción con la esencia del hombre, con aquello que el alma puede realizar sin depender de nada más que de sí misma. El problema surge ya en la segunda meditación, cuando Descartes encuentra en el pensamiento el atributo propio del alma. Sin embargo, allí Descartes sostiene que imaginar y sentir son también modalidades del pensamiento. Lo cual parecería implicar una contradicción o una aporía, puesto que el pensamiento es precisamente aquella capacidad del alma para cuyo ejercicio no se requiere la intervención del cuerpo. No obstante, para imaginar y sentir es preciso el cuerpo. El alma por sí misma no puede hacer ni una cosa ni la otra. Ya en la segunda meditación, de todas formas, Descartes da una posible solución a la aporía.[172] Pero es en la sexta medita-

---

171 Sobre la influencia del pensamiento medieval y de la teología en general en Descartes, cfr. Gilson 1930; Ariew 1992: 58-90.

172 No se debe confundir, explica Descartes, la potencia de imaginar o de sentir con los contenidos concretos imaginados o sentidos. En tanto potencias, la imaginación y la sensibilidad pertenecen al alma. Sobre la imaginación en Descartes, cfr. Schlutz 2009: 36-79; Cottingham 1993: 84-86; Clarke 2003: 78-105. Lilli Alanen, en su ensayo "The Second Meditation and the nature of the human mind", sostiene que la con-

ción donde el análisis de la distinción entre concepción e imaginación llega más lejos. Cuando el espíritu concibe, sostiene Descartes, se vuelve hacia sí mismo, *ad seipsam*, y contempla las ideas que en él se encuentran; cuando imagina, en cambio, se vuelve hacia el cuerpo, *ad corpus*. Esto quiere decir que la imaginación trabaja en sincronía con los sentidos. No sería posible imaginar si antes los sentidos, en especial el sentido de la vista, no hubiesen proporcionado el material correspondiente para la formación de imágenes mentales. Los ángeles, advierte Descartes, siendo espíritus puros no son capaces de imaginar. De nuevo encontramos una misma estrategia que consiste en desplazar la imaginación al extremo sensible (corporal) y en identificar a la esencia humana con el espíritu inmaterial y autónomo. Como en Platón, si bien el hombre es un compuesto de alma y cuerpo, sólo el alma goza del estatuto específico de lo humano. El alma, y no el cuerpo, equiparado en Descartes a una máquina o a un cadáver y en Platón a una prisión, es identificada con la esencia humana. En ambos casos se observa un mismo mecanismo que consiste en desplazar la imaginación de su lugar intermedio y en identificarla consecuentemente con el extremo sensible y corporal. Lo cual supone por necesidad una definición correlativa de lo humano. El hombre se identifica ahora con el alma. Sólo el ojo del alma le revela su imagen verídica, sólo la visión anímica es capaz de reflejar su verdadero rostro. Desde su altura inteligible, el ojo del alma, el sol platónico, gobierna como un faro las vicisitudes y contradicciones del ojo corpóreo, en cuya mirada coexiste ahora la visión imaginaria.[173]

---

clusión a la que llega Descartes en la segunda meditación respecto a la función de la imaginación y la sensación es que "estos fenómenos, es decir, sus sensaciones e imaginaciones presentes (su pensamiento de cosas corpóreas externas a partir de las imágenes mentales que se generan en la imaginación), son actividades o estados que, en tanto resultan inmediatamente advertidos, deben pertenecer al yo pensante cuya existencia es lo único cierto" (2014: 90).

173 En la alegoría de la línea dividida, Platón ubica la imaginación, la *eikasia*, en el extremo inferior –visible– de lo real: "Toma ahora una línea dividida en dos partes desiguales; divide nuevamente cada sección según la misma proporción, la del género de lo que se ve y otra la del que se intelige, y tendrás distinta oscuridad y claridad relativas; así tenemos primeramente, en el género de lo que se ve, una sección de imágenes. Llamo 'imágenes' en primer lugar a las sombras, luego a los reflejos en el agua y en todas las cosas que, por su constitución, son densas, lisas y brillantes, y a todo lo de esa índole" (*República* VI, 509d-510a). El mismo procedimiento se repite en el libro VII, cuando Platón confina la *eikasia* al fondo de la caverna, limitando con el no-ser. De allí que Platón considere a la *eikasia*, y más aun a la *phantasia*, como potencias inexorablemente confinadas al reino sensible. Explica Jean-Pierre Vernant en un estudio centrado preferentemente en el pensamiento platónico: "Contigua a la sensación y la opinión, de las que no se distingue claramente, la *phantasia* se define por su inclusión en 'el parecer, el simular, sin realmente ser, *to phainesthai touto kai to dokein, einai de me*'" (2008, II: 1739). Descartes es heredero, en este punto como en tantos otros, de la tradición metafísica platónica. En las *Meditationes*, por cierto, la imaginación es desplazada hacia el extremo corporal y, puesto que la esencia humana coincide con la intelección pura, es decir con el alma misma (sin ningún vestigio de corporalidad), la imaginación no forma parte de la

El dualismo cartesiano pareciera suponer, según la mayoría de las interpretaciones clásicas, dos registros bien diferenciados: lo extenso y lo pensante. Como han señalado varios especialistas, uno de los mayores problemas legados por Descartes a la posterioridad ha consistido precisamente en cómo pensar la relación entre estos dos términos sin caer en aporías y dilemas irresolubles. Hay que decir, sin embargo, que el propio Descartes abordó en varias oportunidades este arduo problema. Y la "solución" que parece haber encontrado, aunque desde muchos puntos de vista insatisfactoria, concierne a un pequeño órgano ubicado en el cerebro: la glándula pineal. Esta misteriosa glándula, como veremos, parece poner en cuestión, muchas veces de forma elíptica, la estructura dualista propia de la metafísica y de la antropología cartesianas.

b) La glándula pineal

En el *Traité de l'Homme*, Descartes explica que la glándula pineal o hipófisis está compuesta de una materia muy blanda y que no se encuentra meramente adherida en todas sus partes a la substancia del cerebro, sino sostenida por pequeñas arterias y balanceada por la fuerza de la sangre que el calor del corazón impulsa hacia ella (cfr. XI: 179). La importancia que posee esta pequeña glándula en el sistema cartesiano ha sido suficientemente notada por varios estudiosos.[174] En su tenue pulpa, en la lábil sucesión de sus movimientos, la glándula pineal parece custodiar acaso uno de los mayores misterios de la historia de la filosofía: la relación alma-cuerpo. Descartes muchas veces la define, sobre todo en *Les passions de l'âme*, como el "asiento del alma". En el artículo XXXIV de *Les passions*, por ejemplo, titulado no por caso "Comment l'âme et le corps agissent l'un contre l'autre", se explica: "Concebimos entonces aquí que el alma tiene su asien-

---

esencia humana: "Señalo además que esta virtud de imaginar que está en mí, en tanto que difiere de la potencia de inteligir, no es de ninguna manera necesaria a mi espíritu o a mi esencia; pues, aunque no la tuviese, sin duda seguiría siendo el mismo que soy ahora: de donde parece que se puede concluir que ella depende de algo que difiere de mi espíritu" (VII: 73). La esencia humana, aquello que resulta necesario a la naturaleza del hombre, que lo hace ser precisamente humano, es la intelección y no la imaginación. Esta última facultad es, por así decir, accesoria y secundaria respecto a la primera. La esencia del alma humana, afirma Descartes, no la requiere. La identidad del sujeto, del *cogito*, el *ego* del *cogito*, no depende de la imaginación. Si ésta no existiese, seguiría siendo el mismo que soy. Pero si la imaginación no depende de la esencia del alma, de la *mens*, es porque depende de alguna otra cosa. Y esta otra cosa que supone, que pre-supone el acto de imaginar, no es sino el cuerpo: "cuando imagino, [el espíritu] se vuelve hacia el cuerpo" (*ibid.*). Podemos ver en qué sentido la distinción de la intelección y la imaginación, como en Platón la distinción entre el *nous* y la *eikasia*, repite la distinción más amplia entre el alma y el cuerpo.

174 Para una explicación general de la glándula pineal y su función en el sistema cartesiano, cfr. Cottingham 1993: 146-147; Clarke 2003: 63-64, 87-88, 102-139; Bitbol-Hespériès 2016: 593-595.

to principal [*siege principal*] en la pequeña glándula que se encuentra en el medio del cerebro, de donde irradia a todo el resto del cuerpo por medio de los espíritus, de los nervios e incluso de la sangre" (XI: 354). Los "espíritus animales" de los que habla Descartes cumplen la misma función, en su concepción fisiológica, que los impulsos neuro-eléctricos de la medicina o neuromedicina moderna (cfr. Cottingham 1993: 13-15). Estos *esprits animaux* poseen una naturaleza extremadamente sutil, como un fuego o un aire, y son los encargados de transmitir información por los diversos conductos, nervios y tubos que componen el sistema nervioso, del cerebro a las extremidades. "Lo que llamo aquí 'espíritus' son meramente cuerpos: no tienen otra propiedad más que la de ser cuerpos extremadamente pequeños que se mueven a gran velocidad, como llamas que surgen de una antorcha" (XI: 335). Estos espíritus hacen mover la glándula pineal, la cual transmite al alma esos movimientos; de la misma manera, el alma hace mover los espíritus en la glándula para que sean transmitidos al resto del organismo. En este sentido, la hipófisis puede ser considerada la instancia mediadora o el eslabón entre la *res extensa* y la *res cogitans*. En ella, en su delicada constitución se produce la enigmática economía de lo sensible y lo inteligible, de lo visible y lo invisible; en sus veloces movimientos e inclinaciones, el cuerpo es por un instante alma, y el alma, también por un instante, cuerpo.

> ...la pequeña glándula que es el principal asiento del alma [...] puede ser movida por ellos [los espíritus] de diversas maneras, tantas como diversidades sensibles existen en los objetos; pero también puede ser movida diversamente por el alma [...]. Ella [la glándula pineal] impulsa los espíritus que la rodean hacia los poros del cerebro, que los conducen por los nervios a los músculos, por medio de los cuales hace mover los miembros. (XI: 354-355)

La glándula pineal recibe información de los sentidos corporales y la transmite al alma, así como recibe información del alma y la transmite a los miembros corporales.

Uno de los argumentos esgrimidos por Descartes a la hora de concederle a esta pequeña glándula la enorme responsabilidad de conectar el alma con el cuerpo se basa en el hecho de que, a diferencia de la estructura doble de los órganos sensoriales (dos ojos, dos oídos, dos fosas nasales, dos manos, etc.), la glándula pineal es el único órgano cerebral que no posee una estructura dual. En varias oportunidades, Descartes insiste en la capacidad de integración y unificación que posee la hipófisis. De esta constatación se sigue con total necesidad, al menos según sugieren las páginas de *Les passions de l'âme*, que la glándula pineal es la encargada de integrar y unificar la información (en general desdoblada) proveniente de los sentidos. El caso emblemático es la visión. Las imágenes dispares procedentes de cada ojo son integradas, no ya en el quiasma óptico como se creía hasta el Renacimiento –e incluso como se seguirá creyendo hasta el siglo XVIII–, sino en la glándula pineal.

> ...en la medida en que tenemos un único pensamiento de una misma cosa en un mismo tiempo, es necesario que exista algún lugar en el que las dos imágenes que vienen de los dos ojos, o las dos impresiones que vienen de un único objeto por los órganos dobles de los otros sentidos, se puedan integrar en una sola antes de llegar al alma, a fin de que no le representen dos objetos en lugar de uno. Y se puede concebir fácilmente que estas imágenes o estas otras impresiones se reúnen en esta glándula por medio de los espíritus que colman las cavidades del cerebro; pues no hay ningún otro lugar donde puedan ser unificadas. (XI: 352-353)

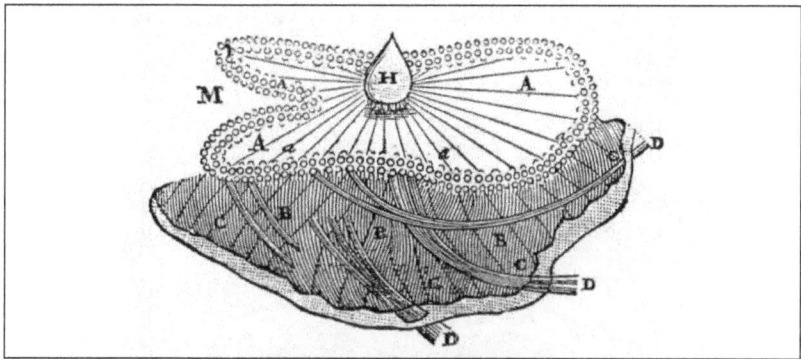

René Descartes, AT, X: fig. 27

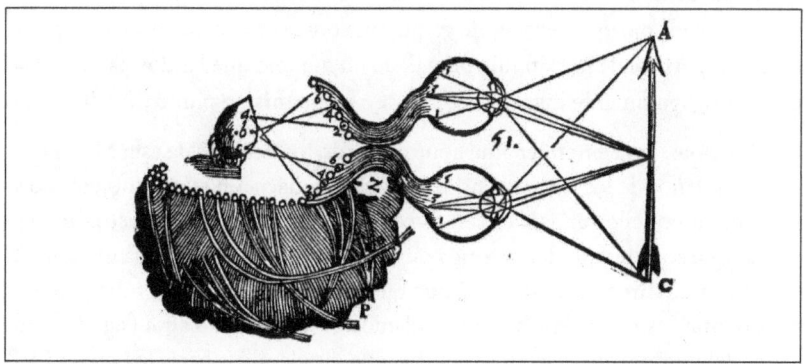

René Descartes, AT, X: fig. 29.

De algún modo, Descartes desplaza el quiasma óptico o, más bien, la función que durante siglos los sabios le habían adjudicado al quiasma, a la glándula pineal. Esto resulta evidente en un diagrama introducido por el propio Descartes en el *Traité de l'Homme* (fig. 32).

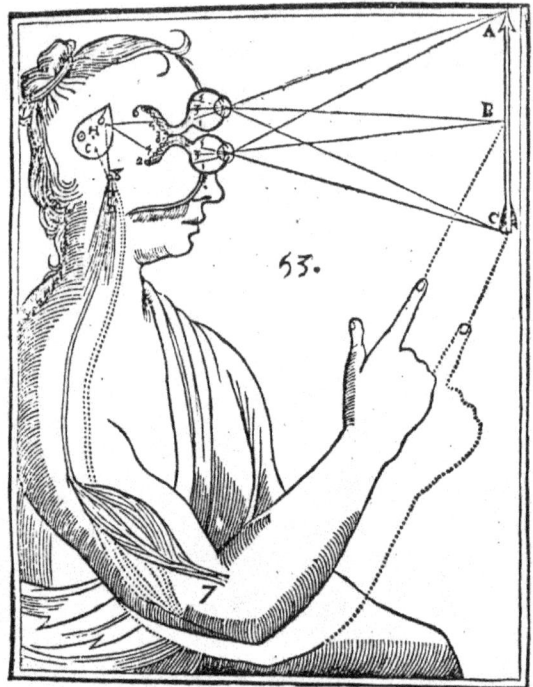

René Descartes, AT, X: fig. 32.

Como se observa allí, el punto 4 de la imagen (en los nervios ópticos) proveniente de cada ojo, una vez pasado el quiasma óptico, se proyecta sobre el punto b de la superficie de la glándula pineal, de tal manera que las dos partes de las imágenes, ligeramente dispares, convergen en un mismo punto de la hipófisis.

Y además, para entender aquí cómo, cuando los dos ojos de esta Máquina, y los órganos de los demás sentidos, se dirigen hacia un mismo objeto, no se forman por ello varias ideas en su cerebro, sino una sola, es necesario pensar que son siempre los mismos puntos de esta superficie de la glándula H de donde surgen los espíritus, que tendiendo hacia diversos tubos pueden orientar los miembros hacia los mismos objetos: como aquí (fig. 32), que es del punto b que salen los espíritus que dirigiéndose hacia los tubos 7 y 8, orientan al mismo tiempo los dos ojos y el brazo derecho hacia el objeto B. (XI: 182-183)

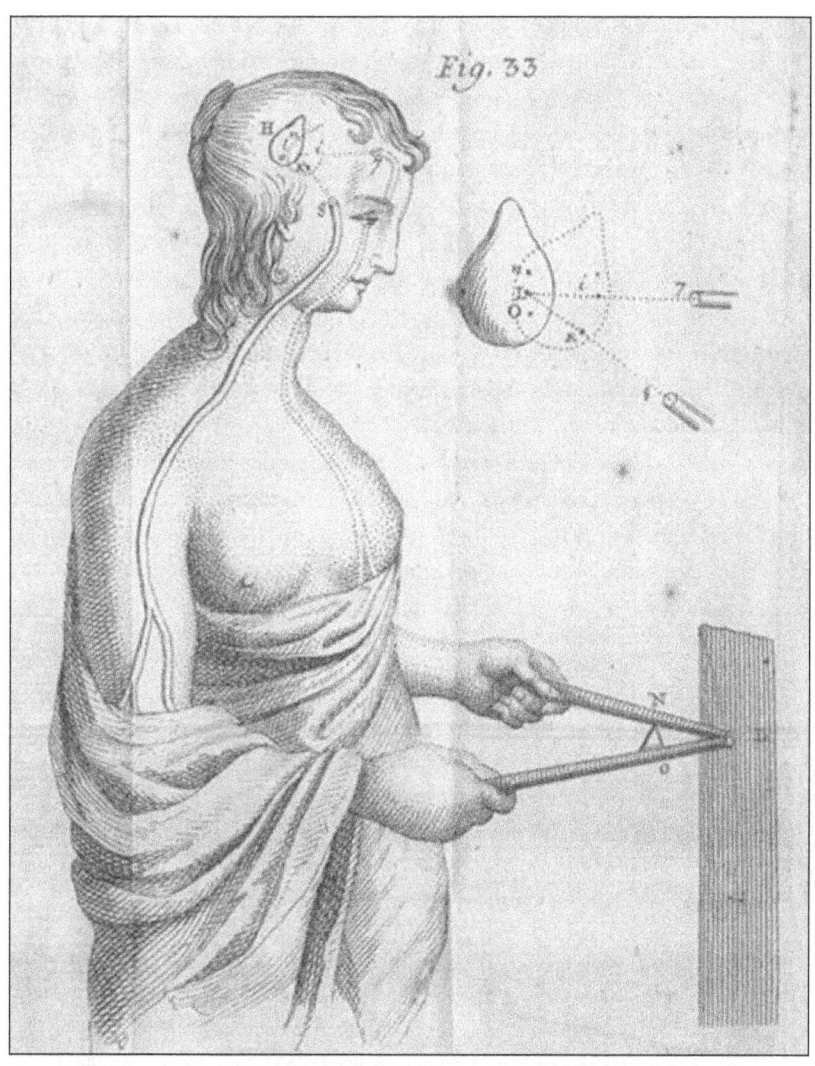

René Descartes, AT, X: fig. 33.

Esta función integradora de la glándula pineal es fundamental para nuestra investigación. Como hemos indicado en varias oportunidades, la máquina óptica se caracteriza por integrar la imagen proveniente del ojo del alma y la proveniente del ojo del cuerpo. Ademas, esta integración, hemos aseverado, se realiza en la imaginación. Francisco de Aguilón, por ejemplo, llegaba a identificar el quiasma óptico, en donde se suponía que las dos imágenes se unificaban, con el sentido común y la imaginación. Es preciso notar que lo mismo ocurre con Descartes, sólo que ahora la integración binocular no se produce en el quiasma sino en la glándula pineal. Más allá de este aspecto, digno sin embargo de ser mencionado, lo importante es que Descartes considera que la glándula pineal, es decir el asiento principal del alma, el punto de contacto del cuerpo y el espíritu, es también –y específicamente– "el asiento de la imaginación y del sentido común" (XI: 176). En *La Dioptrique*, más o menos en los mismos años en los que redactaba el *Traité de l'Homme*, Descartes identifica la glándula pineal con el sentido común. En la superficie interior del cerebro se forman las imágenes percibidas por los ojos, y de allí son transportadas "a una cierta pequeña glándula, que se encuentra en medio de estas concavidades, y es propiamente el asiento del sentido común" (VI: 129). En el *Traité de l'Homme*, sin embargo, Descartes hace una distinción entre el sentido común y la imaginación. Cualquier imagen producida por una de estas dos facultades puede ser considerada una "idea". Sin embargo, ambas difieren en un punto esencial: las imágenes del sentido común dependen de los objetos externos; las de la imaginación, de causas diferentes (incluso del capricho) y no necesariamente de la presencia de los objetos. A través del sentido común el alma *siente*; a través de la imaginación, *imagina*.

> ...quiero comprender generalmente, bajo el nombre de Idea, todas las impresiones que pueden recibir los espíritus saliendo de la glándula H, los cuales se atribuyen todas al sentido común, cuando dependen de la presencia de los objetos; pero pueden también proceder de muchas otras causas, como mostraré más adelante, y entonces yo diría que en este caso deben ser atribuidas a la imaginación. (XI: 176-177)

En estas disquisiciones, a veces curiosas, encontramos la máquina óptica cartesiana en pleno funcionamiento. Los dos ojos, como dijimos, según la metodología analógica que hemos adoptado en esta investigación, son el ojo del alma y el ojo del cuerpo, el ojo propio de la *res cogitans* y el ojo de la *res extensa*. Cada ojo, a su vez, requiere una luz específica: el *lumen naturale* (la luz metafísica) para la visión inteligible, el *lumen naturae* (la luz física) para la visión sensible. Por último, la integración de ambas imágenes se produce en la glándula pineal, es decir en la imaginación. Poco importa que Descartes conciba a la hipófisis, y no al quiasma óptico, como el lugar en el que se efectúa la resolución de las dos imágenes. El punto importante, más allá del lugar en el que se produce la integración, es que esa función concierne al sentido común y a la imaginación. Nosotros hemos insistido mucho sobre este lugar paradójico y a la vez articulador de la imaginación en la tradición filosófica occidental. Descartes, sin embargo, una vez llegado al límite de su sistema, una vez recorrido el arduo camino de la duda que conduce de los sentidos al intelecto y de éste a los sentidos, una vez llegado al punto en el que le habría sido posible refutar su propio recorrido, elige callar. Es probable que haya intuido, es decir visto intelectualmente, que esa pequeña glándula grisácea, suspendida en las profundidades del cerebro, custodiaba el secreto mismo de lo humano. El hombre, se habrá quizás preguntado Descartes, no es a fin de cuentas ni un cuerpo ni un alma, es más bien el compuesto de ambos elementos. Pero para que ese compuesto sea posible, no basta ni con un cuerpo ni con un alma; es preciso un término medio que sea a la vez cuerpo y alma, que sea cuerpo espiritualizado y espíritu corporalizado. Descartes creerá haberlo encontrado en la glándula pineal, esa suerte de eslabón perdido entre lo extenso y lo pensante. Acaso haya razonado que si lo propio del hombre, a diferencia de los animales que no poseen alma y a diferencia de los ángeles que no poseen cuerpo, es poseer a la vez cuerpo y alma, y si tal cosa es posible en la medida en que existe un *tertium*, la hipófisis, que funciona como puente o nexo entre la *res extensa* y la *res cogitans*, entonces esa glándula define lo humano en cuanto tal. Lo cual significa que lo propio del hombre es la imaginación y no el intelecto.[175] La última imagen que habrá imaginado el sabio francés, proyectada en la superficie de la glándula pineal, es la del hombre mismo. Habrá presentido, contemplando esta suerte de cinematógrafo intracraneal, que el hombre no es ni una máquina ni un espíritu puro, ni un autómata ni un intelecto, ni una bestia ni un ángel; habrá visto, con una luz ni física ni metafísica, ni corpórea ni incorpórea, ni sensible ni inteligible, que el hombre es simplemente una imagen.

Acaso sea preciso rectificar la célebre tesis de Gilbert Ryle conocida como "el dogma del Fantasma en la Máquina [*the dogma of the Ghost in the Machine*]" (cfr. Ryle 2009: 5).[176] No se trataría, en suma, de pensar al hombre como la presencia misteriosa e inexplicable de un intelecto o un alma en la estructura mecánica

---

175   Estamos de acuerdo con Colin McGinn cuando sostiene que la imaginación, a diferencia de los sentidos y del intelecto, es la potencia más importante de la mente humana: "Si los empiristas consideran que la mente es esencialmente un órgano sensorial, los racionalistas una *res cogitans*, y pensadores más recientes una función para satisfacer preferencias de creencias/deseos, yo sugeriría considerar a la mente como un dispositivo para imaginar. Somos Homo imaginans" (2004: 5). Sólo habría que añadir que, además de ser *homo imaginans*, en la medida en que lo humano es una imagen generada por la máquina óptica, somos también *homo imaginatus*, es decir efectos tridimensionales imaginados por un dispositivo histórico-político.

176   Según Ryle, este dogma, propio de la empresa cartesiana, se caracteriza por un error categorial que consiste en representar los hechos de la vida mental como si perteneciesen a un tipo lógico o a una cierta categoría cuando en realidad pertenecen a otra (cfr. Ryle 2009: 1-13).

de un cuerpo, es decir como un fantasma (intelectual) en una máquina (corporal o animal), sino más bien como el intervalo, necesariamente fantasmático e imaginario,[177] en el que se produce la economía de lo sensible y lo inteligible. El error de Ryle está en identificar al fantasma con el alma y al cuerpo con la máquina. En realidad, el verdadero fantasma no se encuentra ni en el alma ni en el cuerpo, sino en la glándula pineal, es decir en la imaginación. Dicho de otro modo: el fantasma no designa, tal como parece sugerir Ryle, una entidad meramente espiritual e inmaterial, sino una imagen, un producto a la vez material e inmaterial o, para ser más exactos, ni material ni inmaterial. La teoría cartesiana de la hipófisis, identificada con el sentido común y la imaginación, parecería apuntar hacia una concepción fantasmática, nunca admitida por el mismo Descartes, de lo humano. El hombre, en suma, no sería un fantasma *en* la máquina, sino un fantasma *entre* la máquina y el espíritu, es decir *entre* el cuerpo y el alma, *entre* la extensión y el pensamiento. Ubicar al fantasma, y por ende a lo humano, en este lugar intermedio significa restituirle su condición infundada e imaginaria. La cultura occidental ha tendido a ubicar a la imagen en ese límite paradójico y prácticamente inaprehensible. Si consideramos esta cuestión desde una perspectiva óptica, diremos que el ojo del alma, el ojo inteligible, y el ojo de la máquina corporal, de esa máquina semejante a un cadáver (cfr. VII: 26), se integran, como hemos visto, en la glándula pineal; y es allí, en el sentido común y la imaginación, y no en el intelecto, que surge el *fantasma humano*. En ese "lugar", en ese intervalo, el espíritu humano y los espíritus animales parecen volverse, acaso por un instante, indistinguibles. Descartes explica, en *Les passions de l'âme*, la potencia unificadora o integradora de la hipófisis a partir de la visión de un animal que se aproxima. En el artículo XXXV, titulado "Exemple de la façon que les impressions des objets s'unissent en la glande qui est au milieu du cerveau", leemos:

> Así, por ejemplo, si nosotros vemos algún animal acercársenos, la luz reflejada por su cuerpo pinta dos imágenes, una en cada uno de nuestros ojos; y estas dos imágenes forman otras dos, por medio de los nervios ópticos, en la superficie interior del cerebro, que se orienta hacia las concavidades; luego de allí, por medio de los espíritus que llenan estas concavidades, estas imágenes se transmiten con tanta fuerza a la pequeña glándula que estos espíritus rodean, que el movimiento que compone a cada punto de una de las imágenes, tiende hacia el mismo punto de la glándula, hacia el cual tiende el movimiento que forma el punto de la otra imagen, el cual representa la misma parte de ese animal: por medio de lo cual las dos imágenes que

---

177 No es casual que Rodolphe Gasché califique a la tesis cartesiana de que la glándula pineal es el "asiento" del alma como una "aseveración fantástica –o fantasmática" (2012: x).

se forman en el cerebro no componen más que una sola sobre la glándula, que, actuando directamente sobre el alma, le hace ver la figura de ese animal. (XI: 355-356)

He aquí explicado en detalle el funcionamiento de la máquina óptica-antropológica cartesiana. Un gráfico de *La Dioptrique*, en el cual se pueden observar las cavidades internas del cerebro donde son proyectadas las imágenes monoculares antes de ser integradas en la glándula pineal, nos permite comprender su estructura.

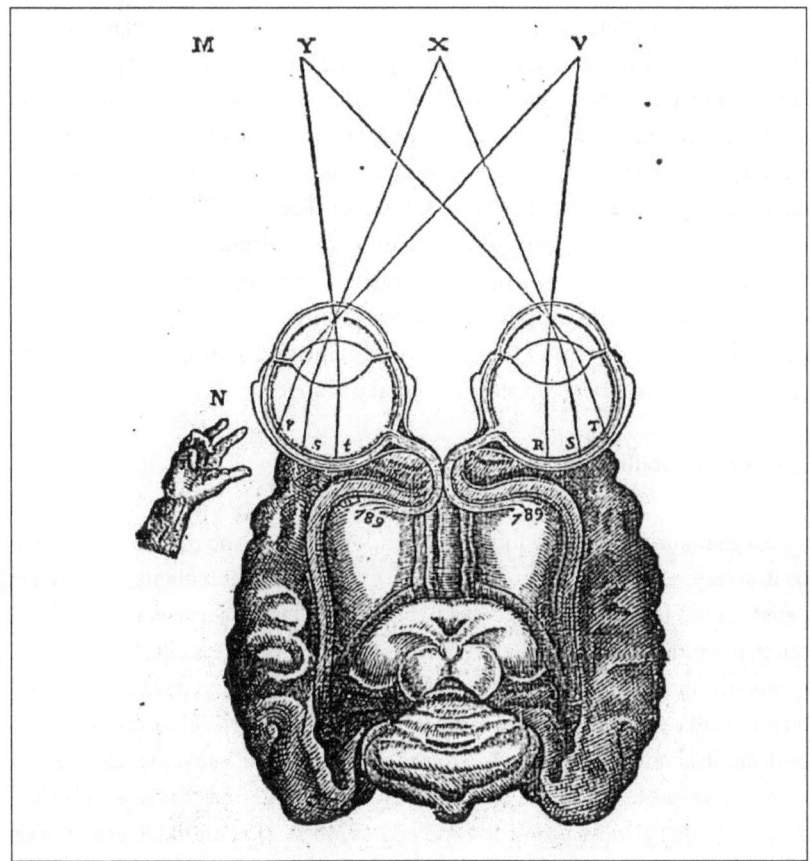

René Descartes, AT, VI: 136.

Lo humano no es ni la imagen proveniente del ojo corpóreo ni la imagen proveniente del ojo incorpóreo, sino la imagen única tridimensional integrada en y por la glándula pineal. Ahora bien, la hipófisis en cuanto tal, no se confunde ni con los ojos físicos, símbolos del mundo sensible, ni con los ojos del alma, símbolos del mundo inteligible; la glándula recibe las imágenes del cuerpo y las transmite al alma, del mismo modo que recibe órdenes del alma y las transmite al cuerpo. En este sentido, su naturaleza (o acaso su función), más allá de ser orgánica, pertenece a lo corpóreo y a lo incorpóreo o, más bien, no pertenece a ninguno de los dos registros. Su "lugar", en consecuencia, no es ni el de los cuerpos sensibles ni el de las ideas inteligibles, sino el de los fantasmas de la imaginación. Estos fantasmas, y el fantasma humano en particular, no encuentran en el intelecto, en la razón, el rasgo distintivo de su paradójica "naturaleza"; o tal vez lo encuentran, pero siempre en la medida en que ese nivel intelectual está necesariamente atravesado o "contaminado" por el registro corporal; y por la misma razón, tampoco lo encuentran en el cuerpo, en la mera materialidad, pues este nivel material está siempre insuflado o significado por el espíritu o el *logos*. En el fantasma, el ángel posee siempre algo de animal, y el animal algo de angélico. Acaso el animal que ve aproximarse el observador del experimento no es otro que él mismo, pero se trata aquí de un sí mismo que inexorablemente ha de permanecer en una radical extrañeza, una extrañeza tan inaccesible como la de los espíritus angélicos.[178] Eso es el fantasma (el hombre, pues): una insalvable distancia, que es también próxima intimidad, respecto al cuerpo y al alma, a la materia y al espíritu, al animal y al ángel.[179]

c) Georges Bataille y el ojo pineal

La glándula pineal, cuya función mediadora –cuando no paradójica– resulta central en el planteo cartesiano, asume un estatuto eminentemente óptico en el pensamiento temprano de Georges Bataille. Resultan de particular interés para nuestro estudio los textos, inéditos hasta la publicación de las *Œuvres complètes*, que conforman el *Dossier de l'œil pinéal*. La hipófisis, asiento de la imaginación en la filosofía cartesiana y por lo tanto punto de articulación del alma y el cuerpo, es decir de la mirada corpórea y la mirada incorpórea, se convierte ahora en –o más bien se revela como– un ojo: el ojo pineal. "Cada hombre posee en la cima del cráneo una glándula conocida con el nombre de ojo pineal que presenta en efecto las características de un ojo embrionario [*œil embryonnaire*]" (1970, II:

---

178 No es preciso indicar que ambos temas, la extrañeza del hombre frente al animal y frente al ángel, es un tópico recurrente en la poesía de Rainer Maria Rilke, sobre todo en las *Duiniser Elegien* (cfr., en especial, elegías I, II, V y VIII).

179 Sobre el sentido (maquínico, es decir histórico-político y no esencialista) que le damos aquí a esta condición fantasmática "propia" o "específica" de lo humano, cfr. la aclaración preliminar.

37). Se trata de una suerte de tercer ojo cuya mirada, a diferencia de la dirección horizontal que define a los ojos físicos, se orienta hacia las alturas solares. No se debe creer, sin embargo, que Bataille está pensando en un ojo inteligible o en una mirada inmaterial. El ojo pineal no se confunde con el ojo del alma; en rigor de verdad, habría que decir que se le opone. A diferencia del ojo del alma, tanto en su versión platónica como agustiniana e incluso cartesiana, el ojo pineal es un ojo ciego o, más bien, enceguecido; incapaz de ver, en todo caso, tanto las ideas puras cuanto las cosas sensibles. "El ojo que está situado en el medio y en la cima del cráneo y que [...] se abre sobre el sol incandescente, no es un producto del entendimiento, sino una existencia inmediata: se abre y se ciega como una consumación o como una fiebre que come el ser o más exactamente la cabeza" (1970, II: 25). El ojo pineal es ciego, en efecto: ciego a las ideas del entendimiento, a las Formas puras del mundo inteligible, a las esencias que resplandecen en la mente divina; ciego también –y correlativamente– a las cosas sensibles, a los cuerpos que perciben los ojos físicos, a la materia inerte del mecanicismo ilustrado. Sin embargo, su ceguera es al mismo tiempo videncia. ¿Pero qué *ve*, si es que efectivamente *ve*, el ojo pineal? ¿De que visión se trata, si es que se trata aún de una visión? Bataille asegura que el ojo pineal, necesariamente embrionario y atrofiado, se abre al sol incandescente. El ojo pineal ve el sol, pero en el preciso instante en el que lo ve, resulta consumido, es decir enceguecido, por la misma visión. Se trata pues de una visión ciega. No es la visión *actual* de las cosas sensibles, tampoco la visión *ideal* de las cosas inteligibles, sino una visión extremadamente frágil y paradójica a la que Bataille califica de *virtual*: "La visión virtual [*vision virtuelle*] cuyo órgano es la glándula pineal puede ser definida como visión de la bóveda celeste en general" (1970, II: 39). Ahora bien, entre todos los astros celestes, el sol es el objeto específico de esta visión virtual: "es posible determinar al sol en el meridiano como el objeto esencial del ojo virtual [*œil virtuel*]" (1970, II: 39). El sol de Bataille, no obstante, difiere por naturaleza del sol platónico. La visión virtual del ojo pineal no se orienta hacia el fundamento ontológico y teleológico de todo cuanto existe. El objeto esencial de la visión pineal no es la Idea de Bien, la Forma suprema y perfectamente idéntica a sí misma. En efecto, el sol, lejos de funcionar como alegoría del Ser, se asemeja ahora a un "cadáver en el fondo de un pozo" (1970, II: 27). El sol de Bataille es "un sol enfermo" (1970, II: 35), más bien nocturno, de una materialidad aun más baja que la del materialismo clásico. No es ya símbolo de la luz incorpórea, tampoco alegoría de la potencia divina; el sol es un ano, un *ano solar*.[180] "El ojo pineal responde probablemente a

---

180   *L'anus solaire* es considerado el primer libro de Bataille. Fue escrito en 1927, junto con la *Histoire de l'œil*, y publicado en 1931 con dibujos de André Masson.

la concepción anal (es decir nocturna) que yo me había formado primitivamente del sol" (1970, II: 14). El sol es un ano incandescente en las alturas celestes, de la misma manera que el ojo pineal es un ano en la cima del cráneo. En la visión ciega o enceguecedora del ojo embrionario, el sujeto y el objeto, el ojo que ve y el sol que es visto, se confunden y se disuelven: ambos son ojos, ambos son anos. El "ojo fecal del sol" (cfr. 1970, II: 28) reproduce, a escala cósmica, el ojo pineal que, en la cima del cráneo, se abre también a la manera de un ano. Este ojo anal, sin embargo, orientado hacia las estrellas, puede también funcionar como el orificio del pene.

> Así el ojo pineal, liberándose del sistema horizontal de la visión ocular normal, aparece en una suerte de nimbo de lágrimas, como el ojo de un árbol o más bien como un árbol humano. Al mismo tiempo este árbol ocular no es sino un gran pene rosa (innoble) ebrio de sol y sugiere o solicita un malestar: la náusea, la desesperanza descorazonadora del vértigo. (1970, II: 27)

La visión virtual del ojo pineal, a diferencia de la visión *normal* o *actual*, funciona a la manera de un coito. Ver el sol, para el ojo virtual, es equivalente a penetrarlo. La mirada pineal, en este sentido, es efectivamente una mirada penetrante. Pero, como hemos indicado, en el instante mismo en el que se produce esta suerte de coito ocular que para Bataille es la visión, acontece también –y por necesidad– el enceguecimiento, la ceguera. La visión del ojo pineal, hemos advertido, es una visión ciega. Esto no significa, en sentido estricto, que el ojo no vea; el ojo pineal ve, sólo que el objeto (solar) de su visión es lo que Bataille denomina la "mancha ciega": "Hay en el entendimiento una mancha ciega [*tache aveugle*]: que recuerda la estructura del ojo" (1973, V: 129). La mancha ciega es el punto que el ojo (o, más bien, los ojos) de la tradición metafísica –el ojo del cuerpo y el ojo del alma–, lo que Bataille llama la visión normal, no pueden ver. Y no pueden verla porque resulta inaccesible a la visión tradicional que siempre ha pensado lo real o bien como cuerpo o materia o bien como alma o espíritu. Sin embargo, la mancha ciega no es ni el cuerpo ni el alma, ni la materia ni el espíritu, sino el cuerpo *del* alma o el alma *del* cuerpo, la materia *del* espíritu o el espíritu *de la* materia. El límite que hace posible estas permutaciones, no sólo sintácticas sino ontológicas, lo hemos visto, es la imaginación. El ojo pineal, por eso mismo, es el ojo de la imaginación. Lo que la tradición metafísica de Occidente no ha pensado, o ha pensado en sus márgenes, es la impregnación del cuerpo y el alma o de la materia y el espíritu. Esta mutua pregnancia es la mancha ciega de la metafísica occidental. En la perspectiva de Bataille, esta tradición metafísica tiene un nombre ilustre: Hegel. En varias oportunidades, Bataille señala que el saber hegeliano, por más absoluto que sea, no logra ver precisamente su mancha ciega, es decir la instancia que se sustrae al pensamiento servil de la negatividad dialéctica. Hegel ha pensando al hombre como negatividad, pero esta negatividad, tal como Hegel la entiende, es siempre abordada desde una perspectiva servil, teleológica. La negatividad en la que piensa Hegel es siempre funcional a la acción, al proyecto. La mancha ciega, en cambio, alude a un tipo de negatividad que no puede ser inscripta e integrada en la trama del proyecto dialéctico hegeliano y que, como tal, escapa a la clausura del Saber absoluto. "En el 'sistema', poesía, risa, éxtasis no son nada, Hegel se desembaraza rápidamente de ellos: él no conoce otro fin más que el saber. Su inmensa fatiga se liga a mis ojos al horror de la mancha ciega" (1973, V: 130). La negatividad batailleana, excesiva y necesariamente transgresora, no da lugar entonces a la experiencia histórica, a la experiencia dialéctica de la conciencia fenomenológica, sino a lo que el autor de *L'erotisme* denomina "experiencia interior". En lugar de reconciliar el sujeto y el objeto, lo real y el concepto, la experiencia interior supone en cambio una pérdida mutua, una disolución de ambos términos. "El sujeto en la experiencia se extravía, se pierde en el objeto, que también se disuelve" (1973, V: 76).

Horror, entonces, por la mancha ciega. El ojo pineal permite ver lo que no puede ser visto, y no puede serlo porque no hay nada para ver o, acaso, porque el objeto de la visión es esa misma nada. No una nada cualquiera, sino una nada tridimensional, un relieve sin substancia, una profundidad sin esencia. Jacques Derrida, en un ensayo consagrado al pensamiento de Bataille, explica en qué consiste esta nada que no es sino, como hemos dicho, la mancha ciega del sistema hegeliano (y de la tradición metafísica en su totalidad):

> La mancha ciega del hegelianismo, alrededor de la cual puede organizarse la representación del sentido, es este punto donde la destrucción, la supresión, la muerte, el sacrificio constituyen una pérdida tan irreversible, una negatividad tan radical –es preciso decir aquí sin reserva– que no se puede ya ni siquiera determinarla como negatividad en un proceso o sistema. En el discurso (unidad de proceso y de sistema), la negatividad es siempre el reverso y el cómplice de la positividad. No se puede hablar, no se ha hablado jamás de negatividad más que en este tejido de sentido. Ahora bien la operación soberana, el punto de no-reserva no es ni positivo ni negativo. No se puede inscribirlo en el discurso más que borrando los predicados o practicando una sobreimpresión contradictoria que excede entonces la lógica de la filosofía. (1967: 380)

La mancha ciega, entonces, designa este punto de no-reserva, esta pérdida irreversible o esta negatividad radical que no puede ser asimiliada por la lógica de la filosofía. Pero ¿en qué consiste precisamente esta lógica? Consiste en pensar lo real, y más en concreto lo humano, o bien como cuerpo o bien como alma o bien como el compuesto de ambos. Esta lógica, además, posee una configuración óptica: la mirada del ojo del cuerpo, la mirada del ojo del alma y la integración de ambas miradas. En general, siempre se ha pensado lo humano como la *conjunción* de estos dos elementos irreductibles. La mancha ciega, en cambio, indica el hiato en el que no resulta posible hablar ya ni de cuerpo ni de alma, ni de materia ni de espíritu. Ese hiato o pliegue, en la historia de la metafísica, se conoce como imagen. La mancha ciega del sistema metafísico es la imagen, pero se trata de una imagen extremadamente peculiar que Bataille identifica con el fantasma o, más bien, con una "tropa evasiva de fantasmas" (1970, II: 31). Las imágenes que contempla el ojo pineal, ese "ojo que no se habría desarrollado" (1970, II: 43), son fantasmas. Por esa razón Bataille puede asegurar que "la fantasía del ojo pineal [es] una fantasía excremencial" (1970, II: 19). Denis Hollier explica que el órgano pineal es por cierto una fantasía, pero eso no significa que sea algo ilusorio, sino que su espectro visual es el de los fantasmas y no el de las ideas.

> El ojo pineal no es un órgano sino una "fantasía" (o un "mito"). La fantasía es, en una cierta manera, el componente discreto y esencial de toda escatología en la medida en que escapa a la economía de la idea. Porque, si la idea es el modelo de las copias que se le asemejan, el fantasma no es ni modelo ni copia: es una imagen sin semejanza. (Hollier 1993: 121)

En términos rigurosos, habría que decir que el ojo pineal no es fantasioso, es decir un mero capricho de la fantasía subjetiva, sino fantasmático. Como hemos señalado, en la experiencia batailleana el sujeto y el objeto, el ojo contemplador y el objeto contemplado se anulan y a la vez se confunden. En esta perspectiva, el ojo pineal es un ojo fantasmático en un doble sentido: en sí mismo, puesto que Bataille lo compara con un fantasma, y en relación a las imágenes (fantasmas) que contempla. Una idea semejante avanza Rodolphe Gasché cuando sostiene que, frente al texto histórico o, más bien, a la trama histórica de la fenomenología hegeliana, es decir frente al texto (Libro)[181] que contendría el sentido y el saber

---

[181] En sus lecciones sobre la *Phänomenologie des Geistes*, especialmente en los cursos de 1938 y 1939, Alexandre Kojève anuncia, simultáneamente al advenimiento del Sabio y del Saber Absoluto, la aparición, consecuente a la naturaleza absoluta del Saber, del Libro. Así como el Sabio no es una abstracción, sino un *Dasein*, es decir un ser que existe empíricamente en el mundo, así también, razona Kojève, la Ciencia debe poseer una existencia empírica, un soporte real y palpable. Tal soporte es el Libro. Él constituye tanto el compendio total de las diversas etapas históricas (*Phänomenologie des Geistes*) atravesadas por el Espíritu hasta llegar a ser consciente de sí, cuanto la clave lógica (*Logik*) de ese recorrido. Por eso el Libro sólo es posible en el fin de la historia, cuando el Sabio comprende el *sentido* final del trayecto realizado por el

absoluto de la historia dialéctica, el pensamiento de Bataille haría aparecer un texto heterogéneo o, quizás, los vacíos que desarticulan el entretejido del sentido histórico. A diferencia del texto ideal de la historia hegeliana, Gasché encuentra en Bataille un texto fantasmático en el límite del sentido. "Si el ojo de la filosofía representa el órgano teórico, el ojo pineal es el órgano del sentido fantástico que constituye el texto fantasmático" (2012: 11).

El ojo pineal no es el ojo absoluto del Saber hegeliano, no es el ojo en el que se funden, en una *Aufhebung* definitiva, la naturaleza y el espíritu; en suma, no es el ojo como Idea, el ojo cuya mirada revela el sentido último del devenir his-

---

Espíritu a lo largo del tiempo. El Libro, entonces, surge precisamente allí donde perece el hombre histórico. "Ahora bien, el resultado de la acción del Sabio, es decir del Hombre integral y perfecto que acaba el devenir de la realidad humana, es la Ciencia. Pero la existencia-empírica (*Dasein*) de la Ciencia no es el Hombre; es el *Libro*" (1979: 384). La acción del Sabio es perfecta, es decir no está sujeta al cambio, es idéntica a sí misma, o, lo que es lo mismo, no es humana. Los tres términos (Sabio, Libro, Ciencia) que, para Kojève, conforman la tríada posthistórica están fuera del tiempo. Justamente la muerte del hombre hace posible la aparición del Sabio y de la Ciencia Absoluta bajo la forma de un Libro único y eternamente igual a sí mismo. "Aunque todo cambie, el Libro sigue siendo idéntico a sí mismo. El tiempo en el que dura es entonces natural o cósmico, pero no histórico o humano" (1979: 385). El Libro, en definitiva, es el Ser mismo revelado por el Discurso (*Logos*) en su Sentido esencial y verdadero. La comprensión de este sentido último es la tarea del Sabio. "la Historia ha terminado, ya no hay nada más por hacer, y sólo se es Hombre si se lee y comprende el Libro que revela todo lo que ha sido y podía haber sido hecho" (358). Ahora bien, este Hombre-lector-del-Libro, como lo llama Kojève, no es ciertamente el hombre histórico, ya que la lectura del Libro, no introduciendo ningún cambio sustancial en el *Logos* revelado, no es una Acción en el sentido histórico del término. Esta lectura y relectura del Libro es una mera actividad formal a través de la cual el Sabio hace coincidir el Concepto con lo Real, es decir vuelve obsoleta, finalmente, la diferencia entre el Sujeto y el Objeto. El Hombre-lector-del-Libro, en consecuencia, no transformando ya lo Real por medio de la lectura, es el animal de la especie *Homo sapiens* que, absuelto definitivamente del error y de las contradicciones, acaba la historia. Es lo que Kojève señala poco después en una nota a pie de página: "El fin de la historia es la muerte del Hombre propiamente dicho. Después de esta muerte queda: 1) cuerpos vivientes con forma humana, pero privados de Espíritu, es decir de Tiempo o de potencia creadora; y 2) un Espíritu que existe empíricamente, pero bajo la forma de una realidad inorgánica, no viviente: como un Libro que, no siendo ni siquiera vida animal, no tiene nada que ver con el Tiempo" (1979: 388). Este Libro atemporal en el que se encarna el Espíritu es absoluto y definitivo. El Libro es el Discurso último e idéntico a sí mismo, el Logos cuyo contenido no es otro que su misma totalidad inmodificable. La historia humana es, en pocas palabras, la historia del Libro. Los avatares de la historia describen los erróneos pero necesarios capítulos de un Libro eterno y único, cuya existencia empírica se revela, a través de la acción formal del Sabio, en el fin de la historia, es decir una vez que esa secuencia de etapas temporales se consuma en la síntesis final del Saber absoluto. Es el momento en donde lo Real, no pudiendo ya expresarse dialécticamente en el tiempo histórico, se expresa conceptualmente o, con mayor precisión, a través de una dialéctica puramente conceptual o lógica, en la eternidad del Libro. El movimiento temporal y humano de la dialéctica se traduce, una vez extinguido el ímpetu de la acción histórica, en el movimiento conceptual del Libro. La lectura del Libro, es decir de la Ciencia encarnada, permite descubrir el Sentido de la totalidad del Ser. "Él [el Libro] tiene un Sentido; es un Discurso; es una entidad que se revela su sentido a sí misma" (1979: 386). El fin de la historia, así, no es otra cosa que la revelación del Sentido del Libro para sí mismo. Es el eterno retorno de lo mismo, es decir del Libro en tanto identidad absoluta y atemporal.

tórico; por el contrario, para decirlo en los términos de Hollier, "El ojo pineal es el órgano del no-sentido" (1993: 129). Este no-sentido, de todas maneras, no es lo opuesto al sentido, no es el anti-sentido; es el mismo sentido pero sometido a un proceso de corrosión, de rebajamiento; es el sentido enceguecido.

El fantasma, en definitiva, es la mancha ciega de la idea. El ojo pineal, como hemos indicado, no contempla ni las ideas inteligibles ni las copias sensibles, ni los arquetipos ni los íconos. Por eso la mirada virtual del ojo craneal no se confunde ni con la mirada del ojo del cuerpo (que ve las copias) ni con la del ojo del alma (que ve los arquetipos).

> El ojo pineal nos inicia así a una manera ciega de ver que no depende del ejercicio del sentido de la vista, y que, por esta razón, es absolutamente opuesta a la manera en que Platón se imagina que el intelecto ve las substancias eternas que constituyen el mundo del ser. En efecto, las ideas platónicas son imágenes vistas con el ojo del espíritu, mientras que la experiencia del ojo pineal no se revela icónica, ella excluye la aparición de una forma, parece vacía como un espejo que no refleja nada, y que sin embargo asegura la percepción de un esplendor enceguecedor. (Perniola 1995: 164)

La experiencia del ojo pineal, explica Mario Perniola, no es de naturaleza icónica. La visión pineal, a diferencia de la corporal y la anímica que reproducen la lógica binaria del modelo y la copia, contempla meros fantasmas. Pero ¿cuál es –para utilizar una expresión de Rodolphe Gasché– "el fantasma particular del ojo pineal" (2012: 2)? ¿Qué son, en última instancia, estos fantasmas? No son más que las diversas imágenes de lo humano generadas por la máquina óptica. Por tal razón, los textos que Bataille dedica al problema del ojo pineal poseen una clara connotación antropológica. En uno de los esbozos que conforman el *Dossier*, Bataille distingue entre una "antropología científica" y una "antropología mitológica" (1970, II: 21-25).[182] La antropología mitológica es la que le interesa sobre todo a Bataille, puesto que ella se dedica "a la descripción fantasmática y aventurera de la existencia" (1970, II: 24). Por ese motivo, también, el ojo pineal posee una realidad mítica o fantástica.[183] El hombre es un mito. Esto no significa

---

182 Esta expresión, "antropología mitológica", es interesante porque de algún modo reúne en un mismo sintagma las dos grandes máquinas de Furio Jesi: la máquina mitológica y la máquina antropológica. Sobre este punto, cfr. la introducción a la sección I.

183 La antropología mitológica de Bataille difiere radicalmente de la antropología clásica de la tradición metafísica. Como explica Hollier: "La antropología mitológica que Bataille quiere desarrollar con el ojo pineal le hace perder su cabeza, perder la ciencia" (1993: 120). Se trata del hombre, por supuesto, se trata en definitiva de una antropología, sólo que el hombre, en el caso de Bataille, ha perdido su cabeza, es necesariamente acéfalo, y el ojo pineal es el resto de esa cabeza o, mejor, el foco que inicia el incendio que la consume. Bataille sostiene que cuando el ojo pineal se abre se produce una erosión de la cabeza, "como el

que el hombre sea una mera ilusión, sino que su presunta "esencia" o "naturaleza" no es más que una imagen producida por un dispositivo óptico cuyo funcionamiento consiste en convertir la imagen en esencia, el fantasma en ícono (y, al límite, en una fusión de ícono y arquetipo).

Nos interesan estos textos tempranos de Bataille porque en ellos se revela de algún modo la condición mítica y fantasmática de lo humano. La máquina óptica de Bataille es una máquina pineal. El ojo pineal, desde la cima del cráneo, no revela lo humano ni como idea ni como cosa, ni como arquetipo ni como copia; lo revela más bien como fantasma. Lo que aparece entonces –y se trata de una aparición imposible, de la aparición de algo que acaso no debería haber aparecido nunca– es un espesor insustancial, una profundidad superficial, una tridimensionalidad sin peso: lo humano, lo humano como fantasma. Por eso "el recorrido por la *fenomenología* –sostiene Rodolphe Gasché– debe conducir a una *fantasmatología*" (2012: 25; el subrayado es de Gasché).[184] Esta fantasmatología, en nuestra perspectiva, se define como la ciencia que estudia las diversas imágenes (fantasmas) que la máquina óptica-antropológica va generando a lo largo de la historia. Cada fantasma o, para emplear la expresión de Bataille, cada "tropa evasiva de fantasmas" que la máquina óptica produce da forma a una cierta concepción de lo humano. En este sentido, el ojo pineal abre, al abrir sus párpados (sus glúteos, diría Bataille) y al enceguecerse con esa apertura, un espacio en el extremo de lo posible: un espacio paradójico que no es sino el espacio de lo humano.[185] Este espacio no coincide con el reino de las cosas sensibles que contempla la mirada corpórea, tampoco con el reino de las entidades inteligibles que contempla la mirada incorpórea; el espacio que recorre la mirada pineal es de naturaleza virtual, es decir fantasmática. Se trata de una topología fantasmática que coincide, ahora sí, con el espesor mítico de lo humano.

---

incendio en una casa; la cabeza, en lugar de encerrar la vida como se encierra la plata en un cofre, la gasta sin reservas" (1970, II: 25).

184   En *Spectres* de Marx, Derrida anunciaba ya la naturaleza fantasmática de la fenomenología hegeliana: "¿y qué es una *fenomenología* sino una lógica del *faineszai* y del *phantasma*, por consiguiente, del fantasma?" (1993: 139).

185   No vale la pena aclarar que este espacio no designa una suerte de región originaria o fundamental de lo humano, sino un espacio histórico-político producido por un dispositivo denominado máquina óptica. Sobre este punto, cfr. el apartado *b* del cap. II y la aclaración preliminar.

Conclusión Sección II ■

El ocularcentrismo que caracteriza a la historia de la metafísica occidental, como hemos indicado en la introducción general, es en verdad un binocularcentrismo. De algún modo, Platón escinde la visión monocular de los presocráticos[186] en dos ojos heterogéneos y estrábicos. Cada uno de estos ojos, además, posee una luz específica: el sol para el ojo del alma, el fuego para el ojo del cuerpo. Toda la alegoría de la caverna está estructurada alrededor de un imperativo, a la vez moral, epistemológico y metafísico: abrir el ojo del alma y cerrar el ojo del cuerpo.[187] En el centro de la teoría educativa planteada en *República* se encuentra la visión y la mirada. El educador es un rectificador de la mirada. Se trata, para Platón, de dirigir los ojos hacia la luz verdadera.

En el caso de Aristóteles, nos ha interesado mostrar el lugar liminar y paradójico que posee la imaginación en relación a las diversas parejas conceptuales que estructuran su pensamiento. La imaginación no se confunde ni con la sensibilidad, ni con el intelecto; de algún modo, incluso, está más allá de lo verdadero y lo falso. De la misma manera, a diferencia del alma que, siendo forma, posee una naturaleza actual, y del cuerpo que, siendo materia, posee una naturaleza potencial, la imaginación es y no es anímica y corporal, formal y material, actual y potencial. Como los objetos fosforescentes, la imaginación pone en cuestión la distinción entre la luz y la oscuridad. Y si la luz es el color del acto y la oscuridad el color de la potencia, la fosforescencia es el color de la imaginación.

Agustín, por su parte, nos ha permitido abordar esta tensión entre dos visiones desde una perspectiva cristiana. Varias de las cuestiones que hemos desarro-

---

186 En general, los filósofos anteriores a Platón tienden a pensar la realidad como expresión o manifestación de *un* principio (*archē*): el agua en el caso de Tales; el *apeiron* en Anaximandro; el aire en Anaxímenes; el fuego en Heráclito, etc. Incluso para Parménides, acaso el más "racional" de los presocráticos, el Ser es Uno.

187 La obra de Catarina de Siena es un ejemplo eminente de este imperativo teológico-metafísico (cfr. el apéndice II).

llado en el capítulo sobre Platón reaparecen en Agustín en un marco teológico. La distinción *sōma-psychē*, por ejemplo, se reformula ahora a partir de la distinción *sarx-pneuma*.[188] Se trata para Agustín de abrir el ojo del alma, de la *mens*, y de cerrar el ojo de la carne, de la *caro*. El objetivo es contemplar las verdades eternas que existen en el mundo inteligible. Sin embargo, a diferencia de Platón, el *hyperouranion*, ahora, es la mente misma de Dios. Estas dos visiones, además, que en De Genesi ad litteram Agustín denomina *corporalis* e *intellectualis*, requieren de una tercera para poder interactuar: la visión imaginativa, que Agustín llama visión espiritual (*visio spiritalis*). Como la imaginación aristotélica, la visión imaginativa ocupa un lugar intermedio que, de algún modo, pone en cuestión la polaridad metafísica en cuanto tal.

Descartes, por último, nos presenta esta misma tensión entre dos ojos y dos regímenes de luz en un contexto bastante diverso: los inicios de la Modernidad. En este caso, como en Platón y Agustín, se trata de dos luces: el *lumen naturale* que Descartes identifica con la luz de la razón, y el *lumen naturae*, la luz física que permite las percepciones sensibles. Ciertamente, la distinción entre estas dos luces reproduce, desde una perspectiva óptica, el dualismo alma/cuerpo propio del sistema cartesiano. Una mancha ciega, sin embargo, parece poner en cuestión, como en Aristóteles o Agustín, la arquitectura dicotómica esbozada en las *Meditationes*: la glándula pineal. No es casual que este misterioso órgano, en el cual además se integran las imágenes provenientes del ojo izquierdo y del ojo derecho, sea precisamente el asiento del sentido común y de la imaginación. Hemos tomado de Georges Bataille la noción de *ojo pineal* para designar el ojo específico de la imaginación. A partir de este ojo, se ha concluido que el hombre no es ni una máquina animal ni un espíritu angélico, sino una imagen fantasmática.

En suma, en todos estos autores hemos detectado una serie de tensiones ópticas reconfiguradas de diversas maneras. El lugar ocupado por Platón, sin embargo, es absolutamente decisivo y preeminente: con él comienza la historia *binocular* de la metafísica occidental. Al dividir la realidad en el reino de las cosas que son y no devienen y el reino de las cosas que devienen y no son, Platón mata el cíclope presocrático, el monismo de la *archē* y, en un mismo movimiento, desdobla la visión en dos ojos diferentes, es decir funda el binocularcentrismo. En este sentido, por enceguecer al cíclope de los "físicos" jónicos y eléatas,

---

[188] No nos interesa detenernos demasiado en la compleja carga semántica que poseen estos dos términos, *sarx* y *pneuma*, en la teología cristiana. Para una perspectiva más detallada sobre esta cuestión, cfr. Witt Burton 1918. Sobre los términos *sarx* y *pneuma* en la cristología paulina, cfr. Dunn 1998: 51-78; Barclay 1962. Sobre la noción de *pneuma* en la Antigüedad grecolatina, desde el estoicismo hasta Agustín, cfr. Verbeke 1945.

Platón es el Odiseo de la filosofía. Sin embargo, en el platonismo existe también una mancha ciega. Entre las profundidades de la caverna y las alturas del cielo, entre la luz del fuego y la luz del sol, Platón debe haber entrevisto algo que no podía tener lugar en la famosa alegoría: la entrada de la caverna, el umbral de la superficie, la abertura en cuanto tal. Ya sea por la luz incandescente del sol, ya sea por la penumbra falaz de la caverna, la superficie hubo de permanecer invisible a los ojos platónicos. En efecto, ¿qué ojo habría sido capaz de verla? Ni el ojo del cuerpo, habituado a las sombras subterráneas; ni el ojo del alma, habituado a las Formas supraterrenales. Habría sido preciso un tercer ojo, un órgano de superficie, ni sensible ni inteligible, ni corporal ni espiritual: un ojo pineal. Por eso el órgano pineal, cuya misteriosa naturaleza habría de fascinar a Bataille, es un ojo embrionario. Como si el inicio de la metafísica, la instauración de la binocularidad, hubiese gestado el ojo pineal y al mismo tiempo interrumpido su desarrollo, condenándolo a un letargo tan prolongado como la historia metafísica misma. Pero cuando Nietzsche invierta el platonismo y despierte el ojo pineal, el hombre podrá finalmente contemplar lo que siempre ha sido: una imagen, un fantasma, lo contrario de una esencia.

La obliteración del ojo pineal es evidente y absolutamente correlativa al desplazamiento que sufre la imaginación en *República*. En los libros VI y VII, Platón traslada la imaginación, la *eikasia*, al extremo último de lo real, lindando con el no-ser y con la ignorancia. En la alegoría de la línea, así como en la de la caverna, la *eikasia* ocupa el sector más alejado de las Formas inmutables. Las imágenes, y la imaginación entendida como su potencia específica, ni siquiera gozan del estatuto, ya empobrecido, de las cosas sensibles. Las imágenes son copias de copias, entidades doblemente degradadas. Vemos aquí que el campo de visibilidad propio de la imaginación, lejos de ser el espacio intermedio que articula lo sensible y lo inteligible, es desplazado al extremo inferior de las cosas que devienen. Esta reubicación de la imaginación no es casual. Platón hace descender la imaginación a las profundidades del mundo sensible, y la hace descender, no ya de las alturas del reino inteligible, lugar para siempre ajeno a la potencia imaginaria, sino de la superficie. Esto es así porque el ojo pineal, el *oculus imaginationis*, resulta insoportable para el ojo del *logos*, para el *oculus mentis*, más insoportable aun que el ojo del cuerpo. Por eso se trata de replegarlo al fondo de la caverna, hundirlo en lo sensible hasta que pierda todo rasgo específico. El hundimiento de la imaginación en el fondo de la caverna es correlativo al confinamiento del ojo pineal en el fondo del cráneo.

El gesto de Platón, sin embargo, es doble y ambiguo. Por eso Heidegger ha indicado el doble movimiento de la tradición metafísica en varias oportunidades:

"La metafísica ayuda e impide al mismo tiempo" (1997a, II: 397). Por un lado, instaura un régimen binocular y conmina al hombre a pensarse a partir de sus nuevos ojos. De allí en más, el hombre sólo podrá pensarse o bien como cuerpo, o bien como alma, o bien como compuesto de cuerpo y alma. Pero por otro lado, al escindir la visión occidental en dos ojos crea también, a pesar suyo, el quiasmo o el pliegue en el que ambas miradas se integran y solapan. Por eso hemos dicho que al mismo tiempo que inocula el ojo pineal en el centro del cerebro, lo deja suspendido en un estado embrionario. No sorprende, en esta perspectiva, que este tercer ojo, quiasmático e imaginativo, haya de permanecer *impensado* a lo largo de la historia de la metafísica. La estrategia dominante de la antropología metafísica identificará la esencia de lo humano con el ojo del alma, es decir con el elemento espiritual e inmaterial, y pensará al cuerpo como una degradación o un fardo.[189] Otra estrategia, no ya dominante, lo identificará con el ojo del cuerpo, con su materialidad, y pensará al alma como una suerte de epifenómeno misterioso. Habrá una tercera estrategia que intentará integrar, de algún modo, las dos posiciones contrarias. Se pensará lo humano, entonces, como un compuesto de cuerpo y alma. Como sea, en todos los casos, la potencia de los dos ojos obligará al ojo pineal a cerrarse y a desplazarse al centro del cráneo. El hombre podrá verse o bien con el ojo del cuerpo, o bien con el del alma, o bien con ambos ojos; con el ojo pineal, sin embargo, no podrá verse nunca. Pero esto significará que, *senso strictu*, no podrá *verse*, puesto que el único objeto de la visión, por definición, es una *imagen*. En efecto, la imagen es una entidad irreductible tanto a la materia cuanto al espíritu, tanto a lo sensible cuanto a lo inteligible, de la misma manera que la imaginación es una potencia irreductible tanto a la sensibilidad cuanto al entendimiento, tanto al cuerpo cuanto al alma. Por eso, cuando Nietzsche anuncie la muerte de Dios y el ojo pineal se abra, el hombre podrá contemplarse como imagen. Entonces verá algo extraordinario: verá que no existe, o, quizás, verá que su estatuto ontológico no admite la existencia, como sí lo admiten los cuerpos y las almas, las cosas y las Ideas. Verá, pues, que de una imagen no puede predicarse la existencia. Se habrá dado cuenta, entonces, que sólo *subsiste* en el límite del Ser o, siendo aun más extremistas, allende al Ser.[190]

Se habrá notado la doble maniobra de Platón. En cierta forma, es el creador y el asesino del hombre. El creador porque al instaurar un régimen binocular, pone

---

189   Esta estrategia es perceptible, por supuesto, en varios autores. Platón y Descartes constituyen dos de los ejemplos más evidentes.

190   Estas dos posibilidades de pensar lo humano, o bien como subsistencia o bien como extra-Ser, serán abordadas en la conclusión general y el anexo respectivamente. La conclusión general piensa la imagen de lo humano como subsistencia; el anexo, como límite de contacto entre el Ser y el extra-Ser.

en marcha la máquina óptica. Y puesto que lo humano no es sino una imagen generada por este dispositivo, con Platón comienza lo humano. El asesino porque al separar la visión en dos ojos heterogéneos, crea también, a su pesar, el hiato o el quiasmo en el que las imágenes provenientes de cada ojo pueden articularse. En este sentido, la historia de la metafísica *es y no es* originariamente humanista. Es humanista porque con la máquina óptica comienza lo humano. Pero no es humanista porque comienza como imagen, es decir como una entidad de la cual no se puede predicar, por motivos que veremos más adelante, la existencia. Es como si la máquina óptica produjese lo humano como imagen pero impidiese al mismo tiempo que su producto antropológico sea visto por lo que es: precisamente una imagen. Por eso la estrategia que hemos visto repetirse a lo largo de la historia de la metafísica ha consistido en impedir por todos los medios que el hombre perciba su estatuto imaginario y fantasmático. Con este fin, la máquina óptica ha presentado la imagen de lo humano como si fuese una esencia. El funcionamiento metafísico de la máquina óptica consiste así en vestir la imagen con los atuendos de la esencia, es decir con los atuendos que la convertirían en un ser real e irrefutablemente existente. Ya sea que se trate de una esencia espiritual, ya sea que se trate de una esencia corporal, ya sea que se trate de un compuesto de ambos elementos, lo cierto es que se ha tratado siempre de conjurar el estatuto fantasmático de lo humano. Por eso en la tradición bíblica que, como veremos, es quizá donde más se ha pensado al hombre como imagen, se ha entendido la imagen siempre en relación a su modelo divino, es decir como imagen de Dios, como *imago Dei*. La existencia del hombre, en esta línea bíblico-teológica, ha dependido necesariamente de su Arquetipo paterno. Si se hubiese pensado lo humano, no ya como *imago Dei*, sino simplemente como *imago*, se habría llegado a la conclusión de que el hombre, a diferencia de una mesa, un ángel o una mosca, *no existe*.

SECCIÓN III

Antropología teológica de la imagen

Introducción Sección III ■

En las secciones previas hemos sostenido en reiteradas oportunidades que lo humano es una imagen tridimensional generada por la máquina óptica a partir de la integración y superposición de la imagen proveniente del ojo del cuerpo y la imagen proveniente del ojo del alma. De tal modo que este dispositivo estereoscópico funciona solapando dos imágenes dispares y produciendo, como un efecto de relieve, la imagen de lo humano. Pero si bien hemos indicado este proceso antropogénico, no hemos dicho casi nada sobre la imagen misma, es decir sobre las consecuencias que acarrea identificar a lo humano con una imagen. ¿Qué significa que lo humano sea una imagen? El término "imagen", ¿debe ser entendido en sentido metafórico, epistemológico, psicológico u ontológico? ¿O se trata más bien de una categoría que engloba de algún modo todos estos registros? Por otro lado, a lo largo de la historia metafísica de Occidente, ¿se ha pensado en profundidad el estatuto ontológico de la imagen, el ser de la imagen en cuanto tal, en sí mismo? Los capítulos que conforman esta sección se inscriben, bajo diversos puntos de vista, en el perímetro abierto por estos interrogantes.

Hemos partido, entonces, de la hipótesis de que lo humano es una imagen. En nuestro caso, se trata de una imagen producida por un dispositivo antropológico en particular: la máquina óptica. Sin embargo, si bien esta idea podría calificarse de "contemporánea" y propia de una época post-humanista que seguiría el camino abierto por Nietzsche y continuado en parte por Heidegger, Foucault o Agamben, por citar sólo algunos nombres célebres, lo cierto es que la idea del hombre como imagen es mucho más antigua de lo que podría suponerse. En un sentido general, la noción de lo humano como imagen, al igual que tantas nociones del léxico filosófico, político o jurídico, proviene de una tradición teológica; más en concreto, de la tradición bíblica.[191] Si bien se trata de una idea difundida

---

191 No deja de ser curioso que algunas de las ideas más provocadoras se encuentren muchas veces al interior de los textos que más han contribuido a conformar el canon de la historia de Occidente.

en las culturas del Antiguo Cercano Oriente, los caldeos o los mesopotámicos por ejemplo, la concepción del hombre como imagen termina encontrando su formulación definitiva en el "Génesis" bíblico de los hebreos. Es sobre todo en el seno de las exégesis bíblicas, en sus diversas corrientes (preferentemente hebreas y cristianas), que la idea del hombre como imagen ha encontrado un terreno propicio para desarrollarse. Por supuesto que se trata siempre de una imagen relativa al Creador. El hombre, en la tradición bíblica y religiosa en general, es siempre concebido, según la expresión latina, como *imago Dei*, imagen de Dios. Sin embargo, más allá de este factor, para nada menor, los hermeneutas judíos y aun más los Padres de la Iglesia, muchas veces en discusiones con sectas o personajes heréticos, se han arriesgado a pensar a la imagen como el estatuto ontológico de lo humano. El término *imago* (imagen), en este sentido, al igual que el término *eikōn* (ícono o simplemente imagen), no sólo ha significado, al menos para algunas líneas teológicas, que el hombre es una creación del Padre todopoderoso, sino que ha contenido también en su esfera semántica el estatuto ontológico de lo humano.

Varios teólogos han hablado de una "teología de la imagen" en la tradición cristiana. Sin embargo, creemos que lo propio del cristianismo es volver indistinguibles, en cierto sentido, la teología de la imagen y la antropología de la imagen. En la cultura hebrea del Pentateuco encontramos más bien una antropología de la imagen. En efecto, en el Antiguo Testamento sólo el hombre es imagen; por eso Yahvé es irrepresentable. La cultura religiosa de los hebreos, se sabe, condena la idolatría. Sólo del hombre se puede predicar la condición imaginal.[192] Con la venida de Cristo, en cambio, es decir con la encarnación de Dios, se vuelve posible una representación material de lo divino. Dios, en Cristo, se ha vuelto visible. El Hijo es la imagen del Dios invisible. De tal modo que al asumir una condición carnal, es decir humana, teología y antropología de la imagen tienden a volverse indistintas.

La figura de Cristo, en lo que concierne a lo humano como imagen, funciona muchas veces, sobre todo en Pablo, como un contrapunto de la figura de Adán. En esta perspectiva, y fundamentalmente en relación a la imagen, no deja de ser decisiva la modificación que acarreó la caída en la relación entre el hombre y su Creador, relación que volvió a consolidarse con la venida de Cristo.

En los capítulos que siguen abordaremos algunos de estos problemas, inagotables y extremadamente delicados, con el propósito de comprender qué ha significado, para la tradición teológica, pensar al hombre como *imago Dei*. En primer lugar, repasaremos algunas de las posibles interpretaciones de los versí-

---

192 Sobre el término "imaginal", como hemos indicado en el capítulo III, cfr. el apartado *d* del capítulo XV.

culos del Génesis en los que se hace referencia al hombre como imagen de Dios. En segundo lugar, explicaremos a grandes trazos, por la importancia que posee en los Padres de la Iglesia y en los teólogos cristianos, la terminología platónica concerniente a la imagen. Cuando la tradición hebrea se mezcla con la tradición griega, por ejemplo en los alejandrinos (Filón, Orígenes, Clemente, etc.),[193] la terminología filosófica, en especial de raíz platónica, impregna el léxico de la teología. El término *eikōn* (ícono), en este sentido, se vuelve fundamental. En tercer lugar, abordaremos el tema de la caída y las consecuencias que ocasionó en el estatuto de lo humano entendido como imagen. En cuarto lugar, nos abocaremos a la figura de Cristo entendido como *eikōn Theou*, la *imagen arquetípica y consubstancial* del Padre.[194] Ya en esta expresión se puede notar el cortocircuito que generó la idea de un Dios encarnado, un Dios hombre, en la teoría platónica de la imagen. Por último, el capítulo final de esta sección estará consagrado a la interpretación paulina de las dos figuras de Adán y Cristo, los "dos Adanes"; a partir de ella propondremos tres modalidades de máquina óptica en la tradición bíblica cristiana.

---

[193] Inútil insistir en la importancia que ha tenido la Septuaginta en esta hibridación de la cultura semita con la cultura griega.

[194] Interpretamos la noción de *eikōn*, aplicada a Cristo, como "imagen consubstancial" al Padre en el sentido propuesto por el teólogo Vladimir Lossky: "Por la encarnación, que es el hecho dogmático fundamental del cristianismo, 'imagen' y 'teología' se encuentran ligadas de una manera tan estrecha que la expresión 'teología de la imagen' podría convertirse en un pleonasmo —por supuesto, si se quiere la teología como un conocimiento de Dios en su Logos que es la *imagen consubstancial del Padre* [*la image consubstantielle du Père*]" (Lossky 1967: 131; el subrayado es nuestro); y también: "Puesto que el Logos de los cristianos es la imagen consubstancial del Padre, la relación de la imagen con el arquetipo (si se quiere conservar este último término, familiar a Orígenes, pero que debía ser ya un arcaísmo en Gregorio de Nisa), esta relación de la imagen con lo que manifiesta no podrá ser ya concebida como una participación (*methexis*) o un parentesco (*syngeneia*), pues se trata de identidad natural" (1967: 132); y, por último: "Cuando se quiere aplicar la teología de la imagen a la Trinidad sería necesario entonces, para evitar todo equívoco, hablar de 'imagen natural', como hacía Juan Damasceno, para quien el Hijo es un *eikōn physikē* 'completo, en todo semejante al Padre, salvo la inasibilidad y la paternidad'" (1967: 133). La misma idea, por otro lado, sugiere Hans Belting en relación a la querella de las imágenes: "En el Hijo del Hombre se hallaba la *imagen original* de Dios como en una *reproducción*" (2009: 206). Sobre este punto, cfr. también Mondzain 2000: 99-109. En efecto, esta última autora afirma que "la imagen en tanto que Verbo es invisible y consubstancial [*invisible et consubstantielle*]" (2000: 109).

Capítulo IX ■
La imagen en el Antiguo Testamento

a) **Antropología de la imagen**

> Y dijo Dios: hagamos al hombre [*ā-ḏām*] a nuestra imagen y semejanza [*bə-ṣal-mê-nū kiḏ-mū-ṯê-nū*]; y dejemos que domine sobre los peces del mar y sobre las aves del cielo, sobre las fieras salvajes y sobre las creaturas que se arrastran por la tierra. Y Dios creó al hombre a su imagen [*hā-'ā-ḏām bə-ṣal-mōw*]. A imagen de Dios [*bə-ṣe-lem 'ĕ-lō-hîm*] lo creó. Macho y hembra los creó. (Génesis 1: 26-27)

He aquí dos de los versículos más comentados, tanto por los exégetas hebreos como por los cristianos, de toda la Biblia.[195] Sin embargo, a pesar de las innumerables interpretaciones y lecturas que se han sucedido a lo largo de los siglos, su sentido último pareciera permanecer oculto e inaccesible. "La creación de la humanidad (Adán) a 'imagen de Dios' (*imago Dei*) ha generado un intenso debate a través de los años. De todas formas, su sentido exacto permanece oscuro y discutible" (Childs 1993: 112). Lo que está en juego, en esta oscuridad y hermetismo, es el estatuto mismo del hombre (un ser, quizás por eso mismo, también oscuro e inescrutable). En estos breves pasajes del relato bíblico de la creación se esconde el secreto más recóndito de la antropología, ni más ni menos que la respuesta a la pregunta –de la cual dependen, asegura James Barr, serias consecuencias (cfr. 1968: 12)– "¿qué es el hombre?". David J. A. Clines, en un

---

195 A ellos habría que añadir Génesis 5:1: "En el día en que Dios creó al hombre, a semejanza de Dios [*biḏ-mūṯ 'ĕ-lō-hîm*] lo creó"; y Génesis 9:6: "Cualquiera que derrame sangre humana, su sangre será derramada, porque a imagen de Dios [*bə-ṣe-lem 'ĕ-lō-hîm*] lo creó". Una expresión similar es utilizada en Génesis 5:3, luego de establecer que Adán fue creado a semejanza de Dios, para referirse a la relación entre Adán y Seth, su hijo: "Tenía Adán ciento treinta años de edad cuando tuvo un hijo a imagen y semejanza suya [*biḏ-mū-ṯōw kə-sal-mōw*] a quien llamó Seth". Sobre los diversos pasajes del Génesis en los que se hace referencia a la expresión "imagen y semejanza", cfr. Barr 1968.

ensayo titulado "The image of God in man", nos advierte que "la historia de la interpretación de estos pasajes excede en proporción al lacónico tratamiento que recibe en el Antiguo Testamento" (1967: 53). Clines se refiere sobre todo a la hermenéutica judía. En todo caso, uno de los rasgos esenciales de esta doctrina que concibe al hombre como *imago Dei*, al interior de la tradición hebrea, consiste en afirmar que "el hombre es de algún modo y en cierta medida semejante a Dios" (Clines 1967: 53).[196]

En efecto, Adán, el primer hombre, es creado a imagen y semejanza del Padre. El término hebreo clave es צֶלֶם (*ṣelem*): imagen, apariencia.[197] Según Childs, el término *ṣelem* hace referencia a una forma o figura representativa más ligada a un aspecto material que espiritual: "En primer lugar, existe un acuerdo general de que el término *ṣelem* (imagen) denota una forma de representación concreta tal como una estatua o figura, más que un atributo espiritual" (1993: 568). Walter Eichrodt confirma esta acepción del término *ṣelem*, enmarcándolo en los relatos de la cultura babilónica sobre la creación del hombre, en los cuales se enfatizaba el aspecto físico de la imagen.[198] El *KJV Old Testament Hebrew Lexicon*, por su parte, remite este término a la palabra aramea *tselem*, la cual significa imagen, ídolo, fantasma.[199] James Barr también indica el aspecto físico implícito en el uso del término en la cultura semítica antigua: "*ṣelem* 'imagen' puede ser usado para una representación física, como la estatua de una deidad" (1968: 15). Sin embargo, Barr aclara que se trata de un término ambivalente, puesto que aparece también en los Salmos (39:7 y 73:20)[200] con un sentido que no permite iden-

---

196   Hans W. Wolff sostiene que la creación del hombre como *imago Dei* se refiere sobre todo a su rol de "soberano sobre el resto de la creación" (1975: 161).

197   Sobre la terminología hebrea empleada en el libro del Génesis, cfr. Barr 1968; Wolff 1975; Eichrodt 1967, vol. II: 119-150.

198   El hombre como imagen de la divinidad era una idea extendida en el Antiguo Cercano Oriente. Sin embargo, en las culturas mesopotámicas sólo el rey (monarca, Faraón, soberano, etc.) era considerado una imagen viviente del Dios. La novedad del texto bíblico es que extiende esta idea a toda la humanidad. El estatuto ontológico de la imagen, a partir del Génesis, concierne al hombre *tout court* y no ya exclusivamente al rey o al soberano. Walter Eichrodt sostiene que en las culturas del Antiguo Cercano Oriente el término poseía sobre todo un sentido físico o material: "El término denota una estatua, es decir, una representación plástica, y finalmente también una imagen o pintura de dos dimensiones. Si por lo tanto el hombre es creado *beṣelem'elōhim*, de acuerdo a la imagen [física] de Dios, entonces es cierto que la idea original aludía a la forma exterior del hombre entendida como una copia de la de Dios; y entonces la postura erecta y el movimiento del hombre pueden haber tenido la mayor importancia en lo que concierne a la imagen" (1967, II: 122). Sobre la relación entre el Génesis bíblico y la cultura del Antiguo Cercano Oriente, cfr. Schellenberg 2009.

199   "Imagen, apariencia vana. De una raíz inusual que significa sombrear [*to shade*]; fantasma, es decir (figurativamente) ilusión, semejanza; de aquí, una figura representativa, especialmente un ídolo." Sobre la relación entre los términos *ṣelem* e ídolo, cfr. Middleton 1994: 45-46; Kearney 2003: 62-63.

200   Haremos referencia a estos dos salmos algunas páginas más adelante.

tificarlo con una imagen física o una representación visual. Según la propuesta de Barr, este sustantivo se vincularía con el arábico *zalama*, del cual derivaría el hebreo *ṣalmawet* ("sombra de la muerte", pero también "oscuridad") (cfr. Barr 1968: 21). Como sea, el sentido último de *ṣelem*, según Barr, es "opaco y no hace referencia a ningún verbo de uso común" (cfr. 1968: 18-19).[201]

El otro término importante es תּוּמְךָ (*d'mûth*): semejanza, similitud. A diferencia de la oscuridad que caracteriza al término *ṣelem*, el sentido de *d'mûth* parece ser, en principio, mucho más transparente. "*d'mûth* está claramente vinculado a *dama* (asemejarse)" (Barr 1968: 18). Según Eichrodt, el objetivo de este término es desplazar el aspecto físico de *ṣelem* a un marco más espiritual.[202] Lo cual no significa, por supuesto, identificar a la imagen con el alma o la facultad racional. El hombre como *imago Dei*, en la cultura semita, supone una "totalidad psicofísica" (cfr. Eichrodt 1967: 125). La función del término *d'mûth*, además, parecería ser doble: por un lado, evitar que se confunda la imagen de Dios con una identidad, es decir que se considere que el hombre, al ser imagen de Dios, es por eso idéntico a Él; por otro lado, enfatizar la relación de proximidad que no obstante mantiene Dios con el hombre (cfr. Wolff 1975: 161). También Barr considera que el objetivo de *d'mûth* es definir y delimitar el significado de *ṣelem*, "indicando que su sentido debe confinarse al rango que se superpone con *d'mûth*" (1968: 24).

Resulta interesante, en este punto, detenerse en algunas disquisiciones hermenéuticas, muy caras, por otro lado, a la tradición hebrea. El teólogo protestante Julius Wellhausen, a fines del siglo XIX, propuso lo que se conoce como *hipótesis documentaria*, según la cual el Libro del Génesis estaría compuesto por tres fuentes diversas: el texto J (por emplear el término YHWH –JHWH en alemán– para aludir a Dios); el texto E (por referirse a Dios con el término *Elohim*); el texto P o sacerdotal (por el rol central que en él ocupa el sacerdote Aarón y los levitas). Ahora bien, el primer relato de la creación, pertenecería al texto P y habría sido escrito entre los años 550-400 a. C. por los *Kohanim* (sacerdotes judíos) en el Exilio en Babilonia (cfr. Wellhausen 1899: 6-14). James Barr, por su parte, sostiene que el autor del texto P, correspondiente a los versículos que nos interesan, habría sido influenciado por el Deutero-Isaías.[203] Este punto es im-

---

201 Algunos estudiosos han vinculado el sustantivo *ṣelem* al verbo sirio *ṣallem* (formar), al arameo *ṣallem* (esculpir) y más tarde al hebreo *ṣillem* (pintar, grabar) (cfr. Barr 1968: 17-18).

202 "La formación abstracta de la raíz *dhm* significa 'similitud' o 'semejanza'; el objetivo de añadirlo [se refiere al término *d'mûth*] a *ṣelem* como una cualificación aclaradora consiste en excluir la idea de una copia actual de Dios, y de limitar el concepto meramente al de similitud" (Eichrodt 1967, II: 123).

203 Se supone que el libro de Isaías también está compuesto por tres textos independientes: uno que contendría las palabras de Isaías (capítulos 1–39), conocido como Proto-Isaías; un segundo texto escrito durante el Exilio por un autor anónimo del siglo VI a.C. conocido como Deutero-Isaías (capítulos 40–55); un tercero, Trito-Isaías, (capítulos 56–66), escrito después del Exilio.

portante puesto que, según Barr, la terminología de la imagen de Dios empleada por el autor P se relacionaría con la historia del conflicto sobre la adoración de ídolos que encontramos en el texto del Deutero-Isaías. En este último, se uniría la idea de un solo Dios creador con el odio hacia la adoración idolátrica (cfr. Kearny 2013: 57). Si esto es así, sugiere Barr, podría suponerse que el término *ṣelem* fue elegido para desempeñar la misma función que tenían las imágenes en otras religiones, sólo que eliminando el aspecto idolátrico.

> ...así como en otras religiones se fabricaban representaciones visibles o imágenes de Dios, asimismo podría encontrarse en Israel una representación de Dios, pero ahora no en una imagen fabricada sino en el hombre viviente. [...] Esto además se acordaría con el hecho de que se emplea la palabra *ṣelem*, la cual podría aludir ciertamente a imágenes idolátricas. (Kearny 2013: 58)

El hombre sería una imagen viviente, una imagen natural y no artificial. La diferencia entre la imagen idolátrica y la imagen humana concierne sobre todo a sus respectivos creadores: el hombre, en el primer caso; Dios, en el segundo. Sin embargo, esta ambigüedad o ambivalencia que posee el término *ṣelem*, observado por diversos estudiosos bíblicos, introduce necesariamente una ambigüedad y una ambivalencia en el centro de lo humano.

Por eso mismo, no ha dejado de resultar curioso que el autor del primer libro del Génesis haya empleado el término *ṣelem* para referirse al hombre. Si bien, como hemos señalado, era una idea extendida en el Antiguo Cercano Oriente, la religión hebrea, como sabemos, se declara profundamente iconoclasta. Varios estudiosos, además, han indicado que el mismo término figura en otros pasajes de las Escrituras en los que posee un sentido claramente material e idolátrico. Richard Middleton, por ejemplo, sostiene que el término *ṣelem* es predominantemente empleado para "designar estatuas tridimensionales que servían como objetos de culto a dioses falsos, los cuales son condenados con firmeza en el Antiguo Testamento" (1994: 45). Para demostrar su posición, Middleton menciona algunos pasajes bíblicos:

> Expulsaréis a todos los habitantes de la tierra delante de vosotros, y destruiréis todas sus piedras grabadas, y destruiréis todas sus imágenes [*ṣal-mê*] fundidas, y demoleréis todos sus lugares altos. (Números 33:52)

> Y todo el pueblo del país fue a la casa de Baal y la derribaron, destruyeron completamente sus altares y sus imágenes [*ṣə-lā-māw*] y mataron delante de los altares a Matán, sacerdote de Baal. (2 Reyes 11:18)

Mas llevabais el tabernáculo de vuestro Moloc y Quiún, ídolos vuestros [ṣal-mê-ḵem], la estrella de vuestros dioses que os hicisteis. (Amós 5:26)

En todos estos casos, los autores bíblicos utilizan el término ṣelem. Incluso aparece, con un sentido ya diferente, pero no por eso menos inquietante, en dos salmos en los que designa una sombra o una apariencia vana, un fantasma o una imagen onírica.

Sí, como una sombra [bə-ṣe-lem] anda el hombre; ciertamente en vano se afana; acumula riquezas, y no sabe quién las recogerá. (Salmo 39:6)

Como un sueño del que despierta, oh Señor, cuando te levantes, despreciarás su apariencia [ṣal-mām]. (Salmo 73:20)

Middleton, de hecho, sugiere traducir el término ṣelem, en estos dos últimos casos, por "sombra" y "fantasma" respectivamente (cfr. 1994: 46). El sentido de ṣelem en ambos salmos, más allá del término que se elija para traducirlo, apunta a enfatizar el aspecto insubstancial o vano del hombre frente a la divinidad. Richard Kearney ha interpretado esta incertidumbre semántica en términos positivos (tesis, por otro lado, con la que estamos de acuerdo). La naturaleza propia del hombre, entendido como imagen de Dios, se encontraría a mitad de camino entre lo concreto y lo abstracto, entre lo material y lo espiritual. Citamos un extenso párrafo de *The Wake of Imagination*:

> De las diecisiete apariciones de ṣelem en el Antiguo Testamento, cinco son pasajes del Génesis sobre la creación; diez poseen el sentido concreto y material de "estatua", "modelo", "grabado"; las otras dos enfatizan un sentido más mental u oblicuo de la imagen entendida como "sombra" o "sueño". [...] Las cinco alusiones del Génesis a ṣelem, las cuales nos interesan aquí, se ubican de algún modo en el medio de la escala que se extiende de lo concreto a lo abstracto. Y es quizás conveniente notar que en cierta parte de la literatura exegética hebrea, particularmente de la línea cabalista, ṣelem ha dado lugar a una doble interpretación basada en el juego antitético de asociaciones de palabras: *halom* (imagen onírica) y *golem* (imagen material) –implicando que el hombre posee una semejanza tanto con el orden espiritual como con el orden físico de la creación. (2013: 62-63)

Si esto es así, el hombre sería ese ser, esa imagen, en el que se articularían lo concreto y lo abstracto, lo espiritual y lo físico: una estatua y un sueño, una imagen que sueña. El hombre como imagen es el espacio, en este caso abierto por el dispositivo teológico del Antiguo Testamento, en el que se efectúa la oscilación entre la materia y el espíritu, el cuerpo y el alma, el *golem* y el *halom*. El hombre es un *golem* que sueña, un *halom* corporizado.[204] A lo largo de la tradición occidental, aunque también islámica (sobre todo en la línea mística), este lugar intermedio entre lo sensible y lo inteligible, esta frontera paradójica y difícil de aprehender, ha sido llamada imaginación. Siendo una imagen, su lugar propio, su "mundo", es necesariamente imaginario. Extraña ironía: la religión que más ha combatido el culto a las imágenes, la idolatría, es la que al mismo tiempo ha sentado las bases de una antropología imaginaria. Hablamos de una antropología de la imagen, y no ya de una teología de la imagen, puesto que en la tradición hebrea el hombre es imagen de Dios, quien a su vez no puede ser representado por ninguna imagen creada por el hombre.[205] Dios no es, como el hombre, una imagen. Con el cristianismo, cuando el mismo Padre se vuelva visible en el Hijo, cuando el Verbo se haga Carne, y cuando consecuentemente el Hijo se convierta en la imagen genuina y consubstancial del Padre, la antropología de la imagen del Antiguo Testamento se transformará en –más bien se fusionará con– una teología de la imagen. En Cristo, imagen del Padre, teología y antropología tenderán

---

204 Sobre la relación entre *golem* y *şelem*, cfr. Idel 1990: 285-295.
205 La antropología de la imagen que encontramos en el Antiguo Testamento difiere en puntos esenciales de la antropología que veremos surgir del cristianismo así como de la antropología griega. La antropología semítica, en principio, no supone una concepción dualista del hombre. La imagen de Dios es a la vez cuerpo y espíritu. No hay distinción jerárquica entre ambos elementos. Michel Henry, en un notable texto que aborda el problema de la encarnación, explica: "En el judaísmo, el hombre no se escinde en dos sustancias distintas ni resulta de su síntesis, por otra parte incomprensible: ninguna jerarquía viene por tanto a instaurarse entre ellas. El hombre es una realidad unitaria provista de propiedades diversas pero que definen una misma condición" (2002: 14). Bernard de Geradon, por su parte, sostiene, en un ensayo titulado "L'homme à l'image de Dieu", que la concepción semítica del hombre se basa en un esquema constituido por tres funciones, diferente a la visión dualista de Occidente: "El occidental, tributario de una larga tradición filosófica y formado en un marco científico, discierne allí un compuesto de cuerpo y alma, un conjunto agenciado de piezas anatómicas, fisiológicas, psicológicas, cuyos componentes analiza en un circuito individual y cerrado. El semita, por el contrario, tiene tendencia a aprehender al hombre en lo vivo, en el desarrollo de sus reacciones con el mundo, y descubre entonces tres zonas principales de vitalidad: el mundo de los pensamientos, el mundo de las palabras y el mundo de los gestos" (1958: 686). Según de Geradon, el hombre ha sido creado a imagen de Dios porque posee, como el Creador, estos tres principios de vitalidad: el pensamiento (simbolizado en el corazón), el lenguaje (simbolizado en la boca) y la acción (simbolizado en la mano). Estas tres esferas definen al hombre en su totalidad, sin establecer ninguna división jerárquica, mucho menos dualista. Por el contrario, algunos Padres de la Iglesia –aunque no todos (Ireneo o Tertuliano, por ejemplo)– han tendido a construir una antropología dualista y a jerarquizar el elemento espiritual o anímico sobre el elemento corporal. "la razón de ello –prosigue de Geradon– es que se han dejado guiar por la teoría hilemórfica de los occidentales, no viendo que el hombre puede asemejarse a Dios más allá de su componente espiritual, el alma, o por una u otra cualidad especial de ella" (1958: 689). En la antropología semítica, por lo tanto, no existe este dualismo jerárquico propio del mundo occidental. Walter Eichrodt, en el segundo volumen de su *Theology of the Old Testament*, corrobora esta idea con las siguientes palabras: "Una estricta separación entre cuerpo y alma no existe aquí [en el Antiguo Testamento]; el hombre no posee un cuerpo y un alma, es los dos a la vez" (1967, II: 124).

a volverse indiscernibles, sin dejar de mantener, al mismo tiempo, una distancia infranqueable.

Por el momento, sin embargo, importa subrayar los peligros a los que se enfrentaba esta antropología de la imagen en la religión hebrea. Por un lado, el riesgo de la idolatría; por el otro, el riesgo de la deificación del hombre. Ambos factores estaban interconectados. El hombre, para la tradición bíblica, no es un ídolo, no es una imagen artificial creada por manos humanas para rendirle culto. El hombre es una imagen creada por Dios. Y por la misma razón que es una imagen *creada*, difiere substancialmente del Creador. Es un pecado creerse iguales a Dios. "Seréis como dioses [*wih-yî-ṭem kê-lō-hîm*]" (Génesis 3:5), les dice la serpiente a Adán y Eva. La consecuencia de ese deseo de ser como dioses es, por supuesto, la caída, la expulsión del Edén. En efecto, si el hombre es una imagen de Dios, podría adorarse a sí mismo como los paganos adoran a los ídolos que representan la divinidad. Por ese motivo, Middleton sugiere que la función del término *d'mûth* (semejanza) consiste en evitar "ya sea una interpretación demasiado física de la imagen, ya sea una identificación de la imagen humana con su arquetipo divino" (1994: 46). Pero más allá de la función reguladora del término *d'mûth*, el hombre, especialmente después de la caída, se convertirá en una zona de tensión desgarrada entre una fuerza que lo sumerge en la mera animalidad y una fuerza que lo eleva hacia la divinidad. La primera fuerza estaría representada sobre todo por el término ṣelem; la segunda, por *d'mûth*. "ṣelem tiende siempre hacia la realidad material y *d'mûth* tiende siempre hacia lo abstracto" (Gurmin 2010: 21). De aquí en más, ya lo veremos, el hombre estará condenado a oscilar entre un extremo natural y un extremo divino, entre un extremo animal y un extremo espiritual; el hombre, desde su creación, no será más que este movimiento pendular, cuya virulencia veremos estallar en los siglos VII y VIII con la querella iconoclasta de Bizancio, entre el ídolo y la imagen legítima. La ambigüedad de ṣelem no es sino la ambigüedad de lo humano. El hombre: el ídolo de Dios.

Era de esperar que esta ambigüedad en el estatuto de lo humano entendido como imagen de Dios despertara sospechas y recelos en el seno de los exégetas hebreos. Esto es particularmente evidente en las traducciones de la Biblia al arameo conocidas como *Targumim*. Alexander Altmann, en un interesante ensayo titulado "*Homo Imago Dei* in Jewish and Christian Theology" publicado en *The Journal of Religion* (1968, vol. 48), hace referencia "a la reluctancia a la hora de definir el significado de la frase 'imagen de Dios'" (1968: 235) en la versión aramea del Pentateuco conocida como *Targum Yerushalmi*. En lugar de traducir el término ṣelem por *zalma* u otro similar, los traductores optan por utilizar simplemente el término *d'mûth*. En el versículo 27, por ejemplo, "en el que el término ṣelem aparece dos veces, la versión aramea utiliza *demut* y *demu*" (1968: 236). Lo mismo sucede en el *Targum Pseudo-Jonathan be Uziel*, el cual evita en la medida de lo posible el término imagen (*zalma*) y lo reemplaza por *deyoqna*, que corresponde al hebreo *d'mûth*, "semejanza" (cfr. 1968: 236). De tal manera que Altmann concluye: "En ambas versiones arameas hay evidencias, por lo tanto, de una tendencia a evitar la expresión 'imagen de Dios', mientras que ninguna tiene dificultad en utilizar la frase 'semejanza a Dios'" (1968: 237). La imagen parece haber desaparecido para no quedar más que la semejanza. En otro *Targum*, el *Targum de Onquelos*, existe una decisión expresa de separar ṣelem de Yahvé. El objetivo de todas estas maniobras interpretativas, sugiere Altmann, era evitar cualquier forma de antropomorfismo. Sin embargo, más allá de este factor indudable, caro sobre todo a la tradición hebrea e islámica, ¿qué peligro escondía el término ṣelem?, ¿cuál era el riesgo de presentar al hombre como una imagen de Dios? El peligro era el antropomorfismo, por supuesto, pero pareciera haber algo más. El riesgo, pueden haber conjeturado los comentaristas y traductores arameos, el verdadero riesgo, no radicaba tanto en que el hombre pudiera igualarse a Dios, en que el hombre fuese una imagen de Dios, cuanto en que fuera *meramente una imagen*. El problema, creemos, concernía al término ṣelem en sí mismo, y no sólo a su relación con la divinidad. Se trataba de evitar el antropomorfismo, por cierto, pero acaso se trataba sobre todo de conjurar la idea de que el hombre era sólo una imagen. De allí el recurso a *d'mûth*.[206] El hombre era un ser semejante a Dios. La semejanza establecía una distinción y a la vez una proximidad entre el Creador y la creatura. Semejantes, no idénticos. El hombre, en tanto semejante a Dios, ocupaba un lugar privilegiado en el mundo creado. Y era justamente este privilegio el que parecía amenazar el término ṣelem. Los exégetas arameos habrán sospechado, acaso intuido sin demasiada conciencia, que si el hombre era una imagen corría el riesgo de ser una mera apariencia insubstancial, un mero reflejo efímero y vano, una sombra o un fantasma en el sueño de Dios[207] o, *in extremis*, en un sueño sin Dios ni fundamento. Probablemente tuvie-

---

206 Horst Dietrich Preuss, en el segundo volumen de su *Old Testament Theology*, aclara esta función atenuadora del término *d'mûth*: "El término abstracto תּוּמְךְ (*d'mûth*; "semejanza"), el cual es añadido aquí y acoplado con una כ atenuante (*k*; "de acuerdo a"), reduce la impresión de que la idea primeramente implica una apariencia externa (cfr. Gen. 5:1, 3 la cual tiene כ = *b* en lugar de כ = *k*) y previene que se llegue a una interpretación orientada sólo al aspecto exterior" (Preuss 1996, vol. II: 115).

207 Del hombre habría que decir, en esta perspectiva, lo que Giorgio Colli dice, en *Filosofia dell'espressione*, de la vida en general: "Como una niebla iridiscente surgida de oscuros pantanos o de una húmeda pradera, así es el mundo de las cosas que nosotros llamamos vida [...] pero que quizás es más justo designar como el velo de otra vida, como el *sueño de un dios*" (1978: 11; el subrayado es nuestro).

ran presentes los versos del salmista, cercanos por su sentido al Eclesiastés: "Tú diste a mis días término corto, y mi edad es como nada [kə-'a-yin] delante de ti. Ciertamente el hombre, aun en su mejor estado, es completa vanidad [he-ḇel]" (Salmo 39: 6).[208] Si el hombre era ṣelem, si su estatuto ontológico era el de una imagen, entonces podía caer incluso más bajo que las bestias, no porque le faltasen capacidades, no porque no poseyera la razón, el don del pensamiento abstracto, el lenguaje significante o el libre arbitrio, sino porque su condición de imagen podía hundirlo en lo infundado, en la vanidad, podía confinarlo en una tierra de nadie en la que no le fuese posible identificarse ni con la densa materialidad ni con la etérea espiritualidad.[209] Los traductores arameos parecen haberlo

---

[208] A este versículo le sigue otro, ya citado hace un momento, en el que se afirma que el hombre es una imagen (ṣelem). El sentido de ṣelem, en este salmo, está vinculado a la vanidad y la contingencia de la existencia humana. Ser una imagen es sinónimo de ser una vana apariencia, una sombra o un fantasma.

[209] El aspecto decisivo, por lo tanto, concierne al estatuto ontológico del término ṣelem. Según los versículos del primer libro del Génesis, asegura Clines, el hombre no posee la imagen de Dios, tampoco ha sido creado *en* la imagen de Dios, sino que "*es* él mismo la imagen de Dios" (cfr. 1968: 80). La condición humana depende, en este caso, de una preposición: *beth* (*b*) (cfr. Preuss 1996, vol. II: 115-116). La preposición *b* –leemos en *An Introduction to Biblical Hebrew Syntax*– tiene múltiples usos: espaciales, circunstanciales, causales, de especificación, etc. Dentro de este último uso, existen dos clases: la *beth* de norma ("a la manera de"); la *beth* de identidad, conocida también como *beth essentiae* ("como", "sirviendo para", "con la capacidad de") (cfr. Waltke & O'Connor 1990: 196-199). La *beth essentiae* marca la capacidad con la cual un agente se comporta o actúa. Un ejemplo bíblico de esta clase de preposición es Éxodo 6:3: "Aparecí a Abraham, Isaac y Jacob como Dios de las Alturas [bə-'êl šad-dāy], pero no quise revelarles mi nombre: Yahvé". Como vemos, la expresión bə-'êl šad-dāy comienza con la preposición bə para indicar una cualidad del sujeto. Dios se apareció *como* Dios de las Alturas. En efecto, Barr sostiene que "la *beth essentiae* describe o indica la propiedad del sujeto de la cláusula principal" (Barr 2013: 59). Por eso la *beth essentiae* tiene la función preposicional de especificación. Dios se manifiesta *específicamente* como Dios de las Alturas. La *beth*, en este ejemplo, cualifica la acción del sujeto, de Yahvé (cfr. Kaiser 1998: 66). Este punto es importante porque la mayoría de los exégetas han sostenido que la preposición bə de bə-ṣal-mê-nū ("a nuestra imagen") debe ser entendida como una *beth essentiae*. De tal manera que el sentido del versículo 26 sería: "hagamos al hombre *como* (bə) nuestra imagen" o "*para representar* (bə) nuestra imagen"; o también, completando la primera parte del versículo: "hagamos al hombre como nuestra imagen, hagámoslo un ser que es semejante a nosotros". Sin embargo, objeta Barr, si esto fuese así, la *beth* tendría que cualificar al sujeto, Dios, y no al objeto del verbo, como es el caso en el versículo 26 de Génesis 1. Barr, de hecho, niega que se trate de un caso de *beth essentiae:* "Por razones lingüísticas, en consecuencia, es muy improbable que nuestra frase pueda ser considerada un caso de *beth essentiae*" (Barr 2013: 59). De todas formas, Barr aclara que, incluso no tratándose de este tipo de preposición, las traducciones habituales que la consideran en este sentido son correctas. "Pienso que son correctas, aunque por otras razones" (Barr 2013: 60). Estas otras razones se deben en realidad al valor semántico y a la función del sustantivo *d'mûth*. Si es genuino traducir bə-ṣal-mê-nū por "como nuestra imagen", esto se debe a que la preposición bə tiene el mismo efecto semántico que la proposición *ki* que antecede a kiḏ-mū-ṯê-nū (a –en este caso, "como"– nuestra semejanza). Como sea, más allá de si se trata de una *beth essentiae* o no, lo cierto es que el término ṣelem ha sido interpretado, al menos en ciertas corrientes exegéticas, en un sentido profundamente ontológico. El hombre *es* la imagen de Dios: esa es su esencia. No se trata en verdad de una identidad entre el sujeto, Yahvé, y el objeto, el hombre, sino de una identidad entre el hombre y la imagen. "Hagamos al hombre

sabido, parecen haber intentado conjurar la imagen, la vanidad insubstancial de la imagen, con la fuerza apaciguadora de la semejanza. El hombre no era sólo una imagen, era una imagen semejante; y en el límite, eliminando de raíz el término *ṣelem*, era sólo una semejanza. El término *d'mûth* vino a garantizar que el ser humano gozaba de una relación preeminente con el Creador. Quizás el problema, después de todo, no consistió tanto en que el hombre pudiera confundirse con Dios. Este fue sin duda un riesgo, pero que tal vez ocultaba otro peligro mayor: la condición infundada (imaginaria) del hombre. Eliminando el término *ṣelem*, los comentaristas y traductores arameos habrían intentado eliminar también –sin conseguirlo, por cierto– la condición contingente e imaginal de la existencia humana. Recién con Filón de Alejandría, cuando el término *ṣelem* sea asimilado a la visión peyorativa de la imagen ofrecida por la filosofía platónica, el hombre volverá a ser considerado, sin temor a caer en un antropomorfismo, imagen de Dios. Los problemas inherentes a la imagen (y al hombre como *imago Dei*), sin embargo, seguirán presentes y resurgirán, resignificados en muchos casos por las enseñanzas de Platón, en los primeros siglos del cristianismo.

b) La Septuaginta

En el caso del cristianismo primitivo, esta teología de la imagen se apoya sobre todo en la traducción de los Setenta.[210] Algunos Padres de la Iglesia, influidos por la filosofía helénica, hacen una distinción entre *eikōn* y *homoiōsis*, entre imagen y semejanza. Según Clines, esta distinción no es evidente en el texto hebreo y se debe sobre todo a la versión griega de la Biblia.

Esta distinción entre צֶלֶם y תְּמוּד se basa finalmente en la inserción de καί por la LXX entre los dos términos *kat' eikona hēmeteran kai homoiōsin*. Esta adición aparentemente insignificante, reproducida en la Vulgata bajo la for-

---

como imagen nuestra": *bə-ṣal-mê-nū*. Al crear al hombre, Dios crea una imagen. Sin embargo, como hemos visto, no se trata de una imagen cualquiera. El hombre es una imagen viviente del Creador, pero sobre todo, para la tradición bíblica, es una imagen semejante.

210 Childs sostiene que la concepción dualista del hombre se vuelve dominante sobre todo en la versión griega del Nuevo Testamento. "Especialmente en el Nuevo Testamento Griego uno puede discernir a veces una terminología que tiene sus raíces en un concepto dualista de la naturaleza humana, el cual representa una perspectiva extraña respecto a gran parte de los propios testigos del Nuevo Testamento" (1993: 566). Como hemos indicado, existe un acuerdo entre la gran mayoría de los estudiosos y teólogos acerca del aspecto no dualista de la antropología del Antiguo Testamento. Los dos términos centrales, *nephesh* (alma o soplo vital) y *basar* (carne o cuerpo), que luego en la versión de los Setenta son traducidos por *psychē* (alma) y *sarx* (carne) respectivamente, no hacen referencia a dos elementos separados o a dos substancias diversas. En este punto, la visión semita del hombre difiere de la helénica o, al menos, de ciertas corrientes (órficas, pitagóricas y platónicas, sobre todo) del mundo griego (cfr. Wolff 1975: 7-80; Preuss 1996, II: 109-114).

ma *ad imaginem et similitudinem nostram*, ha alentado a los exégetas a asignar un contenido diferente a los dos términos, un procedimiento que puede realizarse tomando como base el texto hebreo, especialmente en función de la omisión de תּוֹמְד en otros pasajes sobre la imagen divina. Es posible que ni la LXX ni la Vulgata hayan entendido ambos términos de forma separada; ellos formarían más bien una endíadis. (1968: 92)

Algunos Padres de la Iglesia y teólogos cristianos en general, sugiere Clines, habrían establecido, basándose en la Septuaginta (y posteriormente en la Vulgata), una distinción entre la imagen y la semejanza. Al parecer, la introducción de la partícula καί (y) habría resultado, en este sentido, catastrófica, puesto que habría conducido al "error fundamental de la interpretación tradicional cristiana, según la cual los términos מֶלֶץ y תּוֹמְד pasaron a significar cosas enteramente diferentes" (Clines 1968: 91). En el texto hebreo, por el contrario, los términos *ṣelem* (imagen) y *d'mûth* (semejanza) no designarían dos cosas separadas, sino más bien un mismo núcleo semántico. De tal manera que el término *d'mûth* sólo vendría a especificar o cualificar al término *ṣelem*. Por eso Clines sugiere que "תּוֹמְד·[*d'mûth*] se refiere totalmente a מֶלֶץ [*ṣelem*]; no tiene significado referencial en sí mismo, sólo especifica el tipo de imagen, es decir una imagen representativa" (1968: 92). A decir verdad, estas dos lecturas de los términos "imagen" y "semejanza" están también presentes en la tradición cristiana. Como veremos, algunos Padres establecen una distinción clara entre ellos, mientras que otros los interpretan como una unidad semántica.

En la Septuaginta, el término *ṣelem* es traducido por *eikōn* (*imago* en la Vulgata), mientras que el término *d'mûth* por *homoiōsis* (*similitudo* en la Biblia latina). Lo interesante es que en la lectura que realizan algunos Padres de esta versión de la Biblia se van a superponer, no sin conflicto, la tradición hebrea con la tradición griega, especialmente de ascendencia neoplatónica pero también estoica. Esta convergencia del mundo semítico con el mundo helénico será una constante, prácticamente desde Filón de Alejandría en adelante, en buena parte de la Patrística, llegando incluso hasta la escolástica.[211] La influencia y la importancia que ha tenido el neoplatonismo en los Padres de la Iglesia ha sido suficientemente señalado por innumerables autores.[212] En el caso que nos ocupa

---

211 En el Evangelio de Juan en particular, explica Étienne Gilson en *La philosophie au Moyen-âge*, aparecen una serie de términos con una gran resonancia filosófica, entre ellos el término *logos*: "Este concepto griego de *logos* es manifiestamente de origen filosófico, sobre todo estoico, y era ya utilizado por Filón de Alejandría (muerto alrededor del 40 d.C.)" (1973: 9).

212 Citamos algunos textos que abordan esta cuestión: Iozzia 2015; Camus 1935; Gertz 2011; Merlan 1968; Gersh 1986; Dillon 1997.

aquí, esta influencia se revela enseguida fundamental, pues está en el centro de las discusiones concernientes a los dos términos que hemos individuado hace un momento: *eikōn* y *homoiōsis*. Ambos, por supuesto, remiten a una tradición platónica. Vladimir Lossky, en *A l'image et à la ressemblance de Dieu*, afirma que la teología de la imagen es extraña a la tradición hebrea y que se trata en verdad de "un aporte helénico debido a las asociaciones platónicas y estoicas latentes ya en los términos *eikōn* y *homoiōsis* de la traducción del libro del Génesis por los Setenta" (1967: 125).[213] En efecto, con el cristianismo el problema de la imagen adquiere una importancia inusitada. En la tradición cristiana, sostiene Lossky, "'imagen' y 'teología' se encuentran tan estrechamente ligadas que la expresión 'teología de la imagen' podría parecer casi un pleonasmo" (1967: 131). La entrada de la lengua griega en la literatura religiosa del judaísmo, sostiene Lossky con una sutil hostilidad hacia la cultura semítica, "ha permitido a los autores deuterocanónicos esbozar una teología de la imagen, poco antes del advenimiento del cristianismo" (1967: 125). Ya el ilustre historiador de la religión Edvard Lehmann, en un ensayo titulado "Skabt i Guds billede", sostenía que la expresión hebrea *bə-ṣal-mê-nū* (a nuestra imagen) que aparece en Génesis 1:26 se debía en realidad a una interpolación helénica, puesto que era el único pasaje de todo el Antiguo Testamento que permitía considerar al hombre como imagen de Dios.

> El argumento más fuerte en contra de "el hombre como imagen de Dios" es el completo silencio de todo el resto del Antiguo Testamento sobre esta idea, la cual, si hubiese sido decisiva, debería haber sido empleada con mayor frecuencia en las constantes referencias a la relación entre Dios y el hombre. Pero ningún Profeta, ningún Salmo, ni Job, ni tampoco el Deuteronomio sugieren tal semejanza de naturaleza entre Dios y el hombre [...] No es causal que esta doctrina de la imagen de Dios fuese desarrollada primeramente en un tiempo en el que el lenguaje griego estaba penetrando en la literatura religiosa del judaísmo. (citado en Nygren 1953: 230)

Esta antropología de la imagen, la cual supone a la vez una teología de la imagen, surge entonces del cruce de la tradición bíblica hebrea con la tradición filosófica griega. Incluso en el seno del judaísmo, sostienen estos autores, la teología de la imagen se habría formado recurriendo a la lengua griega, cargada ya de un vasto contenido filosófico. La misma idea parece sugerir Brevard Childs, cuando advierte: "Es significativo notar que este tema [el hombre como imagen de Dios] no desempeña prácticamente ningún papel en el resto del Antiguo

---

213 De todas formas, aclara Lossky, es posible que el recurso a un vocabulario nuevo se haya debido a una necesidad interna de la Revelación. A partir de la utilización de términos griegos, los textos sagrados hebreos habrían recibido una coloración más luminosa (cfr. 1967: 124-126).

Testamento, pero reaparece como un *theologoumenon* importante en el período helenístico" (1993: 112). De tal manera que la tradición judía se caracterizaría por una *antropología de la imagen* (puesto que Dios es irrepresentable); mientras que la tradición cristiana se caracterizaría por una *teología de la imagen* o, con mayor rigor, por la coexistencia, en la figura de Cristo, de una teología y una antropología de la imagen. La doble naturaleza de Cristo, a la vez divina y humana, le da un nuevo sentido al problema de la imagen. Esta teología antropológica –que es también una antropología teológica– de la imagen, propia del cristianismo, además, alcanza un desarrollo inédito con los Padres y exégetas cristianos. Ahora bien, para comprender la novedad de los tratados patrísticos que abordan el problema del hombre como imagen de Dios, es preciso que nos detengamos primeramente en la filosofía de Platón, sobre todo en lo que concierne a su concepción, compleja y muchas veces imprecisa, de las imágenes. En efecto, como veremos, muchos Padres de la Iglesia utilizan un lenguaje platónico para elaborar sus principios teológicos. El problema de la creación del hombre a imagen y semejanza de Dios, eje alrededor del cual se estructura gran parte de la antropología cristiana, es un ejemplo de la importancia que ha tenido la tradición neoplatónica en la Patrística.

Capítulo X ■
Eikōn y phantasma
en la filosofía platónica

Las líneas dominantes de la teología cristiana hunden sus raíces en dos grandes tradiciones: la bíblica de origen hebreo y la filosófica de origen helénico. En esta segunda tradición, además, sobre todo en lo que concierne a la cuestión de la imagen de Dios, la filosofía platónica ocupa un lugar destacado.[214] En *Théologie de l'image de Dieu chez Origène*, Henri Crouzel ha explicado esta doble influencia en los Padres de la Iglesia, particularmente en la escuela de Alejandría.

Era inevitable que el encuentro del pensamiento griego con la tradición judeo-cristiana condicionara la interpretación de los escritos inspirados con los resultados de esta reflexión en la medida en que podían acordarse con ella [...] Las ideas de parentesco y de semejanza, de imagen y de imitación, se encuentran sobre todo en la línea platónica (y pitagórica) y en la filosofía del Pórtico. (Crouzel 1955: 33)[215]

---

214 La relación entre el arte de los íconos y el pensamiento platónico es tan estrecha que incluso en la Rusia de los siglos XIV y XV goza de plena vigencia: "El Ser en la filosofía religiosa de Rusia —explica Clemena Antonova en el interesante *Space, Time, and Prescence in the Icon*— es entendido en general en términos platónicos y neoplatónicos. Esto ha sido mencionado en varias ocasiones. La verdadera realidad reside en el otro-mundo, mientras que en este mundo sólo llegamos a vislumbrarla" (2009: 17). Michel Lemoine, por otro lado, en el ensayo "Théologie et philosophie de l'image", explica la concepción que, en una clara línea platónica y neoplatónica, caracteriza a la teología de los siglos XI-XIII: "las imágenes no son más que las contrapartes de las formas, y la imaginación, la facultad de componer imágenes, es una reina de la falsedad que nos desvía de la contemplación de las verdaderas formas" (2006: 29). Sobre la influencia del platonismo y neoplatonismo en la teología cristiana, cfr. la nota 212.

215 La misma idea expresa Battista Mondin en su texto sobre Tomás de Aquino: "El uso del lenguaje platónico de la semejanza en conjunción con el lenguaje bíblico de la 'imago Dei' para describir la naturaleza del hombre y su destino último, fue introducido por Filón, pero luego adoptado, extendido y corroborado por Clemente de Alejandría, Orígenes, Atanasio, Gregorio de Nisa, Agustín y muchos otros autores cristianos" (Mondin 1975: 58-59). La importancia que ha tenido la doctrina platónica de las imágenes se vuelve evidente en la controversia iconoclasta de Bizancio. Como ha señalado con vehemencia Garhart Ladner en su ensayo "The Concept of the Image in the Greek Fathers and the Byzantine Iconoclastic Controversy": "La transferencia del concepto de imagen desde el reino sensible al inteligible es un largo proceso que se

En la medida en que nos proponemos examinar algunos aspectos generales de la *imago Dei* en la teología cristiana, y dado que algunos de los autores cristianos que abordaremos han utilizado, aunque no siempre de forma exclusiva, un lenguaje platónico para pensar el problema de la imagen, resulta necesario considerar algunas cuestiones de la filosofía platónica en relación a este problema. Este es el objetivo del presente capítulo.

a) *Eidōlon, eikōn* y *phantasma*

En la filosofía platónica encontramos por lo menos tres términos diversos que significan imagen: *eidōlon* (ídolo), *eikōn* (ícono) y *phantasma* (fantasma). Muchas veces estos términos son usados indistintamente, sobre todo *eidōlon* y *phantasma*. Como sostiene David Ambuel en *Image and paradigm in Plato's Sophist*: "En general, *eidōlon* y fantasma son intercambiables en Platón. Todos los sentidos de *eidōlon* –aparición, reflexión, imagen, copia– pueden encontrarse en el término fantasma. Con frecuencia son usados como sinónimos" (2007: 73). En el *Sofista*, acaso uno de los diálogos en los que Platón lleva más lejos su análisis de las imágenes, *eidōlon* es el término general para referirse a la imagen entendida como el producto de las artes imitativas.[216] Pero si bien el término *eidōlon* es reemplazado muchas veces por *phantasma*, lo cierto es que existe a pesar de todo una leve diferencia. Este último es empleado particularmente, por ejemplo en *Cratilo* 386e3, para referirse a la recreación mental de una percepción previa, es decir a una imagen de la fantasía. No es casual que sea la palabra empleada para designar a los sueños (cfr. *Timeo* 46a2). "El sueño posee la insubstancialidad de la reflexión en un espejo, la cual indica un alejamiento de la verdad y de la realidad. En los pasajes en los cuales la palabra es empleada junto con *eidōlon*, *phantasma* puede indicar una falta inherente a toda apariencia" (Ambuel 2007: 74). Sergio Pérez Cortés, en un ensayo dedicado a los sueños en Platón, sostiene que, pese a poseer la misma ambigüedad que la poesía –ser falso pero en ocasiones expresar también la verdad de los dioses–, "el sueño representa para Platón, desde el punto de vista ontológico, la sombra de una sombra" (2008: 175). Es por eso que, en la escala platónica del conocimiento, los sueños se ubican en el nivel más bajo, incluso por debajo de la *eikasia*, puesto que los íconos, como diji-

---

remonta al pensamiento helenístico y protocristiano, de Platón a Filón y San Pablo, de Plotino y Proclo al Seudo-Dionisio Areopagita y San Juan de Damasco. El mismo Logos divino se vuelve la Imagen de Dios, y por tanto las imágenes de esa imagen participan en su carácter divino" (1953: 5). Sobre la querella iconoclasta, cfr. el apartado *b* del capítulo XII.

216   Sobre la cuestión de las imágenes en el *Sofista*, cfr. Rosen 1999: 145-225; Cornford 1935: 202-252.

mos, guardan aún una relación de semejanza con los arquetipos. En cierto sentido, y yendo un poco más lejos que Platón, los fantasmas oníricos no pertenecen ni siquiera a la caverna. Como explica Pérez Cortés, "las sensaciones durante los sueños son fantasmas que no corresponden a nada" (2008: 174).

El término *phantasma*, por lo tanto, con frecuencia empleado como sinónimo de *eidōlon*, designa una imagen que es propia de la imaginación o la fantasía. Diverso es el caso del término *eikōn*. "Mientras que *eidōlon* y *phantasma* poseen una proximidad, *eikōn* es raramente asociado a cualquiera de ellos" (Ambuel 2007: 74). El *eikōn* no sólo es una imagen, sino una imagen semejante; en palabras de Heidegger: "*eikos* significa igual [*gleich*]" (1992: 401). Si bien es cierto que a veces *eikōn* funciona como sinónimo de *eidōlon* o *phantasma*, su sentido es diferente. El *eikōn* es una imagen que se *asemeja* al arquetipo. Como explica Alfred E. Taylor en *Plato: the Man and his Work*:

> Existen dos tipos de imágenes. Unas son "semejanzas" (*eikones*), copias exactas de un original en todas sus proporciones y colores. Pero en ciertos casos, como en el de los hacedores de figuras "colosales", el artista tiene que distorsionar las proporciones reales para obtener un resultado adecuando cuando se las observa desde abajo; podemos llamar a este producto un "fantasma" (una copia falsa), para distinguirlo de una copia exacta. (1955: 382)

Nos interesa retomar, en esta perspectiva, la lectura que realiza Gilles Deleuze de Platón, y particularmente del *Sofista*, puesto que en ella se vuelve clara la relevancia que posee el problema de la imagen para nuestro estudio. En lo que sigue nos dedicaremos a analizar esta cuestión.

b) Deleuze y los simulacros

En el asombroso ensayo "Platon et le simulacre", añadido como un apéndice a *Logique du sens*, Deleuze resume de la siguiente manera el núcleo metafísico-político del platonismo: "Se trata de asegurar el triunfo de las copias sobre los simulacros, de rechazar los simulacros, de mantenerlos encadenados al fondo, de impedir que asciendan a la superficie y se 'insinúen' por todas partes" (1969: 296). La verdadera distinción del platonismo no radica en la dicotomía modelo-copia o Idea-imagen, sino entre dos tipos de imágenes: las copias-íconos, dotadas de semejanza y fundadas en las Formas o esencias; los simulacros-fantasmas, repeticiones infundadas de una desemejanza o disparidad. El mundo de la caverna, en esta perspectiva, es el mundo de las imágenes en general, lo que Deleuze llama imágenes-ídolos. Éstas se subdividen, a su vez, según indicamos, en copias-íconos y simulacros-fantasmas. "Platón divide en dos el dominio de las imágenes-ídolos: por una parte las copias-íconos, por otra los simulacros-fantasmas" (1969: 296). En efecto, según la distinción avanzada por Platón en el *Sofista*, los *eidōla* se dividen en *eikōna* y en *phantasmata*. Estos últimos, a los cuales Deleuze se refiere también con el término simulacros,[217] designan una imagen sin semejanza, es decir, una imagen que se ha eximido, por así decir, de su relación con un modelo. Ni copia ni arquetipo, el fantasma es una intensidad diferencial. En síntesis, Deleuze desplaza la distinción Modelo-copia o Idea-imagen a la distinción entre dos tipos de imágenes, las copias-íconos y los simulacros-fantasmas.

Partíamos de una primera determinación del motivo platónico: distinguir la esencia y la apariencia, lo inteligible y lo sensible, la Idea y la imagen, el original y la copia, el modelo y el simulacro. Pero ya vemos que estas expresiones no son válidas. La distinción se desplaza entre dos tipos de imágenes. Las copias son poseedoras de segunda, pretendientes bien fundados,

---

217   La noción de *simulacre*, tal como la entiende Deleuze en el ensayo "Simulacre et philosophie antique", no es exactamente equivalente a la noción de *fantôme*. En nuestro caso, utilizamos ambos términos, "simulacro" y "fantasma", como sinónimos. El término simulacro remite a los epicúreos, especialmente a Lucrecio. En efecto, al igual que Leucipo y Demócrito, Epicuro sostiene que ciertas partículas o átomos fluyen constantemente de los objetos al ojo. De tal manera que un objeto puede ser percibido en la medida en que entra directamente en contacto con el órgano correspondiente. Existe, sin embargo, una leve (o no tan leve) diferencia entre Demócrito y Epicuro. Mientras que para aquél lo esencial del proceso visual residía en el aire en el que se imprimían las imágenes de los objetos, para éste las partículas penetran directamente en el ojo. En la *Carta a Heródoto* leemos: "Debemos considerar que es por la entrada de algo que viene de los objetos externos que podemos ver sus formas y pensar en ellos. Pues las cosas externas no imprimirían en nosotros su propia naturaleza, su color y forma por medio del aire que existe entre ellas y nosotros [...] si no fuese por la entrada en nuestras almas, en la medida en que su tamaño sea adecuado, de ciertas películas que vienen de las cosas mismas, poseyendo su mismo color y su misma forma" (*Epístola* I, 49). Para Epicuro, a diferencia de Demócrito, el ojo no cumple ningún rol fundamental en la producción de lo visible; no es más que un simple receptáculo. No se trata tanto de una percepción en sentido estricto, cuanto de una penetración del objeto o, más bien, del *eidōlon* del objeto en los ojos. Diógenes Laercio lo explica con claridad en el Libro X de las *Vidas de los filósofos ilustres* dedicado a Epicuro: "Además de esto, recuerda que la producción de imágenes [*eidōlon*] es tan rápida como el pensamiento. Por tal motivo, las partículas continuamente emanan de las superficies de los cuerpos, aunque ninguna disminución en ellos se observa, ya que otras partículas toman su lugar" (*Liber* X, 48). Con Lucrecio, ya en el siglo I de la era cristiana, los *eidōla* de Epicuro se transforman en *simulacra*. La idea intromisionista de fondo, sin embargo, permanece inalterable. Citamos algunos versos del extraordinario *De rerum natura* como ejemplos: "Digo que existen cuerpos que llamamos / Simulacros, especies de membranas / Que, de las superficies de los cuerpos / Desprendidos, voltean por el aire" (IV, 37-41). Y también: "La causa de la visión está en las imágenes / Y sin ellas nada puede ser visto. / Así pues, estos simulacros se desplazan en torno / Y se lanzan rendidos hacia todas partes; / Pero, como nosotros sólo podemos ver con los ojos, / Sucede por ello que, adonde dirigimos la mirada, / Por allí todas las cosas de frente la golpean con su forma y color" (IV, 236-242). Sobre la teoría intromisionista, cfr. Beare 1906: 23-37; Ronchi 1983: 27-35; Simon 2003: 17-74. Sobre la noción de simulacro en Lucrecio, cfr. Fratantuono 2015: 235-280; Sedley 2004: 39-42.

garantizados por la semejanza; los simulacros están, como los falsos pretendientes, construidos sobre una disimilitud, y poseen una perversión y una desviación esenciales. (1969: 295-296)

Como hemos visto, a diferencia de las copias, cuya semejanza se funda en la Idea, los simulacros no remiten a ningún modelo de lo Mismo, por eso no representan ninguna semejanza, sino más bien un desequilibrio interno. Por eso Deleuze advierte de no confundir al simulacro con un ícono. El simulacro no es una imagen degradada, una copia de una copia, sino más bien una potencia de disimilitud, una disparidad positiva. Más esencial que la distinción entre las Ideas y las imágenes es la distinción entre estos dos tipos de imágenes. Los simulacros y las copias difieren por naturaleza.

Si decimos del simulacro que es una copia de una copia, ícono infinitamente degradado, una semejanza infinitamente disminuida, dejamos de lado lo esencial: la diferencia de naturaleza entre simulacro y copia, el aspecto por el cual ellos forman las dos mitades de una división. La copia es una imagen dotada de semejanza, el simulacro una imagen sin semejanza. (1969: 297)[218]

Desplazando la distinción Idea-imagen a la distinción ícono-simulacro e introduciendo una diferencia de naturaleza entre los dos tipos de imágenes, Deleuze libera la Diferencia de la Identidad, la libera de la tiranía de lo Mismo, de la representación. En el concepto de simulacro, insinuado ya en Platón, aunque sólo para conjurarlo,[219] Deleuze encuentra la posibilidad de pensar una

---

218   En su famoso estudio sobre el *Sofista*, Stanley Rosen ha criticado –probablemente con razón– esta concepción del simulacro propuesta por Deleuze: "Deleuze simplifica demasiado al decir 'la copia es una imagen dotada de semejanza, el simulacro una imagen sin semejanza'. Una imagen que no se asemeja a X no puede ser una imagen de X. A pesar de su 'disimetría', el fantasma se parece al original para aquel que lo contempla" (1999: 172-173). En un sentido similar, Jean-Pierre Vernant ha señalado que, a diferencia de la lectura propuesta por Deleuze, la distinción platónica entre *eikōna* y *phantasmata* "no tendría un alcance fundamental" (cfr. 2008, II: 1734). Vernant sostiene, incluso, que muchas veces en el *Sofista* los términos *eikōn*, *eidōlon* y *phantasma* "se encuentran asociados mutuamente como aspectos del no-ser y de la falsedad" (2008, II: 1734). Como hemos dicho, estas observaciones de Rosen y de Vernant no dejan de ser pertinentes, sobre todo si se tiene en cuenta el concepto de *symmetria*, fundamental para comprender la teoría platónica de las imágenes en el *Sofista*, pero en el cual no nos detendremos aquí. Sin embargo, lo que Rosen y Vernant pierden de vista es lo que Deleuze precisamente *agrega* al diálogo platónico. Poco importa que la diferencia de naturaleza entre el ícono y el fantasma sugerida por Deleuze no se justifique en base a los términos empleados por Platón; poco importa que su interpretación no se apoye en una exactitud filológica. Lo que importa, creemos, es la posibilidad de pensamiento que abre más allá –e incluso a pesar– de Platón, posibilidad que nosotros retomamos aunque para desarrollarla, desde luego, en otra dirección.

219   Cuando decimos que Platón ha intentado conjurar al *phantasma* no estamos afirmando que no lo ha pensado. Al contrario, uno de los conceptos centrales del *Sofista* es precisamente el de *phantasma*. La conjura, entonces, no se debe a un olvido, sino a un desplazamiento hacia las regiones más alejadas de

diferencia en sí, una potencia de diferenciación. "El simulacro no es una copia degradada; oculta una potencia positiva que niega el original, la copia, el modelo y la reproducción" (1969: 302).[220] El simulacro, entendido como potencia positiva, permite desarticular y pervertir todo el armazón del pensamiento representativo, tanto el modelo como la copia, tanto el original como la reproducción. A decir verdad, el "modelo" del simulacro no es ya lo Mismo, la Identidad de la Idea, sino lo Otro, la diferencia interna. "Si el simulacro tiene aún un modelo, es un modelo diferente, un modelo de lo Otro, del que deriva una desemejanza interiorizada" (1969: 297). Este es el punto, quizás, de mayor ambivalencia del pensamiento platónico. Frente al modelo idéntico de las Formas, de lo Mismo, el modelo dispar de la Diferencia, de lo Otro. Esta figura de lo Otro aparece, por lo pronto, en dos diálogos platónicos del período crítico o de vejez, el *Teeteto* y el *Timeo*. Consideremos ambos textos.

Teeteto:

SOC. —Los males no habitan entre los dioses, pero están necesariamente ligados a la naturaleza y a este mundo de aquí. Por esa razón es menester huir de él hacia allá con la mayor celeridad, y la huida consiste en hacerse uno tan semejante a la divinidad [*homoiōsis theō*] como sea posible, seme-

---

lo verdadero. Para decirlo en los términos de la alegoría de la caverna, los fantasmas ocupan el fondo del mundo subterráneo, al igual que las sombras y los reflejos engañosos. Pero si bien se trata para Platón de mantener a los fantasmas atrapados en el fondo de la caverna, el objetivo último consiste en mantenerlos dentro de las regiones ontológicas reconocidas por su teoría metafísica. Los fantasmas se encuentran en el fondo del mundo subterráneo, el reino del error y la falsedad, pero en tanto son encapsulados *dentro* de la caverna, aunque sea en el fondo, el peligro extremo resulta conjurado. Por cierto, hay algo más abominable que el fondo de la gruta: el afuera, pero un afuera que no se confunde con las alturas inteligibles. Sería preciso hablar de algo así como un *doble* afuera, respecto a la profundidad de la caverna y respecto a la altura de los arquetipos: una *trans-exterioridad* que coincide, para nosotros y no para Platón, con el *locus* específico de los *phantasmata*.

220 Es menester indicar, en esta perspectiva, que en el centro de la cuestión del no-ser (el famoso parricidio) que se trata en el *Sofista*, como bien ha mostrado Xavier Audouard, se encuentra el problema del sujeto, y particularmente del sujeto entendido como fantasma, es decir como una imagen que subvierte la lógica del modelo y la copia: "El no-ser plantea en verdad, y para nosotros, la cuestión del sujeto, puesto que si el *phantasma* es posible, esto concierne al lugar particular que el sujeto ocupa en relación al Sujeto universal, y omnividente. Nosotros somos llevados a pensar que el diálogo sobre el estatuto del no-ser es extrapolable a un diálogo sobre el estatuto del Sujeto" (1966: 65). Y también, un poco más adelante: "El sofista pretende que saber y no saber son lo mismo, puesto que no hay verdad del simulacro, puesto que la distancia que crea el simulacro lo diferencia tanto de la copia de la realidad cuanto de la realidad misma, puesto que el simulacro solo instituye al sujeto incorporándolo como esta distancia misma. Que el sujeto no es y no puede ser referencia, sino [...] la distancia nueva tomada en relación a toda referencia, que nunca el sujeto sobrevolará como 'sujeto de conocimiento' el conjunto de las distancias donde se ha instituido, que el sujeto a conocer es un simulacro, un fantasma, pues no puede ser conocido más que desde el punto de vista particular de aquel al que se revela" (1996: 71).

janza que se alcanza por medio de la inteligencia con la justicia y la piedad. (176a-b)

SOC. —Querido amigo, hay dos paradigmas inscriptos en la realidad, el de la divinidad, que representa la felicidad suprema, y el que carece de lo divino, al cual le corresponde el infortunio más grande. Pues bien, como no se dan cuenta de esto, debido a su insensatez y a su extrema inconsciencia se les pasa por alto que con sus acciones injustas se hacen más semejantes a uno de ellos y menos al otro. Viviendo esa clase de vida a la que ellos se asemejan es, pues, como reciben el castigo. (176e)

Timeo:

TIMEO —Pues bien, en mi opinión hay que diferenciar primero lo siguiente: ¿Qué es lo que es siempre y no deviene y qué, lo que deviene continuamente, pero nunca es? Uno puede ser comprendido por la inteligencia mediante el razonamiento, el ser siempre inmutable; el otro es opinable, por medio de la opinión unida a la percepción sensible no racional, nace y fenece, pero nunca es realmente. Además, todo lo que deviene, deviene necesariamente por alguna causa; es imposible, por tanto, que algo devenga sin una causa. Cuando el artífice de algo, al construir su forma y cualidad, fija constantemente su mirada en el ser inmutable y lo usa de modelo [*paradeigma*], lo así hecho será necesariamente bello. Pero aquello cuya forma y cualidad hayan sido conformadas por medio de la observación de lo generado, con un modelo generado, no será bello. (28a-b)

El término *homoiōsis*, como hemos visto, significa semejanza, similitud. Asemejarse es lo propio de las imágenes-íconos, de las copias bien fundadas, del *eikōn*. La semejanza remite, como su modelo o su paradigma, a lo Idéntico, lo Mismo [*tautos*]. Este modelo de lo Mismo es identificado, en el *Teeteto*, con la divinidad. Por eso la *homoiōsis* es por fuerza una *homoiōsis theou*. El término *anomoiōsis*, por su parte, significa desemejante, disímil, diferente. La disimilitud o, según un término que tomará Deleuze de Simondon, la *disparidad* remite, como su modelo o paradigma, no ya a lo Idéntico o lo Mismo, sino a lo Otro, a lo Diferente. Su paradigma, para utilizar la distinción del *Teeteto*, no es la divinidad, sino lo que carece de divinidad: *atheos*. A la *homoiōsis theou* de las copias bien fundadas, de las buenas imágenes, se le opone la *anomoiōsis theou* de los simulacros, de las malas imágenes sin semejanza, o también, dicho de otro modo, a la *homoiōsis theou* se le opone la *homoiōsis atheou*. Estas disquisiciones, como veremos, se revelarán fundamentales para la comprensión de la creación bíblica del hombre. Por el momento, sin embargo, detengámonos un momento en el *Sofista* y veamos cómo funcionan concretamente las diferentes imágenes indicadas por Platón en la lectura de Deleuze.

c) Technē eikastikē y technē phantastikē

En el *Sofista*, Platón se enfrenta, en líneas generales, a dos grandes cuestiones. Por un lado, la definición del sofista, a partir de un uso del método de división; por el otro, el problema del no-ser y de su posible existencia. Luego de definir al sofista como un imitador del verdadero conocimiento, el Extranjero de Elea explicita su propósito:

> EXTR. — Y bien, nuestra tarea consiste ahora en no dejar escapar a la presa, pues prácticamente la hemos cercado con la red de los requisitos propios de la argumentación válidos en estos casos, de modo que no podrá escapar de ahí.
>
> TEET. — ¿De dónde?
>
> EXTR. — De no ser alguien que no pertenece al género de los ilusionistas.
>
> TEET. — En lo que a mí respecta, concuerdo contigo.
>
> EXTR. — Está claro, entonces, que hay que dividir, lo más rápidamente posible, la técnica de la producción de imágenes, y si, al avanzar hacia ella, el sofista se nos enfrenta directamente, hay que atraparlo según lo establece el procedimiento del Rey, y ofrecérselo proclamando la captura. Si, en cambio, él llegara a ocultarse en alguna de las partes de la técnica imitativa, la búsqueda debe proseguir dividiéndose siempre la parte que lo acogió, hasta que se lo capture. En todo caso, ni él ni ninguna otra especie podrá jactarse nunca de haber escapado al método de quienes son capaces de perseguir de este modo, tanto en particular como en general. (235a-b)

Se trata de acorralar al sofista a partir de este método de división. En la medida en que el sofista ha sido definido, al menos provisoriamente, como un ilusionista y un imitador (del verdadero conocimiento), es preciso dividir la técnica imitativa para reducir aún más el espacio propio del sofista. La división [*diairesis*] es lo propio del método platónico. Es más, el método de la división "concentra toda la potencia de la dialéctica para fundirla con otra potencia, y así representa el sistema entero" (Deleuze 1969: 292). La finalidad de este método de división no consiste, para Deleuze, en dividir un género en especies, sino en seleccionar linajes: distinguir pretendientes, distinguir lo puro y lo impuro, lo auténtico y lo falso. El objetivo último del método platónico de la división es la selección del verdadero pretendiente y el rechazo de los falsos. Es una dialéctica de la rivalidad. El pretendiente es quien recurre a un fundamento a partir del cual su pretensión se encuentra bien fundada, mal fundada o no fundada. En el *Sofista*, el método de división se emplea, según Deleuze, no para evaluar a los justos pretendientes, sino para acorralar y cazar al sofista, al falso pretendiente, para definir el ser (o más bien, el no-ser) del simulacro.

> EXTR. — Y para volver al sofista, dime lo siguiente: ¿ha quedado en claro que es un mago, imitador de las cosas, o nos queda aún la duda de que quizá él posea realmente el conocimiento de aquello que parece capaz de contradecir?
>
> TEET. — ¿Cómo dudas, Extranjero? De lo dicho ha quedado bastante en evidencia que es uno de los que toman parte en el juego.
>
> EXTR. — Debe sostenerse, entonces, que es un mago y un imitador. (235a-b)

Habiendo establecido que el sofista es un mago [*goēs*] y un imitador [*mimētēs*], se trata ahora de dividir el arte imitativo. "Según el modo de división anterior, me parece distinguir ahora dos clases de técnicas imitativas, si bien no soy aún capaz de discernir en cuál de las dos ha de encontrarse la forma que buscamos" (235d). Platón va a considerar, como vemos, dos clases de técnicas imitativas: por un lado, la *técnica icónica* [*technē eikastikē*] fundada en una semejanza entre la imagen o la copia y el modelo. Este es el ámbito propio de lo que Platón llama íconos.

> EXTR. — Se distingue en ella, por una parte, una técnica icónica [*technē eikastikē*]. Ésta existe cuando alguien, teniendo en cuenta las proporciones del modelo en largo, ancho y alto, produce una imitación que consta incluso de los colores que le corresponden. (235d-e)
>
> EXTR. — ¿No será justo llamar ícono [*eikōn*] al primer tipo de imitación, pues se parece al modelo?
>
> TEET. — Sí.
>
> EXTR. — ¿Y esta parte de la técnica imitativa no deberá llamarse tal como antes dijimos, icónica?
>
> TEET. — Así se llamará. (236a-b)

Por un lado, entonces, Platón delimita el espacio de las copias bien fundadas, los íconos que se asemejan al modelo. Este es el reino, como dijimos, de la técnica icónica, es decir, de la *eikasia* que, en la alegoría de *República*, ocupa el último grado del ser y del conocer. Pero además de esta técnica icónica, de este espacio de *eikōna*, existe otra rama del arte imitativo que Platón identifica, no ya con los *eikōna*, sino con los *phantasmata*. Este es el ámbito de lo que Platón, consecuentemente, llama fantasmas.

> EXTR. — ¿Y qué? Lo que aparece como semejante de lo bello sólo porque no se lo ve bien, pero que si alguien pudiera contemplarlo adecuadamente en toda su magnitud no diría que se le parece, ¿cómo se llamará? Si sólo aparenta parecerse, sin parecerse realmente, ¿no será una apariencia [*phantasma*]?
>
> TEET. — Desde luego.
>
> EXTR. — ¿Y esta parte no es la mayor, no sólo de la pintura, sino también de la técnica imitativa en general?
>
> TEET. — ¿Y cómo no?
>
> EXTR. — Para esta técnica que no produce imágenes, sino apariencias, ¿no sería correcto el nombre de técnica fantasmática [*technē phantastikē*]? (236b-c)
>
> EXTR. — He aquí, entonces, las dos formas de la técnica de hacer imágenes [*technē eidōlopoiikē*]: la icónica y la fantasmática [*eikastikē kai phantastikē*]. (236c)

Tenemos entonces las dos técnicas imitativas: la *technē eikastikē*, el arte figurativo, icónico, que, si bien pertenece al último grado del ser y del conocer según la alegoría de *República*, aún posee un cierto estatuto ontológico, garantizado por la relación de semejanza que lo remite a un modelo; la *technē phantastikē*, el arte fantasmático que, a diferencia de la *technē eikastikē*, no guarda ninguna relación con un modelo. Así como esta última *technē* produce *eikōna*, la *technē phantastikē* produce *phantasmata*, es decir, según la interpretación de Deleuze que aquí nos interesa, potencias diferenciales, intensidades dispares, imágenes desequilibradas que se ubican en el borde mismo de la ontología, más cerca del no-ser que los *eikōna*. En cierto sentido, los *phantasmata* se han exiliado de la caverna, sin elevarse por eso a las alturas inteligibles.

No es casual que Platón, a la hora de discutir la técnica imitativa, a la que pertenece por otro lado el sofista, deba enfrentarse a la delicada cuestión del no-ser. Las imágenes corresponden al no-ser (relativo). Este no-ser de las imágenes es relativo porque deriva de la identidad del modelo, del ser. Si bien el no-ser deriva de la diferencia, es una diferencia que se funda en la identidad de la Forma. Las imágenes no son sólo en relación con su modelo. El no-ser de las imágenes depende del (es decir es relativo al) ser del modelo. Vemos aquí el gesto propio de Platón, y de toda la filosofía de la representación, que consiste en subsumir la diferencia a la identidad, en este caso el no-ser de las imágenes al ser de las Formas o modelos. La *technē eikastikē*, el reino de las semejanzas, y no sólo el mundo de las Formas, serían lo propio de la representación. La *technē phantastikē*, por su parte, designaría el reino de los fantasmas y los simulacros y sería lo propio de una ontología no representativa. Ambos paradigmas, explica Deleuze, pueden ser designados a partir de dos fórmulas:

> Consideremos las dos fórmulas: "sólo lo que se parece difiere", "sólo las diferencias se parecen". Se trata de dos lecturas del mundo en la medida en que una nos invita a pensar la diferencia a partir de una similitud o de una identidad previas, en tanto que la otra nos invita por el contrario a pensar la similitud e incluso la identidad como el producto de una disparidad de fondo. La primera define exactamente el mundo de las copias o de las representaciones; pone el mundo como ícono. La segunda contra la primera, define el mundo de los simulacros. Pone al propio mundo como fantasma. (1969: 302)

La frase "sólo lo que se parece difiere" sintetiza la operación propia de la *technē eikastikē*, mientras que la expresión "sólo las diferencias se parecen" la operación propia de la *technē phantastikē*. La estrategia de Deleuze –que muchos especialistas en Platón consideran infundada, aunque eso poco importa–[221] consiste en identificar la relatividad del no-ser con los *eikōna*. En efecto, si el no-ser es relativo al arquetipo, entonces sólo los *eikōna*, puesto que se basan en una relación de semejanza con el arquetipo, entran en la categoría de no-ser. ¿Pero qué sucede entonces con los *phantasmata*? De algún modo, como dijimos, los *phantasmata* se ubican más allá del Ser, ni siquiera en el campo relativo del no-ser icónico. Ni el Ser de los arquetipos, ni el no-ser relativo de los íconos, ni el no-Ser *tout court* le convienen al fantasma.

Ya hacia el final del diálogo, Platón vuelve a la distinción entre las dos técnicas imitativas introducida con anterioridad. Ahora la *technē phantastikē*, es decir el arte de los simulacros, es a su vez dividido en dos: imitación conjetural, basada en la opinión; imitación erudita, basada en el conocimiento. El objetivo de Platón es identificar al sofista con la imitación conjetural. "Debemos ahora valernos de la primera [es decir, de la imitación conjetural], pues el sofista no

---

221 El movimiento teórico de Deleuze que consiste en introducir una diferencia de naturaleza entre el *eikōn* y el *phantasma* puede considerarse infundado ya que en Platón los *eidōla* en general, más allá de la diferencia entre los *eikōna* y los *phantasmata*, pertenecen al ámbito del no-ser relativo. Sobre este punto, cfr. la nota 218.

estaba entre los que saben, sino entre los que simplemente imitaban" (267e). Dentro de esta imitación conjetural, además, pueden distinguirse dos figuras: el ingenuo y el irónico. El sofista pertenece a la última. Según sostiene Deleuze: "Ahí ya no hay ni siquiera recta opinión, sino una especie de hallazgo irónico que ocupa el lugar de un modo de conocimiento, un arte del hallazgo fuera del saber y de la opinión" (1969: 298). Pero, además, esta figura del irónico puede desdoblarse, según el método de división platónico, en dos subcategorías: el que ironiza en público con largos discursos dirigidos a las muchedumbres (el político o el orador popular); el que ironiza en privado, valiéndose de discursos breves y obligando al interlocutor a contradecirse a sí mismo (el sofista). De tal manera, en el último pasaje del texto, a diferencia de muchos otros diálogos, Platón está en condiciones de ofrecer una definición del sofista:

> EXTR. — La imitación propia de la técnica de la discusión, en la parte irónica de su aspecto erudito, del género fantasmático de la técnica –no divina, sino humana de hacer imágenes, dentro de la producción, en la parte limitada a fabricar ilusiones en los discursos: quien dijera que ésta es realmente "la estirpe y la sangre" del sofista, diría, según parece, la verdad máxima. (268c-d)

Ahora bien, ¿en qué consiste concretamente la inversión del platonismo proclamada, en la línea de Nietzsche, por Deleuze?[222] El filósofo francés dirá que consiste en afirmar los simulacros y los fantasmas por sobre las copias y los íconos. Invertir el platonismo significará hacer subir los simulacros, encadenados, como los prisioneros, en el fondo de la caverna, y hacer valer sus efectos en la superficie. Dicho de modo lacónico: afirmar la diferencia; dejar, en suma, que el sofista derrote a Sócrates. Como dice Deleuze: "El propio sofista es el ser del simulacro" (1969: 295). Y si Deleuze puede considerar al final del *Sofista* como la "aventura más extraordinaria del platonismo" (cfr. 1969: 295) es porque "a fuerza de buscar por el lado del simulacro y de asomarse hacia su abismo, Platón, en el fulgor repentino de un instante, descubre que éste no es simplemente una copia falsa, sino que pone en cuestión las nociones mismas de copia... y de modelo" (*ibid*.). En el último momento, el sofista y Sócrates, el seudo-sabio y el sabio, el seudo-filósofo y el filósofo se confunden en una misma ironía. "La definición final del sofista nos lleva a un punto en donde ya no podemos distinguirlo del propio Sócrates: el ironista que opera en privado con argumentos breves" (1969: 295). Es allí que Platón, para Deleuze, pareciera excederse a sí mismo,

---

222 Sobre la inversión del platonismo en Deleuze, permítasenos remitir a nuestro artículo "De las alturas a la superficie. La ambivalencia de Platón en el pensamiento de Gilles Deleuze". *El banquete de los Dioses*, Volumen 4, N° 6, Mayo 2016 a Noviembre 2016, pp. 103-132.

invertirse a sí mismo. Acaso esa fue, sugiere Deleuze, su última ironía: Platón, el mayor sofista.

Es preciso señalar que, si bien retomamos aquí, por las posibilidades teóricas que abre, la lectura que Deleuze realiza del *Sofista*, no obstante nuestra consideración del *phantasma* no resulta totalmente equiparable a la de Deleuze, sobre todo en lo que concierne a la naturaleza *positiva* del simulacro. A Deleuze le interesa, en función de su propia ontología, pensar al simulacro como una potencia positiva, independiente del modelo y de todo fundamento. Sin embargo, en nuestro caso, la noción de *phantasma* no designa tanto una potencia positiva cuanto una suerte de singularidad substractiva en el límite de la ontología. Como señala Heidegger en su curso sobre el *Sofista*: "el *phantasma*, en su existencia como imagen, es incluso *más no* [*mehr nicht*] que aquello a lo cual se refiere; en él, el no-ser es aun más genuino [*das Nichtsein noch eigentlicher*]" (1992: 403). De tal manera que, para nosotros, se trata de pensar al *phantasma* como una suerte de *ens debilissimum* que no se confunde sin embargo con la Nada o con el No-Ser *tout court*. De allí la importancia de este diálogo en el que Platón se aboca a la paradójica tarea de "demostrar la existencia fáctica de algo imposible, es decir del Ser del no-ser [*des Seins des Nichtseins*]" (Heidegger 1992: 396). Desde nuestra perspectiva, el *phantasma* es ese efímero *aliquid* que se insinúa, insiste o subsiste en el hiato entre el Ser y el No-Ser, entre la posibilidad y la imposibilidad, entre "lo totalmente no-existente" y lo "perfectamente real" (Cornford 1935: 215). En efecto, si los *eikōna*, como sostiene Cornford, "poseen una cierta clase de existencia sin ser totalmente reales" (1935: 212), los *phantasmata* poseen incluso "un menor grado de realidad [que los *eikōna*]" (*ibid.*). No obstante, la lectura propuesta por Deleuze nos sirve por dos motivos fundamentales: 1) porque indica que la diferencia decisiva del platonismo no es la del modelo y la copia sino la del ícono y el fantasma; y 2) porque piensa a este último como una singularidad ajena a la dicotomía modelo-copia.

d) Fantasmas sombríos de almas

En la conclusión a la sección II hemos señalado el doble movimiento que realiza Platón en relación a lo humano. Por un lado, hemos dicho, es el creador del hombre, ya que con él comienza la metafísica occidental y, en consecuencia, la máquina óptica/antropológica se pone marcha. Pero también, por otro lado, es su asesino, puesto que lo humano comienza a ser producido como imagen, es decir como una entidad de la cual, en rigor de verdad, no puede predicarse la existencia. Y es precisamente esta inexistencia de la imagen la condición de posibilidad del funcionamiento de la máquina óptica.[223] En *Fedón* podemos observar este doble movimiento en lo que concierne a la imagen. Consideremos la cuestión con mayor detenimiento.

Platón distingue en *Fedón* "dos clases de seres, la una visible, la otra invisible" (79a).[224] Acto seguido, Sócrates alude a las dos partes, cuerpo y alma, que componen al hombre, y a la correspondencia de la parte anímica con la región invisible y de la parte corporal con la visible. Se trata precisamente de determinar en qué consiste la naturaleza humana. El registro antropológico, como es habitual en Platón, se cruza con el registro metafísico.

— Ahora bien, estamos hablando de lo visible y lo no visible para la naturaleza humana. ¿O crees que en referencia a alguna otra?

— A la naturaleza humana.

— ¿Qué afirmamos, pues, acerca del alma?... ¿que es visible o invisible?

— No es visible.

— ¿Invisible, entonces?

— Sí.

— Por tanto, el alma es más afín que el cuerpo a lo invisible, y éste lo es a lo visible. (79b)

Platón utiliza el término *homoiōsis* para explicar la relación que mantiene el alma con lo invisible y el cuerpo con lo visible. El alma se asemeja a lo invisible, que Platón identifica con lo divino, con aquello que siempre es idéntico a sí mismo, mientras que el cuerpo se asemeja a lo visible, a lo que cambia y deviene. La parte anímica, por lo tanto, debe gobernar o, más bien, someter a la parte corporal. En el hombre virtuoso, el alma es el amo y el cuerpo el esclavo. La relación asimétrica se reproduce tanto a nivel ético o antropológico cuanto a nivel metafísico.

— Míralo también con el enfoque siguiente: siempre que estén en un mismo organismo alma y cuerpo, al uno le prescribe la naturaleza que sea esclavo y esté sometido, y a la otra mandar y ser dueña. Y según esto, de nuevo, ¿cuál de ellos te parece que es semejante a lo divino y cuál a lo mortal? ¿O no te parece que lo divino es lo que está naturalmente capacitado para mandar y ejercer de guía, mientras que lo mortal lo está para ser guiado y hacer de siervo? (79e-80a)

---

223   Sobre este punto, cfr. la conclusión general.
224   Sobre los dos géneros del Ser en Platón, cfr. el apartado *a* del capítulo V.

Ahora bien, *Fedón* trata, entre otras cosas, sobre la inmortalidad del alma y la vida después de la muerte. Cuando el hombre ha llevado una vida virtuosa, en el momento de la muerte el alma se separa limpia y pura del cuerpo, rehuyéndolo y concentrándose sólo en sí misma. Cuando la relación se invierte y el cuerpo, como en el caso de los incontinentes, se convierte en guía del alma, la naturaleza humana se corrompe y se aleja de la virtud. De tal manera que el alma no logra separarse limpiamente del cuerpo, sino que, habituada a un trato continuo con él, queda como deformada y corrompida. Esto significa que en el caso del hombre vicioso, el ojo del cuerpo predomina sobre el del alma.

— Pero, en cambio, si es que, supongo, se separa del cuerpo contaminada e impura, por su trato continuo con el cuerpo y por atenderlo y amarlo, estando incluso hechizada por él, y por los deseos y placeres, hasta el punto de no apreciar como verdadera ninguna otra cosa sino lo corpóreo, lo que uno puede tocar, ver, y beber y comer y utilizar para los placeres del sexo, mientras que lo que para los ojos es oscuro e invisible, y sólo aprehensible por el entendimiento y la filosofía, eso está acostumbrada a odiarlo, temerlo y rechazarlo, ¿crees que un alma que está en tal condición se separará límpida, ella en sí misma?

— No, de ningún modo –contestó.

— Por lo tanto, creo, ¿quedará deformada por lo corpóreo, que la comunidad y colaboración del cuerpo con ella, a causa del continuo trato y de la excesiva atención, le ha hecho connatural?

— Sin duda. (81b-c)

Los ojos del alma logran captar las esencias verdaderas, las cuales permanecen oscuras e invisibles a los ojos del cuerpo. La bebida, la comida y el sexo conforman los tres ejes que ofuscan o deforman la mirada del alma, es decir del entendimiento y la filosofía.[225] Cuando el cuerpo, entonces, ha regido sobre el alma, cuando ésta se ha visto arrastrada a la vida inferior de los placeres terrenales, no se produce una separación total en el momento de la muerte. El alma conserva, por así decir, elementos corporales: una cierta pesadez, una cierta visibilidad. En lugar de dirigirse, impoluta, al reino divino de lo invisible, el alma retorna, sin ser no obstante un cuerpo en sentido estricto, al reino visible. Estas almas, que según Platón "vagan errantes" (*Fedón* 81d) hasta encontrar un nuevo cuerpo en el cual encarnarse, suelen merodear por las tumbas y los monumentos funerarios. Platón reserva el término "fantasma" para designar estos espectros

---

225 Sobre la tríada bebida-comida-sexo en la Antigüedad, cfr. Prósperi 2015: 79-128.

que no son ni meramente invisibles, puesto que poseen una cierta corporalidad que los vuelve perceptibles, ni meramente corpóreos, pues poseen una sutilidad diversa a la de la materia.

— Pero hay que suponer, amigo mío –dijo–, que eso es embarazoso, pesado, terrestre y visible. Así que el alma, al retenerlo, se hace pesada y es arrastrada de nuevo hacia el terreno visible, por temor a lo invisible y al Hades, como se dice, dando vueltas en torno a los monumentos fúnebres y las tumbas, en torno a los que, en efecto, han sido vistos algunos fantasmas sombríos de almas; y tales espectros los proporcionan las almas de esa clase, las que no se han liberado con pureza, sino que participan de lo visible. Por eso, justamente, se dejan ver. (81c-d)

Los fantasmas son imágenes liberadas de sus cuerpos, pero, a diferencia de las almas que se separan limpiamente de lo corpóreo y se dirigen a lo invisible, los fantasmas son almas impuras en un doble sentido: porque no han llevado una vida virtuosa y porque no se han separado absolutamente de lo corpóreo. A medio camino de lo corpóreo y lo incorpóreo, de lo visible y lo invisible, de lo sensible y lo inteligible, el fantasma designa una imagen que pone en cuestión la metafísica y la antropología platónicas. Como veremos en la conclusión a esta sección, con Nietzsche, cuando se invierta el platonismo, cuando Cristo se vuelva Anticristo, el fantasma, oculto en cierto sentido en el corazón de la máquina óptica a lo largo de la historia de Occidente, podrá salir a la luz.[226] Lo cual significará que, en tanto sólo se ha considerado real, en diferentes grados y niveles

---

226   Sin embargo, no hay que pensar, como bien ha advertido Walter Benjamin en su célebre ensayo "Kapitalismus als Religion" (cfr. Benjamin 1985: 100-103), que la época contemporánea, posterior a la muerte de Dios, implique una alteridad radical respecto de la tradición religiosa. Por el contrario, la religión, en especial la cristiana, indica nuestro lugar histórico (genealógico) de proveniencia. Como explica justamente Marcel Gauchet en *Le désenchantement du monde. Une histoire politique de la religion*: "En este sentido, nosotros no hemos pasado simplemente fuera de la religión, como saliendo de un sueño del que al final habríamos despertado; nosotros procedemos de ella; y es interrogando la metamorfosis que nos ha alejado de ella que tenemos alguna posibilidad de comprender los imperativos que condicionan y reglan nuestros movimientos" (1985: 137). En efecto, la importancia del cristianismo en la política occidental contemporánea ha sido señalada por innumerables autores. Bástenos mencionar aquí *La cosa y la cruz. Cristianismo y capitalismo*, el notable estudio en el que León Rozitchner intenta desentrañar "las transformaciones psíquicas 'profundas' que el cristianismo preparó como dominación subjetiva en el campo de la política antigua e hizo posible que el capitalismo pudiera luego instaurarse" (1997: 10). El nexo entre cristianismo y capitalismo es, por eso, esencial: "Se dirá que la incidencia actual del cristianismo, y sobre todo del catolicismo, es radicalmente diferente a la que tuvo en su origen y en la Edad Media. ¿Quién podría negarlo? Sólo decimos que si bien ahora, posmodernos, la vida de cada sujeto se organiza distanciada ya de las regulaciones y de los temores antiguos, de sus jerarquías y de sus fantasmas, sin embargo la imagen de ese rebelde crucificado a muerte permanece organizando la subjetividad en Occidente. Aún en crisis, y quizás por eso mismo, el cristianismo está unido indisolublemente al capitalismo" (1997: 11).

jerárquicos, lo sensible y lo inteligible o lo visible y lo invisible, en tanto estos han sido los dos géneros del Ser, la producción de lo humano como fantasma, es decir como imagen irreductible al cuerpo y al alma, conllevará la inexistencia del hombre, la imposibilidad de predicar la existencia en relación a lo humano. Este doble movimiento, hemos indicado, pertenece a Platón, es su sello distintivo. Como afirma Gómez de Liaño: "La sobrerealidad que transmiten los *eidōla* de la religión arcaica desciende, en el pensamiento platónico, a la categoría ínfima de subrealidad o incluso irrealidad" (1982: 110). De poseer un estatuto altamente fundamental para la religión arcaica, las imágenes –y en particular los fantasmas– pasan a ocupar el nivel más bajo, subreal, de la ontología. En la medida en que sólo se puede predicar la existencia de lo que es real, el fantasma, *stricto sensu*, no existe. Desde el inicio de la metafísica, el hombre es un aborto.[227]

---

227 El término *aborto*, compuesto por el prefijo *ab* (privación, separación del exterior de un límite) y *ortus* (nacimiento), significa literalmente "privación de nacimiento". Se comprenderá que, en nuestro caso, es un eufemismo, poco feliz sin duda, para decir *Nachleben*, la expresión empleada por Aby Warburg para designar la vida superviviente –o vida póstuma, según la sugerencia de Giorgio Agamben (cfr. 2005: 130)– de las imágenes. Es claro que este término de Warburg designa el estatuto mismo de lo humano. Georges Didi-Huberman, en efecto, ha mostrado que la noción de *Nachleben* posee una clara connotación antropológica: "La 'supervivencia', que Warburg ha invocado e interrogado toda su vida, es primero un concepto de la antropología sajona" (2002: 51). Como hemos indicado, el hombre, desde los inicios de la metafísica, es un fantasma y un aborto, es decir una vida póstuma: *Nachleben*. La naturaleza humana es siempre, y bajo cierta perspectiva, una *naturaleza muerta*. Pero si el hombre no ex-iste, sino que subsiste, entonces esta vida póstuma no es tanto una imagen super-viviente cuanto una imagen sub-viviente. El *nach* de *Nachleben* es un cero de ser, un mínimo de ser que sin embargo no es una nada. En *Arcana imperii. Tratado metafísico-político*, el tercer volumen de *La comunidad de los espectros*, Fabián Ludueña Romandini se ha propuesto indagar "algunos determinantes histórico-filosóficos que estructuraron el discurso humano de la política mientras la Humanidad existió. Por una suerte de *après coup* –explica el filósofo argentino–, el pasado quizá ilumine el presente, y podamos alcanzar a vislumbrar los primeros contornos del siglo XXI que, como Póstumos de la Humanidad, intentamos caminar con zozobra" (2018: 26). En nuestro caso, como hemos visto, la condición póstuma de *homo* no pertenece meramente a la época post-metafísica sino a la historia de la metafísica en cuanto tal. Desde su mismo nacimiento en la cuna platónica, *homo* es siempre Póstumo. No obstante, con la muerte de Dios, la cuna asume inexorablemente, para emplear los términos del gran texto de Francisco de Quevedo, los rasgos de la *sepultura*. Como en una suerte de saber absoluto excéntrico y dislocado, es decir de no-saber, en el instante incandescente en que el espíritu histórico traspasa el umbral de la cordura y conquista su pérdida sin reserva, su locura teleológica, los Póstumos descubren que siempre han sido Póstumos, que su nacimiento ha coincidido con su deceso, que su cuna, por una necesidad interna a la propia metafísica, ha sido siempre su sepultura.

Capítulo XI ■
La imagen caída

La caída de Adán y Eva representa un momento decisivo en lo que concierne al estatuto de lo humano. Como hemos visto, el hombre ha sido creado a imagen y semejanza de la divinidad. Adán es la figura del hombre perfecto, incorruptible y puro, imagen semejante a Dios. Sin embargo, con el pecado y la consecuente caída esta condición de incorruptibilidad y bendición se pierde. La desobediencia de Adán y Eva introduce la muerte y el pecado en la vida humana. El hombre, así, aprende lo que significa tener una historia. Ahora bien, la caída, en la medida en que modifica radicalmente la relación del hombre con Dios, implica también una modificación en su estatuto ontológico.[228] Algo de la imagen o de la semejanza se pierde. Las consecuencias que trae aparejada la caída en lo concerniente a la imagen del hombre o, más bien, al hombre como imagen, como *imago Dei*, fueron discutidas profusamente por los Padres y teólogos.

El efecto de la Caída en lo que concierne a la imagen recibió una variedad de interpretaciones: para aquellos que establecían una distinción [entre imagen y semejanza] la semejanza se perdió, o se volvió imposible a no ser por la redención; para los otros, la imagen misma resultó dañada o destruida. (Cross & Livingstone 1997: 820)

Como hemos visto, el término *eikōn*, a diferencia de *eidōlon* o de *phantasma*, aludía, en el marco de la filosofía platónica, a una imagen semejante. Por tal mo-

---

[228] Brevard S. Childs, por ejemplo, habla de un "cambio ontológico [*ontological change*]" producido por la desobediencia de Adán y Eva. "Otra confirmación clara de la relevancia del cambio 'ontológico' producido por la desobediencia humana es la valoración divina de la situación: 'el hombre se ha vuelto uno de nosotros, conociendo el bien y el mal' (v. 22), por lo cual es expulsado para siempre del jardín (v.24)" (1993: 570). Lo decisivo, en todo caso, consiste en el sentido que le damos a la expresión "cambio ontológico". Según creemos, existen dos alternativas: o bien el cambio ontológico supone una pérdida de la imagen, o bien supone una modificación en la imagen misma. Dicho de otro modo: en el primer caso, el estatuto imaginal del hombre se pierde; en el segundo, se mantiene pero el tipo de imagen cambia.

tivo, muchos Padres no establecían una distinción clara entre *eikōn* y *homoiōsis*. El *eikōn* ya implicaba, de alguna forma, la *homoiōsis*. Quienes establecían una distinción entre ambos términos, como Ireneo u Orígenes, sostenían que la caída suponía una pérdida de la *homoiōsis* pero no del *eikōn*. Quienes no establecían esta distinción, sostenían en cambio que implicaba una pérdida del *eikōn*, de la imagen. En realidad, como hemos dicho, lo que se consideraba perdido era sobre todo la semejanza, ya sea que se la nombrara directamente o que se la considerara implícita en el término *eikōn*. En el texto *Biblical Theology of the Old and New Testaments*, Childs resume esta idea de la siguiente manera: "Existe un amplio consenso crítico de los estudiosos del Antiguo Testamento de que la imagen del hombre no fue perdida después de la 'caída', lo cual confirma que la imagen no es una posesión" (1993: 569). La imagen no es algo que se posee, sino algo que se es. Si se tratase de una posesión, la imagen podría haberse perdido. Sin embargo, la imagen designa el estatuto mismo de lo humano. Dietrich Bonhoeffer, por su parte, afirma la misma idea enfatizando que la imagen hace referencia a una relación (a una comunidad o socialidad) y no a un atributo o una posesión (cfr. 1997: 62-65).[229] En efecto, perder la imagen, para el hombre, hubiese significado dejar de ser humano, dejar de ser hombre. De la misma idea es David Clines: "No hay lugar para plantear, en lo que concierne al Antiguo Testamento, una 'pérdida' de la imagen" (1968: 99). Si la imagen se hubiese perdido con la caída, el hombre hubiese dejado por eso mismo de ser humano. Pero "el hombre, en tanto permanece hombre, es la imagen de Dios, porque el hombre como humanidad, no como hombre primigenio [es decir anterior a la caída], es creado a imagen de Dios" (Clines 1968: 101).[230] Esta misma concepción antropológica, "la cual –aclara Clines– es compartida por todos los estudiosos modernos del Antiguo Testamento" (1968: 100), es confirmada incluso por un teólogo tan peculiar como Karl Barth: "Él [el hombre] no podría ser hombre, si no fuese la imagen de Dios. Él es la imagen de Dios, por eso es hombre" (CD III/1: 184). Incluso antes de la venida de Cristo, sostiene Barth, el hombre conserva su estatuto de *imago Dei*. "Incluso bajo el dominio del *pecado* y de la *muerte* su naturaleza [del hombre] es aún humana y por tanto la imagen y semejanza de lo que será bajo el dominio de la *gracia* y de la *vida*" (1962: 48). Esto significa que la imagen de Dios concierne a toda la humanidad y no sólo al hombre primigenio. La caída, por eso mismo, no supone una pérdida de la condición humana, sino una pro-

---

229 Sobre la imagen como relación en Bonhoeffer, cfr. Green 1999: 113-133.
230 Hans W. Wolff, en su excelente *Anthropologie des Alten Testaments*, confirma que la figura de Adán representa la humanidad entera. "Así, 'ādām debe ser entendido sin duda en un sentido colectivo; Dios quiere crear la *humanidad*" (1975: 161; el subrayado es de Wolff).

funda transformación. ¿Cómo entender entonces las consecuencias de la caída en lo que concierne a la imagen, es decir al hombre entendido como *imago Dei*, como *eikōn* y *homoiōsis* de Dios?

Las dos posibilidades, como hemos sugerido, son: o bien la caída supone un cambio cualitativo en la condición humana, o bien supone un cambio cuantitativo; o bien una diferencia de naturaleza, o bien una diferencia de grado. Childs, y en general los Padres de tradición neoplatónica, parecen concordar en que se trató de una *degradación*, es decir de una pérdida gradual pero no cualitativa ni definitiva. En efecto, afirmar un cambio cualitativo hubiese significado negar la condición humana de los descendientes de Adán y Eva, lo cual contradeciría directamente las Escrituras.[231] Agustín es uno de los autores más radicales a la hora de considerar la profunda transformación en la relación Dios-hombre que acarreó la caída. Como indica Gurmin, para Agustín pareciera haberse producido una suerte de "quiasmo ontológico" (cfr. 2010: 85) entre la forma original de Adán y Eva y su existencia post-lapsaria. La imagen y semejanza ya no es conferida por Dios como un acto de gracia o un don sino que ahora el hombre debe esforzarse y luchar para asemejarse al modelo divino. La teoría agustiniana del pecado original fue tan radical como para que "surgiera la pregunta acerca de si la imagen de Dios permaneció intacta luego de la caída. No obstante, Agustín considera que alguna forma de la Trinidad permaneció: de otro modo, no podríamos conocer a Dios" (Gurmin 2010: 85). Incluso en Agustín, entonces, la caída o el pecado original no implicó una pérdida absoluta de la imagen. En efecto, en el *De Spiritu et littera*, Agustín sostiene que "la imagen de Dios en el alma humana no está destruida por la mancha de los afectos terrenos hasta el punto de no haber quedado en ella algunos vestigios aunque lejanos y débiles, de suerte que con razón se puede afirmar que hasta los mismos malvados en su vida impía practican y aman algunas obras buenas de la ley" (XXVIII, 48), de tal manera que "no está en ellos completamente destruido lo que al ser creados fue impreso en su alma por la imagen de Dios" (*ibid.*). Para Agustín, entonces, la imagen de Dios no fue destruida en su totalidad. En la medida en que el hombre caído sigue poseyendo razón y juicio, conserva algún vestigio de la imagen.

---

231 Las posiciones de Lutero y Calvino, por supuesto, son de las más extremas al pensar las consecuencias de la caída en relación a la imagen de Dios. Sin embargo, ambos parecieran sugerir que, a pesar de la pérdida de la semejanza, algo de la imagen permanece en el hombre. El objetivo de los Evangelios, en este sentido, es restaurar la imagen divina en el hombre. Sostiene John Haydn Gurmin: "como Lutero, Calvino cree que la 'imagen no fue completamente aniquilada y borrada en el [hombre]', pero que se encuentra tan corrompida que parece una 'deformidad horrible'. Nuestra recuperación y salvación es efectuada a través de Cristo, quien nos restaura en una integridad verdadera y perfecta" (2010: 156). Sobre el problema de la imagen y la caída en la Reforma, cfr. Cross & Livingstone 1997: 820; Gurmin 2010: 150-159.

Porque así como la imagen de Dios, que no había sido del todo destruida, es restaurada en el alma de los creyentes por el Nuevo Testamento, puesto que aun había quedado en ella aquello por lo cual el alma humana no deja de ser una esencia racional, del mismo modo, también la ley de Dios, no destruida del todo en el alma por la injusticia, es nuevamente impresa en ella al ser renovada por la gracia. (*De Spiritu et littera* XXVIII, 48)

Hay que agregar, por cierto, que para Agustín la renovación o, más bien, la restauración de la imagen requiere por necesidad la gracia divina. A partir del pecado, el hombre sólo puede renovarse mediante la gracia del mediador, es decir de Cristo. Ahora bien, si el hombre caído conserva algunos vestigios de la imagen primigenia, eso quiere decir que el pecado original no produjo un cambio substancial en la imagen, un cambio de naturaleza, sino un cambio gradual. La caída, en consecuencia, parece entenderse como una degradación, pero una degradación radical que conllevó la muerte y el sufrimiento. Cross y Livingstone, por otra parte, si bien señalan este efecto gradual que para ciertos Padres provocó la caída en el estatuto imaginal del hombre, al mismo tiempo señalan que, según otros teólogos, la imagen como tal resultó destruida. Para considerar estas diversas alternativas, resulta útil recurrir al esquema platónico que hemos considerado con anterioridad.

En Platón, las imágenes, los *eidōla*, son copias degradadas de las Formas puras, de los arquetipos. Sin embargo, como hemos visto, sobre todo a partir del *Sofista*, los *eidōla* pueden dividirse o bien en *eikōna*, en caso de que conserven su semejanza con el original, o bien en *phantasmata*, en caso de que aludan a una imagen sin arquetipo (al menos en la lectura propuesta por Deleuze). En el primer caso, se trata de una degradación; en el segundo, de una desnaturalización. De allí que para Deleuze la verdadera diferencia del platonismo no está entre el modelo y la copia, entre el arquetipo y la imagen, sino entre dos tipos de imágenes: los *eikōna* y los *phantasmata*. Los *eikōna* permiten entender la caída como degradación; los *phantasmata*, como desnaturalización. Por eso Deleuze sostenía que el simulacro no es la copia de una copia, no es un ícono degradado, sino una imagen sin semejanza. Ahora bien, en ningún lugar de la tradición teológica cristiana, al menos en su línea canónica, se afirma que el hombre es un fantasma o un simulacro. Incluso perdiendo la *homoiōsis*, Adán y Eva conservan su estatuto icónico. El hombre caído sigue siendo una imagen, un *eikōn*, pero su modelo no es ahora Yahvé, sino la carne; a partir de la caída, el hombre no se semeja ya al cielo sino a la tierra. Pablo hablará de dos tipos de *eikōna*: una imagen terrenal (Adán, el primer hombre); una imagen celestial (Cristo, el segundo hombre). "Y así como hemos llevado la imagen del terrenal [*eikōn tou choikou*], llevaremos también la imagen del celestial [*eikōn tou epouraniou*]" (1 Cor. 14:49). El hombre caído es un *eikōn* que ha perdido la relación con su arquetipo divino o espiritual, pero que puede acceder, o más bien recuperar, a través de la gracia o la virtud y en especial a través de Cristo, su estatuto prelapsario, es decir su relación filial con el Creador. Si bien el hombre puede alcanzar una gran desemejanza respecto a su Arquetipo, la imagen que lleva en sí mismo, en tanto humano, permanece inalterable. Vladimir Lossky sostiene, de hecho, que la imagen del hombre, a pesar del pecado y de la caída, es *inalienable*:

> Así la imagen –inalienable– puede devenir semejante o desemejante, hasta los últimos límites: los de la unión con Dios cuando el hombre deificado muestra en sí, por la gracia, lo que Dios es por su naturaleza, según la palabra de Máximo –o bien los de la decadencia extrema que Plotino llamaba "el lugar de la desemejanza" (*topos tēs anomoiotētos*), situándolo en el abismo tenebroso del Hades. Entre estos dos límites el destino personal del hombre puede peregrinar en una historia de la salvación, realizada para cada uno en la Imagen encarnada de un Dios que ha querido crear al hombre a su imagen. (Lossky 1967: 137)

Como se ve, incluso llegando hasta sus límites extremos de desemejanza, la imagen en cuanto tal permanece inalienable. Oscilando entre el polo de la semejanza y el polo de la desemejanza, incluso acercándose peligrosamente a este último extremo, el hombre sigue siendo un *eikōn*.[232]

b) Orígenes

El caso de Orígenes es extremadamente interesante para pensar la relación que existe entre la imagen de Dios en el hombre y las consecuencias acarreadas por la caída, no sólo porque su pensamiento, como afirma acertadamente Henri Crouzel, es, "junto con el de San Agustín, uno de los más ricos e influyentes de toda la antigüedad cristiana" (1956: 9), sino porque su concepción de la caída pone en juego los dos ojos y las dos miradas que hemos distinguido desde el inicio de esta investigación.[233]

Según explica Crouzel, y como veremos en el próximo capítulo, Orígenes considera los dos primeros capítulos del Génesis como dos relatos diversos de la creación. El capítulo 1 describe la creación del alma, es decir de la imagen in-

---

[232] El hombre caído, como vimos, es para Pablo una "imagen del terrenal [*eikōn tou choikou*]" (1 Cor. 15:49). Incluso sumergido en la carne, el hombre conserva la condición de *eikōn*.

[233] Para un panorama general del pensamiento de Orígenes, cfr. Crouzel 1985.

material e invisible de Dios; el capítulo 2, por su parte, describe la creación del cuerpo (etéreo o espiritual). Además, la caída representa para Orígenes la adquisición del cuerpo terrenal como castigo por el pecado. La expulsión del Paraíso coincide, en este punto, con la asunción de un cuerpo mortal y corruptible.[234] Orígenes interpreta el pasaje del Génesis en el cual se sostiene que, luego de que Adán y Eva comieran el fruto prohibido, se les abrieron los ojos como una referencia a los ojos corporales, es decir a los ojos de la sensación. En el Tratado *Contra Celsum*, de hecho, sostiene:

> Ahora bien, se les abrieron los ojos de la sensación, que en buena hora tenían cerrados, para no distraerse e impedir así la contemplación con el ojo del alma. Por el pecado, en cambio, se les cerraron, según mi opinión, los ojos del alma con que veían y se complacían en Dios y su paraíso. De ahí es que también nuestro Salvador, conociendo esta doble especie de ojos en nosotros, dice aquello: Yo he venido a este mundo para juicio, para que los que no ven vean, y los que ven se queden ciegos (Juan 9:39). Por los que no ven da a entender los ojos del alma, que la palabra divina hace perspicaces; y por los que ven, los ojos de las sensaciones, que ha cegado la palabra, a fin de que, sin distracción, mire el alma lo que debe. Así, pues, todo verdadero cristiano tiene despierto el ojo del alma, y cerrado el de la sensación; y en la proporción en que está despierto el ojo superior y cerrada la vista de las sensaciones, contempla cada uno al Dios supremo, y a su Hijo, que es Verbo y sabiduría, etc. (VII, 39)

Este pasaje es interesante puesto que vemos con claridad cómo funciona la máquina óptica, esta vez en relación a la caída. Según Orígenes, el pecado de Adán y Eva trajo como consecuencia la clausura de los ojos del alma y la correlativa abertura de los ojos del cuerpo. Y así como los ojos del alma permitían la contemplación de Dios, así también los ojos del cuerpo son capaces sólo de contemplar el mundo corpóreo y diabólico, es decir irracional. Ahora bien, en tanto Orígenes identifica al alma con la imagen de Dios, es evidente que los ojos del alma representan la vida virtuosa del verdadero cristiano, de quien ha sabido desligarse de las cosas materiales y, con la ayuda de Cristo, ha logrado reabrir sus ojos espirituales. Los ojos del alma, en este sentido, son propios de la imagen de Dios en el hombre. No sólo son los ojos que permiten contemplar la imagen perfecta, el Verbo, sino que son además los ojos de la imagen (entendida como *eikōn*, por supuesto). La caída, por eso mismo, representa el cierre de los ojos del alma, es decir la primacía de lo corpóreo sobre lo incorpóreo. Esto no significa,

---

234   Inútil insistir en la influencia platónica. Como afirma Sócrates en *Fedón,* el cuerpo es la cárcel del alma (cfr. *Fedón* 62b y 82d-e).

sin embargo, que los ojos del alma, es decir la imagen de Dios, se hayan perdido con el pecado de Adán y Eva. A pesar de algunas interpretaciones contrarias, lo cierto es que para Orígenes, como bien demuestra Crouzel, la imagen no se perdió con la caída. En una de las *Homiliae in Genesim*, Orígenes compara la imagen con el agua que se encuentra en el fondo de los pozos cavados por Abraham y rellenados luego con tierra por los filisteos. Según el relato del Génesis, Isaac, hijo de Abraham, abrirá luego los pozos y encontrará agua en su interior. De la misma manera, sostiene Orígenes, en el fondo del hombre se encuentra la imagen de Dios, aunque oscurecida o sepultada por el pecado.

> El Hijo de Dios es el pintor de esta imagen. Obra de tan gran artista, ella no puede ser oscurecida por la negligencia ni destruida por la malicia. La imagen de Dios permanece siempre presente, aunque tú la recubras con la del Terrestre. Tú mismo eres el autor de esta segunda pintura... Cuando [Cristo] haya quitado todas las tinturas, eliminado los colores de la mezquindad, entonces resplandecerá en ti la imagen creada por Dios. (*Homiliae in Genesim* XIII, 3-4)

Los ojos del alma, de la imagen, entonces, a pesar de haberse cerrado no han por eso desparecido. Se encuentran, como el agua de los pozos de Abraham, en el fondo de la naturaleza humana. Y eso porque Dios ha creado al hombre según su imagen, lo cual significa en Orígenes, como hemos indicado, que el estatuto ontológico del ser humano es el de una imagen (icónica, por cierto). Con el pecado, la imagen divina que contemplaban los ojos del alma es reemplazada o recubierta por las imágenes del diablo o de las bestias brutas.[235] El hombre se vuelve irracional, pero, a diferencia de las bestias que son irracionales por naturaleza, el hombre lo es por libre decisión. De tal manera que de él depende convertirse, es decir cerrar los ojos del cuerpo y abrir los ojos del alma.

> Entonces la imagen de Dios –explica Crouzel–, que permanecía siempre presente en el fondo de su ser espiritual, reaparece, y el contacto es restablecido entre él y el Verbo: es de nuevo un logikon. La permanencia de la participación en la imagen expresa la posibilidad que tiene siempre el hombre de volver al estado primitivo. (1956: 209)

Sostener que el hombre tiene la posibilidad de restaurar su estado primitivo, es decir de recuperar la imagen oscurecida por el pecado significa sostener también que "la imagen no es sino una divinización en potencia, dada al

---

235 "Sin embargo, estas imágenes diabólicas o bestiales no pueden destruir la imagen de Dios. [...] La permanencia del 'según la imagen' en el hombre a pesar de sus faltas asegura por la gracia de Cristo la posibilidad de la conversión" (Crouzel 1985: 135).

inicio, [mientras que] la semejanza una divinización en acto, obtenida luego de un largo progreso espiritual" (Crouzel 1956: 207). La imagen, como hemos visto en el capítulo IX, designa una condición ontológica conferida por Dios al momento de crear al hombre. La semejanza, por el contrario, si bien íntimamente dependiente de la imagen, designa una actualización de la espiritualidad que la imagen contiene sólo en potencia. Según la fórmula feliz de Crouzel, "la imagen es el germen; la semejanza, la planta florecida" (1956: 32). Si esto es así, la caída representa para Orígenes una mala actualización o, más bien, una no-actualización de la imagen divina. Esta no-actualización espiritual es reemplazada por una actualización corporal. La imagen de Dios da lugar a las diversas imágenes diabólicas e irracionales. Sin embargo, como sostiene Orígenes en *Contra Celsum*: "Los cristianos [...] han comprendido que el alma humana fue creada a imagen de Dios, y consideran imposible que la naturaleza, creada a imagen de Dios, pierda de todo punto la marca que lleva y tome otra, no sabemos a imagen de qué animales irracionales" (IV 83). Si bien el hombre puede fallar en el proceso de actualización de la imagen, no por eso pierde la posibilidad de convertirse. Dicho de otro modo: si bien tiene los ojos del cuerpo abiertos *en acto*, no por eso deja de tener los ojos del alma *en potencia*. En el fondo de la naturaleza humana, como en el fondo de los pozos cavados por Abraham, existe la imagen en potencia y la potencia de la imagen. La caída, por lo tanto, concierne a lo actual, pero no a lo potencial. En términos generales, y manteniéndonos dentro del marco platónico en el que se mueve Orígenes, la caída significa la entrada del hombre en la caverna, en el mundo aparente e ilusorio de las sombras.

c) Las sombras: derivas y ramificaciones

En la famosa alegoría de la caverna, en el libro VII de *República*, las imágenes reflejadas en la pared no son sino sombras. "¿crees que los que están así han visto otra cosa de sí mismos o de sus compañeros sino las sombras proyectadas por el fuego sobre la parte de la caverna que está frente a ellos?" (515a). El término *skia* (sombra) se corresponde, aunque no absolutamente, con el término *phantasma*. La sombra, en cierto sentido, es un fantasma y el fantasma es una sombra. Esta correspondencia se confirma en el *Sofista*, cuando el Extranjero utiliza los términos *phantasma* y *skia* para referirse a las imágenes que caracterizan a la *technē phantastikē*.

Las imágenes en los sueños y las apariencias diurnas que, según dicen, surgen espontáneamente, las sombras que la luz del fuego produce en la oscuridad, las reflexiones que provoca la luz sobre superficies lisas y brillantes y que generan una forma presente a nuestra percepción que es el reverso de nuestra visión directa habitual. (266b-c)[236]

En *Filebo* 38b, Platón compara al alma con un libro. La memoria, junto con los sentidos y las emociones, son las tres facultades encargadas de escribir palabras, verdaderas o falsas, en el alma. Además de este escriba, cuyo estatuto es sin duda cuestionable en la epistemología platónica, existe otro artífice (cfr. 39b), también sospechoso, que actúa en nuestro mundo anímico. Esta segunda figura no se caracteriza ya por trabajar con palabras sino con imágenes. No es un escriba, por lo tanto, sino un pintor. "Un pintor, quien pinta en nuestra alma imágenes para ilustrar las palabras que han sido escritas" (39b). Poco después, en 40a, Platón identifica a las imágenes [*eikōna*] que este artista pinta en el alma con los fantasmas [*phantasmata*].[237] Este pintor, cuya función mimética lo iguala, aunque sin confundirlo, con el escriba, no es sino la fantasía. Ésta, a diferencia de otras facultades del alma más elevadas, se dedica a reelaborar o bosquejar imágenes irreales a partir de las improntas grabadas o depositadas en la memoria. En el Libro X de *República*, cuando Platón intenta explicar cómo trabaja el pintor, es decir la fantasía, sobre los materiales de la memoria, no duda en considerarla una perturbación y una debilidad de nuestra naturaleza, al igual que la prestidigitación, la magia y la pintura de sombras [*skiagraphia*] (cfr. 602c-d). Las sombras, como vemos, están vinculadas al mundo de los sueños y de la fantasía, es decir de los fantasmas. Según David Ambuel, las sombras, como los fantasmas, ocupan el último escalón de la jerarquía de imágenes que nos presenta Platón. Lo importante, de todos modos, es que en su perspectiva se trata de una jerarquía gradual.

> Además, en tanto es algo que presenta ciertos cortocircuitos respecto al original, la imagen puede ser más o menos como el original y puede ubicarse en consecuencia en una jerarquía de niveles. Y puesto que el tipo particular de deficiencia concierne a la realidad o la verdad, el uso del *eidōlon* conduce a una ontología basada en grados de realidad. Así, en la analogía de la caverna, el orden progresa de las sombras (*skias*) a las imágenes (*eidōla*) y finalmente a las cosas mismas (*auta*). (2007: 73)

---

236 En *Fedón*, Platón habla de "fantasmas sombríos" (cfr. 81d). Las sombras y los fantasmas pertenecen a una misma esfera semántica. Como sostiene Victor Stoichita: "Los reflejos en el agua son llamados *eidōla*, mientras que las sombras [...] son llamadas *phantasmata*" (1999: 23). Sobre el problema de las sombras en Platón, cfr. Stoichita 1999: 20-29.

237 Para un análisis de estos pasajes y de su influencia en la teoría medieval del fantasma, cfr. Agamben 2006: 131-157.

Según la lectura de Ambuel, por lo tanto, las sombras serían imágenes degradadas, copias que habrían perdido gradualmente (¡pero nunca completamente!) su semejanza.[238] Lo interesante de la lectura de Deleuze, a diferencia de la de Ambuel y de la gran mayoría de las interpretaciones canónicas de Platón, es que establece una diferencia de naturaleza entre el fantasma (la sombra) y el ícono. Vemos aquí nuevamente las dos posibilidades de entender la caída de Adán y Eva: o bien como degradación, como pérdida gradual de la semejanza, o bien como alteración cualitativa. En el primer caso, el de Ambuel, se supone que la sombra o el fantasma difieren gradualmente del ícono; en el segundo, el de Deleuze, se supone que entre ambos términos existe una diferencia de naturaleza. Téngase presente, sin embargo, que en la tradición teológica, como hemos explicado, nunca se afirma que el hombre caído es un fantasma o una sombra, salvo en un sentido metafórico con el objetivo de enfatizar la vanidad de la existencia humana. En todo caso, se afirma que, al caer, el hombre ingresa en la corruptibilidad de la materia y que, por lo tanto, comienza a proyectar sombra. Pero si bien proyecta sombra, no es una sombra. Como sea, la sombra posee un estatuto paradójico. Siendo intangible, siendo una suerte de imagen privativa,[239] una imagen en el extremo casi opuesto a la materia, nos dice, sin embargo, con una crueldad desgarradora, que existe porque existe la materia, que la luz no se proyecta porque un cuerpo interfiere con su trayectoria. En este sentido, la sombra se revela como un índice: no siendo un cuerpo, *indica* que los cuerpos existen. Hans Belting, en un notable ensayo titulado "Bild und Schatten: Dantes Bildtheorie im Wandel zur Kunsttheorie", ha expresado esta naturaleza ambivalente de la sombra con gran claridad: "La sombra es simultáneamente confirmación y rapto del cuerpo, es índice, así como manifestación fugaz y mutable, negación del cuerpo, cuyos contornos y cuya sustancia disuelve" (2007: 239).[240]

---

238 "La sombra representa el nivel más alejado de la verdad. Esto es crucial en la alegoría de la caverna puesto que Platón necesita algo totalmente opuesto a la luz solar. De aquí en más, la sombra acarreará una negatividad fundamental que, en la historia de la representación occidental, no será nunca abandonada. Para Platón, la sombra no es sólo una 'apariencia', sino una apariencia inducida por una privación de luz" (Stoichita 1999: 25).

239 Recordemos que Leonardo, en el Libro V de su *Trattato della pittura*, había definido a la sombra, apelando a una estrategia utilizada también por Agustín para dar cuenta de la naturaleza del mal, como una privación de luz. "La sombra es una privación de luz" (5: 535).

240 En ningún lugar se encuentra mejor expresada esta naturaleza ambigua de la sombra que en el Canto III del Purgatorio dantesco. Como se sabe, Dante y Virgilio abandonan el reino oscuro del infierno y arriban a la claridad solar del Monte de la Purificación. Como tienen el sol a sus espaldas, Dante ve a su sombra por delante: "El sol, que a mis espaldas irradiaba sus llamas rojas, // era interceptado por mi cuerpo, // en el que se apoyaban sus rayos" (Purgatorio 3: 16-18). Sin embargo, al no ver la sombra de Virgilio ("ante mí

La sombra es la imagen de la muerte. En efecto, el término *skia* remite directamente, en la Antigüedad, al mundo de los muertos. Tal como aparece en Homero y se conserva hasta Virgilio y Dante, la sombra (la *skia* griega o la *umbra* latina) designa la condición propia de la vida póstuma.[241] Cuando el cuerpo muere se transforma en sombra. Si los antiguos han podido ver en ella la cifra y la metáfora de la vida después de la muerte es porque, como un negativo de nosotros mismos, de nuestra condición de cuerpos vivientes, las sombras nos dicen que somos materia y que, como tal, más tarde o más temprano, vamos a desaparecer.[242] Como hemos indicado, siendo inmaterial, la sombra es sin embargo un testigo inexorable de nuestra materialidad, una suerte de doble que, desde su insensible espesor, nos recuerda a cada paso nuestra condición mortal y efímera. Por eso la caída, introduciendo la muerte en la existencia humana, supone un ingreso del hombre en el mundo de las sombras. Como afirman los Padres de la Iglesia, el hombre, en cierta forma, al momento de caer, muere a la vida incorruptible del Paraíso. Por esa razón, en el famoso fresco pintado por Masaccio en la pared de la Capilla Brancacci, en la Iglesia de Santa Maria del Carmine (Firenze), podemos ver las sombras que proyectan Adán y Eva cuando son expulsados del Paraíso.[243] La caminata de Adán y Eva, tal como podemos observar en el fresco cuyo título reza *Cacciata dei progenitori dall'Eden*, es la caminata hacia la muerte. Entre lamentos y sollozos, Adán y Eva se dirigen hacia la muerte, "dejando –para utilizar las palabras de León Felipe– como una estela en el silencio y en la sombra" (1990: 109). La expulsión del Edén es simultánea a la adquisición de la sombra. Cuando la primera pareja se vuelve mortal, comienza a proyectar sombra. La pérdida de la naturaleza incorruptible del cuerpo edénico es atestiguada por las sombras proyectadas por los primeros pecadores en la obra de Masaccio. El Paraíso perdido coincide, pues, con las sombras encontradas. Con las

---

sólo vi la tierra oscura" (Purgatorio 3: 20-21)), siente miedo de haber sido abandonado por su guía. Virgilio le responde que no tema, ya que al morir ha perdido "el cuerpo con el cual proyectaba sombra [*facea ombra*]" (Purgatorio 3: 26). Virgilio no proyecta sombra porque es una sombra. Sobre la concepción dantesca de la sombra, cfr. Stoichita 1999: 44-46.

241   "Tres veces me acerqué a ella –dice Odiseo ante el alma de su difunta madre–, pues el ánimo incitábame a abrazarla; tres veces se me fue volando de entre las manos como sombra o sueño" (*Odisea* XI: 206-208).

242   Esta noción de sombra, en la cultura griega antigua, no dista demasiado de la idea de *psychē*. Explica Jean-Pierre Vernant en *Figures, idoles, masques*: "La *psychē* es una nada, un vacío, una evanescencia inasible, una sombra; es como un ser aéreo y alado, un pájaro que vuela" (2008, II: 1536); y también, un poco después: "Hay que dirigirse a la *psychē* como se dirige a la persona misma. Ella es su exacta apariencia pero privada de existencia real, lo que la vuelve, en su semblante, comparable a una sombra o a un sueño, a un humo" (1540).

243   Peter Sloterdijk incluye, no por casualidad, esta obra de Masaccio en el primer volumen de *Sphären* (cfr. 1998: 45-53).

sombras comienza la historia. La historiografía, en este sentido, no es sino una *skiagraphia*, una escritura de sombras. Toda la historia teológica (y también, por supuesto, teleológica) de Occidente, entendida como una búsqueda del Paraíso perdido, no es, en esta perspectiva, más que el intento infructuoso pero tenaz de conquistar una vida sin sombra, un cuerpo glorioso. La idea cristiana de la resurrección de la carne, cuya expresión paradigmática la encontramos sin duda en la prédica paulina, describe, por cierto, la condición gloriosa e inmortal del cuerpo resucitado.

No es casual que Hans Belting, en el ensayo sobre Dante, haga referencia al fresco de Masaccio y también al *Giudizio Universale* de Miguel Ángel. Así como la *Cacciata dei progenitori dall'Eden* exhibe, con profundo dramatismo, la condición mortal del hombre, así también el *Giudizio Universale*, en el extremo opuesto, parece exhibir el destino inmortal del cuerpo salvado. Por esa razón Miguel Ángel pinta los cuerpos gloriosos sin sombra, en pleno vuelo, pero por esa misma razón, también, no puede pintarse a él mismo, mero mortal, como un cuerpo resucitado. De allí que recurra a una estrategia asombrosa: se pinta a sí mismo como una piel desfalleciente, fláccida, como los relojes de Salvador Dalí, colgando de la mano izquierda de San Bartolomé. Pintando los cuerpos sin sombra de la escatología cristiana, el artista se ha visto obligado a pintarse a sí mismo como una sombra, como una epidermis laxa y difusa.

Es posible que la historia humana, tal como la entiende la teología, se desarrolle en el espacio contenido entre estas dos obras, entre un cuerpo mortal que desciende al mundo de las sombras y un cuerpo glorioso que asciende al mundo de la luz. Por eso en los Padres, a la hora de explicar el estatuto del hombre después de la caída, hay una especie de oscilación al interior del ícono. En Atanasio, por ejemplo, la caída supone una obliteración de la imagen, pero no una pérdida total e irreversible. En *De incarnatione* (14) sugiere la idea de que la imagen no resultó destruida por la caída sino más bien ensuciada u opacada. Incluso en un pasaje de su texto contra los arrianos, nos recuerda John N. D. Kelly, Atanasio indica que Jeremías y Juan Bautista vivieron sin pecado (cfr. 1968: 347-348). También Agustín, como hemos visto, señala que si bien la caída supuso una grave alteración en la imagen de Dios, el hombre conservó a pesar de todo una chispa de divinidad (la facultad racional) que lo separa de las bestias y le permite acercarse aún al Padre (cfr. Kelly 1968: 364). Para que este acercamiento se produzca, sostiene Agustín, es necesaria la cooperación de la gracia divina y la libertad humana. Juan Casiano, por su parte, sostuvo que a pesar de los efectos lamentables de la caída, Adán conservó su conocimiento del bien y que por lo tanto no se trató de una desaparición completa de la semejanza, sino más bien de una debilitación;

no fue una muerte de la imagen, sino una enfermedad. El hombre, en Casiano, es un ícono enfermo. Una posición similar sostiene Cirilo de Alejandría. El pecado de Adán no supuso una destrucción de la imagen de Dios en el hombre. De todos modos, el hombre no puede recuperar su imagen en toda su pureza e incorruptibilidad sin la ayuda de Cristo (cfr. Kelly 1968: 365-374). Teodoreto menciona, en la misma perspectiva, el caso de Abel, Enoc y Noé como ejemplos de hombres que fueron "superiores al mayor de los pecados" (cfr. Kelly 1968: 373). Como podemos observar, en la mayoría de los casos se alude a la gravedad de la caída y a las terribles consecuencias que conllevó para la condición humana, pero al mismo tiempo no deja de señalarse la reversibilidad del acontecimiento. Ya sea por el bautismo, la gracia o la virtud, y fundamentalmente por medio de Cristo, los hombres pueden conquistar (restaurar) su condición pre-lapsaria. De todas formas, más allá de esta posibilidad fundamental, la caída representó un alejamiento radical entre la creatura y el Creador, una suerte de grieta más allá de la cual sólo pareció entreverse la realidad sombría e irracional de lo animal. Habrá que esperar la llegada de Cristo para que el hombre pueda liberarse finalmente de su condición corruptible y asumir su realidad gloriosa. Con Cristo, el hombre recordará que a pesar de la caída sigue siendo una *imago Dei*, un ícono; recordará, en suma, que la semejanza es todavía posible, que puede acceder aún a la gloria de un cuerpo sin sombra.

■ ■ ■

El novelista y dramaturgo escocés James Matthew Barrie publica en 1911 la novela *Peter and Wendy*, cuyo personaje principal, Peter Pan, gozará de una gran popularidad en las décadas posteriores. En el tercer capítulo del relato, Barrie cuenta cómo Peter Pan, intentando escapar de las fauces de Nana, la perra de los Darling, pierde su sombra, la cual es enrollada y guardada en un cajón por Mrs. Darling, la madre de Wendy, John y Michael. A la noche siguiente, Peter, acompañado de Tinker Bell, regresa a la casa de los Darling para recuperar su sombra. Aunque la encuentra, es incapaz de pegarla a su cuerpo. Wendy entonces escucha los llantos de Peter. Al verlo tan desconsolado, se ofrece a coser la sombra a los pies del niño. "'La coseré para ti, mi pequeño hombrecito,' dijo, aunque él era tan alto como ella, y sacó su bolsa de costura, y cosió la sombra a los pies de Peter" (1911: 39).

La novela de James Barrie es interesante porque enfatiza, con un tono entre fantástico y humorístico, la relación entre la sombra y la muerte. En el caso de Peter Pan, el niño que, según la primera línea de la novela, no quería crecer, la sombra puede llevar una existencia independiente del cuerpo al que la naturaleza la ha consignado. No querer crecer, por supuesto, es no querer morir. Al igual que Oscar Matzerath, el personaje de *Die Blechtrommel* de Günter Grass, Peter niega la corrupción del crecimiento (que es, como sabemos, la cara más amigable del envejecimiento y, en el límite, de la muerte). Por esa razón puede vivir sin sombra. De algún modo, el niño que habita en el país de Nunca Jamás, en *Neverland*, camina en la dirección contraria a las figuras que vemos en el fresco de Masaccio. En lugar de abandonar el Paraíso y dirigirse hacia la muerte, como Adán y Eva, Peter parece abandonar la muerte y dirigirse hacia el Paraíso. Sin embargo, Wendy, quién sí decide crecer,[244] logra coser la sombra a los pies del niño. El gesto de Wendy es el mismo gesto que realiza Dios al expulsar a Adán y Eva del Edén, el gesto que consiste en adherir la sombra al cuerpo, es decir, convertir al cuerpo glorioso en cuerpo mortal. Pero si bien Wendy cose la sombra a los pies de Peter, éste puede en cualquier momento, cosa vedada a los mortales, descoserla y volar sin su sombra a *Neverland*. Como los cuerpos resucitados de Miguel Ángel, Peter Pan representa la vida inocente, es decir, la vida sin sombra que Barrie identifica con la infancia. Y así como el hombre no puede acceder al estatuto celestial de los cuerpos gloriosos, así tampoco, como Wendy, puede evitar el envejecimiento y la decrepitud. Nuestras sombras, a diferencia de la de Peter, están tan adheridas a nuestros cuerpos que ninguna fuerza es capaz de descoserlas. Aunque sería más justo decir que ni siquiera nuestras sombras se encuentran adheridas a nuestros cuerpos; son nuestros cuerpos mismos los que, a partir de Nietzsche,[245] se nos presentan ya como sombras. Al igual que Virgilio, no nos definimos meramente por un cuerpo que proyecta sombra, tampoco por un alma que no la proyectaría, sino por una sombra que se mantiene suspendida, de algún modo, entre el cuerpo y el espíritu, entre la tierra y el cielo, entre el infierno y el paraíso. Esa sombra, lo sabían los antiguos, es un fantasma.[246]

■ ■ ■

---

244 Luego de varios años, Wendy y Peter se vuelven a encontrar. Barrie nos presenta a la mujer, que en su infancia había volado con Peter a *Neverland*, con rasgos decididamente adultos. "Wendy era una mujer casada, y Peter no era para ella más que un poco de polvo en la caja donde guardaba sus juguetes" (1911: 257).
245 Sobre el estatuto de lo humano luego de la muerte de Dios, cfr. la conclusión a la sección III.
246 Se recordará que Sartre había identificado a los objetos irreales, es decir a las imágenes, con una modalidad de ser que no posee ni la densa materialidad de los cuerpos ni la etérea inteligibilidad de los conceptos. Las imágenes, sostiene Sartre, son más bien *sombras* del mundo "real". En efecto, luego de constatar que el tiempo y el espacio de las imágenes son absolutamente irreales (cfr. 1964: 163-173), concluye: "Es una sombra de tiempo, que le queda muy bien a esta sombra de objeto, con su sombra de espacio" (1964: 173). Ahora bien, según la perspectiva antropológica que adoptamos en esta investigación, el hombre, siendo una imagen, no es sino esta sombra de objeto, pero también esta sombra de sujeto, que subsiste en un espacio y un tiempo crepuscular e irremediablemente paradójico. En este sentido, la condena platónica

Dibujos de George Cruikshank que acompañaron la traducción inglesa de
Peter Schlemihl's wundersame Geschichte publicada por Hardwicke, Londres, 1878.

Existe otro relato juvenil en el que la vida sin sombra, a diferencia de *Peter and Wendy*, es considerada una maldición y un oprobio. Nos referimos a *Peter Schlemihl's wundersame Geschichte* de Adelbert von Chamisso. En este caso, el protagonista del relato, Peter Schlemihl, le vende su sombra al diablo, sin ser consciente de las calamidades que ese acto le generaría, a cambio de la bolsa de Fortunato[247]: "inmediatamente se arrodilló delante de mí y le vi cómo despegaba suavemente del suelo mi sombra, de los pies a la cabeza, con una habilidad admirable, cómo la levantó, la enrrolló, la dobló y finalmente la guardó" (1827: 14). A partir de ese momento, la vida de Schlemihl se convierte en una verdadera tragedia. Los hombres lo desprecian por su falta de sombra. El pobre Schlemihl es un muerto en vida: "me alejé, bajo el manto de la noche, de

---

de las sombras-fantasmas es un ejemplo del esfuerzo por conjurar la condición fantasmática de lo humano. La historia de la metafísica, al menos en su línea dominante, no es sino una historia de la luz solar que ilumina el mundo inteligible y, ya en el hombre, el alma inmaterial. Por eso es perfectamente atinada la siguiente declaración de Victor Stoichita: "Nuestra concepción de la historia —es decir la de Hegel— y nuestra concepción de la representación —la de Platón— han hecho posible y nos han exhortado a considerar la *historia de la luz* desde diferentes ángulos pero han obstruido la posibilidad de una *historia de la sombra*" (1999: 8).

247   Fortunato es un conocido personaje de *Der Zauberring*, la novela caballeresca del barón de la Motte Fouqué. Fortunato tenía un sombrero con el que se conseguía todo lo que se deseaba y una bolsa de la que salía continuamente dinero siempre que quería.

la tumba de mi vida [*dem Grabe meines Lebens*]" (1827: 90). Un año después del acto fatídico, el diablo regresa para devolverle la sombra, sólo que ahora el precio a pagar es aun más alto: Schlemihl podrá recuperar su sombra sólo si firma un contrato que lo obliga a vender su alma: "Sobre el pergamino estaba escrito: Por esta firma doy mi alma [*meine Seele*] al poseedor de este documento, después de su natural separación de mi cuerpo [*natürlichen Erennung von meinem Leibe*]" (1827: 63).

Si la caída en la historia, como vimos, representa la pérdida del cuerpo prelapsario, es decir la imposibilidad para el cuerpo mortal de prescindir de su sombra, el relato de Chamisso, *per via negationis*, es decir *dia-bólica* (de allí que la firma del pacto implique la *separación* del cuerpo y el alma) restituye la sombra a su lugar esencial. La conquista de la sombra, en este caso, sólo resulta posible a partir de una pérdida del alma. Dicho de otro modo: la sombra, antiguamente identificada con la *psychē*, pasa ahora a designar una suerte de doble que no es ni estrictamente anímico ni estrictamente corpóreo. Lo interesante de *Peter Schlemihl's wundersame Geschichte* es que condensa el desarrollo trágico al que se consignó la metafísica cuando, a partir de la Antigüedad, excomunicó la sombra o el fantasma. Edward B. Tylor, en el primet volumen del interesantísimo –aunque hoy ya (acaso injustamente) desestimado– *Primitive Cultures. Researches into de Development of Mythology, Philosophy, Religion, Language, Art, and Custom*, explica que la pérdida de la sombra para las culturas primitivas era considerada una verdadera catástrofe. Una secuela literaria de esas creencias folclóricas de las sociedades antiguas, sostiene Tylor, es precisamente el cuento de Chamisso:

> Se encuentra en las razas primitivas no sólo tipos afines a los términos clásicos, *skia* y *umbra*, sino también lo que parece ser el pensamiento fundamental de las historias de hombres sin sombra aún corrientes en el folclore de Europa, y familiar a los lectores modernos a través del cuento de Peter Schlemihl de Chamisso. (1920: 430-431)

En la sombra, y no en la luz ni en la oscuridad, parece jugarse definitivamente la cuestión antropológica más decisiva. Por eso la luz y la oscuridad –el acto y la potencia, en suma–, a pesar de su relación disimétrica y jerárquica, son simpre cómplices. La historia de la onto-teo-logía, en consecuencia, es siempre, a la vez, una máquina de luz y de oscuridad. La sombra, así, es siempre pensada como una privación de luz, como una suerte de defecto –oscuro– que encuentra su fundamento último en la Luz. En este sentido, es preciso atreverse a pensar una post-metafísica de las sombras que recupere su condición neutra e irreductible sin confinarlas a las regiones tradicionales de la filosofía dogmática. Devolverle los derechos perdidos a la sombra es sin duda arduo, pero también necesario. No se trata ya, entonces, de ser un cuerpo que proyecta sombra, ni un alma o espíritu que no la proyectaría, sino de un devenir-sombra del cuerpo y un devenir-sombra del alma; no se trata, en suma, como dice Didi-Huberman a propósito de la obra de Claudio Parmiggiani, "de luchar contra la sombra, sino de fundirse con ella, de devenir sombra" (2001: 110). La misma idea expresa Fernando Pessoa de manera inigualable en el *Livro do desassossego*: "Me volví una sombra de mí mismo, a quien entregué mi ser. Al contrario de aquel Peter Schlemihl del cuento alemán, no vendí mi sombra al Diablo, sino a mi substancia" (2012, § 468: 526). Cuando la sombra deja de depender de la luz, cuando deja de ser una mancha oscura rodeada de un espacio luminoso, cuando conquista, en definitiva, su irreductibilidad, lo humano, tal vez, puede recién comenzar a ser pensado. En efecto, ¿qué otra cosa ha hecho la metafísica humanista, es decir la máquina óptica, sino convertir en esencias, en entidades efectivamente reales y presentes, esas "sombras errando a través de florestas imposibles" (Pessoa 2012, § 178: 226) que son los hombres?; ¿qué otra cosa sino obstruir el acceso a esa dimensión que se abre, como una fractura intermitente, "entre el sueño [*sono*] y la vigilia" (Pessoa 2012: 576) y a la que Caeiros o Reis o Campos o Soares –otras tantas sombras– se refieren, implacables, como un "sueño [*sonho*] que es una sombra de soñar" (*ibid.*)?

■ ■ ■

El término portugués "assombração", en el cual resuena el verbo "assombrar" (espantar, causar asombro, pero también sombrear, volver sombrío) y el sustantivo "sombra" (que se remonta, sin duda, al latino "umbra"), significa aparición y también fantasma. La "sombra" mantiene siempre, en la lengua portuguesa, una cercanía fonética y etimológica con la "assombração", con el fantasma. Le debemos a Gilberto Freyre, pero no sólo a él, el proyecto de una *sociologia das assombrações*. "No existe contradicción radical –escribe Freyre en el prefacio a la primera edición de *Assombrações do Recife velho*– entre sociología e historia, incluso cuando la historia deja de ser de revoluciones [*de revoluções*] para volverse de apariciones/fantasmas [*de assombrações*]" (2000: 25). Será por eso preciso inscribir la investigación antropológica que proponemos aquí en la línea abierta en parte por Freyre pero sin separar la noción de *revolução* de la de *assombração*. Toda verdadera revolución, como bien ha notado Jacques Derrida en su invaluable texto sobre Marx, es inescindible del acoso espectral perpetrado por las sombras y los fantasmas; imposible distinguir, entonces, entre el espíritu y el fantasma de la revolución: "Marx intenta distinguir entre el espíritu (*Geist*) de la revolución y su espectro (*Gespenst*), como si aquél, ya, no llamase a éste, como si todo no sucediese, él mismo lo advierte sin embargo, por diferencias al interior de una *fantástica tan general como irreductible*" (1993: 182; el subrayado es de Derrida); razón por la cual "ningún tiempo es contemporáneo de sí mismo, ni el de la Revolución, que en resumidas cuentas no ha tenido nunca lugar en el presente" (1993: 182);[248] y en tanto el fantasma es "esencialmente" ajeno a la metafísica de la presencia o, más bien, al trabajo presentificador de la metafísica, es decir de la política (de la presencia), "toda la historia de la polítca [...] sería la de una guerra despiadada entre campos solidarios e igualmente aterrorizados por el fantasma, el fantasma del otro y su propio fantasma como fantasma del otro" (1993: 171).

Grandeza de Freyre por haber vislumbrado, como décadas antes Nietzsche y décadas después Derrida –entre tantos otros–, que una *sociologia das assombrações* debía implicar por necesidad una desarticulación de todo criterio antropocéntrico:

> Si se admite, como algunos hacen hoy en sociología, que la convicción puede hacer las veces de realidad en términos sociológicos, entonces se debe admitir que pueda haber asociación por medios psíquicos, incluso imaginarios [*mesmo imaginários*], de los vivos con los muertos [*de vivos com mortos*]. Formarían ellos "sociedades" de las que sería posible hacer el estudio sociológico, como ya se hace (forzando un poco el criterio dominante en la investigación de los hechos sociológicos, que es el antropocéntrico) el estudio de las sociedades animales y hasta de las vegetales en sus relaciones con las

---

248   En este mismo sentido, Gilles Deleuze puede hablar, en una entrevista realizada por Toni Negri en 1990, de un *devenir-révolutionnaire* que no coincide nunca con la revolución en acto, con la revuelta presente, es decir histórica: "El devenir no es la historia, la historia designa únicamente el conjunto de condiciones (por muy recientes que sean) de las que hay que desprenderse para 'devenir', es decir, para crear algo nuevo [...] La única oportunidad de los hombres está en el devenir revolucionario, es lo único que puede exorcizar la vergüenza o responder a lo intolerable" (Deleuze 1990: 231). A este *devenir-révolutionnaire* le corresponde, para Deleuze, un pueblo menor, molecular que, en tanto no se confunde nunca con un pueblo en acto, es siempre y por necesidad un pueblo que falta. Es función de la literatura y de todo verdadero escritor crear este pueblo ajeno a la presencia: "La salud como literatura consiste en inventar un pueblo que falta. Pertenece a la función fabuladora inventar un pueblo. [...] Es un pueblo menor, eternamente menor, embarcado en un devenir-revolucionario" (Deleuze 1993: 14). No obstante, creemos que la política –al igual que la metafísica, por cierto– se juega siempre en la tensión entre la *virtualidad* del devenir-revolucionario y la *actualidad* de la revolución, es decir entre el fantasma (ni actual ni potencial) y la díada materia-espíritu o cuerpo-alma (es decir, acto-potencia). Se trata, en consecuencia, de una dialéctica extremadamente singular a la que sería posible llamar, aunque no es este el lugar para desarrollar este punto, *trans-dialéctica* o *dialéctica trans-objetiva*. Sobre la noción de *transobjetividad* en el sentido que le damos aquí, cfr. Murena 1954: 201-202 y también la nota 600. Sobre la noción de *transdialéctica* o *hiperdialéctica* desde una perspectiva política, cfr. Prósperi 2018: 81-84.

humanas. No es desubicado, ni en sociología ni en psicología social, considerar el hecho de que no hay sociedad o cultura humana de la cual esté ausente la preocupación de los vivos por los muertos. Y esa preocupación, casi siempre, bajo alguna forma de participación de los muertos en las actividades de los vivos [*participação dos mortos nas atividades dos vivos*]. El propio positivismo admite que "los vivos" sean "gobernados por los muertos". La gente más simple reconoce la participación de los muertos en su vida bajo forma de "visiones" o "apariciones" en las que las supuestas manifestaciones de los espíritus de los muertos a veces se confunden con las apariciones del mismo demonio. O de pequeños y medios demonios, puesto que el mundo demoníaco tiene también su jerarquía. (Freyre 2000: 25)[249]

Si tomamos en serio nuestra hipótesis inicial, a saber: lo humano no es sino la imagen, el fantasma (la *assombração*, diríamos ahora) producido por la máquina óptica, es decir si el término *assombração* designa ni más ni menos que el estatuto ontológico de lo humano (entendido como efecto imaginario, claro está), entonces se vuelve evidente que toda investigación sociológica de las comunidades humanas debe complementarse, por una necesidad interna a su mismo objeto de estudio, con esta *sociologia das assombrações* cuyas líneas directrices Freyre esbozaba en las décadas del cuarenta y cincuenta. Toda sociedad humana, por eso mismo, se vuelve comprensible sólo en tanto se la ubica en esa dimensión fantasmática, cuasi-trascendental (cfr. Derrida 1993: 187-189), que la hace *al mismo tiempo* posible e imposible. La vida política, pues, es siempre un "vivir en la compañía o en la sociedad de los espíritus de los muertos, o de los demonios" (Freyre 2000: 26).

---

[249] Es probable que la referencia al positivismo aluda implícitamente a los estudios llevados a cabo por el francés Adolphe D'Assier, profesor de matemática y autor de *Le Brésil contemporain* (1867). Freyre lo había conocido en Brasil y lo cita en *Casa-Grande e Senzala*. El texto en el que sin duda está pensando Freyre en su investigación sobre los fantasmas en el viejo Recife es *Essai sur l'humanité posthume et le spiritisme par un positiviste*, publicado por D'Assier en 1883. Para un análisis de este libro de D'Assier, cfr. Prósperi 2015: 202-209, 245-248.

Capítulo XII ■
Cristo como imagen consubstancial

a) **El hombre como imagen de una imagen**

De algún modo, el hombre como imagen recibe, en el cristianismo, un nuevo desplazamiento o, por lo menos, una nueva configuración. El hombre, insistirán algunos Padres de la Iglesia, ha sido creado a imagen del Verbo, es decir del Hijo.[250] Pero en la medida en que Cristo es considerado *la* imagen del Padre, el hombre es en verdad imagen de una imagen.[251] David Clines sostiene, en efecto, que "el eje alrededor del cual gira la doctrina de la imagen en el Nuevo Testamento es la figura de Cristo, quien es la verdadera imagen de Dios" (1968: 102). En el Evangelio de Juan, encontramos dos pasajes que confirman esta idea: "Y el que me ve, ve al que me envió" (12:45). Ver al Hijo es ver al Padre. Con la encarnación de Cristo, Dios se hace visible.[252] Otro versículo lo ratifica: "El que me ha visto a mí, ha visto al Padre" (Juan 14:9). Además de estos pasajes, fun-

---

[250] Ya en los primeros Padres, los versículos 26-27 del primer libro del Génesis adquieren una relevancia particular. Esto es así porque en estos dos pasajes bíblicos, Dios, a diferencia de las creaciones previas (la luz, el firmamento, la tierra, los animales, etc.), se dirige a sí mismo en plural ("hagamos al hombre a nuestra imagen y semejanza"). Esta deliberación divina fue interpretada por muchos Padres, por ejemplo Prudencio o Agustín, como una referencia a la Santa Trinidad. Para Agustín, de hecho, el hombre fue creado directamente a imagen de la Trinidad. Leemos en *De Trinitate* XII, VI, 6: "La creación del hombre, en esta perspectiva, supone la intervención del Hijo y del Espíritu".

[251] Agustín rechaza la noción del Hijo como imagen y considera, como indicamos en la nota previa, que el alma del hombre es una imagen directa de la Trinidad. Por tal motivo, el alma humana posee una triple estructura: *memoria, intelligentia, voluntas* (cfr. Cross & Livingstone 1997: 820).

[252] El fenómeno de la encarnación representa uno de los ejes –sino el más importante– de la tradición cristiana. Jean-Luc Nancy, por citar un filósofo actual que se ha interesado en el problema del cristianismo, sostiene: "sabemos bien que el corazón de la teología cristiana es la cristología, que el corazón de la cristología es la doctrina de la encarnación y que el corazón de la doctrina de la encarnación es la doctrina de la *homoousia*, de la consubstancialidad, de la identidad o comunidad de ser y de substancia entre el Padre y el Hijo" (2007: 210).

damentales para comprender la teología cristiana de la imagen, las epístolas de Pablo corroboran el lugar central que ocupa Cristo como *eikōn Theou*. En la carta a los Colosenses, por ejemplo, leemos: "Él [Cristo] es la imagen [*eikōn*] del Dios invisible, el Primogénito de toda la creación" (Colosenses 1: 15). Cristo viene a redimir al hombre de la caída. En este sentido, a diferencia de Adán, creado de la tierra y por lo tanto confinado, luego de la caída, a una existencia dolorosa y corrompida, es decir terrenal, Cristo, llamado por Pablo el segundo Adán, viniendo del cielo, hace posible el acceso del hombre a una existencia celestial. "Y así como hemos llevado la imagen del terrenal [*tēn eikona tou choikou*], llevaremos también la imagen del celestial [*tēn eikona tou epouraniou*]" (1 Corintios 15:49). Como se ve, la caída de Adán no supone una pérdida de la imagen, sino la pérdida de la semejanza: de ser una imagen celestial, el hombre caído pasa a ser una imagen terrenal. Con Cristo, es posible la reconquista de la imagen celestial. En ambos casos Pablo emplea el término *eikōn*, sólo que antes de Cristo se trata de un *eikōn tou choikoū*, una imagen de la tierra, mientras que después de Cristo, se trata de un *eikōn tou epouraniou*, una imagen del cielo. Cristo viene a devolver la semejanza a la imagen caída. En el Concilio Vaticano II, se consigna: "El que es *imagen del Dios invisible* (Colosenses 1:15) es también el hombre perfecto, que ha devuelto a la descendencia de Adán la semejanza divina, deformada por el primer pecado" (*Gaudium et spes*, 22). Esta metamorfosis de la imagen (y consecuentemente de la condición antropológica) encuentra su consumación en la contemplación de la gloria divina: "Por eso todos nosotros andamos con el rostro descubierto, reflejando como un espejo la gloria del Señor, y nos vamos transformando en imagen suya más y más resplandeciente, por la acción del Señor que es espíritu" (2 Corintios 3:18). Así como en el Antiguo Testamento, el hombre es la imagen de Dios, asimismo en el Nuevo Testamento el hombre es imagen de Cristo, del *Logos*. La salvación consiste, entonces, en asemejarse al Hijo. "Porque a los que antes conoció, también predestinó para que fuesen hechos conformes a la imagen de su Hijo, para que él sea el primogénito entre muchos hermanos" (Romanos 8:29). Estos versículos de las epístolas paulinas son ampliamente comentados por los Padres; en cierto sentido, moldean la doctrina cristiana de la imagen. Clemente de Alejandría, por ejemplo, sostiene: "Porque la 'imagen de Dios' es su Verbo, y el Verbo divino (la luz que es el arquetipo de la luz, es un hijo genuino del Padre); y el hombre verdadero es una imagen del Verbo" (*Protrepticus* 10). La misma idea expresa Mario Victorino en *Adversus Arium*:

> Dios dijo "hagamos" a un cooperador, necesariamente a Cristo. Y dijo "de acuerdo a la imagen". Por lo tanto el hombre no es la imagen de Dios, sino que es "de acuerdo a la imagen". Porque sólo Jesús es la imagen de Dios,

pero el hombre es "de acuerdo a la imagen", es decir, imagen de la imagen. Pero Él dijo "de acuerdo a nuestra imagen". Por lo tanto el Padre y el Hijo son una sola imagen. (1A.20)

Obsérvese el desplazamiento que supone, en la condición imaginal del hombre, la aparición de Cristo. A diferencia del hombre, Cristo representa la imagen única y absoluta del Padre. Por eso Clemente puede hablar, poniendo en tensión la lógica platónica de la imagen y el arquetipo, de una *imagen arquetípica* o una *imagen consubstancial*.[253] De algún modo, Cristo viene a situarse en el pliegue exacto de lo visible y lo invisible, del Arquetipo (el Padre) y Adán (el hombre), del Espíritu y la carne. Como dice Pablo en Colosenses 1:15-16: "Porque por Él fueron creadas todas las cosas, las que hay en el cielo y las que hay en la tierra, visibles e invisibles [*ta horata kai ta aorata*]; sean tronos, sean dominios, sean principados, sean potestades; todo fue creado por Él y para Él". No es casual, por eso, que la encarnación se convierta en uno de los modelos privilegiados por los Padres de la Iglesia a la hora de explicar la difícil relación entre el alma y el cuerpo en el hombre. La unión, sin mezcla ni confusión, del Verbo con la carne permite dar cuenta en términos analógicos del nexo que mantiene unidos, en el ser humano, lo corpóreo y lo incorpóreo. En su tratado *De natura hominis*, por ejemplo, Nemesio de Emesa sostiene que, si bien la encarnación es un acontecimiento único e incomparable, la relación entre el alma y el cuerpo podría explicarse "mejor y más claramente a partir de la unión de Dios, el Verbo, con el hombre, en el cual Él permanece incontaminado e incontenible" (III, 59-60).

Puesto que se trata de un solo Dios, Cristo conserva la realidad del arquetipo, pero en la medida en que el Hijo no puede ser confundido con el Padre, conserva la realidad de la imagen. El Hijo es uno con el Padre según su naturaleza o su esencia, pero diverso de Él según su persona, su hipóstasis. Este doble aspecto de Cristo vuelve posible la conexión entre Dios y los hombres, entre lo invisible [*ta aorata*] y lo visible [*ta horata*].[254] Sostiene Clines:

> En Cristo, el hombre contempla lo que la humanidad puede llegar a ser. En el Antiguo testamento todos los hombres son la imagen de Dios; en el Nuevo, donde Cristo es la única verdadera imagen, los hombres son imagen

---

253 Sobre la figura de Cristo como imagen consubstancial del Padre, cfr. la nota 194.

254 No es casual que Merleau-Ponty, en sus últimos años, haya acuñado el concepto de quiasmo o pliegue y, al mismo tiempo, el concepto de carne. Ambos términos, aunque según una interpretación que no necesariamente se desprende de los textos de Merleau-Ponty, remiten a la figura de Cristo. En efecto, como hemos visto en la epístola a los Colosenses, Cristo, en tanto divinidad *encarnada*, es el pliegue entre lo visible y lo invisible [*ta horata kai ta aorata*]. Sobre el pensamiento de Merleau-Ponty y la noción de carne en un sentido cristiano, cfr. la nota 481.

de Dios en la medida en que se asemejan a Cristo. La imagen es totalmente realizada sólo a través de la obediencia a Cristo; así es cómo el hombre, la imagen de Dios, quien es ya hombre, ya la imagen de Dios, puede volverse totalmente hombre, totalmente la imagen de Dios. (1968: 103)

De allí que varios Padres enfaticen el rol mediador [*mesitēs*] que posee Cristo en la economía de la salvación. Andrew Louth, en su texto sobre Juan de Damasco (autor al que volveremos), comentando el tratado sobre los íconos, escribe:

> ...las imágenes establecen relaciones entre las realidades: dentro de la Trinidad, entre Dios y el orden providencial del universo, entre Dios y la realidad interna del alma humana, entre lo visible y lo invisible, entre el pasado y el futuro y entre el presente y el pasado. La imagen, en sus diferentes formas, es siempre mediadora, siempre asegurando una armonía entre términos. Las imágenes como íconos pictóricos entran dentro de este patrón, de un modo muy humilde. Pero negar el ícono es amenazar todo el tejido de armonía y mediación basado en la imagen. En el centro de todo esto se encuentra la especie humana como imagen de Dios. (2002: 216)

En efecto, en la primera epístola a Timoteo, Pablo había enfatizado el rol mediador de Cristo. "Único es Dios, único también el mediador entre Dios y los hombres, Cristo Jesús, verdadero hombre" (1 Timoteo 2:5). Agustín se detendrá particularmente en estas palabras de Pablo. Dios se hace hombre para redimir a los mortales del pecado original, de la caída del primer hombre y de la primera mujer. La encarnación representa el movimiento descendente de la imagen arquetípica; la redención, el movimiento ascendente. Cristo es el puente que permite ambos movimientos: la *katabasis* (de Dios al hombre: la encarnación); la *anabasis* (del hombre a Dios: la redención). En uno de sus sermones, Agustín afirma: "Cristo, como hombre y no como Dios, es el mediador entre Dios y el hombre" (*Sermo* 361.16). Sin embargo, al mismo tiempo sostiene que "no podríamos haber sido liberados por el único mediador [...] si Él no hubiese sido también Dios" (*Enchiridion* 108). Cristo es un hiato, un espejo de dos caras, un límite y un nexo, una frontera y un umbral. "Yo soy la puerta; si alguno entra por mí, será salvo; y entrará y saldrá y hallará pasto" (Juan 10:9). Cristo es la imagen verdadera del Padre precisamente porque permite, como una suerte de esquema kantiano,[255] la conexión de lo invisible con lo visible, de lo inteligible (el Verbo)

---

255 Kant indica que un esquema no es una imagen. De la misma manera, Cristo no es una imagen más, equiparable al resto de las imágenes humanas. Cristo es la imagen arquetípica o consubstancial del Padre, es decir la única imagen natural y original: *la* imagen. Los mortales, por el contrario, han sido creados a imagen del Hijo. Pablo, sin ir más lejos, utiliza el término "esquema" para referirse a la apariencia que

con lo sensible (la carne).[256] En tanto Cristo es la imagen verdadera en la cual se fundan los diversos *eikōna* producidos por los iconógrafos a lo largo de los siglos, todo *eikōn* es, en cierto sentido, una *verónica* (*vera icona*, en el romano vernacular del siglo XII). La entrada y la salida de la puerta, en el versículo de Juan, designan los dos movimientos que conectan al hombre con Dios: la encarnación, es decir el proceso a través del cual Dios deviene humano, y la redención, el proceso a través del cual el hombre deviene divino. Este último punto es denominado deificación. Agustín, por ejemplo, escribe: "Él, que era Dios, se hizo hombre para que aquellos que eran hombres se hicieran dioses" (*De civitate Dei* IX, X, 1). La misma idea encontramos expresada, incluso de manera más directa, en varios Padres, por ejemplo en Ireneo: "Dios se hace hombre, a fin de que el hombre pueda hacerse dios" (citado en Lossky 1967: 95). Lo mismo en Atanasio, Gregorio de Nacianzo, Gregorio de Nisa, etc. Michel Henry, en un texto al que ya hemos hecho referencia, indica que, para los Padres de la Iglesia, al menos desde el concilio de Nicea hasta el de Constantinopla, "el devenir hombre de Dios funda el devenir Dios del hombre", razón por la cual la "salvación cristiana [...] consiste en la *deificación* del hombre" (2001: 23).

---

asume Cristo al encarnarse: "Haya, pues, en vosotros esta actitud que hubo también en Cristo Jesús, el cual, aunque existía en forma de Dios, no consideró el ser igual a Dios como algo a qué aferrarse, sino que se despojó a sí mismo tomando forma de siervo, haciéndose semejante a los hombres. Y hallándose en forma de hombre [*schēmati ōs anthrōpos*], se humilló a sí mismo, haciéndose obediente hasta la muerte, y muerte de cruz" (Filip. 2: 5-8). Retomaremos la cuestión del esquematismo kantiano en el apartado *d.1* del capítulo XXII.

256 Esta es la función *simbólica* de Cristo. De allí el nexo entre *eikōn* y *symbolon*: "Se conforma así –explica Suzanne Saïd en su artículo "Deux noms de l'image en grec ancien: idole et icône"– una oposición entre dos definiciones de la imagen: el *eidōlon*, que es un simulacro, y el *eikōn*, que es un símbolo" (1987: 322). El símbolo, en efecto, como bien ha mostrado Gilbert Durand en *L'imagination symbolique*, se define como "un signo [el *signum crucis*, diríamos aquí] que remite a un significado inefable e invisible, y por eso debe encarnar concretamente esta adecuación que se le evade, y hacerlo mediante el juego de las redundacias míticas, rituales, iconográficas, que corrigen y completan inagotablemente la inadecuación" (1964: 14). Sin embargo, en el caso de Cristo y el Padre no hay inadecuación sino, según el Concilio de Nicea, identidad substancial completa (*homoousia*), esto significa que Cristo es un *símbolo absoluto*, el símbolo de los símbolos. De nuevo Durand: "De aquí que el símbolo aparece desembocando por todas sus funciones en una epifanía del Espíritu y el valor, en una hierofanía. Por fin, la epifanía –última dialéctica en que por última vez la imagen, *Bild*, persigue el sentido, *Sinn*– indaga una representación suprema para abarcar esta misma actividad espiritual, y busca una Madre y un Padre para esta vida espiritual, un Justo entre los Justos, un Rey de la Jerusalén celeste, un Hermano divino que pueda verter en rescate 'esta gota de sangre por ti'" (1964: 131). En este sentido, Cristo representa la función simbólica de la imaginación, la *imagination symbolique*. Sin embargo, creemos que el aspecto más disruptivo de la imaginación no es su potencia *sim-bólica*, sino *dia-bólica*, no es el *eikōn* sino el *phantasma*, no es la mixtura (cfr. Coccia 2017) sino la dehiscencia. Dicho con mayor precisión: sólo hay mixtura, excepto en la dehiscencia que la desgarra de principio a fin. Por eso los límites del símbolo, que mezcla y conjuga, son también, creemos, los límites de la interesante propuesta de Durand acerca de la imaginación y lo imaginario.

Tal vez lo propio del hombre no esté ni en la carne ni en el espíritu, ni en el reino de lo visible ni en el reino de lo invisible, sino en el movimiento pendular que va de un extremo al otro. Ahora bien, a lo largo de la historia de la metafísica occidental ese lugar de intercambio y de articulación entre lo sensible y lo inteligible, entre la materia y el espíritu, entre lo visible y lo invisible, entre la carne y el Verbo en suma, ha sido identificado con la imaginación, con el mundo o la potencia de las imágenes. En efecto, la imagen, como bien ha señalado Giorgio Agamben, se define a partir de una dualidad irreductible.

La imagen, en efecto, es el lugar donde la metafísica occidental ha intentado solucionar su enigma propiamente central: la unión de lo sensible y lo inteligible, de lo múltiple y de lo uno. Es por ello que la imagen lleva en sí misma una dualidad irreductible y originaria: ella es, por esencia, aquello que es repetible y reproducible, pero, al mismo tiempo, ella es la aparición de algo único. (Agamben 1998: 138-139)

De algún modo, la figura de Cristo ha representado, para la historia de Occidente, la cifra eminente de la imagen. El lugar que ocupa Cristo en la ontología es el mismo que ocupa la imagen y la imaginación en la psicología humana. Tal es así que Marie-José Mondzain, en *Image, icône, économie. Les sources byzantines de l'imaginaire contemporain*, ha podido afirmar que "la encarnación no es una in-corporación, sino una in-imaginación [*in-imagination*]" (2000: 104). Por eso Cristo es considerado *la* Imagen del Padre. Cristo es la imaginación ontológica; la imaginación, el Cristo psicológico.[257] Así como la imaginación, de Aristóteles a Kant, hace posible la conexión de lo sensible con lo inteligible, asimismo Cristo hace posible la conexión del hombre con Dios, de lo visible con lo invisible. Por eso la revelación final de Cristo, en este sentido, la revelación que no hará más que reafirmar los célebres versículos del Génesis (1:26-27) tan comentados por los Padres de la Iglesia, consistirá en restaurar el lazo que conecta a la criatura con el Creador. Para que esto sea posible, es necesario que Dios mismo se haga imagen. El Hijo, hemos visto, es la imagen del Padre. La encarnación del Verbo marca el ingreso de Dios a la condición humana. Ahora bien, para que Dios pueda fusionarse con el hombre es preciso, puesto que el hombre, a partir del Géne-

---

257 Esta idea ha sido expresada con claridad, aunque por supuesto desde una perspectiva crítica, por Ludwig Feuerbach: "La segunda persona en Dios, en realidad la primera para la religión, es la objetivación de la fantasía. [...] El Hijo es la necesidad aplacada de la simbología, es la objetivación de la facultad imaginativa, concebida como una facultad absoluta, divina. [...] El Hijo es el reflejo de la fantasía, la imagen predilecta del corazón; él expresa la esencia de la imaginación, en contraposición a Dios que es la esencia personificada de la abstracción" (1883: 127-128); o también, un poco después: "La imagen reflejada de Dios es la potencia maravillosa de la fantasía de la cual las imágenes visibles no son más que manifestaciones, es la imagen de las imágenes" (1883: 129).

sis, no es sino una imagen, que Dios mismo se vuelva imagen. Esta es la función del Hijo. Cristo, como dice Pablo, es la imagen del Dios invisible (Colosenses 1:15). Esto significa que lo humano y lo divino encuentran en la imagen su punto de contacto y a la vez de distinción. La encarnación es el proceso mediante el cual Dios asume un estatuto imaginal, humano; la redención, el proceso mediante el cual el hombre, asemejándose a Cristo, es decir fundiéndose en la imagen perfecta que es el Hijo, asume un estatuto divino, también imaginal. Así, en la medida en que la llegada al mundo de Cristo supone un devenir-imagen de la divinidad, la encarnación, argumenta Marie-José Mondzain, es eminentemente imaginaria:

> La encarnación, para el iconófilo, es *imaginaria*, es la entrada de la imagen natural en la carne de la imagen visible (iconicidad), que permite el retorno de la imagen redimida a la imagen redentora. La significación de esta redención consiste entonces en remitir la creatura a esta similitud originaria que le fue conferida en el plan de la creación. El ícono participa en la salvación de la imagen. (2000: 149; el subrayado es de Mondzain)

Como hemos visto, el hombre, después de la caída, sigue siendo una imagen del Padre, pero se trata de una imagen que ha perdido su semejanza, una imagen decaída, opaca, degradada. La redención de Cristo, por eso mismo, consiste en remitir esa imagen, el hombre, a su Arquetipo, conectar la carne con el espíritu, el hombre con Dios o, para decirlo en términos hegelianos, lo finito con lo infinito.[258] La tarea de Jesucristo, por eso mismo, consiste en asegurar el puente entre

---

[258] Es sabida la importancia que posee la figura de Cristo en el pensamiento, sobre todo temprano, de G. W. F. Hegel. El acontecimiento de la encarnación, tanto desde un punto de vista histórico como teológico/filosófico, es fundamental para Hegel en lo que concierne al desarrollo universal del Espíritu. En *Der Geist des Christentums*, un texto de juventud, Hegel escribe: "El Hijo de Dios es también Hijo del Hombre; la conexión entre lo finito y lo infinito es, naturalmente, un misterio sagrado, porque esta conexión es la vida misma; la reflexión, que separa la vida, puede distinguir en ella lo finito y lo infinito y solamente la limitación, lo finito considerado por sí, conduce al concepto del hombre en cuanto opuesto a la divinidad. Fuera de la reflexión, en la verdad, esta [separación y oposición] no tiene lugar" (1986, I: 378). Cristo representa, para Hegel, la reconciliación de lo infinito (Dios) con lo finito (el hombre). En tanto Cristo es el Hijo de Dios, eleva lo humano, lo finito, a lo infinito, a lo divino; en tanto es Hijo del Hombre, hace descender lo divino, lo infinito, a lo finito, a lo humano. Quentin Lauer, en *Hegel's Concept of God*, sostiene en efecto que "en la Encarnación, Dios asume en sí mismo la finitud, mostrándole así al hombre que la unidad de lo infinito y lo finito no es un ideal de armonía imposible de alcanzar; el hombre finito puede elevarse a lo infinito que es Dios" (1982: 320). En tanto Cristo, en su rol de mediador, hace posible la síntesis de lo finito y lo infinito, el cristianismo es para Hegel la religión más perfecta: "El concepto de religión es consumado o completado en el cristianismo porque en el centro de esta religión se encuentra la 'idea infinita de la encarnación de Dios' en la cual los extremos de lo finito y lo infinito, de la conciencia y el objeto, son unificados; este es el 'punto medio especulativo' de la religión; es lo que vuelve a la religión cristiana 'completamente especulativa'" (Hodgson 2005: 90). Sobre la figura, a la vez histórica, teológica y filosófica, de Cristo en Hegel, cfr. Lauer 1982; Hodgson 2005; De Nys 2009.

la copia y el modelo, entre la imagen y el arquetipo. Por ese motivo, hemos visto, Cristo es presentado como el mediador entre el hombre y Dios, entre la tierra y el cielo. A partir de la redención, Cristo muestra que la imagen humana, que el hombre como imagen, aún puede fusionarse con el modelo paterno; que el pecado, el demonio, no ha borrado todavía todo rasgo de semejanza entre la copia y el original. Como sostiene Aloys Grillmeier, comentando las cartas de Pablo: "Cristo como la imagen perfecta de Dios (Colosenses 1:15) restaurará nuevamente en nosotros la semejanza original con Dios" (1975: 17). Cristo ha venido al mundo para decir que la semejanza es aún posible, que el hombre es un ícono (degradado, por cierto) y no un fantasma. Es probable que, con Nietzsche, cuando Cristo se convierta en Anticristo, la realidad icónica del hombre se convierta correlativamente en fantasmática. Nietzsche vendrá a anunciar la ilusión de la alianza: nunca hubo semejanza porque nunca hubo original al cual asemejarse. Lo cual no significa tanto la muerte de Dios, muerte que el pensamiento occidental ya conocía por Hegel o Feuerbach, sino más bien, y esto lo ha visto con gran lucidez Michel Foucault, la muerte del hombre. Lo interesante no es tanto que no haya modelo, sino que la inexistencia de ese modelo modifica profundamente el estatuto ontológico de la copia. Al morir el modelo, muere también la copia. Lo que queda ya no son íconos, por lo tanto, es decir imágenes que remiten a un original, sino imágenes sin modelo, es decir fantasmas. El verdadero crepúsculo no es el de los ídolos, sino el de los íconos, el de la realidad icónica de lo humano. Y si el hombre es un ícono, el superhombre es un fantasma. El paso del hombre al superhombre es equivalente al paso de la *eikasia* a la *phantasia*. Ya el Génesis bíblico, hemos indicado, le revelaba al hombre su naturaleza imaginaria, su estatuto imaginal. Sin embargo, esa imagen era pensada siempre en relación a su Modelo. Cuando la cultura bíblica se cruce con la cultura griega, esta dependencia de la imagen respecto a su Arquetipo se potenciará aun más. El hombre es ciertamente una imagen, dirán los Padres, pero se trata siempre de una imagen icónica, de un *eikōn*. Con Nietzsche, por el contrario, la naturaleza icónica del hombre se transforma en fantasmática. La diferencia entre el ícono y el fantasma, como hemos visto en el capítulo sobre Platón a partir de la lectura de Deleuze, es que aquél aún posee la posibilidad de la semejanza, la cual debe actualizar y asumir para acercarse cada vez más al Padre, mientras que éste (el fantasma) no posee ninguna semejanza porque es independiente de cualquier modelo o arquetipo. Si bien la caída ha alejado al hombre de Dios, la redención de Cristo ha reestablecido la posibilidad de una nueva comunión. Cristo, encarnándose, viene a decir que esa posibilidad alcanza a todos los hombres; viene a mostrarle al hombre que ahora existe un puente que conecta con el Padre, fuente de luz verdadera. Por eso mismo Cristo es el símbolo de la imaginación, el quiasmo entre lo visible y lo invisible. Cristo integra o resuelve el ojo infinito, el *oculus Dei*, con el ojo finito, el *oculus homini*, el *oculus mentis* con el *oculus carnis*, el ojo del Verbo con el ojo de la carne. Dios se hace hombre para que el hombre se haga Dios.

b) La querella iconoclasta

Algunos estudiosos sostienen que la controversia iconoclasta se originó con los dos primeros emperadores isauros, Leo III y Constantino V, en el siglo VIII d.C. Es probable que varios factores intervinieran en la gestación de la célebre querella que habría de desgarrar, durante casi dos siglos, al imperio bizantino. Dos de las causas más importantes, en este sentido, parecen haber sido la decisión de purificar al imperio de la idolatría, por un lado, y el encuentro entre la cultura greco-romana y el Islam oriental, eminentemente iconoclasta, por el otro.

Los iconoclastas, para defender su posición, apelaban a los múltiples pasajes de las Escrituras en los que Yahvé condena la idolatría. Citamos dos como ejemplos:[259]

> No te harás imagen [*eidōlon*], ni ninguna semejanza [*homoiōma*] de cosa que esté arriba en el cielo, ni abajo en la tierra, ni en las aguas debajo de la tierra. (Éxodo 20:4)

> No os volveréis a los ídolos [*eidōlois*], ni haréis para vosotros dioses de fundición: Yo soy Jehová vuestro Dios. (Levítico 19:4)

Es interesante notar que el *eidōlon* no necesariamente implica una ausencia de semejanza. Para decirlo en términos platónicos: un *eidōlon* no es necesariamente un *phantasma*.[260] El problema, según leemos en el versículo del Éxodo,

---

259 Utilizamos en este caso la versión bíblica de los Setenta.
260 Recordemos que el término *phantasma*, según la lectura que Deleuze propone de los diálogos platónicos tardíos, en especial del *Sofista*, denota una imagen sin semejanza, una imagen que no remite a ningún modelo. Esta interpretación, sin embargo, como hemos sugerido en su momento, ha sido criticada por diversos autores. La diferencia entre *eidōlon*, sobre todo en su sentido arcaico, y *eikōn*, cuya aparición en el vocabulario filosófico data del siglo V a.C., concierne fundamentalmente a su estatuto ontológico. En efecto, el *eidōlon* de la época homérica está más próximo al fantasma de un difunto o a las apariciones oníricas que a la imagen en su sentido platónico. Resulta también esclarecedor remarcar que incluso en su proveniencia etimológica, como bien ha explicado Suzanne Saïd, se puede percibir una clara distinción entre ambos términos: "Si bien las dos palabras se han formado a partir de una misma raíz, *wei-*, sólo *eidōlon* remite por su origen a la esfera de lo visible, pues se ha formado sobre un tema *weid-* que expresa la idea de ver [...]. El *eikōn*, al igual que los verbos *eisko* o *eikazo* 'asimilar' o el adjetivo *eikelos* 'semejante', remite a un tema *weik-* que indica una relación de adecuación y de conveniencia" (1987: 310). En este

no consiste tanto en que el *eidōlon* no posea ninguna semejanza cuanto en que se asemeje a otro ser que no sea Yahvé. El Dios hebreo, por cierto, es un Dios celoso. De hecho, en el versículo inmediatamente siguiente del Éxodo, el mismo Yahvé lo confiesa: "No te inclinarás a ellas, ni las honrarás [se refiere a los ídolos]; porque yo, Jehová tu Dios, soy un Dios celoso" (Éxodo 20:5). El *eidōlon*, entonces, remite también a un modelo, sólo que a un modelo diferente de Yahvé. Por eso el *eikōn*, en la teología cristiana profundamente influida por el pensamiento platónico y neoplatónico, va a representar la imagen legítima y genuina de la divinidad. Tanto Cristo como el hombre en general van a ser considerados íconos del Padre. Entre ambas imágenes, de todas formas, existe una diferencia fundamental. Cristo, a diferencia del hombre, es una imagen arquetípica, es decir consubstancial con el Padre. Sin embargo, el hombre, participando en Cristo, puede acceder a una comunión con lo divino, puede asemejarse a Dios.

En un Concilio organizado por el emperador Constantino, gran político y versado teólogo, se decretó que la adoración de los íconos conducía a la idolatría. Intentar representar la divinidad a través de "la materia común y deshonrosa" era en efecto un insulto y una herejía. En líneas generales, los argumentos esgrimidos por los iconoclastas pueden reducirse a cuatro:[261] 1) El uso de imágenes era un signo de idolatría, la cual había sido condenada tanto en el Antiguo Testamento como en el Nuevo. Los iconoclastas consideraban ofensivo, además, el carácter material de las imágenes que, según ellos, no dejaban de ser objetos físicos desprovistos de gracia y santidad. 2) Puesto que Cristo es a la vez Dios y hombre, las imágenes de Cristo implicaban o bien la limitación del Dios ilimitado y por ende una confusión de las dos naturalezas, o bien una división de lo humano y lo divino en Cristo que conducía a una separación de la hipóstasis de la carne del *Logos* y por tanto a introducir un cuarto miembro en la Trinidad. 3) Sólo la eucaristía podía ser considerada la verdadera imagen de Cristo. 4) Además de la condena de las imágenes de Cristo, se prohibían las representaciones de los santos, considerando que sus únicas imágenes eran sus virtudes (cfr. Anastos 1979: 188). Los iconoclastas, entonces, sostenían que el culto de las imágenes suponía

---

sentido, Saïd acuerda con Deleuze en que *eidōlon* y *eikōn* designan entidades de "naturaleza diferente" (Saïd 1987: 326).

261 Reconstruimos rápidamente la síntesis propuesta por Milton Anastos en un notable ensayo titulado "The Argument for Iconoclasm as Presented by the Iconoclastic Council of 754" (1979: 177-188). También puede consultarse un resumen de las principales tesis sostenidas por los iconoclastas en Mondzain 2000: 97-99. Para un panorama general de la querella iconoclasta, cfr. Grabar 1967; Baynes 1974: 116-143, 226-239. Sobre el trasfondo teológico y filosófico acerca de las imágenes en los siglos previos a la querella iconoclasta, desde Justiniano I a los siglos VII-VIII, cfr. Kitzinger 1954: 83-150. Sobre el culto de las imágenes en los autores griegos del siglo II, cfr. Clerc 1915.

una adoración, no ya de la divinidad representada, sino de la materia misma, del objeto físico, lo cual implicaba reemplazar a Yahvé (que, según las Escrituras, era espíritu) por la materia.

Otro de los puntos centrales del debate concernía a la doble naturaleza de Cristo: divina y humana.[262] Si la representación pictórica se refería sólo, puesto que Dios es irrepresentable, a la naturaleza humana de Cristo, entonces se corría el riesgo de separarla de su naturaleza divina y conferirle una existencia autónoma. Por eso, uno de los mayores peligros para los iconoclastas consistía en la independización de la carne que parecía subyacer al empleo de los íconos. De allí uno de los anatemas establecidos en el Concilio de 754: "Si alguien separa la carne unida a la hipóstasis de Dios, el Logos [*unitam Dei Verbi subsistentia carnem*], considerándola por sí misma mediante el pensamiento, y por tanto decide fabricar una imagen de ella, anatema" (Mansi XIII: 341). Este problema, sin embargo, no era nuevo en teología. Los Padres habían indicado que la carne de Cristo era la carne del *Logos* divino, y por lo tanto no podía ser dividida o separada de su naturaleza divina. La encarnación de Cristo suponía una deificación de la carne.[263] Por eso mismo, los iconoclastas consideraban blasfemo separar la carne de Cristo de su naturaleza divina y producir una imagen de ella como si fuera un mero hombre. Hacer eso significaba privar a la carne de Cristo de su condición deificada y al mismo tiempo, separándola de su condición divina, introducir una cuarta persona en la Trinidad. Leamos otro de los anatemas del Concilio:

---

262 "El problema de la imagen fue tratado con argumentos que se habían utilizado en la primera época de los Padres de la Iglesia para dilucidar el problema de la naturaleza de Cristo" (Belting 2009: 101). Las controversias teológicas del siglo VII se remontan a los problemas surgidos del Concilio de Calcedonia (cfr. Belting 2009: 451). Este Concilio había establecido que Cristo tenía dos naturalezas, la divina y la humana, pero una persona o hipóstasis (cfr. Hussey 1990: 10). En la sección final de la Definición 34 del Concilio, por cierto, se establecía que "nuestro Señor Jesucristo, perfecto en la divinidad y perfecto en la humanidad, verdaderamente Dios y verdaderamente hombre, con un alma racional y un cuerpo, consubstancial con el Padre respecto a la divinidad y a la vez consubstancial con nosotros respecto a la humanidad, como nosotros en todas las cosas excepto en el pecado [...], poseyendo dos naturalezas sin confusión, cambio, división o separación (no siendo destruida la diferencia de naturaleza por la unión, sino más bien siendo conservados los rasgos distintivos de cada naturaleza al unirse en una persona y una hipóstasis, no partida o dividida en dos personas" (V Sesión, Def. 34; puede consultarse una traducción inglesa en Price & Gaddis 2005: 203). Los alejandrinos se inspiraron en la fórmula definitiva de Cirilo de Alejandría, "una naturaleza encarnada de Dios el Verbo". Los diofisitas estrictos, una minoría, no podía aceptar las consecuencias de las enseñanzas de Cirilo, pero la mayoría de los calcedonios interpretaron la palabra "naturaleza" (*physis*) de Cirilo como equivalente a "hipóstasis" (*hypostasis*) o "persona" (*prosōpon*), preservando así la unidad de las Personas en las cuales convivían dos naturalezas, cada una con sus propiedades o características específicas (cfr. Hussey 1990: 10-11).

263 "En su nivel teológico más profundo –explica Ambrosios Giakalis en *Images of The Divine: The Theology of Icons at The Seventh Ecumenical Council*– la controversia iconoclasta concernió a la deificación" (2005: 5).

Si alguien intenta pintar en colores inertes a Dios, el Logos, quien, existiendo en la forma de Dios asume la forma de un sirviente en su propia hipóstasis y se vuelve en todo similar a nosotros, excepto por el pecado, si alguien lo considera como un mero hombre, y busca separarlo de su divinidad inseparable e inmutable, e introduce por lo tanto un cuarto miembro [*ex hoc quaternitatem*] en la Santa y Viviente Trinidad, anatema. (Mansi XIII: 343)

Las imágenes conllevaban el peligro de separar las dos naturalezas de Cristo, la divina y la humana, el espíritu y la carne, y de convertir a esta última, en función del soporte material de los íconos, en una cuarta persona [*quarta persona*] de la Trinidad. Ante esta actitud crítica de los iconoclastas, la respuesta de los defensores de los íconos no se dejó esperar.[264] En líneas generales, se aducirá que esa confusión de lo invisible con lo visible o del espíritu con la carne ha sido realizada en Cristo con la encarnación.[265] Por eso el eje de la controversia prácticamente se circunscribirá a la imagen de Cristo. "Gran parte del debate estuvo centrado en la figura de Cristo, acerca de si su retrato en colores sobre un soporte de madera le hacía justicia por igual a su naturaleza humana y a su naturaleza divina" (Giakalis 2005: 5). El argumento central de los iconófilos, por esta razón, se apoya en la encarnación. Es posible representar la divinidad a través de un medio material ya que el mismo Dios se ha hecho visible en Cristo. Cuando el Verbo se hace Carne, arguyen los defensores de los íconos, se abre la posibilidad de representar materialmente (o carnalmente, incluso) la divinidad. La encarnación, en este sentido,

---

[264] No es nuestra intención, por supuesto, reconstruir los pormenores de la controversia, sino más bien señalar algunos puntos que merecen nuestra atención en función del tema que nos ocupa. Consideramos que resulta suficiente, para nuestros fines, hacer referencia al célebre tratado de Juan de Damasco sobre las imágenes sagradas. En efecto, este texto concentra, de algún modo, gran parte de los argumentos esgrimidos por los iconófilos en su intento por refutar los ataques en contra de la adoración de los íconos. Moshe Barasch, en *Icon. Studies in the History of an Idea*, enfatiza el lugar central que ha ocupado Juan de Damasco en la querella iconoclasta: "La defensa teórica de las imágenes, un gran proceso intelectual que eventualmente triunfó en la batalla de Bizancio y dio forma al mundo espiritual de la Cristiandad oriental, no fue obra de un único autor. Muchos grupos, incluso generaciones, de estudiosos, comentadores y predicadores contribuyeron a articular, y a establecer firmemente, la ideología victoriosa que eventualmente condujo a la famosa veneración de los íconos en Bizancio. Hay, sin embargo, una figura en ese proceso intelectual que se destaca con una particular distinción, y es Juan de Damasco. Ningún otro autor ha tenido tanto impacto en los fundamentos teóricos de la creencia en las imágenes sagradas como Juan de Damasco" (1995: 187).

[265] El tema de la encarnación es en cierto sentido el eje alrededor del cual giran los argumentos propuestos por los iconófilos. En tanto Dios se ha hecho visible, se ha encarnado, puede ser representado. Explica Hussey: "En tanto la apología de los íconos provenía de la defensa tradicional de Germanus y Juan de Damasco al desafío cristológico planteado durante el reinado de Constantino V, y entonces de la visión más 'escolástica' de Teodoro Estudita y del Patriarca Nicéforo, había un énfasis creciente acerca del sentido de la Encarnación en relación con la concepción cristiana de la materia y no fue sin rispideces que se le dio su verdadero valor (la espiritualidad monástica tuvo que enfrentar el mismo problema)" (1990: 52).

implica una redención de la carne misma, lo cual no significa convertir a la carne en una cuarta persona de la Trinidad. Dice Juan de Damasco:[266]

> Yo no adoro la creación más que al Creador, sino que adoro la creatura creada tal como soy, adoptando libre y espontáneamente la creación de tal manera que Él pueda elevar nuestra naturaleza y hacernos partícipes de Su divina naturaleza. Junto con mi Señor y Rey, Lo adoro vestido en el cuerpo, no como si fuese una cobertura o como si constituyese una cuarta persona [ōs tetarton prosōpon] de la Trinidad –¡Dios no quiera! La carne es divina, y perdura después de su asunción. La naturaleza humana no se perdió en la Trinidad, sino que así como el Verbo se hizo carne permaneciendo Verbo, así también la carne se hizo Verbo permaneciendo carne, volviéndose, más bien, una con el Verbo a través de la unión. Por lo tanto me aventuro a crear una imagen del Dios invisible, no en tanto invisible, sino en tanto vuelto visible para nuestra fortuna en carne y sangre. No pinto por eso una imagen de la Divinidad invisible. Pinto la carne visible de Dios [eikōnizō Theou tēn horatheisan sarka], porque es imposible representar un espíritu, y mucho más Dios que es el que da aliento al espíritu. (De imaginibus I, 4)

Los íconos representan la carne visible de Dios, es decir el Hijo, la imagen arquetípica del Padre. El problema es que el Hijo no es sólo carne, sino carne y espíritu, hombre y Dios. Los iconófilos sostienen, como Juan de Damasco en el pasaje citado, que el registro de lo visible permite representar icónicamente a la divinidad. Por eso el culto (no idolátrico) de las imágenes es posible sólo después de Cristo.

> Antaño, el Dios incorporal nunca fue representado. Ahora, sin embargo, cuando Dios se hizo carne, y conversó con el hombre, yo hago una imagen del Dios que he visto. No adoro la materia, adoro al Dios de la materia, quien se hizo materia por mí, y se dignó habitar en la materia, quien trabajó para mi salvación a través de la materia. La venero, aunque no como Dios. (De imaginibus I, 16)

La afirmación de Juan es fuerte y polémica. Existe una veneración de la materia, aunque no porque represente en sí misma una divinidad, sino porque fue asumida por el Hijo. La materia no es Dios, y, sin embargo, a partir de la encarnación, es digna de veneración. Juan adora al Dios de la materia, pero el Dios de la materia se ha materializado en Cristo. Por eso el ícono representa, para sus defensores, "el triunfo de la carne sobre el pecado, el sufrimiento y la muerte. La

---

266 Para las citas de Juan de Damasco utilizamos la edición crítica de Bonifatius Kotter consignada en la bibliografía.

figuración es entonces *figuración de la vida* misma" (Mondzain 2000: 108; el subrayado es de Mondzain). En cierto sentido, la encarnación supone, como han notado los Padres –y sobre todo los mismos teólogos iconoclastas–, una deificación de la carne. Los iconoclastas sostienen que al representar materialmente la divinidad se corre el riesgo de convertir a la carne en una cuarta hipóstasis. La idea, sin embargo, no es del todo insensata. Este cuarto lugar ilocalizable e impensable dentro del marco de la teología ortodoxa, esta cuarta persona, ¿no sería quizás el lugar propio del hombre? (en tanto fantasma, claro está). ¿No ha sido el hombre el efecto "económico" –necesariamente fantasmático– de las tres personas de la Trinidad?[267]

En el Antiguo Testamento existe, además, otra gran diferencia entre el ícono y el ídolo. En este caso, también aludido por los iconoclastas, se trata del hacedor de la imagen. El ícono (el hombre) es creado por Dios; el ídolo, por el hombre. Muchos pasajes bíblicos establecen una relación indudable entre el ídolo y el arte humano. Citamos dos ejemplos, pero podríamos añadir muchos más:

> Allí serviréis a dioses hechos por manos de hombre, de madera y de piedra, que no ven, ni oyen, ni comen, ni huelen. (Deuteronomio 4:28)

> Y hablaron del Dios de Jerusalén como de los dioses de los pueblos de la tierra, obra de manos de hombres. (2 Crónicas 32:19)

Las manos del hombre difieren substancialmente de las manos de Dios.[268] Las manos del hombre fabrican ídolos; las de Dios, al hombre, al ícono humano.[269] Isaías es aun más preciso. Además de las manos, el hombre ha utilizado sus dedos para fabricar imágenes impuras y deshonrosas. "También su tierra se

---

267   ¿Acaso no ha hablado Deleuze, retomando una noción de Lawrence Ferlinghetti, de una "cuarta persona del singular" (cfr. 1969: 125, 166) que sería el lugar neutro de las singularidades y de los acontecimientos, es decir de los fantasmas? No es casual, además, que Ferlinghetti identifique a esta cuarta persona del singular, en su novela *Her*, con un ojo que ve todo pero no comprende nada: "el ojo-vidente de la cuarta persona del singular que veía todo y no comprendía nada, pero aún veía, el ojo que veía y comprendía todo menos a mí mismo, sin ser capaz de ver aquello en lo que me encontraba inmerso" (1960: 134). El ojo capaz de ver el fantasma, la cuarta persona de la (ya no) Trinidad, sería –para retomar una expresión del extraordinario poema "He" de Ferlinghetti– "el ojo loco de la cuarta persona del singular / del cual nadie habla" (1999: 136). El final de este poema, además, posee evidentes connotaciones cristianas: el ojo loco, que Ferlinghetti identifica con el poeta protagonista del texto, sería la "carne hecha verbo / y dice la palabra que escucha en su carne / y la palabra es Muerte" (1999: 137). Sobre la "cuarta persona del singular" en Ferlinghetti, cfr. Ianni 1967: 392-406; Bradley 2015: 185-207.

268   Ireneo de Lyon insistirá mucho sobre las manos con las cuales Dios crea a Adán. La mano derecha, dirá Ireneo, es el Hijo; la izquierda, el Espíritu (cfr. el apartado *c* del capítulo XIII).

269   Se trata de dos técnicas diversas. Peter Sloterdijk, de hecho, ha hablado, en este mismo sentido, del "hiato que separa la técnica humana de la teotécnica" (1998: 37). Además, en tanto Adán es formado con arcilla, Sloterdijk puede afirmar que "la metafísica se inicia como metacerámica" (1998: 33).

ha llenado de ídolos; adoran la obra de sus manos, lo que han hecho sus dedos" (Isaías 2:8). Al igual que las manos, el dedo del hombre difiere abismalmente del dedo de Dios. En un caso, el humano, el dedo es empleado para pintar ídolos o tallar imágenes en madera; en el otro caso, el divino, para escribir las tablas de la Ley. "Y dio a Moisés, cuando acabó de hablar con él en el monte de Sinaí, dos tablas del testimonio, tablas de piedra escritas con el dedo de Dios" (Éxodo 31:18). El dedo de Dios escribe la Ley; el del hombre, la oblitera. Recordemos el evento adámico. Adán y Eva no escuchan la Ley (la prohibición) de Yahvé, sino la voz de la serpiente. De la misma manera, los israelitas, cuando Moisés baja de la cima del Sinaí, no adoran las tablas escritas por el dedo de Dios, sino el becerro creado por el dedo del hombre. Descubrimos así una polaridad dactilográfica: de un lado, el dedo soberano del Creador, que inscribe, como la máquina kafkiana de *In der Strafkolonie*, la Ley en la materia (carne o piedra); del otro, el dedo servil de la creatura, del hombre, que fabrica ídolos e imágenes impuras. Esta polaridad, evidente a lo largo de todo el Antiguo Testamento, adopta rápidamente un carácter óptico. A los ojos de Dios o del Señor (*ophthalmoi kyriou*) se oponen, no siempre de forma directa, los ojos del hombre (*ophthalmoi anthrōpōn*). El libro de Sirácides, también conocido como del Eclesiástico, no deja dudas al respecto:

> El hombre que su propio lecho viola y que dice para sí: "¿Quién me ve?; la oscuridad me envuelve, las paredes me encubren, nadie me ve, ¿qué he de temer?; el Altísimo no se acordará de mis pecados", lo que teme son los ojos de los hombres; no sabe que los ojos del Señor son diez mil veces más brillantes que el sol, que observan todos los caminos de los hombres y penetran los rincones más ocultos. (23:18-19)

Este pasaje extraordinario nos presenta dos sistemas oculares diversos: los ojos de los hombres, imperfectos y siempre falaces; los ojos de Dios, mil veces más brillantes que el sol, absolutos e implacables. El hombre se equivoca al creer que los ojos del Señor son equivalentes a los ojos humanos; se equivoca cuando se cree oculto e inalcanzable. Los ojos de Dios penetran los rincones más secretos de los hombres; ven, por más paradójico que parezca, incluso lo invisible. En estos versículos de Sirácides, el mundo entero se ha transformado en un panóptico. Como el prisionero de las cárceles modernas, cuyos avatares analizará magistralmente Michel Foucault en *Surveiller et punir*, el hombre bíblico no puede decir nunca: nadie me ve [*outheis me hora*]. En todo momento, en todo lugar, los ojos del Señor observan las acciones más insignificantes y los pensamientos más superfluos.[270]

No es casual que en el Concilio de 754 los iconoclastas se refieran a la contemplación intelectual, la única que permite vislumbrar la imagen verdadera del Padre. Sólo con los ojos del intelecto se puede contemplar la divinidad; los ojos de la carne, por el contrario, sólo vislumbran meras apariencias y colores materiales. El siguiente anatema condena la mirada carnal que sólo se demora en la materialidad de las imágenes:

> Si alguien intenta contemplar la forma divina de Dios, el Logos en su encarnación [*Verbi characterem secundum incarnazione*], por medio de colores materiales, y no lo adora con todo el corazón, con los ojos del intelecto [*oculis intelligibilibus*], tal como está sentado *in excelsis*, más brillante que el sol, a la derecha de Dios, sobre el trono de gloria, anatema. (Mansi XIII: 335)

El acontecimiento de la caída representa el punto o el momento en el que la mirada de los ojos humanos diverge de la mirada de los ojos divinos. El hombre deja de orientar sus ojos hacia la divinidad, hacia arriba, y comienza a orientarlos hacia la animalidad, hacia abajo. En vez de contemplar al Creador, Adán y Eva, engañados por la serpiente, comienzan a contemplar la pura materialidad. La caída es también, y sobre todo, una caída de la mirada. Es el momento en el que, según las Escrituras, se abren los ojos de la primera pareja; el momento en el que además, o por eso mismo, descubren su desnudez. "Entonces se les abrieron los ojos, y se dieron cuenta de que estaban desnudos" (Génesis 3:7). Muchos Padres y teólogos han interpretado este versículo como una referencia a la carne y a la mera materialidad.[271] Los ojos se abren a la carne, al pecado, a la vida licenciosa y finalmente a la muerte. Por primera vez, el hombre contempla su naturaleza carnal, su viscosidad material, su arraigo a la tierra y al barro del que fue generado. Los Padres de la Iglesia insistirán mucho sobre la necesidad de mantener cerrados los ojos de la carne y cultivar los ojos del alma. La querella iconoclasta se

---

270 La *Mesa de los pecados capitales* de El Bosco, cuya estructura es similar a la del panóptico, representa precisamente el Ojo de Dios observando los pecados capitales de los hombres. Cristo está ubicado en la pupila, es decir, en el centro. Debajo de Cristo, una inscripción dice *CAVE CAVE D[omin]US VIDET* (Cuidado, cuidado, Dios lo ve). A su alrededor, se distribuyen las siete escenas de los pecados capitales. Podemos ver que en esta obra, hacia fines del siglo XV, el Bosco cifra la tensión teológica y ética de las dos miradas y los dos ojos a los que aludimos con anterioridad: el *ophthalmos kyriou* (el ojo del Señor) y el *ophthalmos anthrōpou* (el ojo del hombre). Esta doble visión (o doble mirada), que desde los inicios del pensamiento metafísico parece condensar las dicotomías más célebres de la filosofía, se expresa, a nivel antropológico, en las figuras del *oculus mentis* (el ojo del intelecto o del alma), cuyo paradigma es ciertamente el *oculus Dei* (ojo de Dios), y el *oculus carnis* (el ojo de la carne), cuyo paradigma es el *oculus animali* (el ojo del animal).

271 Sobre este punto, cfr. el apartado *b* del cap. XI.

inscribe en la línea de estos problemas teológicos. Los ídolos, en esta perspectiva, vendrían a estimular los ojos de la carne. Quien adorase una imagen fabricada por manos humanas correría el riesgo de incurrir, demorando su mirada en la pura materialidad del objeto contemplado, en una de las peores herejías: confundir la divinidad con la materia, lo invisible con lo visible, el espíritu con la carne.

La mayoría de los autores que estaban a favor del uso de íconos como objetos de culto se apoyaba en un marco platónico y neoplatónico para explicar la relación entre la imagen y el original. Como sostiene Hans Belting: "En el proceso de creación del ícono, entre el siglo V y comienzos del siglo VIII, puede observarse la formación de una imagen de culto cristiana que toma el relevo de prácticas antiguas. Para justificar este hecho, la teología asume tesis sobre la imagen procedentes de la filosofía neoplatónica" (2009: 193). Este trasfondo platónico respecto a la imagen, ya presente desde los primeros siglos del cristianismo, va a modular las discusiones de la querella iconoclasta de Bizancio, sobre todo los discursos provenientes del ala iconófila. El punto central concierne a la relación entre la imagen y el arquetipo. Leemos en el *De imaginibus* de Juan de Damasco:

> Una imagen [*Eikōn*] es una semejanza del original con una cierta diferencia, puesto que no es una reproducción exacta del original. Así, el Hijo es la imagen viva, substancial e inmutable del Dios invisible, implicando en Él a todo el Padre, siendo en todas las cosas igual a Él, difiriendo sólo en el hecho de haber sido engendrado por el Padre, quien es el engendrador, mientras que el Hijo es el engendrado. (I, 9)

Como hemos visto en el capítulo X, el *eikōn* denota una imagen semejante al original. No es por supuesto idéntica a él, pero se funda en una relación de semejanza. En este punto, Juan retoma la teoría platónica al pie de la letra. Un *eikōn* es una imagen que se asemeja al arquetipo. En este sentido, el hombre, creado a imagen y semejanza de Dios, es un *eikōn*. Tal es el término, como hemos visto, que emplean los Setenta para traducir el hebreo ṣelem. Ahora bien, en el caso de Cristo se trata de una imagen consubstancial o arquetípica, es decir una imagen que no difiere por naturaleza del Creador. Por eso Juan sostiene que el Hijo es la imagen viva, substancial e inmutable del Padre. "En el Hijo del Hombre se hallaba la *imagen original* de Dios como en una *reproducción*" (Belting 2009: 206). Esto significa que en el caso de Cristo, el modelo platónico, al menos en su sentido más ortodoxo, resultaba subvertido. Cristo era una imagen arquetípica u original, una copia paradigmática. Estas nociones, que en un marco platónico tradicional serían consideradas un oxímoron, son una novedad del cristianismo.[272] Así como la imagen y el arquetipo se diferencian, pero sin desdoblarse en dos personas distintas, así también se diferencia el Padre y el Hijo pero sin desdoblarse en dos dioses. Y así como honrar al Hijo es honrar al Padre, también honrar al ícono es honrar a Cristo. El principio que rige esta serie de analogías había sido formulado, en una línea platónica retomada por Juan de Damasco y Germanus, por Basilio: "Honrar la imagen conduce al prototipo". De tal manera que no se venera la representación en sí misma, sino la persona del representado (cfr. Belting 2009: 206). "Entre Cristo y Dios hay un nexo que los une: ambos son *un* Dios. De la misma manera, también entre la reproducción pintada y su modelo hay un nexo: ambos son *una* persona" (Belting 2009: 208).

Más allá de las discusiones acerca de la naturaleza del *Logos*, doble o única, lo cierto es que la figura de Cristo abrió un espacio de inteligibilidad de la imagen que se fundó, paradójicamente, sobre su propio misterio. Desde un punto de vista teológico, Cristo, además de redimir al hombre de sus pecados y de traer la buena nueva a las naciones de la tierra, parece designar también un espacio de inteligibilidad en el que algunos hombres, en el primer milenio de nuestra era, se dieron a la tarea de pensar, ontológicamente, el estatuto de la imagen. Esta teología cristiana de la imagen se concentra, de algún modo, en la noción de *imagen arquetípica* o *consubstancial*. Los tratados de Teodoro Estudita en los que se aboca a defender los íconos son ilustrativos en este respecto (cfr. Nichols 2015: 176-179). Cristo, en la medida en que es consubstancial con el Padre, es decir en la medida en que comparte un mismo ser y no difiere en cuanto a la esencia, es un arquetipo; pero en la medida en que se ha encarnado, es decir en la medida en que se ha hecho hombre, volviéndose visible y material, es una imagen. Sostiene Hans Urs von Balthasar en el segundo volumen de *Theodramatik*: "Jesús nunca equipara sin más su relación con el Padre con la de sus discípulos, pero quiere aproximar arquetipo [*Urbild*] e imagen [*Abbild*] tanto como sea posible para que los discípulos lleguen a ser 'coherederos con Cristo' (Romanos 8:17)" (1998, II: 237-238). Cristo es el pliegue entre el arquetipo [*Urbild*] y la imagen [*Abbild*]; es, a la vez, arquetipo *e* imagen, original *y* copia. Ha sido precisamente un teólogo iconófilo, Teodoro Estudita, quien ha ofrecido la fórmula más justa para designar esta doble condición de Cristo. Según Teodoro, Cristo se volvió, al encarnarse, "el arquetipo de su propia imagen [*prōtotypos tēs heautou eikonos*]"

---

272 En Cristo, como resulta evidente, la polaridad platónica "arquetipo/copia" pareciera desactivarse. Podría decirse que Cristo, en tanto imagen arquetípica, es una suerte de *fuzhipin* (término chino que designa una reproducción exacta del original), según el sentido que le da Byung-Chul Han en *Shanzhai. Dekonstruktion auf Chinesisch*: "En este caso, ¿qué es una copia y qué es un original? Aquí se invierte absolutamente la relación entre original y copia. O más bien desaparece por completo" (2016: 62); más adelante, Han habla de "dos copias que a la vez son dos originales" (2016: 63).

(*Antirrheticus* 2: PG 99.356A; 3: PG 99.428C). Por eso, en tanto *prōtotypos* y a la vez *eikōn*, Cristo es el mediador entre Dios y los hombres. Respecto a Dios, Arquetipo último y absoluto, se comporta como imagen; respecto al hombre, imagen también de la divinidad, se comporta como arquetipo. Como sostiene Marie-José Mondzain en relación a los tratados iconófilos de Nicéforo: "Así, el Hijo posee una doble relación: con el Padre, que es pura intimidad esencial; con la humanidad, que es relación de identidad relativa, puesto que sometida a las condiciones visibles y sensibles de nuestro mundo" (2000: 111). Los teólogos iconoclastas, basándose en las enseñanzas de algunos Padres, sostenían que el Hijo era una imagen natural, creada conforme a la naturaleza (*physis*), mientras que los íconos eran imágenes artificiales, creadas a partir de una técnica mimética (*mimēsis*). Confundir ambos tipos de imágenes (confundir, en suma, la *physis* con la *mimēsis*) era incurrir en la idolatría. Ya hemos visto varios pasajes del Antiguo Testamento en los que se condenaban las imágenes idolátricas por haber sido fabricadas por manos humanas.

b.1) La voz y la escritura

Es interesante notar que uno de los argumentos de Juan Damasceno consiste en mostrar que las Escrituras –la escritura en general– es una imagen material de la Palabra divina. En este sentido, Juan menciona "las imágenes escritas en los libros, como las que Dios inscribió en las tablas" (I, 13). Si esto es así, deberíamos concluir que la escritura, el *gramma*, es la carne de la voz, de la *phōnē*. Lo cual significa que Cristo marca el límite en el que la voz (el Verbo) se materializa en una escritura (carne). La encarnación, por ende, marca el ingreso de Dios a la materialidad del texto.[273] Esto no significa, por supuesto, que la escritura en el cristianismo posea una preeminencia sobre otras culturas. Nada más lejos de la verdad. Los hebreos, por ejemplo, poseen una relación con la escritura acaso nunca experimentada por los cristianos. Lo que sucede con la venida de Cristo es algo de otro orden. El espíritu se hace carne. El Sentido adopta, por primera vez, una forma material. El Padre, a partir de Cristo, se vuelve texto, narración: entra en la historia. El espíritu habita en la trama histórica, en la textura de su misma materialidad.[274] Cristo viene a reconciliar la voz y la escritura, viene a redimir el

---

273 Junto al acontecimiento de la encarnación es preciso mencionar, en esta misma perspectiva, la eucaristía, es decir la transubstanciación del pan y el vino en el cuerpo y la sangre de Cristo respectivamente. En Cristo, la palabra –el Verbo, el Espíritu, la Voz– se vuelve, para decirlo con Louis Marin, *parole mangée* (cfr. 1986: 11-35).

274 No es casual que Alexandre Kojève, identificando al fin de la historia con la consumación del Libro, es decir con la existencia empírica de la Ciencia (la *Logik* y la *Phänomenologie*) cuyo modelo es precisamente la

gramma. La querella iconoclasta, y más en general la teología de la imagen, remite de forma velada a estos problemas. Por eso Juan de Damasco, rebatiendo a sus contrincantes, puede sostener que la escritura, como el Hijo –e incluso como el mismo hombre–, es también una imagen material de la Palabra divina. Hans Belting individúa en esta cuestión ni más ni menos que el origen de la teología de las imágenes: "Nadie ponía en duda que la palabra era la forma de comunicación de Dios. Pero ¿qué comunicaba la imagen? Con esta pregunta comienza la teología de las imágenes" (2009: 205). En efecto, en el Edén no existe la escritura.[275] El Paraíso es exclusivamente fonético. Cuatro voces en principio: la de Dios, la de Adán, la de Eva y la de la serpiente. Mundo oral, sin duda.[276] La caída, sin embargo, marca el advenimiento de la escritura y por tanto de la historia en cuanto tal. El hombre cae en la escritura, en la carne del sentido. "Ser expulsado de este paraíso –se pregunta Michel de Certeau en *La fable mystique*– ¿sería entonces la condición del discurso? Sería necesario haberlo perdido [al paraíso] para hacer de él un texto" (1982: 73). La caída implica una pérdida de la voz, pero al mismo tiempo el descubrimiento del *gramma*. Un abismo se abre entre la *phōnē* y el *gramma*. De aquí en más el hombre estará condenado a buscar su verdadera voz, sin poderla encontrar jamás, al menos hasta el advenimiento de Cristo. La expulsión de Adán y Eva significa que la voz del hombre se ha ocultado en la tra-

---

Biblia, utilice la expresión "Logos eterno encarnado": "El soporte material del movimiento perpetuo se encuentra de ahora en más contenido en el Libro que se llama 'Logik": es el Libro ('Biblia') que no es sino el Logos eterno encarnado" (1979: 410-411). El Logos, es decir Cristo, no es sino el Libro, la escritura revelada y consumada en el fin de la historia bajo la forma del Libro. Michel de Certeau, por su parte, señala la relación entre el cuerpo (místico) de Cristo y la escritura: "Su cuerpo está estructurado por la diseminación, como una escritura" (1982: 110).

275 Es preciso indicar, sin embargo, que algunas tradiciones esotéricas y místicas, acaso cabalísticas, mencionan el "libro de Adán" que al parecer le habría otorgado Dios en el jardín del Edén. No se trata, de todos modos, de una línea canónica ni dominante.

276 Explica George Steiner en el justamente célebre artículo "Our Homeland, the Text": "Existen varios sentidos radicales en los que incluso la Torá es un lugar privilegiado del destierro de la inmediatez tautológica del discurso adámico, de la comunicación directa, no escrita de Dios" (1985: 5); y también, algunos párrafos más adelante: "Fue la Caída del Hombre la que añadió al discurso humano sus ambigüedades, sus secretos necesarios, su poder (los contra-fácticos, las construcciones "si") para disentir especulativamente de las coerciones opacas de la realidad. [...] De aquí la necesidad de re-leer, de re-cordar (re-vocación) aquellos textos en los que el misterio de un inicio, los vestigios de una auto-evidencia perdida –el "Yo soy el que soy" de Dios– son corrientes" (1985: 8). Según la tesis atrevida –pero interesantísima– de Steiner la tierra prometida de los judíos, su hogar definitivo, no se encontraría en un territorio geográfico determinado, sino en el destierro del texto, en el exilio de la escritura: "El texto es el hogar; cada comentario un retorno" (1985: 7); y también: "Cuando el texto es el hogar [*homeland*], incluso cuando está arraigado sólo al exacto recuerdo y a la búsqueda de un puñado de maravillas, nómadas del mundo, no puede ser extinguido" (1985: 24-25). Sobre las nociones de texto y escritura en Steiner y su relación con el pueblo judío, cfr. Sagiv 2003: 130-154.

ma del texto de su historia. De ahí el esfuerzo vano, llevado al límite quizás por la hermenéutica cabalista, por develar el secreto oculto en las letras de las Escrituras. La fonética, a partir del pecado original, se pierde (acaso se oculta) en la gramática. Sin embargo, a partir de Cristo, fonética y gramática, Verbo y carne, se vuelven indistinguibles y al mismo tiempo irreductibles. La historia, de aquí en más, será siempre el relato o la narración de una voz que se escribe y de una escritura que se dice. Se objetará que siempre ha sido así. De todas formas, con la encarnación del Hijo del Hombre esta coexistencia entre la voz y la escritura, entre el espíritu y la carne, asume el rango de un acontecimiento decisivo y se vuelve, acaso por vez primera, inteligible. Se objetará también que para los judíos Yahvé es, en cierta forma, la Torá, la escritura de la Ley. Incluso se podrían mencionar algunas corrientes místicas y cabalistas que conciben a la Torá como una entidad coeterna con la divinidad o como una suerte de modelo arquetípico a partir del cual Dios crea el cosmos. Sin embargo, en estos casos se trata siempre de una escritura divina, de una *teología de la escritura*. No obstante, a juzgar por el Génesis, lo primero es siempre la voz. Primero Dios ordena fonéticamente. La escritura de las tablas de la Ley es una consecuencia de la desobediencia adámica. Si el hombre no hubiese caído, la escritura de las tablas habría sido inútil. En el caso del cristianismo, esta voz divina se humaniza, se encarna, se hace historia. Cristo es la voz escrita y la escritura hablada. De algún modo, la lectura y la escritura, la boca que lee y la mano que escribe, coinciden en la figura de Jesús. Este límite entre la voz y el texto es precisamente la imaginación. En la escritura de la historia, para utilizar una expresión de Michel de Certeau, habita la voz de la divinidad. Cristo viene a deificar la carne, es decir la escritura; viene a decir que es posible aún recobrar la voz perdida, comunicarse, entrar en comunión con el Padre. Sentido y texto son ahora inmanentes. Esta inmanencia implica, por un lado, la deificación de la escritura, y por otro lado, la humanización de la voz. Cristo es el límite o el pliegue en el que la teología de la voz se convierte en una antropología, y la antropología de la escritura se convierte en una teología. El misterio del Dios-Hombre es el misterio de la voz y la escritura. El guión que pliega los dos términos de la endíadis, hemos visto, es la imagen. Por eso Belting puede afirmar, corroborando un tema caro a Vladimir Lossky al cual hemos hecho ya referencia, que el advenimiento de Cristo marca el inicio de la teología de las imágenes. Existen, no obstante, dos imágenes diversas: el hombre caído, pero creado con todo a imagen de Dios, y el hombre redimido por Cristo. Para decirlo con Pablo: la imagen terrenal y la imagen celestial. Según la imagen terrenal, existe una distancia difícilmente franqueable, salvo a través de la gracia, entre la escritura profana y la voz paradisíaca. Con la imagen celestial, en cambio, el abismo se transforma en puente: la escritura humana puede ser también paradisíaca, así como la voz paradisíaca puede ser también humana. Dos funciones diversas de la imagen: en el primer caso, la imagen es el lugar de la lejanía y la degradación (la imagen caída); en el segundo, el lugar de la proximidad y la absolución (la imagen redimida). Este lugar intermedio de la imagen que viene a ocupar Cristo, imagen original y arquetípica del Padre, es el lugar propio de la imaginación. El lugar marginal o limítrofe que la imaginación ha ocupado en la psicología del hombre occidental es el mismo que ha ocupado Cristo en la teología o cosmología religiosa. Cristo garantiza la conexión entre el hombre y Dios, entre la carne y el espíritu, de la misma manera que la imaginación, de Aristóteles a Kant, garantiza la conexión entre lo sensible y lo inteligible, entre el cuerpo y el alma. Aquí se revela con claridad la naturaleza imaginaria –es decir la ausencia de naturaleza– de la máquina óptica. La máquina óptica cristiana funciona articulando el ojo de Dios y el ojo del hombre, el ojo del espíritu y el ojo de la materia, el ojo del Verbo y el ojo de la carne. En su centro se encuentra por cierto Cristo: la imaginación.

c) Entre el *eikōn* y el *eidōlon*

La querella iconoclasta de Bizancio es paradigmática no sólo en relación a la imagen sino también –y de manera fundamental– porque permite observar una de las estrategias centrales de la tradición onto-teo-lógica. Como hemos visto, las discusiones giraban en torno a dos tipos de imágenes: el ícono, la imagen legítima, y el ídolo, la imagen ilegítima. En el primer caso, la imagen era pensada como una representación material que funcionaba como vehículo o medio hacia su arquetipo espiritual. En el segundo caso, como una representación material que no iba más allá de su mera materialidad. En líneas generales, los iconoclastas sostenían que los íconos eran en realidad ídolos y que por lo tanto adorar estas imágenes era sinónimo de idolatría. Los defensores de los íconos, en cambio, enfatizaban sobre todo la relación –basada en autores neoplatónicos– de semejanza entre el ícono y el modelo. La contemplación del ícono conducía a la adoración, no ya de la materia en sí misma, sino del modelo representado en ella. Lo que nos interesa aquí es notar que toda la controversia se desarrolló a partir de una polaridad al interior de la imagen: por un lado el ícono, por el otro el ídolo. El ícono aludía al reino espiritual, el ídolo al reino material. ¿Por qué esta querella vuelve perceptible una de las estrategias fundamentales de la tradición onto-teo-lógica? Porque se trata, de un lado como del otro, de desplazar la imagen a uno de los dos polos: o bien hacia el polo espiritual, según la relación de semejanza que garantizaba, para los iconófilos, el ícono, o bien hacia el polo material, según la concepción del ídolo defendida por los iconoclastas; o bien la iconolatría o bien la idolatría. Lo que permanece excluido, sin embargo, es la noción de una imagen que no sería reductible ni a la materia ni al espíritu, que no aludiría o se asemejaría a ningún modelo pero que no por eso sería meramente material. Esta imagen, cuyo estatuto resultaba problemático al interior de la teología eclesiástica, no es ni un ícono ni un ídolo, sino un fantasma. Aunque sería más justo decir que esta imagen irreductible tanto al ser cuanto al parecer, tanto al modelo cuanto a la copia, está muy cerca del sentido arcaico del término *eidōlon* (y no, por supuesto, a la concepción del ídolo que imperaba en la querella iconoclasta): "[El *eidōlon*] se sitúa por fuera de la dupla ser-parecer. Sin designar la esencia, tampoco es simple apariencia" (Vernant 2008, II: 2027). Por eso el Hijo siempre va a ser pensado por la teología cristiana como un *eikōn* y jamás como un *eidōlon*: "el Hijo, incluso si está hecho de carne, y es por lo tanto visible, no podría ser el *eidōlon* del Padre invisible" (Saïd 1987: 329). La querella iconoclasta, en este sentido, nos sirve como ejemplo –y uno de los más evidentes– de la intención, explícita o implícita, de conjurar el fantasma. En el fondo de estos arduos debates que sacudieron durante algunos siglos la vida de la Iglesia se encontraba la cuestión de lo humano. Determinar la naturaleza de Cristo, hemos visto, significaba al mismo tiempo determinar la naturaleza del hombre. De haber identificado al ícono con el fantasma, los teólogos tendrían que haber concluido que la condición de lo humano era también fantasmática. Pero esto hubiera significado, como consecuencia inevitable, afirmar que el hombre no poseía ni esencia ni modelo, ni naturaleza ni fundamento.[277] Habrá que esperar a Nietzsche para que el ícono devenga fantasma, es decir para que Cristo, con la muerte de Dios, del Padre, devenga finalmente Anticristo.

---

[277] Giorgio Agamben, en *Stanze. La parola e il fantasma nella cultura occidentale*, ha explicado que, a lo largo de la Edad Media, el fantasma representa una experiencia extrema del alma, experiencia bipolar que puede o bien elevar al hombre a las alturas divinas o bien hundirlo en las profundidades pecaminosas. El fantasma, en suma, es una imagen sin esencia, ni un ícono ni un ídolo pero que puede, por eso mismo, caer en un extremo iconolátrico o en un extremo idolátrico: "En este proceso exegético, en el que la Edad Media esconde una de sus intenciones más originales y creadoras, el fantasma se polariza y se convierte en el lugar de una extrema experiencia del alma, en la que ésta puede subir hasta el límite deslumbrante de lo divino o precipitarse en el abismo vertiginoso de la perdición y del mal. Esto explica por qué ninguna época haya sido, al mismo tiempo, tan 'idólatra' y tan 'iconoclasta' como aquella que veía en los fantasmas 'la alta fantasía' a la que Dante confía su visión suprema, y a la vez las *cogitationes malae* que, en los escritos patrísticos sobre los pecados capitales, atormentan el alma del acidioso, la mediadora espiritual entre sentido y razón que exalta al hombre a lo largo de la mística escala de Jacob de la que habla Hugo de San Víctor y las 'vanas imaginaciones' que conducen el ánimo al error que San Agustín reconoce en su propio extravío maniqueo" (2006: 139-140).

Capítulo XIII
Antropología de la imago Dei

En *Genesis I-II: Ancient Christian Commentary on Scripture,* un texto editado por Andrew Louth en el que se recopilan algunos testimonios de los Padres de la Iglesia sobre el relato de la Creación, leemos: "La doctrina de la creación del hombre a imagen de Dios es el fundamento de la antropología patrística" (2001: 27). Esta doctrina de la *imago Dei*, inescindible de los análisis antropológicos de los Padres de la Iglesia, es sin embargo extremadamente compleja y diversificada. No obstante, como sostiene John Haydn Gurmin en su tesis doctoral, *A Study of the Development and Significance of the Idea of the 'Image of God' from its Origins in Genesis through its Historical-Philosophical Interpretations to Contemporary Concerns in Science and Phenomenology,* la línea dominante de la teología cristiana se caracteriza por el intento de localizar la imagen de Dios en un "lugar" o una "potencia" específica del ser humano y no por identificarla con el hombre en su integridad, según la concepción tradicional de los hebreos.

> Las narrativas filosóficas apuntan a una preocupación central entre los pensadores cristianos por localizar un área, o una parte del ser humano donde podía demostrarse que la imagen de Dios se había vuelto manifiesta/presente. Esta área o parte es predominantemente identificada con el alma humana, ya sea en su actividad (Aquino) y/o en su naturaleza estática (FitzRalph). (Gurmin 2010: 83)

Si bien es cierto que la tendencia dominante de la teología cristiana, influenciada sin duda por el neoplatonismo (vía Filón y Orígenes, pero también Plotino y Porfirio), consiste en identificar a la *imago Dei* con el elemento espiritual o anímico del ser humano, no es sin embargo la única posición adoptada por los Padres. En el caso de Tertuliano o Ireneo, por sólo citar dos nombres célebres, la imagen de Dios alude al hombre en su totalidad, cuerpo y alma, y no a una "parte" o función específica.[278] En cierto sentido, Platón y Aristóteles abren estas dos posibilidades: el primero al identificar la esencia humana con el alma; el segundo, al identificarla con el compuesto alma-cuerpo. Giovanni Reale se refiere a una verdadera "revolución que ha explotado y se ha desarrollado a partir de Sócrates y de Platón" (1999: 156) en relación a lo humano. A partir del siglo V a.C., surge una nueva "concepción de la *psychē* que modificaba radicalmente la homérica: de ser una vana sombra, privada de sensibilidad y de conocimiento, ahora ella coincidía con la misma naturaleza del hombre" (*ibid.*). La esencia humana, a partir de Sócrates y Platón, como más tarde para Descartes, está en el alma y no en el cuerpo. Étienne Gilson, por su parte, ha indicado que, además de la concepción platónica, los teólogos y filósofos cristianos heredarán también la "concepción aristotélica del hombre definido como unidad substancial de alma y cuerpo" (1973: 86).

Ahora bien, el objetivo de este capítulo consiste en exponer rápidamente algunas concepciones del hombre como *imago Dei* en la Patrística y la filosofía medieval. No nos interesa hacer un estado de la cuestión, tarea por lo demás interminable, pero sí indicar algunas cuestiones generales que muestran el modo en que varios autores antiguos y medievales han abordado lo que significa pensar al hombre como imagen. Nuestra selección de autores, por cierto, es arbitraria y extremadamente limitada.[279] Creemos, sin embargo, que a partir de ellos pode-

---

278 Los Padres Capadocios también consideran que el cuerpo participa de la imagen divina. Sin embargo, esa participación está siempre mediada necesariamente por el alma. Por eso creemos que, si bien existen diversas concepciones del hombre como *imago Dei* en los Padres de la Iglesia, lo cierto es que, como hemos indicado, parece posible individuar una línea dominante, desde Filón de Alejandría a la escolástica, según la cual la imagen de Dios en el hombre se identifica con su alma y no, o al menos sólo secundariamente, con su cuerpo. Incluso en los casos de aquellos autores, como Justino (cfr. *De resurrectione* 7), Ireneo (cfr. *Adversus Haereses* 1.8.6.1) o Teófilo de Antioquía (cfr. *Ad Autolycum* I, 4), que adoptan una visión integral del hombre y conciben consecuentemente al cuerpo como parte integrante de la *imago Dei*, el alma funciona siempre como instancia gobernante y soberana de la parte material. En el apartado c de este capítulo analizaremos rápidamente la posición de Ireneo.

279 No hemos incluido en esta selección a Agustín de Hipona, un autor esencial dentro de la teología cristiana, puesto que ya lo hemos abordado en la sección II en relación a los dos ojos (*oculus carnis* y *oculus mentis*) y las dos visiones (*visio corporalis* y *visio intellectualis*) que definen su concepción antropológica/psicológica. Baste decir que Agustín identifica a la *imago Dei* con el alma (*mens*). En el *De Trinitate*, por ejemplo, sostiene: "*En él vivimos, nos movemos y tenemos nuestro ser* (Actos 17:27-28). Si esto se refiriese al cuerpo, podría ser entendido como el mundo corporal, porque también vivimos, nos movemos y tenemos nuestro ser en él de acuerdo al cuerpo [*secundum corpus*]. Sin embargo, debe ser entendido de un modo más excelente y, al mismo tiempo, de un modo invisible e inteligible, con respecto al intelecto [*secundum mentem*] que ha sido hecho a Su imagen" (*De Trinitate*, XIV, XI, 16). El alma, entonces, es la verdadera *imago Dei*. Este problema es desarrollado sobre todo en el *De Trinitate*. Vale la pena aclarar que para Agustín, como hemos indicado, el alma humana es creada conforme a la Trinidad, de allí que posea en su esencia una estructura también trinitaria. En efecto, Agustín interpreta el plural de Génesis 1:26, "hagamos al hombre",

mos formarnos una idea general del estatuto imaginal de lo humano en algunos pensadores claves de la teología cristiana. Nos interesa mostrar que, tanto en aquellos autores que identifican la imagen con la totalidad de lo humano (alma-cuerpo) cuanto en aquellos que la identifican con la facultad intelectual o espiritual, el estatuto de la imagen en cuanto tal permanece impensado o, mejor dicho, es pensado dentro del marco antropológico de la teología cristiana, es decir como un ícono que remite a un modelo.[280] La diferencia entre estas dos perspectivas internas a la tradición cristiana consiste en el modo en que se piensa al ícono: o bien con el hombre integral, cuerpo y alma, o bien –y esta será la posición dominante– como alma. En ambos casos, sin embargo, la imagen en cuanto tal, es decir en relación a su "ser" o cuasi-ser específico, independientemente de lo sensible y lo inteligible, no resulta pensada. Esta dificultad no responde, por supuesto, a una carencia o insuficiencia de la teología cristiana, sino a razones históricas y teológicas. Pero para poder pensar la imagen en cuanto tal, en su pseudo-ser propio, sin desplazarla a un registro sensible ni a un registro inteligible, es preci-

---

como una referencia a la Trinidad: "'Hagamos al hombre a nuestra imagen y semejanza' [Génesis 1:26]. Creemos que el hombre ha sido hecho a imagen de la Trinidad, porque no fue dicho 'a mi' o 'a tu' imagen" (*De Trinitate*, XIV, XIX, 25). Ian Hislop sugiere que "la doctrina de la *Imago Trinitatis* no surge de la cabeza de San Agustín, sino que es el resultado del impacto de las enseñanzas neo-platónicas concernientes al alma en el dogma cristiano, el cual emerge en primer lugar explícitamente en los escritos de Victorino" (1944: 429). Ahora bien, la idea del alma como *imago Dei* representa un problema arduo ya que Agustín lo aborda en diferentes niveles y desde perspectivas diversas aunque interrelacionadas. La trinidad del alma, en un primer momento, es identificada con la memoria, el entendimiento y la voluntad; en un segundo momento, con la memoria, el entendimiento y el amor; en un tercer momento, con la memoria, el conocimiento y el amor a Dios. Más allá de estas diversas configuraciones de la trinidad anímica, lo cierto es que Agustín, aun siendo uno de los más radicales pensadores de la Caída, considera que la imagen no se ha perdido luego de la expulsión del Edén. Incluso el pecador, en la medida en que su alma es capaz de recordar, entender y amar (al menos a sí mismo), es decir en tanto su alma es *capax Trinitatis*, posee una semejanza con la Divinidad y es por ende imagen, aunque degradada y debilitada, del Creador. "La humanidad puede 'recordar' a Dios, porque Él está presente en todos, y de una cierta manera 'inteligible' que incluye al pecador: tal hombre [el pecador] camina en la imagen (cfr. Ps. 38:7) a causa de que su alma tiene memoria, entendimiento y amor de sí mismo [...] en razón de esta imagen de sí mismo es capaz de descubrir de quién es imagen. Porque así ha sido ubicado en la escala de la naturaleza, puesto que por encima de él sólo se encuentra Dios" (*De Trinitate*, XIV, XIX-XX). Sobre el problema del hombre como *imago Dei* en Agustín, cfr. Sullivan 1963; Markus 1964: 125-143. Sobre la caída de Adán y Eva, cfr. Rombs 2006. Sobre el pecado original, cfr. Mann 2006: 40-48.

280 Leyendo los textos en los que los Padres de la Iglesia abordan el problema del hombre como *imago Dei*, no deja de llamar la atención la importancia, diversa según los casos, que adquiere esta cuestión dentro de la antropología cristiana. ¿Por qué los Padres consideran a la imagen, al estatuto imaginal del hombre, con tanta deferencia y devoción? ¿Por qué la condición imaginal del hombre es prueba de su mayor dignidad? No sólo porque es el único ser que fue creado a imagen de la divinidad, lo cual era ya obvio para los exégetas judíos, sino porque para ellos –como hemos visto– el hombre es un tipo de imagen muy particular: un *eikōn* (ícono) y no un *phantasma* (fantasma).

so analizar previamente los modos a través de los cuales la teología ha intentado dar cuenta del problema de la *imago Dei*. A eso nos dedicaremos a continuación.

a) Filón de Alejandría

En los escritos de Filón encontramos una de las primeras formulaciones dualistas del hombre entendido en un sentido bíblico, es decir como un ser creado a imagen y semejanza de Dios. En *De opificio mundi*, un tratado en el que converge el Génesis bíblico con el *Timeo* platónico, Filón sostiene que la expresión "a imagen y semejanza" corresponde a la parte intelectual o racional del ser humano y no a la parte corporal.

Que nadie piense que es capaz de juzgar sobre esta semejanza basándose en los rasgos del cuerpo: porque ni Dios es un ser con la forma del hombre, ni el cuerpo humano es semejante a la forma de Dios; la semejanza se refiere más bien a la parte más importante del alma [*tēs psychēs hēgemona*], es decir, el intelecto [*nous*]: porque el intelecto que existe en cada individuo ha sido creado semejante al único intelecto que es en el universo como su arquetipo. (XXIII, 69)[281]

No interesa detenernos aquí en el complejo sistema filosófico de Filón, sino más bien señalar cómo en su pensamiento comienza a esbozarse una concepción dualista del hombre claramente jerárquica, ajena a la tradición semita. Es válido recordar, sin embargo, que existe un pasaje bíblico en el cual pareciera sugerirse que la imagen de Dios en el hombre se situaría en al alma, la parte inmortal. Nos referimos al Libro de la Sabiduría 2:23: "Porque Dios creó al hombre para la incorruptibilidad, le hizo imagen de su misma naturaleza". De todos modos, el ámbito de este libro sapiencial, no incluido en el *Tanaj* judío ni en la Biblia de los protestantes, es la cultura greco-helenista, lo cual demuestra hasta qué punto la visión dualista no era característica de la antropología hebrea. Para Filón, entonces, sólo la parte intelectual o espiritual puede ser considerada imagen de Dios, pues sólo ella ha sido creada por Dios a partir del *Logos* eterno. Filón está pensando en el *Timeo*, donde Platón explica cómo el Demiurgo crea el cosmos basándose en las Formas o Modelos inteligibles. El término *Logos* designa precisamente este mundo arquetípico.[282] Nótese, sobre todo, el desplazamiento que

---

[281] Las traducciones del *De opificio mundi* están basadas en la edición crítica de *Loeb Classical Library* (vol. 1) consignada en la bibliografía. En ocasiones hemos modificado ligeramente la traducción.

[282] En los siglos posteriores, y ya claramente a partir de Juan y luego de Orígenes, el *Logos* es identificado con Cristo. Como explica Alois Grillmeier, el concepto de *Logos*, tal como aparece en el prólogo al Evangelio de Juan, "representa una aceptación real de las ideas provenientes de los griegos, si bien el contenido asigna-

introduce Filón en la concepción del hombre como *imago Dei*. No sólo identifica a la imagen con el alma, sino –y aquí es una vez más evidente la influencia de la teoría anímica de Platón (alma racional, irascible y apetitiva)– con la parte o función más elevada: el intelecto o la razón. Este desplazamiento dará lugar a una de las grandes líneas, aunque no la única, de la tradición cristiana de los Padres de la Iglesia y de los teólogos medievales. No hay que suponer, sin embargo, que esta concepción implique una negación directa del cuerpo. Pablo, sin ir más lejos, en 1 Cor. 6:19, define al cuerpo como el "templo del Espíritu Santo". En este sentido, el cuerpo debe ser cuidado y preservado de todas aquellas tentaciones que pueden corromperlo. No obstante, si bien el cuerpo es parte fundamental del ser humano, su aspecto más elevado se concentra en el espíritu, la razón o el intelecto. Este desplazamiento antropológico que Filón introduce en su lectura de las Escrituras y que consiste en identificar a lo humano, la imagen, con el alma o el intelecto será ampliamente desarrollado por la reflexión patrística en general y por la escuela alejandrina en particular. Incluso en un autor como Ireneo de Lyon, quien defiende una visión integral del ser humano, más cercana en este sentido a la tradición hebrea, el alma debe gobernar al cuerpo para alcanzar la semejanza, a través de Cristo, con el Creador.

b) Orígenes

En *The Oxford Dictionary of the Christian Church* leemos que algunos Padres, por ejemplo Ireneo y Orígenes, "consideraron a la 'imagen' como la condición original del hombre, y a la 'semejanza' como su estado final de gloria" (Cross & Livingstone 1997: 820). De tal manera que el término *eikōn* designa en ellos el estatuto ontológico del hombre, mientras que el término *homoiōsis* un proceso de actualización de la semejanza.[283] Dicho de otro modo: para algunos Padres, el hombre es una imagen que debe asemejarse cada vez más al Creador. Según

---

do a ese término por Juan excede su marco de referencia. La visión griega del Logos es insuficiente para explicar el concepto en Juan. Tanto Heráclito como los estoicos piensan al Logos como el principio rector del cosmos, pero siempre desde una perspectiva inmanente. El Logos del prólogo, por el contrario, es al mismo tiempo personal y trascendente. Tampoco en Filón, a pesar de la similitud de varias de sus fórmulas, encontramos elementos suficientes para explicar la profundidad que alcanza el término en Juan" (1975: 30).

283 A pesar de esta cercanía entre Orígenes e Ireneo, existen diferencias esenciales entre ellos. Por ejemplo, así como para Orígenes la imagen de la divinidad es por necesidad invisible e incorporal, para Ireneo es a la vez corpórea (por la encarnación de Cristo) e incorpórea. Para ambos, entonces, el *eikōn* designa el estatuto ontológico del hombre, pero lo que cada uno entiende por *hombre* difiere radicalmente. Para Orígenes el hombre es el alma inmaterial; para Ireneo, la totalidad alma-cuerpo o, para ser aun más precisos, alma-cuerpo-espíritu. Sobre esta cuestión, cfr. Crouzel 1985: 130-131; Behr 2000.

Ireneo, Orígenes o Basilio, la semejanza, la *homoiōsis,* implica una práctica (una *oikonomia* dice Ireneo), un trabajo sobre sí, un camino ético que debe ser recorrido. La imagen, el *eikōn,* por el contrario, indica una condición ontológica, un estatuto. Parafraseando a Simone de Beauvoir, diríamos que imagen se nace, semejante se deviene. Orígenes, en el tercer libro del tratado *De principiis,* expresa esta idea con toda claridad:

> ...el hombre recibió el honor de la imagen de Dios en su primera condición, mientras que la perfección de la semejanza a Dios fue reservada al momento de su consumación. El propósito de esto es que el hombre debe adquirirla por sí mismo y debe esforzarse por imitar a Dios [*ex Dei imitatione consciceret*], de tal modo que mientras que la posibilidad de alcanzar la perfección [*possibilitate sive perfectionis*] le fue concedida desde el inicio a través del honor de la "imagen" [*in initiis data per imaginis dignitatem*], él debe en suma a través del cumplimiento de las obras [*per operum*] conquistar la "semejanza" perfecta. (3.6.1)[284]

Como puede verse, la imagen designa el estatuto mismo del hombre, la condición ontológica que le fue concedida por Dios en lo que Orígenes llama la primera condición. No sólo Orígenes concibe al hombre como una imagen sino que encuentra en esa condición icónica su mayor dignidad. Explica Crouzel:

> El "según la imagen" es, dice expresamente Orígenes, "nuestra principal substancia", el fondo mismo de nuestra naturaleza: el hombre se define, en lo más profundo de su ser, por su relación con Dios y por el movimiento que lo lleva a devenir semejante a su modelo, gracias a la acción divina, que se manifiesta desde el comienzo y en cada una de las etapas de este desarrollo, gracias también a la libertad que Dios le ha dado al hombre al crearlo. (1985: 134)

El hombre es privilegiado entre todos los seres por la dignidad de la imagen. La semejanza, por el contrario, designa una potencia que debe ser actualizada. Con el honor de la imagen, le fue otorgada al hombre la potencia de la semejanza, es decir la posibilidad de asemejarse al Creador. Sin embargo, a diferencia de la imagen, que fue prodigada de una vez por todas y que designa una condición definitiva, la semejanza debe ser conquistada, ya sea por las obras o por la gracia.[285] La imagen le es dada al hombre en el alba de los tiempos: el hombre

---

284 Las traducciones de los tratados de Orígenes están basadas en la edición crítica de las *Sources Chrétiennes* consignada en la bibliografía. En ocasiones hemos modificado ligeramente la traducción.

285 No nos interesa, en este punto, detenernos en estas discusiones que serán centrales, sin embargo, en la crítica de Lutero a la institución eclesiástica.

es una imagen desde el primer instante de su creación. La semejanza le es dada también al inicio: antes de la caída, Adán es plenamente semejante –pero nunca idéntico– a Dios; luego de la caída, el hombre sólo tiene la *posibilidad* de asemejarse (o desemejarse) a su modelo divino. Eva T. H. Brann, en *The World of Imagination*, lo expresa con claridad: "El ser humano es ya, en razón de su libertad espiritual y su racionalidad, una imagen (*eikōn*) de Dios, pero por medio de la asimilación activa (*homoiōsis*), él puede, por la gracia de Dios, trabajar para perfeccionarse" (1991: 701). Ambos términos, imagen y semejanza, por supuesto, están íntimamente relacionados. En la medida en que el hombre es un *eikōn*, tiene la potencia de asemejarse a la divinidad. Los animales, por el contrario, que no fueron creados a imagen de Dios, no pueden tampoco asemejársele.[286] Como afirma justamente Crouzel, la semejanza es "el desenlace de la imagen" (1985: 135). Por eso existe un dinamismo en la concepción origeniana de la *imago Dei*, dinamismo que alcanza su finalidad en la semejanza perfecta con Dios a través del Hijo. "El término de este desarrollo, que no alcanzará la perfección más que en la beatitud, es la semejanza" (Crouzel 1985: 135).[287]

Para Orígenes, como para muchos otros Padres de la Iglesia, el hombre es creado según la imagen de Dios que es Cristo, por lo cual es en realidad imagen de la imagen. En sentido estricto, sólo Cristo es imagen de Dios; el hombre, en cambio, es "según la imagen" (*to kat'eikona*). Esta expresión encuentra su punto de referencia, por supuesto, en Génesis 1:27-28. Orígenes, de hecho, interpreta los dos primeros capítulos del Génesis como dos creaciones diversas: la primera se refiere a la creación del alma, creada según la imagen, incorporal e invisible; la segunda se refiere a la creación del cuerpo. La imagen corresponde entonces al alma, a lo que Orígenes denomina el hombre interior.

No debemos entender que cuando las Escrituras dicen que el hombre fue creado "a imagen de Dios [*ad imaginem Dei*]" se refieran al cuerpo [*non intelligimus corporalem*] [...] Es nuestro hombre interior [*interior homo*], in-

---

[286] Diádoco de Fótice, en sus *Capita centum de perfectione Spirituali*, sostiene una idea similar a la de Orígenes: "Todos los hombres son hechos a imagen de Dios; pero ser a su semejanza sólo es concedido a aquellos que a través del gran amor han sometido su libertad a Dios. Porque sólo cuando no nos pertenecemos a nosotros mismos podemos asemejarnos a aquél que, a través de su amor, nos reconcilia consigo. Nadie conquista esto sin persuadir a su alma de no distraerse con las falsas tentaciones de esta vida" (V, 86). Los hombres son imágenes (de Dios), y estas imágenes deben alcanzar su semejanza perfecta con el Creador a través del amor y la vida ascética.

[287] En este punto, como indica Crouzel, pareciera existir una cierta ambigüedad en Orígenes respecto a si el hombre conquista su salvación por sus propias obras o por medio de la gracia. Sobre este problema, cfr. Crouzel 1985: 136.

visible e incorpóreo, incorruptible e inmortal el que fue creado "conforme a la imagen de Dios". (*Homiliae in Genesim* I, 13)[288]

Al igual que Platón, Orígenes considera al cuerpo una prisión para el alma de la cual debe liberarse para alcanzar la semejanza perfecta con el Dios invisible e incorpóreo. Según Henri Crouzel, parecería ser que Orígenes, al interpretar el segundo capítulo del Génesis, está pensando en alguna forma de cuerpo espiritual o etéreo, ya que, según sostiene en otros textos, el cuerpo terrenal, material, le fue otorgado al hombre después de la caída, como consecuencia del pecado.[289] En la concepción del alejandrino, el pecado de Adán es interpretado como una superposición o un recubrimiento de imágenes adversas, demoníacas. La imagen divina que posee el hombre desde su creación resulta cubierta –y este es el sentido de las túnicas de piel– por imágenes bestiales o diabólicas. Orígenes interpreta la expresión "imagen del terrenal", que emplea Pablo en la primera epístola a los Colosenses (15:49), no como una referencia a Adán sino al diablo.

c) Ireneo de Lyon

En el caso de Ireneo de Lyon, esta distinción entre la imagen y la semejanza se expresa en los términos respectivos de ontología y economía.[290] La imagen designa la condición o el estatuto ontológico del hombre; la semejanza, el trabajo que debe realizar el hombre a lo largo de la historia según el plan divino. La diferencia entre ontología y economía es la misma diferencia entre creación e historia o entre Ser y Hacer. "Lo que significa para el hombre ser 'semejante' a Dios –es decir, la 'semejanza' de 'a imagen y semejanza'– es explicado a través del nexo entre ontología y economía en la obra de Ireneo" (Steenberg 2009: 37). Por tal razón, continúa Steenberg, "ser 'a imagen' significa hablar de la substancia

---

288 Esta identificación de la imagen con la parte racional o intelectual del alma humana es un tópico frecuente en la Patrística. Ya Clemente de Alejandría, por ejemplo, sostenía una idea similar: "La imagen y semejanza no se refieren al cuerpo [*ou to kata sōma*] (porque sería erróneo que lo mortal fuese creado semejante a lo inmortal), sino al intelecto y al razonamiento [*noun kai logismon*], en el cual el Señor imprimió el sello de la semejanza [...] Porque el gobierno no le corresponde al cuerpo, sino a los juicios de la mente" (*Stromata* 2.19.102.6-7). La misma concepción encontramos en un autor bizantino posterior, Máximo el Confesor: "El hombre es, y es llamado hombre principalmente por el alma racional e intelectual [*tēn psychēn tēn logikēn*]. Según ella y por ella es a imagen y semejanza de Dios" (*Mystagogia* VI, 684cd). Sobre Máximo el Confesor y el problema de la imagen de Dios desde una perspectiva cristológica, cfr. Louth 2008: 260-275.

289 Crouzel encuentra una posible solución a esta aparente contradicción en los textos de Procopio de Gaza. Sobre este problema, cfr. Crouzel 1985: 132.

290 Sobre el problema del hombre como imagen de Dios en Ireneo, cfr. Behr 2000; Orbe 1995, vol. I: 258-272, 284-296; Hislop 1946: 69-75; Jacobsen 2006: 67-94.

de la creación; ser 'a semejanza' significa realizar económicamente la vida que la creación permite –la semejanza del Hijo encarnado, en obediencia con su Padre a través del Espíritu" (2009: 37-38).[291]

La imagen concierne al *ser* del hombre, la semejanza al *hacer*.[292] El hombre, sin embargo, fue creado a imagen y semejanza, es decir con el estatuto de una imagen y con la semejanza plenamente actualizada. Con la caída, como hemos visto, el hombre pierde la semejanza o, con mayor rigor, la *actualidad* de la semejanza. Pero por eso mismo, a diferencia del resto de los animales, conserva la semejanza como *potencialidad*.[293]

---

291 En *Il Regno e la Gloria*, Giorgio Agamben ha mostrado que estos dos niveles, ontológico y económico, constituyen los polos de la máquina gubernamental del Occidente. Según la tesis de Agamben, desde los primeros siglos del cristianismo en adelante el poder occidental se ha constituido a partir de una bipolaridad esencial: por un lado, el paradigma soberano, trascendente, fundado en la idea del Dios-Padre que reina pero no gobierna; por el otro, el paradigma económico, inmanente, fundado en la idea del Dios-Hijo que gobierna pero no reina. Por tal motivo, la máquina gubernamental es necesariamente bipolar. En el capítulo "Archeologia della Gloria", por ejemplo, Agamben sostiene que "*theologia* y *oikonomia* constituyen [...] una máquina bipolar, de cuya distinción y de cuya correlación resulta el gobierno divino del mundo" (2007: 253). El polo soberano habría dado lugar a la formación del Estado moderno y el polo económico habría dado lugar a la administración biopolítica de las sociedades contemporáneas. Una de las tesis que desarrolla Agamben en este texto, rectificando en parte los análisis de Michel Foucault (cfr. Foucault 1976: 179-180), consiste en mostrar que el poder occidental, a partir de la teología cristiana de los primeros siglos, es siempre soberano-gubernamental, es decir político-económico. A esta estructura bipolar, característica de todas las máquinas agambenianas, habría que agregar la idea del centro vacío. Ya desde el inicio de *Il Regno e la Gloria*, Agamben vuelve explícito el otro aspecto decisivo de la máquina: "el centro de la máquina gubernamental está vacío. El trono vacío [...] es, en este sentido, el símbolo más apremiante del poder" (2007: 11). El vacío central alude a una filosofía no esencialista: el poder no posee una esencia o una substancia, es "originariamente" an-árquico. Ahora bien, el elemento que, en Ireneo, permite mantener unidos ambos registros, el ontológico y el económico, es precisamente la imagen o, con mayor rigor, las dos caras de la imagen: el *eikōn* propiamente dicho (ontología) y la *homoiōsis* (economía). Según nuestra tesis, la máquina óptica funciona colmando la insubstancialidad central, identificada por nosotros con la noción de *phantasma*, con la realidad del *eikōn*. En este sentido, la máquina gubernamental es necesariamente una máquina óptica icónica. Por eso el problema, creemos, no se encuentra tanto en la gloria y en la sociedad de las imágenes, sino en la tensión entre dos tipos de imágenes: el *eikōn* y el *phantasma*. Sobre la relación entre *eikōn*, teología y economía, cfr. Mondzain 2000: 95-150. Sobre la sociedad espectacular, cfr. el apartado *d* del cap. XV. Sobre el concepto de máquina gubernamental en Agamben, cfr. Watkin 2014: 209-243.

292 Este "hacer", vale la pena aclarar, implica para Ireneo el libre arbitrio (cfr. Behr 2000: 91). En este sentido, Antonio Orbe sostiene que la *homoiōsis* designa un proceso de asimilación: "Es un término de acción; acción de volverse semejante, empeño para asemejarse. Hagamos al hombre... a fin de que se asemeje a nosotros" (1995, I: 265).

293 Esta terminología aristotélica, por supuesto, no está presente en Ireneo. Sin embargo, consideramos pertinente servirnos de ella para explicar algunas de las ideas que estructuran su antropología. La misma metodología, por otro lado, emplea Henri Crouzel en relación a Orígenes (cfr. 1956: 32, 207-208).

En todo tiempo el hombre, plasmado al inicio por las manos de Dios, o sea el Hijo y el Espíritu, sigue naciendo según la imagen y semejanza de Dios (Génesis 1:26), rechazando la paja que es la apostasía, y recogiendo en el granero el trigo (Mateo 3:12), que son aquellos que por la fe fructifican en Dios. (*Adversus haereses* 5.28.4)[294]

Según Ireneo, el hombre sigue naciendo, después de la caída, según la imagen y la semejanza de Dios. Si así no fuera, no podría sostenerse la santidad de los profetas y patriarcas del Antiguo Testamento. Este pasaje pareciera contradecirse con otro en el que Ireneo, siguiendo sin duda a Pablo, afirma que, así como en Adán el hombre ha perdido la "imagen y semejanza" respecto a Dios, en Cristo la vuelve a recuperar.[295]

Pero cuando [Cristo] se hizo hombre recapituló en sí mismo toda la historia de los seres humanos y asumiéndonos en sí nos concedió la salvación; de manera que, cuanto habíamos perdido en Adán (es decir el haber sido hechos "a imagen y semejanza de Dios" [Génesis 1:26]), lo volviésemos a recibir en Jesucristo. (*AH* 3.18.1)

Este pasaje debe ser interpretado en relación a las epístolas de Pablo. Para Ireneo, como hemos visto en el pasaje anterior, el hombre sigue naciendo según la imagen y semejanza respecto a Dios, incluso luego de la caída. Lo que se ha perdido, como en Pablo, es la semejanza o, más bien, la condición *actual* de la semejanza. En efecto, de ser actual, como lo era en Adán antes del pecado, pasa a ser *potencial*. Por eso Pablo sigue refiriéndose a Adán y al hombre post-lapsario con el término *eikōn*. Sólo que, a diferencia de Cristo o del mismo Adán antes de la caída, el Adán caído es un *eikōn* de la tierra, y no un *eikōn* del cielo como en el Jardín del Edén. Por eso Cristo, para Ireneo, no sólo viene a reactualizar la semejanza con el Padre que se perdió (es decir, se desactualizó) con la caída, sino que viene a conferirle al hombre su verdadera imagen, su vida eterna. Al recuperar la semejanza a través de Cristo, el hombre descubre su condición icónica, condición que parecía haberse perdido con la introducción del pecado y de la muerte en la vida humana. En un pasaje decisivo, Ireneo muestra la importancia de Cristo en relación al hombre como *imago Dei*.[296] Al hacerse visible en la carne, Cristo le muestra al hombre la verdadera imagen que a pesar de la caída

---

294 Las traducciones del *Adversus haereses* (de aquí en más *AH*) están basadas en la edición crítica de las *Sources Chrétiennes* consignada en la bibliografía. En ocasiones hemos modificado ligeramente la traducción.

295 Lo cual no significa, por cierto, que la vida de Adán antes de la caída sea idéntica a la vida redimida en Cristo. Sobre este problema, cfr. Behr 2000: 94-95.

296 La antropología de Ireneo es profundamente cristológica. Como sostiene John Behr en *Asceticism and Anthropology in Irenaeus and Clement*: "La lectura que realiza Ireneo de los versos del Génesis concer-

lo define y le devuelve en consecuencia la semejanza que ahora puede volver a conquistar a través suyo.

> En los tiempos antiguos, en efecto, se decía que el hombre había sido hecho según la imagen de Dios; pero no se mostraba, pues aún era invisible el Verbo, a cuya imagen el hombre había sido hecho. Por tal motivo éste fácilmente perdió la semejanza. Mas, cuando el Verbo de Dios se hizo carne (Juan 1:14), confirmó ambas cosas: mostró la imagen verdadera, haciéndose él mismo lo que era su imagen, y nos devolvió la semejanza y le dio firmeza, para hacer al hombre semejante al Padre invisible por medio del Verbo visible. (*AH* 5.16.2)

La encarnación es fundamental porque representa, como hemos visto en el capítulo previo, el devenir visible de lo invisible, es decir el devenir humano de Dios o el devenir carne del espíritu. Este devenir visible de la divinidad en la figura de Cristo revela la imagen en nosotros, de modo que descubramos en nuestro ser que estamos destinados a ser hijos de Dios, y por ende se nos devele Dios como Padre.

A diferencia de los alejandrinos, como Filón u Orígenes, más influenciados sin duda por la cultura griega, Ireneo no adhiere a una concepción dualista del hombre. Ser imagen significa ser cuerpo y alma o, mejor aun, ser un compuesto de cuerpo, alma y espíritu.[297]

---

nientes a la creación del hombre, su protología, así como su escatología, es Cristocéntrica, centrada en Cristo, verdadero Dios y verdadero hombre" (2000: 87).

[297] Se objetará que esta naturaleza tripartita del hombre, muy frecuente en algunos Padres de la Iglesia, implica una antropología no dualista y que, por lo tanto, nuestra categoría de máquina óptica, en la medida en que posee una estructura bipolar, no es adecuada para analizar casos como el de Ireneo. Lo mismo podría decirse, como advertimos parcialmente en la nota 14 respecto a la vaguedad del término "alma" en general, de la noción de alma del platonismo y el neoplatonismo –piénsese, sin ir más lejos, en la *psychē kosmou* del *Timeo* (cfr. Taylor 1928: 79-85; Bigger 1967: 1-8) y en su compleja repercusión en autores neoplatónicos (Plotino, Porfirio, Jámblico, Proclo, etc.)–. Sobre la noción de alma en el neoplatonismo, cfr. Merlan 1968: 11-33; Blumenthal 1993; Shaw 1995; Cleary 1997; Reydams-Schils 2006: 177-200. Pero incluso en autores ajenos al neoplatonismo, la idea de un *anima mundi* ha sido decisiva. Resulta evidente que en cualquiera de estos casos, entre los que habría que incluir también la *Weltseele* de Schelling y la más reciente *Gaia hypothesis* de James Lovelock, la noción de alma es mucho más problemática y ambivalente de lo que podría parecer a una mirada poco atenta, por lo que sería un error identificarla apresuradamente con lo inteligible *tout court*. A fin de hacer visible la densidad semántica que se juega al interior del concepto de "alma" (*psychē* o *anima*), citamos un pasaje del texto que Andrew Smith le dedica a Porfirio y a la tradición neoplatónica: "Para un platónico el alma tenía por su propia naturaleza una doble función. El objetivo de la vida filosófica es realizar ambas funciones en la medida de lo posible. Así, el alma debe ser al mismo tiempo trascendente e inmanente, correspondiendo a las dos regiones de su actividad –el mundo del ser real y el mundo de los sensibles" (1974: 29). Sin embargo, es preciso aclarar que cuando nosotros hablamos del "ojo del alma" en relación a la máquina óptica nos referimos a la visión

No es que la sola carne creada sea de por sí el hombre perfecto, sino que es sólo el cuerpo del hombre y una parte suya. Pero tampoco sola el alma es ella misma el hombre; sino que es sólo el alma del hombre y una parte del hombre. Ni el Espíritu es el hombre: pues se le llama Espíritu y no hombre. Sino que la unión y mezcla de todos éstos es lo que hace al hombre perfecto. (*AH* 5.6.1)

Ni el cuerpo ni el alma ni el espíritu se puede identificar con el hombre *tout court*. Varios pasajes de la obra de Ireneo testimonian su concepción integral del ser humano. El hombre ha sido creado a imagen de Dios, y eso incluye tanto su aspecto espiritual y anímico como corporal.

Dios será glorificado en su creatura que por su bondad ha hecho semejante a él, y conforme a la imagen de su Hijo. Pues el hombre, y no sólo una parte del hombre, se hace semejante a Dios, por medio de las manos de Dios, esto es, por el Hijo y el Espíritu. Pues el alma y el Espíritu pueden ser partes del hombre, pero no todo el hombre; sino que el hombre perfecto es la mezcla y unión del alma que recibe al Espíritu del Padre, y mezclada con ella la carne, que ha sido creada según la imagen de Dios. (*AH* 5.6.1)

La imagen humana, el hombre como imagen, engloba el espíritu, el alma y el cuerpo.[298] Sin el cuerpo, el hombre no es hombre; lo mismo respecto al alma, que para Ireneo es tanto el "aliento de vida" que anima al cuerpo[299] cuanto la sede de las actividades intelectuales, y al espíritu. De todas formas, Ireneo aclara que es

---

incorpórea o al polo invisible que ha sido equiparado, en ciertas corrientes de la tradición metafísica, con la esencia misma de lo humano, independientemente de si se lo identifica con el alma *tout court*, con el espíritu o el intelecto. Poco importa, en nuestra perspectiva, si el hombre es pensado como un compuesto de cuerpo y alma o de cuerpo, alma y espíritu, como es el caso de Ireneo. Lo importante es que, más allá de los elementos que lo componen, lo humano surge siempre de la tensión entre dos polos: uno visible y corpóreo, otro invisible e incorpóreo. De tal manera que incluso en los autores que adhieren a una concepción tripartita de lo humano, es posible mostrar que los tres componentes (cuerpo, alma y espíritu) se ordenan de acuerdo a estos dos polos fundamentales. Algunas veces el alma ocupa un lugar intermedio, a la vez corpóreo e incorpóreo; otras veces es desplazada al polo incorpóreo. No obstante, la estructura bipolar de la antropología teológica permanece invariable.

298 Sin embargo, si bien el cuerpo es parte fundamental del ser humano, debe ser gobernado y regido por la instancia racional o espiritual. En este sentido, Ireneo puede afirmar que el cuerpo es (o, mejor aun, *debe ser*) un instrumento del alma. "El cuerpo no es más fuerte que el alma, desde que aquel resulta inspirado, vivificado, incrementado y unificado por ésta; pero el alma posee al cuerpo y lo gobierna. Es retardada en su velocidad en la medida en que el cuerpo comparte su movimiento, pero nunca pierde el conocimiento de sí misma. Por eso el cuerpo debería ser comparado a un instrumento, mientras que el alma posee la razón de un artista" (Ireneo *Ref.* 2.33.4).

299 Si bien el alma es "aliento de vida", no es en sí misma la vida, sino que la adquiere gracias a la donación de Dios. Para poder vivir, el alma debe participar de la vida otorgada por Dios; recién entonces puede animar al cuerpo.

por el espíritu que el hombre se vuelve perfecto, y que es este hombre perfecto, al que no le falta ninguno de sus tres elementos, el que puede ser considerado imagen y semejanza de Dios. En un pasaje interesante, Ireneo sostiene que sin el espíritu, el hombre sería sólo imagen de Dios en tanto creatura, pero no poseería la semejanza.

> Pues si alguien prescindiera de la substancia de la carne, esto es de la creatura, y quisiera entender lo anterior como dicho sólo del puro espíritu, entonces no se podría hablar de que el hombre en cuanto tal es espiritual, sino sólo del espíritu del hombre y del Espíritu de Dios (1 Corintios 2:11). Mas este Espíritu se une a la creatura al mezclarse con el alma; y así por la efusión del Espíritu, el hombre se hace perfecto y espiritual: y éste es el que ha sido hecho según la imagen y semejanza de Dios (Génesis 1:26). Si le faltase el Espíritu al alma, entonces seguiría como tal, siendo animado; pero quedaría carnal, en cuanto se le dejaría siendo imperfecto: tendría la imagen en cuanto creatura, pero no recibiría la semejanza por el Espíritu. (*AH* 5.6.1)

Según este pasaje, podemos aseverar que para Ireneo la semejanza le está dada al hombre a través del espíritu.[300] Con la caída, el hombre sigue siendo una imagen, es decir un compuesto de cuerpo y alma, una creatura, pero su aspecto espiritual ha desaparecido.[301] Este alejamiento del espíritu, sin embargo, no implica una desaparición absoluta, sino un retraimiento a una condición potencial.[302] Esta condición potencial del Espíritu, es decir de la semejanza, se expresa como una "promesa" en la economía divina. Lo cual significa que no existe una diferencia de naturaleza entre la vida del hombre caído, llamada por Ireneo "débil", y la vida redimida por Cristo, llamada "fuerte": "Toda vida es gracia de Dios, y por lo tanto no hay distinción de naturaleza entre la vida débil y la fuerte" (Behr 2000: 97). Si bien todos los hombres poseen alma, no todos poseen Espíritu (al

---

300 Resulta evidente que el espíritu no debe entenderse como una "parte" del hombre en cuanto tal, ya que es algo exterior que le viene de Dios. El alma y el cuerpo, en cambio, son "partes" del hombre. El alma anima el cuerpo; el espíritu vivifica al alma y al cuerpo.

301 "Esta 'vida del Espíritu', que el primer Adán gozaba desde el instante en que fue formado por las manos del Creador y que fue perdida a través de su desobediencia, es recuperada a través de la obediencia al segundo Adán" (Behr 2000: 94).

302 En efecto, si bien la vida del Espíritu parece haberse perdido con la caída, lo cierto es que no se trata de una desaparición total de lo espiritual, sino de una retracción o contracción del Espíritu. John Behr explica con exactitud las consecuencias inaceptables, al menos para Ireneo, que se derivarían del hecho de que el hombre hubiera perdido todo aspecto espiritual. "Si se sostiene que el Espíritu vivificador no estaba presente en la raza humana en el curso de la apostasía, entonces se debe también sostener una fuente diversa de vida, un aliento de vida, la cual sería meramente física y no tendría ningún tipo de comunión con Dios" (2000: 97). Pensar en una vida ajena por completo a Dios, por supuesto, es imposible para Ireneo, ya que Dios es precisamente quien da la vida a través del Espíritu.

menos no lo poseen en acto). Según la interpretación de John Behr, la caída de Adán supone para Ireneo un debilitamiento del aliento de vida. Por eso Ireneo habla de una vida débil en contraposición a la vida fuerte que el hombre encuentra en Cristo. La animación del alma y la vivificación del Espíritu no pueden ser confundidas; sin embargo, no se trata de dos fuentes de vida diversas. Hay una sola fuente de vida, pero esta vida se difunde de dos maneras: según el aliento de vida natural a todo hombre por el hecho de ser una creatura; según el espíritu que vivifica a los hombres que aceptan a Cristo. La plena vivificación del espíritu concierne a la escatología. En el fin de los tiempos, el espíritu, es decir la semejanza a Dios, será absolutamente actualizada. La escatología implica un cambio en el estado del espíritu: de ser en potencia pasa a ser en acto. Ahora bien, la actualización (o más bien re-actualización) de la semejanza requiere –y aquí se nota la diferencia con algunos de los Padres de tradición platónica– la totalidad del hombre. Para que el espíritu, garante de la semejanza, pueda pasar de la potencia al acto, es necesario que se mezcle con el alma y penetre en el cuerpo. La misma noción de "imagen", para Ireneo, implica el componente material. Si la materia no fuese parte constitutiva de la naturaleza humana, el hombre no podría ser considerado *imago Dei*. De ahí el énfasis que pone Ireneo en la creación del cuerpo humano a partir de la tierra. El cuerpo humano, entendido como imagen de Dios, revela ya en sí mismo la divinidad. Por eso Ireneo, a diferencia de otros Padres de tradición platónica, no identifica a la imagen con el alma, el espíritu o la inteligencia. Como advierte acertadamente Behr: "Ireneo explícitamente rechaza la posibilidad de localizar la imagen de Dios en una parte o cualidad inmaterial del hombre" (2000: 89). Pero si Dios es inmaterial, como afirma por otro lado Ireneo, entonces el arquetipo en el que se basa la imagen humana no puede ser más que Cristo, la imagen visible del Dios invisible. El hombre es creado a imagen de Cristo (cfr. Ireneo, *Demostratio* 22). Por eso Cristo viene a revelar la verdadera forma humana, la verdadera esencia (imaginal) del hombre. Incluso la caída de Adán, en el pensamiento de Ireneo, prefigura la recomposición y la revelación de la imagen y semejanza inherentes a la economía divina.

d) Gregorio de Nisa

d.1) Imago Dei *y* Caída

La antropología que nos presenta Gregorio de Nisa en su *De hominis opificio* se asienta en una clara dualidad ontológica de ascendencia platónica: "De las cosas que existen, unas son intelectuales, otras corporales" (VIII.5).[303] El ser se divide, entonces, en una región intelectual [*topos noētos*] y una región corporal [*topos sōmatikos*]. Gregorio identifica al mundo intelectual con lo divino o angélico y al mundo corporal, sensible, con lo irracional o animal. El hombre, en la concepción que nos propone el niseno, ocupa el lugar intermedio entre ambos niveles.[304]

Mientras que las dos naturalezas –la naturaleza divina e incorpórea y la vida irracional de los brutos– están separadas mutuamente como dos extremos, la naturaleza humana es el medio entre ellas [*meson esti to anthrōpinon*]: porque en la naturaleza compuesta del hombre podemos contemplar una parte de cada una de estas naturalezas recién mencionadas –de la Divina, el elemento racional e inteligente, el cual no admite distinción de macho y hembra; de la irracional, nuestra estructura corporal, dividida en macho y hembra. (XVI.9)

El hombre es un compuesto (*synkrima*) de alma y cuerpo. La condición intermedia está dada por esta mutua presencia de un elemento intelectual, el alma, y un elemento irracional, el cuerpo. En este sentido, el hombre, dice Gregorio, se asemeja a una "única cabeza con dos caras [*dyo morphas prosōpōn*]" (XVIII.3): por un lado, ha sido moldeado a imagen y semejanza de Dios y, en este sentido, posee la belleza del Creador; por otro lado, ha sido creado de la tierra y posee en consecuencia una disposición a lo que es irracional. Por medio de su naturaleza sensual, el hombre puede relacionarse con la creación terrenal; por medio de la intelectual, con lo divino. "Gregorio localiza el aspecto divino e inmaterial de la naturaleza humana en el alma" (Smith 2006: 210). Este componente espiritual, no obstante, depende de la forma y la función del cuerpo. El alma racional, en este sentido, debe gobernar soberanamente la vida del cuerpo. "El alma lleva la imagen del Señor del universo, cuya dignidad racional consiste en aquellas facultades y virtudes necesarias para la autarquía del alma" (Smith

---

303   Las traducciones del *De hominis opificio* están basadas en la edición crítica a cargo de Lara Sels consignada en la bibliografía. En ocasiones hemos modificado ligeramente la traducción. Sobre la influencia platónica en el pensamiento de Gregorio, cfr. Bianchi 1978: 85-98; Maspero 2010: 37; Ladner 1958: 65. Si bien hay una presencia indudable de Platón en Gregorio, así como de Filón u Orígenes, lo cierto es que se trata de una apropiación que modifica profundamente las ideas originarias. En este sentido, Giulio Maspero puede sostener que, desde una perspectiva antropológica y ontológica, "Gregorio reemplaza la distinción platónica fundamental entre el mundo material y el mundo inteligible con la que existe entre la realidad creada y la realidad increada y la convierte en el fundamento de su propio pensamiento" (2010: 37).

304   Es preciso notar, sin embargo, que autores como Warren Smith consideran que la antropología de Gregorio se basa en una unidad psicosomática: "La unidad psicosomática de la persona resulta central en la antropología de Gregorio" (2006: 211). De todas formas, Smith aclara que "en *De hominis opificio*, él [Gregorio] enfatiza el alma racional, la cual es imagen de Dios" (*ibid.*).

2006: 210). La imagen, tal como Gregorio la entiende, corresponde al alma racional. Es evidente que el niseno entiende la imagen en un sentido ontológico. En efecto, como indica Johannes Zachhuber, "crear al hombre entonces, significa nada menos que crear la naturaleza universal e inmanente del hombre" (2014: 158).[305] El cuerpo, si bien parte fundamental del hombre, no se confunde con la imagen. Vale la pena aclarar que Gregorio utiliza los términos *imagen* y *semejanza* en un sentido platónico y que, como Atanasio o Clemente, no los distingue.[306] Algo es imagen (*eikōn*) en la medida en que se asemeja a su Arquetipo. Por tal motivo, muchas veces en los textos de Gregorio ambos términos son usados como sinónimos. El único sentido de la imagen antropológica que el niseno reconoce es el de ícono, es decir el de una imagen que se funda en una relación de semejanza con su modelo. "La imagen es propiamente una imagen en tanto no le falta ninguno de los atributos que percibimos en el arquetipo; pero cuando deja de asemejarse al prototipo deja en ese sentido de ser imagen" (XI.3). Hablar de un ícono sin semejanza no tendría sentido para Gregorio, puesto que no sería ya propiamente un ícono.

Ahora bien, la imagen para Gregorio consiste sobre todo en los atributos más perfectos de la naturaleza humana. Como hemos dicho, sólo la parte más elevada del hombre, el alma intelectual, puede asemejarse y por tanto ser imagen del Ser más elevado y perfecto. La *imago Dei*, entonces, es identificada por Gregorio con el alma: "la naturaleza de nuestra alma […] es la semejanza-imagen con el Creador" (XI.4). No hay duda de que la parte más perfecta del hombre coincide con su elemento racional.[307] Cuando Gregorio comenta un pasaje de la carta de Pablo a los Efesios sostiene que el apóstol utiliza el término "cuerpo" para referirse a la parte nutritiva, "alma" para la parte sensitiva y "espíritu" para la parte racional, es decir para "la naturaleza más elevada, la facultad intelectual y mental" (VIII.5). Lo cual no significa que Gregorio desestime al cuerpo. Ambos términos, alma y cuerpo, son necesarios para explicar lo humano. En este sentido, el hombre es una unidad de cuerpo y alma. Sin embargo, la imagen en cuanto tal pertenece, como vimos, a su aspecto espiritual e incorpóreo. Cuando el hombre somete su parte superior, intelectual, al dominio de su parte inferior, apetitiva, es decir cuando el alma se vuelve esclava de las pasiones, "la imagen de Dios ya no es vista en la figura expresada por lo que se había moldeado de acuerdo a Él"

---

305 El término *eikōn*, en Gregorio, se vuelve, no sin ambigüedades, sinónimo de *physis* (cfr. Zachhuber 2014: 158-159).
306 Sobre el problema de la imagen en Gregorio, Clemente, Orígenes y Atanasio, cfr. Burghardt 1961: 147-160. Sobre el uso de los términos *eikōn* y *homoiōsis*, cfr. Ladner 1958: 63-65.
307 "El hombre es la imagen de Dios en su naturaleza racional" (Muckle 1945: 65).

(XII.10).[308] ¿Esto significa por lo tanto que para Gregorio la imagen se perdió con la caída? Si bien existe una cierta ambigüedad en este punto, la respuesta, creemos, es no, puesto que todos los hombres, es decir todos los caídos, tienen la capacidad de entender y deliberar, atributos que se asemejan a la divinidad y que, por lo tanto, hacen posible que algo de la imagen permanezca. En este sentido, Gregorio puede sostener que el hombre creado antes de la caída y el hombre restaurado al final de los tiempos son idénticos. A diferencia de los brutos, los hombres tienen la posibilidad de salvarse, es decir, de asemejarse al Creador.[309]

> Porque la imagen no está en alguna parte de nuestra naturaleza, ni la gracia en alguna de las cosas que se encuentran en la naturaleza, sino que este poder se extiende de igual manera a toda la raza: y un signo de esto es que el espíritu existe en todos por igual: para todos aquellos que tienen el poder de entender y deliberar, y en todos en los que la Divina naturaleza encuentra su imagen en lo que es hecho de acuerdo a ella: el hombre que fue hecho al inicio de la creación del mundo, y el que será luego de la consumación de todo, son iguales: ellos llevan en sí mismos la imagen Divina. (XVI.17)

Gregorio sostiene que la caída representó una suerte de oscurecimiento o ensuciamiento (pero no una desaparición absoluta) de la imagen. Es como si el alma, al igual que un espejo, se hubiese ensuciado y no fuese ya capaz de reflejar nítidamente la luz divina que la asemeja al Creador (cfr. *De virginitate* 11-12). La caída, según esta metáfora –central también en Buenaventura y Bernardo

---

308 Una idea similar expresa Gregorio en el capítulo XX de su tratado: "La imagen, por lo tanto, pertenece a la mejor parte de nuestros atributos; pero todo lo que en nuestra vida es doloroso y miserable se encuentra lejos de la semejanza con lo Divino" (XX.5). Sobre el problema de la imagen en Gregorio y del hombre como *imago Dei*, cfr. Muckle 1945: 55-84; Burghardt 1961: 154-156; Maspero 2010: 411-415.

309 Zachhuber, en su texto *Human Nature in Gregory of Nyssa*, sostiene que la naturaleza humana, según una de las perspectivas abiertas por el pensamiento de Gregorio, en tanto "creada a imagen de Dios no ha sido substancialmente alterada, sino dañada y su belleza oscurecida por la existencia del mal" (Zachhuber 2014: 178). La misma opinión expresa Giulio Maspero, en la entrada "image" de *The Brill Dictionary of Gregory of Nyssa*: "incluso después de que el pecado original rebajó a los seres humanos a la condición mortal que proviene de las creaturas irracionales, el núcleo más interior de la imagen divina no fue destruido en el hombre" (2010: 413). También Walter Burghardt admite que "el pecado asimila al hombre al animal"; sin embargo, aclara también que "las imágenes bestiales sólo pueden oscurecer, pero no destruir, la imagen de Dios. Aunque *alogos*, el pecador no es un animal" (Burghardt 1961: 151). De todas formas, Zachhuber indica que existe una gran ambigüedad en los textos en los que Gregorio aborda el problema de la imagen en relación a la caída. Según algunos pasajes, pareciera ser que la imagen se pierde; según otros, que la imagen sólo se degrada pero no desaparece. Zachhuber, no obstante, luego de explicar los tres modelos (Platón, Orígenes y Apolinario) que retoma Gregorio a la hora de pensar el problema de la imagen en relación a la Caída, se inclina por esta segunda posibilidad (cfr. 2014: 186). Sobre el problema de la Caída en relación a la imagen en Gregorio, cfr. Zachhuber 2014: 174-186.

de Clairveaux–, supone una degradación de la imagen pero no una pérdida.[310] Muckle, por ejemplo, insiste en la importancia que tienen para el niseno las prácticas ascéticas, en especial la virginidad, entendidas como medios de purificar al individuo y acercarlo a lo divino. Después de la caída, las virtudes fueron oscurecidas por el pecado. Sin embargo, a través de la *catarsis* el hombre puede hacer "que las perfecciones de las virtudes de la imagen recobren su esplendor y su belleza anterior" (Muckle 1945: 67).[311]

d.2) La "doble creación"

El texto clave de la antropología de Gregorio es el capítulo XVI del *De hominis opificio*.[312] En breves y sugerentes pasajes, el niseno propone una interpretación de Génesis 1:28, versículo en el que se explica, como sabemos, que después de haber creado al hombre a su imagen y semejanza, Dios los divide en macho y hembra. Según Gregorio, Dios primero (en una anterioridad no cronológica sino ontológica)[313] crea al hombre a su imagen y semejanza, es decir como una entidad racional y espiritual, pero luego, previendo que su creación caerá voluntariamente de su estado casi angélico y perfecto, mezcla en su naturaleza un elemento irracional, común a los brutos, del cual se predica la diferencia genérica.[314] Se trata, como han señalado varios autores, de una "doble creación" (cfr. Zachhuber 2014: 170). El hombre en tanto imagen, en tanto existencia espiritual, no posee género, no es ni macho ni hembra. La distinción genérica, por eso mismo, describe el segundo aspecto de la antropogénesis. Sólo cuando el hombre adopta

---

310 Giulio Maspero, en la entrada "anthropology" del *Brill Dictionary of Gregory of Nyssa*, habla de una "degradación ontológica" (2010: 41).

311 Muckle le dedica algunas páginas a la catarsis en Gregorio, es decir al proceso por el cual el oscurecimiento de la imagen provocado por el pecado es limpiado y el hombre purificado. La catarsis constituye el primer paso en el proceso de santificación. "Mediante la catarsis el alma se limpia a sí misma de las tendencias y debilidades heredadas de Adán" (Muckle 1945: 73). Es evidente que para Muckle, en la medida en que la catarsis permite limpiar el alma del pecado original, la caída no supone una pérdida de la imagen. Sobre la catarsis en Gregorio, cfr. Muckle 1945: 70-73. Ugo Bianchi, por su parte, señala la importancia de la virginidad. En efecto, así como la historia realiza en su desenlace el estado que Dios había dispuesto para el hombre en el inicio, asimismo la virginidad es entendida "como realización anticipada de esta beatitud que es también (restaurada) integridad" (Bianchi 1978: 85).

312 Se trata, como indica Zachhuber, de "un texto muy discutido que plantea serios problemas" (2014: 155).

313 No hay que pensar, por eso mismo, que se trata de dos actos de creación diversos: "Las cualidades de la imagen divina ocurren 'antes' sólo al nivel de la intención de Dios" (Smith 2006: 211). Cfr. también Bianchi 1978: 86, 90.

314 Como indica Warren Smith, la distinción de la humanidad en macho y hembra "no es parte de la intención original de Dios respecto a la humanidad, sino meramente el resultado de la previsión divina de la caída" (2006: 209).

una existencia corporal (un cuerpo animal, entiéndase)[315] puede decirse que hay una diferencia de género. La caída supone una reorientación del deseo humano: de dirigirse a los bienes intelectuales propios de la naturaleza humana conforme a su arquetipo divino, se dirige a los bienes sensuales comunes a los animales.

Pero como Él percibió en nuestra naturaleza creada la tendencia hacia el mal, y el hecho de que después de nuestra voluntaria caída de la igualdad con los ángeles nos rebajaríamos a la naturaleza más baja, Él añadió, por esta razón, a su propia imagen, un elemento irracional (porque la distinción de macho y hembra no existe en la bendita y divina naturaleza), transfiriendo al hombre los atributos propios de los seres irracionales, y le ordenó multiplicarse no de acuerdo al carácter elevado de nuestra creación; porque no fue cuando hizo al hombre conforme a Su propia imagen que le ordenó multiplicarse y poblar la tierra, sino cuando lo dividió según los sexos (Génesis 1:28). (XXII.4)

Macho y hembra son términos que se aplican a la dimensión corporal del hombre, pero no a su imagen.[316] Por tal motivo, no puede decirse que el hombre pierda la imagen con la caída, puesto que el castigo afecta a su aspecto corporal: el cuerpo muere, el alma no.[317] La consigna "creced y multiplicaos", entonces, se refiere al segundo aspecto de la creación del hombre. La distinción de los sexos resulta necesaria para la procreación del hombre caído, a fin de que pueda multiplicarse y llegar a la plenitud final del número de individuos previsto por Dios en el momento de la creación. Los ángeles, en cambio, o bien no se reproducen sexualmente o bien su reproducción, como debería haber sido de no existir la caída, está completamente regida por el alma racional. Warren Smith habla de una "procreación asexual [*asexual procreation*] entre los ángeles" (2006: 216). En el caso de los animales, por otro lado, no existe pecado puesto que, al carecer de razón y de libre arbitrio, sus impulsos son inocentes. El hombre peca, en cambio, porque su alma se somete *voluntariamente* a los impulsos irracionales.

---

315 Hacemos esta aclaración porque no está del todo claro cómo era el cuerpo de Adán y Eva antes del pecado. Gregorio no da demasiadas indicaciones, sólo señala que no era ni macho ni hembra, al igual que el de Cristo (cfr. Markus 1963: 62-63). Zachhuber, por su parte, indica que el elemento animal del hombre es un añadido de Dios a la imagen producto de su poder clarividente: "La anticipación de la Caída es, por supuesto, la razón por la cual Dios decide añadir el modo de creación animal, la división en macho y hembra, a la creación de la imagen. La 'doble creación' del hombre fue así un medio adoptado por Dios para prevenir la peor consecuencia de la (anticipada) Caída" (2014: 170).

316 Hay que tener presente que el hombre, en tanto imagen, posee (o, más bien) es una semejanza viviente de la divinidad: "Que el hombre fue hecho a imagen de Dios —explica Muckle— significa que es, por así decir, una semejanza viviente del poder divino trascendente" (1945: 60).

317 En este sentido, Muckle explica que "no sólo Adán sino cada individuo hasta el fin de los tiempos posee la imagen que fue implantada en el hombre universal" (Muckle 1945: 62). Sin embargo, como hemos señalado, esta interpretación es discutible.

El capítulo XVI del *De hominis opificio* presenta una serie de problemas que, por razones de extensión, no podemos desarrollar aquí.[318] Sin embargo, consideramos preciso plantear al menos una aparente (o no aparente) contradicción en el pensamiento de Gregorio. En efecto, el obispo de Nisa parte de la consideración según la cual la naturaleza humana consiste en dos partes, sensible e inteligible;[319] pero luego, cuando aborda la "doble creación" relatada en el Génesis, sostiene que sólo la imagen en cuanto tal constituye la naturaleza del hombre. De tal manera que Gregorio, según advierte Zachhuber, "se mueve tácitamente de la creación de la naturaleza humana entendida como compuesto de dos substancias a una concepción basada en dos creaciones consecutivas" (2014: 172). El centro del problema, como bien ha notado Ugo Bianchi (1978: 95-97), concierne a lo sensible, pero no a lo sensible animal, al cuerpo revestido con la "túnica de piel" luego de la caída, sino a lo sensible pre-lapsario, al cuerpo adánico anterior a la caída, a "ese Adán ya sexuado (y por tanto no sólo imagen) pero al mismo tiempo en condición de integridad pre-lapsaria (es decir anterior al pecado)" (1978: 89). El cuerpo de Adán, ya sexuado pero sin embargo puro, designa un sensible extremadamente paradójico, "activo —dice Bianchi— ya antes de su subsistir histórico" (*ibid.*), un sensible que viene a modificar la empresa divina, que tiene la forma de una "culpa antecedente", este "algo que perturba el proyecto creador" (1978: 90) y que no se confunde ni con el cuerpo físico o animal ni con el alma racional o angélica; este sensible subsistente y no existente, como lo sensible histórico, veremos en breve, es el *fantasma*.[320]

La soteriología de Gregorio implica una restitución de la condición previa a la caída. Cristo viene a devolver al hombre la semejanza obliterada por el pecado.[321] Se trata de un regreso a la vida primera, a la vida anterior a la mortalidad: la vida angélica. "La resurrección nos promete nada menos que la restauración de la caída a nuestro antiguo estado; porque vemos que la gracia es un cierto retorno

---

[318] Remitimos a los siguientes textos: Muckle 1945; Zachhuber 2014; Bianchi 1978; Bishop 2000; Maspero 2010; Leys 1951; Smith 2006; Ladner 1958.

[319] En efecto, como hemos visto, en el inicio del *De hominis opificio* Gregorio se refiere al cuerpo en términos positivos y a la naturaleza humana como una unidad o compuesto de un elemento incorporal y un elemento corporal. Gerhart Ladner, por ejemplo, explica la importancia que Gregorio le concede al cuerpo: "Gregorio era consciente de la excelencia y la dignidad no sólo del alma humana, sino también del cuerpo humano, porque consideraba a ambos creaturas de Dios" (Ladner 1958: 62). Más adelante, Ladner sostiene que la relación entre el cuerpo y el alma es teleológica (cfr. 1958: 67).

[320] No se trata, por supuesto, de lo sensible en su acepción tradicional, sino entendido como el *locus* específico de los fantasmas. Sobre este punto, cfr. Coccia 2010 y la conclusión general.

[321] "A causa de la infidelidad humana, el Hijo se encarnó para restaurar en nosotros la belleza de la imagen primordial en la cual fuimos creados. El movimiento comienza en la Trinidad y retorna a la Trinidad" (Maspero 2010: 414).

a la primera vida, regresando al Paraíso a quien había sido expulsado" (XVII.2). El cuerpo resucitado se transformará en la naturaleza angélica que Dios había previsto desde el inicio. No habrá necesidad de alimento material, sino que los hombres, como los ángeles, se saciarán en la contemplación de la gloria divina. En el *eschaton*, los órganos digestivos y sexuales serán inefectivos. La resurrección, así, reproduce o, más bien, restaura la condición prelapsaria. Esta doctrina se conoce como *apokatastasis* y sostiene que la resurrección implica un retorno a la vida edénica.[322]

Ahora bien, en la naturaleza del hombre caído, como hemos visto, convive necesariamente un elemento incorporal y un elemento corporal. La relación entre ambos, sin embargo, es extremadamente difícil de explicar. Gregorio llega a decir que la unión del cuerpo y el alma es inconcebible para el hombre. No se trata de un término encerrado en el otro o dentro del otro, tampoco de un término plegado al otro, sino más bien de un término *en y alrededor* del otro, o, más bien, *ni* dentro del otro *ni* envuelto en el otro.

> La unión de lo mental con lo corporal presenta una conexión inexpresable e inconcebible –no siendo en él (porque lo incorporal no se encuentra encerrado en un cuerpo), ni rodeándolo por fuera (porque lo que es incorporal no incluye nada), sino que el espíritu se conecta a nuestro cuerpo de una manera inexplicable e incomprensible, de tal modo que tiene que admitirse que es en él y alrededor de él [*en autē kai peri autēn*], ni implantado en él ni plegado en él [*oute egkathēmenos, oute periptyssomenos*], sino de un modo que no podemos ni decir ni pensar. (XV.3)

Esta relación entre el alma y el cuerpo, que Gregorio juzga inconcebible, inexpresable, inexplicable e incomprensible, no sólo representa un punto central para nuestra investigación, sino también la cuestión quizá más difícil de pensar. Creemos que Gregorio aborda este difícil problema, por su condición paradójica y ambigua, en el capítulo XIII del *De hominis opificio* dedicado a los sueños (capítulo que, además, ha recibido poca atención por parte de los especialistas, al menos en comparación con el capítulo XVI). Esta entidad en el límite de lo sensible y lo inteligible o de lo corporal y lo incorporal es justamente el fantasma, la imagen onírica.[323]

---

[322] "La humanidad resucitada se asemejará a la humanidad acorde a la imagen divina tal como Dios lo dispuso en el inicio, libre de los impulsos no-racionales provocados por la caída" (Smith 2006: 221).

[323] La relación entre el sueño y la antropología fantasmática que proponemos en esta investigación es de todo punto de vista esencial. No podemos desarrollar aquí este tema, al cual le dedicamos sin embargo algunas páginas, pero sí mencionar su importancia desde una perspectiva antropológica. Sobre la relación entre el sueño, la imaginación y la antropología, cfr. Prósperi 2018.

d.3) Los sueños: el afuera de lo humano

Es en el marco de la relación –difícil y paradójica– entre el alma y el cuerpo que Gregorio aborda el problema del sueño. La vida del cuerpo, siendo material y sujeta al cambio, existe en un movimiento perpetuo a partir de una sucesión de opuestos. Uno de estos pares de opuestos es precisamente el sueño y la vigilia. El sueño sirve para relajar la tensión de la vigilia, tanto en lo que concierne a la actividad específicamente abstracta del alma cuanto a la actividad sensitiva del compuesto psicosomático.[324] En estado de vigilia, el alma se mueve y funciona en sincronía con el cuerpo; durante el sueño, en cambio, permanece inmóvil, salvo que se considere que las fantasías oníricas corresponden a algún tipo de movimiento ejercido por el alma en dicho estado.

> Por eso el intelecto del hombre prueba su conexión con la naturaleza, cooperando y moviéndose con ella en estado de vigilia, pero permaneciendo inmóvil cuando se abandona al sueño, a menos que uno suponga que las fantasías de los sueños [*tēn oneirōdē phantasian*] constituyen un movimiento ejercido por el alma mientras duerme. (XIII.5)

Ahora bien, Gregorio considera que sólo se puede calificar propiamente de intelectual (*nous*) a la actividad consciente del alma en estado de vigilia. En la actividad onírica, en cambio, no interviene la inteligencia sino la fantasía. Por tal motivo, no se trata del tipo de pensamientos o ideas con las que trabaja el alma racional sino de meras apariencias (*indalmata*) producidas por la parte inferior del alma.

> Por nuestra parte decimos que sólo la acción consciente del razonamiento en estado de vigilia puede ser llamada intelecto; respecto a las fantasías insensatas que nos ocurren durante el sueño [*ton hypnon phantasiōdeis phluarias*], suponemos que se trata de meras apariencias de las operaciones del intelecto, las cuales son accidentalmente formadas en la parte menos racional del alma. (XIII.5)

Estas apariencias que pertenecen a la parte menos racional del alma son denominadas por Gregorio, en el apartado diecisiete del capítulo XIII, fantasmas (*ta phantasmata*). Por lo cual se deduce que la parte inferior del alma no es sino la fantasía.[325] Lo interesante es que el alma, durante el sueño, no se confunde ni

---

324 "El descanso en su medida justa –explica Gregorio– es necesario para la integridad del cuerpo" (XIII.3).

325 "Estas fantasías [*phantasioutaī*] no son de ningún modo generadas por el razonamiento, sino por la disposición menos racional del alma [*tas toiautas phantasias*], la cual forma incluso en sueños las apariencias de las cosas con las que estamos habituados en las horas de vigilia" (XIII.17). Jeffrey Bishop sostiene

con los sentidos, ni con el intelecto, cuyo rango de operación no la alcanza. Es como si la neutralización del intelecto y de los sentidos permitiese la manifestación de la fantasía.[326] Gregorio dice que la fantasía, es decir la parte inferior del alma, se encuentra por necesidad fuera (*ektos*) del rango de operación del intelecto. Este afuera del intelecto, además, es también un afuera de los sentidos. En efecto, tanto la inteligencia como la sensibilidad se encuentran desactivadas durante el sueño.

> Porque el alma, siendo disociada de los sentidos por el sueño, permanece también por necesidad fuera del rango de operaciones del intelecto; porque es a través de los sentidos que la unión [*synanakrasis*] del espíritu con el hombre se efectúa; por lo tanto cuando los sentidos descansan, el entendimiento también debe permanecer inactivo; y una evidencia de ello es el hecho de que al soñador con frecuencia le parece estar en situaciones absurdas e imposibles [*ton phantazomenon*], las cuales no podrían suceder si el alma fuese guiada por la razón y el entendimiento. (XIII.5)

La desactivación del intelecto y de la sensibilidad hace posible la activación de la fantasía.[327] Así como el intelecto –el elemento racional del hombre– y los sentidos –el elemento irracional– dominan durante la vigilia, asimismo durante

---

que "Gregorio llama al elemento inferior del alma parte vegetativa, y la aborda sobre todo en su análisis de los sueños" (Bishop 2000: 525). En efecto, el alma vegetativa designa en Gregorio la función más baja del alma. Sin embargo, creemos que durante el sueño el alma no se limita sólo a sus funciones vegetativas –funciones que también ejecuta en estado de vigilia–, sino que su operación específica consiste en la capacidad de generar fantasmas. Se objetará que esta operación puede realizarse también durante la vigilia (por ejemplo las alucinaciones). No obstante, se trata de casos anormales, mientras que las fantasías oníricas son comunes a todos.

326 Gerhart Ladner, de hecho, sostiene que "Gregorio da un detallado análisis de cómo el cuerpo y el alma cooperan a través de la percepción sensorial, la imaginación y la conceptualización" (Ladner 1958: 69). En el sueño, de algún modo, los dos extremos, la percepción sensorial y la conceptualización, se desactivan y el término medio, el nexo (*desmos*) que para Gregorio curiosamente representa el lugar del hombre en el cosmos, en este caso la imaginación, se activa y opera libremente. Existe en este punto una relación entre el sueño y lo sublime kantiano, en el sentido de que en ambos casos la imaginación no resulta regulada por el entendimiento. Lo importante, de todas formas, es que el lugar intermedio que ocupa la imaginación en la psicología del niseno coincide con el lugar, también intermedio, que ocupa el hombre en su cosmología. Continúa Ladner: "En Gregorio de Nisa así como en Nemesio esta concepción se mezcla con la doctrina-*syndesmos* platónica del hombre como nexo (*desmos*), como entremedio (*methorios*) entre lo animal y lo divino" (1958: 71).

327 La relación entre la imaginación y los sueños es una constante desde la Antigüedad hasta la época moderna e incluso contemporánea. En *Vanities of the Eye. Vision in Early Modern European Culture*, por ejemplo, Stuart Clark puede decir que aún en los siglos XV-XVII "los sueños eran explicados en términos de un cambio en el balance del poder entre las facultades y los sentidos; la imaginación, más o menos libre del control de la razón, era capaz de presentar imágenes al 'sentido común', el cual, no debiendo ocuparse de las impresiones del mundo exterior, estaba obligado a verlas" (2007: 302).

el sueño, domina la fantasía (*tēs en hypnois phantasias*) (cfr. XIII.12). Pero en esta mutua desactivación del intelecto y de la sensibilidad –y este es el punto verdaderamente interesante–, la misma naturaleza humana, a pesar incluso del propio Gregorio, es puesta en cuestión. La experiencia onírica pareciera hacer emerger una suerte de espacio intermedio que no se confunde con ninguno de los dos términos que imperan en la vigilia: lo incorporal (*to asōmaton*) y lo corporal (*to sōmatikón*).[328] El sueño es el afuera (*ektos*) del hombre. Expliquémonos: el hombre es considerado por Gregorio una naturaleza compuesta de un elemento incorporal y de un elemento corporal. Esta "naturaleza compuesta del hombre [*tō anthrōpinō synkrimati*]" (XII.13) se manifiesta de manera eminente en el estado de vigilia, cuando tanto la inteligencia como los sentidos operan en perfecta sincronía. Esta relación, difícil de precisar y prácticamente inconcebible, es lo propio de la naturaleza humana tal como la creó Dios previendo la caída, es decir no según su intención original, sino según las consecuencias acarreadas por el libre arbitrio. De tal manera que el hombre, macho y hembra, es pensado por Gregorio como un compuesto de cuerpo y alma. Durante el sueño, sin embargo, ese compuesto (*synkrima*) pareciera disolverse. El intelecto y los sentidos permanecen inactivos, pero esa es la ocasión para que la fantasía domine, en una suerte de contra-hegemonía nocturna, el mundo de los sueños. En el sueño, por eso mismo, la estructura "*oute... oute...*" (ni... ni...) encuentra su punto de máxima expresión. Ni al alma ni al cuerpo, ni al intelecto ni a la sensibilidad, ni al espíritu ni a la materia, el mundo onírico pertenece a los fantasmas. El fantasma, por eso mismo, no se confunde ni (*oute*) con la idea intelectual ni (*oute*) con la percepción sensible. Soñar, en este sentido, es instalarse en el límite del alma y el cuerpo; demorarse en la superficie paradójica que no pertenece ni a la región incorporal ni a la región corporal pero que no por eso designa un tercer género del Ser. El mundo onírico se define más por un defecto que por un exceso. Designa un mínimo de ser, un cero de ser que no es una nada, una sustracción ontológica.[329] Cada vez que soñamos, experimentamos lo que significa ser un fantasma,

---

328 Ugo Bianchi, en su ensayo "Presupposti platonici e dualistici nell'antropologia di Gregorio di Nissa", habla "del concepto niseno del hombre como ser mixto, hecho de dos elementos que disienten entre sí por naturaleza y que, unidos luego de un Nachdenken de Dios, son orientados a una futura y plena disociación" (1978: 95).

329 Recordemos que para Sartre la imagen, a diferencia de los objetos que se caracterizan por un desborde o un exceso, se define por una *pobreza esencial*: "Ahora bien, en la imagen, por el contrario, hay una especie de pobreza esencial" (1964: 20). El sueño, además, representa una experiencia privilegiada del "mundo irreal" de las imágenes (cfr. 1964: 208-228). Por otro lado, entre los pensadores contemporáneos que más han desarrollado la noción de "substracción" hay que mencionar, por supuesto, a Alain Badiou. La substracción, en la filosofía de Badiou, designa el acto por el cual conocemos "el vacío del ser como tal" (1992: 179). La substracción se compone además de cuatro figuras –a las que Badiou denomina "figuras analíticas del ser" (1992: 187)–: "Entonces, lo indecidible como substracción a las normas de evaluación, o substracción

no ya ex-istir, como nos hace creer el prejuicio en favor de lo real que caracteriza a la vigilia, sino in-sistir o sub-sistir. El estatuto ontológico que conviene al fantasma, por lo tanto, no es el ser de las ideas y de las cosas, de los ángeles y de los animales, sino el cuasi-ser o el pseudo-ser de las subsistencias oníricas. Soñar es dejar de existir, es ser un fantasma sin alma ni cuerpo, una imagen *sub*sistente, casi una nada. El sueño profundo, como bien ha notado Hume (cfr. 1960: 252), nos arroja al recinto paradójico de la inexistencia, a esa región en la que ya no es posible hablar de uno mismo, en donde el yo es siempre un otro y lo mismo siempre algo diverso. No se puede predicar la propiedad del fantasma. No poseo al fantasma; él me posee, quizás. Soñar es perder la posibilidad de saber si soy yo el que sueña o si el yo es el sueño del fantasma. Poco importa, sin embargo, saberlo. Lo que sí importa es que el sueño es de algún modo el ámbito antropológico por excelencia. La expresión de Foucault "sueño antropológico" es, por cierto, tautológica. Todo sueño es antropológico, pero no porque la antropología sea un sueño producido por las ciencias humanas, sino porque el sueño designa el estatuto propio de lo humano, el extrañamiento último y definitivo, la imposibilidad de saberse cuerpo o alma, imposibilidad de la (ex)istencia humana que es al mismo tiempo posibilidad de la (sub)sistencia del fantasma.[330]

e) Tomás de Aquino

La *quaestio* 93 de la primera parte de la *Summa Theologiae* está dedicada al problema de la *imago Dei*. Tomás entiende la imagen, allí como en otros textos,

---

a la Ley. Lo indiscernible como substracción al marcado de la diferencia, o substracción al sexo. Lo genérico como substracción infinita y excesiva al concepto, múltiple puro, o substracción a lo Uno. Lo innombrable como substracción al nombre propio, o como singularidad substraída a la singularización" (1992: 187). No vale la pena aclarar que la substracción de Badiou, si bien guarda ciertas semejanzas con la substracción efectuada por el fantasma, con la substracción que es el fantasma, no se identifica exactamente con nuestra perspectiva. Por razones de extensión, sin embargo, no podemos desarrollar aquí la interesante teoría de la substracción formulada por Badiou. Nos limitamos a remitir, sobre esta cuestión, a Badiou 1992: 179-195. Sobre la substracción en Badiou, cfr. Brassier 2004: 50-58; Gironi 2015: 12-21; Ruda 2015: 329-337.

330 Es preciso señalar, sin embargo, que varios animales sueñan y que –nada nos impide pensarlo– incluso las plantas podrían gozar de una cierta capacidad onírica. De lo cual se desprende que, si el sueño es el estatuto propio de lo humano, entonces lo humano no tiene estatuto propio. Soñar es ingresar a una región en la que no se es ni humano ni animal ni vegetal. Las diferencias entre los reinos no valen allí. No obstante, sólo un fantasma producido por un dispositivo histórico-político llamado máquina óptica ha sido capaz de escribir, hasta el momento, el siguiente pasaje: "Es un hombre o una piedra o un árbol el que va a comenzar el cuarto canto" (Lautréamont 1874: 183). La condición onírica de lo humano, además, no se fundamenta exclusivamente en el hecho de que el hombre sueña –rasgo que comparte, según indicamos, con otros seres vivos– sino en el hecho, mucho más decisivo para nuestra investigación, de que es soñado históricamente por un dispositivo óptico-onírico-antropológico. Sobre el aspecto onírico de la máquina óptica, cfr. la conclusión general y en particular la nota 570.

según el paradigma platónico, es decir como una copia que se funda en una relación de semejanza con el Arquetipo. El término que Tomás utiliza con mayor frecuencia para designar el *eikōn* griego es *imago*.[331] Los elementos esenciales de la *imago*, según explica Battista Mondin, son: 1) la semejanza (*similitudo*): pertenece necesariamente al orden de la cualidad específica (puede ser la semejanza proporcional que existe entre un retrato y el original); 2) la imitación (*imitatio*): algo es *imago* en la medida en que imita su modelo (*exemplar*); 3) subordinación o posterioridad (*posterioritas*): la imagen es posterior e inferior respecto al modelo (cfr. Mondin 1975: 60-62).

Ahora bien, Tomás considera que la verdadera imagen de Dios se encuentra en la naturaleza intelectual del alma.

Aunque en todas las creaturas hay alguna semejanza de Dios [*Dei similitudo*], sólo en la creatura racional [*sola creatura rationali*] se encuentra la semejanza de Dios como imagen [*per modum imaginis*], como dijimos, y en las demás se encuentra sólo como vestigio [*per modum vestigii*]. Pero la creatura racional es superior a las otras por el entendimiento o mente [*intellectus sive mens*]. De ahí que tampoco en la creatura racional se encuentra la imagen de Dios a no ser según la mente [*secundum mentem*]. En las demás partes de la creatura racional se encuentra la semejanza de vestigio [*similitudo vestigii*], como en las demás cosas a las cuales se asemeja por tales partes. (1, q. 93, art.6 co.)[332]

Tomás establece aquí una distinción entre la imagen y la semejanza. Puede haber semejanza sin imagen pero no imagen sin semejanza. Por ejemplo: las creaturas irracionales poseen una semejanza remota con Dios, puesto que fueron creadas por Él, pero no puede decirse que sean sus imágenes. Por eso sólo la función superior del alma, que Tomás llama *intellectus o mens*, puede ser considerada con toda propiedad *imago Dei*.[333] Para comprender lo que está en juego en

---

331 A veces también emplea los términos *vestigium, figura* o *signum*. Para una explicación de estos términos y del problema más general de la *imago Dei* en Tomás, cfr. Mondin 1975: 58-74.

332 Todas las citas de los textos tomistas, en su versión latina, han sido extraídas del *Corpus Thomisticum, S. Thomae de Aquino, Opera Omnia* [en línea: http://www.corpusthomisticum.org].

333 Es preciso indicar que, al igual que la mayoría de los teólogos cristianos, Tomás considera que la imagen de Dios en el hombre no se perdió con la caída. En la primera parte de la *Summa Theologiae*, de hecho, el aquinate considera la siguiente objeción: "La semejanza es esencial a la imagen, como dijimos. Pero por el pecado se hace al hombre desemejante de Dios. Por lo tanto, pierde su imagen" (1, 93, art.4, obj. 2 y 3). Para responder a esta objeción, Tomás distingue tres modos de entender la imagen: "1) en cuanto que el hombre posee una aptitud natural para conocer y amar a Dios, aptitud que consiste en la naturaleza de la mente; esta es la imagen común a todos los hombres; 2) en cuanto que el hombre conoce y ama actual o habitualmente a Dios, pero de un modo imperfecto; ésta es la imagen procedente de la conformidad por la gracia; 3) en cuanto que el hombre conoce actualmente a Dios de un modo perfecto; ésta es la imagen

esta concepción de la *imago* es necesario detenernos por un momento en algunas nociones centrales de la antropología tomista. Luego de lo cual volveremos al problema de la imagen.

e.1) El hombre... ese anfibio metafísico

La concepción antropológica de Tomás se enmarca, al igual que su sistema filosófico general, en la tradición aristotélica. Esto significa que para Tomás el alma es la forma del hombre mientras que el cuerpo es la materia, y significa también que lo propio de la forma es el acto y lo propio de la materia es la potencia. No hay que pensar, sin embargo, que la posición tomista sea equiparable a una visión dualista de tipo cartesiano o platónico. En varias oportunidades Tomás se encarga de separarse del –y de criticar al– pensamiento platónico. No se trata de identificar al hombre con el alma y al cuerpo con una suerte de obstáculo en el que el alma estaría aprisionada por un determinado tiempo. El hombre, para Tomás, es un compuesto de cuerpo y alma. Sin embargo, la imagen corresponde sólo a la forma, es decir al alma, y ni siquiera al alma *tout court*, sino a su función superior, es decir intelectual. Esto es así porque Tomás considera que no sólo los hombres poseen alma, sino también los animales y las plantas. Todo ser vivo, por el hecho de serlo, posee *anima*, es decir es un ser *animado*. Las plantas sólo poseen alma nutritiva; los animales nutritiva y sensitiva; los hombres, por último, nutritiva, sensitiva y racional. No debe creerse, sin embargo, que para Tomás existen tres formas en el ser humano. Cada ser posee (más bien, *es*) una forma específica. En el caso del ser humano es el alma humana, capaz de estas tres funciones o niveles. Sólo la función racional, como dijimos, es imagen de Dios. El resto del ser humano, entendido como unidad de alma-cuerpo, es sólo un vestigio de la divinidad. El término *vestigium* designa una copia extremadamente imperfecta y confusa en la medida en que representa al modelo de un modo vago y fragmentario (cfr. Tomás de Aquino, I *Sent*. d. 3, q. 2, a. 1). En este sentido, el ser humano es a la vez *imago* y *vestigium* de la divinidad. *Imago* por la función intelectual del alma; *vestigium*, por el resto de las funciones.

El alma es la forma substancial del cuerpo humano. Tomás entiende por forma substancial el principio por el cual un compuesto material es miembro de la

---

que resulta de la semejanza de la gloria" (1, 93, art. 4, resp.). Ahora bien, quienes objetan que la imagen se perdió con la caída se limitan a entender la "imagen tal como se da por la conformidad de la gracia y de la gloria" (1, 93, art.4, resp. a obj. 2 y 3). Pero lo que se pierde de vista, de esta manera, es el primer sentido de la imagen que distingue Tomás: la imagen como potencia, como posibilidad natural de conocer y amar a Dios propia de la *mens* humana. Este último sentido de la *imago*, por ende, es común a todos los hombres (caídos y no caídos). Sobre este problema, cfr. Mondin 1975: 71-72.

especie a la cual pertenece. La forma configura la materia. En el caso de un objeto material no viviente, la forma es el principio de organización de la materia, aquello que hace que ese objeto sea el que es y no otro. A diferencia de las creaturas irracionales, el alma humana tiene la capacidad de sobrevivir al cuerpo. La muerte separa el alma del cuerpo que organizaba en vida. El cadáver, no siendo ya animado, posee una forma substancial diversa a la del alma.

Ahora bien, para Tomás, como dijimos, a diferencia de las antropologías dualistas clásicas, "un ser humano no sólo es un alma sino un compuesto de alma y cuerpo" (*ST* Ia.75.4). El cuerpo no es una prisión para el alma, según la concepción platónica, sino la posibilidad que encuentra el alma de funcionar en el mundo. Tampoco cree Tomás que el alma preexista al cuerpo, ambos elementos son creados al mismo tiempo. De todas formas, el alma sobrevive al cuerpo. Aquí existe una cierta tensión que ha sido subrayada por varios autores pero que nosotros no abordaremos en este texto.[334] Lo que sí nos interesa es destacar el "lugar" único –y a la vez paradojal–, frecuente en la tradición teológica de Occidente, que ocupa el ser humano en el universo creado. Al poseer una parte intelectual y una parte corporal, el hombre pertenece a los dos grandes reinos de la metafísica occidental: lo sensible y lo inteligible o lo corporal y lo incorporal. Por este motivo Robert Pasnau y Christopher Shields, en *The Philosophy of Aquinas*, han podido decir que para Tomás los seres humanos, "por su propia naturaleza, son como el dios Jano con su doble cara observando a los ángeles y a los brutos" (2004: 153). En efecto, los ángeles son substancias puramente intelectuales y, por ende, inmateriales (Tomás las llama a veces "substancias separadas" puesto que existen independientemente de los cuerpos materiales); los animales, en cambio, son substancias materiales que no poseen ninguna participación en el reino espiritual o intelectual. En el extremo superior de la jerarquía que define el sistema metafísico del aquinate se encuentran aquellas formas (Dios y más abajo los ángeles) que existen por sí mismas y no configuran ningún elemento material; en el extremo opuesto se encuentran las formas (una silla, una piedra) que configuran la materia pero no existen independientemente del elemento corporal que configuran. El ser humano, por su parte, se encuentra justamente en el medio de ambos niveles ontológicos. El lugar prácticamente imposible del ser humano, según explica Tomás en la *Quaestio disputata de anima*, es el límite o el confín (*confinium*):

---

[334] La tensión consiste en que Tomás intenta defender dos posiciones difíciles de conciliar: por un lado, su idea de que el ser humano es un compuesto de alma y cuerpo (una vez muerto el cuerpo, muere también ese ser humano); por otro lado, la idea –proveniente de la tradición teológica cristiana– de que el alma sobrevive al cuerpo y que, por lo tanto, el ser humano sigue existiendo. Sobre este problema, cfr. Stump 2003: 203-208; Pasnau & Shields 2004: 153-165.

Porque en tanto [el alma humana] tiene una operación que trasciende las cosas materiales, también su ser se halla elevado sobre el cuerpo [*supra corpus elevatum*], no dependiendo de él [*non dependens ex ipso*]. Y en la medida en que es naturalmente capaz de adquirir un conocimiento inmaterial de cosas materiales, es evidente que no puede completarse su especie sin la unión del cuerpo [*non potest absque corporis unione*]. Porque una cosa no es completa en su especie, si no tiene lo que se requiere para la operación propia de la especie. Por consiguiente, el alma humana en cuanto se une al cuerpo como forma y, sin embargo, tiene un ser elevado por encima del cuerpo, que no depende de él, es manifiesto que ella está situada en la frontera de las cosas corporales y de las sustancias separadas [*in confinio corporalium et separatarum substantiarum*]. (QDA, a. 1 co.)

En la medida en que el ser humano es un compuesto de alma (racional) y cuerpo, pertenece tanto al reino de los ángeles, según su parte más elevada, cuanto al reino de los brutos, según su parte inferior. Se trata de una posición única y ambivalente, única por lo ambivalente: de un lado, como los ángeles, el alma humana sobrevive y trasciende al cuerpo o, como dice Tomás, no depende de él; del otro lado, al igual que las formas de los seres irracionales, tanto animados como inanimados, tiene la capacidad de configurar la materia. El hombre es precisamente el compuesto (*compositum*) de ambos niveles. Eleonore Stump, en una interpretación sugerente de la antropología tomista, se refiere a las almas humanas como "anfibios metafísicos [*metaphysical amphibians*]" (cfr. 2003: 17). El término anfibio (*amphibios*) está formado por el prefijo *amphi* (ambos, a los dos lados) y *bios* (vida). Esta palabra se usa para hacer referencia a los animales que viven parte de su vida en el agua y que luego mutan para poder vivir en la tierra. La expresión de Stump es acertada puesto que para Tomás, como hemos visto, el ser humano pertenece a ambos niveles ontológicos: lo inmaterial (según su costado intelectual) y lo material (según su costado corporal).[335] Explica Stump:

> Y en el medio se encuentran las almas humanas, los anfibios de este mundo metafísico, ocupando un lugar tanto en el reino material cuanto en el reino espiritual. Como un ángel, el alma humana es en sí misma una forma sub-

---

[335] Resulta interesante constatar que la idea del hombre como un ser anfibio se remonta a la tradición platónica. Anthony A. Long, en un texto reciente titulado *Greek models of Mind and Self*, ha comentado la utilización del mismo término por parte de Plotino para explicar su concepción antropológica: "Lo que Plotino llama 'nosotros' (o el yo humano) implica dos niveles, haciéndonos, como él dice, 'anfibios' o dobles. De acuerdo a esta concepción vivimos simultáneamente en una dimensión física, corpórea, material y temporal y en un reino inmortal. Para Plotino, los seres humanos somos totalmente nosotros mismos, experimentamos lo que significa ser humanos, sólo en las alturas de este nivel incorpóreo e intelectual" (2015: 16).

sistente configurada; pero como las otras cosas materiales, el alma humana tiene la habilidad de configurar la materia. (2003: 200)

Tomás retoma la definición tradicional del hombre como *animal rationale*. En efecto, al ser a la vez alma y cuerpo, intelecto y materia, el ser humano pertenece al género animal y a la especie racional. La racionalidad es la diferencia específica de lo humano animal. Ahora bien, hemos visto a lo largo de esta investigación que este lugar intermedio entre el alma y el cuerpo o entre lo inteligible y lo sensible le pertenece específicamente a la imagen. Sin embargo, a diferencia de la tradición metafísica de Occidente que, o bien ha identificado lo humano con el polo intelectual o espiritual (Platón, por ejemplo), o bien lo ha identificado, como en el caso de Tomás, con un *compositum*, a la vez corpóreo e incorpóreo, es decir lo ha pensado como un ser *anfibio*, creemos que se trata de pensarlo desligado de ambos elementos. De tal manera que pensar al hombre como imagen significará pensarlo más allá, o más acá, de lo sensible y lo inteligible. Lo verdaderamente sorprendente del hombre no es que pertenezca al reino de los ángeles y al reino de los animales, sino que no pertenezca a ningún reino, ni al de las substancias espirituales ni al de las substancias materiales. Lo más extraño no está ni en el género (animal) ni en la diferencia específica (racional), ni en la animalidad ni en la racionalidad; lo más extraño se encuentra en el espacio vacío que sostiene, aunque no a la manera de un fundamento, los dos polos de la definición antropológica. *Animal rationale*: el hombre es ese espacio blanco, perturbador, que separa ambos términos, ese cero de ser que no es una nada, ese mínimo de ser que sólo conviene a las imágenes. El hombre no es sólo un simple animal, no es tampoco un ángel: el hombre es una imagen. Digámoslo con la terminología aristotélica de Tomás: el hombre es un *phantasma*.[336]

e.2) El vértice del alma

"La operación del intelecto surge de la sensación" (*ST* Ia.78.4, ad 4). Según la perspectiva aristotélica adoptada por Tomás, las cosas corporales producen impresiones físicas en los órganos sensitivos, llamados sentidos externos (vista, olfato, oído, tacto y gusto).[337] "Nuestro conocimiento comienza con las cosas y procede de este modo: se inicia, primero, en los sentidos y termina, luego, en el intelecto, de tal modo que los sentidos son una suerte de intermediario

---

[336] Esta afirmación ontológica debe ser situada dentro del marco arqueológico instaurado por la máquina óptica. Sobre este punto, cfr. la aclaración preliminar.

[337] Cada uno de ellos tiene a su vez un sensible propio y un sensible común. Sobre esta distinción de los sensibles, cfr. Stump 2003: 247.

entre las cosas y el intelecto" (*QDV* 1.11). En uno de los extremos del proceso cognoscitivo se encuentran las cosas materiales percibidas por los sentidos; en el otro extremo, el intelecto capaz de conocer, como veremos, las naturalezas o esencias de las cosas. Según sostiene Tomás, los sentidos externos reciben, es decir son afectados por, las *species* sensibles de las cosas materiales.[338] En un sentido general, la *species* sensible designa una "forma sin materia" (*In DA* II.24.553). De tal manera que, como dice Stump, "la *species* sensible es una forma inmaterial recibida por los sentidos aunque no conocida por ellos" (2003: 250). Los sentidos, entonces, como sostiene Tomás, son los intermediarios entre el mundo extramental y la potencia intelectiva del alma. Ahora bien, entre los sentidos externos que perciben el mundo y el intelecto, existe a su vez, otro nivel intermedio: los sentidos internos. En efecto, las impresiones sensoriales, las *species* sensibles, son internalizadas y comunicadas a los sentidos internos (el sentido común, la facultad estimativa, la memoria y la imaginación). Por razones que se volverán evidentes, interesa detenernos sobre todo en la imaginación (*phantasia*). Tomás entiende por *phantasia* a la facultad capaz de producir y conservar las imágenes sensibles (*species sensibilis*) con las cuales trabaja el intelecto. Una vez internalizadas, las *species* sensibles se transforman en *phantasmata* (fantasmas). Los fantasmas, a diferencia de las *species* provenientes de los sentidos, son imágenes presentes a la conciencia, *species* de un tipo muy particular, ni sensibles, aunque dependen de los sentidos, ni inteligibles, aunque condición de posibilidad del pensamiento intelectual. Las *species* sensibles no son en sí mismas objetos de conocimiento. Para que las cosas puedan ser conocidas es preciso que las *species* recibidas por los órganos sensoriales se conviertan en fantasmas. Tal es la función de la imaginación –esa facultad, dice Tomás, ubicada en "el vértice del alma" (cfr. *ST* Ia, 93, art. 6, resp a obj.4)–. En cuanto tal, la imaginación pertenece al alma sensitiva. De todas formas, si bien Tomás sostiene que la imaginación depende de los sentidos y de la sensibilidad,[339] adhiere a la concepción aristotélica según la cual "la imaginación no se confunde con los sentidos" (*In DA* III.5.641). Algo similar sucede con la imaginación y el intelecto. Este último no se confunde, por cierto, con la imaginación, pero sin los fantasmas –y aquí de nuevo se vuelve evidente la influencia aristotélica– no sería posible el pensamiento abstracto. Esto no significa que no se pueda pensar en algo sin que se posea al mismo tiempo un fantasma de aquello en lo que se piensa; significa, más bien, que nuestra actividad intelectual está basada en la información sensorial. Si bien se puede pensar en

---

338   Sobre el término *species* en Tomás de Aquino, cfr. Pasnau & Shields 2004: 177; Stump 2003: 248-250. Sobre las *species intelligibilis*, cfr. Spruit 1994: 156-174. Sobre las *species sensibilis*, cfr. Knapke 1915.

339   "La imaginación no puede surgir sin los sentidos" (*In DA* III.6.657).

algo sin que exista un fantasma de ese pensamiento, no se puede pensar en eso sin *ningún* fantasma en absoluto. "Conocemos las cosas incorpóreas, de las cuales no hay fantasmas, por comparación con los cuerpos sensibles, de los cuales tenemos fantasmas" (*ST* Ia. 84.7 ad 3).

Ahora bien, así como los sentidos externos trabajan con *species* sensibles, el intelecto trabaja con *species* inteligibles. Por eso Tomás distingue dos capacidades cognitivas fundamentales en el alma humana:

> El alma tiene dos poderes cognitivos. Uno es el acto del órgano corpóreo, y es natural para él conocer las cosas tal como existen en la materia individualizante, razón por la cual los sentidos sólo conocen cosas individuales. Pero el otro poder cognitivo del alma es el intelecto, el cual no es acto de ningún órgano corpóreo. Y a través del intelecto es natural para nosotros conocer las naturalezas. (*ST* Ia. 12.4c)

A diferencia de los sentidos y de la imaginación, que dependen de algún órgano corporal, el intelecto no se asienta en ninguno. Su objeto propio, como dijimos, son las *species* inteligibles. En cierto sentido, las *species* inteligibles, al igual que las *species* sensibles y los fantasmas, son formas inmateriales de las cosas externas. Ahora bien, no hay que creer que así como los órganos sensitivos le proporcionan a la imaginación el material (las *species* sensibles) para que produzca los fantasmas, ésta (la imaginación) ejerce la misma función sobre el intelecto, proporcionándole activamente los fantasmas para que sean convertidos en *species* inteligibles. Los fantasmas son por cierto el material con el cual trabaja el intelecto, pero no porque la imaginación actúe directamente sobre él. Tal cosa sería además imposible ya que, como sostiene Tomás, "nada corpóreo puede producir una impresión [*imprimere*] en una cosa incorpórea" (*ST* Ia.84.6). ¿Pero entonces cómo puede Tomás sostener, en una clara línea aristotélica, que no hay pensamiento sin fantasmas? La respuesta es que el intelecto opera efectivamente con los fantasmas generados por la imaginación, pero la acción le corresponde al intelecto y no a la imaginación. Por eso Tomás distingue entre un intelecto activo y un intelecto pasivo. El intelecto activo (o agente) se encarga de abstraer las *species* inteligibles de los fantasmas de la imaginación y de depositarlos en el intelecto pasivo (o posible). Lo cual significa que el funcionamiento de la imaginación es sumamente ambiguo: por un lado, recibe las *species* sensibles de los órganos sensoriales; por otro lado, recibe la acción del intelecto agente. Los sentidos le otorgan material para ser convertido en fantasmas, el intelecto extrae fantasmas para ser convertidos en nociones abstractas. El proceso de abstracción que lleva a cabo el intelecto agente se caracteriza por eliminar todos aquellos aspectos materiales que se conservan en el fantasma hasta que sólo quede la naturaleza o esencia de la cosa. Esa forma pura, separada de todo accidente material, es el objeto propio del intelecto: la *species* inteligible. Y así como la *species* sensible es recibida por los órganos sensoriales, asimismo la *species* inteligible es recibida por el intelecto posible.

Cuando la *species* inteligible ha sido recibida por el intelecto potencial, nos encontramos en un punto en el proceso cognitivo intelectual análogo al del proceso cognitivo sensorial cuando la *species* sensible ha sido recibida en alguno de los órganos corpóreos de los sentidos. Como la *species* sensible, la *species* inteligible no es lo que resulta conocido; es sólo el medio del conocimiento. La *species* inteligible es también como la *species* sensible una forma recibida espiritualmente o intencionalmente más que naturalmente, de tal modo que forma al intelecto sin convertirlo en la cosa que la forma produce cuando es recibida en la materia naturalmente. Y, por último, como la *species* sensible, la *species* inteligible no forma parte de la atención consciente. (Stump 2003: 266-267)

Como hemos dicho, el ser humano ocupa el lugar intermedio entre la región inteligible y la región sensible. Por su lado corporal pertenece al medio de las *species* sensibles; por su lado incorporal, al medio de las *species* inteligibles. Hay una suerte de correlación entre lo sensible y lo inteligible en la psicología tomista. Con el ojo del alma, el ser humano es capaz de observar las *species intelligibilis*, las esencias puras, los universales y las formas abstractas; es capaz de ver como ven los ángeles. Con el ojo del cuerpo, es capaz de observar las *species sensibilis*, las cosas materiales, las particularidades de las formas sensibles; es capaz de ver como ven los animales. Entre ambos ojos, por supuesto, se encuentra la imaginación, es decir el fantasma.

e.3) Antropología onírica: ¿la imago Dei *como* phantasma*?*

Luego del rodeo que hemos realizado por algunas nociones de la psicología y la epistemología del aquinate podemos volver al tema de la imagen. Hemos visto al inicio de este apartado que la imagen de Dios en el hombre, a pesar de la importancia que posee el cuerpo en la antropología tomista, consiste en el alma racional. "Nuestro ser pertenece a la imagen de Dios, lo cual nos eleva sobre los demás animales. Este ser nos compete por nuestra mente" (*ST* Ia, 93, art. 7, resp. a obj.1). Podemos ver con claridad la maniobra que ejecuta Tomás, reproduciendo en este punto la estrategia de toda la tradición teológico-metafísica. La imagen en desplazada a la función más elevada del alma: el intelecto. Tal es así que los ángeles, siendo entidades aun más perfectas e inteligibles que el hombre, son considerados imágenes de Dios incluso con mayor propiedad: "Por tanto, como en lo referente a la naturaleza intelectual el ángel es más a imagen de Dios que el hombre, hay que admitir absolutamente que el ángel es más plenamente imagen divina" (*ST* Ia, 93, art. 3, resp.). Es curioso que en este punto Tomás reproduzca una maniobra similar –aunque no idéntica– a la de Platón. Éste desplaza la imaginación al fondo de la caverna y la hace depender absolutamente de los sentidos; aquél la mantiene en su posición intermedia pero desplaza la imagen de Dios a la parte intelectual del alma. Más allá de las evidentes diferencias entre ambos pensadores, hay un punto de contacto en relación a la imaginación. Si el hombre para Tomás es una unidad o un compuesto de cuerpo y alma, un ser anfibio –según el término de Stump– entre lo sensible y lo inteligible, y si además ese lugar intermedio, en su doctrina psicológica, pertenece a la imaginación, ¿no habría sido más coherente identificar la imagen (el fantasma) de Dios con la imaginación? ¿No habría sido preciso afirmar que la *imago Dei* se reduce en verdad a la imaginación y no al intelecto?[340] Habría sido quizás más acorde a su psicología,

---

340 Esta es la conclusión que puede encontrarse en uno de los adversarios más temidos por Tomás y por la Iglesia católica en su totalidad: Averroes. Sobre la crítica de Tomás al averroísmo, y en particular a la tesis según la cual *homo non intelligit*, cfr. De Libera 2014: 246-294. Las razones de la condena al averroísmo se explican, en su sentido fundamental, porque esta filosofía no piensa al sujeto o al hombre como el fundamento del conocimiento, sino más bien como la actualización de un pensamiento impersonal e inhumano. Es por eso que Roberto Esposito ha podido identificar al *Gran Comentario* de Averroes al *De anima* como la obra más "atacada, desprestigiada y literalmente excluida" (cfr. 2013: 157) de la tradición filosófica. La tesis más atacada por los teólogos y escolásticos es la que concernía a la "unidad separada e impersonal del intelecto" (Esposito 2013: 158), es decir, la tesis que consideraba al "intelecto material fuera de los confines del individuo con las consecuencias disolventes que conciernen a su estatuto de sujeto personal" (*ibid.*). En este mismo sentido, Alain de Libera ha explicado que el pasaje del "*Él (me) piensa*' averroísta al *'yo pienso'* cartesiano" ha sido posible "repatriando en el hombre el principio de su humanidad –el pensamiento" (2014: 498; el subrayado es de De Libera). El punto que aquí nos interesa, como bien ha señalado Emanuele Coccia (cfr. 2005: 144-179), entre otros, es que la génesis del sujeto tiene lugar en la imaginación, razón por la cual, para los averroístas, el principio de individuación del pensamiento se encuentra en los fantasmas y las imágenes. El intelecto material o posible de Averroes designa la pura potencia del pensamiento, la potencia absoluta de pensar. Esta instancia abstracta es fundamentalmente extra-psicológica y pre-individual. Para que el intelecto material pueda actualizarse en un pensamiento concreto (o, lo que viene a ser lo mismo, para que un pensamiento pueda devenir humano) es preciso que se "encarne" en un fantasma, es decir que se componga o se combine con una imagen: "El fantasma representa el principio de determinación objetiva y subjetiva del pensamiento; el motivo por el cual un pensamiento deviene pensamiento de algo y pensamiento de alguien" (Coccia 2005: 150). Sólo en tanto imagen o fantasma el pensamiento se vuelve actual, es decir psicológico o subjetivo. De todas formas, en cualquier momento el pensamiento puede abandonar su estado subjetivo y adoptar un estado extra-psicológico virtual o posible. No en vano Alain de Libera ha podido sostener, en el tercer volumen de su *Archéologie du sujet*, que "el averroísmo, Averroes mismo se convierten en los profetas de la muerte del Hombre o, más bien, en los cronistas medievales de su muerte anunciada" (2014: 172). El intelecto material es, al menos en su nivel más elevado, el espacio del pensamiento puro, el medio en el que el pensamiento se mantiene como potencia absoluta, como forma pura de la cognoscibilidad, sin actualizarse nunca en un

pero de ninguna manera a la tradición onto-teo-lógica que tenía sobre sus espaldas. Habría significado, además, crear las condiciones para pensar la imagen en cuanto tal, en su (pseudo- o cuasi-) ser específico, más allá de lo sensible y de lo inteligible, más allá del animal y del ángel.

Como resulta evidente, la concepción de Tomás acerca de la imaginación proviene de Aristóteles, y más particularmente del tercer libro del *De anima*. En las *Sententia libri De anima*, Tomás transcribe el pasaje en el que el estagirita distingue la imaginación tanto del intelecto cuanto de los sentidos: "el intelecto es una cosa y la sensación otra, mientras que la imaginación parece diferir de ambas y también de la opinión" (*In DA* III.5.637). Este pasaje de Aristóteles resulta esencial para pensar al fantasma y su "espacio" específico. No es causal, además, que Tomás encuentre este espacio, tal como hemos visto en Gregorio de Nisa, en los sueños. Si, como explica Tomás en la línea de Aristóteles, "la imaginación [*phantasia*] es aquello por lo cual somos conscientes de algún fantasma [*phantasma*] o apariencia" (*In DA* III.5.638), entonces el mundo de los sueños es el mundo específico de la imaginación. El mismo aquinate no tarda en decírnoslo, cuando distingue la imaginación de la sensación:

> Como respecto a la sensación, [Aristóteles] comienza probando que la imaginación no es ninguno de los sentidos [*phantasia non sit sensus*], ni en potencia ni en acto [*neque secundum potentiam, neque secundum actum*]. Puesto que quienes duermen también imaginan [*Dormiens aliquid phantasiatur*]. Esto no puede deberse a ningún sentido tal como es en potencia [*non fit secundum sensum in potentia*], en cuyo estado no se es consciente de nada [*nihil apparet*]; ni tampoco a ningún sentido en acto, porque en el sueño los sentidos no son en acto [*in somno non est sensus in actu*]. Por ende la imaginación no es ni un sentido en potencia ni un sentido en acto [*phantasia non est sensus in potentia, neque sensus in actu*]. (*In DA* III.5.641)

Este pasaje en el que Tomás comenta las reflexiones de Aristóteles sobre la imaginación nos da la clave de lo que significa pensar al hombre como imagen y,

---

pensamiento concreto, humano. Para que esta actualización sea posible, como vimos, es necesario que el concepto universal se encarne en un fantasma, es decir, es necesario que el concepto se vuelva imagen. Como sostiene Ernest Renan: "El alma individual por otra parte no percibe nada sin la imaginación. Así como el sentido no es afectado más que en presencia de un objeto, así también el alma no piensa más que ante una imagen. De donde se sigue que el pensamiento individual no es eterno: pues si lo fuese, las imágenes lo serían también. Incorruptible en sí mismo, el intelecto deviene corruptible por las condiciones de su ejercicio" (1866: 156). Según los averroístas, entonces, sólo puede remitirse el pensamiento a un hombre concreto, a un sujeto, cuando la potencia de pensar se actualiza en una imagen. De lo cual se deduce que la potencia fundamental del hombre no es el intelecto, en sí mismo separado y extra-humano, ni siquiera el intelecto agente, es decir individual, sino la *phantasia*.

al mismo tiempo, pensar a la imagen en su ser específico. Lo importante del pasaje, creemos, no es tanto la diferencia entre la imaginación y los sentidos, cuanto la imposibilidad de identificarla con el acto o la potencia, así como la relación esencial que existe entre la imaginación y el sueño.[341] A Aristóteles (y Tomás, por cierto) le interesa mostrar fundamentalmente que la imaginación difiere de la sensibilidad. La imaginación no es ni un sentido en acto ni un sentido en potencia. La dificultad de aprehender lo propio de la imaginación, que Aristóteles define sin embargo como un movimiento dependiente de la sensación, es que no pertenece a las categorías con las cuales la tradición metafísica ha pensado lo existente. Como el sueño, los fantasmas poseen un cuasi-ser o un mínimo de ser que les conviene sólo a ellos y que no se confunde, por lo tanto, ni con el ser del intelecto ni con el ser de los sentidos. Esta pseudo-existencia de los fantasmas, que a pesar de ser irreductible a lo sensible y a lo inteligible no constituye por eso un tercer género ontológico, posee una gran importancia antropológica.

Hemos dicho que el ser humano, para Tomás, es un compuesto de forma y materia, es decir de alma y cuerpo. Hemos también explicado que lo propio de la forma es el acto y lo propio de la materia es la potencia. Ahora bien, encontramos en el pasaje recién citado un estado, el sueño, que no se define ni por el acto ni por la potencia. El sueño designa un estado que no es ni actual ni (*neque*) potencial. Lo cual significa consecuentemente que los fantasmas no son ni actuales ni potenciales.[342] Y si el acto es propio del alma y la potencia es propia del

---

341 La teoría del sueño que desarrolla Aristóteles en los tratados *De somno et Vigilia*, *De insomniis* y *De Somnum Divinatione*, todos incluidos en *Parva naturalia*, es de la mayor importancia, sobre todo porque el sueño supone una desactivación tanto de la sensibilidad cuanto del entendimiento, a la vez que una preeminencia de la actividad imaginaria o fantástica. De tal modo que la vigilia es a la sensibilidad y al intelecto lo que el sueño es a la imaginación, o, dicho de otro modo, la vigilia es al acto lo que el sueño es a la potencia. La identificación del sueño con la potencia, sin embargo, concierne al dormir y no al soñar. De tal manera que el soñar, diverso tanto de la vigilia (el acto) cuanto del dormir (la potencia) designa un estado eximido de la dialéctica acto-potencia. El estado potencial de la sensibilidad y del entendimiento crea las condiciones de posibilidad para que la imaginación funcione de manera irrestricta. Lo cual no significa que durante la vigilia la imaginación permanezca inactiva, pero sí que adquiere una preeminencia fundamental, de manera similar a la experiencia kantiana de lo sublime, en el estado onírico. Bástenos citar las conclusiones a las que llega Ángel J. Cappelletti en su estudio sobre el fenómeno onírico en el estagirita: "Los sueños no pueden reducirse a la actividad de los sentidos externos o del sentido común. Pero tampoco a la opinión o a una operación cualquiera del entendimiento. Los sueños tienen su origen en la misma facultad que produce las ilusiones durante la vigilia, es decir, en la imaginación o fantasía" (1987: 97).

342 En este punto, el aquinate parece coincidir con Averroes, un filósofo al que, sin embargo, le ha dirigido duras críticas. Es probable que los textos aristotélicos condujeran a ambos autores, más allá de sus evidentes diferencias, a una misma concepción del rol decisivo de la imaginación en el sueño. Guido Giglioni, en un ensayo dedicado a la noción de fantasma en Averroes, sostiene: "Las ventajas ofrecidas por los estados de sueño [*sleeping*] y ensoñación [*dreaming*] se basaban en la posibilidad de estudiar el proceso a través del cual la *copulatio* –la unión entre el intelecto y la imaginación– ocurría *in concreto*. [...] La imaginación

cuerpo, y si la imaginación no es ni acto ni potencia, entonces la imaginación –y aquí nos alejamos ya de Tomás, por supuesto– no pertenece ni al alma ni al cuerpo. Este espacio que se abre entre el acto y la potencia, entre el alma y el cuerpo, entre el ángel y el animal, es el espacio onírico.[343] Al soñar, experimentamos lo que significa no ser ni meramente sensibles ni meramente inteligibles. Pero por eso mismo, experimentamos también lo que significa no existir, sino subsistir. A diferencia de la vigilia, en la que, acaso por un prejuicio –diría Meinong– en favor de lo existente,[344] nos experimentamos como un compuesto o una unidad de cuerpo y alma, en el sueño hacemos la experiencia de una des-composición

---

soñadora (*ymaginatio que fit in sompno*), precisamente porque su rasgo esencial era la de no ser *sensus in potentia*, ni *sensus in acto* (porque ningún objeto sensible se hallaba implicado), era como un ejemplo de la imaginación en su forma pura, incontaminada –pura fungibilidad en el intercambio de los bienes cognitivos desde todas las regiones del universo" (2013: 181-182).

343   En esta perspectiva habría que mencionar, aunque por razones de extensión no podemos dedicarle aquí el desarrollo que merece, el notable tratado de Sinesio de Cirene sobre los sueños. No sólo por la relación esencial entre el sueño y la imaginación (*phantasia*) que plantea allí Sinesio, sino también por la concepción irreductible de esta última, ajena tanto al alma cuanto al cuerpo, tanto a lo inteligible cuanto a lo sensible, el *De insomniis* constituye, creemos, uno de los puntos más altos a los que ha llegado la reflexión filosófica acerca del nexo insoslayable que existe entre los sueños, lo humano y la imaginación. "La imaginación es el vehículo del alma: según se incline hacia la virtud o el vicio, es más sutil y más etérea, o más espesa y más terrestre. Se ubica en el medio [*metaichmion*] del ser dotado de razón y del ser privado de razón [*alogias kai logou*], entre lo incorpóreo y lo corpóreo [*asōmatou kai sōmatos*]; les sirve de medio término, une así los dos extremos: he aquí por qué su naturaleza no puede ser aprehendida exactamente por la filosofía" (*De insomniis*, 7). Somos conscientes, por ende, que una mera nota al pie es incapaz de transmitir la importancia que ha tenido este texto para nosotros. Mencionamos, al menos, algunos trabajos sobre este interesantísimo autor neoplatónico. Sobre la vida y el pensamiento de Sinesio en general, cfr. Bregman 1982; Crawford 1901; Gardner 1886. Sobre las semejanzas y divergencias entre Porfirio y Sinesio acerca de la relación *pneuma-phantasia*, cfr. Smith 1974: 152-158. Sobre la concepción pneumatológica de Sinesio y la filosofía neoplatónica, cfr. Kissling 1922: 318-330. Sobre el *De insomiins* y el neoplatonismo, en especial Plotino y Porfirio, cfr. Dickie 2002: 165-174. Fabián Ludueña Romandini, por último, en un texto también imprescindible, le ha hecho justicia a este tratado de Sinesio al sacar a la luz su dimensión ética y política: "el sueño es el lugar por excelencia donde cada hombre puede aprender la ética de la existencia puesto que es el sitio donde los Otros tienen lugar y donde el sujeto debe resolver su acceso al mundo" (2016: 124); justamente por eso, "no hay guerra ni función pública, ni trabajo económico ni mundo privado que no estén definidos por la oracularidad de los espacios espectrales del sueño" (2016: 125). Pero no sólo el sueño implica para Ludueña Romandini una dislocación radical –y la consecuente necesidad de una redefinición– de la política y la ética, sino también, y por lo mismo, de la subjetividad: "el soñar conlleva una radical salida fuera de todo ámbito de lo interior para ingresar al Afuera cósmico cuya via regia es el dominio onírico" (2016: 124). Este Afuera, de más está decir, es para nosotros el *locus* específico de las imágenes y la imaginación, el *mundus imaginalis* –es decir, el no-ya-mundo– de los fantasmas oníricos.

344   Jean-Paul Sartre, en uno de sus textos más tempranos no por casualidad dedicado a la imaginación, ha señalado también este prejuicio en favor de lo actual/real que toma como parámetro la existencia de los objetos físicos: "La existencia en imagen [*l'existence en image*] es un modo de ser difícil de aprehender. Aprehenderlo requiere un cierto esfuerzo del espíritu, pero sobre todo requiere desprenderse del tenaz hábito de construir todos los modos de existencia sobre el modelo de la existencia física" (2012: 42).

o de una des-unión de los dos registros clásicos de la metafísica occidental.³⁴⁵ Cuando soñamos, no somos ni animales ni ángeles: somos fantasmas, imágenes neutras (*ne...uter...*), ni irracionales ni racionales. Pensar al hombre como fantasma, y pensarlo en un sentido radical, significa demorarse en el espesor vacío que escinde el adagio metafísico: *animal* ( ) *rationale*. Soñar es permanecer entre los paréntesis.

---

345   Jean-Pierre Vernant sostiene que la *psychē*, para los griegos antiguos, equiparada a un doble o una imagen del muerto, es "como el revestimiento de un vacío, el velo ilusorio arrojado sobre un no-ser: la *psychē* no es ese cuerpo que se ve en ella, sino su imagen fantasmática, su doble, un *eidōlon* con el mismo estatuto que el sueño, la ensoñación, la ilusión, el *phasma*" (2008, II: 1537). Sobre la noción de *phasma*, cfr. Didi-Huberman 1998. En este sentido, la *psychē* es "el fantasma del cuerpo [que] reviste sobre esta tierra un estatuto de no-realidad" (1539), así como el *kolossos* es la estatua o el doble material que tiene por función "evocar al ausente, sustituirse a él dándole cuerpo a su no-presencia" (*ibid.*). En cierto sentido, a partir de Nietzsche, nos son más cercanos, por nuestra condición fantasmática, la *psychē* y el *kolossos* de la Antigüedad griega que el compuesto de cuerpo y alma de los modernos. En su estudio *Image, imaginaire, imagination*, Vernant amplía el espectro semántico del término *eidōlon* hasta incluir los fantasmas oníricos y las almas de los difuntos: "Observando que sería necesario traducir *eidōlon* por doble o fantasma más que por imagen, hemos indicado varias veces que este término es empleado de manera exclusiva para designar tres tipos de fenómenos: la aparición sobrenatural, *phasma*, el sueño, *oneiros* (*onar*), el alma-fantasma de los difuntos, *psychē*" (2008, II: 2026). La antropología fantasmática que proponemos en esta investigación se inscribe, en cierto sentido, en el perímetro abierto por estos tres términos griegos: *phasma*, *oneiros* y *psychē*. Sobre la imagen fantasmática de lo humano luego de la muerte de Dios, cfr. la conclusión a la sección III.

Capítulo XIV ■
*Pablo de Tarso: las tres modalidades
de la máquina icónica*

a) **Los dos Adanes**

Las figuras –contrapuestas o por lo pronto complementarias– de Adán y Cristo en las epístolas de Pablo han dado lugar a innumerables interpretaciones (cfr., entre otros, Dunn 1998; Fee 2007; Barth 1962). Más allá de las diversas posiciones adoptadas por los especialistas, lo cierto es que existe un claro contrapunto entre ambas figuras: Adán como símbolo del hombre caído y pecaminoso; Cristo como símbolo del hombre resucitado y redimido. En varios pasajes Pablo da cuenta de la relación inescindible que existe, dentro de la economía divina, entre Adán y Cristo. La caída de Adán, y el correlativo dominio del pecado y de la muerte, solicita la venida de Cristo, incluso su muerte en la cruz, para la consumación del plan previsto por el Padre.[346] Lo que está en juego en ambas figuras, en su especificidad y en su compleja relación, es la imagen misma de lo humano o, digámoslo con mayor rigor, lo humano como imagen, el estatuto de lo humano entendido como *imago Dei*, es decir, ya a partir del Nuevo Testamento, sobre todo de Juan y Pablo, como *imago Christi*. Consideremos por lo pronto un pasaje de la primera carta a los Corintios en el que se evidencia con absoluta claridad el contrapunto que mencionábamos hace un momento entre las dos figuras.

---

346 Rudolf Steiner ha avanzado algunas reflexiones interesantes –ciertamente heterodoxas– acerca de la relación entre Adán y Cristo en Pablo (cfr. Steiner 1988: 135-155). En la sexta conferencia, de las diez que componen el texto *Von Jesus zu Christus,* Steiner identifica a Adán con el arquetipo del cuerpo corruptible y a Cristo con el del cuerpo incorruptible: "Para él [Pablo], todos los hombres han recibido de Adán sus cuerpos físicos [*physischen Leib*] como herencia. Se trata de este cuerpo que se manifiesta primero en el mundo exterior de la *maya*, y que es mortal [...]. En cuanto al segundo Adán, el Cristo, Pablo ve en él al poseedor del cuerpo incorruptible, inmortal [...]. Así como el cuerpo corruptible [*verweslichen Leibes*], el primero, desciende de Adán, así es necesario que el cuerpo incorruptible [*unverweslichen Leib*] descienda del segundo Adán, de Cristo" (1988: 143).

...se siembra un cuerpo natural [sōma physikon], se resucita un cuerpo espiritual [sōma pneumatikon]. Si hay un cuerpo natural, hay también un cuerpo espiritual. Así también está escrito: El primer hombre, Adán, fue hecho alma viviente. El último Adán, espíritu que da vida. Sin embargo, el espiritual no es primero, sino el natural; luego el espiritual. El primer hombre es de la tierra, terrenal; el segundo hombre es del cielo. Como es el terrenal, así son también los que son terrenales; y como es el celestial, así son también los que son celestiales. Y tal como hemos traído la imagen del terrenal, traeremos también la imagen del celestial. (1 Corintios 15:44-49)

Pablo construye este pasaje a partir de una serie de antagonismos. Mencionamos algunos:

Adán	Cristo
Cuerpo natural (*sōma physikon*)	Cuerpo espiritual (*sōma pneumatikon*)
Primer Hombre (*ho prōtos anthrōpos*)	Segundo Hombre (*ho deuteros anthrōpos*)
Naturaleza (*physis*)	Espíritu (*pneuma*)
Terrenal (*ho choikos*)	Celestial (*ho epouranios*)
Imagen del terrenal (*eikōn tou choikou*)	Imagen del celestial (*eikōn tou epouraniou*)

Con la caída de Adán, la condición humana ingresa en el reino del pecado y de la muerte. Lo cual no significa, sin embargo, que para Pablo el hombre haya perdido su estatuto de imagen, pero sí que la relación de semejanza se ha modificado radicalmente. De ser una imagen semejante a la Divinidad, al Espíritu, el hombre se vuelve semejante a la carne, a la tierra. Aún es un *eikōn*, una imagen, sólo que ahora es una imagen del terrenal. Por eso Pablo puede hablar de quienes viven según la carne [*kata sarka*] y quienes viven según el espíritu [*kata pneuma*] (cfr. Romanos 8:1). Quienes viven conforme a la carne son quienes llevan la imagen del terrenal, es decir quienes mueren en Adán. Sin embargo, a fin de que el hombre pueda ser salvado, el Padre, en su infinita misericordia, envió a su único Hijo, Cristo Jesús. La encarnación de Cristo es el requisito para que la carne misma pueda ser salvada. Cristo se hace hombre, asume la naturaleza humana, carnal, para redimirla. La muerte en la cruz es el descenso final de Dios, el punto decisivo de la economía soteriológica. Cristo muere para derrotar la muerte, para resucitar y redimir, en un movimiento ahora ascendente, la naturaleza humana rebajada por la falta de Adán. Adán y Cristo representan dos configuraciones epocales y ontológicas. "Porque así como en Adán todos mueren, también en Cristo todos serán vivificados" (1 Corintios 15:22). Vivir *en* Adán significa vivir en la muerte, ser un *eikōn* semejante a la tierra, a la carne; vivir *en* Cristo, por el contrario, significa vivir en el espíritu que da la vida, ser un *eikōn* semejante al cielo, a la divinidad. Con la vida *en* Cristo, es decir conforme al espíritu, el hombre conquista (re-conquista) la semejanza con el Padre que le había sido adjudicada en el momento de su creación. La caída de Adán implica un reemplazo de Arquetipo: el hombre, es decir la imagen, no remite ya a Dios sino a la tierra, no ya al espíritu sino a la carne. Este cambio de paradigma acarrea la muerte y la perdición del hombre. Sin embargo, como hemos dicho, esta modificación profunda de la condición humana no conlleva para Pablo una pérdida absoluta de la imagen. Cristo viene a restituirle al ícono, que el hombre a pesar de todo es, su verdadero Arquetipo espiritual. La redención implica que el hombre, participando del cuerpo glorioso del Hijo, vuelva a asemejarse al Padre y a recuperar el estatuto que le pertenecía desde el inicio. Explica Marie-José Mondzain en su estudio sobre el ícono y la economía:

> Por su sacrificio, el sublime imitador [es decir Cristo] ha colmado la distancia que separa la imagen caída del modelo, asumiendo su decadencia. Resucitando, él lleva consigo la imagen carnal, con la cual ha aceptado, por un tiempo, identificarse, abriéndole un cielo de promesas donde se reconcilian imagen humana e imagen natural. (2000: 122)

b) La soteriología icónica

En un interesante texto titulado *Pre-Nicene Christology in Paschal Contexts. The Case of the Divine Noetic Anthropos*, Dragoş Andrei Giulea propone la expresión "soteriología icónica [*eikonic soteriology*]" (2014: 3, 10) para referirse a la restauración de la imagen divina que Cristo hace posible en el *eschaton*.[347] No es casual, en este sentido, que Giulea pueda hablar de una "Cristología icónica" (cfr. 2014: 10) en la teología paulina. En efecto, la idea de que el hombre es una imagen del Hijo –el Hombre Celestial (*the Heavenly Anthropos*), según sostiene Giulea– le debe mucho a las epístolas de Pablo. De hecho, esta soteriología icónica, es decir la teoría según la cual Cristo recrea o reconstruye la imagen de Dios en el hombre y, por eso mismo, hace posible que el ser humano pueda participar de su cuerpo glorioso, proviene fundamentalmente de Pablo. "La soteriolo-

---

347 La misma idea expresa Giulea en su artículo "Eikonic Soteriology from Paul to Augustine. A Forgotten Tradition?". Allí sostiene, al igual que en el libro publicado en 2014, que los orígenes de esta perspectiva soteriológica se remontan a la idea de la nueva creación escatológica de Jerusalén proveniente de la tradición del Segundo Templo. Esta concepción posee tres aspectos distintivos: 1) Cristo es entendido como Demiurgo o, al menos, como co-creador del mundo y del ser humano; 2) la salvación es concebida como el momento escatológico en el cual el Demiurgo recrea o restaura la imagen de Dios en el hombre; 3) encuentra su elaboración definitiva en el lenguaje platónico empleado por Pablo a partir de la Septuaginta (cfr. Giulea 2011: 47-48).

gía *icónica*, en mi opinión, representa una síntesis paulina de dos especulaciones del Segundo Templo: la hipostatización de la Imagen Divina y la exaltación del Adán prelapsario" (Giulea 2014: 14).[348] Pablo retoma elementos provenientes de la tradición del Segundo Templo, en concreto la hipostatización de la imagen divina y la exaltación del Adán pre-lapsario, pero a la vez les añade la idea de que el verdadero arquetipo de la restauración de la imagen no es Adán sino Cristo, es decir la Imagen del Dios invisible. En la concepción paulina, a diferencia de la tradición del Segundo Templo, Cristo funciona como arquetipo del hombre restaurado, así como también del Adán pre-lapsario. El Adán anterior a la caída, exaltado en la tradición del Segundo Templo, es desplazado por Pablo al rango de copia del arquetipo y modelo del hombre: Cristo, el Verbo encarnado, la Imagen divina y perfecta del Padre. Por eso, la restauración de la condición generada por el Adán post-lapsario no pasa por el mismo Adán ni consiste en su gloria pre-lapsaria, sino que pasa –y de forma necesaria– por Cristo y su gloria eterna. Así como Adán trae la muerte y la condena, Cristo trae la justicia y la salvación.

> Porque si por la transgresión de uno, por éste reinó la muerte, mucho más reinarán en vida por medio de uno, Jesucristo, los que reciben la abundancia de la gracia y del don de la justicia. Así pues, tal como por una transgresión resultó la condenación de todos los hombres, así también por un acto de justicia resultó la justificación de vida para todos los hombres. Porque así como por la desobediencia de un hombre los muchos fueron constituidos pecadores, así también por la obediencia de uno los muchos serán constituidos justos. (Romanos 5:17-19)

> Cristo entonces viene a traer la verdadera vida, la vida de la imagen, la restauración del ícono ofuscado o ennegrecido por el pecado. Resulta evidente, por lo que venimos diciendo, que esta renovación de la vida, cuya cifra paradigmática se encuentra para los cristianos en los Evangelios, concierne de manera esencial a la imagen. En efecto, entre los pasajes más comentados por los Padres de la Iglesia se encuentra 2 Corintios 3:18, donde Pablo sostiene que la contemplación de la gloria del Espíritu requiere –o es correlativa a– una transformación en la imagen. "Pero nosotros todos, con el rostro descubierto, contemplando como en un espejo la gloria del Señor, estamos siendo transformados en la misma imagen [*tēn autēn eikona*] de gloria en gloria, como por el Señor, el Espíritu". Esta transformación de la imagen significa, sin duda, un pasaje de la imagen del terrenal a la imagen del espiritual, una metamorfosis al interior de la condición icónica del hombre. Como hemos visto, la caída no

---

348 O también, en términos más lacónicos: "el inventor de la soteriología icónica fue Pablo" (2014: 127).

supone para Pablo una pérdida del ícono, sino una modificación del modelo al cual imita. Al caer, el hombre pasa de ser un ícono celestial, es decir de tener como arquetipo al cielo o al espíritu, a ser un ícono terrenal, es decir a tener como arquetipo a la tierra o a la carne. Dragoş Giulea, en este sentido, sostiene que Pablo considera al ser humano como un "organismo flexible capaz de ser moldeado por uno de los dos modelos" (2014: 154). Este cambio de arquetipo, si bien supone de algún modo una *inversión* de la imagen, deja intacta sin embargo su condición icónica, es decir su dependencia de un modelo, ya sea este terrenal o celestial. "Pablo cree que el ser humano funciona como una copia o una semejanza (*eikōn*) de uno de los modelos. La transformación y renovación consistirá en el cambio de una semejanza a otra; de llevar un ícono a llevar otro" (Giulea 2014: 154-155). Se comprende entonces que la soteriología paulina es necesariamente icónica. La salvación del ser humano pasa –y pasa de manera indefectible– por una reconquista de la imagen divina a través de Cristo. "La soteriología *icónica*, por lo tanto, representa en su primer aspecto la trasformación de ser un *eikōn* de Adán a ser un *eikōn* del Jesús glorioso" (2014: 155). La salvación no tiene que ver con la reconquista del ícono perdido, sino con la reconquista del arquetipo perdido. La mutación se efectúa dentro del ícono. Tal es así que John Kilner, en su artículo "Humanity in God's Image: Is the Image really damaged?", ha sugerido que no es posible encontrar en Pablo un solo indicio que indique un cambio en la imagen de Dios propia del hombre. Comentando el pasaje de la segunda epístola a los Corintios recién citado, en efecto, Kilner asevera: "no existe ninguna expresión a partir de la cual se pueda inferir que la imagen en la cual el hombre fue creado originalmente haya sufrido algún daño" (2010: 611); y también, un poco más tarde en relación al mismo pasaje: "En vez de referirse a una imagen dañada o perdida que está siendo restaurada, Pablo habla de algo nuevo que está sucediendo a causa de Cristo" (*ibid.*). En la medida en que lo que define al ícono es su relación con un arquetipo, la condición del hombre caído, incluso teniendo por modelo la carne o la tierra, sigue siendo icónica. Esto es así porque no es la imagen la que, según la lectura de Kilner, debe ser renovada, sino las personas. De tal manera que, para Pablo, asegura Kilner, no existe una modificación o una pérdida de la imagen con la caída. "Pablo evita cualquier indicación acerca de que la imagen de Dios ha sido dañada o perdida, o de que está siendo renovada. Es la gente la que está siendo renovada, no la imagen" (2010: 612). La imagen, en tanto ícono, entonces, permanece inalterable después de la caída. Lo que se produce, más bien, es un pasaje de un tipo de ícono a otro. Pero pasar de un ícono a otro significa también pasar de un *anthrōpos* a otro. La transformación de la imagen que predica

Pablo supone pasar de ser un hombre caído a ser un hombre redimido, de ser un hombre muerto a ser un hombre vivo, de ser un hombre carnal a ser un hombre espiritual. "El pasaje considera la salvación humana como una transformación de un *anthrōpos* a otro [...] El objetivo final del ser humano es convertirse en un *anthrōpos* que sea un ícono del Hombre Celestial" (Giulea 2014: 154). En la antropología de Pablo, ser un *anthrōpos* significa ser un *eikōn*. Lo cual está en perfecta sincronía con la tesis propuesta por Kilner a partir del análisis de varios pasajes en los que Pablo aborda el problema de la *imago Dei*. Según Kilner, en las cartas paulinas "no existe ninguna indicación de que la imagen haya sido dañada o perdida" (2010: 609). Kilner sostiene, además, que la expresión bíblica "imagen de Dios" alude a un estatus o estatuto (*status*) mientras que la expresión "imagen de Cristo" (es decir, la imagen que para Pablo debe imitar el cristiano) a un parámetro (*standard*). En los términos de Ireneo, diríamos que la imagen de Dios designa un aspecto ontológico, mientras que la "imagen de Cristo" o la "semejanza a Cristo" un aspecto económico. Ahora bien, para Kilner, como hemos dicho, "no existe ninguna indicación en toda la Biblia de que este estatus o estándar se hayan perdido o hayan sido dañados" (2010: 615). Para explicar la diferencia que existe entre la noción de *status* y la de *standard*, Kilner propone una analogía con un violín Stradivarius (citamos el texto *in extenso*):

> Un violín Stradivarius puede estar dañado, pero es aún un Stradivarius –éste es un sello y un estatus basados en su creación, no una categoría degradada [...] Cuando un violín Stradivarius está dañado, la razón imperiosa para restaurarlo concierne al hecho de que es justamente un Stradivarius. Su estatus remite a su creador [...] De la misma manera, la imagen de Cristo y la imagen de Dios están íntimamente relacionadas, pero no se refieren en términos estrictos a la misma cosa. La primera es el estándar para la restauración de la humanidad; la segunda es el estatuto que garantiza la obra restauradora, incluso a un gran precio. Ni el estatus ni el estándar están comprometidos cuando un violín Stradivarius resulta dañado o cuando una persona es dañada por el pecado –incluso si el violín y la persona puedan estar muy dañados. (2010: 615)

Así como un Stradivarius dañado sigue siendo un Stradivarius, la imagen de Dios en el hombre, luego de la caída, sigue siendo la imagen de Dios. Y es precisamente el hecho de ser imagen de Dios lo que debe impulsar al hombre a imitar a Cristo. La restauración de la imagen en la soteriología icónica de Pablo supone, según la hipótesis de Kilner, la actualización y la asunción de un estatus o estatuto que el hombre ya posee porque nunca lo ha perdido. Aun caído, el hombre sigue siendo imagen de Dios, así como el Stradivarius, aun dañado, sigue siendo un Stradivarius.

c) Los tres funcionamientos de la máquina icónica

A partir de lo que hemos dicho sobre la doctrina icónica de Pablo, es posible individuar tres funcionamientos diversos de la máquina óptica/antropológica al interior de la tradición bíblica. Los tres casos, más allá de sus diferencias, remiten a una modalidad icónica de la máquina. Como hemos visto en esta sección, las líneas dominantes de la teología cristiana han pensado la *imago Dei* como un *eikōn*, es decir como una imagen que se funda en una relación de semejanza con el modelo. Dentro de este marco, sin embargo, hemos detectado tres funcionamientos diversos pero interrelacionados. Cada uno de los funcionamientos produce un tipo de imagen específico. En los tres casos, de todas formas, se trata de imágenes icónicas, sólo que algunos de sus aspectos difieren radicalmente. Los tres funcionamientos de la máquina óptica bíblica, en orden cronológico, son:

1) La máquina óptica prelapsaria: produce al hombre como ícono celestial.
2) La máquina óptica lapsaria: produce al hombre como ícono terrenal.
3) La máquina óptica cristiana: produce al hombre como ícono de Cristo.

En los tres casos la máquina funciona de manera trascendente, en la medida en que remite a un arquetipo. Incluso la máquina lapsaria, cuyo modelo pareciera ser inmanente (la tierra, la carne), funciona también de forma trascendente. Esto es así porque lo que vuelve trascendente a la máquina no es el estatuto del arquetipo sino la necesidad de remitir a él, ya sea este trascendente o inmanente. Como sostiene Giulea, lo propio del ser humano entendido como *imago Dei* consiste en su condición mimética, es decir en su capacidad de imitar un modelo: "En su esencia dotado de una condición mimética, el ser humano debe cambiar la imitación del modelo terrenal (*eikōn*) por la imitación del modelo divino" (2011: 50). En este sentido, tanto el ícono celestial cuanto el ícono terrenal son entidades trascendentes. Dicho de otro modo: el Diablo, de algún modo, es el Otro de Dios.[349] Pero en la medida en que ambos ameritan ser escritos con mayúscula, coinciden en la trascendencia. Estos tres funcionamientos de la máquina, por cierto, dan lugar a toda una antropología de raíz paulina que Dragoș Giulea, con absoluta justicia, ha denominado "antropología icónica [*eikonic*

---

[349] Continúa Giulea: "la soteriología icónica parece representar este cambio de mimetismo de un tipo de ícono o copia a otro" (2011: 50).

anthropology]" (cfr. 2014: 153).[350] En los tres casos, el hombre es pensado como ícono. Como hemos visto en el capítulo XI, los teólogos católicos, en líneas generales, coinciden en que la imagen no se perdió con la caída. Si se hubiese perdido, es decir si no existiese más la posibilidad de restituir la imagen, de asemejarse al modelo divino, el estatuto de la imagen habría cambiado substancialmente: de ser un ícono habría pasado a ser un fantasma, es decir una imagen sin arquetipo ni modelo; ya no una copia, en consecuencia, sino una pura singularidad infundada y subsistente. Por extraño que parezca, es lo que ha ocurrido, luego de dos mil quinientos años de un funcionamiento icónico de la máquina óptica, con la muerte de Dios anunciada por Nietzsche. Como veremos en la conclusión a esta sección, de ser icónica, es decir trascendente, la máquina óptica ha pasado a ser fantasmática, es decir inmanente.

---

350 La expresión también se encuentra en Giulea 2011: 49.

Conclusión Sección III ■

a) **Friedrich Nietzsche: el crepúsculo de los "íconos"**

En el capítulo previo hemos indicado, a modo de cierre de esta tercera sección, tres modalidades de la máquina óptica o, quizás con mayor rigor, una modalidad icónica susceptible, a su vez, de tres funcionamientos posibles. Hemos sugerido además que la figura de Nietzsche ocupa un rol central en el paso de una máquina óptica icónica a una máquina óptica fantasmática. La célebre "muerte de Dios", en este sentido, representa la consigna que sintetiza el fin del Arquetipo, es decir de la trascendencia, en el mundo occidental del siglo XIX. Con Nietzsche, el hombre, considerado *imago Dei* por toda la tradición teológica basada en la Biblia, se transforma, una vez muerto el Padre, meramente en una *imago*. La muerte de Dios marca el fin del arquetipo al que remitía la *imago* humana. Ya no es una *imago Dei*; ahora es, como dijimos, sólo una *imago*, pero una *imago* que no se funda en un arquetipo no es una imagen cualquiera, un ícono en el sentido platónico, sino una imagen sin modelo: un fantasma.[351] En efecto, más allá de las diversas concepciones acerca de la caída y su relación con la imagen, lo cierto es que la misma existencia del Arquetipo asegura la condición icónica de la imagen. Incluso en los autores más drásticos, como Agustín, Lutero o Calvino, la imagen no se ha perdido por completo. De nuevo, la existencia de Dios garantiza la condición icónica de la *imago Dei*. Por eso la muerte de Dios nietzscheana implica un cambio radical en relación a la imagen antropológica: de ser un ícono, como dijimos, pasa a ser un fantasma.

El texto decisivo para analizar esta "transmutación" de la máquina icónica a la máquina fantasmática, del ícono al fantasma, es el famoso apartado titulado

---

351 Maurice Blanchot retoma esta noción de fantasma, sin utilizar explícitamente el término, cuando se refiere a la imagen como "una semejanza que no tiene nada a lo cual asemejarse" (1955: 350).

"Wie die 'wahre Welt' endlich zur Fabel wurde" de *Götzen-Dämmerung oder wie man mit dem Hammer philosophirt*. El mundo verdadero representa el reino trascendente e ideal de la metafísica occidental. Desde nuestra perspectiva, el mundo verdadero representa el campo de visibilidad susceptible de ser visto por el ojo del alma; el mundo aparente, por el contrario, el campo de visibilidad que puede ser visto por el ojo del cuerpo. No es casual que esta somera genealogía de Nietzsche comience precisamente, como la segunda sección de esta investigación, con Platón.

(1) "El mundo verdadero, asequible al sabio, al piadoso, al virtuoso, él vive en ese mundo, *es ese mundo*. (La forma más antigua de la Idea, relativamente inteligente, simple, convincente. Transcripción de la tesis 'yo, Platón, *soy* la verdad')".[352] Esta historia del error, entonces, comienza con Platón, cuando lo real, para decirlo con Heidegger, empieza a ser pensado "bajo la sujeción a la Idea" (1997: 238). Es el inicio del dualismo ontológico, la partición de la realidad en dos niveles jerarquizados: el nivel sensible sometido a la primacía del nivel inteligible, el devenir como imagen o copia degradada del Ser.

(2) El segundo momento está representado por el advenimiento del cristianismo, tal como es interpretado por Nietzsche. Es el mundo del pecado y de la culpa. El mundo verdadero es inasequible, pero funciona como una promesa para el virtuoso, el piadoso o el penitente. "Progreso de la Idea: ésta se vuelve más sutil, más capciosa, más inaprensible, *se convierte en una mujer*, se hace cristiana…" (el subrayado es de Nietzsche).

(3) En el tercer momento, el mundo verdadero, indemostrable y aún inasible, funciona sin embargo como consuelo e imperativo. Destronado del registro epistemológico, se desplaza al ámbito moral. El sol platónico se ha nublado por la crítica kantiana. "En el fondo, el viejo sol, pero visto a través de la niebla y el escepticismo; la Idea, sublimizada, pálida, nórdica, königsberguense". La Idea metafísica que iluminaba el cielo de Atenas brilla ahora, con menor fuerza, tras las nubes morales de Königsberg.

(4) El cuarto momento concierne al positivismo. Las Ideas metafísicas son rechazadas por la fuerza de la razón y de la verificación empírica. La cosa en sí, el *noumeno*, ya no consuela. Nietzsche se refiere a este momento como un despertar, aún insuficiente pero necesario. "Mañana gris. Primer bostezo de la razón. Canto del gallo del positivismo".

---

352 Todas las citas de Nietzsche corresponden a eKGWB: GD-Welt-Fabel [en línea: http://www.nietzschesource.org/#eKGWB/GD-Welt-Fabel].

(5) Es el tiempo de los espíritus libres. El mundo verdadero es una Idea que ya no sirve para nada, ni obliga ni consuela; se ha vuelto superflua, innecesaria. Es un día claro, una verdadera aurora. Otro sol, no metafísico, ilumina la tierra de una nueva humanidad. Platón, dice Nietzsche, se ruboriza. "Día claro; desayuno; retorno del *bon sens* y de la jovialidad; rubor avergonzado de Platón; ruido endiablado de todos los espíritus libres".

(6) El último momento: la llegada de Zaratustra. La aurora ha dado lugar al mediodía, al instante de la sombra más corta. Es el punto culminante de la humanidad, el final del error más largo. Este último momento marca el pasaje definitivo del ícono al fantasma, la transformación correlativa y consecuente que ocasiona la muerte de Dios, del mundo verdadero, en el estatuto de lo humano entendido como imagen. Leamos cómo expresa Nietzsche esta correlación entre el modelo y la copia, es decir entre el arquetipo y el ícono. "Hemos eliminado el mundo verdadero: ¿qué mundo ha quedado?, ¿acaso el aparente?... ¡No!, ¡al eliminar el mundo verdadero hemos eliminado también el aparente!".

Este pasaje es altamente significativo para nuestra investigación. No por casualidad Philippe Lacoue-Labarthe sostiene que "la sexta tesis designa el momento propiamente nietzscheano" (1979: 19). Nietzsche está diciendo que muerto Dios, no puede seguir pensándose la imagen de lo humano de la misma manera. Si no existe Modelo, tampoco existe copia; si no hay arquetipo, tampoco hay ícono.[353] La misma idea expresa Ludwig Feuerbach en *Das Wessen des Christentums*, a propósito de la idolatría: "sancionar el principio significa necesariamente sancionar las consecuencias; la sanción del arquetipo es la sanción de la copia" (1883: 129-130). Esto significa que al morir Dios, al desaparecer el mundo verdadero, el estatuto de lo humano sufre una profunda modificación. No deja de ser una imagen, puesto que siempre es el resultado del funcionamiento de la máquina óptica/antropológica, pero el tipo de imagen producido por este dispositivo muta de forma irreversible. No puede ser ya un ícono, por supuesto; lo humano, al ser eliminado el mundo verdadero, se transforma en un fantasma. Como hemos visto en el capítulo sobre la imagen en Platón, el fantasma alude a una imagen sin modelo, una pura singularidad diferencial que no se funda en

---

[353] "Pensar la ficción —explica Lacoue-Labarthe—, no es oponer la apariencia a la realidad, puesto que la apariencia no es sino el producto de la realidad. Es precisamente pensar sin recurrir a esta oposición, *fuera* de esta oposición; pensar el mundo como fábula" (1979: 19). Este pensamiento *fabuloso*, excéntrico respecto a la oposición entre realidad y apariencia, es un pensamiento fantasmático: la potencia de lo falso, la fábula eterna: "No hay origen y no hay fin, sino una misma fábula, si se quiere, eterna" (Lacoue-Labarthe 1979: 20).

ninguna relación de semejanza. Luego de varios siglos de un funcionamiento icónico, la máquina óptica comienza a producir fantasmas, imágenes sin modelo ni identidad.[354] Nietzsche anuncia el fin del mundo verdadero y el nacimiento de Zaratustra. El verdadero Anticristo, en este sentido, es el fantasma. *Incipit Zaratustra, incipit phantasma.*

b) Michel Foucault: el retorno de las máscaras

Michel Foucault ha sido uno de los pensadores contemporáneos que ha sabido ver con mayor lucidez la correlación absolutamente necesaria entre la muerte de Dios y el estatuto de lo humano. La lectura de Nietzsche que propone en *Les mots et les choses* se apoya de lleno en esta mutua presuposición: la muerte de Dios es también la muerte del hombre, así como la muerte del hombre es la muerte de Dios.

Nietzsche encontró de nuevo el punto en el que Dios y el hombre se pertenecen uno a otro, en el que la muerte del segundo es sinónimo de la desaparición del primero y en el que la promesa del superhombre significa primero y antes que nada la inminencia de la muerte del hombre. (1966: 353)

Muerte de Dios y muerte del hombre son para Foucault sinónimos. ¿En qué consiste esta sinonimia? Como hemos dicho, el fin del Arquetipo implica por necesidad el fin de la copia. El ocaso de los dioses es también, y por fuerza, el ocaso de los íconos. Lo cual significa que el fin del ícono, dado que el hombre ha sido un ícono producido por la máquina óptica, no es sino el fin del hombre. La célebre y polémica "muerte del hombre" anunciada en *Les mots et les choses* debe ser entendida a partir de la mutación en el tipo de imagen generada por la máquina óptica. El fin del hombre, de nuevo, es el advenimiento del fantasma, del hombre como fantasma. La muerte del hombre es también promesa de

---

354 Leído en esta perspectiva, el siguiente pasaje de Cornelius Castoriadis adopta una luz particular: "Y aquí se manifiesta lo que nos parece el rasgo *específico*, y más profundo, de lo imaginario moderno, lo más profundo en consecuencias y en promesas también. Ese imaginario no tiene *carne propia*, toma prestada su materia a otra cosa, es catexis fantasmática, valoración y autonomización de elementos que, por sí solos, no responden a lo imaginario: lo racional limitado del entendimiento, y lo simbólico" (2013: 216; el subrayado es de Castoriadis). Nietzsche anuncia, por supuesto, el advenimiento del fantasma, del superhombre fantasmático. ¿Acaso no (se) ha inventado a los "espíritus libres", a esos "valientes camaradas y fantasmas [*Gesellen und Gespenster*] con los que uno charla y ríe" (eKGWB/MA-I-Vorrede-2), a esos "espectros" (*ibid.*) que anuncian, aún titubeantes, la llegada del superhombre? "Ya los veo venir, lenta, lentamente, ¿y hago yo acaso algo para acelerar su venida si describo por anticipado bajo qué destinos los veo nacer, por qué caminos venir?" (*ibid.*). Nietzsche-Zaratustra: profeta del fantasma.

un nuevo nacimiento. El último hombre es el último ícono. Muere el hombre como ícono; nace como fantasma. Muere el rostro del hombre; nace la máscara.

Más que la muerte de Dios –o más bien, en el surco de esta muerte y de acuerdo con una profunda correlación con ella–, lo que anuncia el pensamiento de Nietzsche es el fin de su asesino; es el estallido del rostro del hombre en la risa y el retorno de las máscaras; es la dispersión de la profunda corriente del tiempo por la que se sentía llevado y cuya presión presuponía en el ser mismo de las cosas; es la identidad del Retorno de lo Mismo y de la dispersión absoluta del hombre. (1966: 396-397)

El funcionamiento icónico de la máquina óptica ha generado el *rostro* de lo humano copiándolo de la divinidad. El hombre ha podido tener un rostro porque la máquina se ha encargado de custodiar la relación de semejanza que lo remitía a su Arquetipo metafísico. Ni siquiera con la caída, hemos visto, el hombre ha perdido por completo su rostro. Caído, el hombre ha seguido siendo un hombre. Con la muerte de Dios, sin embargo, el hombre pierde el rostro. Pero esa pérdida es a la vez promesa, no ya de un nuevo rostro, puesto que no hay modelo al cual copiar, sino promesa del retorno de las máscaras.[355] En cierto sentido, la muerte de Dios, más que ser la cifra de la muerte del hombre, lo es de su nacimiento. Como si Dios, al morir, diera a luz al hombre, pero no ya al hombre como ícono, sino como fantasma. Lo que pareciera haber visto Foucault, con una lucidez notable, es que el fantasma, en cierto sentido, ya no es humano. La muerte del hombre marca el nacimiento de un hombre no-humano: el fantasma. Como hemos señalado, el verdadero crepúsculo no es el de los ídolos, sino el de los íconos. En

---

355 En tanto fantasma sin rostro, el ser humano encuentra su figura paradigmática en el *noppera-bō* japonés. En la mitología nipona, el *noppera-bō* es un fantasma sin rostro, una criatura legendaria que adopta en general una forma humana y utiliza su ausencia de rasgos faciales para aterrorizar a las personas. El enigmático y fascinante Lafcadio Hearn, también conocido como Yakumo Koizumi luego de casarse con Setsuko Koizumi y adquirir la nacionalidad japonesa, transcribe una de las historias populares más célebres sobre el *noppera-bō*. Un mercader del barrio de Kyōbashi, nos cuenta Hearn en "Mujina", uno de los relatos recopilados en *Kwaidan: Stories and Studies of Strange Things*, se detiene al borde de un camino para consolar a una joven que escucha sollozar. Cuando se acerca, la joven se vuelve hacia el mercader, descubriendo su rostro con la mano, "y el hombre vio que no tenía ojos ni nariz ni boca —entonces gritó y huyó despavorido" (1904: 79). En efecto, el marcader corre hasta dar con un vendedor de soba, a quien le cuenta lo sucedido. "No puedo decirte lo que ella me mostró", exclama desesperado el pobre hombre. "¿Fue algo como esto lo que te mostró?, dijo el vendedor descubriendo su propio rostro, el cual se convirtió en un Huevo... En ese momento, la luz se apagó" (1904: 80). Se comprenderá que el funcionamiento de la máquina óptica no ha consistido más que en dibujar rasgos humanos sobre la superficie vacía, fantasmática, del *noppera-bō*. El horror del mercader es el horror de la metafísica, el mismo horror que nos anuncia Zaratustra cuando borra el rostro del hombre y deja entrever la máscara blanca del fantasma. Sobre la cuestión del rostro desde una perspectiva política, cfr. Deleuze & Guattari 1980: 205-234.

Différence et répétition, Gilles Deleuze indica la relación que existe entre el ícono, la identidad y la semejanza, tríada que sintetiza la filosofía de la representación y consecuentemente el humanismo. "Crepúsculo de los íconos. ¿No es designar el punto donde la identidad del modelo y la semejanza de la copia son errores, lo mismo y lo semejante, ilusiones nacidas del funcionamiento del simulacro?" (1968: 168). El fin del ícono, entonces, implica el fin de lo mismo y lo semejante, su sometimiento bajo la potencia diferencial del simulacro, del fantasma. No es casual, además, que Deleuze encuentre un antecedente del fantasma, es decir de una imagen sin semejanza, en los Padres platónicos, particularmente en los tratados que abordan el problema de la caída. Según Deleuze, al caer, el hombre pierde la semejanza pero conserva la imagen. Sin embargo, esa imagen, en tanto ya no se funda en una relación de semejanza con un modelo, no es un ícono sino un simulacro. E incluso si se acepta que la imagen del hombre caído remite a un modelo, ese modelo no es el de lo Mismo y lo Idéntico, sino el de lo Otro y lo Diferente. Permítasenos citar un extenso pasaje:

> El catecismo, tan inspirado de los Padres platónicos, nos ha familiarizado con la idea de una imagen sin semejanza: el hombre es a imagen y semejanza de Dios, pero por el pecado hemos perdido la semejanza conservando sin embargo la imagen... El simulacro es precisamente una imagen demoníaca, desprovista de semejanza; o más bien, contrariamente al ícono, ha puesto la semejanza en el exterior, y vive de diferencia. Si produce un efecto exterior de semejanza, es como ilusión, y no como principio interno; en sí mismo está construido sobre una disparidad, ha interiorizado la disimilitud de sus series constituyentes, la divergencia de sus puntos de vista, de tal modo que muestra varias cosas, cuenta varias historias a la vez. Tal es su primer carácter. Pero ¿no hay que decir que, si el simulacro se relaciona también con un modelo, este modelo no posee más la identidad de lo Mismo ideal, y que es al contrario modelo de lo Otro, el otro modelo, modelo de la diferencia en sí de la que se desprende la disimilitud interiorizada? (1968: 167)

Con la caída, entonces, según la hipótesis de Deleuze, el hombre habría pasado a ser un simulacro. Sin embargo, creemos que ni siquiera la caída ha supuesto un alejamiento definitivo del arquetipo paterno. Incluso en autores como Agustín o Lutero, la imagen del hombre caído posee (en potencia) la semejanza o, al menos, la posibilidad de actualizar su vínculo con el modelo. De tal manera que la semejanza no es algo exterior a la imagen, sino algo interior, retraída en lo más íntimo de su naturaleza (desviada o degradada, pero no alterada en su substancia).[356] Y por lo mismo, la desemejanza o la disparidad no funciona como su principio interno, sino como su condición eventual. Su principio interno es siempre la semejanza, sólo que desactualizada. Cuando sí se produce una metamorfosis decisiva en lo que concierne a la imagen de lo humano es con la muerte de Dios. Es recién entonces que este párrafo de Deleuze adquiere toda su fuerza y su pertinencia. El superhombre, es decir el hombre que atraviesa la muerte de Dios, es efectivamente un fantasma cuyo principio interno es una disparidad y una desemejanza. A diferencia del ícono, el fantasma post-humano vive en lo infundado. Pero no por eso es una imagen maligna, como el hombre caído, puesto que ni siquiera remite a un modelo de lo Otro.

En cierto sentido, habría que decir del hombre lo que Michel de Certeau dice de Dios cuando habla de una "teología del fantasma [*théologie du fantôme*]" (cfr. 1982: 10) en relación a la experiencia mística: "En otro tiempo el fantasma del padre de Hamlet se convertía en la ley del palacio en el que ya no habitaba más. De la misma manera el ausente que ya no está más en el cielo ni sobre la tierra habita la extrañeza de una tercera región (ni una ni la otra). Su 'muerte' lo ha ubicado en este entre-dos" (1982: 10). Esta teología del fantasma, lo ha visto con claridad Foucault, no es sino una antropología del fantasma. La muerte del Padre es la muerte del Hombre. Incluso habría que ir más lejos aun y hablar de la muerte del Mundo. En el perímetro abierto por estas tres muertes (de Dios, del Hombre y del Mundo, las tres ideas rectoras de la metafísica según Kant) es preciso situar la fantasmatización de la "vida" contemporánea.

c) Furio Jesi y la frase de Nietzsche "Dios ha muerto"

En el epílogo a *La festa. Antropologia, etnologia, folklore,* Furio Jesi retoma algunas tesis de Károly Kerényi, el célebre filólogo húngaro, y sostiene que la fiesta de los "antiguos" o de los "diversos", en su esencia, estaba vinculada a la visión.

Las fiestas son así los instantes en los que adquiere visibilidad el movimiento emocional creativo, que de otro modo permanece invisible. La diferencia radical entre instantes festivos e instantes no festivos, sobre la cual especialmente insiste Kerényi, coincide con la diferencia radical entre visible e invisible; en cuanto instante de visibilidad (del centro de la colectividad, del movimiento creativo de conmoción), la fiesta es abismalmente no cotidiana. (1977: 180)

---

356 Sobre la condición degradada —y no desnaturalizada— de la imagen del hombre caído, cfr. el capítulo XI.

La fiesta, entonces, designa un acontecimiento en el que se vuelve visible el centro, habitualmente invisible, que funda una comunidad. Este centro, lo hemos visto en la introducción a la primera sección, es ni más ni menos que el corazón de la máquina mitológica, el mito por excelencia, el motor inmóvil que la máquina custodia dentro de sus paredes. Según Jesi, es posible suponer que en las fiestas de "ayer" la visión del centro de la máquina no estaba excluida a priori. Sin embargo, "hoy la máquina mitológica nos ofrece paredes que resultan por definición impenetrables" (1977: 199). Ya no somos capaces de ver lo que los *diversos* veían; a lo sumo, vemos a ellos viendo, pero no el objeto de su visión, o al menos no lo vemos con los ojos de los videntes sino sólo con los ojos de los *voyeurs*. Si en las fiestas de "ayer" los *diversos* podían contemplar, al menos durante un instante iluminado, el centro de la máquina, hoy "ninguna visión permite traspasar las paredes de la máquina mitológica" (1977: 196). Pero ¿qué es lo que se volvía visible en las fiestas de "ayer" y que hoy permanece necesariamente vedado? Jesi se refiere al objeto de esta visión con el término *eidōlon*. El *eidōlon*, para Jesi, designa no sólo una imagen sino también el espacio en el que algo puede hacerse visible. Este espacio es una suerte de franja intermedia entre los hombres y los dioses.

> *Eidōlon* es por tanto la "cosa" que se hace visible dentro del espacio intermedio entre los hombres y los dioses. La existencia de este espacio es condición *sine qua non* de la existencia del *eidōlon*; es el lugar de su existir. Pero si los dioses se han alejado "en la profundidad de su nada" (para usar la expresión del cabalista medieval), tanto que el espacio entre ellos y los hombres se ha convertido en una llanura sin horizonte, también el *eidōlon* ha dejado de existir y con él la visión. (1977: 188)

El término *eidōlon*, tal como Jesi lo emplea, no deja de tener una cercanía innegable con el otro término griego que, junto con *phantasma*, significa imagen: *eikōn*. La cercanía que mencionamos consiste en que, como hemos visto en esta sección, el hombre es pensado como ícono en tanto posee una relación de semejanza con el Arquetipo divino. Jesi emplea el término *eidōlon* y no *eikōn* porque está pensando fundamentalmente en la mitología griega, pagana, y no bíblica. Sin embargo, hemos visto que en la tradición bíblica el hombre es concebido como imagen de Dios. Además, cuando esa tradición se cruza con la lengua griega, el término que permite pensar la relación entre la creatura humana y el Creador es justamente *eikōn*, término que posee una clara ascendencia platónica. El espacio intermedio entre los dioses y los hombres, que según Jesi permite la manifestación del *eidōlon*, en la tradición bíblica de habla griega, permite la manifestación del *eikōn*, del hombre como *eikōn*. Lo importante de todas formas no es tanto el término empleado sino el sentido que posee en relación a la visión y al funcionamiento de la máquina. Este espacio intermedio entre los dioses y los hombres es el que asegura que exista una relación entre ambas dimensiones, la divina y la humana. No obstante, con el alejamiento de los dioses, con el crepúsculo de los ídolos-íconos, ese espacio intermedio desaparece. No es casual que Jesi identifique a Nietzsche, y en particular la consigna "Dios ha muerto", con la cifra de la desaparición del *eidōlon* y consecuentemente de la visión que hacía posible.

> Es probable que la palabra de Nietzsche, "Dios ha muerto", no sea solamente verdadera para el momento en el que Nietzsche la ha pronunciado; en efecto, para que el *eidōlon* exista, es necesario que tal palabra no sea pronunciada. Si ella resuena, significa que la ilusión óptica del horizonte del espacio entre hombres y dioses ha cesado. Significa que "no se ve más": que el *eidōlon* no es más disponible en su desvelamiento, en el cual consiste su existir. (1977: 189)

La muerte de Dios, tal como Jesi la entiende, significa el fin de la ilusión óptica que permitía ver el centro de la máquina: *el* mito, en el caso de la máquina mitológica, pero también *el* hombre, en el caso de la máquina antropológica. Una vez que la palabra de Nietzsche es pronunciada, la imagen mitológica de lo humano que funcionaba como nexo entre los dioses y los hombres (el *eidōlon* para la cultura pagana, el *eikōn* para la cultura bíblica-cristiana) deja de ser visible. En este sentido, existe una relación esencial entre la máquina mitológica y la máquina antropológica. No sólo porque obedecen a una misma estructura formal, sino porque la imagen de lo humano es en sí misma mitológica.[357] Por eso Jesi no duda en identificar al mito precisamente con el espacio en el que se proyectan las imágenes de lo divino y de lo humano.

> ...podríamos entender al mito como lo que colma la distancia entre hombre y dios: substancia etérea en la cual se proyectan y encuentran un punto de encuentro las imágenes de lo divino y las de lo humano, empequeñeciéndose las primeras, agrandándose las segundas, por el opuesto resultado de su acaecer, que las proyecta fuera de su objeto y las extraña de él. (1977: 192)

En algunos capítulos de esta sección hemos visto que precisamente Cristo representaba, en la tradición cristiana, ese punto de encuentro entre lo divino y lo humano, esa substancia etérea en la que teología y antropología de la imagen parecían fundirse en una imagen única, a la vez divina y humana. En Cristo, la imagen divina se empequeñece y la humana se agranda. Desde esta perspectiva,

---

[357] Sobre la relación entre el *eidōlon* y la "ficción" mítica, cfr. la nota 558.

Cristo es el mito por antonomasia, el puente que colma el abismo y la distancia entre el Creador y su creatura.

Se puede sin embargo hablar del mito sin identificarlo con la mitología, si se conviene en hablar de lo que él no es: del vacío que está entre lo divino y lo humano. Sobre este vacío se proyectan las imágenes de lo divino y de lo humano que llamamos mitológicas justamente porque se proyectan sobre él: de él obtienen su nombre, a él remiten como un puente incompleto remite al abismo. (1977: 192)

La desaparición del *eidōlon/eikōn* supone, en una de sus posibilidades, el advenimiento del nihilismo, la exhibición del vacío central, la nada que había permanecido oculta en el interior de la máquina. Sobre ese vacío, sustraído a la mirada de los hombres, se proyectaban las diversas imágenes mitológicas de lo humano y lo divino. La máquina funciona, hemos visto, aludiendo sin cesar a este motor inmóvil oculto en su centro y al mismo tiempo sustrayéndolo a la mirada, "llenándolo" con imágenes que se proyectan sobre las paredes que lo custodian.

Frente a este panorama, podría creerse que una vez pronunciada la palabra de Nietzsche la máquina habría dejado inmediatamente de funcionar. Una vez exhibido el vacío central, el vacío que el mito no es, una vez exhibido también el vacío de lo humano, su condición infundada, su profunda contingencia, una vez expuesto, en toda su desnudez, el secreto que había permanecido oculto por siglos, la máquina –en sus dos variantes: mitológica y antropológica– debería haber dejado de funcionar. Sin embargo, reconoce Jesi, casi resignado, "la máquina mitológica continúa siempre funcionando, independientemente de la condición genuina de la substancia presunta (el mito) que la hace funcionar" (1977: 198). La máquina sigue funcionando, y si la visión que prometía no es ya posible, lo es al menos la música que produce al funcionar. Aunque hacia el final de su ensayo, Jesi admite que ni siquiera la música es ya audible. La exclusión de la visión es correlativa al silencio de la máquina. El problema es que, ciega y muda, invisible y silenciosa, la máquina sigue funcionando.[358] En las fiestas de hoy no vemos ni oímos; así y todo, continuamos danzando, incluso sin escuchar la música.

---

[358] Es legítimo preguntarse por qué, una vez develado el secreto –el vacío– que la máquina custodiaba en su interior, sigue no obstante funcionando. Encontramos una posible respuesta, creemos, en David Hume, particularmente en la distinción entre conocimiento y creencia o, para expresarlo de otro modo, entre pensamiento y sentimiento. Como se sabe, para Hume toda creencia en la realidad o en la legalidad que rige la realidad es el resultado del hábito o la costumbre, un sentimiento o un instinto, no un acto de razón. La creencia es una ficción fuerte o vivaz, una ficción que se ha instaurado en nosotros como hábito o costumbre. En función de esta fuerza o vivacidad, Hume puede definir a la creencia, en principio, como "una idea fuerte y vivaz de una impresión presente relacionada con ella" (1960: 93). Por eso la creencia es

La "fiesta" de hoy [...] es precisamente un continuar danzando sin oír más la música. Y quizás esto está ya implícito en el oír solamente la música de la máquina mitológica que funciona, excluyendo la visión a través de sus paredes. Quizás la música del funcionamiento de la máquina, si la visión es excluida a priori, es ella misma un silencio, durante el cual se continúa danzando. (1977: 201)

Quienes danzan en esta fiesta silenciosa no son ya hombres-íconos, es decir imágenes que guardan una relación con su arquetipo divino, sino imágenes sin modelo, imágenes-fantasmas. En este girar en el vacío, la máquina continúa produciendo imágenes que no remiten a ninguna entidad trascendente, imágenes que ni siquiera podría calificarse de huérfanas. La fiesta de "hoy" es un baile de fantasmas.

d) Los nuevos ojos de la máquina óptica: cuerpos y lenguaje

Es válido cuestionar si la muerte de Dios, es decir del Arquetipo, no ha significado necesariamente la anulación del ojo del alma, uno de los polos que constituían la máquina óptica y que hacía posible la visión de las realidades inmutables e inteligibles. En efecto, si la muerte de Dios implica el fin de la trascendencia, el fin del mundo verdadero, ¿hasta qué punto puede afirmarse que la estructura de la máquina óptica permanece invariable? ¿En qué medida la máquina puede seguir funcionando y articulando la imagen proveniente del ojo del alma y la proveniente del ojo del cuerpo? ¿Puede afirmarse que la máquina sigue funcionando, una vez que ya no hay imagen inteligible, una vez que el campo de visibilidad

---

un *sentimiento* y no un *pensamiento*; por eso también la costumbre o el hábito operan a un nivel instintivo y no racional. "Todas estas operaciones [realizadas por la costumbre] son una especie de instinto natural que ningún razonamiento o proceso de pensamiento y comprensión puede producir o evitar" (2007: 34). Así como las impresiones son anteriores a las ideas, asimismo la costumbre es anterior a la reflexión: "La costumbre actúa antes de que nos dé tiempo a reflexionar" (1960: 104). Uno no *piensa* en una creencia, sino que la *siente*; incluso podría decirse que la creencia es condición de posibilidad del pensamiento. Con la máquina óptica sucede lo mismo: la desactivación de su funcionamiento, cuya propuesta –a la vez teórica y política– encontramos en varios textos de filosofía contemporánea, pasa siempre por una cuestión racional, por un nivel que atañe al pensamiento (filosófico o no); pero no se instala nunca como hábito o costumbre, no penetra en el nivel del sentimiento; no se vuelve *creencia*. Por eso mismo, muchas de las subversiones "inteligentes" que proponen "guerras civiles", incluso destituyentes, no dejan de ser siempre minoritarias y elitistas. En tanto esa potencia subversiva no se vuelva creencia, es decir sentimiento o pasión –y es muy probable que tal cosa no ocurra– la máquina seguirá girando (incluso en el vacío). Ya lo sabía Peter Singer cuando escribía –aunque con cierto optimismo y en un marco de discusión que aquí no nos incumbe directamente– en el prefacio a *Animal Liberation*: "Hábito. Esta es la última barrera que el movimiento de Liberación Animal debe enfrentar. No solamente deben ser cuestionados y modificados los hábitos de dieta sino también los de pensamiento y de lenguaje" (2001: xxiv).

abierto por Platón en los inicios de la metafísica ha desaparecido de la cultura occidental? ¿Cómo la máquina podría seguir articulando dos miradas, una de las cuales no es ya posible? ¿La muerte de Dios, en definitiva, no es también la muerte del ojo del alma? Y si esto es así, ¿la desaparición del ojo del alma no implica entonces la destrucción de la máquina en cuanto tal, teniendo en cuenta que su estructura, como hemos visto, es bipolar?

Jesi nos ha mostrado que las máquinas, tanto en su versión mitológica cuanto antropológica, siguen funcionando aun después de la muerte de Dios. La condición infundada de su funcionamiento, el vacío finalmente develado de su motor central, no ha provocado una detención de la máquina. La máquina no ha dejado, por cierto, de funcionar, pero su funcionamiento se ha vuelto decididamente inmanente. De articular dos polos asimétricos (uno, el ojo del alma, trascendente o vertical; el otro, el ojo del cuerpo, inmanente y horizontal), ha pasado a articular, con la muerte de Dios, dos polos inmanentes.[359] El espacio de visibilidad instituido ahora por la máquina óptica, el espacio trascendental sigue estando polarizado por los dos ojos, sólo que se trata, a diferencia de la máquina icónica, de un campo inmanente y horizontal. Lo cual significa que ya no es Dios o las Ideas las entidades contempladas por el ojo del alma. Ahora, desde el siglo XIX, el ojo espiritual no observa más el fulgor de la divinidad trascendente, sino la to-

---

[359] No es casual que este pasaje de una máquina trascendente a una inmanente sea correlativo a la instauración del sistema capitalista. En este punto, nuestra perspectiva coincide con ciertas tesis avanzadas por Deleuze y Guattari en *L'Anti-Œdipe*. Como indican estos autores, lo que distingue a las diferentes máquinas socio-históricas no es más que el régimen de codificación-descodificación-sobrecodificación de los flujos que las componen. En líneas generales, se pueden distinguir tres máquinas históricas: la máquina territorial primitiva, la máquina despótica y la máquina capitalista. La máquina territorial primitiva opera una codificación de los flujos; la máquina despótica sobrecodifica la codificación previa y efectúa una desterritorialización relativa de los flujos; la máquina capitalista, por último, descodifica todos los flujos, los desterritorializa. Sobre esta desterritorialización de los flujos (de dinero, de capital, de trabajadores, etc.) se instaura la máquina capitalista, cuya naturaleza es ahora inmanente: "Hemos distinguido tres grandes máquinas sociales que corresponden a los salvajes, a los bárbaros y a los civilizados. La primera es la máquina territorial subyacente, que consiste en codificar los flujos sobre el cuerpo pleno de la tierra. La segunda es la máquina imperial trascendente que consiste en sobrecodificar los flujos sobre el cuerpo pleno del déspota y de su aparato, el Urstaat: ella opera el primer gran movimiento de desterritorialización, pero en tanto añade su eminente unidad a las comunidades territoriales que conserva reuniéndolas, sobrecodificándolas, apropiándose del plustrabajo. La tercera es la máquina moderna inmanente, que consiste en descodificar los flujos sobre el cuerpo pleno del capital-dinero: ella ha realizado la inmanencia, ha vuelto concreto lo abstracto como tal, naturalizado lo artificial, reemplazando los códigos territoriales y la sobrecodificación despótica por una axiomática de los flujos decodificados, y una regulación de estos flujos: ella opera el segundo gran movimiento de desterritorialización, pero esta vez porque no deja subsistir nada de los códigos y sobrecódigos. Por tanto, lo que no deja subsistir, ella lo vuelve a encontrar por sus propios y originales medios; ella reterritorializa allí donde ha perdido las territorialidades, crea nuevos arcaísmos allí donde destruye los viejos —y los dos se complementan" (1995: 312).

nalidad gris del lenguaje, el rumor opaco de un lenguaje que se dice a sí mismo. El ojo que contemplaba a Dios se ha cerrado –ya no había, de hecho, nada que contemplar–; pero en su lugar, en ese polo momentáneamente obliterado de la máquina, un nuevo ojo se ha abierto, un ojo que no es capaz ya de ver el rostro de Dios, sino meramente las múltiples máscaras de un lenguaje inmanente en cuya trama, de forma inexorable, el hombre está condenado a diluirse. Es una de las tesis sobre las que se estructura *Les mots et les choses*: el fin del hombre es correlativo al "retorno" del lenguaje, retorno que Foucault no interpreta como un hecho más entre otros, sino como ese "despliegue riguroso de la cultura occidental de acuerdo con la necesidad que se dio a sí misma a principios del siglo XIX" (1966: 395). El hombre pudo aparecer, para Foucault, cuando se rompió el orden de la representación clásica. Esta ruptura *epistémica* implicó, en uno de sus niveles –sin duda el más importante–, la dispersión del lenguaje o, mejor aun, la aparición del lenguaje bajo el modo de la dispersión. Pero si el hombre es un efecto de esta fragmentación, es posible pensar, estima Foucault, que cuando el ser del lenguaje se recomponga, cuando los fragmentos confluyan finalmente en la unidad del lenguaje, el hombre habrá de desaparecer.

> Si ahora este mismo lenguaje surge con una insistencia cada vez mayor en una unidad que debemos pero que aún no podemos pensar, ¿no es esto el signo de que toda esta configuración va a oscilar ahora y que el hombre está en peligro de perecer a medida que brilla más fuertemente el ser del lenguaje en nuestro horizonte? El hombre, constituido cuando el lenguaje estaba abocado a la dispersión, ¿no se dispersará acaso cuando el lenguaje se recomponga? Y si esto fuera cierto, ¿no sería un error –un error profundo ya que nos ocultaría lo que se necesita pensar ahora– el interpretar la experiencia actual como una aplicación de las formas del lenguaje al orden de lo humano? ¿No sería necesario más bien el renunciar a pensar el hombre o, para ser más rigurosos, pensar lo más de cerca esta desaparición del hombre –y el suelo de posibilidad de todas las ciencias del hombre– en su correlación con nuestra preocupación por el lenguaje? ¿No sería necesario admitir que, dado que el lenguaje está de nuevo allí, el hombre ha de volver a esta inexistencia serena en la que lo mantuvo en otro tiempo la unidad imperiosa del Discurso? (1966: 397)

El ser del lenguaje, entonces, excluye el ser del hombre. Éste pudo existir en tanto aquél se había disuelto en el orden clásico; pero ahora que el lenguaje parece emerger nuevamente en el centro de la cultura occidental, el hombre debe desaparecer o, acaso, retornar a una serena inexistencia. La llegada del lenguaje marca la partida del hombre, como un siglo antes la llegada del hombre había marcado la partida del lenguaje. No es casual que en este doble movimiento, a la vez lingüístico y antropológico, la figura de Nietzsche, como la de Mallarmé, ocupe un lugar destacado.

> ...con Nietzsche, con Mallarmé, el pensamiento fue conducido de nuevo, y en forma violenta, hacia el lenguaje mismo, hacia su ser único y difícil. Toda la curiosidad de nuestro pensamiento se aloja ahora en la pregunta: ¿Qué es el lenguaje, cómo rodearlo para hacerlo aparecer en sí mismo y en su plenitud? (1966: 317)

La muerte de Dios anunciada por Nietzsche y la escritura del Libro anunciada por Mallarmé son las dos cifras que indican la nueva configuración epistémica que se produce a fines del siglo XIX. Nietzsche, filólogo, porque acerca la tarea filosófica a una reflexión radical sobre el lenguaje (cfr. 1966: 316). Mallarmé, por su parte, porque pretende condensar el ser del lenguaje en la figura de un Libro que se hablaría a sí mismo. A partir de allí, la filosofía y la literatura (Bataille, Blanchot, Heidegger, Jarry, Valéry, etc.) no harán sino escribir el obituario de lo humano. Lo cierto es que para Foucault esta desaparición o fragmentación de lo humano, correlativa a la convergencia o unificación, siempre faltante, siempre parcial, del lenguaje, es el legado del siglo XIX, sobre todo a partir de figuras como Nietzsche o Mallarmé.

> En este punto en el que la cuestión del lenguaje resurge con una sobredeterminación tan fuerte y en el que parece investir por todas partes la figura del hombre (esta figura que justo por entonces había tomado el lugar del Discurso clásico), la cultura contemporánea está en obra por lo que respecta a una parte importante de su presente y quizá de su porvenir. (1966: 394)

Si la cuestión del lenguaje resurge en el corazón de la cultura occidental, y si resurge precisamente en el lugar que los dioses, al retirarse, han dejado vacío, entonces uno de los polos de la máquina óptica, el inteligible o espiritual, el ojo del alma, según dijimos, debe por necesidad desaparecer o por lo pronto sufrir una profunda transformación. Y es en efecto esto último lo que sucede. La máquina óptica no articula ya un polo trascendente (el ojo del alma) y un polo inmanente (el ojo del cuerpo); no integra una mirada metafísica y una mirada física. A partir del siglo XIX, la máquina óptica se ha vuelto inmanente, fantasmática, y en el lugar ocupado otrora por la divinidad o las ideas eternamente verdaderas, no encontramos ahora sino palabras y signos que actualizan el ser neutro y anónimo del lenguaje. La muerte de Dios, es decir del hombre, entonces, como bien había visto Jesi, no significa la detención de la máquina. La máquina óptica continúa produciendo imágenes de lo humano, pero ahora, siendo sus dos polos inmanentes, es decir articulando el ojo del cuerpo con el ojo del lenguaje, articulando cuerpos y signos, la imagen producida no es de naturaleza icónica sino fantasmática. La máquina óptica, que según algunos pareciera girar hoy en el vacío, nos sigue produciendo como espectros o fantasmas. De nuevo, esto no significa más que lo siguiente: *ni* la pura materia *ni* el puro lenguaje pueden explicar lo humano. Pero más allá de este funcionamiento paradójico, pareciera haberse abierto, quizás por vez primera, una suerte de espesor frágil, difícil de pensar, entre los cuerpos y los signos; como si hubiésemos de repente desembocado, tal vez conducidos por Nietzsche, en un espacio que no sería ni exclusivamente material ni exclusivamente lingüístico, ni corpóreo ni incorpóreo, ni animal ni angélico; un espacio neutro que acaso sería nuestro lugar actual en el límite del ser.[360] Pensar este límite, esta superficie de articulación y al mismo de tiempo de desarticulación, este cero de ser que no es una nada, es tal vez una de las tareas más difíciles. Pero es sin embargo en este límite, en la frontera que aún no hemos podido pensar en profundidad, que debe situarse toda empresa antropológica. El sujeto es, en efecto, una imagen, un fantasma: casi una nada, un cuasi-ser. Ahora bien, en tanto la imagen de lo humano es para nosotros un producto de la máquina óptica y no de un sujeto, es decir, en tanto el sujeto humano es un efecto, una imagen, producida por un dispositivo óptico, se vuelve imperioso abordar la imagen, y el espacio en el que ésta se produce, la imaginación, no desde una perspectiva psicológica sino ontológica. Esa será nuestra próxima y última tarea.

---

[360] ¿Sorprenderá que Maurice Blanchot haya identificado a ese espacio neutro con el lugar, más allá o más acá de todo lugar, de los fantasmas?: "Neutro sería el acto literario que no es ni de afirmación ni de negación y (en un primer tiempo) libera el sentido como fantasma, acoso, simulacro de sentido, como si lo propio de la literatura fuese ser espectral, no acosada por sí misma, sino porque acarrearía este previo de todo sentido que sería su acoso, o más fácilmente porque se reduciría a no ocuparse de nada más que de simular la reducción de la reducción, sea o no fenomenológica" (1969: 449).

SECCIÓN IV
Ontología de la imaginación

Introducción Sección IV ■

En la sección III hemos demostrado que el hombre o, más bien, lo humano es una imagen. Pero en la medida en que el sujeto humano es una imagen generada por un dispositivo imaginativo, es decir generador de imágenes, no es posible abordar la imaginación desde una perspectiva psicológica, puesto que la psiquis humana no es sino el espacio visual abierto por uno de los dos ojos (el anímico) que componen la máquina, de la misma manera que el cuerpo humano es el espacio visual abierto por el ojo corpóreo. Si el sujeto humano es una imagen generada por la máquina óptica, y si esta imagen se forma a partir de la integración de las dos miradas que realiza la imaginación, entonces la imaginación es previa al sujeto. Por ende, se trata de una imaginación ontológica o metafísica y no, o sólo secundariamente, psicológica.

Se tratará entonces de abordar diversos autores con el objetivo de esbozar, en la medida de nuestras posibilidades, una ontología de la imaginación o, por lo menos, de señalar la importancia de tamaña tarea. Algunos de los autores considerados son muy diferentes entre sí. Dos capítulos, el XVI y el XVII, ocupan sin embargo una posición particular en la arquitectura de esta cuarta sección. En ellos abordamos algunos aspectos de la concepción romántica de la imaginación. El primero está dedicado a William Blake; el segundo, a una serie de autores que nos permiten plantear la relación que existe entre la imaginación y la subjetividad en el Romanticismo. Como veremos, los románticos adoptan una concepción organicista y productiva de la imaginación. Desde esta perspectiva, tienden a pensarla como una fuerza plástica y creadora, cercana a la noción de Voluntad que encontramos en Schopenhauer o más tarde –y con ciertas diferencias– en Nietzsche. Según esta metafísica, el ojo del cuerpo y el ojo del alma –lo real y lo ideal (Schelling), la naturaleza y el espíritu (Frohschammer), etc.– son manifestaciones de una única realidad: la imaginación. De tal manera que se trata de una suerte de monismo que se expresa o manifiesta de modo dualista. La imaginación, por ende, viene a coincidir con el Ser en cuanto tal.

Si bien los románticos dan un paso decisivo al pensar la imaginación desde una perspectiva metafísica, creemos sin embargo que es preciso abordarla también desde otro ángulo. Para ello nos interesan autores como Maurice Merleau-Ponty, Gilbert Simondon o Gilles Deleuze, pero también un autor árabe del siglo XIII: Ibn al-'Arabī. En todos ellos encontramos una ontología del límite o del quiasmo, es decir de la membrana que articula y a la vez distingue dos dominios de realidad: lo sensible y lo inteligible, el cuerpo y el alma, etc. Nos interesa en particular esta ontología del pliegue, que para nosotros coincide con la imaginación, ya que ninguno de estos autores le confieren el mismo estatuto ontológico que el de las regiones que pone en relación. Pensar una ontología de la imaginación significa, por eso mismo, pensar una *ontología de la relación y del contacto*. Como veremos, este istmo, esta superficie polarizada de contacto es tanto relación como no-relación.[361] Pero por eso mismo, su estatuto difiere por naturaleza del que define a los términos relacionados. La historia de la metafísica occidental, en diversos momentos, ha predicado la existencia de los cuerpos y de las almas, de las cosas y de las ideas, de la materia y del espíritu. Lo que pareciera no haber notado, y no lo ha hecho porque precisamente no se define por la existencia, es el límite en el que ambos dominios se articulan. Es necesario pensar, por eso mismo, una superficie que no existe, que no puede ser asimilada por las categorías de la metafísica tradicional. En consecuencia, si el Ser se reduce o bien a lo corpóreo o bien a lo incorpóreo o bien a lo corpóreo *más* lo incorpóreo, si sólo de estos dominios es posible decir que existen, y si la imaginación, por su parte, no coincide con ninguno de ellos, si no puede ser reducida ni a lo corpóreo ni a lo incorpóreo, entonces no puede decirse que la imaginación existe. Pero si esto es así, ¿cuál es su estatuto ontológico? En cierto sentido, se trata de un sub-estatuto. La ontología de la imaginación será, pues, una ontología de la *subsistencia*.

---

361 En *L'uso dei corpi*, Giorgio Agamben recurre a la noción de *contatto* propuesta por Giorgio Colli para pensar una ontología y una política más allá de la relación: "Giorgio Colli define 'contacto' al 'intersticio metafísico' o al momento en el cual dos entes son separados solamente por un vacío de representación" (2014: 301); y también, un poco más adelante: "El contacto no es un punto de tangencia ni un *quid* o una substancia en la cual dos elementos comunican: él es definido solamente por una ausencia de representación, sólo por una cesura. Donde una relación viene destituida e interrumpida, sus elementos estarán en este sentido en contacto, porque viene exhibida entre ellos la ausencia de toda relación" (2014: 344). Según Agamben, la noción de "relación" ha dominado la historia de la ontología y de la política del mundo occidental: "La política occidental es, en este sentido, constitutivamente 'representativa', porque tiene ya siempre que reformular el contacto en la forma de una relación" (2014: 302). Es por eso que una "política no representativa", tal como la que intenta pensar Agamben, será por necesidad una política del contacto y no de la relación. Si bien no es este el lugar para desarrollar esta cuestión, creemos que el aspecto específico de la política occidental –y sin duda también de la ontología– no se encuentra ni en la relación *tout court* ni en el contacto *tout court*, sino en la tensión y el vaivén entre la relación que instituye y el contacto que depone, entre institución y destitución, articulación y desactivación: *eikōn* y *phantasma*, en suma.

Capítulo XV ■
Ibn al-'Arabī y el concepto de barzakh

a) El *barzakh* como límite

El término *barzakh* aparece tres veces en el Corán. En el versículo 53 del capítulo 25, leemos: "Es Él quien ha dejado correr libres los dos mares, uno dulce y fresco, otro salado y amargo, y ha colocado entre ellos una barrera [*barzakh*], un límite infranqueable". La misma idea aparece en 55:19-20: "Dejó libres los dos mares para que se encontrasen y colocó una barrera [*barzakh*] entremedio que no pueden pasar". En líneas generales, el término *barzakh* significa istmo o límite. En los dos fragmentos citados, el *barzakh* designa precisamente la línea divisoria entre dos mares: uno salado y amargo, identificado por Al-Qurubī con la senda del mal; otro dulce y fresco, alegoría del camino justo según el mismo autor.[362] La tercera aparición del término en el Corán, ya con un sentido ligeramente diverso, corresponde al versículo 100 del capítulo 23: "Y cuando a uno de ellos le llegue la muerte dirá: 'Señor, hazme volver a la tierra, para que pueda hacer el bien, como sustitución del bien que no hice'. 'Por siempre no': he aquí la palabra que Él entonces pronunciará. Y detrás de ellos se levantará una barrera [*barzakh*] hasta el momento de su resurrección".[363] En este último pasaje, el sentido del término se amplía hasta englobar un aspecto tanto espacial como temporal. Por tal motivo, en *The Islamic Understanding of Death and Resurrection*, Smith y Haddad aluden

---

[362] Para una perspectiva de las diversas interpretaciones del término *barzakh*, cfr. Zaki, 2001: 203-207; Eklund, 1941; Smith & Haddad 2002.

[363] Smith y Haddad sostienen que, según la interpretación corriente de este versículo del Corán, el *barzakh* designa "la separación absoluta entre este mundo y el reino de los muertos. Habiendo abandonado este mundo, no se puede regresar jamás, ya sea para hacer el bien o para comunicarse con los vivos" (2002: 32). Lo cual no significa que no existan otras lecturas en las que el término *barzakh* es entendido, no ya como una barrera u obstáculo, sino como un puente. "En este sentido *barzakh* puede ser visto no tanto como una barrera sino como un puente, conectando nuestras vidas y acciones sobre la tierra con la dispensación final de la justicia en el eschaton" (Smith & Haddad 2002: 48).

a "la condición humana entre la muerte y la resurrección, aquel tiempo/espacio al que se han referido con frecuencia como el *barzakh*" (2002: 32).[364] Según una de las varias interpretaciones, por ejemplo la de al-Ghazālī, *barzakh* es el lapso de tiempo entre el primer y el segundo toque de la trompeta en el apocalipsis. Mujāhid, en cambio, sostiene que el *barzakh* se identifica con la tumba que separa el mundo terrenal del más allá. En el siglo IV, al-Tabarī lo define como un lapso de vida o un velo entre el difunto y su regreso a este mundo, un istmo entre la muerte y la resurrección. A partir de este versículo del Corán, otros estudiosos (Muqātil, por ejemplo) han identificado al *barzakh* con la existencia del difunto en la tumba. Mona M. Zaki, en el primer volumen de la *Encyclopaedia of the Qur'ān*, siguiendo el pensamiento de Ibn Qutayba, reconstruye una de las concepciones antiguas del *barzakh* según la cual el término designaba un lugar intermedio entre el mundo de los muertos y el de los vivos, y por lo tanto entre el mundo terrestre y el más allá.

> Es un interregnum [*mutawassit*] entre la muerte y la resurrección [...]. Ibn Qayyim al-Jawziyya se refiere al *dār al-barzakh* como el intermediario de tres niveles, los cuales son este mundo (*dunyā*), el *barzakh* y el más allá (*ākhira*); según este esquema, *barzakh* es entendido como una partición a través de la cual los muertos pueden mirar a este mundo y al próximo. (2001: 205)

Entre los innumerables exégetas y estudiosos del Corán que han ofrecido una interpretación de este enigmático término, la figura del místico sufí Ibn al-'Arabī, descendiente de Hatim El-Tai (cfr. Shah 1971: 155-157), ocupa un lugar destacado. No sólo porque esta palabra se convierte en un *terminus technicus* central en la arquitectura de su obra, sino también –y especialmente– porque al-'Arabī identifica al *barzakh* con la imaginación. Para comprender este último punto, sin embargo, será preciso reconstruir algunos aspectos generales de su pensamiento.[365] A ello nos dedicaremos a continuación.

---

364 Nicholas Constas, en un interesante artículo, ha analizado esta fase entre la muerte y la resurrección en la patrística bizantina. Según Constas, se trata de un "estado para-escatológico", equivalente a la noción islámica de *barzakh*, que se caracteriza por un "modo de existencia atenuado o semi-consciente, en un tiempo y un espacio indefinidos" (Constas 2001: 91).

365 No es nuestra intención explicar la obra de al-'Arabī, una de las más profundas e interesantes de todo el siglo XIII islámico. Dicha tarea excede nuestras pretensiones. Simplemente nos limitaremos a señalar algunos puntos generales que conciernen directamente a nuestro tema de investigación. Para una perspectiva más detallada del pensamiento de al-'Arabī, cfr. Corbin 2008; Landau 2008; Chittick 1989, 1998, 2005; Abrahamov 2014; Hernández 1963: 360-374; Coates 2002; Asín Palacios 1931; Yousef 2008. Sobre la relación entre el pensamiento de al-'Arabī y la filosofía contemporánea, en particular la deconstrucción de Derrida, cfr. Almond 2004. Sobre el concepto de *barzakh* en al-'Arabī, cfr. Bashier 2004.

b) El *barzakh* y la imaginación en Ibn al-'Arabī

En el capítulo 337 de la sección IV de la *opera magna* de al-'Arabī, titulada *al-Futûhât al-Makkiyya*, encontramos un poema que da cuenta del sentido ontológico que asume el término *barzakh* en el pensamiento del místico sufí. Transcribimos algunos versos:

> El *barzakh* es entre-entre,
> una región entre esto y aquello,
> no uno de ellos, sino la totalidad de los dos.
> [...]
> Es la sombra entre la luz y la oscuridad,
> el límite separador entre *wujūd* y la no-existencia,
> y en él, el camino llega a un fin.
> Es el límite de vacilación entre las dos
> regiones para aquel que entiende.
> [...]
> El *barzakh* une los dos lados
> y es el espacio entre los dos conocimientos.
> A él pertenece lo que yace entre el punto central y la circunferencia.
> No es compuesto ni no-compuesto. (IV 337.29)

En principio, el término *barzakh*, como hemos visto, designa un límite o un istmo entre dos regiones o elementos. En este sentido, no se confunde con ninguna de las dos cosas que une o articula. El *barzakh* es el entre o, como dice al-'Arabī, el entre-entre, el límite de contacto pero también de distancia, el punto de convergencia y de divergencia de dos elementos. En un interesante texto dedicado al concepto de *barzakh* en el pensamiento de al-'Arabī, Salman Bashier explica: "Barzakh es un término que representa una actividad o una entidad activa que diferencia entre dos cosas y (paradójicamente) a través de ese acto de diferenciación hace posible su unidad" (2004: 7). Ahora bien, lo interesante es que al-'Arabī identifica al *barzakh* con el cosmos mismo, es decir con la región (el mundo) de las entidades contingentes que se ubican entre lo Real, el Ser Uno y Necesario, el centro, y lo Imposible, lo que se encuentra más allá de la circunferencia, el "mar" de la no-existencia. "El mundo existe –sostiene al-'Arabī– entre la circunferencia y el punto" (*Futûhât* I 154.22). En el capítulo 360 de la Sección III del *al-Futûhât al-Makkiyya*, al-'Arabī introduce un diagrama que ejemplifica esta afirmación, así como el anteúltimo verso del poema citado:

Mohamed Haj Yousef explica que el "'punto' se refiere a lo Real (el 'Ser Necesario') cuya existencia es auto-existencia, mientras que la 'circunferencia' es el círculo de las creaciones (lo 'posible' o entidades contingentes) cuya existencia depende de lo Real. Más allá de esta circunferencia se encuentra el 'mar' de la no-existencia (lo imposible de la existencia)" (2008: 120). Según al-'Arabī, solo existe un Ser, y todo lo que existe no es más que la manifestación o la irradiación de este único Ser.[366] Dios es el Ser mismo, y todo lo que es diverso de Dios es la no-existencia. De todas formas, el concepto de no-existencia, en al-'Arabī, no significa la nada absoluta, sino una suerte de no-existencia relativa. Esta no-existencia relativa es propia de lo posible, es decir de la región que se encuentra entre el centro y la circunferencia, entre lo necesario y lo imposible.[367] Por esta razón, y para explicar este doble aspecto del universo, al-'Arabī recurre en varias oportunidades al versículo 3 del capítulo 57 del Corán: "Él es el Primero y el Último, el Manifiesto y el Oculto, Él es sobre todas las cosas sabio". El cosmos es la manifestación del Ser divino, este mismo Ser mezclado con las cosas no-existentes. El cosmos en general, en tanto región de lo posible, se ubica entre Dios y no-Dios, entre la existencia y la no-existencia. Para captar la profundidad del pensamiento de al-'Arabī es preciso mantener ambos términos en su máxima

---

366 No es casual que los islámicos consideren a al-'Arabī el fundador de la escuela de la Univocidad del Ser (*wahdat al wujūd*) (cfr. Chittick 1989: 79).

367 Lo imposible se refiere a lo que no puede pasar a la existencia en el cosmos, lo cual no significa que no posea una cierta existencia en el conocimiento de Dios. Tanto lo posible como lo imposible suponen la no-existencia, pero mientras que lo posible designa una no-existencia relativa, lo imposible designa una no-existencia absoluta, es decir una no-existencia que nunca podrá ser actualizada en el cosmos. En II 248.24, por ejemplo, al-'Arabī utiliza la expresión "no-existencia absoluta" para referirse a lo imposible, mientras que reserva la expresión "no-existencia" a secas para referirse a lo posible.

tensión. El místico sufí expresa esta lógica ambigua y paradójica con la fórmula Él/no-Él (*huwa lā huwa*). Para ello se vale de un famoso pasaje del Corán en el cual Mahoma, durante la batalla de Badr, recoge un puñado de arena y lo arroja en dirección al enemigo. Dice el Corán: "Tú no arrojaste cuando arrojaste, sino que Dios arrojó" (8:17). El comentario que realiza al-ʿArabī de este versículo pone de relieve tanto la ambigüedad de la realidad en general cuanto la ambigüedad radical que define al ser humano. El versículo, cuyo sentido –aclara el místico murciano– es terriblemente difícil de formular en palabras, primero afirma la realidad individual del Profeta, pero luego la niega diciendo que el verdadero agente fue Dios. En II 355.33, al-ʿArabī se refiere a la figura del Profeta, es decir del hombre, como una "obliteración en la afirmación". Mahoma es obliterado en Dios, de la misma manera que Dios también es obliterado en la figura del Profeta. Tanto Dios como el Profeta son obliterados y afirmados al mismo tiempo. "Por eso Él es obliterado en el Mundo de lo Visible (*ʿālam al-shahāda*), pero afirmado en el Mundo de la Contemplación (*ʿālam al-shuhūd*)" (II 355.33). En el Mundo de lo Visible, es decir en el cosmos, en el reino de lo posible, Dios es obliterado y Mahoma afirmado; en el Mundo de la Contemplación, en lo Real, en el reino del Ser Necesario, Mahoma es obliterado y Dios afirmado. Por eso es igualmente verdadero afirmar que el sujeto del acto es tanto Dios como Mahoma. Ambas aseveraciones, lejos de contradecirse, marcan la ambigüedad radical que define el estatuto propio de la creación.

> El cosmos es su obra, por lo tanto se vuelve manifiesto en los atributos de lo Real. Si tú dices en este sentido, "Es Dios", dirás la verdad, porque Dios dice "Dios arrojó". Si tú dices, "Es su creación", dirás la verdad, porque Él dice "cuando tú arrojaste". Por ende Él es vestido y desnudo, afirmado y negado: Él/no-Él (*huwa lā huwa*), desconocido/conocido. (II 438.20)

El sujeto que arrojó la arena es tanto Él cuanto no-Él, tanto Dios como Mahoma. Esta ambigüedad, hemos visto, es característica de la creación. Si no fuese así, lo posible sería o bien imposible o bien necesario. "El cosmos –sostiene William Chittick en *The Sufi Path of Knowledge*– es Él/no Él" (1989: 80). Él es Dios, lo Real, el centro del círculo; no-Él es lo imposible, lo que está más allá de la circunferencia. Entre estos dos extremos se encuentra el cosmos, la región de lo posible, las cosas que son pero podrían no haber sido, así como las cosas que no son pero pueden eventualmente ser. El cosmos en general, y el hombre en particular, es la "/", el *barzakh*, que separa Él de no-Él, lo Necesario de lo imposible. Por eso al-ʿArabī sostiene que el *barzakh* es el límite o el istmo que separa *wujūd* de la no-existencia. El término *wujūd* designa el Ser divino mismo, la Realidad y la Esencia propias de Dios. La expresión *wājib al-*

wujūd, por ejemplo, significa el Ser Necesario y se refiere a lo Real, al centro del círculo. Las cosas son iguales y diferentes de Dios. El cosmos es y no es Dios. Para comprender en profundidad los misterios de la creación, explica al-'Arabī, es preciso adentrarse en la ambigüedad y la paradoja. Por eso la lógica de los filósofos resulta insuficiente. Y si el Ser sólo puede ser conocido a través de la ambigüedad y la paradoja es porque en sí mismo es ambiguo y paradójico. Ambos conceptos adquieren en el místico sufí una dimensión ontológica. Como sostiene acertadamente William Chittick comentando la ontología de al-'Arabī: "La ambigüedad no surge en nosotros por ignorancia: es un hecho ontológico, inherente a la naturaleza del cosmos" (1989: 112). Es precisamente esta ambigüedad la que se vuelve intolerable para la lógica de los filósofos y para el pensamiento especulativo. Resulta anecdótico, en esta perspectiva, el encuentro entre al-'Arabī, el místico, y Averroes, el filósofo. Según el testimonio del propio al-'Arabī (*Futūḥāt* I 153-54), cuando era muy joven y aun no le había crecido la barba, su padre, inventando algún pretexto, lo envió a la casa de Averroes, quien había manifestado el deseo de conocerlo en persona, luego de oír sobre las revelaciones que Dios le había transferido en sus retiros espirituales. Cuando el místico murciano entró a la casa, el Maestro lo abrazó y dijo, simplemente, "sí", a lo que al-'Arabī respondió también "sí". Averroes se mostró feliz al notar que su joven visitante había comprendido. Sin embargo, inmediatamente después, el místico sufí agregó "no". Averroes entonces se puso pálido y pareció dudar de su propio pensamiento. Es probable que el estupor lo condujera a preguntar qué solución había encontrado a través de la iluminación y la inspiración divinas y si era idéntica a la que podía obtenerse de la reflexión especulativa. La respuesta de al-'Arabī, de algún modo, da la clave de toda su metafísica y de la lógica –al límite de la lógica de los filósofos– que subyace a su pensamiento inaudito. "Sí y no. Entre el sí y el no los espíritus emprenden su vuelo de la materia, y las cabezas son separadas de sus cuerpos" (*Futūḥāt* I 153-54; retomamos aquí la transcripción de Corbin 2008: 57).

Para aprehender la estructura del cosmos, es preciso que el pensamiento se sitúe entre el sí y el no, entre Él y no-Él, entre lo Oculto y lo Manifiesto, es preciso que se instale en el istmo o el pliegue entre *wujūd* y la no-existencia; es preciso, en suma, que se haga *barzakh*. Sólo instalándose en esa región intermedia y limítrofe puede el pensamiento dar cuenta del mundo de las creaturas, y puede hacerlo porque el mundo mismo no es sino esa región ambigua y marginal. "Las creaturas habitan en una zona intermedia ambigua o *barzakh* cuya situación resulta extremadamente difícil de expresar con palabras" (Chittick 1989: 81). En cierto sentido, la grandeza de la obra de al-'Arabī consiste en haber expresado, o al menos intentado expresar, precisamente esta situación intermedia, ambigua y paradójica en la que se encuentran las creaturas. En un pasaje exquisito, el místico sufí enuncia esta distinción entre el Ser necesario, lo imposible y la posición intermedia del cosmos en general y del hombre en particular.

> Lo Real posee el atributo del Ser y el atributo del Ser Necesario a través de Sí mismo. Su contrario es llamado la no-existencia absoluta, y posee un atributo por el cual es llamado "imposible". A causa de este atributo, nunca recibe existencia. Por eso no tiene relación con la existencia, así como el Ser Necesario a través de Sí mismo no tiene relación con la no-existencia. Ante esta situación, nosotros nos encontramos en el nivel intermedio (*wasat*). Recibimos la existencia en nuestras esencias y recibimos la no-existencia en nuestras esencias. Cuando nos volvemos hacia una de las dos, ella ejerce sus propiedades en nosotros de acuerdo a lo que le permite su realidad, y nos convertimos en su reino, así manifiesta su autoridad en nosotros. De aquí que la no-existencia imposible busque establecer su reino en nosotros, y que el Ser Real y Necesario a través de Sí mismo, busque establecer su Reino y manifestar su autoridad en nosotros. (II 248.24)

El cosmos, entonces, el *barzakh*, es el reino de lo posible, y se diferencia, como hemos visto, del Ser Necesario y de las cosas imposibles. Entre el Ser Necesario (*wājib al-wujūd*) y las cosas imposibles (*mumtaniʿ* o *muhāl*) se encuentran las cosas posibles (*mumkin*), es decir el cosmos, y el hombre en particular. El reino de lo posible designa aquella realidad cuya relación con la existencia es igual a su relación con la no-existencia. Esta doble relación, con la existencia por un lado y con la no-existencia por el otro, marca la condición contingente de lo posible. Por eso el concepto de *barzakh* se define como un límite o un hiato de dos caras: una que se abisma en la existencia del Ser Necesario, otra que se abisma en la no-existencia de lo imposible. En el Libro III del *al-Futûhât*, al-ʿArabī explica la diferencia entre lo Real y lo imposible: "Si lo posible fuese un existente que no pudiera ser calificado por la no-existencia, entonces sería lo Real. Si fuese un no-existente que no pudiera ser calificado por la existencia, sería imposible" (III 275.5). Ahora bien, el cosmos mismo es una mezcla de existencia y no-existencia, de actualidad y posibilidad. Como hemos dicho, la no-existencia (de lo posible) no significa en al-ʿArabī una nada absoluta, sino una no-existencia relativa, la modalidad propia de las cosas que no son actuales pero que pueden eventualmente, por el deseo y el poder divinos, adquirir una existencia en el cosmos. Por eso el místico sufí puede afirmar que el cosmos "no es sino la suma de las cosas posibles, ya sea que existan o no [...] La posibilidad es su propiedad necesaria tanto en el estado de no-existencia como en el de existencia" (III 443.5). Las cosas posibles pueden existir o no, pueden ser actuales o no, pueden ser existentes o no-existentes. Las cosas posibles son llamadas por al-'Arabī *entidades* (*'a-yān*) (cfr., por ejemplo, *Futûhât* I 60.27-34). Estas entidades designan las cosas posibles en tanto existen actualmente en el cosmos, pero también las cosas posibles que no existen actualmente en el cosmos. Estas últimas, también llamadas entidades fijas (*'ayn thābita*) o *haecceidades*, existen no obstante en el conocimiento de Dios. Por eso resulta imprescindible diferenciar la no-existencia absoluta de la imposibilidad de la no-existencia relativa de la posibilidad. El reino del cosmos se caracteriza por albergar tanto las cosas existentes cuanto las relativamente no-existentes. "Por eso las cosas nunca se encuentran en una plena no-existencia. Por el contrario, su no-existencia es una no-existencia relativa. Porque en el estado de no-existencia, las cosas son contempladas por Dios" (III 193.3). El proceso de creación[368] no se explica entonces como un pasaje del no-ser al ser, sino más bien, para utilizar un lenguaje aristotélico presente en gran parte de los autores árabes, como un pasaje del ser-en-potencia al ser-en-acto. Por eso lo propio del cosmos, es decir de lo posible del mundo creado es la relatividad, tanto la relatividad de la existencia (*al- wujūd al-aslī al-idāfī*) cuanto la relatividad de la no-existencia (*al 'adam al-idāfī*) (cfr. *al-Futûhât* II 587.32). Ambos estatutos ontológicos son reales: uno es real en el mundo actual, el otro es real en el conocimiento de Dios. El siguiente pasaje de William Chittick nos parece fundamental puesto que nos revela la relación inmanente entre lo actual y lo posible o entre lo existente y lo relativamente no-existente. Dada su importancia lo transcribimos *in extenso*:

> No hay diferencia entre la entidad en el conocimiento de Dios y la entidad en el cosmos excepto que en el primer caso es "no-existente" mientras que en el segundo es "existente". La entidad inmutable (*'ayn thabita*) y la entidad existente (*'ayn mawjuda*) son la misma realidad, pero una existe en el cosmos y lo otra no. La diferencia entre las dos corresponde exactamente a la diferencia entre la cosa posible antes de que le sea dada existencia y la misma cosa posible después de pasar a la existencia. De todos modos, el atributo *thābita*, "inmutable", nos ayuda a recordar que la cosa posible nunca pierde su estado de posibilidad en el conocimiento divino. Aunque la entidad pueda "existir" en el cosmos, permanece aún inmutablemente fija y "no-existente" en el conocimiento de Dios. (1989: 84)

El conocimiento que Dios tiene de sí mismo no es otro que el conocimiento que tiene del cosmos. Por tal motivo, todas las cosas existentes en el cosmos pueden ser consideradas bajo dos perspectivas diversas pero inmanentes: por

---

368 El cosmos, según al-'Arabī, se encuentra en un perpetuo estado de creación. A cada instante, el mundo es recreado por Dios, y esta recreación es siempre novedosa.

un lado, según su existencia actual, su aspecto manifiesto; por otro lado, según su no-existencia actual, su aspecto no-manifiesto. Esta no-existencia, sin embargo, es relativa puesto que, incluso no siendo actual, manifiesta el ser divino en el reino de las puras posibilidades, en el reino de las entidades fijas. Dicho de otro modo: Dios se manifiesta en la creación o bien como pura posibilidad, en el reino de las entidades fijas o no-existentes, o bien como actualidad, en el reino de las entidades actuales o existentes.[369] Henry Corbin, un autor al que volveremos más adelante, explica este doble aspecto de la Epifanía inicial (*tajallī*) del Ser divino, el cual desea manifestarse a causa de la tristeza que le ocasiona su ocultamiento solitario, a partir de la revelación en dos planos diversos: por un lado, Dios se revela a sí mismo en el mundo del Misterio (*'ālam al-ghayb*); por otro lado, en el mundo fenoménico (*'ālam al-shahādat*).

> La primera –aclara Corbin– es la Epifanía del Ser divino respecto a Sí mismo y para Sí mismo en las esencias arquetípicas, las haecceidades eternas de sus Nombres que aspiran a su manifestación concreta. [...] La segunda es la Epifanía en el mundo manifiesto, es decir, en las formas (*mazhar*) epifánicas o receptáculos de los Nombres divinos. (1969: 231)

Estas *haecceidades* o entidades fijas, por cierto, son no-existentes respecto al cosmos, pero existentes respecto a Dios; no existentes en el plano actual del universo, pero existentes en el plano potencial del conocimiento divino. Dios hace pasar las cosas de la no-existencia a la existencia, de lo posible a lo actual. Sin embargo, las entidades existentes en el cosmos, no por ser actualizadas dejan de ser posibles en el conocimiento de Dios. Por eso toda entidad posee dos caras: una hacia la existencia actual, lo otra hacia la no-existencia posible. Ambas son inmanentes y explican la misma entidad: una cara explica su aspecto inmutable en el pensamiento divino, la otra explica su aspecto mutable en el

---

[369] Se notará la proximidad con el pensamiento metafísico de Alfred North Whitehead. Las entidades fijas de al-'Arabī, presentes en el conocimiento divino, son equivalentes, aunque no idénticas, a los objetos eternos, también potenciales, de Whitehead. "Toda entidad, cuyo reconocimiento conceptual no incluye una referencia necesaria a ninguna entidad real definida en el mundo temporal, es llamada un 'objeto eterno' [...] Un objeto eterno es siempre una potencialidad de entidades reales; pero en sí mismo, así como sentido conceptualmente, es neutro en cuanto al hecho de su acceso físico en una entidad real particular del mundo temporal" (1978: 122). Es inherente a toda entidad actual una dualidad fundamental y constitutiva de su actividad: por un lado, sintetiza o prehende otras entidades actuales; por otro lado, actualiza una o varias potencialidades eternas. Por tal motivo, Whitehead puede sostener que "el proceso del devenir es bipolar" (1978: 124). No es éste el lugar para desarrollar más esta cuestión. Sólo nos interesa insinuar la cercanía, muchas veces asombrosa, entre el pensamiento de al-'Arabī y el de Whitehead. Sobre la relación entre las entidades actuales y los objetos eternos en Whitehead, cfr. Bonfantini 1972: 96-118; Cobb 2008: 17-20, 23-26, 39-41; Mays 1977: 81-104. Para un panorama general de la metafísica de Whitehead, cfr. Leclerc 1958.

devenir del cosmos. Esta inmanencia es expresada por al-ʿArabī en el capítulo 90 del Libro I del *al-Futûhât*: "Su conocimiento de Sí mismo es Su conocimiento del cosmos: así Su conocimiento del cosmos nunca deja de existir. Por eso Él conoce el cosmos en el estado de su no-existencia. Y le da existencia de acuerdo a la forma que posee en Su conocimiento" (I 90. 23). El estado de no-existencia del cosmos hace referencia al reino de las entidades fijas o inmutables, el estado de existencia al reino de las entidades actuales. Como sostiene al-ʿArabī, en el cosmos existen dos niveles inmanentes que conforman el tejido de la creación: "Así, en su Reino existe aquello que es calificado por la existencia y aquello que es calificado por su inmutabilidad" (IV 320.14). Aquello que es calificado por la existencia y aquello que es calificado por la inmutabilidad, las entidades actuales y las entidades fijas, no difieren por naturaleza; son idénticas, son las mismas entidades, sólo que bajo dos perspectivas diversas: una según su existencia, la otra según su no-existencia; una según su actualidad en el cosmos, la otra según su potencialidad en el conocimiento de Dios. "...la cosa en su inmutabilidad es idéntica a la cosa en su estado de existencia, excepto por el hecho de que Dios la ha vestido con el atuendo de la existencia a través de Sí mismo" (*ibid.*). La cosa es la misma, ya sea que se encuentre desnuda en el conocimiento divino, ya sea que se encuentre vestida (con el atuendo de la existencia) en la actualidad del cosmos.

Ahora bien, como hemos dicho, la realidad para al-ʿArabī es Él/no-Él (*huwa lā huwa*). Esta estructura ambigua y paradójica encuentra su expresión más acabada en la imaginación (*khayāl*). El Mundo de la Imaginación se caracteriza precisamente por articular el plano de las entidades espirituales con el plano de las entidades corporales. A diferencia del espíritu, que representa el plano inteligible del cosmos, y a diferencia del cuerpo, que representa el plano sensible, el alma es el símbolo de la imaginación, del mundo imaginal[370] en el que coinciden los opuestos o, más bien, en el que se mantienen en su tensión irreductible.

Entre las cosas posibles hay tres niveles de cognoscibilidad (*maʿlūmāt*): 1) Un nivel que pertenece al sentido liberado (*mujarrad*) de su sustrato; este sentido es aprehendido por la facultad racional a través de pruebas a priori (*bi tarīq al-badāya*). 2) Un nivel cuya característica es ser aprehendido por los sentidos; éstas son las cosas sensibles. 3) Un nivel cuya característica es ser aprehendido o bien por la facultad racional o bien por los sentidos. Estas son las cosas imaginales. Son las significaciones que asumen formas (*tashakkul*) con características sensibles. (II 66.14)

---

[370] Tomamos esta expresión, que será explicada en detalle en el apartado *d* de este capítulo, de Henry Corbin.

En este pasaje del *al-Futûhât*, el concepto de imaginación (*khayāl*) es empleado en un sentido eminentemente epistemológico o psicológico. Las cosas imaginales, a medio camino entre las cosas racionales o espirituales y las cosas corporales, representan uno de los niveles epistemológicos de la realidad, así como la imaginación representa una de las facultades específicas del sujeto humano, junto a la razón, la memoria o la sensibilidad. A través de la imaginación es posible conocer las cosas imaginales, de la misma manera que a través de la razón es posible conocer el sentido o la significación y a través de la sensibilidad es posible conocer las cosas corporales. Sin embargo, el punto más interesante en lo que concierne a la concepción de la imaginación propuesta por al-'Arabī radica en el aspecto ontológico que la define en cuanto tal.

> Dios posee fuerza a causa de la inaccesibilidad (*'izza*) de algunas o todas las cosas posibles, esto es, por el hecho de que ellas no admiten opuestos. Uno de los efectos de la fuerza es la creación del Mundo de la Imaginación con el fin de volver manifiesto en él la unión de los opuestos (*al-jam' bayn al-addād*). Es imposible para la percepción sensible o para la facultad racional hacer coincidir los opuestos, pero no es imposible para la imaginación. De aquí que la autoridad y la potencia del Fuerte solo se vuelven manifiestas en la creación de la facultad imaginativa (*al-quwwat al-mutakhayyila*) y en el Mundo de la Imaginación, el cual es lo más cercano a una denotación (*dalāla*) de lo Real. Porque lo Real es "lo Primero y lo Último, lo Manifiesto y lo Oculto" (Corán 57:3). (IV 325.2)

Se habrá notado que el lugar que al-'Arabī le confiere a la imaginación es el mismo lugar limítrofe que le adjudica al *barzakh*. La imaginación es el *barzakh*, el istmo o el límite de doble faz que articula lo sensible y lo inteligible. Por eso el *barzakh* es presentado como el pliegue o el límite entre lo manifiesto y lo oculto, entre el primero y el último, entre la existencia y la no-existencia. De la misma manera, cuando el místico sufí explica el lugar y la función de la imaginación vuelve a citar el mismo versículo (57:3) del Corán. La imaginación, el mundo imaginal, el *barzakh*, se sitúa en esa zona ambigua que se abre, aunque acaso se trate de una abertura sin espesor, entre lo inteligible y lo sensible. Esta identificación de la imaginación con el *barzakh* es explicitada en un pasaje extraordinario del capítulo 304 del primer libro del *al-Futûhât*:

> El *barzakh* es algo que separa lo conocido de lo desconocido, lo existente de lo no-existente, lo negado de lo afirmado, lo inteligible de lo no-inteligible. Es llamado *barzakh* como un término técnico (*istilāh*), y en sí mismo es inteligible, pero es sólo imaginación. Porque, cuando tú lo percibes y eres inteligente, sabrás que has percibido una cosa ontológica (*shay' wujūdī*) sobre

la cual tus ojos han caído. Pero sabrás también por pruebas ciertas que no hay nada allí en origen y de raíz. Por lo tanto, ¿qué es esta cosa de la cual has afirmado un estatuto ontológico y a la cual se lo has negado al afirmarlo? La imaginación no es ni existente ni no-existente, ni conocida ni desconocida, ni negada ni afirmada. (I 304.16)

Este pasaje, que juzgamos decisivo, revela la naturaleza ambigua pero fundamental de la imaginación. El cosmos, en tanto *barzakh*, es imaginación; es el pliegue entre lo Necesario y lo imposible, entre el Ser y la nada, entre la existencia y la no-existencia. En la imaginación ambos términos subsisten y coexisten. Lo imposible roza lo Necesario, así como lo Necesario roza lo imposible; el Ser roza la nada, así como la nada roza el Ser. En tanto la imaginación permite mantener los dos términos en su máxima tensión no se confunde con ninguno de ellos, aunque también, en cierto sentido, es ambos términos al mismo tiempo. La imaginación, por ende, corresponde al reino de lo posible, al cosmos. El Mundo de la Imaginación, el cosmos, no es sino el Mundo de lo Posible. En varias oportunidades al-ʿArabī se refiere a esta relación entre el Ser y la nada o entre lo Necesario y lo imposible como una boda o un matrimonio cuyo vástago es el cosmos. La creación es el producto (el Hijo) del Ser necesario (el Padre) con la nada imposible (la Madre). Sólo porque la necesidad ha podido impregnarse de la imposibilidad puede existir lo posible, la posibilidad del cosmos que coincide, por supuesto, con el ser mismo del Mundo Imaginal. La imaginación, por lo tanto, es la barra, el *barzakh*, que separa y al mismo tiempo une Él de no-Él. La barra (/), el quiasmo o el hiato es lo que los mortales han llamado, a lo largo de los siglos, creación.

> Cuanto más nos sumergimos en nuestra imaginación, más claramente vemos que sus características coinciden con las de la existencia misma. Así como nuestra imaginación es el *barzakh* entre nuestros espíritus y cuerpos, así también la existencia es el *barzakh* entre el Ser y la nada. Todo lo que observamos en la imaginación en una escala microscópica tiene lugar en una escala macroscópica en el Mundo No-delimitado de la Imaginación, el cual es existencia. Así como el mundo que observamos en sueños es espiritual y corpóreo, inteligible y sensible, sentido y forma, asimismo el mundo que Dios observa en Su "sueño" es producto del Ser y la nada. (Chittick 1989: 113)

El mundo del sueño es el mundo de la imaginación. Durante el sueño, los opuestos coinciden. Soñando, los mortales penetran en la estructura imaginal del cosmos, el cual no es sino el sueño de Dios.[371] Así como en la vida diurna o lúcida domina por lo general la sensibilidad y el intelecto, en la vida onírica domina la imaginación. Por eso el sueño es una vía de acceso privilegiada al mundo de la creación. En los sueños, tanto Él como no-Él coexisten en simultáneo. El sueño y la imaginación adquieren, en el pensamiento de al-'Arabī, un estatuto ontológico.

c) El ojo *barzhakī*

Nos interesan estas ideas del místico murciano porque nos permiten desplazar nuestro concepto de quiasma óptico, al cual hemos identificado precisamente con la imaginación, a un registro ontológico. Como hemos mostrado en las secciones previas, el punto de articulación entre la mirada del ojo del alma y la mirada del ojo del cuerpo, el pliegue de lo inteligible y lo sensible que hemos llamado quiasma óptico, no es sino la imaginación. Lo cual nos había conducido a afirmar que la máquina óptica era un dispositivo esencialmente imaginario. El hombre, además, o lo humano, hemos sostenido a partir de Furio Jesi, es el efecto óptico o la imagen que cada época histórica crea de su propia humanidad. A partir de estas tesis, es posible retomar algunas de las ideas que hemos desarrollado en las páginas previas de este capítulo y utilizarlas para pensar la categoría de máquina óptica. Desde un punto de vista psicológico o antropológico, el ojo del alma corresponde a la facultad racional que conoce el sentido y la significación de las cosas; el ojo del cuerpo, por su parte, corresponde a la facultad sensible que conoce las cosas corpóreas del mundo material. La imaginación, además, representa el límite o el pliegue, el *barzakh*, en el cual ambas miradas, la de la facultad racional y la de la facultad sensible, se integran y resuelven. La única distinción terminológica que acaso sería preciso introducir concierne al término *alma*. Hemos dicho que al-'Arabī reserva este término para referirse a la imaginación, mientras que utiliza el término espíritu para referirse a lo inteligible. De ser así, la máquina óptica se constituiría a partir del ojo del cuerpo en uno de los polos, el ojo del espíritu en el otro polo, y el ojo del alma, es decir de la imaginación, en el límite o el centro. Lo importante, de todas formas es que, más allá de estas distinciones terminológicas, la estructura de la máquina óptica permanece inalterable. Encontramos, además, una

---

371 Hasta Dios, conjetura Jean-Luc Nancy, se ha visto obligado a dormir desde el comienzo de los tiempos: "Por lo demás, es necesario que aquel que pronuncia *Fiat lux* haya sido el primero en dormir. Es necesario que Dios haya dormido, desde la primera noche, sin lo cual no hubiese diferido para el día siguiente su obra. Él ha dormido todas las noches y duerme todavía todas aquellas que separan los días que continúa haciendo o que continúan haciéndose sin él" (2007: 49).

confirmación de esta interpretación en un pasaje de Henry Corbin en el cual alude al místico Sohravardī, así como a al-'Arabī y a todos los *Ishrâqîyûn* para explicar que el órgano de las visiones místicas (ni sensibles ni inteligibles, o las dos al mismo tiempo) es el ojo de la imaginación. En el preludio a la segunda edición de *Corps spirituel et terre céleste*, leemos: "Ahora bien, el órgano de las visiones, en el grado que sean, en los filósofos como en los profetas, no es ni el intelecto ni los ojos de la carne, sino los ojos de fuego de esta *imaginatio vera*" (1979: 11). El *oculus imaginationis*, el órgano propio de las visiones imaginales, también llamado por los místicos islámicos "el ojo del ultramundo" (cfr. 1979: 107) o el "ojo barzhakī" (cfr. 114), permite aprehender las Formas imaginales en su realidad intermedia entre el espíritu y la materia.

Importa subrayar, sin embargo, que el mayor interés del pensamiento de al-'Arabī no radica tan sólo en este plano psicológico, sino también y sobre todo en el plano ontológico. Como sostiene Corbin, el pensamiento de al-'Arabī implica "una ontología del *mundus imaginalis* y una metafísica de la Imaginación activa" (1979: 17). Esto nos obliga a darle un carácter también ontológico a nuestra categoría. Hemos dicho que la realidad posee la estructura Él/no-Él, siendo Él Dios, no-Él lo imposible y la barra (/) lo posible, es decir el *barzakh* o la imaginación. ¿Qué sucede si utilizamos estos conceptos para darle contenido a nuestra categoría de máquina óptica? Sucede que en uno de los polos debemos ubicar el ojo de Dios, el ojo de Él, mientras que en el polo opuesto el ojo de lo imposible, el ojo de no-Él. Y el efecto o la integración de estas dos miradas, que las mantiene en su tensión sin suprimirlas en una identidad final, es precisamente el Reino de lo posible, el Mundo de la Imaginación, el cosmos: el hombre, en suma. Lo humano, la imagen de lo humano y lo humano como imagen, surge cuando la mirada de la necesidad se articula (acaso se contamina) con la mirada de la imposibilidad, cuando la mirada del Ser sufre la influencia de la mirada de la nada y viceversa. El efecto tridimensional de estas dos miradas, que son por naturaleza bidimensionales, es la posibilidad, la potencia: según ciertas filosofías, lo humano. Tal vez Martin Heidegger y Jean-Paul Sartre, con sus similitudes y diferencias, han sabido recuperar en el siglo XX, siguiendo el camino abierto en parte por Søren Kierkegaard, la dimensión potencial de lo humano. El hombre, desde esta perspectiva, es el ser de la posibilidad. No es casual que en ambos filósofos la estructura potencial de la existencia humana se apoye en la impregnación mutua, exclusivamente humana, del Ser y la Nada.[372] El hombre es el ente cuya exis-

---

[372] No es necesario indicar que Hegel, de algún modo, ofrece el modelo ontológico en su *Logik* (cfr. Fleischmann 1975: 51-57; McTaggart 1910: 15-21). El ser no puede subsistir como puro ser, y la nada no puede subsistir como nada, sino en cuanto es negación del puro ser. En términos rigurosos, la realidad verdadera

tencia está atravesada por la potencia aniquiladora de la nada, pero también es esa nada cuya inexistencia está atravesada por la potencia generadora del ser. En la ambigüedad de ambos movimientos, en el vaivén que arrastra a los mortales de la angustia a la exaltación, se encuentra la imaginación. ¿Qué es esta cosa –se preguntaba al-'Arabī– de la cual has afirmado un estatuto ontológico y a la cual se lo has negado al afirmarlo? Esta cosa, respondemos nosotros, es el hombre, es decir la imaginación. Como ella, el ser humano es ni existente ni no existente, ni conocido ni desconocido, ni negado ni afirmado, pero también es *al mismo tiempo* existente y no-existente, conocido y no-conocido, negado y afirmado. La mayor grandeza del místico sufí consiste en haberle dado un estatuto central, tanto desde un punto de vista metafísico como lógico, a esta Y (el *barzakh*) que articula y al mismo tiempo distingue. Esta Y, o la barra (/), que pliega Él con no-Él es lo propio de lo humano.[373] El hombre es hombre porque nunca termina de confundirse con ninguno de los dos extremos. Si lo hiciese, si lograse algún día confundirse con Él, sería lo Real, Dios, la pura Necesidad; o sería la pura imposibilidad, en caso de que se abismase en el otro extremo, en caso de que se confundiese con no-Él. El hombre, sin embargo, no es ni imposible ni necesario, ni Él ni no-Él; es simplemente posible. Esa es su mayor gloria y, acaso también, su mayor condena.[374]

---

no es ni el puro ser ni la pura nada, sino el ser atravesado por la nada, y viceversa: esto es, devenir: "El puro ser y la pura nada son por lo tanto la misma cosa. Lo que constituye la verdad no es ni el ser ni la nada, sino aquello que no traspasa sino que ha traspasado, vale decir el ser [traspasado] en la nada y la nada [traspasada] en el ser. Pero al mismo tiempo la verdad no es su indistinción, sino el que ellos no son lo mismo, sino que son absolutamente diferentes, pero son a la vez inseparados e inseparables e inmediatamente cada uno desaparece en su opuesto. Su verdad, pues, consiste en este movimiento del inmediato desaparecer de uno en otro: el devenir; un movimiento donde los dos son diferentes, pero por vía de una diferencia que al mismo tiempo se ha resuelto inmediatamente" (Hegel 1986: 83).

373 Sobre el sentido que le damos aquí al "lugar propio" de lo humano, cfr. la aclaración preliminar.

374 Giorgio Agamben ha indicado, hacia el final de *Stanze*, la importancia de la "barra (/) o el guión (–)" en la metafísica occidental. En el caso de Agamben, se trata de la barra que separa el significante del significado, la escritura de la voz. Interesa notar, en lo que hace a nuestra investigación, que este lugar intermedio, este pliegue o quiasmo, para Agamben, es el lugar de lo humano. En el capítulo tercero de la cuarta parte, mientras ajusta cuentas con el proyecto gramatológico de Derrida, Agamben sostiene: "El núcleo originario del significar no está ni en el significante ni en el significado, ni en la escritura ni en la voz, sino en el pliegue de la presencia sobre el que éstos se fundan: el *logos*, que caracteriza al hombre en cuanto *zoon logon echon*, es ese pliegue que recoge y divide cada cosa en la 'conmesura' de la presencia. Y el humano es precisamente esa fractura de la presencia, que abre un mundo y sobre el cual se sostiene el lenguaje. El algoritmo S/s debe reducirse por eso a la sola barra: – ; pero en esta barra no debemos ver solo el rastro de la diferencia, sino el juego topológico de las conmesuras y de las articulaciones (συνάψιες)" (2006: 264).

d) Henry Corbin y la imaginación profana

Entre los autores contemporáneos que más han profundizado en el pensamiento de Ibn al-'Arabī en general y en su concepción tan singular de la imaginación, la figura de Henry Corbin ocupa un lugar destacado. En un texto dedicado al pensamiento de al-'Arabī, titulado *L'Imagination créatrice dans le soufisme d'Ibn'Arabî*, Corbin resume la concepción que tenían los místicos sufíes de la imaginación y el lugar central que le conferían en la estructura de la creación:

> Para ellos el mundo está "objetivamente" y actualmente estructurado en tres niveles: entre el universo que puede ser aprehendido por la pura percepción intelectual (el universo de las Inteligencias Querubínicas) y el universo perceptible por los sentidos, existe un mundo intermedio, el mundo de las Ideas-imágenes, de las figuras arquetípicas, de las substancias sutiles, de la "materia inmaterial". Este mundo es tan real y objetivo, tan consistente y subsistente como el mundo sensible y el inteligible; es un universo intermedio "donde lo espiritual se incorpora y los cuerpos se espiritualizan", un mundo que posee materia real y extensión real, aunque por comparación con lo sensible y con la materia corruptible, esta materia es sutil e inmaterial. El órgano de este universo es la Imaginación activa. (1969: 14)

Este mundo intermedio, que Corbin identifica con la imaginación activa, corresponde a la segunda jerarquía de los ángeles o almas celestes (*animae coelestes*) que, en la cosmología de los místicos islámicos, movían las esferas del cosmos.[375] Estas Almas celestiales, exentas de percepción sensible, poseían no obstante imaginación. Sin embargo, en la época contemporánea, y ya incluso a partir de Averroes –una figura que Corbin juzga calamitosa– el mundo imaginal, este mundo intermedio, propio de la imaginación activa y de las visiones teofánicas, parece haber prácticamente desaparecido. Se trata, para Corbin, de una verdadera pér-

---

[375] En el notable texto *Through a Speculum That Shines. Vision and Imagination in Medieval Jewish Mysticism*, Elliot R. Wolfson retoma la idea de mundo imaginal de Corbin y la emplea para pensar el misticismo hebreo: "A través de la imaginación uno entra en el *'ãlam al-mithãl'* (*mundus imaginalis*), según la frase de Henry Corbin, el cual no es el mundo imaginario de la fantasía subjetiva o la alucinación psicótica, sino el reino donde las realidades invisibles se vuelven visibles y las entidades corpóreas se espiritualizan. El mundo de lo imaginal es un reino intermedio en el que las formas imaginativas (o imágenes arquetípicas) simbolizan lo inteligible en términos sensibles" (1994: 61-62). En *Luminal Darkness. Imaginal Gleanings from Zoharic Literature*, por su parte, Wolfson habla, en un sentido próximo al de Corbin, de "la imaginación mística del autor del Zohar" (2007: 89). En efecto, la importancia de la imaginación, en el proceso de ascenso a lo divino, tal como lo entiende el misticismo judío, es para Wolfson fundamental: "el ascenso mental o contemplativo al pleroma divino, culminando en el estado de *devequt*, unión o comunión, es facilitado por la facultad de la imaginación y no por el intelecto" (2007: 116).

dida. La desaparición del mundo imaginal, a la que Corbin califica de "tragedia metafísica" (cfr. 1969: 25), es la causante del conflicto entre teología y filosofía o entre fe y conocimiento que ha desgarrado, desde hace siglos, al mundo occidental. En la óptica de Corbin, Averroes es una suerte de Nietzsche respecto a la tradición mística del Islam. Así como Nietzsche anuncia la muerte de Dios, asimismo Averroes anuncia la muerte del mundo imaginal. "Averroes excluye de su cosmología toda la segunda jerarquía angélica, la de los Ángeles-Almas celestiales que gobiernan el mundo de la imaginación activa" (1969: 24). Este acontecimiento, simbólico puesto que es la cifra de un proceso que irá acentuándose a lo largo de los siglos, marca la ruptura definitiva de la razón y la fe. La magnitud de la pérdida, a pesar de la distancia temporal que nos separa de Averroes, nos es sin embargo contemporánea, puesto que "se extiende –leemos en *L'Imagination créatrice*– hasta nuestros días" (1969: 25). Esta desaparición del mundo imaginal, también llamado mundo de Hūrqalyā o mundo del Ángel, es correlativa de la secularización y de la decadencia metafísica de lo sagrado propia del Occidente. La pérdida del mundo imaginal, y de la trascendencia que definía antiguamente al hombre, habría conducido, sugiere Corbin, a que la Iglesia, la institución religiosa del catolicismo, ocupe ese lugar intermediario entre el Creador y la creatura. Una vez desaparecido el mundo imaginal, el mundo mediador de la imaginación activa, "la relación del individuo con lo divino depende del Magisterio, es decir, de la Iglesia como mediadora de la Revelación" (1969: 30). Por eso Corbin considera de la mayor importancia nutrirse del pensamiento místico y teosófico del Oriente islámico. No es nuestra intención aquí defender las tesis de Corbin, con las cuales, por otro lado, no estamos completamente de acuerdo, pero sí recuperar esta idea de mundo imaginal y el lugar destacado que posee la imaginación en el planteo del islamólogo francés. En nuestra perspectiva, lejana por cierto del misticismo y la religiosidad que caracterizan al planteo de Corbin, no se trata en verdad de una pérdida del mundo imaginal, sino de una profunda metamorfosis. En *L'Imagination créatrice dans le soufisme d'Ibn'Arabî*, Corbin alude a este proceso de desencantamiento o de pérdida del mundo imaginal como "una degradación de la imaginación en la fantasía" (1969: 214), lo cual ha conducido a identificar a lo imaginario con lo irreal y lo ilusorio. De ser la potencia que revelaba el ser mismo de la divinidad, la imaginación ha pasado a ser la (seudo)potencia que revela meramente lo irreal o lo ilusorio. Por eso es preciso distinguir, para Corbin, el mundo imaginal, propio de la imaginación activa, del mundo imaginario propio de la fantasía. La expresión latina *mundus imaginalis*, de la cual se sirve Corbin para designar el reino intermedio entre lo sensible y lo inteligible, es el equivalente literal del árabe *'âlam al-mithâl* o *al-'âlam al mithâlî* y difiere por naturaleza del mundo imaginario en su acepción moderna o contemporánea (cfr. 1969: 9). La desaparición del mundo imaginal, que en *Corps spirituel et terre céleste* es considerada una "catástrofe del Espíritu cuyas consecuencias aún no hemos medido" (1979: 9), implica su caída en lo imaginario o lo fantástico, entendido como ficticio, mítico o irreal. Este pasaje de la imaginación a la fantasía es considerado por Corbin, según vimos, una degeneración propia del desencantamiento del mundo occidental: "la degeneración de la Imaginación en una fantasía productiva sólo de lo imaginario y de lo irreal es [...] el signo de nuestro mundo laico" (1969: 216). Como hemos ya anunciado en otro lugar, lo propio de la época contemporánea, y quizás ya de la Modernidad, es la transmutación de la imaginación (*eikasia*) en fantasía (*phantasia*). En este sentido, la figura de Nietzsche es decisiva. El martillo nietzscheano viene a romper, antes que nada, la condición icónica del hombre. El concepto de Imaginación creativa de Corbin, en la medida en que supone un puente entre el Creador y la creatura, entre el Arquetipo y su imagen, se inscribe dentro de una concepción icónica de la imaginación. Icónica porque la imaginación creativa, como Cristo, es el nexo intermedio o el pliegue entre el hombre y la divinidad.[376] Por eso Corbin puede referirse a la fantasía como una imaginación profana. La imaginación creativa (*quwwat al-khayāl*) del misticis-

---

[376] Resulta interesante en este punto sopesar las observaciones avanzadas por Jean-Marie Schaeffer en *La fin de l'exception humaine*: "la doctrina cristiana sitúa al hombre a distancia de su modelo, y esa distancia se funda en el pecado original. Así, le impone conquistar la semejanza perdida, lo que equivale a exigir que se vuelva disímil de aquello que en él lleva la huella de la caída: el cuerpo, la irracionalidad, el instinto... [...] Mientras vive su vida humana, permanece disímil a su propia naturaleza 'real', a saber, las otras creaturas, no hechas a imagen de Dios" (2009: 38). Esto comprueba sin duda lo que hemos explicado en la sección previa. Pero el punto importante, en función de lo que estamos exponiendo ahora, es que para Schaeffer la Modernidad no se caracterizaría tanto por un abandono de la tradición icónica de la teología cuanto por el traspaso (sin rupturas esenciales) de una dimensión teológica a una dimensión antropológica. Esta transformación epocal, sin embargo, lejos de anular la relación modelo-copia, la absolutiza, es decir hace coincidir, en *homo*, el ícono y el paradigma: "La radicalización de la Tesis [de la excepcionalidad humana], que es la obra de los tiempos modernos, resulta precisamente de la desaparición de esa cláusula de desemejanza. En efecto, con el Renacimiento, el hombre occidental comienza a interiorizar el modelo divino, a identificarse con él: en un movimiento paradójico, hace inmanente la trascendencia. Al mismo tiempo, se planteará él mismo como origen y fundamento de su propio estatus de excepción. Es esta desaparición de la idea de una exterioridad entre el modelo y la imagen lo que permite comprender por qué, en la variante 'laicizada' de la Tesis desarrollada por las Luces, el hombre ha llegado a reivindicar para sí mismo las características que definían al Dios cristiano, y en particular la más fundamental de ellas, la de la autofundación" (2009: 38). Se comprenderá, frente a este panorama, la posición decisiva de Nietzsche: no sólo destruye la estructura que garantizaba la relación icónica entre *Deus* y *Homo*, sino que también subvierte por completo la coincidencia de modelo e imagen efectuada por los modernos. Si la Modernidad mata a Dios y lo reemplaza por el Hombre, Nietzsche, con un movimiento que tendrá repercusiones en Heidegger y Foucault entre otros, mata al Hombre, en quien converge el modelo y la copia, y deja abierta la puerta al advenimiento del superhombre, es decir del fantasma.

mo sufí, sostiene Corbin, "no es la imaginación en el sentido profano de 'fantasía'" (1969: 221). Ahora bien, si esto es así, no se trataría tanto de una pérdida del mundo imaginal, cuanto de una profunda profanación. En la Modernidad, aunque para Corbin ya en el pensamiento de Averroes, se habría producido una gradual profanación de la *eikasia*, es decir una transformación o desacralización de la imaginación. Corbin interpreta este acontecimiento como una pérdida de la potencia creativa que conectaba al hombre con Dios. Sin embargo, si bien se ha perdido el vínculo con Dios, eso no significa que se haya perdido la potencia creadora. Por eso varios autores, durante los siglos XIX y XX, sintieron la necesidad de pensar una creación o creatividad inmanente, una creatividad sin Dios.[377]

Corbin sostiene que la fantasía sólo puede producir un mundo irreal o ilusorio, pero no el mundo imaginal de la teofanía mística. No obstante, en la perspectiva de Nietzsche, por ejemplo, el mundo irreal e ilusorio era justamente el mundo imaginal de la religión y del misticismo. Por eso se vuelve urgente, para Nietzsche, profanar la *eikasia* y asumir la realidad fantasmática de lo real. Lo cual no significa afirmar, a la manera budista, que lo real es una mera ilusión, sino que el mundo imaginal, otrora reservado a los espíritus y los ángeles o, en el mejor de los casos, garante de la unión del hombre con la divinidad, es ahora un mundo profano, un mundo humano, demasiado humano. El hombre es un fantasma, y nada más. Esta es la última palabra de Zaratustra. Precisemos este punto: que el hombre sea un fantasma significa simplemente que no posee fundamento, ni en sí mismo ni en un Modelo al cual se remitiría según una relación de semejanza. El fantasma es la profanación del ícono; por eso el superhombre no es sino el hombre profanado.[378] El mensaje de Zaratustra es que el hombre debe asumir su condición fantasmática, es decir su naturaleza imaginaria o, mejor aun, su ausencia de naturaleza, pero lejos de lamentarse por ello, lejos de permanecer en un nihilismo estéril, debe afirmar su estatuto precario y plástico. La superación del nihilismo, la creación de nuevos valores, es correlativa a la asunción del aspec-

---

[377] De allí el surgimiento de ontologías como las de Nietzsche, Whitehead o, ya más cerca de nosotros, Castoriadis o Deleuze. Incluso en el caso de Whitehead, cuya metafísica requiere la existencia de Dios, la creatividad es pensada como el principio último y fundamental, al cual el mismo Dios está sometido. Lo decisivo, en este caso, como también en el de Schelling, es que la existencia de Dios no supone ninguna instancia trascendente o personal. Dios es un requisito de la creatividad, no su fundamento. Sobre el problema de Dios en Whitehead, cfr. Parmentier 1968.

[378] Una idea similar pareciera sugerir indirectamente Byung-Chul Han cuando explica el sentido del término chino *shanzhai* (falso, ficticio), el cual alude a una serie de productos que falsifican a las marcas originales: teléfonos de marca Nokir, zapatillas Adidos, etc. Se trata, según Han, de una suerte de profanación de los originales: "Su atractivo consiste precisamente en que ellos mismos indican de manera expresa que no son un original, sino que juegan con éste. El juego que habita el interior del shanzhai genera energías deconstructivas" (2016: 79).

to fantasmal del ser humano. Por eso Corbin considera a la pérdida del mundo imaginal como un signo del nihilismo propio del mundo contemporáneo occidental. "Con la pérdida de la *imaginatio vera* y del *mundus imaginalis* comienza el nihilismo y el agnosticismo" (1979: 12). Corbin propone reinstaurar el mundo imaginal, recuperar del Oriente islámico la potencia imaginal de los místicos y teósofos. Nietzsche, por el contrario, propone asumir el nihilismo y superarlo sin recurrir a los mismos ídolos de antaño, lo cual supone asumir la condición fantasmal, y no icónica, de lo humano. Esta antropología fantasmal, para el espíritu dionisíaco de Nietzsche, es (o debe ser) por necesidad una ciencia jovial. En este punto, aunque no en otros, el pensamiento de Nietzsche y el de Feuerbach se tocan. El traspaso de la teología a la antropología predicado por Feuerbach es simultáneo al traspaso de la *eikasia* a la *phantasia*. Allí, en el mundo imaginal, donde antiguamente los místicos y religiosos veían a Dios o, en todo caso, donde encontraban un puente entre Dios y el hombre, Feuerbach y Nietzsche ven sólo al hombre, abandonado, contemplando su imagen fantasmal. Pero mientras que Feuerbach afirma la madurez del hombre que ha matado a Dios, Nietzsche afirma la llegada del superhombre y la consecuente superación de lo humano. En este último, la antropología debe desembocar en una ultra-antropología. En ambos casos, sin embargo, lo divino es reemplazado por lo humano. Corbin encontró motivos suficientes para lamentarse de ello; Nietzsche, por el contrario, motivos suficientes para alegrarse. El placer, incluso (o sobre todo) aquí, fue más profundo que el sufrimiento.[379]

Es interesante destacar que el mundo imaginal, en Corbin, supone una historia y una geografía propias. "Es la historia del *Malakūt*, lo que nosotros llamaríamos *historia imaginal*, al igual que los países y los lugares de esta historia componen una *geografía imaginal*, la de la 'Tierra celeste'" (1979: 13). Esta historia imaginal, diversa tanto de la historia de las ideas cuanto de la historia de las sensibilidades, no es por cierto mítica ni fabulosa; aunque tampoco es una historia en el sentido corriente del término. Se trata de una historia de acontecimientos reales, pero de una "realidad situada a otro nivel que el de los acontecimientos exteriores del mundo" (197: 16). Para penetrar en la trama de esta historia, explica Corbin, "es preciso abandonar el tiempo homogéneo de la cronología y entrar en el tiempo cualitativo que es la historia del alma" (1979: 24). La temporalidad del *mundus imaginalis*, al cual Corbin considera un "mundo pluridimensional" (*ibid.*: 25) se asemeja a una progresión armónica que procede por saltos cualita-

---

[379] En *Also sprach Zarathustra*, Nietzsche consigna: "¡El mundo es profundo! / ¡Y más profundo de lo que pensaba el día! / ¡Profundo es su dolor! / ¡El placer es más profundo aun que el sufrimiento!" (eKGWB/Za-III-Tanzlied-3).

tivos. Al igual que el tiempo, la geografía propia del *mundus imaginalis* es también cualitativa. No se trata de la mera extensión geométrica, la *res extensa* cartesiana, sino de una topología heterogénea e intensiva: "no se trata de regiones distribuidas *en* un espacio previamente dado, espacio homogéneo y *cuantitativo*, sino de la estructura típica de un espacio *cualitativo*" (1979: 43). Sólo la imaginación puede recorrer esta *geographia imaginalis*. Las regiones o los lugares imaginales no se organizan en función de coordenadas geométricas preestablecidas, sino en razón de su cualificación intrínseca. Por eso los esquemas propios de la topografía material positiva resultan estériles para dar cuenta de esta geografía cualitativa.[380] No se trata ya, en rigor de verdad, de una geografía en su sentido habitual, sino más bien, para utilizar la expresión de Corbin, de una "psico-geografía" (cfr. 1979: 49) o de una trans-espacialidad.[381] Y así como no se trata de una topografía positiva, tampoco se trata de una historia cronológica. Ambas dimensiones, la temporal y la topológica, en su aspecto cualitativo e intensivo, constituyen la historia imaginal, también llamada por Corbin "hiero-historia" (cfr. 1979: 55).

Como hemos visto, Corbin se lamenta de la pérdida del *mundus imaginalis*, es decir de la pérdida de lo sagrado. La historia, de la Modernidad en adelante, ha perdido su condición hierática; ya no es una hiero-historia, ahora es simplemente una historia. Del mismo modo, para Corbin, la geografía del mundo imaginal ha dejado de ser una psico-geografía para transformarse en una mera geografía cuantitativa; el tiempo cualitativo de la historia imaginal se ha transformado en el tiempo homogéneo de la cronología. Lo imaginal, en suma, se ha vuelto fantasmático. Por eso la necesidad urgente que prueba Corbin de distinguir el mundo imaginal, necesariamente verdadero, del mundo fantasmal, necesariamente irreal. "Este mundo imaginal no tiene nada de irreal, de 'fantasmático'" (1979:

---

380   Esta degradación de la cualidad en la cantidad, típica del mundo moderno, había sido ya advertida por René Guénon, también conocido como Abd al-Wāḥīd Yaḥyá luego de su iniciación en el esoterismo islámico. En su texto *Le Règne de la Quantité et les Signes des Temps*, por ejemplo, Guénon sostiene que vivimos en un mundo "en el cual todas las cosas deben tomar un aspecto cada vez menos cualitativo y cada vez más cuantitativo; y es por eso que el último período del ciclo [es decir nuestro tiempo] debe tender a afirmarse como el 'reino de la cantidad'" (1945: 64). A este espacio meramente cuantitativo y mensurable de la ciencia moderna, es decir profana, Guénon opone otro "espacio, de ninguna manera homogéneo, sino determinado y diferenciado por sus direcciones, [...] que podemos llamar espacio 'cualificado'" (1945: 53), el cual era característico de las ciencias tradicionales previas a las sociedades industriales. En este sentido, y con el mismo tono apocalíptico que encontramos en Corbin, Guénon puede hablar de "la degeneración que conduce de las concepciones tradicionales a las concepciones profanas" (1945: 36). Esta degeneración, en la perspectiva de Corbin, coincide con la pérdida del *mundus imaginalis* y la consecuente transmutación de la *eikasia* en *phantasia*. Tanto para Guénon como para Corbin resulta efectivamente una profanación.
381   "Hay discontinuidad entre el espacio sensible y la espacialidad propia a las Formas imaginales, la cual es trans-espacial por relación al primero" (106). Guénon, por su parte, habla de una "geografía simbólica" (1945: 16).

104). Este devenir fantasmal de lo imaginal supone una metamorfosis en el estatuto de la imagen. La cara más evidente de este proceso de desencantamiento de la imagen es, para Corbin, la civilización de la imagen espectacular, lo que Guy Debord llamará más tarde la sociedad del espectáculo. La sociedad del espectáculo es el revés de esta pérdida del *mundus imaginalis*. Cuando se perdió el "combate por el Alma del mundo" (cfr. 1979: 104), sostiene Corbin, la imaginación metafísica fue reemplazada por una sociedad de la imagen. La metafísica de la imagen se transformó en una mera imagen empobrecida de la metafísica. "No se conocen más que las imágenes derivadas de lo sensible o perceptibles por los sentidos (la llamada civilización de las imágenes, la pantalla del cine). Desde entonces, no más imágenes metafísicas, ni metafísica de la imagen y de la Imaginación" (*ibid.*). Los análisis de Guy Debord, en este sentido, se complementan con el diagnóstico, a veces desesperanzado, de Corbin.[382] El vacío que ha dejado la pérdida del *mundus imaginalis* se llama hoy sociedad del espectáculo. El espectáculo es precisamente lo contrario de la imagen metafísica. En efecto, Debord indica dos momentos decisivos en la historia moderna de Occidente. Por un lado, una primera fase caracterizada por una "evidente degradación del ser en tener" (1992: 14); por el otro, una segunda fase caracterizada por un "deslizamiento generalizado del tener al parecer" (*ibid.*). Este último momento, la sociedad del espectáculo, implica también para Debord una pérdida catastrófica. "El origen del espectáculo es la pérdida de unidad del mundo [*la perte d'unité du monde*], y la expansión gigantesca del espectáculo moderno expresa la totalidad de esta pérdida" (1992: 20). La pérdida del combate por el Alma del mundo, que para Corbin expresa la desaparición del *mundus imaginalis*, es la misma pérdida de la unidad del mundo que para Debord marca el advenimiento de la sociedad espectacular. La diferencia entre ambos autores se encuentra en su relación con el mundo sagrado del misticismo y la religión. Para Corbin, el mundo imaginal es el mundo real en el que el hombre se funde con lo divino, mientras que el mundo fantasmático contemporáneo es una mera ilusión vacía de significado; para Debord, en cambio, en concordancia con su perspectiva materialista, el mundo religioso, el *mundus imaginalis* de Corbin, es ya una ilusión. La sociedad del espectáculo, por eso mismo, no hace más que perpetuar esa ilusión, desplazándola de las alturas celestiales a la tierra humana.

El espectáculo es la reconstrucción material de la ilusión religiosa. La técnica espectacular no ha disipado las nubes religiosas donde los hombres habían ubicado sus propios poderes separados de ellos: ella solamente los

---

382 Sobre el pensamiento de Debord, cfr. Jappe 1992.

ha religado a una base terrestre. Así, es la vida más terrestre la que deviene opaca e irrespirable. Ella no se rechaza más en el cielo, sino que alberga en sí misma la recusación absoluta, su falaz paraíso. El espectáculo es la realización técnica del exilio de los poderes humanos en un más allá; la escisión acabada en el interior del hombre. (1992: 16)

En una perspectiva cercana a la de Nietzsche, aunque acaso más cercana aun a la de Feuerbach y Marx, Debord sostiene que la proliferación de espectáculos que caracterizan a las sociedades actuales supone un desplazamiento de la trascendencia teológica a la inmanencia antropológica. La sociedad del espectáculo repliega, por así decir, el más allá en el más acá, las nubes religiosas en una base terrestre. Ambos paraísos, sin embargo, el celestial y el terrenal, son igualmente falaces e ilusorios. En el caso de Corbin, la desaparición del mundo imaginal es pensada como un pasaje de lo real a lo irreal, de lo imaginal a lo fantasmático. En el caso de Debord, es pensada como un pasaje de la ilusión religiosa a la ilusión humana.[383] Por ese motivo Debord puede identificar al espectáculo como la forma más pura de la ideología. "El espectáculo es la ideología por excelencia, puesto que expone y manifiesta en su plenitud la esencia de todo sistema ideológico: el empobrecimiento, la sujeción y la negación de la vida real" (1992: 129).

La vida real es vivida como imagen, lo cual significa que al mismo tiempo la imagen se vuelve real. Así como Marx sostenía que cuanto más se desvalorizaba el trabajador más se valorizaba el objeto de su trabajo, asimismo Debord sostendrá que cuanto más se niega la vida humana más se afirma la realidad espectacular de la imagen. "Allí donde el mundo real se cambia en simples imágenes, las simples imágenes se vuelven seres reales" (1992: 15). En términos casi idénticos se expresa Günther Anders: "Cuando el fantasma se hace real, lo real se convierte en fantasma" (2002: 112). Esta inversión, sin embargo, no significa, como en Corbin, un reemplazo de lo imaginal por lo imaginario o lo fantástico, sino más bien una intensificación de la ilusión propia de lo imaginario. Por eso el espectáculo es definido por Debord como "el corazón del irrealismo de la sociedad real" (cfr. 1992: 11), continuando así el irrealismo propio de la alienación religiosa. En este irrealismo espectacular, las imágenes mediatizan las relaciones humanas. Entre el hombre y el hombre, en esta suerte de aliena-

---

383 Quizás habría que agregar, en la misma línea que Corbin y Debord, a Günther Anders. En efecto, en el primer volumen de *Die Antiquiertheit des Menschen* encontramos declaraciones cercanas sobre todo a Debord: "vivimos en una humanidad para la que no vale ya el 'mundo' y la experiencia del mundo, sino sólo el fantasma del mundo y el consumo de fantasmas [...] Pero también el 'mundo real', el de los acontecimientos, ha cambiado asimismo mediante el hecho de su conversión en fantasma" (2002: 19); o incluso, de modo más lacónico: "el mundo, ni presente ni ausente, se convierte en fantasma" (2002: 134). Sobre la supuesta "pérdida" de la experiencia en el mundo contemporáneo, cfr. Agamben 1978.

ción espectacular, se inserta la mediación de la imagen. De allí esta aclaración: "El espectáculo no es un conjunto de imágenes, sino una relación social entre personas, mediatizada por imágenes" (1992: 10).

Es interesante notar, además, que este desplazamiento generalizado del tener al parecer que define a la sociedad del espectáculo se expresa, lo mismo que en Corbin, tanto en un eje temporal como en un eje espacial. El tiempo espectacular es precisamente el tiempo homogéneo y cuantitativo que Corbin identificaba con el tiempo de las ciencias positivas.

El tiempo de la producción, el tiempo mercantil, es una acumulación infinita de intervalos equivalentes. Es la abstracción del tiempo irreversible, cuyos segmentos deben probar sobre el cronómetro su misma igualdad cuantitativa. Este tiempo es, en toda su realidad efectiva, lo que es en su carácter intercambiable. (Debord 1992: 95)

El tiempo cronológico y homogéneo, diverso por supuesto del tiempo cualitativo que para Corbin caracterizaba al mundo imaginal, es equivalente al tiempo mercantil, definido como una mera sucesión de intervalos idénticos e intercambiables, propio de la sociedad espectacular. En ambos casos se trata de un tiempo cuantitativo. El mismo diagnóstico concierne al espacio. El tiempo mercantil de la producción es correlativo del espacio abstracto del mercado. También aquí se trata de una transformación de la cualidad en la cantidad. "La acumulación de las mercancías producidas en serie para el espacio abstracto del mercado […] debía disolver también la autonomía y la cualidad de los lugares" (1992: 103). La sociedad del espectáculo, en la fase contemporánea del capitalismo avanzado, se presenta por eso mismo como una gigantesca "potencia de homogeneización" (cfr. *ibid.*). No es casual, en este sentido, que la revolución proletaria implique una "crítica de la geografía humana" (cfr. 1992: 108-109). Más allá de las similitudes y diferencias entre Corbin y Debord, lo cierto es que ambos juzgan el advenimiento de lo fantasmático, en un caso entendido como la desaparición de lo imaginal, en el otro como el deslizamiento del tener al parecer, como una verdadera pérdida. La pérdida del Alma del mundo (Corbin) y la pérdida de la unidad (Debord) es un acontecimiento profundo en el mundo occidental. Corbin intenta conjurarlo apelando al misticismo del Oriente islámico; Debord apelando a un materialismo ciertamente heterodoxo. Hemos ya señalado que, desde nuestra perspectiva, no se trata tanto de una pérdida del mundo imaginal cuanto de una profunda metamorfosis. En este punto, quizás, estamos más cerca de Debord que de Corbin. Sin embargo, el *mundus imaginalis* de Corbin, despojado de toda connotación mística y religiosa, nos resulta pertinente para pensar la "realidad" (acaso la apariencia) de lo humano. Como hemos indicado, la sociedad del espectáculo es una de las dos caras del devenir fantasmático del mundo imaginal. En la otra cara, tal vez entrevista también por Debord, sería posible ubicar por ejemplo a todas las prácticas artísticas que trabajan con imágenes (fotografía, pintura, cine, etc.).[384] En un hermoso texto titulado *Survivance des lucioles*, Georges Didi-Huberman sostiene que además de las luces omnipresentes de los reflectores espectaculares es necesario percibir también las pequeñas luces, en general tenues, de las luciérnagas. Las sociedades actuales no se definen solo por la ubicuidad de la gloria espectacular, sino también por las pequeñas luces que resisten desde una cierta oscuridad velada. La sociedad del espectáculo, por eso mismo, no es ni el mundo luminoso de la gloria totalitaria ni el mundo oscuro de la anarquía, sino, para utilizar la expresión del mismo Debord, el "mundo crepuscular [*monde crépusculaire*]" (cfr. 1992: 108) de los pueblos. Esta sociedad crepuscular, que Nietzsche supo anunciar con tanta agudeza, alberga tanto los rayos solares del día glorioso cuanto los rayos lunares de la noche anárquica. Esta tensión crepuscular, este *barzakh*, en Occidente, se llama política.

---

384 Esta ambigüedad es propia del fantasma. Por tal motivo, Günther Anders utiliza la expresión "ambigüedad ontológica" (2002: 136) para definirlo. Este aspecto inestable y, por así decir, paradójico de los fantasmas, que Anders —pero no nosotros— juzga absolutamente negativo ya que los identifica sobre todo con los productos de la sociedad de consumo y con las imágenes de los *mass-media*, consiste en que "son, al mismo tiempo, presentes y ausentes, reales y aparentes, ahí y no ahí" (*ibid.*). Creemos que esta ambigüedad ontológica, por el contrario, representa un aspecto *positivo* de los fantasmas y del devenir fantasmático de la *eikasia* y que, en consecuencia, el concepto de fantasma no se aplica meramente a las imágenes generadas por los medios masivos de comunicación o a las mercancías de la sociedad espectacular. Incluso cuando Anders se refiere a los productos televisivos y radiofónicos como una suerte de *tertium* (cfr. 2002: 157), ni real ni irreal, creemos que la potencia de este *tertium* posee, de nuevo, un aspecto positivo. No se trata de defender los mass-media, por supuesto, pero sí de rescatar el carácter ambiguo de esta ontología fantasmática para volverla, en cierto modo, contra sí misma o, más bien, para hacer jugar uno de sus polos, el positivo, contra el otro, esta vez sí negativo, más cercano al consumo y el mundo espectacular.

Laocoön, copy B, object 1 (Bentley 1, Erdman 1, Keynes 1).
Dibujado y grabado por William Blake 1826-7. Reproducido en
The Complete Poetry & Prose of William Blake. David V. Erdman (ed.).
New York: Anchor Books, 1988, pp. 272-273.

Capítulo XVI ■
William Blake
y el ojo de la imaginación

a) **El Laocoonte: Cristo y la imaginación**

Alrededor del año 1815, el escultor John Flaxman le solicitó a William Blake que hiciera un grabado del Laocoonte y de otra serie de obras para ilustrar su artículo sobre escultura en la *Cyclopaedia; or, Universal Dictionary of Arts, Sciences, and Literature* editada por Abraham Rees. Al parecer, Blake realizó un dibujo de la obra inspirado en una copia que se encontraba en la *Royal Academy*. Este primer boceto sirvió de base para el célebre grabado finalizado alrededor de 1820. Nos interesa esta obra porque Blake, según una costumbre habitual en su práctica artística y poética, añadió una serie de comentarios en el espacio circundante a la imagen que representan, según sostiene Irene Tayler, una suerte de "índice sumario de [su] pensamiento tardío" (cfr. 1976: 72). De algún modo, gran parte del sentido de la obra de Blake, al menos de sus últimos textos e imágenes, se encuentra contenido en este enigmático grabado. Consideremos algunos aspectos con más detalle. En principio, detengámonos en el epígrafe que explica la imagen.

יהʼ [Jehová] & sus dos Hijos Satán & Adán tal como fueron copiados del Querubín del Templo de Salomón por tres Rodios & aplicados al Hecho Natural, o a la Historia de Ilium. Arte Degradado Imaginación Negada Guerra Gobernó a las Naciones. (1988: 273)[385]

La escultura del Laocoonte, como se sabe, pertenece a la escuela de Rodas y presenta las características típicas del arte helenístico. Fue tallada en una sola pieza de mármol por Agesandro, Polidoro y Atenodoro (los tres rodios en el epí-

---

[385] Todas las citas de Blake corresponden a *The Complete Poetry & Prose of William Blake* editada originalmente en 1965 por David V. Erdman. Aquí utilizamos la edición de 1988.

grafe de Blake).[386] La imagen representa a Laocoonte, un sacerdote de Apolo que, según refiere Virgilio en el Libro II de la *Eneida*, es castigado por los dioses cuando intenta advertir a los habitantes de Troya del peligro que esconde en su interior el famoso caballo de madera. Laocoonte decide quemar el caballo, pero los dioses envían dos grandes serpientes que emergen de las aguas y devoran a sus hijos. Cuando trata de salvarlos, Laocoonte también es devorado. Blake, sin embargo, sostiene que la obra no es originalmente helénica, sino que se trata de una copia griega de un original hebreo ubicado en el templo de Salomón.[387] Por eso Blake pretende restaurar el sentido bíblico originario que fue degradado y perdido con la destrucción del Templo. En una nota que arroja luz sobre la pintura, también perdida, *A Vision of the Last Judgment*, Blake consigna que la naturaleza de su trabajo artístico es "Visionaria o Imaginativa [y que consiste] en un Esfuerzo por Restaurar lo que los Antiguos llamaban la Edad de Oro" (1988: 555). Esta Edad de Oro no es, por supuesto, el tiempo originario de la mitología griega, sino más bien la cultura bíblica de los israelitas antes de ser degradada por la civilización helénica. ¿A qué se debe esta aversión hacia el arte griego? Se debe a que Blake considera al arte helénico como un arte mimético. No sólo los tres artistas rodios copian un motivo semítico, sino que convierten a su arte en general en una mera copia, en una mímesis de la naturaleza. Para Blake, sin embargo, el arte no es mímesis, sino imaginación creadora.[388] Por eso se refiere al Laocoonte helénico como Arte degradado y como Imaginación negada. Los griegos, se-

---

386 En su *Naturalis Historia*, Plinio el Viejo adjudica la escultura, a la que juzga superior a todas las demás, a los tres artistas mencionados: "Debe ser situada por delante de todas, no sólo del arte de la estatuaria sino también del de la pintura. Fue esculpida en un solo bloque de mármol por los excelentes artistas de Rodas Agesandro, Polidoro y Atenodoro y representa a Laocoonte, sus hijos y las serpientes admirablemente enroscadas" (XXXVII, 37-38).

387 Al parecer, la estatua del Templo de Salomón habría servido para ilustrar un pasaje del Antiguo Testamento, posiblemente Números 21:6.

388 En el hermoso texto *The Mirror and the Lamp. Romantic Theory and the Critical Tradition*, el crítico norteamericano Meyer H. Abrams sostiene que existen dos metáforas antitéticas para caracterizar el conocimiento: la del espejo y la de la lámpara: "una que compara la mente con un reflector de los objetos externos, la otra con un proyector radiante que modifica los objetos que percibe. La primera fue característica de gran parte del pensamiento desde Platón hasta el siglo XVIII; la segunda tipifica la concepción predominante de la mente poética en el Romanticismo" (Abrams 1971, "Preface"). Según Abrams, a fines del siglo XVIII y principios del XIX, es decir con el inicio del Romanticismo, se habría producido, no sin encabalgamientos y superposiciones, un cambio de paradigma: de un modelo especular o reflexivo se habría pasado a un modelo irradiante o proyectivo (cfr. Abrams 1971: 57-69). Esta mutación concierne específicamente al modo en que los románticos piensan a la imaginación y a la creación poética. De ser, al menos en gran parte de la tradición filosófica occidental, una facultad marginal y subordinada a la sensibilidad, la imaginación se convierte en la potencia central del hombre y en la capacidad poética, es decir creadora, por excelencia. En Blake, como podemos ver, el arte se identifica con esta concepción creadora de la imaginación (la metáfora de la lámpara, según Abrams) y no con una concepción mimética o reflexiva (metáfora del espejo).

gún la hipótesis intrépida de Blake, habrían desprestigiado la imaginación al convertirla en una mera potencia mimética. El arte de los israelitas, por el contrario, no se basaría en la idea de mímesis sino más bien en la de inspiración divina, no ya en la percepción vulgar sino en la visión metafísica. Se podría objetar que el arte griego, y sobre todo la poesía, está íntimamente vinculado a la idea de inspiración. Sin embargo, para Blake, la verdadera inspiración se encuentra del lado de los profetas hebreos y no del de los poetas paganos.[389] Se trata de una guerra espiritual entre la mímesis y la imaginación. A la izquierda de la base del grabado, leemos la siguiente inscripción: "Guerra Espiritual. Israel liberado de Egipto es el Arte liberado de la Naturaleza & de la Imitación" (1988: 274). Es preciso liberar al arte de la imitación y de la naturaleza, de la imitación de la naturaleza. Así como Moisés liberó a los israelitas de Egipto, así también hay que liberar al Arte de la mímesis. Blake, de hecho, interpreta la liberación de los israelitas como una liberación de la imaginación creadora. En este punto, Egipto y Grecia son equivalentes. "El Arte no puede existir nunca sin la Belleza Desnuda desplegada. Los Dioses de Grecia & de Egipto eran Diagramas Matemáticos. Véanse las Obras de Platón" (1988: 274). Blake condena el proceso de racionalización que caracteriza a la civilización helénica. Platón representaría, en esta perspectiva, la conversión de la inspiración profética en la deducción filosófica, el momento simbólico en el que la belleza desnuda de la visión inspirada habría adoptado los atuendos de la lógica matemática. Este acontecimiento es decisivo para Blake. La conciencia de la desnudez y la consecuente necesidad de cubrirse con un vestido marca el inicio de la caída. Por eso el Laocoonte de Blake no remite al mito greco-romano referido por Higinio en las *Fabulae* o por Virgilio en la *Eneida*, sino a su supuesta proveniencia bíblica originaria. Los tres personajes, ahora, son Jehová, Adán y Satán. La obra de Blake alude directamente a la caída. Su marco de referencia, por eso mismo, está centrado en el Génesis hebreo. A diferencia de Grecia y Roma, identificadas por Blake con el Imperio y el Dinero, Israel representa el pueblo de las visiones puras y de la imaginación metafísica. "Existen Es-

---

389 Es probable que Blake esté pensando en la condena platónica de la poesía del libro X de *República*. De hecho, como veremos, menciona a Platón en el grabado. Al igual que éste, Blake condena el arte mimético. Sin embargo, difiere de Platón en varios puntos decisivos: sin ir más lejos, en la preeminencia que le confiere el filósofo a la razón y a las matemáticas, las cuales no son más que degradaciones y manifestaciones de Satán en la cosmovisión del poeta inglés. Varios estudiosos han señalado la influencia compleja de Platón y del neoplatonismo en el pensamiento de Blake. Edward Larrissy, por ejemplo, alude a esta complejidad con las siguientes palabras: "Blake está entre aquellos poetas que parecen más deudores de Platón. El problema ha sido siempre el de explicar en qué consiste precisamente esta deuda" (1998: 186). En efecto, si bien es indudable que Blake toma muchos elementos de Platón, lo cierto es que "la mayoría, sino todas, las referencias de Blake a Platón son hostiles" (cfr. Larrissy 1998: 187). Como veremos, el platonismo de Blake, si es que existe, implica una inversión radical de los mismos presupuestos de la filosofía platónica.

tados –leemos en la parte derecha del grabado–, tales como Grecia y Roma, en los cuales todos los Hombres Videntes son considerados Locos. Ese es el Imperio o el Impuesto" (1988: 274). El *Laocoonte* de Blake, en consecuencia, representa la caída de Adán en la Razón o el Imperio. Es preciso tener presente las múltiples equivalencias semánticas que atraviesan la obra del poeta londinense. Satán es la Razón, el Imperio, el Dinero, la Naturaleza, el Bien y el Mal, la Ciencia; Jesús es la Imaginación, la Visión, la Eternidad, el Cuerpo divino, la Inspiración, la Unidad (cfr. James 1983: 230). Este punto es central para nosotros porque viene a confirmar una de las hipótesis que hemos avanzado en la tercera parte de la investigación, a saber: Cristo es el símbolo de la imaginación, o, expresado de otro modo, el lugar que Cristo ocupa en la cosmología y la ontología es el mismo que ocupa la imaginación en la psicología y la antropología.[390] Cristo es a la ontología lo que la imaginación es a la psicología. En Blake, a partir de una exégesis ciertamente heterodoxa –cuando no extravagante–, Cristo es identificado absolutamente con la imaginación.[391] En uno de los pasajes esenciales del grabado que estamos considerando, Blake consigna: "El Cuerpo Eterno del Hombre es La IMAGINACIÓN, es decir Dios mismo El Cuerpo Divino } ישׁוּעַ [Yeshua] JESÚS nosotros somos sus Miembros" (1988: 273). Cristo es el Cuerpo Eterno o Divino, el pliegue en el que el Hombre y Dios se encuentran y se confunden. Este límite entre lo humano y lo divino, para Blake, es precisamente la imaginación, es decir Cristo. En la entrada *imagination* del *Blake Dictionary. The Ideas and Symbols of William Blake*, Foster Damon escribe: "Para Blake, de todos modos, la Imaginación era una facultad central tanto de Dios como del Hombre; de hecho, en ella los dos se vuelven indistinguibles" (Damon 2013: 427). La caída, en la interpretación del poeta, no es sino el olvido de la potencia imaginaria y su reemplazo por la deducción racional. Adán cae en la Razón. Por eso el pasaje en el que Blake identifica a Cristo con la imaginación se completa

---

390 Esta identificación de Cristo con la imaginación no es exclusiva de Blake sino que es un tópico común en varios románticos. Como sostiene James Engell en uno de los estudios más completos y documentados sobre la imaginación creadora en el Iluminismo y el Romanticismo: "Jesús se convierte en el Logos, el acto de amor encarnado, y para Blake, así como para Coleridge y Schelling, Jesús es la imaginación en su forma divina-humana" (Engell 1981: 253). En efecto, los románticos encuentran en Cristo, es decir en el Verbo encarnado, la instancia que les permite resolver el hiato entre lo Uno y lo Múltiple, entre Dios y el Mundo, entre el Sujeto y el Objeto, etc. (cfr. Engell 1981: 251-254). Es en Cristo y por Cristo, es decir en y por la imaginación, que no existe bifurcación en la realidad. En Schelling, por ejemplo, pero también en Coleridge o Addison, es la imaginación la que permite salvar el dualismo, a la vez ontológico y antropológico, que Descartes había introducido entre la *res cogitans* y la *res extensa*.

391 Blake llega incluso a sostener que el mismo Jesús identifica al verdadero hombre, al hombre real, con la imaginación. En sus *Annotations to Berkeley's "Siris"*, por ejemplo, escribe: "Jesús consideró que la Imaginación era el Hombre Real" (1988: 663).

con las siguientes palabras: "[Cristo, Dios] Se manifiesta a sí mismo en sus Obras de Arte (en la Eternidad Todo es Visión). La verdadera caridad cristiana no depende del Dinero [...] el cual es el Gran Satán o la Razón, la Raíz del Bien & del Mal en la Acusación del Pecado" (1988: 273). La Razón es el Gran Satán, la Ciencia del Bien y del Mal, el Dinero o el Imperio. Es evidente que Blake retoma un tópico común del Romanticismo: el vínculo entre el conocimiento y lo demoníaco.[392] Sin embargo, en el caso del autor de *Songs of Experience*, esta idea da lugar a una cosmovisión y una metafísica altamente desarrolladas. La pérdida de la inocencia es simultánea a la conquista de la experiencia. En este punto, la obra de Blake pareciera aproximarse a la fenomenología hegeliana. Pero si bien es verdad, como sostiene Thomas Altizer en *The New Apocalypse. The Radical Christian Vision of William Blake*, que "el sistema dialéctico de Hegel es una guía más efectiva al mundo visionario de Blake que las formas tradicionales de la teología cristiana y del misticismo" (cfr. 2000: xii), no es menos cierto que ese sistema dialéctico, en la perspectiva artística de Blake, resulta totalmente invertido. En efecto, allí donde Hegel habla de Conciencia, Blake habla de Imaginación. La historia humana, en esta perspectiva, no es más que la serie de experiencias que realiza la conciencia, es decir la imaginación degradada, la mímesis, para alcanzar su redención en el Cuerpo Divino y Eterno de Cristo. El planteo, como puede verse, es bastante similar, pero mientras que Hegel entiende a la reconciliación de lo finito con lo infinito como una coincidencia del Ser con el Concepto, es decir como Saber absoluto (*absolute Wissen*), Blake lo entiende como una exaltación de la imaginación. Lo Real, para Blake, no es lo racional, sino lo imaginario o, más bien, para subrayar su aspecto activo y dinámico, lo imaginante. La verdadera astucia es la de la imaginación. Y es tan astuta que le ha hecho creer al hombre que su atributo esencial era precisamente la razón. Hegel sostiene que detrás de los avatares de la historia, de sus guerras y conflictos, los hombres realizan el designio de la Razón. Blake, en cambio, sostiene que la Razón, acaso sin saberlo, sigue los designios de la Imaginación. Por eso Blake entiende a Cristo

---

392 Goethe expresa esta relación en las primeras escenas del *Fausto*. En efecto, quien firmará el pacto con Mefistófeles es el que declara: "Con ardiente afán ¡ay! estudié a fondo la filosofía, jurisprudencia, medicina y también, por mi mal, teología; y heme aquí ahora, pobre loco, que no sé más que hacer" (354-359). Este conocimiento, se lamenta Fausto, no le ha servido de nada: "No me figuro saber cosa alguna razonable, ni tampoco imagino poder enseñar algo capaz de mejorar y convertir a los hombres" (370-373). Lord Byron, por su parte, sostiene en *Manfred*: "La desdicha debería ser la instructora del sabio; / El dolor es conocimiento: quienes más saben deben lamentarse de la más profunda y fatal verdad: / El Árbol del Conocimiento no es el árbol de la Vida" (Acto I, Escena I: 10-13). Veremos que esta distinción entre el árbol de la Ciencia y el árbol de la Vida es fundamental también para Blake.

como el Creador o el Vidente y a la historia humana como la dinámica propia de la visión de Dios.

Blake da un primer golpe a la concepción platónica de la imaginación como *eikasia*. En efecto, Adán cae en la mímesis, en el arte como imitación. Israel se heleniza. Esto supone que la imaginación, siendo una potencia creadora, metafísica, se convierte en una simple facultad mimética. La caída, en cierto sentido, implica para Blake una transformación profunda de la imaginación: de ser una potencia ontológica pasa a ser una potencia (y de las más desprestigiadas, por cierto) psicológica. El caso paradigmático, como hemos visto, es Platón. La imaginación, entendida como *eikasia*, es decir como capacidad mimética, es desplazada al fondo de la caverna. La verdad, a partir de ahora, se encuentra en el otro extremo de la realidad. En Blake, por el contrario, la verdad es la imaginación, la potencia de las visiones y el lugar en el que el hombre entra en comunión con la divinidad. La imaginación es el punto de contacto del Mundo interior y el Mundo exterior, del Cielo y la Tierra, de la Inocencia y la Experiencia. "En tu propio Seno llevas el Cielo y la Tierra & todo lo que contemplas; lo que aparece Afuera, está Adentro, en tu Imaginación, de la cual este Mundo de Mortalidad no es sino una Sombra" (1988: 225). El mundo caído no es sino una sombra de la Imaginación entendida como fuerza poética, como proceso creativo. La pérdida de la inocencia es la pérdida de la verdadera imaginación. Al caer, la imaginación poética se convierte en mimética o, más bien, la *poiēsis* (creación o producción) comienza a ser pensada como *mimēsis* (imitación). Por eso se trata, para Blake, de restaurar la potencia profética y creadora de la imaginación, redimirla de su condición mimética. "Lo Que puede ser Creado Puede ser Destruido. Adán es sólo el Hombre Natural & no el Alma o la Imaginación" (1988: 273). El Hombre Natural es el hombre que ha perdido su potencia imaginaria, su capacidad de acceder a las visiones proféticas. Por eso Cristo es el mediador entre el hombre y Dios y como tal es identificado con la imaginación. El Alma, entendida como imaginación, no significa sin embargo la simple negación del cuerpo, sino el Cuerpo Divino o el Cuerpo Eterno: el Cuerpo Imaginativo. "…el Mundo eterno & real del cual este Universo Vegetable no es sino una débil sombra, & en el cual viviremos en nuestros Cuerpos Imaginativos o eternos cuando estos Cuerpos Vegetables y Mortales ya no existan" (1988: 232). Blake llama Alma, por ende, al Cuerpo glorioso de Cristo. Por eso se trata de destruir el cuerpo de Adán y hacerse partícipes del cuerpo de Cristo que Blake identifica con la imaginación. La caída supone la pérdida del Cuerpo Divino, del Hombre Eterno o Real y el consecuente advenimiento, correlativo a la adquisición de la Ciencia, del Hombre Natural. El comienzo del pecado coincide con el fin del Arte Hebreo. "El ARTE HEBREO es llamado PECADO por la CIENCIA deísta. Todo lo que Vemos es Visión de los órganos Generados que se va tan pronto como llega. Permanente en la Imaginación; Considerada como Nada por el HOMBRE NATURAL" (1988: 273). El Hombre Natural se caracteriza por haber concebido a la imaginación como una mera facultad subsidiaria de la sensibilidad. Por tal motivo, el Hombre Natural considera a la imaginación como una nada. Esto es característico del mundo griego. El reproche que Blake hace a los artistas helenos es que su arte no estaba inspirado en una verdadera comunión con Dios. Por el contrario, los paganos adoraban dioses falsos que pertenecían al mundo natural. Los griegos habrían sido incapaces, por ende, de acceder a una percepción espiritual, permaneciendo en el nivel de lo sensible. Incluso cuando vislumbraron un modo de elevarse a la verdad, cultivando la razón y el conocimiento intelectual, esa elevación estuvo condenada al fracaso desde el inicio. No es por la ciencia, insiste Blake, que se llega a la verdad, sino por las visiones imaginativas y la revelación inspirada. Por eso el arte hebreo, formado por inspiración divina, es un arte eminentemente imaginario. Tal es así que Blake concibe a la Biblia como un manifiesto artístico. "El Viejo y el Nuevo Testamento son el Gran Código del Arte. La CIENCIA es el Árbol de la MUERTE. El ARTE es el Árbol de la VIDA. DIOS es JESÚS" (1988: 274). Nos encontramos aquí con otra contraposición frecuente en los textos de Blake: la Ciencia, representada por el árbol de la Muerte; el Arte, representado por el árbol de la Vida. Con la caída de Adán, el hombre se aleja del árbol del Arte. El árbol genealógico del Hombre, la historia, en este sentido, no es sino el árbol de la Ciencia del bien y del mal, es decir el árbol de la Muerte. En efecto, alrededor de la cabeza de la figura de la izquierda, Blake introduce esta sentencia: "Bien & Mal son Ricos & Pobreza un Árbol de Miseria propagando Generación & Muerte" (1988: 273). Este árbol de Miseria que propaga la generación y la muerte es precisamente la historia humana. A él se le opone el árbol de la Vida. La salvación, para Blake, consiste en el Arte y en la Imaginación creadora. Por eso Cristo viene a mostrar que el árbol de la Vida, a través del Arte y de la Imaginación, está aún al alcance del hombre. No es casual que Jesús y los apóstoles sean presentados por Blake como artistas. "Jesús & sus Apóstoles & Discípulos eran todos Artistas. Sus Obras fueron destruidas por los Siete Ángeles de las Siete Iglesias en Asia. Ciencia Anticristo. El Hombre improductivo no es un Cristiano, mucho menos el Destructor" (1988: 274). La Ciencia, es decir la Razón, es el Anticristo. La imaginación, por el contrario, es la Vida, es Cristo. En su texto sobre Wordsworth, Blake escribe: "Sólo un Poder hace al Poeta: la Imaginación, la Visión Divina" (1988: 665). Sólo a través de la imaginación el hombre puede entrar en comunión con Dios. El razonamiento y la ciencia se limitan a explicar la realidad; la imaginación la crea. Esto es posible porque en la imaginación, como hemos visto, lo humano y lo divino se confunden. "El Hombre es todo Imaginación. Dios es Hombre & existe en nosotros & nosotros en él" (1988: 664). En otros textos, Blake se refiere a la imaginación como "la Humanidad-Divina" (cfr. 1988: 96, 140, 256). Imaginar, y no reproducir o imitar, significa participar de la fuerza creativa del cosmos, conectarse con la potencia vital del universo. "Todos los Animales & Vegetaciones, la Tierra & el Cielo [están] contenidos en la Gloriosa Imaginación" (1988: 198). Es evidente que Blake está pensando a la imaginación en un sentido ontológico o cosmológico y no en un sentido meramente psicológico. Más bien: la imaginación es aquella potencia o aquel lugar en el que el plano psicológico conquista un estatuto ontológico. Cuando el artista crea, a través de su imaginación, realiza una acción divina, expresa la potencia misma del Ser en tanto fuerza creativa. Crear, en este sentido, es la aspiración máxima del hombre. Al crear una obra, el hombre se iguala a Dios o, más bien, se iguala o se fusiona con el proceso de creación del cosmos. Una cierta ética –y no ya una moral, que Blake identifica con la Ciencia y el pecado– se desprende de esta concepción del Arte. El hombre debe estar a la altura de la potencia creadora del cosmos, debe ser digno del proceso productivo del universo; el hombre, en suma, debe asumir su condición de ser un animal imaginativo o fantástico. Es preciso que el hombre en general, y el artista en particular, recuperen la dimensión imaginativa de la realidad. Para esto es necesario que se disponga a oír la voz de Dios en su conciencia. En los *Marginalia*, Blake escribe que la "Conciencia es la voz de Dios" (1988: 613), la cual no tiene absolutamente nada que ver con el bien y el mal o con la moral. De hecho, haber convertido la voz de la conciencia en la voz de la moral es uno de los signos más evidentes de la decadencia humana. El proceso a través del cual la divinidad le habla a la conciencia se conoce como inspiración.

b) **Las Hijas de la Inspiración y las Hijas de la Memoria**

En varias oportunidades, Blake contrasta las Hijas de la Inspiración con las Hijas de la Memoria. "La Imaginación está rodeada por las hijas de la Inspiración, quienes son llamadas Jerusalén" (1988: 554). Mientras que el arte hebreo se formó escuchando a las Hijas de la Inspiración, el arte griego, por el contrario, "se formó por las Hijas de la Memoria [*Mnemosyne*], las Musas griegas que no son la Inspiración como lo es la Biblia" (1988: 555). Sabemos que esta distinción entre las Hijas de la Inspiración y las Hijas de la Memoria proviene de Milton. En efecto, en su ensayo *The Reason of Church Government*, Milton, parafraseando a Isaías 6:1-6, escribe:

Una obra [poética] no debe ser [...] obtenida por la invocación de la Dama Memoria y sus hijas Sirenas, sino por la plegaria devota al Espíritu Eterno que enriquece con enunciaciones y conocimiento, y envía a su serafín con el fuego sagrado de su altar, a tocar y purificar los labios de aquel que desea. (1806: 122-123)

Las Hijas de la Memoria representan la tradición y están vinculadas a los conocimientos propios del mundo sensible. Por eso Blake critica toda teoría filosófica en la que se confunda la imaginación con la memoria. "La Imaginación no tiene nada que ver con la memoria" (1988: 666). Esta confusión es propia del mundo caído. Cuando la imaginación se transforma en *eikasia* sólo puede ser entendida como potencia mimética. De allí que toda una gran tradición filosófica conciba a la imaginación como una mera *ars combinatoria* de los materiales que se encuentran almacenados en la memoria.[393] Blake, en cambio, y en esto es profundamente romántico, entiende a la imaginación como potencia creadora, como proceso productivo o creación de novedad. Por eso la "grandeza de la Inspiración" se opone siempre a la "Demostración Racional" (cfr. 1988: 142). La grandeza de la inspiración es característica de Israel; la demostración racional, de Grecia. El paradigma de la cultura helénica es por supuesto Platón, el filósofo matemático. "La Forma Matemática es Eterna en la Memoria Racional. La Forma viviente es Existencia Eterna. / La Forma Matemática es Griega / La Forma Viviente es Gótica" (1988: 270). En este caso, la contraposición entre la Razón y la Imaginación o entre la Filosofía y el Arte se expresa a partir de la diferencia entre el arte griego y el arte gótico. Mientras que este último capta la forma viviente en su eterna existencia, aquél la capta en su estructura matemática. La referencia a Platón es indudable. Para el filósofo ateniense, se accede a las Formas *matemáticas* a través de la memoria y el razonamiento; para el poeta inglés, en cambio, se accede a las Formas *vivientes* a través de la imaginación. Como sostiene Edward Larrissy en "Blake and Platonism": "Lo que queda [en la concepción de Blake] es una versión visionaria del Mundo Inteligible capaz de ser percibida aquí y ahora por la Imaginación y no por la Memoria" (1998: 198). Blake critica la identificación del verdadero conocimiento con la memoria porque no da cuenta del factor eminentemente creativo y productivo del conocimiento. Las hijas de la inspiración *crean* nuevas formas; las hijas de la memoria meramente las recuerdan. Northrop Frye, en *Fearful Simmetry. A Study of William Blake*, resume esta idea con las siguientes palabras: "Para Platón, cuyas Musas eran las hijas de la Memoria, el conocimiento era reminiscencia y el arte imitación; para

---

393 Esta concepción era característica de los empiristas del siglo XVIII. Sobre este aspecto, cfr. Engell 1981: 11-21, 65-77.

Blake, tanto el conocimiento como el arte son recreación" (1974: 85). Para la filosofía racionalista –expresión que Blake sin duda consideraría tautológica– el conocimiento no consiste en la creación de lo nuevo, sino en la mera combinación de elementos preexistentes. Blake, por el contrario, insiste en restaurar el arte inspirado de los hebreos.

La inspiración difiere por naturaleza de la imitación. Mientras que esta última se define como un estudio deliberado y racional del mundo externo de la naturaleza, aquella alude más bien a un proceso interno e imaginativo a través del cual el poeta o artista representa lo que se le aparece en sus visiones extáticas. "La Visión o la Imaginación –dice Blake– es una Representación de lo que Existe Eternamente" (1988: 554). No se trata, en este último caso, de una acción voluntaria o deliberada. En el caso del artista o el poeta, lo que importa precisamente es su capacidad de ser inspirado por la divinidad. En el momento de inspiración, a diferencia de su vida ordinaria, el artista se sitúa, para decirlo en términos nietzscheanos, más allá del bien y del mal. Northrop Frye ha escrito palabras muy ciertas en relación a la concepción que tiene Blake de la inspiración. Citamos el pasaje *in extenso*:

> El artista puede ser molesto, irritable, estúpido o deshonesto, pero no hace ninguna diferencia lo que es: todo lo que importa es su imaginación. Hablamos de fulano de tal "el Hombre", y nos referimos a él cuando no está siendo un poeta; pero es sólo cuando fulano de tal está usando la imaginación que es el "Hombre Real" y sólo cuando está escribiendo que es un hombre: el resto del tiempo está en el plano ordinario de la Generación. Por eso es que algunos grandes poetas, como Homero o Shakespeare, parecen no haber tenido una existencia personal. Son inspirados; es decir, encarnaciones de la habilidad de escribir. Blake se vuelve cada vez más impresionado por el contraste entre la imaginación de un hombre, su vida real tal como es expresada en la forma total de sus actos creativos, y su existencia ordinaria. (1974: 112)

Este pasaje es fundamental para comprender la ética que se deriva de la figura del artista tal como Blake lo entiende. En el caso del inspirado, lo que importa es la imaginación, la fuerza productiva, el trabajo de creación. Aquí, en esta esfera de creación, la moral no tiene ningún lugar. Es evidente que este estado de inspiración no es un asunto personal. No es el artista o el escritor en tanto persona el que pinta o escribe. Es más, la inspiración supone, como condición de posibilidad, la desactivación de la persona. Por eso en el momento de inspiración, el escritor se convierte en la encarnación o la expresión de una pura potencia de escribir. El escritor escribe como Dios o, mejor aun, permite que Dios escriba a través de su pluma. No es una persona, por lo tanto, sino sólo un eco de la voz divina, una huella de la escritura de Dios. De ahí el contraste que detecta Blake entre el momento de inspiración y la vida ordinaria. Se creería que se trata de dos personas diferentes. Sin embargo, la distinción no pasa entre dos personas, sino entre la forma personal de la vida ordinaria y la forma impersonal de la inspiración artística. A través de las obras plásticas nos es dado contemplar el mundo como Dios lo contempla; a través de las obras poéticas, como Dios lo escribe. El mundo, el cosmos, es la pintura y el poema de Dios. Lo mínimo que puede hacer el hombre, para Blake y para los románticos en general, es estar a la altura de esa Obra. En su estudio sobre Blake, Northrop Frye afirma: "La Palabra arquetípica de Dios, por así decir, ve este mundo de tiempo y espacio como una única creatura en la eternidad e infinitud, caída y redimida. Esta es la visión de Dios (subjetivo genitivo: la visión que tiene Dios en nosotros)" (1974: 108). Este último punto es fundamental para comprender lo que está en juego en la inspiración tal como Blake la entiende. Cada obra de arte manifiesta la visión de Dios, el mundo tal como Dios lo ve. Ser digno de la fuerza poética del cosmos, ser digno de imaginar, ser inspirado, en suma, significa abrir el Ojo de la Imaginación, clausurado con la caída, para que Dios pueda ver(se) a través nuestro. "Lo que Jesús vino a remover fue la Filosofía Pagana o Platónica que enceguece el Ojo de la Imaginación [*Eye of Imagination*] El Hombre Real" (1988: 664). El artista, de algún modo, le presta los ojos a Dios, al mismo tiempo que Dios le presta los ojos al artista. Como hemos dicho, en la imaginación lo humano y lo divino se confunden. El arte, tal como Blake lo entiende, posibilita una percepción humana-divina, es decir diviniza lo que de humano hay en la visión, a la vez que humaniza lo que hay de divino. No es casual, por eso mismo, que este Ojo de la Imaginación, en tanto mediador del hombre con la divinidad, sea Cristo. La apertura de este Ojo se conoce como inspiración o éxtasis. Por eso para Blake la inspiración del artista es una prueba empírica de la divinidad de su imaginación (cfr. Frye 1974: 91).

Para comprender la concepción de Blake acerca del poeta o el artista y la inspiración, conviene recordar algunos pasajes de Platón en los que aborda ese tema. Como hemos dicho, Blake tiene una relación compleja con el pensamiento platónico. En cierto sentido, ambos conciben de la misma manera a la inspiración poética. En lo que difieren –y aquí la diferencia se vuelve abismal– es en la valoración que ambos le confieren. Mientras que Platón considera a la inspiración poética peligrosa y nociva para la vida de la *polis*, Blake la considera absolutamente indispensable. Para Platón, el filósofo es superior al poeta porque logra dar una explicación racional y argumentativa de lo que afirma o niega, mientras que quienes hablan en estado de inspiración poética, si bien dicen cosas profundas y hermosas, no pueden dar razón de lo que dicen. Esto es evidente en la *Apología de Sócrates*. Consideremos el siguiente pasaje:

> Así pues, también respecto a los poetas me di cuenta, en poco tiempo, de que no hacían por sabiduría lo que hacían, sino por ciertas dotes naturales y en estado de inspiración como los adivinos y los que recitan los oráculos. En efecto, también éstos dicen muchas cosas hermosas, pero no saben nada de lo que dicen. Una inspiración semejante me pareció a mí que experimentaban también los poetas, y al mismo tiempo me di cuenta de que ellos, a causa de la poesía, creían también ser sabios respecto a las demás cosas sobre las que no lo eran. (*Apología de Sócrates* 22b-c)

Para Blake, es precisamente en este estado de inspiración –al cual los griegos se referían con el término "entusiasmo" (*enthousiasmos*)– que la verdadera naturaleza de la realidad es revelada. Y si los poetas no logran explicar de forma racional lo que dicen es porque la razón, el *nous*, es incapaz de penetrar en los misterios de la imaginación y de la realidad. En *Ión*, Platón explica que el poeta es un ser endiosado y fuera de sí y que por lo tanto el intelecto y la razón no tienen asidero en él. "Porque es una cosa leve, alada y sagrada el poeta, y no está en condiciones de poetizar antes de que esté endiosado [*entheos*] y demente, y no habite ya más en él la inteligencia" (*Ión* 534b). El término *entheos* (endiosado) es fundamental. La inspiración es una comunión con la divinidad. El poeta está endiosado, es decir existe en Dios y Dios en él. Si bien el mismo Platón tiene una concepción ambivalente respecto a la poesía, es verdad que juzga como una deficiencia el hecho de que los poetas no compongan sus versos por sabiduría [*sophia*] o inteligencia [*nous*]. Para Blake, en cambio, la sabiduría consiste precisamente en ese estado de inspiración poética [*enthousiasmos*] y no en la razón filosófica. Traducir esa verdad poética a discurso filosófico significa para Blake obliterar lo que hay de verdadero en la poesía. Dios, para Blake, que habla por boca de los poetas –y no de los filósofos–, no lo hace a través de la inteligencia, sino a través de la imaginación. Platón era consciente que el sujeto de la palabra poética era la divinidad. Los dioses se sirven de los poetas, dice Platón en *Ión*, para hablarnos. Por eso los poetas, cuando no están inspirados, son en general incompetentes en la vida ordinaria.

> En las demás cosas cada uno de ellos es incompetente. Porque no es gracias a una técnica por lo que son capaces de hablar así, sino por un poder divino, puesto que si supiesen, en virtud de una técnica, hablar bien de algo, sabrían hablar bien de todas las cosas, y si la divinidad les priva de la razón y se sirve de ellos como se sirve de sus profetas y adivinos es para que nosotros, que

> los oímos, sepamos que no son ellos, privados de razón como están, los que dicen cosas tan excelentes, sino que es la divinidad misma [*ho theos autos*] quien las dice y quien, a través de ellos, nos habla. (*Ión* 534c-e)

Vemos aquí, entre otras cosas, esa diferencia entre el estado de inspiración y la vida ordinaria del poeta que mencionábamos hace un momento y que tanto había impresionado a Blake al momento de redactar la primera parte de *Jerusalem*. Como hemos visto, el poeta puede ser un incompetente [*phaulos*] en su vida ordinaria (afectiva, laboral, familiar, etc.), pero eso poco importa. Lo verdaderamente relevante es que, mientras está inspirado, Dios mismo habla a través de él. Por eso es probable que el poeta no sepa a ciencia cierta lo que está diciendo. Northrop Frye, en su texto sobre Blake, escribe:

> El sentido de un poema, entonces, es con frecuencia bastante diferente del que podría suponer el mismo poeta [...]. La conclusión es que toda poesía genuina es algo separado de la persona que la escribe. Un poema es como un niño, un ser vivo independiente, no completamente nacido hasta que el cordón umbilical ha sido cortado. (1974: 113)

Estas palabras de Frye en relación a la poesía, cuyo sentido ya encontramos plenamente desarrollado en Platón, se volverán adecuadas, a partir de Nietzsche, para explicar el pensamiento filosófico en general. La filosofía, y en esto el "último" Heidegger ha insistido de manera incisiva, no es ajena a la inspiración y a la impersonalidad. Sin embargo, con Nietzsche ya no es Dios [*theos*] quien habla por boca de los poetas y filósofos, sino la voluntad de potencia, la Vida misma, el Ser. Como sea, poesía y filosofía surgen de una fuente común: la vida como proceso creativo, como fuerza plástica. Tanto el arte del poeta como el razonamiento del filósofo presuponen la imaginación. Poesía y filosofía, a fin de cuentas, son ambas actividades imaginativas. A lo largo de la historia de Occidente, se intentó establecer un corte definitivo entre ambas disciplinas. Platón es un ejemplo claro, lo mismo Descartes. Sin embargo, en ambos casos se trata de un proceso de creación: de ritmo y belleza en la palabra poética, de pensamiento en la palabra filosófica. Sin esta potencia creadora, la imaginación, no habría ni poesía ni filosofía sobre la tierra. En todo caso, a partir de Nietzsche, y ya antes en la obra de Hölderlin, los dioses se alejan de los hombres. Dios, finalmente, muere. En su trono vacío, Nietzsche sentará a la Vida misma, a la Potencia inmanente e impersonal que se canta a sí misma a través de los poetas y se piensa a sí misma a través de los filósofos. Los poetas son la boca de la Vida; los filósofos, su pensamiento.

c) *Grapheus*: entre la palabra y la imagen

Un último aspecto merece ser mencionado. Hemos elegido centrarnos en este grabado de Blake en particular, el *Laocoonte*, no sólo por los comentarios y las imágenes, sino porque en él, como sostiene David James, "el texto y la ilustración se combinan de tal manera que la plancha se convierte en una unidad de composición", por lo que "cualquier distinción entre la representación de la estatua y la articulación del texto colapsa en su génesis escultural común" (1983: 228). La misma idea encontramos expresada en el estudio de Frye: "cada poema es necesariamente una unidad perfecta. Esta unidad tiene dos aspectos: una unidad de palabras y una unidad de imágenes" (1974: 113). De algún modo, esta coexistencia de texto e imagen, esta simultaneidad de escritura y dibujo compone una unidad que sólo puede ser abordada en su totalidad. En este sentido, el *Laocoonte* de Blake es emblemático. "La plancha evidencia en un grado extremo los efectos formales que surgen al enfatizar las cualidades espaciales y gráficas del texto en los trabajos de madurez de Blake" (James 1983: 228). Nos interesa este punto porque de alguna manera los grabados de Blake, sus diseños poéticos o sus libros iluminados, encuentran su lugar más propio en esta zona intermedia entre el texto y la imagen, entre el sentido y la materia o entre lo invisible y lo visible. Consecuente con su concepción de la imaginación, Blake opta por abrir un espacio entre el Verbo del texto y la Carne de la imagen, aunque también podría hablarse del Verbo de la imagen y la Carne del texto. Por esto mismo, su arte es eminentemente cristiano. Su arte no consiste ni en los textos poéticos ni en los dibujos plásticos, sino más bien, si podría decirse, en los textos plásticos o las imágenes poéticas, es decir, en el punto de intersección de lo decible y lo visible.[394] Este pliegue, lo hemos visto, es la imaginación. Este lugar difícil de pensar,

---

394 El término griego *grapheus* significa tanto pintor como escritor. En este sentido, Blake es un *grapheus*, y lo es de manera esencial. El *grapheus* es el que deja una huella, un *graphos*, una marca que puede ser tanto una letra como un dibujo o una imagen. En *Filebo* 38b, por ejemplo, Platón compara al alma con un libro. La memoria (sensible, y no ya la memoria de las Formas inteligibles), junto con los sentidos y las emociones, son las tres facultades encargadas de escribir palabras, verdaderas o falsas, en el alma. Además de este escriba, cuyo estatuto es sin duda cuestionable en la epistemología platónica, existe otro artífice (cfr. 39b), también sospechoso, que actúa en nuestro mundo anímico. Esta segunda figura no se caracteriza ya por trabajar con palabras sino con imágenes. No es un escriba, por lo tanto, sino un pintor. "Un pintor [*zōgraphos*], quien pinta en nuestra alma imágenes para ilustrar las palabras que han sido escritas" (39b). Este pintor, cuya función mimética lo iguala, aunque sin confundirlo, con el escriba, no es sino la fantasía. Ésta, a diferencia de otras facultades del alma más elevadas, se dedica a reelaborar o bosquejar imágenes irreales a partir de las improntas (palabras) grabadas o depositadas en la memoria. Estas dos figuras presentadas por Platón en *Filebo*, el escriba y el pintor, tendrán una gran repercusión en la tradición posterior del mundo occidental. Vemos claramente que Platón ofrece una interpretación completamente

además, es el lugar propio de lo humano.[395] Y esto no porque el hombre pueda apropiarse de la imaginación, sino porque su rasgo más característico es ser una imagen. Lo propio del hombre es imaginarse que posee algo propio. Pero al remitir la propiedad a su matriz imaginaria, al desplazarla a su proveniencia fantástica, al convertir la esencia en imagen, ¿no se la expropia irremediablemente de su naturaleza substancial y se la abisma en lo infundado y contingente? Blake parece haberlo sospechado. De allí su intento por convertir a la imaginación en el fundamento de lo real. Aquí es preciso hacer algunas aclaraciones. En efecto, hemos visto que Blake, por un lado, sitúa a la imaginación en el espacio intermedio entre Dios y el hombre, y en este sentido la identifica con Jesús, el mediador; pero, por otro lado, tiende a confundirla también con la Eternidad, es decir con el Mundo Verdadero o Real, el Mundo de las Visiones que difiere por naturaleza del mundo de la Ciencia y de la Razón. En Blake, como hemos indicado, existe una clara jerarquía entre la Eternidad y el Mundo perecedero. Por eso, al identificar a la imaginación con la Eternidad, la desplaza hacia uno de los polos de la dialéctica que estructura su mitología. De algún modo, y no sin ambigüedades y vacilaciones,[396] Blake realiza el gesto inverso al de Platón: en lugar de sumergir la imaginación en las profundidades de la caverna, la eleva hacia las alturas de la divinidad. Ninguno de los dos, por eso mismo, logran pensar el lugar propio y difícilmente aprehensible de la imaginación: el entre-dos, el pliegue, la superficie. Como hemos indicado, Blake llega a vislumbrar este lugar intermedio, pero rápidamente tiende a elevar la imaginación a su extremo divino y espiritual. En efecto, la visión dialéctica de la realidad que propone Blake se divide en el mundo de la Inocencia, también llamado Eternidad, y el mundo de la Experiencia, identificado con la caída, la corrupción y la muerte: la Naturaleza. "La Naturaleza no tiene Contorno, pero la Imaginación sí. La Naturaleza no tiene tono, pero la Imaginación sí. La naturaleza no es Supernatural & se disuelve: la Imaginación es la Eternidad" (1988: 270). El "error" de Blake, en ciertas ocasiones, consiste en identificar a la Imaginación con la Eternidad, es decir con la Inocencia *tout court*,

---

mimética de la imaginación o fantasía. Su función consiste sólo en elaborar imágenes a partir del material almacenado en la memoria. En Blake, por el contrario, la imaginación es fundamentalmente productiva y creadora. De todas formas, Blake encarna estos dos niveles, el textual o poético y el visual o pictórico, que distingue Platón en *Filebo*. Por eso mismo, es un *grapheus* del libro del alma de Occidente.

395 Sobre el sentido que le damos aquí al "lugar propio" de lo humano, cfr. la aclaración preliminar.

396 Esta ambigüedad consiste, como hemos dicho, en identificar a la imaginación con el espacio intermedio entre lo sensible y lo suprasensible o entre lo humano y lo divino o la Naturaleza y el Espíritu y al mismo tiempo identificarla con uno de los dos extremos: lo suprasensible, lo divino, el espíritu. El concepto de imaginación en Blake, por eso mismo, pareciera oscilar entre el límite intermedio y el polo suprasensible y espiritual.

en lugar de mantenerla en el lugar limítrofe que le es propio. Por eso decíamos que realiza una maniobra inversa a la de Platón: desplaza la imaginación hacia las alturas. En lugar de plegar o articular el mundo de la Inocencia con el mundo de la Experiencia, lo perecedero con lo eterno, lo natural con lo espiritual, la Imaginación se identifica con uno de los extremos. La Imaginación, ahora, coincide con la Eternidad.[397] Interesa notar, sin embargo, que en Blake ya encontramos esbozada toda una ontología de la imaginación: "Este Mundo es un Mundo de Imaginación & Visión" (1988: 702). En este sentido, supera la concepción psicológica que aparece en Platón. Esta ontología, sin embargo, convierte a la imaginación en el fundamento último de lo real, remitiéndola a la figura bíblica de un Dios todopoderoso. Con Nietzsche, la imaginación será definitivamente liberada de su remisión a cualquier forma de trascendencia. La *eikasia*, ya profundamente subvertida en la obra de Blake, se transformará finalmente en *phantasia*.

Ahora bien, tanto Blake como Platón sostienen que sólo a través del ojo espiritual es posible contemplar las verdaderas esencias. En el caso del poeta inglés, sin embargo, el ojo del alma es el ojo de la imaginación y no, como en Platón, el ojo del intelecto. La caída de Adán y Eva es entendida por Blake como una ofuscación del ojo de la imaginación. Cuando el primer hombre y la primera mujer comen el fruto del árbol del conocimiento, dice la Biblia, sus ojos se abren. Esto se refiere a los ojos físicos o, para emplear la expresión de Blake, al "ojo mortal y perecedero" (cfr. 1988: 541). La caída marca la apertura de los ojos físicos y la consecutiva clausura de la mirada espiritual que Blake identifica con la imaginación y varios Padres de la Iglesia, siguiendo a Platón, con el intelecto. Por eso Blake insiste en que no es a través de la Razón, el Gran Satán, que se accede a la verdad. Los ojos de la Ciencia son los ojos de Satán. Sólo es posible alcanzar la redención abriendo los ojos de la imaginación, los ojos del Arte, es decir de Cristo. La helenización de Israel, como indicamos, es correlativa a la caída.

---

[397] Es probable que Wordsworth, Coleridge o Schelling, en esta perspectiva, identificando a la imaginación con la naturaleza en un sentido cósmico y ontológico, vayan más lejos aun que Blake (cfr. el capítulo XVII).

Capítulo XVII ■
El aire y la luz: la estética trascendental del Romanticismo

a) **El cuerpo animado como instrumento musical**

En los *Essais de Théodicée*, Leibniz retoma la crítica de Tomás de Aquino a los averroístas para mostrar que la idea de un pensamiento exterior al hombre y al sujeto individual es simplemente un absurdo. En un curioso pasaje, el autor de la *Monadologie* asegura que según Averroes (y Spinoza, por cierto) el pensamiento, el acto de pensar, se asemeja a una música producida por el viento cuando sopla por el tubo de un órgano previsto para ese fin.

> Este Comentador [concluía] que las Almas, es decir las formas de los Cuerpos orgánicos, deben perecer con estos Cuerpos; o al menos el Entendimiento pasivo que pertenece a cada uno de ellos. De tal manera que no quedará más que el entendimiento activo, común a todos los hombres, que según Aristóteles venía de afuera, y que debe trabajar en los órganos dispuestos para ese fin; como el viento que, cuando sopla por los tubos de un órgano, produce una especie de Música. (1900, Tomo I, Parte 7: 33)

Leibniz considera ilógico suponer, como hacían los averroístas, que el pensamiento venía de afuera, del intelecto material, y que se actualizaba en el intelecto agente del sujeto humano,[398] como si fuera un viento que sopla a través de un tubo y que al hacerlo produce una cierta música. No nos interesa la crítica de Leibniz a los averroístas, pero sí la imagen que emplea para ejemplificarla. Es posible que Leibniz tuviera presente una antigua tradición mística que consideraba al cuerpo humano como una flauta por la que soplaba el viento de la

---

398 Para que esta actualización fuese posible, sostenían los averroístas, era necesario que las formas intelectuales se unieran a las formas sensibles. Esta conexión, además, se producía a partir de una imagen, un fantasma. La fantasía o la imaginación, por ende, era la facultad capaz de conectar lo sensible con lo inteligible. Sobre la concepción averroísta de la imaginación y de las imágenes, cfr. Coccia 2005: 144-178.

divinidad.³⁹⁹ Esta idea es muy frecuente en las culturas provenientes del Oriente Medio, los islámicos o los hebreos por ejemplo, e incluso se encuentra tam-

---

399   Esta tradición, muy difundida en las culturas del Antiguo Cercano Oriente (cfr. Hildebrandt 1995: 4-5; Childs 1993: 572), encuentra su formulación arquetípica y definitiva en el segundo relato de la creación: "Y formó el Señor Dios al hombre con el polvo de la tierra y sopló [*way-yip-paḥ*] en sus narices el aliento de la vida [*niš-maṯ ḥay-yîm*] y el hombre se volvió un ser viviente [*lə-ne-p̄eš ḥay-yāh*]" (Génesis 2:7). Adán, entonces, no es sino un cuerpo hueco hecho de barro —recuérdese la cercanía del término *adam* (Adán) y *adamah* (tierra), fundamental en la exégesis rabínica y talmúdica (cfr. Scholem 1998: 175; Dunn 1998: 83)– por cuyos orificios Dios sopla el aliento de la vida. El hombre no difiere, en este punto, de una ocarina; aunque se trata aquí, por supuesto, de una ocarina animada. No es casual que el término *nephesh*, traducido en la Septuaginta por *psychē*, no signifique sólo alma (e incluso cuando asume el sentido de "alma" no implica ninguna concepción dualista ni es pensada como algo opuesto al cuerpo) o ser viviente, sino también vida, persona y órgano de la respiración (cfr. Preuss 1992, vol. II: 111-112). Hans W. Wolff, en *Anthropologie des Alten Testaments*, indica que uno de los sentidos de *nephesh* es precisamente "órgano de la respiración" (cfr. 1974: 13) y lo remite a una familia de términos similares dentro de los lenguajes semíticos: *napasu, napistu, nps, nafsun*, etc., los cuales tienen relación con la respiración, el viento, el soplido o el aliento (cfr. Wolff 1974: 13-14). Interesa notar, además, que es el *soplido* de Dios lo que vuelve viviente al cuerpo de Adán. "Sólo el soplido producido por el Creador lo vuelve [a Adán] un *nephesh* viviente" (Wolff 1974: 22). El término *neshamah*, que figura en el versículo citado del Génesis, significa soplo, viento, vida, aliento vital, inspiración divina. *Neshamah* es usado como sinónimo de otro término fundamental en el Antiguo Testamento: *ruach* (cfr. Wolff 1974: 33; Hildebrandt 1995: 13; Preuss 1996, vol. II: 110). En líneas generales, *ruach* es empleado para indicar, además del viento, un poder natural, el principio de la vitalidad o el espíritu que Yahvé le insufla al hombre a través de un soplido y que, por tanto, debe volver a su Creador una vez que el ser humano ha cumplido el tiempo previsto para su vida. Cuando *ruach* lo abandona, dice el salmista (146:4), el hombre regresa al polvo. Lo interesante de este término, además, es que se lo utiliza a veces para referirse al espíritu de Yahvé y otras veces para referirse al espíritu del hombre. Dado que "la *ruach* como soplo del hombre es frecuentemente inseparable del *ruach* de Yahvé" (Wolff 1974: 34), se trata por ende de un término que, "siendo teológico, se vuelve al mismo tiempo antropológico" (*ibid.*: 35; cfr. también Eichrodt 1967: 133). Wilf Hildebrandt explica estos dos usos (teológico y antropológico) del término en el Antiguo Testamento: por un lado, "*ruach* como 'viento' es usado con frecuencia como un instrumento en las manos de Yahvé para cumplir un propósito divino" (1995: 9); por otro lado, "cuando *ruach* es usado en relación a la humanidad [...] su sentido comprende tanto la respiración física como disposiciones psicológicas y emocionales" (*ibid.*: 11). No es casual, en esta perspectiva, que Cristo, siendo el mediador entre Dios y el hombre, sea considerado precisamente el dispensador del espíritu. Su función es recibir el espíritu del Padre y dispensarlo a los hombres. En Actos 2:33, por ejemplo, se lee: "Exaltado a la derecha de Dios, él ha recibido del Padre el espíritu santo prometido y lo ha difundido como lo veis y lo escucháis". Jesús es un administrador de *ruach*, del *pneuma*. Odette Mainville, en su artículo "De la *ruach* hébraique au *pneuma* chrétien: le langage descriptif de l'agir de l'esprit de Dieu", explica la transformación del espíritu (*ruach, pneuma*) en el cristianismo: "El espíritu, que hasta entonces sólo era propiedad de Dios, es ahora dado al Cristo para su resurrección/exaltación y para que disponga de él. El espíritu de Dios ha devenido entonces espíritu de Cristo" (1994: 35). En todo caso, tanto en el Antiguo Testamento como en el Nuevo, así como en las religiones monoteístas (trascendentes) en general, "Dios es el creador del viento" (cfr. Hildebrandt 1995: 10). Con la muerte de Dios, y ya incluso desde comienzos del siglo XVIII, el Viento –como veremos en breve– perderá su fundamento trascendente y pasará a designar, no ya el instrumento de una entidad metafísica, sino la pura fuerza física y orgánica de la Naturaleza.

bién en algunas corrientes místicas y religiosas de la India.[400] En un mantra de la escuela sufí de Bangladesh conocida como *Tarika-e-Maizbhandari*,[401] según transcribe Hans Harder, leemos: "Nueve agujeros existen en la flauta, siete continentes forman la tierra. / La flauta resuena incluso si nadie la sopla, ¿conoce el amigo Śyāma el mantra?" (2011: 241). Harder explica: "De acuerdo a varios comentadores, la flauta hueca se refiere al cuerpo humano; el aliento de Dios insufla el alma en ella y por eso desea recuperar su origen divino, y este deseo puede ser interpretado como una etapa inicial y crucial cuando entra en el camino espiritual" (2011: 241).

En *Mafteah ha-Ra'ayon*, Abraham Abulafia sostiene: "Debes saber que el cuerpo del hombre está lleno de agujeros y cavidades, y debes entender que en ellos mora la Shekhinah cuando penetra en el cuerpo y produce discursos [proféticos]" (citado en Idel 1988: 55). También el gran poeta místico Yalal ad-din Rumi, nacido en el siglo XIII en Persia, cuya muerte daría lugar a la formación de la Orden de los Derviches, probablemente inspirado en el segundo relato de la creación, hace referencia a la metáfora de la flauta:

> Somos como la flauta, y la música en nosotros proviene de Ti;
> somos como la montaña y el eco en nosotros proviene de Ti.
> Somos como piezas de ajedrez implicadas en victoria y derrota:
> nuestra victoria y derrota proviene de Ti. ¡Oh, Tú, cuyas cualidades son gentiles!
> ¿Quiénes somos, Oh Tú, alma de nuestras almas,
> que debemos perseverar en el ser junto a ti?
> Nosotros y nuestras existencias son realmente no-existencia;
> tú eres el Ser absoluto que manifiesta lo perecedero.
> Todos nosotros somos leones, pero leones sobre una bandera:
> a causa del viento se mueven de prisa a cada momento.
> Su movimiento es visible, pero el viento invisible:
> ¡que aquello que es invisible no nos falle!
> Nuestro viento, cada vez que somos movidos, y nuestro ser son tu don;
> toda nuestra existencia es traída al ser por ti.
> (Rumi 1994, Book I: 599-607)

---

400 Según una célebre historia del hinduismo, Rādhā, también conocida como Śrīmatī Rādhārānī, la consorte de Krishna, quien no por casualidad es representada frecuentemente con una flauta en la mano, asegura que la flauta es un instrumento sagrado. Para que el hombre pueda acercarse a *Paramatma* (Dios) debe convertirse él mismo en una flauta a fin de que Dios pueda soplar en él una música divina. Sobre Rādhā y Krishna, cfr. Hawley & Wulff 1982.

401 La secta sufí Tarika-e-Maizbhandari fue creada por Gausul Azam Syed Ahmed Ullah Maizbhandari en el distrito de Chittagong (Bangladesh) a mediados del siglo XIX.

En otro poema decisivo, titulado *Creador y creación*, Rumi no sólo compara al hombre con una flauta sino también con un arpa.

Somos como el arpa, y Tú estás tocando (en ella).
El (sonido) melancólico no proviene de nosotros, (sino que)
                                          [Tú causas el lamento.
Somos como la flauta, y la melodía en nosotros proviene de Ti.
(1994, Book I: 596-610)

La misma idea, aunque en este caso se trata de un laúd, aparece en otro poema escrito con ocasión del noveno mes del calendario islámico conocido como *Ramadán*.

Hay una dulzura invisible
en el vacío del estómago.
Somos laúdes.
Cuando la caja de resonancia está llena,
ninguna música se produce.
Cuando el cerebro y el vientre
arden por el ayuno,
una nueva canción emerge a cada momento
del fuego.
La neblina se aclara,
y una nueva vitalidad hace
surgir los pasos delante de ti.
Vacíate y llora como un instrumento hueco.
Vacíate y escribe secretos con un junco hueco.
(Rumi 1997)

Al igual que la metáfora de la flauta, la comparación del hombre con un arpa (o un laúd) posee una larga tradición. En su *History of Musical Instruments*, Curt Sachs refiere: "Una leyenda judía cuenta que el arpa del rey David, suspendida sobre su cama durante la noche, sonaba con el viento del norte; y un antiguo poema hindú habla de la brisa que tocaba las cuerdas de una vina"[402] (1940: 402).[403] La misma historia judía menciona William Jones, esta vez atribuyéndola a un pa-

---

402 El término "vina" (del sánscrito *vīṇā*) hace referencia a un antiguo instrumento hindú de cuerdas. Si bien es un término genérico para referirse a diversos tipos de instrumentos encordados, en la actualidad se lo utiliza mayormente para designar instrumentos cercanos al sitar o al laúd.

403 En la entrada "Aeolian Harp" del Volumen I de la decimoprimera edición de la *Encyclopædia Britannica* leemos: "El principio de la vibración natural de las cuerdas bajo la presión del viento era ya conocida en tiempos antiguos; el Rey David, nos informan registros rabínicos, solía colgar su *kinnor* (*kithara*) sobre su

saje del Talmud, en sus *Physiological Disquisitions; or, Discourses on the Natural Philosophy of the Elements*: "En el Talmud judío [...] se dice que el viento producía música en el arpa de David; la cual, como se narra allí, 'siendo soplada cada noche por el viento del norte, sonaba por sí misma'" (1781: 338). Según Moshe Idel, Abulafia consideraba que el arpa de David simbolizaba el cuerpo humano: "El arpa [*kinnôr*] de David se asemeja al cuerpo humano" (1988: 56). Poco después, además, Idel no deja dudas de que se trataba de un tema muy difundido en la tradición mística del islamismo y del judaísmo. En este sentido, puede hablar de una "analogía difundida del hombre como el *kinnôr* o el *nevel* con el cual Dios toca música. Este motivo [...] aparece varias veces en la literatura mística y no está ausente de la literatura hebrea" (*ibid.*).[404] Esta comparación del hombre con un instrumento posee profundas connotaciones éticas y religiosas. Para que el viento divino pueda producir una música armoniosa es preciso que el hombre se *afine*, es decir que entre en sintonía con el mundo espiritual. En su hermoso ensayo consagrado a la concepción hebrea del cuerpo humano, Gianfranco Miletto alude a un sermón de Jehudah Moscato en el que se enfatiza la necesidad de "afinarse" con la divinidad: "Moscato considera al cuerpo humano en su unidad de materia y alma como un instrumento musical, un órgano que puede producir la más bella melodía, si está 'afinado' con las altas esferas" (2009: 387). La más bella melodía requiere un trabajo de purificación y respeto a las Leyes eternas reveladas por Yahvé; en términos foucaultianos, diríamos que requiere un estricto y minucioso cuidado de sí.[405]

b) El arpa eólica

El poeta Edmund Spenser, en un texto de 1591 titulado *The Ruines of Time*, dedica unos versos a describir un arpa que es tocada por el viento. El arpa de Da-

---

cama en la noche, la cual sonaba con la brisa nocturna. Lo mismo se dice de St. Dunstan de Canterbury, quien fue incluso acusado de brujería" (1910, Vol. I: 258).

404 Esta idea es también confirmada por Gianfranco Miletto en su ensayo "The Human Body as a Musical Instrument in the Sermons of Judah Moscato": "La comparación del hombre con el *kinnor* o *nevel* es una analogía muy extendida. El motivo aparece tempranamente en los escritos de Filón de Alejandría, así como en la literatura de la Cábala" (2009: 389).

405 No es nuestra intención multiplicar los ejemplos, sin duda innumerables en diversas culturas, en los que se manifiesta la concepción del hombre como un instrumento musical. En la bibliografía indicamos algunos textos que se ocupan de esta cuestión. En estas páginas nos limitamos a transcribir algunos pasajes con el fin de mostrar la relevancia que posee la metáfora del hombre como un instrumento musical para nuestra investigación, sobre todo en relación a la imaginación. Baste el siguiente pasaje de Tzvetan Todorov como justificación de las innumerables citas: "Las citas son muchas [...]; he creído útil ofrecer al lector los textos mismos que estudio, ya que nunca fueron reunidos ni, en la mayoría de los casos, traducidos" (1993: 11).

vid, que evidentemente tiene presente Spenser pero no menciona, se equipara con el arpa de Orfeo,[406] a la cual sí alude directamente.

Así que miré, allí abajo el Lee
vi un arpa, con cuerdas plateadas,
y hecha de oro y costoso marfil,
descendiendo, que parecía haber sido
el arpa con que Dan Orfeo fue visto
guiando tras de sí bestias salvaje y bosques,
pero era el harpa de Philisides hoy muerto.

Lentamente del río fue elevada,
y trasportada sobre las nubes para ser adorada,
mientras durante el trayecto se oía el más celestial sonido
de las cuerdas, agitadas por el gorjeo del viento.
Eso trajo júbilo y pena a mi mente:
ahora como un signo celestial aparecía
el arpa bien conocida junto a la Osa Boreal.
(1920: 496)

Ahora bien, es sin duda el jesuita Athanasius Kircher quien, en dos curiosos tratados de 1650 y 1673 titulados respectivamente *Musurgia Universalis* y *Phonurgia Nova*, intenta explicar "científicamente" el curioso mecanismo de este instrumento al que se refiere con la expresión "máquina armónica automática [*machina harmonica automata*]" (cfr. 1650: 352).[407] En dichos textos, Kircher no sólo arriesga una explicación del sonido producido por el viento sino que también proporciona indicaciones precisas para su construcción, así como algunas imágenes y diagramas.[408]

---

406 Sobre el arpa o la lira en el mundo griego antiguo, cfr. Smith 1859: 720-721.

407 Es probable que Leibniz tuviese presente este dispositivo sonoro a la hora de comparar, en los *Essais de Theodicée*, al pensamiento con la música producida por el viento cuando sopla por un tubo. Sabemos que Leibniz conocía efectivamente la obra de Kircher, con quien había mantenido un breve intercambio epistolar, sobre todo luego de haber leído *China Monumentis, qua sacris qua profanis,* texto publicado por Kircher en 1667. Sobre la relación de Leibniz con Kircher, cfr. Findlen 2004: 6-9. Sobre la vida y la obra de Kircher, cfr. Godwin 1979; 2009.

408 Sir John Hawkins, en el cuarto volumen de su *General History of the Science and Practice of Music*, reproduce dos de los gráficos que incluimos en este capítulo, además de transcribir algunos pasajes de Kircher (cfr. Hawkins 1776, vol. 4: 218-219).

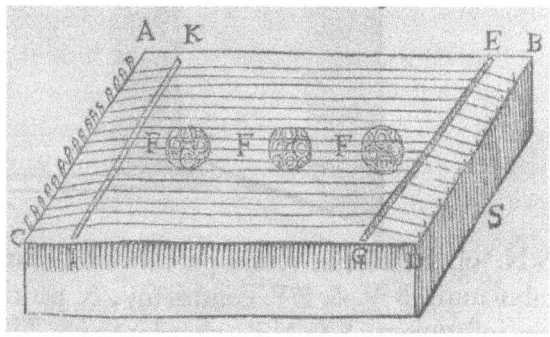

(Lámina 1). Diagrama de Arpa eólica diseñada por Athanasius Kircher.
Extraído de *Phonurgia Nova, sive conjugium mechanico-physicum artis & natvrae paranympha phonosophia concinnatum*. Roma: Campidonæ, per Rudolphum Dreherr, 1673, p. 145.

En la lámina 1 se puede observar la curiosa máquina armónica automática. Se trata de una caja de resonancia hecha de madera [*ex ligno pinus resonantissimo*], sobre la cual se tensan quince cuerdas de tripa de igual longitud. El instrumento, aclara Kircher, debe ser ubicado en una apertura, por ejemplo una ventana, por la que circule una corriente de aire. Cuando el viento percute en las cuerdas, se producen los más etéreos y misteriosos sonidos.

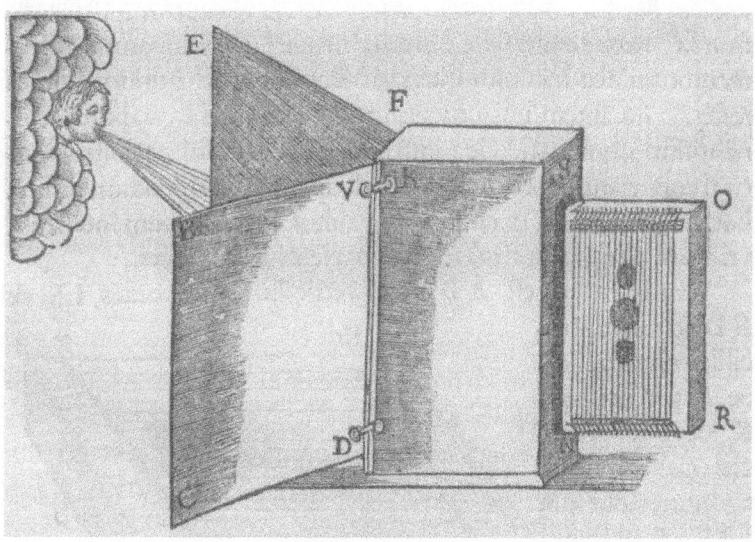

(Lámina 2). Diagrama de Arpa eólica ubicada en un lugar donde sopla el viento.
Extraído de *Phonurgia Nova, sive conjugium mechanico-physicum artis & natvrae paranympha phonosophia concinnatum*. Roma: Campidonæ, per Rudolphum Dreherr, 1673, p. 146.

En la lámina 2, por ejemplo, vemos la máquina armónica colocada en una abertura por la que sopla el viento. El adjetivo "automática" es fundamental porque alude a la condición impersonal del instrumento y del sonido producido. Ninguna persona toca la máquina armónica; como la máquina mitológica (o antropológica) de Furio Jesi o los dispositivos de Foucault, el invento de Kircher, cuya idea –hemos visto– era ya conocida por los antiguos, también es automática. El aire, y no un ejecutor humano, explica Kircher, produce las anónimas armonías: "sólo el viento y el aire [*vento & aere*] continuos producen los armoniosos sonidos [*harmoniosum sonum excitet*]" (1650: 352). Lo interesante de este enigmático instrumento es que al parecer produce, incluso con una sola cuerda –fenómeno que, como veremos, le resultará prácticamente inexplicable a Sir William Jones– o con varias afinadas al unísono, diversos sonidos. Kircher se muestra atónito ante este hecho y lo juzga un "fenómeno musical verdaderamente desconocido [*nescio*]" (1673: 146). Incluso llega a utilizar también el término "paradójico" (*ibid.*).[409] Sin embargo, se aventura a formular una posible explicación: el viento percute con diferentes intensidades y en diferentes sectores de la cuerda, lo cual produciría las diversas notas. En la lámina 3, por ejemplo, Kircher intenta dar una explicación matemática de los "infinitos y diversos sonidos [*infinitos diversos sonos*]" (cfr. 1673: 149) que produce el viento al percutir en distintas partes de la cuerda. El diagrama se acompaña de la siguiente leyenda: "Cuando el viento mueve la cuerda [*vento incitata chorda*] se producen diferentes sonidos [*diversos sonos producat*]" (1673: 149).

Ahora bien, ¿quién es, en la lámina 3, el rostro caracterizado con la letra G? ¿O en la lámina 2, el rostro que sopla a través del dispositivo creado para que suene el instrumento? Kircher nos lo dice, por supuesto: es el viento [*ventus*]. Sin embargo, durante siglos los hombres se han disputado la naturaleza de este misterioso personaje: las Musas, Apolo, Yahvé, Alá, el Espíritu Santo, Satán, los demonios, los ángeles, etc. La pregunta se vuelve incluso más urgente a partir de los siglos XVIII y XIX. Si el hombre, como hemos visto, es simplemente un instrumento, ¿quién sopla, ahora que Dios ha muerto?, ¿quién (o, mejor aun, qué) produce en nosotros esa especie de música que a pesar de todo nos empeñamos en seguir llamando, con todas las ambigüedades del término, "creación"?[410]

---

[409] "Es sorprendente, y casi paradójico, que [el arpa] así afinada [con todas las cuerdas en la misma nota] genere diferentes armonías" (Kircher 1673: 146). Este "fenómeno musical –explica poco después Kircher– no ha sido aún observado por nadie que yo conozca" (*ibid.*).

[410] A partir de Stéphane Mallarmé y Friedrich Nietzsche, según la hipótesis que avanza Michel Foucault en *Les mots et les choses*, este misterioso personaje vendría a coincidir, una vez que tanto Dios como el Hombre han muerto, con el murmullo anónimo del lenguaje. Este rostro enigmático, el viento, que los antiguos ha-

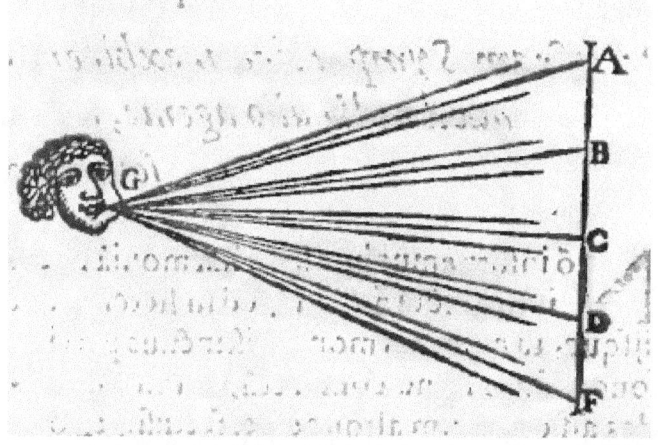

(Lámina 3). Diagrama de Athanasius Kircher que representa al viento percutiendo en diferentes partes de una cuerda. Extraído de *Musurgia Universalis, sive ars magna consoni et dissoni, in X libros digesta*. Roma: Ex typographia Haeredum Francisci, 1650, p. 355.

Poco importa si se trata de creación artística, lírica, filosófica, amorosa… ¿de dónde viene el viento? El mismo interrogante se formula Jorge Luis Borges en el poema *Ajedrez*: "Dios mueve al jugador, y éste, la pieza. / ¿Qué Dios detrás de Dios la trama empieza / de polvo y tiempo y sueño y agonías?" (1974: 813).

Este instrumento fabricado por Kircher se volverá absolutamente central para los románticos.[411] Le corresponde al dramaturgo y poeta escocés James Thomson

---

bían identificado con el Ser infinito de Dios y los modernos con el ser finito del Hombre, parece replegarse sobre sí y reenviar meramente –y aquí la influencia de Maurice Blanchot en el pensamiento de Foucault es evidente– a la neutralidad inmanente de su propio espacio, a la impersonalidad del habla misma. "A esta pregunta nietzscheana: ¿quién habla? [la cual podría ser reemplazada, aquí, por la pregunta ¿quién sopla?] responde Mallarmé y no deja de retomar su respuesta al decir que quien habla, en su soledad, en su frágil vibración, en su nada, es la palabra misma –no el sentido de la palabra, sino su ser enigmático y precario" (Foucault 1966: 297). Un viento que sopla sobre sí, que se sopla a sí mismo: he aquí el lenguaje. Misma idea en Heidegger: "Si se fija exclusivamente la atención sobre el hablar humano y si se considera a éste como manifestación interior del hombre; si además se concibe lo que es así representado como el habla misma, entonces la esencia del habla no puede aparecer de otro modo que como expresión y actividad del hombre. Pero el hablar de los humanos, en tanto que hablar de los mortales, no reposa en sí mismo. El hablar de los mortales reside en la relación del habla con el habla" (Heidegger 1959: 28). En un ensayo de 1984, por su parte, Giorgio Agamben sostiene: "La revelación cumplida del lenguaje es una palabra completamente abandonada por Dios […] Así, finalmente, nos encontramos solos con nuestras palabras, por primera vez solos con el lenguaje, abandonados por todo fundamento ulterior. […] Lo que las generaciones pasadas han pensado como Dios, ser, espíritu, inconsciente, nosotros vemos por primera vez lo que son: nombres del lenguaje" (2005: 33). Sobre este problema, cfr. la conclusión a la sección III.

411   Ya a inicios del siglo XIX, el instrumento fabricado por Kircher está ampliamente difundido por varios países de Europa. Robert Bloomfield, por ejemplo, en un breve tratado de 1808, menciona que la máquina armónica automática de Kircher puede ser vista y adquirida "en los negocios de música" (1824: 117). Incluso

la gloria de haber sido el primero en darle un estatuto poético a esta máquina armónica automática.[412] En *The Castle of Indolence*, Thomson escribe algunos versos que detallan los efectos melancólicos y a la vez sublimes producidos por el arpa eólica o arpa de Eolo y que impactarán profundamente en la sensibilidad de los poetas y artistas del Romanticismo.[413]

> Una cierta música, nunca antes oída,
> calma la mente melancólica y pensativa;
> obtenida con total facilidad. Sólo tocado,
> de costado, por el Viento gentil,
> el instrumento bien afinado y reclinado;
> con el cual, con dedos aéreos y voladores,
> diverso incluso del toque humano más refinado,
> el Dios de los Vientos produce sonidos de gran deleite:
> una vez que, con justa causa, el Arpa de Eolo [*The Harp of Æolus*] es tocada.
> (Canto I, XL)

Interesa notar que William Collins, poeta y amigo de Thomson, añadió en la edición de 1750 una nota al pie de este poema explicando que el arpa eólica no era una invención de Thomson sino un instrumento efectivamente existente. He aquí la aclaración: "Esto no es una imaginación del Autor; existe de hecho tal instrumento, llamado Arpa de Eolo, el cual, cuando es ubicado en un lugar por donde circula una corriente de aire, produce el efecto mencionado" (Thomson 2012: 22).[414] Al parecer Thomson, que murió a los 48 años y hasta en eso anunció a los románticos, estaba tan impresionado por los sonidos de este etéreo instru-

---

refiere que él mismo se ha fabricado una y que las cuerdas de seda producen un sonido más suave que las de metal (cfr. 1824: 118). Sobre Bloomfield y el Romanticismo, cfr. White & Goodridge & Keegan 2006.

412   Es probable que Thomson haya tenido presente el célebre *Lexicon Universale* (1698) de Johann Jacob Hofmann, en el cual se habla de un "*Aeolium instrumentum* cuyas cuerdas, sin ser tocadas por el hombre [*sine humano contactu*], sino sólo por el viento y por la operación de la naturaleza [*naturae industria*], produce una clase admirable de sonidos que deja atónitos a sus oyentes" (Hofmann 1698, T.1: 89).

413   "El Arpa eólica se convirtió en una analogía tan común para la creatividad romántica que uno se pregunta si habrá sido sólo una analogía" (Hankins & Silverman 1995: 88).

414   En una Oda compuesta en memoria de Thomson, un año después de su muerte, Collins alude nuevamente al arpa eólica: "En su profundo lecho de cañas susurrantes / su arpa aérea yacerá ahora, / para que él, cuyo corazón sangra de pena, / pueda amar a través de la vida la sombra tranquilizadora" (citado en Grigson 1947: 27-28).

mento que le dedicó también una Oda.[415] En ella, las Musas que inspiran al poeta son equiparadas a los espíritus del viento [spirits of the wind].[416]

La múltiple y al parecer azarosa sonoridad del instrumento no sólo provocó la sorpresa de Kircher sino también, como anunciamos, del clérigo William Jones. En sus *Physiological Disquisitions*, Jones expresa su perplejidad ante el comportamiento inaudito del sonido del arpa. El hecho más misterioso, según Jones, consiste en los múltiples sonidos producidos por una sola cuerda. Hacia el final de la sexta parte de su tratado, Jones confiesa: "Lo que me resultaba más inexplicable era que, si el arpa eólica era expuesta al aire con una sola cuerda, esta cuerda, sin ningún cambio en su situación, producía todas las notas armónicas, las cuales son siete u ocho, junto a la fundamental, y varias de ellas eran oídas al mismo tiempo" (1781: 345). Jones admite no ser capaz de explicar este curioso fenómeno apelando a las leyes tradicionales de la armonía. Tal es así que indica la necesidad de postular "una nueva clase de sonidos, a los cuales llamo armónicos de los armónicos o armónicos secundarios" (1781: 341). Estos armónicos secundarios explicarían, al parecer, la polifonía misteriosa del arpa eólica. Sin embargo, más allá de la veracidad o no de la explicación, lo cierto es que Jones define a los sonidos producidos por el arpa eólica –a los que Samuel Taylor Coleridge se referirá con la expresión "suave oleada de sonidos embrujados [*soft floating witchery of sound*]"– como la "música de la inspiración": "En una palabra, su armonía se asemeja más a cómo imaginamos que deben ser los sonidos aéreos de la magia y el encantamiento, que a la música artificial. Podemos llamarla, sin utilizar una metáfora, la música de la inspiración" (1781: 341).[417]

---

415 "Raza etérea, habitantes del aire, / quienes alabáis a vuestro Dios en el secreto bosque, / seres invisibles, reparad mi arpa, / y elevad majestuosas fuerzas o mezclaos en amor. / Permitidme, maravillosos espíritus del viento, / quienes, como las fantasías salvajes, tocan las cuerdas, / envuelto en vuestras melodías, que me una al coro, / porque cuando vosotros cesáis mi musa se olvida de cantar" ("An Ode on Aeolus's Harp", 1748). En el poema "On hearing the Sounds of an Aeolian Harp", Henry Kirke White of Nottingham escribe que la música del arpa eólica es "cantada por seres invisibles [*By unseen beings sung*]" (Southey 1821, vol. II: 59).

416 Dos años más tarde, el poeta inglés Christopher Smart, en *Jubilate Agno*, enfatiza también el aspecto religioso y celestial del etéreo instrumento: "Porque Dios el Padre Todopoderoso toca el Arpa de estruendosa magnitud y melodía. / Porque innumerables Ángeles vuelan con cada toque y su sonido es una obra de creación. / Porque en ese momento la maldad cesa y los demonios mismos están en paz. / Porque este tiempo es perceptible al hombre por una remarcable suspensión y serenidad del alma. / Porque el Arpa Eólica es mejorable hasta la regularidad. / Porque cuando sea mejorada se sabrá que es el Shawm. / Porque sería mejor si la liturgia fuese interpretada musicalmente. / Porque las cuerdas del Shawm están sobre un cilindro orientado al viento. / Porque ésta es también la música espiritual, puesto que el viento es un espíritu. / Porque no hay nada que pueda ser tocado con deleite. / Porque es tan elevado en el alto empíreo. / Porque es tan real como lo que es espiritual" (1990: 78-77).

417 Una idea similar avanza Tobias Smollett en la novela *The Adventures of Ferdinand Count Fathom*: "Hace algunos años, un instrumento de doce cuerdas fue construido por un ingenioso músico, quien lo llamó el

La multiplicidad sonora producida por una sola cuerda resultaba tan misteriosa que también Matthew Young, obispo de Clonfert en las décadas finales del siglo XVIII, intentó ofrecer una explicación posible del fenómeno.[418] A ello se aboca en la quinta sección de su *Enquiry into the Principal Phaenomena of Sound and Musical Strings*, en la cual describe la misma situación que había dejado estupefactos tanto a Kircher como a Jones.

> Para despejar toda incertidumbre en el orden de las notas de la lira, eliminé todas las cuerdas menos una; y al ubicar el instrumento en una posición adecuada, me sorprendí al oír una gran variedad de notas que no correspondían a las proporciones de la cuerda que podrían haberlas generado; con frecuencia escuché también un acorde de dos o tres notas producidas por una sola cuerda. Observando este fenómeno, me resultaba tan complejo y extraordinario [*complex and extraordinary*] que desistí de poder explicarlo recurriendo al principio de las partes proporcionales. (Young 1786: 171)

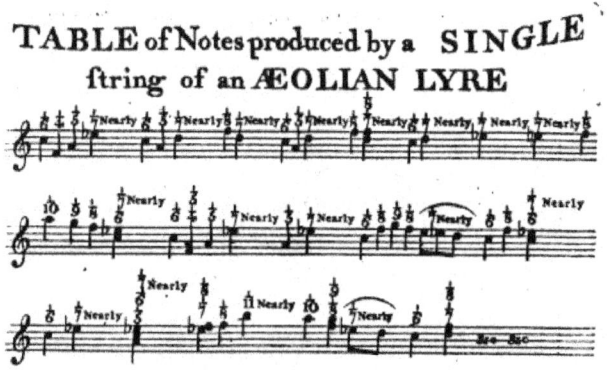

(Lámina 4). Partitura realizada por Matthew Young que reproduce las notas producida por una sola cuerda de un arpa eólica. Extraído de *Enquiry into the Principal Phaenomena of Sound and Musical Strings*. Dublin: Joseph Hill, 1786, p. 175.

Esta misma idea es confirmada pocas páginas después, cuando Young sostiene que los tonos eólicos no son producidos "por los submúltiplos exactos de la cuerda" (1786: 179). Estas notas enigmáticas, agrega, "son muy transitorias

---

arpa de Eolo; la razón de ello es que, si se lo ubica en una corriente de aire, produce una variedad irregular y salvaje de sonidos armónicos, que parecen ser el efecto del encantamiento y disponen la mente de manera extraordinaria a las situaciones más románticas" (1907: 259). Poco después, Smollett describe los sonidos producidos por el arpa eólica como una "música sobrenatural [*supernatural music*]" (cfr. 1907: 261).

418 La misma perplejidad encontramos en el tratado de Robert Bloomfield antes aludido, quien describe los sonidos del arpa eólica, así como su insólito funcionamiento, como un fenómeno que se encuentra "más allá de [su] comprensión" (Bloomfield 1824: 119).

e inmediatamente varían su afinación, cayendo y subiendo gradualmente a las notas próximas que se encuentran debajo o encima de ellas" (1786: 180). No obstante, Young añade una tabla (ver lámina 4) en la que intenta explicar la sucesión de notas producidas por el arpa eólica.

Las notas del pentagrama describen los diversos sonidos producidos por una sola cuerda. Según Young, entre las notas fácilmente asignables en la estructura de la escala tonal tradicional, existen otros sonidos transitorios o notas no localizables con precisión. Tomemos las dos primeras notas del pentagrama: do y fa. Entre ambas notas, sostiene Young, se suele oír una nota ilocalizable, una suerte de deslizamiento (en este caso descendente) o desplazamiento efímero que no coincide con ninguna de las partes proporcionales de la cuerda. Este fenómeno, en teoría musical, se denomina *portamento* y designa una transición de un sonido hasta otro más agudo o más grave, sin que exista una discontinuidad o salto al pasar de uno a otro. También suele hablarse de *glissando*, término que proviene del francés *glisser* y significa deslizar, resbalar. El *glissando* se define como un efecto sonoro consistente en pasar rápidamente de un sonido hasta otro más agudo o más grave haciendo que se escuchen todos los sonidos intermedios posibles. Por eso Young puede sostener que estas notas ilocalizables surgen de "la transición de las divisiones de la cuerda de un número a otro" (1786: 180).[419]

c) **El arpa eólica como prisma aéreo**

Resulta interesante considerar algunas de las ideas propuestas por William Jones, a quien ya nos hemos referido, para dar cuenta del enigma de esta música etérea y aparentemente arbitraria. En especial, nos interesa la analogía del aire con la luz que formula en su tratado. "Los principios que propongo para explicar este maravilloso efecto pueden ser encontrados en la analogía entre la luz y el aire" (1781: 341). Esta analogía es fundamental porque en ella está en juego el

---

[419] El término *glissando* es importante, aunque no podemos desarrollar aquí sus múltiples potencialidades, puesto que define lo más propio del pensamiento filosófico. Se piensa siempre entre los términos, en el intervalo que conecta elementos determinados (los "números" en el pasaje de Young recién citado). El pensamiento como tal no se caracteriza tanto por el conocimiento de los términos que conecta cuanto por la oscilación o el deslizamiento de un término a otro, de un concepto a otro, de una idea a otra. Al tratarse de un movimiento intensivo y no extensivo, al realizarse en un espacio topológico y no euclidiano, el pensamiento es necesariamente ilocalizable. Pensar es efectuar un *glissando* entre elementos inteligibles, resbalar o deslizarse por los conceptos. En el siglo XX, sin duda ha sido Gilles Deleuze quien más ha profundizado en este aspecto topológico e intensivo del pensamiento. La noción de *spatium*, de espacio liso, intensivo, es propiamente topológica. Sobre la relación entre el pensamiento y el espacio topológico en Deleuze, cfr. la nota 107.

estatuto epistemológico y ontológico del sujeto humano. Según Jones, la música es al aire lo que los colores a la luz. "Cuando un cuerpo refleja los rayos de luz o los refracta, no produce los colores que son vistos, sino que hace que la luz los produzca; asimismo un cuerpo sonoro no produce sonidos musicales, sino que hace que el aire los produzca" (*ibid.*). Podemos observar aquí la impersonalidad de la creación, tanto artística como filosófica. El sujeto refleja o refracta los rayos de luz y, al hacerlo, genera los colores. Sin embargo, Jones se encarga de aclarar que no es el cuerpo reflexivo o refractario el que "produce" los colores, así como no es el cuerpo sonoro el que "produce" los sonidos musicales, sino la luz en el primer caso y el aire (viento) en el segundo. Estos dos términos físicos, reflexión y refracción, además, nos permiten pensar las dos modalidades o funciones del sujeto: reproductiva y productiva o pasiva y activa. La reflexión, cuya metáfora privilegiada es el espejo, es la figura de la reproductividad; la refracción, cuya metáfora privilegiada es el vidrio o el cristal, es la figura de la productividad. El sujeto no es ni meramente reproductivo ni meramente productivo, ni pasivo ni activo, sino más bien el pliegue o el quiasmo en el que ambas modalidades se articulan. Es preciso notar que ese lugar de articulación no es otro que la imaginación.[420] Como hemos indicado varias veces, la imaginación ocupa ese lugar intermedio

---

[420] Como vemos, no es irrelevante que Jones defina a los sonidos del arpa eólica como la música de la inspiración. Este punto es fundamental para nosotros en relación a la subjetividad. Nos interesa la figura del arpa eólica puesto que nos permite pensar al sujeto como ese pliegue de lo activo y lo pasivo, ese punto en el que es prácticamente imposible distinguir lo que es recibido de lo que es producido. En este mismo sentido, Merleau-Ponty ha podido hablar de una suerte de *respiración ontológica*: "Lo que se llama inspiración debería ser tomado al pie de la letra: hay verdaderamente inspiración y expiración del Ser, respiración en el Ser, acción y pasión tan poco discernibles que no se sabe ya quién ve y quién es visto, quién pinta y quién es pintado" (1964a: 18). El sujeto no está separado de esa respiración, no es una conciencia constituyente, sino primeramente carne, pliegue o envoltura ontológica. De ahí la importancia de la figura del arpa eólica: el viento mueve las cuerdas (inspiración, pasión) y al hacerlo se transforma en música (expiración, acción). El sujeto, en tanto arpa, respira: inspira aire, expira música; inspira luz, expira colores. Peter Sloterdijk habla, en este mismo sentido, de una co-spiración, una respiración bipolar: "El soplo pone inmediatamente de manifiesto la cospiración, la respiración, la inspiración; desde que existe respiración, se respira de a dos. Puesto que los dos [Sloterdijk se refiere a Yahvé y Adán] coexisten desde el inicio, sería absurdo indicar por la fuerza cuál, de los dos polos, ha sido el primero en marcar el inicio al interior de esta dualidad" (1998: 40-41). Este tema, como hemos indicado en la nota 399, remite a una creencia muy común en el Antiguo Cercano Oriente, aunque en este caso siempre el Creador posee una jerarquía por sobre la criatura: el hombre es un instrumento por el cual la divinidad sopla un viento vital. Incluso en la tradición filosófica griega encontramos un antecedente paradigmático en Anaxímenes. Leemos en Aecio: "Anaxímenes de Mileto, hijo de Eurístrato, declaró que el principio de las cosas existentes es el aire, pues de él se generan todas las cosas y en él se disuelven nuevamente. 'Así como nuestra alma, al ser aire, dice, nos mantiene unidos, así también el aliento o aire abarca a todo el cosmos' (toma por sinónimos aire y aliento)" (Aecio I, 3, 4). Aquí también, como en Merleau-Ponty, la respiración –cuyos dos movimientos Anaxímenes identifica con la rarefacción y la condensación (cfr. Plutarco, *De primo frigido*, 7, 947 F)– posee un estatuto ontológico.

entre las grandes polaridades de la historia de la metafísica de Occidente: lo sensible y lo inteligible, el cuerpo y el alma, la materia y el espíritu, etc. Una de estas polaridades, y de las más importantes, es la que concierne a la pasividad y actividad del sujeto. La imaginación permite articular el aspecto reproductivo o pasivo con el aspecto productivo o activo. Por eso en Kant, para mencionar un autor caro a los románticos, la imaginación posee una doble función: imaginación reproductiva e imaginación productiva.[421] En la *Kritik der reinen Vernunft*, la imaginación es una suerte de superficie de doble faz: por un lado, tiene una cara orientada a la sensibilidad, es decir a la pasividad o receptividad; por otro lado, una cara orientada al entendimiento, es decir a la actividad o espontaneidad. Podríamos resumir todo esto diciendo, con Wolfgang Iser, que la imaginación posee una dimensión estética y una dimensión artística o poética.[422]

En sus especulaciones sobre el funcionamiento del arpa, Jones hace referencia a los términos *reflexión* y *refracción* provenientes de la física, en particular de la óptica. "Así como los colores son producidos por reflexiones y refracciones de los rayos de luz; así también los sonidos musicales son producidos por refracciones similares del aire" (1781: 341). Ahora bien, si el sujeto no es la causa de los rayos de luz ni la causa de los sonidos, ¿cuál es su función propia? Jones no tarda en decírnoslo: el sujeto no es el origen o el fundamento de la luz o del aire, sino la instancia en la que la luz deviene color o el aire deviene música. El sujeto, en este sentido, no siendo causa de la existencia del aire o de la luz, es sin embargo causa de su devenir música y color. En el sujeto, identificado en todo el Romanticismo con la figura del arpa eólica, el viento, exterior e impersonal, se actualiza en sonidos musicales, de la misma manera que la luz se actualiza en colores. Dicho de otro modo: ni el aire ni la luz necesitan del sujeto para existir, pero sin el sujeto no encontrarían la ocasión de convertirse en música y color.

---

421 Coleridge, como veremos, hablará de una imaginación primaria y una secundaria.
422 En el sexto capítulo de *The Act of Reading. A Theory of Aesthetic Response*, Iser sostiene que el proceso de lectura, el proceso a través del cual se concretiza el sentido de una obra literaria se caracteriza por una polaridad esencial: de un lado, el texto escrito por el autor (polo artístico); del otro, el lector que actualiza el texto (polo estético). Iser señala la importancia que posee la imaginación, entendida como aquella facultad capaz de crear imágenes mentales, a la hora de comprender la lectura de un texto literario. No sólo la comprensión y el sentido del texto dependen de esta facultad sino que ella indica el lugar (o no-lugar) en el que el mundo del texto y el mundo del lector se articulan. "Resulta extremadamente difícil decir dónde terminan las señales y dónde comienza la imaginación del lector en este proceso de proyección" (1980: 135); y un poco más tarde: "Lo que el lenguaje *dice* es trascendido por lo que *encubre*, y lo que *encubre* representa su verdadero significado. El sentido de la obra literaria permanece vinculado a lo que dice el texto impreso, pero requiere de la imaginación creativa del lector para concretizarlo" (142). Según Iser, además, el lugar propio de la obra de arte literaria se encuentra entre el texto y el lector. Iser denomina a ese espacio intermedio "posición virtual [*virtual position*]" (cfr. 1980: 21).

Esta música y este color, en filosofía, se llaman pensamiento;[423] en un sentido general, se llaman creación. Como se ve, el sujeto no es una causa de existencia, sino una ocasión de actualización.

Es necesario notar que Jones enfatiza más el aspecto refractario del arpa que el aspecto reflexivo. El principio que explica la conversión cualitativa del aire en música es la refracción: "el aire se vuelve musical al sufrir una suerte de refracción" (1781: 343). Varias veces Jones vuelve a esta idea. El principio físico de la refracción pareciera ser el único capaz de explicar los misteriosos sonidos del arpa eólica. "Así como la luz es refractada en colores [...] al pasar a través de un prisma de vidrio o algún otro medio refractario [...]; así también el aire es refractado por una inflexión similar" (1781: 342). Esta analogía del aire con la luz y de la música con los colores, además, está demostrada según Jones por el hecho de que la luz, cuando pasa por un prisma, forma siete colores, lo mismo que el aire, cuando pasa por un cuerpo sonoro, forma las siete notas de la escala. Pero aún hay más: así como existen tres colores primarios dentro del espectro cromático: rojo, azul y amarillo, así también existen tres tonos fundamentales dentro de la octava: la fundamental, la tercera y la quinta (cfr. Jones 1781: 344). Todo lo cual lo lleva a concluir que el arpa eólica es una suerte de prisma aéreo: "En líneas generales, el arpa Eólica puede ser considerada como un prisma aéreo [*air-prism*], en razón de la separación física de los sonidos musicales" (1781: 345).[424] La refracción, aquí, supone una analítica de los colores, así como una analítica de los sonidos. Hay que tener presente, sin embargo, que la refracción sólo es posible sobre la base de una recepción previa. Además, la refracción también es una especie de reflexión, sólo que una reflexión desviada. Este punto es decisivo. La *poiēsis* no es una *creatio ex nihilo*, sino un desvío, un poco como la idea de *clinamen* en los atomistas y particularmente en Lucrecio.[425]

d) El clavicordio ocular

Es preciso notar que la idea de una correspondencia entre la luz y el aire o entre los colores y los sonidos no era patrimonio exclusivo de Jones. Ya Isaac Newton, en su *Opticks*, había sugerido, aunque no desarrollado, que existía una

---

423   Acaso John Burnet, en la primera parte de su ya célebre *Greek Philosophy*, haya intuido la importancia de la figura del arpa en relación al pensamiento filosófico cuando, al comentar la concepción pitagórica de la música, escribió en una nota al pie: "Un conocimiento elemental de la lira griega es esencial para comprender la filosofía de los helenos" (1928: 46).
424   La figura del prisma aéreo desempeña un rol también central en el *Alastor* de Shelley (cfr. O'Malley 1958).
425   Sobre la noción de *clinamen* en Lucrecio y su relación con el arpa eólica o el prisma aéreo en el Romanticismo, cfr. el apartado *f* de este capítulo.

relación indudable entre el registro cromático y el registro sonoro (cfr. *Opticks* 1704, Book II, Part I, Obs. 14, y Part IV, Obs. 5 y 8). Por otro lado, antes que Jones propusiera su noción de prisma aéreo, el jesuita Louis Bertrand Castel, discípulo de Kircher, había publicado algunos artículos en el *Mercure de France* donde no sólo señalaba la profunda correspondencia entre los colores y los sonidos[426] sino que se adjudicaba la autoría de un aparato al cual denominaba "clavicordio ocular [*clavecin oculaire*]" (cfr. 1725: 2557).[427] Este clavicordio ocular –dispositivo que, según refiere Telemann, muchas personas consideraban "inútil, e incluso imaginario o quimérico" (cfr. Castel 1740: 473-474)– era de algún modo el hermano gemelo del prisma aéreo de Jones. Mientras que éste introducía el elemento aéreo en el registro visual, aquél introducía el elemento visual en el registro sonoro. El resultado, de todas formas, era el mismo: la sinestesia, la coloración del sonido o la sonoridad del color.[428] Se trataba, para Castel, de ofrecer una experiencia que fuese a la vez musical y pictórica, acústica y óptica, sonora y cromática. El clavicordio ocular era el dispositivo que hacía posible esta experiencia. La correspondencia entre el aire y la luz en la que se basaba el invento de Castel, según él inspirado en un pasaje de la *Musurgia Universale* de Kircher, se explicaba a partir de la naturaleza vibratoria común a ambos fenómenos y me-

---

426 Este punto será también abordado posteriormente por Castel en *L'Optique des couleurs* (cfr. 1740: 10-11).

427 El compositor barroco Georg Philipp Telemann, luego de visitar el taller de Castel en París, describe el clavicordio ocular de la siguiente manera: "Si queréis escuchar un sonido de órgano, debéis apoyar el dedo sobre el teclado, luego apoyarlo sobre la tecla, y a medida que ella baja por delante, y que se levanta por detrás, hace abrir una tapa que, dando pasaje al viento de los fuelles, produce el sonido que deseáis. Otra tecla abre otra tapa, y hace sonar otro tubo. Y varios toques simultáneos, o sucesivos, hacen escuchar varios sonidos, o al mismo tiempo, o uno después del otro. Así como el toque de la tecla abre una tapa para producir un sonido, de igual modo el P. Castel se ha servido de cordones de seda, de cuerdas, o de lengüetas de madera que, al ser tiradas por detrás o por delante de la tecla, abren un cofre de colores, un compartimento o una pintura, o una linterna coloreada. De tal modo que cuando escucháis un sonido, veis un color relativo a ese sonido" (Castel 1740: 482-483). En la entrada "Clavecin" de la *Encyclopédie*, Denis Diderot, luego de haber visitado, como Telemann, el taller de Castel, le dedicada algunos párrafos al clavicordio ocular, definiéndolo como un "instrumento de teclas análogo al clavicordio auricular, compuesto de tantas octavas de colores por tonos y semitonos como las octavas sonoras, también por tonos y semitonos, del clavicordio auricular, destinado a dar al alma por los ojos las mismas sensaciones agradables de melodía y de armonía de colores que las generadas con el clavicordio ordinario por la melodía y la armonía de sonidos, las cuales son comunicadas al alma a través del oído" (Diderot & D'Alembert 1751).

428 Este aspecto sintestésico propio del clavicordio ocular y del prisma aéreo es perfectamente discernible en el *Alastor* de Shelley. No es casual, por eso mismo, que Glenn O'Malley, en un interesante artículo aparecido en *Modern Philology* (Vol. 55, N° 3, feb. 1958), considere al prisma aéreo como el dispositivo que implícitamente anima la estructura del poema: "en el *Alastor* la expresión sinestésica es particularmente elusiva ya que es desarrollada a partir de un inusual dispositivo simbólico, al cual llamaré, un poco desesperadamente, 'prisma aéreo' [*air-prism*]. Con este dispositivo, Shelley hace confluir en una suerte de unión ideal los colores del arco iris y la música del arpa Eólica, ambos símbolos dominantes en el poema" (1958: 178).

dios: el ocular y el acústico. Tanto los colores como los sonidos, sostenía Castel, no eran sino vibraciones imperceptibles producidas por los cuerpos luminosos y sonoros respectivamente. En la octava proposición que Castel formula en una epístola del 20 de febrero de 1725 dirigida a M. Decourt, publicada en el *Mercure de France* en octubre de ese mismo año, explica:

> Por último, 8) para terminar este paralelo que no es tan poético como filosófico, el sonido y la luz ¿no consisten igualmente en temblores insensibles de los cuerpos sonoros y luminosos, y del medio que los transmite hasta nuestras orejas [y ojos]? ¿Por qué entonces, digo yo, siguiendo el hilo de esta analogía, por qué no se fabricarían Clavicordios oculares [*Clavecins oculaires*], tal como se fabrican *auriculares*? (*Mercure de France*, 1725, noviembre: 2557)

Más allá de la correspondencia entre la luz y el sonido, correspondencia evidente según Castel y Jones, lo cierto es que el jesuita no deja de indicar al mismo tiempo algunas diferencias también manifiestas. Sobre todo, el aspecto transitorio y fugaz del sonido en relación al aspecto permanente y estable del color. Esto se debe, aclara Castel, a que la música es un fenómeno eminentemente temporal mientras que la pintura obedece a leyes más bien espaciales. "Los colores siguen la extensión de los lugares, los lugares son fijos y permanentes; pero los sonidos siguen la extensión del tiempo; ahora bien, los tiempos son esencialmente sucesivos e ilocalizables" (1725: 2564). Nos interesa este dispositivo de Castel puesto que de algún modo representa, en clave maquínica, las dos formas características de la sensibilidad en su sentido kantiano. El clavicordio ocular representa la sensibilidad, a cuyo desarrollo se aboca Kant en la "transzendentale Ästhetik", llevada a su nivel maquínico e impersonal. El sujeto kantiano, en su estructura sensible trascendental, *a priori*, funciona como un clavicordio ocular.[429] Los colores

---

[429] No es casual, en este sentido, que Diderot, en una carta de noviembre de 1769 dirigida a Sofía Volland o Madame de Maux, se identifique a sí mismo con el clavicordio ocular: "¿Tienes alguna idea del clavicordio ocular del Padre Castel? Imagina pequeñas cintas coloreadas que se despliegan conforme los dedos se deslizan por las teclas de un piano forte. Y bien, mi amiga, este instrumento soy yo en la ciudad y en el campo. En la ciudad, las pequeñas cintas coloreadas se despliegan, y las teclas patéticas permanecen mudas. En el campo, al contrario (y por mi comparación se puede notar que no me encuentro allí ahora), las pequeñas cintas coloreadas permanecen plegadas, y las teclas armoniosas y sombrías del instrumento se hacen oír y el corazón de mi amigo se estremece con ellas" (Diderot 1962, vol. 9: 209-210). Esta identificación del sujeto con el arpa eólica o el clavicordio ocular es también manifiesta en al *Alastor* de Shelley. Explica O'Malley: "el autor [es decir Shelley] se está simbolizando a sí mismo no sólo como un instrumento eólico sino también como un prisma aéreo" (1958: 183). Así describe Shelley al héroe del poema, ya muerto, hacia el final de la obra: "Un frágil laúd, sobre cuyas cuerdas armoniosas / El aliento del cielo deambulaba —un flujo brillante / Una vez alimentado con oleadas de varias voces— un sueño / De juventud, al cual la noche y el tiempo han extinguido para siempre / Silencioso, oscuro, y seco, ahora olvidado" (Shelley 1886: 46).

aluden a su aspecto espacial, es decir a la forma del sentido externo; los sonidos, a su aspecto temporal, es decir a la forma del sentido interno y de los fenómenos en general. Si esto es así, el sujeto trascendental, en su dimensión estética, es decir sensible, no hace más que convertir luz en color y aire en música. La pintura y la música, en esta perspectiva, constituyen las dos grandes formas puras de la intuición. Por eso Castel define siempre a su dispositivo a partir de estos dos niveles: el óptico, luminoso, y el acústico, sonoro. "La luz modificada hace los colores, el sonido modificado hace los Tonos. Los colores mezclados hacen la Pintura, los Tonos mezclados forman la Música" (1725: 2558). He aquí la estética trascendental. La sensibilidad del sujeto se define como una *modificación* de la luz y del sonido. La conversión de la luz en color y del aire en sonido es la pasión/acción del sujeto trascendental. Esta conversión o modificación suponen entonces una Pintura y una Música como formas puras de la intuición: una espacialidad de la luz y una temporalidad del aire. El sujeto trascendental, en tanto dotado de sensibilidad, compone el mundo a la manera de un pintor, en su aspecto espacial, y a la manera de un músico, en su aspecto temporal.

Ahora bien, como hemos mostrado en relación al prisma aéreo (el arpa eólica) de Jones, y aquí sí existe una diferencia con el clavicordio ocular de Castel, el cual necesita ser ejecutado por un intérprete humano, tanto el viento como la luz no provienen del sujeto. Sentir no es sino convertir vibraciones eólicas en vibraciones musicales, así como convertir vibraciones luminosas en vibraciones cromáticas. Esta conversión, además, como bien ha mostrado Kant, se acompaña de una operación sintética. La mezcla (síntesis) de los colores, decía Castel, forman la Pintura; la mezcla de los sonidos, la Música.[430] El mundo sensible no es sino

---

430 Aquí pareciera existir una contradicción. Como hemos visto, la operación propia del arpa eólica o del prisma consiste en dividir el viento en los diversos sonidos musicales y la luz en los diversos colores respectivamente. Por lo tanto, se trata de una acción analítica más que sintética. Por tal razón hemos sostenido que el arpa eólica supone una analítica de los sonidos, así como el prisma supone una analítica de los colores; una analítica del aire en el primer caso, y de la luz en el segundo. Sin embargo, la acción propia de la sensibilidad, según Kant, no es el análisis sino la síntesis. ¿Cómo conjugar entonces ambas operaciones? Encontramos un esbozo de respuesta en el artículo ya citado de Glenn O'Malley en el cual se indica que la refracción de la luz y del sonido suponen una unidad común. "Los colores del arco iris no son meramente variaciones de luz; su refracción prismática implica inevitablemente una fuente en la unidad. Sí, ¿pero qué sucede con el arpa Eólica? Espero mostrar que Shelley propone una analogía entre el arpa del viento y el prisma, suponiendo que los sonidos eólicos testimonian una unidad común (cierto *spiritus* silencioso de la naturaleza) del mismo modo que el espectro o el arco iris remiten a una irradiación continua e incolora" (1958: 179). De alguna manera, el silencio y la transparencia serían los dos formas inmanentes de una "única, ubicua armonía" (cfr. O'Malley 1958: 187). En la medida en que la imaginación ocupa un lugar intermedio entre la sensibilidad y el entendimiento, y que por lo tanto es a la vez pasiva y activa, el análisis y la síntesis constituyen las dos formas simultáneas y correlativas de un mismo proceso creativo. La analítica de los colores y de los sonidos que definen la operación propia del prisma o del arpa eólica es

luz y viento, color y sonido, pintura y música o, para utilizar una expresión de Telemann y Castel, "Música cromática [*Musique cromatique*]" (cfr. Castel 1740: 481). Lo cual significa que la Luz y el Viento son la condición de posibilidad del sujeto y no a la inversa. Y significa también que el cuerpo sensible del sujeto es por necesidad un cuerpo penetrable y permeable. Por eso existe una preeminencia de la refracción sobre la reflexión. El Viento debe atravesar el hueco de la flauta o los intersticios de las cuerdas para convertirse en música, así como la luz debe atravesar el prisma para convertirse en color. En las cuatro proposiciones iniciales del artículo citado, Castel lo explica con claridad:

> Es necesario entonces remarcar: 1) que el sonido se expande alrededor como la luz en líneas rectas; 2) que al encontrarse con cuerpos impenetrables se refleja y se refleja; 3) en ángulos iguales como la luz. 4) Que si los cuerpos son penetrables, él los penetra, sufriendo como la luz una *refracción* que lo desvía un poco de su camino. (2556; el subrayado es de Castel)

El sujeto actúa como un cuerpo penetrable, desvía la luz y el viento, es decir ve, habla; funciona, por lo tanto, como una membrana óptica y acústica.

e) Luz, aire e imaginación en Coleridge y Shelley

Entre los poetas románticos, Samuel Taylor Coleridge –y también Percy Bysshe Shelley, como veremos– es sin duda quien lleva más lejos la analogía de la luz y el sonido. En el poema *The Eolian Harp*, sin ir más lejos, se percibe la influencia que tuvo el texto de Jones en la sensibilidad de los románticos.[431] Transcribimos algunos versos:

Ya sus cuerdas,
suavemente tañidas, nos ofrecen

---

inseparable de un trabajo de composición y síntesis. La imaginación, en este punto, trabaja como un pintor (esta metáfora, por supuesto, remite a *Filebo* 39b) y un músico (en *Filebo* 38b se habla de un escriba): distingue colores y sonidos, pero sólo para componerlos. Ambos procesos son correlativos y contemporáneos. En unas notas marginales a las páginas 36-7 de la *Einleitung* de Schelling, Coleridge confirma esta idea: "Es la imaginación la que puede transformar la unidad en multiplicidad, 'puesto que la unidad es esencial a la Imaginación, pero al mismo tiempo la Imaginación debe convertirla en multiplicidad" (cfr. Modiano 1985: 170).

431 En el poema "Dejection: an Ode", Coleridge hace también referencia a "las cuerdas de este laúd Eólico [*Æolian lute*]." Ya Goethe, a decir verdad, en la dedicatoria del *Fausto* que escribiera en 1797, había hecho referencia al instrumento eólico: "Siento revivir en mi corazón los vivos deseos que antes me animaban por ese vago imperio, por ese mundo de los espíritus tan bello y sosiego; fluye mi canto, como arpa eólica [*Æolsharfe*], en sonidos enigmáticos, y me causa el sereno vapor que contemplo un estremecimiento de dicha" (1808: 6).

oleadas de notas que recuerdan
el embrujo sonoro que los elfos
pronuncian por la tarde, cuando viajan
con la brisa que llega de las hadas,
donde la música ronda las flores
salvajes como aves del paraíso
¡flotando en su ala indómita, sin pausa!
¡La vida dentro y fuera de nosotros,
que anima el movimiento y es su alma,
luz en sonido, sonido en la luz,
ritmo en el pensamiento y alegría
en todo! Cómo no amarlo todo
en un mundo tan pleno, donde canta
la brisa y el aire aquietado es música
dormida en ese tácito instrumento.

La figura del arpa eólica es especialmente relevante y pertinente para los románticos ya que permite pensar la labor del poeta, y en general todo trabajo de creación humana, sin establecer un corte con la naturaleza, es decir, sin abrir un abismo entre "la vida dentro y fuera" del hombre.[432] En este punto, la metáfora del arpa eólica –aunque no se trata en realidad de una metáfora–[433] se ajusta perfectamente a la concepción organicista de la realidad que adoptan gran parte de los románticos, desde Goethe a Schelling, pasando por Coleridge y Wordsworth entre otros y que les permite evitar cualquier tipo de *bifurcación de la naturaleza*.[434] Tal como vemos en Coleridge, el sujeto no es sino luz y sonido o, más

---

[432] Jean-Luc Nancy, que no por casualidad se ha interesado en el Romanticismo, sostiene que el sujeto se constituye a partir de una escucha y de una cierta resonancia: "El lugar sonoro, el espacio y el lugar –y el tener lugar– *en tanto que* sonoridad, no es entonces un lugar en el que el sujeto vendría a hacerse escuchar [...], es al contrario un lugar que deviene un sujeto en la medida en que el sonido resuena allí" (2002: 38). Téngase presente, además, que una de las premisas de *À l'écoute* consiste en "tratar al cuerpo, antes de toda distinción de lugares y de funciones de resonancia, como siendo enteramente (y 'sin órganos') caja o tubo de resonancia del ultra-sentido [...] y a partir de allí, considerar al 'sujeto' como lo que, del cuerpo, es o vibra con la escucha –o con el eco– del ultra-sentido" (2002: 59-60). El arpa eólica, recordemos, no es sino una caja de resonancia (cfr. lámina 1); según Kircher, una caja *ex ligno pinus resonantissimo*.

[433] Ya el mismo William Jones, como hemos visto, se había encargado de mostrar que el arpa eólica no era una mera metáfora sino una de las modalidades a través de las cuales la Naturaleza se expresaba orgánicamente. En efecto, como aclara Glenn O'Malley, para Jones "el arpa vuelve a la voz de la Naturaleza audible en un sentido real y no meramente metafórico. En la medida en que los colores y los sonidos musicales son estrictamente análogos, el razonamiento de Jones conduce a la consecuencia metafísica de que la Naturaleza es una unidad última 'refractada' en varios 'prismas'" (O'Malley 1958: 181).

[434] Utilizamos adrede una expresión cara a Alfred North Whitehead (cfr., sobre todo, Whitehead 1920: 26-48).

bien, el pliegue o el quiasmo en el que la luz deviene color y el sonido música. Esta luz y este viento, esta vida, en suma, como hemos dicho, es profundamente impersonal, es la vida de la naturaleza, la vida del cosmos. Por eso Coleridge puede decir, poco después:

> Así, mi amor, mientras al mediodía
> paseo por las próximas colinas
> [...]
> cruzan por mi cerebro, así indolente,
> pensamientos que él mismo no convoca
> y revuelos de ociosas fantasías
> diversas y salvajes cual tormentas
> que crecen y se agitan sobre el arpa.

Los pensamientos le llegan al cerebro del poeta como le llega el viento al arpa. Los pensamientos son como tormentas que se agitan en el cerebro del sujeto. No son convocados por nadie o, más bien, son convocados por *nadie*.[435] ¿Quién es el sujeto del pensamiento, en definitiva?, ¿quién piensa? En rigor de verdad, piensa el viento. De todas formas, para ser más precisos, el pensamiento acontece cuando el viento atraviesa el cerebro del poeta o, para decirlo "metafóricamente", cuando el viento se transforma en música o la luz en color. Para que esto se produzca, por supuesto, es necesaria la existencia de un cuerpo refractario/reflexivo: una cuerda en el caso del arpa, un tubo hueco en el caso de la flauta, un prisma en el caso de la luz. Llamamos pensamiento al punto de intersección entre estas dos instancias. Nadie mejor que Coleridge para expresarlo de forma excelsa:

> Y ¿no serán todos los seres animados
> arpas orgánicas dispuestas de diverso modo
> que se hacen pensamiento cuando sopla,
> plástica y vasta, una brisa intelectual,
> de cada una el alma, Dios de todas?[436]

---

435 Sobre el problema de lo impersonal y la figura de Nadie, cfr. nuestro artículo "Las paradojas de Nadie: una genealogía del no-sujeto". *Revista de Filosofía y Teoría Política*, N° 46, 2015 [En línea: http://www.rfytp.fahce.unlp.edu.ar/article/view/RFyTPn46a04/6878].

436 Es preciso indicar que el mismo Coleridge considera problemática, debido a su proximidad con el panteísmo, la doctrina de "una Vida" defendida en años anteriores y retomada, aunque desde una perspectiva crítica, en "The Eolian Harp". La teología cristiana, y en particular el misterio de la Trinidad, conducirán a Coleridge a abandonar o, por lo pronto, a distanciarse del naturalismo inmanente y del organicismo adoptado en su época de juventud (cfr. Modiano 1985: 167-168).

Los seres animados, entonces, no son sino arpas orgánicas por las cuales sopla una brisa intelectual (en el caso del pensamiento), pero también sensible (en el caso de la experiencia sensorial).[437] La naturaleza es una fuerza plástica, metamórfica, creativa.[438] Como hemos indicado, la imaginación representa precisamente ese hiato en el cual el viento que llega se convierte en música y la luz en color. Por eso Coleridge, en su *Biographia literaria*, puede referirse a la imaginación[439] como la facultad intermedia entre la acción y la pasión del sujeto: "Existen con toda evidencia dos poderes en funcionamiento, uno de los cuales es pasivo y el otro activo; y esto no es posible sin una facultad intermediaria, la cual es al mismo tiempo activa y pasiva. (En términos filosóficos, debemos denominar a esta facultad intermediaria en todos sus grados y determinaciones, IMAGINACIÓN)" (1907: 86). Esta facultad o potencia intermedia funciona como un prisma cromático o un arpa eólica, o también como un prisma eólico o un arpa cromática. Es interesante notar que para Coleridge, como para la mayoría de los románticos, la imaginación es la potencia que unifica al hombre con el resto de la naturaleza. Imaginando, el hombre crea como crea la naturaleza; es más, al ejercer su potencia imaginativa, el hombre asume su condición natural, vive como vive el cosmos, como vive Dios.[440] Coleridge sostiene que la imaginación primaria es la repetición en el hombre de la actividad creadora de lo infinito.

Considero a la IMAGINACIÓN, entonces, o bien primaria o bien secundaria. La imaginación primaria es el Poder viviente y el primer Agente de toda la Percepción humana, y como una repetición en la mente finita del

---

437   Emanuele Coccia ha analizado perfectamente estos dos registros inmanentes a partir de la categoría de *medio*. En tal sentido, existe tanto un medio de inteligibilidad, el cual es abordado sobre todo en el texto *La transparenza delle immagini*, y un medio de sensibilidad, abordado en *La vita sensibile*. No existe sin embargo bifurcación porque, como en Schelling (lo real y lo ideal) o en Hegel (la naturaleza y el espíritu), lo sensible y lo inteligible son expresiones de una misma realidad.

438   No por casualidad Robert Bloomfield ha titulado su tratado sobre el arpa eólica *La música de la Naturaleza* [*Nature's Music*] (cfr. Bloomfield 1824: 97-143). Geoffrey Grigson, por su parte, en *The Harp of Æolus and other Essays on Art, Literature & Nature*, escribe que "la música del arpa es la música, la audible, armoniosa, aunque salvaje e irregular música de la naturaleza" (1947: 29).

439   Sobre Coleridge y la imaginación, cfr. Leadbetter 2011; McNiece 1992: 53-61. Douglas Hedley, por su parte, ha señalado la relación que existe entre la concepción de la imaginación propuesta por Coleridge y el tema teológico de la *imago Dei*: "La resonancia teológico-metafísica de la *imago Dei* en el uso del término 'imaginación' en Coleridge, especialmente en su crítica a una 'filosofía carente de ideas', la cual no puede reconocer un 'medium entre lo Literal y lo Metafórico', no es simplemente fortuita" (Hedley 2000: 135).

440   Byung-Chul Han ha explicado que los artistas chinos no intentan representar "fielmente" la naturaleza, sino captar la fuerza con la cual ella misma se reproduce y se regenera: "El arte chino no mantiene una relación mimética con la naturaleza, sino funcional. No se trata de retratar la naturaleza del modo más realista posible, sino de operar de la misma manera que la naturaleza. La naturaleza también genera variaciones nuevas continuamente, por lo visto sin intervención de 'genio' alguno" (2016: 69).

acto eterno de creación en el infinito Yo soy. La imaginación secundaria es un eco de la primaria, coexistiendo con la voluntad consciente, aunque idéntica no obstante con la primaria en el fondo de su agencia, y difiriendo sólo en grado y en el modo de su operación. (1907: 202)

La imaginación primaria es una fuerza metafísica, similar a la concepción de la naturaleza –también organicista– que encontramos en Schelling. La imaginación secundaria, por su parte, sólo difiere en grado de la primaria y representa la misma potencia pero unida ahora a la voluntad consciente.[441] Este aspecto central de la imaginación en relación a la creación poética es un tópico característico, como dijimos, de todo el Romanticismo. En su *Defense of Poetry*, Shelley no sólo considera a la poesía como la expresión de la imaginación sino que también compara al hombre (el poeta) con un arpa eólica.

La Poesía, en un sentido general, puede ser definida como "la expresión de la imaginación": y es inherente al origen del hombre. El hombre es un instrumento por el cual pasa toda una multitud de impresiones internas y externas, como las alteraciones que sufre el viento inquieto en el arpa Eólica, a la cual excita con su movimiento y la hace producir las más variadas melodías. (1915: 75-76)

El hombre es un instrumento que produce las más variadas melodías cuando el viento de la inspiración sopla y estimula su imaginación.[442] De todas formas, no hay que creer que el hombre sea un mero instrumento mecánico, un autómata que sólo se limita a producir los sonidos tal como los recibe. Shelley pareciera considerar la metáfora del arpa eólica, al menos en este punto, insuficiente. El ser humano no sólo puede producir melodías sino también, a partir de un "ajuste interno [*internal adjustement*]" (cfr. Shelley 1915: 76), armonías complejas. Lo propio del sujeto, para Shelley, consiste en este acomodamiento o ajuste. No se trata, por lo tanto, sólo de una mera combinación o labor sobre elementos previos, sino de un verdadero cambio cualitativo. El viento se transforma en música, en melodía y armonía.

Pero existe un principio en el ser humano, y quizás en todos los seres sintientes, que actúa de un modo diverso al arpa, y produce no sólo melodía,

---

441 Para un panorama general de las diversas interpretaciones de estas dos modalidades de la imaginación en Coleridge, cfr. McNiece 1992: 58-59.

442 En el primer volumen de *Sphären*, Peter Sloterdijk enfatiza el aspecto necesariamente impersonal de la inspiración: "Cuando se recurre a la inspiración, se admite que las ideas son acontecimientos no triviales que no es siempre posible forzar a aparecer. Su médium no es su dueño, quién las recibe no es su productor" (1998: 29).

sino armonía, por un ajuste interno de los sonidos y movimientos excitados a las impresiones que los excitan. Es como si el arpa pudiese acomodar sus acordes a los movimientos de aquello que los excita, en una determinada proporción de sonido; de la misma manera que el músico puede acomodar su voz al sonido del arpa. (Shelley 1915: 76)

Si bien cada poema es un "eco de la música eterna" (cfr. 1915: 83), un fragmento rítmico de la "música planetaria destinada a oídos mortales" (*ibid*.: 86), se trata de un eco y de un fragmento complejo y creativo. Incluso cada ser humano no es sino un episodio del gran poema del mundo. En este punto, Shelley y Coleridge se aproximan. Los hombres dotados de sensibilidad son "episodios de ese gran poema que todos los poetas, como pensamientos cooperadores de una gran mente, han construido desde el comienzo del mundo" (*ibid*.: 96); o también, la historia no es sino un gran "poema cíclico escrito por el Tiempo en las memorias de los hombres" (*ibid*.: 97).[443]

Ya en el siglo XX, sin duda es León Felipe el que ha llevado más lejos esta *ontología del Viento*.[444]

---

443 Hemos visto que la Música, como el Tiempo para Kant, es la condición formal *a priori* de todos los fenómenos en general. En este sentido, permítasenos citar un pasaje del notable estudio de Evanghélos Moutsopoulos sobre la filosofía de la música en el sistema de Proclo, puesto que explica a la perfección la idea de creación (musical pero no sólo) que formulan los autores románticos: "La 'construcción' de la obra musical necesita la contribución del músico, instrumento de elección de la divinidad. Ella es, de hecho, la reproducción simbólica de la actividad divina que se orienta incesantemente hacia la producción de novedades 'inéditas', seres estéticos todavía inexistentes, y hacia su armonización con otros seres ya existentes. Este encuentro de lo todavía-no-existente y de lo ya-existente esboza un momento kaírico [de *kairos*] donde divinidad y humanidad creativas se cruzan y, por así decir, coinciden, aunque más no sea en un plano simbólico" (2004: 48). En este proceso de creación la imaginación desempeña, para la mayoría de los románticos, una función esencial: ella es la encargada de articular lo sensible con lo inteligible (cfr. Moutsopoulos 1985; 2004: 47).

444 A decir verdad, el viento y la poesía se han mantenido en una relación esencial desde tiempos inmemoriales. Es preciso mencionar, ya en el siglo XX, junto a León Felipe, el caso de Georg Trakl. "Viento, blanca voz, –dice Trakl– que en la sien del durmiente susurras." La voz del viento, en la poesía de Trakl, a diferencia de la voz del Dios religioso, no dice nada, es una voz vacía y ausente; llama, solicita, simplemente. Trakl se refiere al viento, en el poema *Nachtlied*, como el "Aliento del Impasible." El viento es la voz del Ser; el aliento de Dios, quizás, pero de un Dios ausente o, más bien, inmanente e impersonal. En un poema titulado (acaso con cierta ironía) *Begegnung*, Trakl escribe: "Y nadie va a guiarnos en la noche." La voz del viento no guía, no encomienda nada; susurra, simplemente, susurra el susurrar. De allí la importancia que tiene en la lírica de Trakl la figura de la ventana [*Fenster*]. Las ventanas de Trakl están siempre en relación con el viento. En *Die junge Magd*, por ejemplo, se lee: "Lleva el viento a la ventana Campana de corto aliento." O también, en otro poema titulado *Im Mondschein*: "El viento grita y gime en una pesadilla. / En la ventana tiemblan sombras de matas." El viento es lo que murmura en la ventana, es la voz que llama, que solicita al poeta. La escritura se sostiene, como bien ha mostrado Heidegger, en esta escucha. "Los mortales hablan en la medida en que escuchan. Están atentos a la invocación del mandato del silencio de la Diferencia, aunque no la conocen" (Heidegger 1959: 29). En el límite, el poeta y la ventana se identifican

Porque en la Tierra no hay más que una canción
que el Viento transporta como el polen sagrado y
anónimo.
Y la gracia del Mundo está en cantar esa canción sin saber quién la
[compuso.
[...]
Nunca ha habido poetas.
Esta vieja canción la ha escrito el Viento
y la Poesía, la gran Poesía, como la gran Historia,
la seguirá haciendo, también, eternamente el Viento. (1957: 198-199)

Imposible no recordar los pasajes de Shelley en los cuales el Viento se constituye en la imagen de la Vida misma, de la naturaleza. Se trata de una suerte de hegelianismo hereje: allí donde Hegel habla de la Razón, Shelley, y más tarde León Felipe, hablan del Viento. El Viento rige el Mundo, la astucia del Viento. "Escuchad la música, imperceptible a los oídos externos, que es un viento incesante e invisible, alimentando su curso eterno con fuerza y delicadeza" (Shelley 1915: 98-99). En palabras de León Felipe: "*el Viento hace la Historia*" (1957: 198; el subrayado es de León Felipe).

En el texto *El Viento y yo*, León Felipe nos presenta al poeta, retomando una idea frecuente en los románticos aunque ya presente por supuesto en la Antigüedad, como un hueco o un tubo por donde sopla el Viento de la vida. En el caso de León Felipe, no se trata ya del arpa eólica, aunque la idea es exactamente la misma, sino de un embudo de trasiego.

El poeta no existe... no es nadie.
El poeta es un viejo y hueco embudo de trasiego,

---

para Trakl. Es interesante notar, además, que en la figura de la ventana se conjugan los dos registros, el óptico y el acústico, que hemos individuado en las páginas previas a partir de las figuras del prisma aéreo o del clavicordio ocular. En efecto, en la antigua Roma eran famosas las construcciones conocidas como *domus*. La estructura arquitectónica de estas casas, ocupadas por las clases más pudientes tanto en la época republicana como en la época imperial, consistía en múltiples habitaciones distribuidas alrededor de un patio central llamado *atrium*. Este espacio abierto proporcionaba *luz* y *ventilación* a los diversos recintos. Estas dos funciones fundamentales del *atrium*, la ventilación y la luminosidad, nos remiten a dos términos que luego, a finales de la Edad Media, se volverán sinónimos: *ventana*, cuya etimología la remite al latín *ventus* (viento) y que significaba sólo una abertura o un respiradero, y *fenestra*, también latina, con la acepción que le damos en la actualidad, es decir, no sólo como una abertura por donde pasa el viento sino también la luz. La palabra inglesa *window*, por su parte, la cual deriva del nórdico antiguo *vindauga* (*vindr*: viento, y *auga*: ojo) y significa literalmente "ojo de viento", es interesante porque de algún modo comprende estos dos aspectos: el viento y la luz. Como vemos, el sujeto no es sino una ventana, pero una ventana muy particular en la que la luz se convierte en color y el aire en música. Las mónadas, dice Leibniz, no *tienen* ventanas. Esto es así porque *son* en sí mismas ventanas.

abandonado en el repecho de la colina o en el rincón
más oscuro de la cueva,
por donde el Viento sopla, a veces, y articula unas palabras. (1957: 199)

El momento de inspiración, que aquí León Felipe explica, con justeza etimológica, como un soplido, aparece también en Shelley, esta vez como un viento que enciende un carbón semi apagado. "…porque la mente mientras crea es como una brasa casi apagada, la cual es encendida en un brillo transitorio por una influencia invisible, como un viento inconstante" (1915: 111).

Lo importante en todos estos ejemplos es el carácter impersonal del pensamiento y de la creación así como la identificación del arpa eólica con la imaginación.[445] A la pregunta ¿quién piensa?, hemos respondido: piensa el viento o, más bien, el viento en tanto encuentra una ocasión, un cuerpo sonoro (flauta, arpa, laúd, etc.) para transformarse en música. De la misma manera, a la pregunta ¿quién ve?, contestamos: ve la luz, pero en tanto encuentra una ocasión (un prisma, un vidrio, un cristal, etc.) para transformarse en color. No es causal, en este sentido, que William James, en sus *Principles of Psychology*, compare al pensamiento con el viento o la lluvia: "Si pudiéramos decir, en inglés, 'piensa' [*it thinks*], como se dice 'llueve' [*it rains*] o 'hay viento' [*it blows*], sería la manera más simple de enunciar el hecho, con el mínimo de presupuestos" (1918: 224-225). La misma idea es retomada por Émile Benveniste en los *Problèmes de linguistique générale*:

La 3ra persona es, en virtud de su estructura misma, la función no-personal de la flexión verbal.

De hecho, ella sirve cada vez que la persona no es designada y claramente en la expresión llamada impersonal. Volvemos a encontrar aquí la cuestión de los impersonales, viejo problema y debate estéril en tanto que se continúa confundiendo "persona" y "sujeto". En *uei, tonat, it rains*, el proceso es relatado como no-personal, en tanto que puro fenómeno, cuya producción no es remitida a un agente. (1966: 230)

También podríamos decir, con la habitual nitidez de Giorgio Colli, que es "la *cogitatio* la que constituye al *cogito*, no el *cogito* el que constituye la *cogitatio*; y por lo demás puede existir una *cogitatio* sin *cogito*, pero no a la inversa" (1978: 15). Esta impersonalidad del pensamiento, además, había sido ya sugerida por

---

[445] Robert Bloomfield, de hecho, compara la música impredecible del arpa eólica con la imaginación: "¿Puede sorprender que el arpa de Eolo, produciendo una música tan salvaje e ingobernable como la misma imaginación, haya sido un tema predilecto entre los poetas de todos los tiempos?" (Bloomfield 1824: 128).

Nietzsche en la primera parte de *Jenseits von Gut und Böse*. En el §17, por ejemplo, leemos:

> En lo que respecta a la superstición de los lógicos: yo no me cansaré de subrayar una y otra vez un hecho pequeño y exiguo, que esos supersticiosos confiesan de mala gana –a saber: que un pensamiento viene cuando "él" quiere, y no cuando "yo" quiero; de modo que es un falseamiento de los hechos decir: el sujeto "yo" es la condición del predicado "pienso". Ello piensa [*Es denkt*]: pero que ese "ello" sea precisamente aquel antiguo y famoso "yo", eso es, hablando de modo suave, nada más que una hipótesis, una aseveración, y, sobre todo, no es una "certeza inmediata". En definitiva, decir "ello piensa" es ya decir demasiado: ya ese "ello" contiene una interpretación del proceso y no forma parte de él. Se razona aquí según el hábito gramatical que dice "pensar es una actividad, de toda actividad forma parte alguien que actúe, en consecuencia–". (eKGWB/JGB:17)

Nos interesa aquí indicar sobre todo el lugar central que ocupa la imaginación en este proceso impersonal de pensamiento. La imaginación, al constituirse en el pliegue de lo pasivo y lo activo, lo externo y lo interno, lo reproductivo y lo productivo, etc., designa el punto o el instante en el que el Ello [*Es* en Nietzsche y más tarde en Freud] se actualiza en un Yo [*Ich*], en que el viento se actualiza en música, la luz en color. El Yo, como afirma Nietzsche, no es la condición del predicado pienso, sino su ocasión de actualización. Para decirlo con Gottlob Frege, el sujeto no "produce" los pensamientos sino que los "capta":

> No somos portadores de nuestros pensamientos como lo somos de nuestras representaciones. No tenemos un pensamiento de la misma manera que tenemos una impresión sensible; pero tampoco vemos un pensamiento, como sí vemos una estrella. Por eso aquí sería aconsejable elegir una expresión especial, y para ello se nos ofrece la palabra "captar" [*Fassen*]. [...] Al pensar no producimos los pensamientos [*erzeugen wir nicht die Gedanken*], sino que los captamos [*sondern wir fassen sie*]. Pues lo que he llamado pensamiento está en estrecha relación con lo verdadero. [...] Que un pensamiento sea verdadero no tiene nada que ver con que sea pensado. (1993: 49-50)

En la carta del 13 de mayo de 1871 dirigida a Georges Izambard, Arthur Rimbaud expresa una idea similar, aunque enfatizando aún más la alienación inherente a todo proceso de pensamiento: "Es falso decir: Yo pienso; debería decirse: Se me piensa [*On me pense*]. Perdón por el juego de palabras. Yo es un otro [*Je est un autre*]" (1975: 113). La imaginación es precisamente ese medio (o inter-medio) que permite el tránsito del Otro al Yo y del Yo al Otro. Siempre es un Otro el que piensa en el Yo, pero no por eso el Yo deja de ser la ocasión para que el Otro pueda actualizarse.[446] Si la imaginación es la potencia que permite este doble movimiento, y si lo que define al sujeto es ni más ni menos que este proceso de actualización, entonces el sujeto coincide con la imaginación, el hombre es imaginación, tanto porque es un ente que imagina cuanto porque es un ente imaginado. El hombre es un efecto tridimensional producido por la máquina óptica, una imagen que, además, y quizás a diferencia de otras imágenes del mundo material, tiene la capacidad o la potencia de imaginar, es decir de recibir y revelar imágenes.

f) El *clinamen* o sobre la libertad en la naturaleza

En algunos de los apartados previos hemos sostenido que la imaginación, y el sujeto en general entendido como un arpa eólica o un prisma aéreo, efectúa una modificación o una refracción de la luz o el viento. Es preciso que expliquemos un poco más en detalle qué entendemos aquí por *refracción*. Según la explicación física corriente, por ejemplo la que encontramos en la *Opticks* de Newton, la refracción hace referencia al "desvío que experimenta un rayo de luz al pasar de un cuerpo transparente o medio a otro" (Newton 1704, Book I, Part. I, Def. 2). Este fenómeno es explicado por la ley de Snell, la cual afirma que "el radio del seno del ángulo de incidencia respecto al seno del ángulo de refracción es constante para las dos substancias" (Tarasov & Tarasova 1984: 17). Esta ley postula una simetría entre los senos de los dos ángulos, el incidente y el refractivo, lo cual significa que son reversibles. Ahora bien, nos interesa destacar que nuestro uso del término difiere en un punto esencial de esta definición tradicional. La refracción de la luz o del aire que hemos señalado en este capítulo no se explica a partir de una simetría angular. El ángulo refractivo no es necesariamente igual al ángulo incidente. Como en el caso de la reflexión, se trata de un desvío, pero un desvío que no es ni simétrico ni completamente previsible según leyes causales. La refracción de la luz o del aire que caracterizan la operación propia del sujeto entendido como arpa eólica o prisma aéreo debe ser concebida a partir del concepto de *clinamen* (desviación, declinación) que encontramos en el atomismo

---

446 La misma idea expresa Gilles Deleuze en *Différence et répétition*: "Contrariamente a lo que enuncia la restringida proposición de la conciencia, el pensamiento no piensa sino a partir de un inconsciente, y piensa ese inconsciente en el ejercicio trascendente. Por ello, las Ideas que se desprenden de los imperativos, lejos de ser las propiedades o atributos de una substancia pensante, no hacen sino entrar y salir por esa fisura del Yo, que siempre hace que otro piense en mí, otro que debe ser él mismo pensado" (1968: 258).

de Lucrecio.[447] Lo que está en juego es ni más ni menos que la creatividad y la novedad. El *clinamen* designa un desvío mínimo en la trayectoria de los átomos. En efecto, Lucrecio sostiene que todos los átomos caen en el vacío –"como gotas de lluvia [*imbris uti guttae caderent*]" (cfr. II, 222)– a igual velocidad, independientemente de su peso. Si esto fuese siempre así, los átomos nunca se encontrarían, nunca colisionarían ni podrían constituirse, por ende, cuerpos. Por tal motivo, es necesario suponer que, "en un tiempo incierto [*incerto tempore*]" (II, 218) y en un "incierto lugar [*incertisque locis spatio*]" (II, 219), los átomos se desvían ligeramente [*depellere paulum*] de su trayectoria rectilínea. Sin este mínimo desvío, dice Lucrecio, "la naturaleza no podría crear nada [*nihil umquam natura creasset*]" (II, 224). La desviación, el *clinamen*, es condición de posibilidad de la creatividad; es la creatividad misma.[448]

Lo propio del sujeto, aunque es también un rasgo cosmológico, es decir natural, es desviar la luz y el aire, y expresar este desvío no sólo de forma sensible sino también inteligible. En este sentido, se trata de una refracción sumamente peculiar, un desvío que acontece en un tiempo no-asignable y en un espacio ilocalizable. Sentir es efectuar un *clinamen* en la luz y en el aire, así como pensar es efectuar un *clinamen* en el flujo de las ideas. Esta libertad e indeterminación, sin embargo, no es exclusiva del hombre, sino de toda la naturaleza. El Ser es desviación. En este punto, resultan fundamentales las lecturas que Gilles Deleuze y Michel Serres realizan del naturalismo de Lucrecio. En el caso de Deleuze, Lucrecio representa una concepción pluralista y diferencial de la naturaleza que se condice con su proyecto de construir una ontología de la diferencia en *Différence et répétition*.[449] En este sentido, Deleuze puede afirmar, en un apéndice añadido a *Logique du sens*, que el *clinamen* "no es un segundo movimiento, ni una segunda determinación del movimiento", sino "la determinación original de la dirección del movimiento del átomo. Es una especie de *conatus*: un diferencial de la materia, y por ello mismo un diferencial del pensamiento" (1969: 311). Así como

---

447 Diversos estudiosos han señalado la importancia de Lucrecio en los poetas románticos, especialmente en Shelley (cfr. Milnes 2010: 119-126). Martin Priestman, por otra parte, en *Romantic Atheism: Poetry and freethought, 1780-1830*, sostiene: "Lucrecio ha influido ciertamente en los tres poetas [William Jones, Richard Payne Knight y Erasmus Darwin] que examinaré en este capítulo, quienes a su vez están en la base del 'Romanticismo' y por tanto merecen el mayor reconocimiento" (Priestman 2004:45). No es casual, además, que el mismo Priestman, esta vez en un ensayo titulado "Lucretius in Romantic and Victorian Britain", hable de un primer momento lucreciano en Inglaterra (1682-1790) y de un segundo momento (1790-1820) (cfr. Priestman 2007: 289). Harold Bloom, por su parte, ha señalado la influencia de Lucrecio en el Romanticismo en general y en Blake, Wordsworth y Shelley en particular (cfr. Bloom 1997: 19-45).

448 "El desvío simplemente acontece - y si no fuera así, la naturaleza no sería capaz de crear nada en el mundo" (Fratantuono 2015: 100).

449 Sobre la lectura deleuziana de Lucrecio, cfr. Montag 2016: 163-172.

la diferencia, según Deleuze, es primera en relación a la identidad, asimismo el *clinamen*, el desvío, es primero en relación al movimiento rectilíneo de los átomos. La misma idea sugiere Serres en un texto admirable desde muchos puntos de vista:

> El vacío es el estado cero de la materia, el átomo es el estado mínimo. A estos dos habría que añadirle el ángulo: el *clinamen* es mínimo, también. En cierto sentido y, quizás, en todo sentido, es también eterno. Indefinido en tiempo y lugar, es la primera instancia, es la última instancia, es la instancia en general, la desviación del equilibrio del nacimiento, la muerte y la existencia temporal. Eterno en su especie, como la fuerza vectorial del tiempo. El átomo es eterno como pura circulación, el vacío como puro reservorio, la declinación como puro vector. La física atómica se basa más en un espacio vectorial que en un espacio métrico. (2000: 62)

Serres distingue tres elementos: vacío, átomos y declinación. Como en Deleuze, el *clinamen* no designa un movimiento secundario de los átomos, sino su principio de movimiento. Por tal motivo, Serres aclara que el *clinamen* designa un vector *eterno*, un diferencial, una fluxión. A partir de la declinación de los átomos se forman vórtices y torbellinos, es decir conglomerados atómicos: cuerpos. El *clinamen*, en consecuencia, se define como "el ángulo mínimo de formación de un vórtice, apareciendo por azar en un flujo laminar" (Serres 2000: 6). Ahora bien, más allá de la compleja e inspirada teoría física y cosmogónica que propone Serres en su texto sobre Lucrecio, nos interesa sobre todo el aspecto vinculado al sujeto, al cual también el mismo Serres hace referencia. Si bien el *clinamen* es una declinación natural, y por tanto extensible a todo el cosmos, encuentra no obstante un ejemplo privilegiado, al cual Lucrecio le dedica varios pasajes de los libros II y III, en el alma. Explica Serres:

> El *clinamen*, consecuentemente, encuentra un apoyo en la subjetividad, moviéndose del mundo al alma, de la física a la metafísica, de la teoría de los cuerpos inertes en libre caída a la teoría de los movimientos libres de los seres vivientes. Es el último secreto de la decisión del sujeto, su inclinación. (2000: 3)

Lucrecio identifica al *clinamen*, en el caso del alma humana, con la voluntad (*voluntas*) y la libertad de acción. El sujeto, humano o animal, es capaz de efectuar un desvío que le permite separarse del encadenamiento fatal de la causalidad. En este punto, el *clinamen* es la "representación simbólica de la libertad de la voluntad contra los dictados del destino" (Fratantuono 2015: 101), y por tal motivo, "ofrece la posibilidad de libertad de acción y el triunfo de la voluntad individual" (*ibid.*: 104-105).[450]

En la perspectiva adoptada en este estudio, y en este capítulo en particular, la potencia anímica que realiza (o en la cual se realiza) el *clinamen* no es la voluntad sino la imaginación.[451] Como hemos visto en los poetas románticos, la imaginación es precisamente la potencia creadora, la fuerza o el principio de producción de lo diverso. De allí la importancia de las figuras del arpa eólica y del prisma aéreo. En ambos casos se trata de una declinación, de un desvío: en el primero, un desvío aéreo: el viento deviene (se desvía en) múltiples sonidos; en el segundo, un desvío luminoso: la luz deviene (se desvía en) múltiples colores. Serres explica esta declinación, como hemos indicado, a partir de la figura del vórtice o del torbellino. "En algún punto, es decir por azar, una desviación, un ángulo mínimo se produce. Un vórtice se forma a partir de ese punto" (2000: 11). Este vórtice, en el caso del aire, constituye un ciclón. "Para el aire, un torbellino, un ciclón: son turbulencias" (*ibid.*: 57). Por eso no sorprende que en un artículo titulado "Aeolian Tones", recopilado en el cuarto volumen de sus *Scientific Papers*, el científico John William Strutt explique de forma definitiva la ley física que rige los sonidos producidos por el arpa eólica a partir de la noción de vórtice. Strutt detalla el proceso valiéndose de un experimento realizado primeramente en el agua y luego en el aire.

Con respecto a la explicación dinámica, es evidente que el origen de la vibración estaba conectado con la inestabilidad de los vórtices que tienden a formarse a ambos lados del obstáculo, y que, siempre que una cuerda sea mantenida en vibración transversal, el fenómeno debe ser asimétrico. La

---

450 Pierre Hadot, en el insuperable *Qu'est-ce que la philosophie antique?*, explica la relación entre la noción epicúrea de clinamen y la libertad: "La noción de desviación de los átomos tiene una doble finalidad: por un lado, explicar la formación de los cuerpos, que no podrían constituirse si los átomos se contentasen con caer en línea recta a igual velocidad, por otro lado, introduciendo el 'azar' en la 'necesidad', dar un fundamento a la libertad humana" (1995: 186-187).

451 Somos conscientes, naturalmente, de la crítica que el pensamiento contemporáneo ha realizado a la idea de voluntad (*voluntas*) y en particular a su vertiente metafísica (Schelling, Schopenhauer, Nietzsche, etc.). En *Il Regno e la Gloria*, Giorgio Agamben sostiene que "la voluntad es el dispositivo que debe articular a la vez ser y acción, que se han divididio en Dios" (2007: 72), razón por la cual, continúa Agamben, "el primado de la voluntad, que, según Heidegger, domina la historia de la metafísica occidental y llega a su punto cúlmine con Schelling y Nietzsche, tiene su raíz en la fractura entre el ser y el obrar en Dios y, por lo tanto, desde el principio es solidaria con la *oikonomia* teológica" (*ibid.*). Sobre este punto, cfr. Agamben 2007: 69-82, 119-121; 2017: 73-99. Por otra parte, en su ensayo "Bartleby o della contingenza", Agamben sostiene que lo propio de la moral consiste en confundir la potencia, el yo puedo, con la voluntad, el yo quiero: "Creer que la voluntad tenga poder sobre la potencia, que el pasaje al acto sea el resultado de una decisión que pone fin a la ambigüedad de la potencia (que es siempre potencia de hacer y de no hacer) —esta es precisamente la perpetua ilusión de la moral" (1993: 61).

formación alternada en el agua de vórtices a los dos lados es claramente descripta por H. Bernard. (1920, vol. IV: 318)

Una fotografía de Theodor Schwenk, incluida en *Das sensible Chaos. Strömendes Formenschaffen in Wasser und Luft*, nos permite visualizar una cadena de vórtices tal como la descripta por Strutt.

Fotografía de una cadena rítmica de remolinos. Extraído de Schwenk, T. (1991). *Das sensible Chaos. Strömendes Formenschaffen in Wasser und Luft*. Stuttgart: Freies Geistesleben, plate 28.

Como en el caso del *clinamen*, los vórtices y las vibraciones son transversales y asimétricas: "las vibraciones son transversales al viento" (*ibid.*: 315).[452]

La imaginación, entonces, genera un "ángulo de tangencia" (cfr. 2000: 10) o un "ángulo de declinación" (*ibid.*: 23) que introduce una novedad en el proceso causal, una interrupción en el movimiento rectilíneo de la "cascada atómica" (*ibid.*: 50). Esta interrupción implica una transformación del encadenamiento causal, una ruptura entre la información que llega a la imaginación y la información que surge de ella. Serres describe esta mutación o desvío como la formación de una multiplicidad de ríos que, al igual que los colores del prisma aéreo o los sonidos del arpa eólica, fluyen por distintos caminos a diferentes velocidades.

---

452 No es casual que Deleuze y Guattari hayan identificado al espacio topológico de Serres con su noción de espacio liso: "El espacio liso está constituido por el ángulo mínimo, que desvía de la vertical, y por el torbellino, que desborda la estría. Es la fuerza del libro de Michel Serres, el haber mostrado este lazo del clinamen como elemento diferencial generador, y de la formación de torbellinos y turbulencias como ocupando un espacio liso engendrado" (1980: 610).

Al nacer, la cascada atómica singular resulta transformada: no ya aquí y allí, en y por algún objeto local, sino íntegramente y por su flujo global, en una multiplicidad de ríos, corriendo por diversos caminos, transversos, diagonales, intersectados, complejos. La suma de las declinaciones dispersas en el espacio y el tiempo producen en la catarata, en su máximo descenso, una red compleja de flujos que comienza en la napa unificada. (2000: 50)

La imaginación genera los diferentes senderos (transversales, diagonales, oblicuos, etc.) por los que circulan los materiales creados o, más bien, transformados. El espacio de la imaginación es precisamente esta red compleja de flujos que se forman y se deforman, que se bifurcan y se intersectan. La imaginación, un poco como los dibujos de la red neuronal realizados por Ramón y Cajal, se asemeja a un delta, a la instancia espacio-temporal (aunque se trate de un espacio-tiempo no-asignable) en el que proliferan las declinaciones y los desvíos. No sorprende que Serres, en un pasaje realmente inspirado, se identifique totalmente con el *clinamen*: "Yo mismo soy desviación, y mi alma declina, mi cuerpo global está abierto, a la deriva. Se desliza, irreversiblemente, por la pendiente. ¿Quién soy? Un vórtice. Una dispersión que llega deshecha. Sí, una singularidad, singular" (2000: 37). Ahora bien, afirmar –como Serres– que el hombre no es sino una desviación, es decir un *clinamen*, y afirmar –como nosotros– que ese desvío se produce puntualmente en la imaginación, significa hacer coincidir al hombre con la imaginación. Lo cual es paradójico ya que, como bien ha mostrado Aristóteles e innumerables filósofos después de él, la imaginación es común tanto a los animales como al hombre. Como sea, el hombre para los románticos no está separado de la naturaleza. Consideremos un extraordinario pasaje de Serres en el que define al hombre como un animal ortopédico:

> El nacimiento del niño humano se produce a través de la naturaleza. Excepto quizás por el hecho de que la desviación del equilibrio es mayor que el animal joven, el cual no necesita ni ser balanceado, ni canciones de cuna, ni ropa, ni armas ni paredes, en suma. El desequilibrio del hombre es tan grande que es un animal ortopédico. Intenta, desesperadamente, recobrar su inevitable caída. Así, él hace su tiempo. Así él hace el tiempo de la naturaleza, no menos desbalanceada, por la distribución de mares, bosques, pantanos o desiertos, poniendo su peso en el mango de su arado, o doblando su azadón. Recobra la muerte del mundo como propia. Pero en este juego sucumbe a las probabilidades, la caída triunfa todas las veces. (2000: 56)

Tan desequilibrado está el hombre que intenta por todos los medios recobrar su caída rectilínea en el vacío, recobrar el equilibrio; conjurar, finalmente, la pendiente que llamamos tiempo e historia. El tiempo, como la vida, no es sino la experiencia del desvío, es decir, de la libertad. Pero en la medida en que el *clinamen* no es exclusivo del hombre, sino condición de todo lo que existe, la naturaleza en general es también expresión del desvío. La naturaleza, por eso mismo, no es lo contrario a la libertad, no es el mundo de la necesidad cuya posibilidad epistemológica estudia Kant en la *Kritik der reinen Vernunft*, sino la libertad ciega, la libertad en su forma inconsciente. A diferencia de Kant, que consigna la libertad al ámbito de la ética y de la metafísica, Lucrecio la restituye al ámbito de la naturaleza, de la física.[453] La libertad, ahora –en un ahora que, por cierto, no respeta un orden cronológico–, concierne al *ens quatenus ens*. Ser es ser libre, esto es, ser desviado.[454] "La moralidad –sentencia Serres (y se trata de una sentencia que sin duda habría espantado a Kant)– es la física" (2000: 38). La naturaleza es ya libre porque es desvío, porque el desvío de los átomos es la condición de posibilidad de la existencia de los cuerpos.[455] Ahora bien, como hemos señalado, la imaginación es la potencia psicológica donde se efectúa el *clinamen*, la instancia donde la pasión y la acción se vuelven prácticamente indiscernibles, donde la inspiración y la expiración –para decirlo con Merleau-Ponty– constituyen las dos caras de un mismo proceso, los dos movimientos de una misma respiración. De allí que los románticos, obsesionados con la creación y el organicismo, ubiquen

---

[453] Ciertos autores románticos se harán eco de este nexo entre naturaleza y libertad. Raimonda Modiano, comentando algunas ideas de la filosofía organicista de Heinrich Steffens y su influencia en Coleridge, escribe: "La conciencia moral requiere que la naturaleza sea considerada como una con el ser de Dios, y como 'eternamente libre'" (1985: 180).

[454] Algunos autores románticos, como Hegel, indicarán que lo propio del hombre es la conciencia (en este caso, la conciencia del *clinamen*). Pero incluso si se acepta que lo propio del hombre es la conciencia, eso no significa ningún privilegio ni superioridad sobre el resto de los vivientes. Para los románticos en general, no hay diferencia entre la conciencia y la naturaleza por la sencilla razón de que la conciencia es también naturaleza. En el hombre, la naturaleza se vuelve consciente de sí o, dicho de otro modo, la conciencia es la naturaleza pensándose a sí misma. Es claro que este devenir-consciente del Ser que es lo humano, para Hegel por ejemplo, supone una evidente jerarquía. Sin embargo, como dijimos, es posible –aunque tampoco es esta nuestra perspectiva– identificar al hombre con la conciencia sin que eso implique ningún privilegio.

[455] El humanismo, tanto en su versión clásica como contemporánea, nos ha enseñado que la libertad es exclusivamente humana. Sólo la conciencia, es decir la nada, la negatividad es susceptible de ser libre. El ser-en-sí, dice Sartre –y no se distancia en este punto de Kant– es esclavo de la necesidad. Sólo el ser-para-sí, la conciencia, en tanto potencia negativa, está condenada a ser libre. La noción de *clinamen*, por el contrario, nos enseña que la naturaleza es también libre, que existe, pues, una libertad inconsciente, a-humana. Incluso sería posible afirmar, en la estela de Schelling, que la libertad depende de la naturaleza y no a la inversa. Es una de las tesis que retoma Iain Hamilton Grant en *Philosophies of Nature After Schelling*: "La naturaleza, por lo tanto, no depende de la libertad, sino al contrario [...]. El idealismo absoluto no busca explicar la naturaleza a partir de la libertad, sino, en todo caso, a la inversa: explicar la libertad *desde* la naturaleza" (2006: 61; el subrayado es nuestro). Sobre la cuestión de la libertad y la naturaleza en Schelling, cfr. también Wirth 2015: 3-29; Žižek 1996: 16.

a la *imaginatio creatrix* en la cima de las facultades anímicas; y de allí también que consideren a la imaginación tanto desde una perspectiva psicológica cuanto ontológica.[456] En tanto fuerza productiva y creadora, en tanto impulso y proceso plástico y evolutivo, la imaginación coincide con el Ser mismo, con la vida del cosmos, de la *physis* (naturaleza). De allí el nexo entre imaginación y naturaleza en el Romanticismo. Cuando la imaginación es abordada desde un punto de vista ontológico, los románticos tienden a llamarla *naturaleza*; y a la inversa, cuando abordan la naturaleza desde un punto de vista psicológico, tienden a llamarla *imaginación*. En ambos casos se trata de una potencia creativa y novedosa. Como dice Deleuze de Lucrecio: "La Naturaleza ha de ser pensada como el principio de lo diverso y de su producción" (1969: 308). Nosotros hemos encontrado este principio de lo diverso y de su producción en la imaginación. Por tal motivo, hemos preferido hablar de refracción que de reflexión. En un caso, el de la reflexión, el rayo incidente y el rayo reflejado es idéntico y no sufre ninguna modificación; en el otro caso, el de la refracción, el rayo incidente y el rayo refractado difieren en su constitución interna: el rayo de luz, por ejemplo, se convierte en color; la ráfaga de viento, en sonidos musicales. La importancia de los ángulos se revela enseguida fundamental. A la misma conclusión llega Serres cuando sostiene que "la física es de hecho un asunto de ángulos" (2000: 10). Como hemos mostrado, según Lucrecio la condición de posibilidad de la formación de los cuerpos, del cosmos, es el *clinamen*, es decir el ángulo mínimo de desviación. Lo interesante es que este ángulo de tangencia, aclara Serres, era llamado por los matemáticos antiguos ángulo de contingencia. "De pasada, es interesante leer a los clásicos sobre este asunto: cuando escriben sobre matemática, hablan del ángulo de contingencia; cuando discurren sobre metafísica, escriben sobre la contingencia para referirse a aquello que existe sin necesidad" (*ibid.*). Si lo propio del Ser, y en consecuencia de la imaginación, es el *clinamen*, entonces el Ser, incluida por cierto la existencia humana, es contingente.[457] "Todo es desviación del equilibrio, excepto la Nada. Es decir, la Identidad" (*ibid.*: 21). El Ser, como en Deleuze, es diferencia,

---

456 Es indudable que cuando Gaston Bachelard, en *L'eau et les rêves. Essai sur l'imagination de la matière*, habla del "organicismo fundamental de la imaginación" (cfr. 1942: 22) está retomando un tema caro a los románticos.

457 En el texto *The Truth about Romanticism: Pragmatism and Idealism in Keats, Shelley, Coleridge*, Tim Miles indica la proximidad entre la concepción contingente del mundo que propone Lucrecio y la concepción de la realidad, también contingente, que caracteriza algunas obras tardías de Shelley: "Como la masa de partículas que Lucrecio imagina cayendo a través del vacío como 'cuerpos de viento invisible', la contingencia detrás de la creación es figurada por Shelley como un poder oculto que se manifiesta en un proceso de destrucción y creación" (2010: 120)

es decir desequilibrio, desvío. El modelo visible del *clinamen* es el rayo –la imagen es de Serres– que atraviesa oblicuamente, en un instante, una cortina de lluvia:

> Líneas de lluvia atravesadas por el vuelo oblicuo del rayo; en un punto, luego en otro, índices luminosos por doquier cayendo de las nubes. Este es el modelo visible, tal como se realiza en la naturaleza: la oblicuidad de un flash sobre un campo paralelo, cuasi-ubicuidad aleatoria. El esquema teórico es dado de una vez. Declinación, oblicuidad angular, atraviesa el campo de átomos que se mueven en línea recta. Son paralelos unos con otros, en su movimiento, como gotas de lluvia. Esta comparación se remite al modelo concreto. El rayo declina, el *clinamen* fulgura, entre las cortinas de agua. (2000: 31)

La imaginación sería, entonces, el instante en el que se produce la descarga eléctrica, el *clinamen*, el rayo, el movimiento oblicuo.[458] Ella marca el inicio de la pendiente, tanto desde un punto de vista sensible como inteligible. Sentir es deslizarse por el plano inclinado de las sensaciones, así como pensar es deslizarse por el plano inclinado de las ideas. En ambos casos, lo importante es el ángulo de tangencia y su carácter aleatorio. Durante muchos siglos, los hombres identificaron al pensamiento con la reflexión; sin embargo, creemos que lo propio del pensamiento es el *clinamen*, el desvío imprevisto, el margen de indeterminación que se produce en un tiempo y un espacio ilocalizables. La refracción, en este sentido, está más cerca de explicar el proceso de pensamiento que la reflexión. Es cierto que la reflexión implica también un desvío, pero se trata de un desvío causal y simétrico, una declinación que mantiene inmutable la naturaleza del rayo reflejado. En el caso de la refracción, por el contrario, se produce una transformación cualitativa: la luz en color, el aire en música, etc.

Tal vez la noción de *clinamen* encierre el secreto de nuestra relación con el pasado y con la tradición. Es lo que parece sugerir Harold Bloom, en páginas que algunos estudiosos han considerado "misteriosas" e incluso "bizarras" (cfr. Priestman 2007: 297, 304), cuando sostiene que la influencia poética, es decir la relación entre un poeta o una obra y sus precursores, puede ser pensada a partir de este concepto lucreciano. Toda creación poética, en este sentido, supone necesariamente un desvío del camino trazado por los poetas anteriores. No hay creación, afirma Bloom, no puede haberla, sin una mala interpretación de las obras del pasado. Para poder crear, pues, es preciso leer mal. "La Influencia Poética –cuando implica a dos poetas potentes, auténticos– siempre procede de una mala lectura del poeta previo, un acto de corrección creativa que es en

---

458 A pesar de los avances de la meteorología, el origen de los rayos sigue siendo un tema debatido.

realidad y necesariamente una mala interpretación" (Bloom 1997: 30).[459] Si se lleva al extremo esta idea, como el mismo Bloom se encarga de hacer, hay que concluir que en realidad no existen las lecturas "correctas". Por tal razón, si "hay solamente lecturas erróneas más o menos creativas o interesantes" (Bloom 1997: 43), entonces "toda lectura [es] por necesidad un *clinamen*" (*ibid.*). Todo acto creativo, por lo tanto, supone un desvío. Naturaleza e imaginación son las dos categorías, ontológica y psicológica, que explican en el Romanticismo este desvío creador. Aunque en verdad ya el término imaginación en sí mismo reúne, para los románticos, ambos sentidos, el ontológico y el psicológico. En el capítulo que sigue, por eso mismo, nos dedicaremos a considerar el aspecto ontológico o metafísico de la imaginación, al cual no obstante ya nos hemos referido, aunque sea de pasada, en varias oportunidades.

---

[459] Tengamos en cuenta que para Bloom, y también –vale decirlo– para nosotros, por lo general "las interpretaciones de la poesía consideradas 'rigurosas' son peores que las erróneas" (Bloom 1997: 43).

Capítulo XVIII ■
Henri Bergson: entre lo actual y lo virtual

a) **Percepciones en sí y mirada impersonal**

En el prefacio que escribiera Henri Bergson para la séptima edición de *Matière et mémoire. Essai sur la relation du corps à l'esprit* encontramos esbozada una ontología de la imagen. Si bien el libro puede ser considerado, aclara Bergson, netamente dualista, ya que afirma la realidad tanto del espíritu cuanto de la materia, lo cierto es que se trata de una concepción filosófica que intenta suprimir, o al menos atenuar, los problemas teóricos planteados por los dualismos tradicionales. En principio, Bergson intenta desplazarse de la famosa oposición, típica del siglo XIX, idealismo-materialismo. Según el filósofo francés, ninguna de estas dos teorías logra dar cuenta de la relación espíritu-materia. Para evitar caer en los presupuestos de estas posiciones extremas, Bergson parte del concepto de *imagen*.

> La materia, para nosotros, es un conjunto de imágenes. Y por "imagen" entendemos una cierta existencia que es más que lo que el idealista llama una representación, pero menos que lo que el realista llama una cosa, –una existencia situada a medio camino entre la "cosa" y la "representación". (Bergson 1939: 5-6)

Una imagen no es una cosa, pero tampoco es una representación. De algún modo, la imagen se ubica a medio camino entre la cosa y la representación.[460]

---

460 Este lugar intermedio, entre la cosa y la representación, es el mismo que le corresponde, según sostiene Gottlob Frege en un ensayo notable desde muchos puntos de vista, al pensamiento: "los pensamientos no son ni objetos del mundo exterior ni representaciones. Hay que reconocer un tercer dominio [*drittes Reich*]. Lo que pertenece a ese tercer dominio tiene en común con las representaciones que no puede ser percibido con los sentidos, y con los objetos, que no necesita de un portador [*keines Trägers*] a cuyos contenidos de conciencia pertenezca" (1993: 43); o también: "El pensamiento no pertenece, como la representación, a mi mundo interior [*Innenwelt*], tampoco al mundo exterior [*Außenwelt*], al mundo de los objetos perceptibles

El universo es un conjunto de imágenes, pero imágenes que no existen para una conciencia.[461] En este punto, Bergson se aleja de la fenomenología. Como dice poco después: "es una imagen, pero una imagen que existe en sí" (1939: 6). Gilles Deleuze,[462] en uno de sus cursos sobre Bergson, define a las imágenes como "percepciones en sí", es decir, como movimientos (imágenes-movimiento) que no dependen de la conciencia para existir.

> Bergson quiere decirnos que no hay ni cosa ni conciencia, sino imágenes-movimiento y que esto es el universo. En otros términos, hay un en-sí de la imagen. Una imagen no tiene ninguna necesidad de ser percibida. Hay imágenes que son percibidas, pero hay otras que no lo son. Un movimiento puede perfectamente no ser visto por nadie, es una imagen-movimiento. Es un temblor, una vibración que responde a la definición misma de la imagen-movimiento, a saber: una Imagen-movimiento es lo que está compuesto en todas sus partes y bajo todos sus aspectos por acciones y reacciones. No hay más que movimiento, es decir no hay más que imágenes. (Deleuze, *cours* 05/01/1982)[463]

Las imágenes existen de forma autónoma e independiente del sujeto. Una idea similar plantea Merleau-Ponty, autor en cuyo pensamiento, al igual que en el de Deleuze, se aprecia una notable influencia bergsoniana, en uno de sus últimos textos: *L'œil et l'esprit*.[464] La visión, para Merleau-Ponty, no es una representación o una idealidad, no establece una relación de propiedad entre el vidente y lo visto; se trata, más bien, de una relación de solapamiento (*empiétement*) o de reversibilidad.

---

por los sentidos" (1993: 50). Como resultará evidente a partir de lo desarrollado hasta aquí, para nosotros —y no para Frege, por supuesto— este tercer dominio, irreductible al mundo interior y al mundo exterior, a la conciencia y a los objetos sensibles, coincide con el *locus* específico, extra-humano, de las imágenes, es decir con la imaginación.

461   Sobre el concepto de imagen en Bergson, cfr. Lawlor 2003: 4-10.
462   Según Alain Badiou, Bergson es la gran influencia de Deleuze. En *Deleuze. La clameur de l'Être*, por ejemplo, sostiene: "Deleuze es un lector mágico de Bergson, su verdadero maestro en mi opinión, incluso más que Spinoza y, tal vez, que el propio Nietzsche" (1997: 62-63). Sin duda Bergson es una de las grandes influencias, quizás la mayor, de Deleuze, sobre todo porque en su filosofía, y particularmente en *Matière et mémoire*, aparecen dos de los conceptos centrales del pensamiento deleuziano: lo actual y lo virtual. En este capítulo nos apoyaremos particularmente en la lectura que Deleuze hace de Bergson, no sólo en su texto *Le bergsonisme* y en los dos tomos sobre cine, sino también en sus cursos, sobre todo los del año 1982. Sobre la relación filosófica entre Bergson y Deleuze, cfr. Moulard-Leonard 2008; Gunter 2009: 167-180.
463   Las citas de los cursos de Deleuze han sido extraídas de la página de la Universitè Paris 8 [en línea: http://www2.univ-paris8.fr/deleuze].
464   Este título, sin ir más lejos, posee resonancias bergsonianas.

Este extraordinario solapamiento, en el cual no se piensa demasiado, prohíbe concebir la visión como una operación de pensamiento que presentaría ante el espíritu un cuadro o una representación del mundo, un mundo de la inmanencia y de la idealidad. Inmerso en lo visible por su cuerpo, él mismo visible, el vidente no se apropia de lo que ve: lo aproxima simplemente por la mirada, se abre sobre el mundo. (1964a: 13)

A decir verdad, nadie ve. Lo que hay es algo así como una mirada ontológica, una mirada a partir de la cual el Ser, viéndose, nos constituye en tanto videntes. Y lo que vemos por ejemplo en la pintura, lo que la pintura nos revela, es que no hay ningún hombre o sujeto detrás de los ojos, ningún fundamento de la/s mirada/s. Pero si bien no hay ningún hombre detrás de la mirada, si bien ningún sujeto la funda, si por lo tanto se trata, como sostiene Merleau-Ponty, de una *mirada prehumana* (cfr. 1964a: 18), esa ninguna parte de proveniencia, esa parte de ninguno y de todos, es, por decirlo de algún modo, el mundo mismo, el Ser bruto, la Vida impersonal que nos envuelve en sus luces y sus sombras. *Ver*, en efecto, no es sino instalarse o sumergirse en la mirada del Ser, penetrar en el campo de visión abierto por la mirada de la Vida que se mira a sí misma y que, viéndose, nos produce (a nosotros, mortales) como otros tantos espejismos. *Ver es verse envuelto por la mirada del Ser*. Para decirlo con Deleuze: "¿Quién percibe? Nadie. Las imágenes mismas" (*cours* 30/11/82). Las imágenes no se presentan a nadie, es decir, no se dirigen a ningún ojo o a ninguna conciencia.[465] En el universo material, tal como Bergson lo entiende, no hay ojos ni conciencia. ¿Por qué, entonces, hablar de imagen? Deleuze responde:

> Es porque el ojo está en las cosas, las imágenes son luz. Las imágenes son luz y esta luz no deja de propagarse exactamente como la imagen que es movimiento, y el movimiento no deja de propagarse [...] es un universo de imágenes, imágenes para nadie, luz para nadie. Esta luz no tiene necesidad de revelarse, no se revela, dice Bergson –muy curiosamente– puesto que no deja de difundirse y de propagarse. Lo que implica que, sin duda, la luz sólo se revelará en la medida en que sea detenida por una opacidad cualquiera. [...] Las cosas son líneas de luz, figuras de luz. (*cours* 30/11/82)

En sus cursos de 1981 sobre Bergson, Deleuze presenta una triple identidad entre los conceptos de imagen, movimiento y materia que en *Le bergsonisme* no había sido abordada. El universo de las imágenes no es mecánico ni mecanicista,

---

[465] No es para nada fortuito que Cornelius Castoriadis identifique al sueño, paradigma de lo virtual en Bergson, con un mundo de imágenes *para nadie*, imágenes anónimas y fantasmáticas: "El sueño es como presentación para nadie — o lo que es lo mismo, como presentación donde la diferencia entre la imagen y aquél para quien la hay no tiene 'peso'" (1998: 223; el subrayado es de Castoriadis).

sino maquínico. Es a partir de aquí que Deleuze desarrolla el aspecto "profundamente" cinematográfico del pensamiento bergsoniano. Este universo maquínico de imágenes-movimiento es un universo luminoso, conformado por líneas de luz inconscientes, haces de luces impersonales. La luz, entonces, no proviene de la conciencia, como afirmarán algunos fenomenólogos retomando una noción central de la tradición metafísica, sino de las cosas mismas. Las imágenes son luz, luz que se propaga, luz no revelada.[466] La primera parte del segundo capítulo de *L'image-mouvement* está dedicada precisamente a mostrar la diferencia radical que existe entre la perspectiva fenomenológica, sobre todo de Husserl pero también del primer Merleau-Ponty, y la de Bergson. Según Deleuze, lo propio de la fenomenología es partir de la percepción natural y de sus condiciones, lo cual significa establecer "las coordenadas existenciales que definen un 'anclaje' del sujeto perceptivo en el mundo, un ser en el mundo, una abertura al mundo que va a expresarse en la célebre 'toda conciencia es conciencia de algo'" (1983: 84). Lo que a Deleuze le resulta interesante del cine, así como de Bergson, es que en ambos casos se "suprime el anclaje del sujeto tanto como el horizonte del mundo" (cfr. *ibid.*) o, incluso si se mantiene la noción de mundo, éste se transforma en una "materia-flujo donde ningún punto de anclaje ni centro de referencia serían asignables" (1983: 85). A partir de esta materia entendida como conjunto de imágenes-movimiento o imágenes-luz es necesario mostrar, según un método similar al que empleaba Hume respecto a la identidad personal, "cómo pueden formarse centros, en puntos cualquiera, que impondrían visiones fijas instantáneas" (*ibid.*). El universo material que nos presenta Bergson en el primer capítulo de *Matière et mémoire* designa un plano de universal variación, un mundo de diversificación y movimiento continuo. "Es un estado demasiado cálido de la materia para que se distingan cuerpos sólidos" (Deleuze 1983: 86). Este plano de inmanencia, esta agenciamiento maquínico de imágenes-movimiento en el que no existen aún sujetos ni centros ni puntos de anclaje "es todo entero Luz" (cfr. 1983: 88). La imagen es movimiento como la materia es luz. La luz se difunde y propaga sobre todo el plano de inmanencia, no desde otro lugar, no desde una fuente trascendente, sino desde el mismo plano: el plano es la luz misma propagándose. Así como es conjunto de imágenes-movimiento, el universo material es también colección de líneas o figuras de luz.

No es casual que Roberto Esposito considere a este aspecto impersonal de las imágenes y de la percepción como "la punta extrema" (cfr. 2013: 204) de la

---

466 Leonard Lawlor, en *The Challenge of Bergsonism. Phenomenology, Ontology, Ethics*, sostiene, en el mismo sentido que Deleuze, que al utilizar el término "imagen", "Bergson está privilegiando la visión porque ésta depende de la luz. La imagen bergsoniana emite luz; es una 'foto', como dice el mismo Bergson" (2003: 5).

deconstrucción que Bergson efectúa en el dispositivo de la persona. "El sujeto personal es siempre relativo, y lógicamente subordinado, al sustrato impersonal del cual emerge y al cual, para expresarse en toda su potencialidad, debe retornar" (*ibid.*). Esposito está comentando un pasaje de *Matière et mémoire* que, dada su importancia para el tema que nos ocupa en esta investigación, lo citamos a continuación:

> ...esperamos justamente mostrar que los accidentes individuales son extraídos de esta percepción impersonal, que esta percepción es la base misma de nuestro conocimiento de las cosas y que, por haberla desconocido, por no haberla distinguido de lo que la memoria le añade o quita, se ha concebido a toda percepción como una especie de visión interior y subjetiva. (1939: 26)

Es interesante notar que el rol y el estatuto que posee la percepción en el primer capítulo de *Matière et mémoire*, ajena e independiente del sujeto que percibe, es equiparable, y de hecho Esposito efectúa la equiparación, al intelecto material de los averroístas. "Aquí, sin darse cuenta, Bergson atribuye a la percepción la misma exterioridad, común e impersonal, que los averroístas [...] asignaban al intelecto posible" (2013: 205). Las imágenes, antes de personalizarse, designan apariencias que no requieren de ningún sujeto al cual aparecer, puesto que se constituyen antes de todo ego, conciencia o persona.

Como lo diáfano en Averroes, se trata de una estructura translúcida, que permite la visibilidad de las cosas, sin coincidir con ellas ni con nuestro sistema sensorial. Un espectáculo que, para manifestarse, no tiene necesidad de la presencia de ningún espectador o testigo. Es como si la percepción, viniendo de afuera, transitase a través de nosotros, pero sin pertenecernos ni en el punto de partida ni en el de llegada. (Esposito 2013: 205)

En lugar de partir de la conciencia y extenderse de allí a las cosas y al mundo, según la tradición moderna, Bergson parte de las cosas, entendidas como imágenes, como percepciones en sí, para llegar finalmente a nuestro cuerpo. Se trata de un medio impersonal de visibilidad o de luminosidad. La visión del sujeto es posible en la medida en que se sitúa en este campo anónimo, en esta mirada que lo atraviesa y que, al hacerlo, lo constituye en tanto vidente.

b) Imágenes subjetivas: movimiento y luz

Entre todas las imágenes que componen el universo, sostiene Bergson, hay una que se destaca: mi cuerpo. No sólo percibo a mi cuerpo como a una imagen más, sino que también lo experimento internamente. Dicho de otro modo: no sólo tengo percepciones de mi cuerpo, como del resto de las imágenes, sino que también tengo afecciones. No sólo lo conozco desde el exterior sino también desde el interior.[467] Mi cuerpo es, antes que nada, un "centro de acción" (cfr. 1939: 12), un foco, pragmáticamente orientado, en el que convergen percepciones externas y afecciones internas. Su función básica concierne al aspecto sensoriomotriz de mi existencia actual.

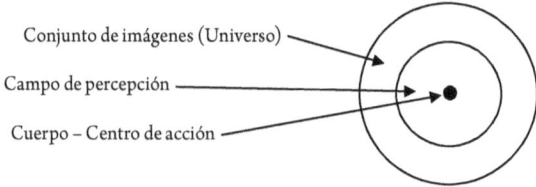

Mi cuerpo recibe percepciones sensoriales que elabora y retransmite a los centros motores para que reaccionen y respondan a los estímulos. Es allí, por cierto, que interviene el cerebro. Su función, su única función, consiste en recibir, inhibir o transmitir movimientos. "...su rol [del cerebro] se limita a transmitir y a dividir el movimiento" (1939: 18). Por eso Bergson puede compararlo con una central telefónica [*bureau téléphonique central*]: distribuye los impulsos y los envía a la médula espinal para que se efectúen en movimientos.[468] Es el lugar o el centro que conecta una excitación periférica con un mecanismo motor elegido

---

467 Según Deleuze, el capítulo primero de *Matière et mémoire* se propone descomponer (aunque también podríamos decir, utilizando un término postestructuralista, "deconstruir") una mezcla, la representación, en dos líneas o direcciones divergentes: materia y memoria, percepción y recuerdo, objetivo y subjetivo, etc. Desde las primeras páginas, Bergson nos conduce a distinguir cinco puntos fundamentales: 1) la necesidad (retiene del objeto aquello que interesa a la acción); 2) el cerebro (momento de la *écart* o indeterminación); 3) la subjetividad-afección (acción y recepción); 4) el recuerdo (primer aspecto de la memoria, el recuerdo viene a colmar el intervalo que se produce en el cerebro); 5) la contracción (el cuerpo asegura una contracción de excitaciones sufridas). De estos cinco aspectos, los dos primeros se ubican en una línea objetiva, mientras que los dos últimos, los cuales suponen la memoria, son los propios de la subjetividad. La afección, además, es el punto de intersección de ambas líneas.

468 En este punto, existe una cercanía –que no ha sido en general señalada– entre Bergson y Jakob von Uexküll. Ambos consideran a la percepción y la acción como fenómenos íntimamente vinculados. En el caso de Uexküll, quien además se refiere al mundo circundante del animal (el *Umwelt*) como una esfera, las células cerebrales del sujeto animal se dividen según una función perceptiva y una función activa: "Para permitir una colaboración ordenada, el organismo utiliza las células cerebrales (que son también mecánicos elementales) y agrupa la mitad en 'células perceptivas' en la parte del cerebro que recibe las excitaciones, el órgano de la percepción, en más o menos asociaciones [...] La otra mitad de las células cerebrales es utilizada por el organismo como 'células de acción' o células de impulso y las agrupa en asociaciones por las cuales dirige los movimientos de los efectuadores que aportan las respuesta del sujeto animal al mundo exterior" (Uexküll 1965: 21-22). Sobre la noción de *Umwelt* en Uexküll, cfr. Brentari 2015: 75-174; Deleuze 2003: 164-175; Buchanan 2008: 7-38; Merleau-Ponty 1995: 220-234; Agamben 2002: 44-59.

a voluntad o de modo automático. En contra de la teoría materialista, el cerebro no puede almacenar imágenes, ya que él mismo, como el cuerpo en general, es una imagen y forma parte de las imágenes, ni tampoco puede producir representaciones. Como dice Merleau-Ponty en *L'œil et l'esprit*:

> Visible y móvil, mi cuerpo existe entre las cosas, es una de ellas [...] Pero, puesto que ve y se mueve, él ordena las cosas en círculo alrededor de sí; las cosas son un anexo o una prolongación de sí mismo, están incrustadas en su carne, forman parte de su definición plena y el mundo está hecho de la tela misma del cuerpo. (1964a: 13)

Para Bergson, la actividad del cuerpo atañe meramente al movimiento. En este sentido, mi cuerpo en general, y mi cerebro en particular, es un lugar de pasaje para los movimientos; un instrumento de acción, no de representación.

La percepción, sostiene Bergson en contra de la tesis idealista, nos sitúa de entrada en las cosas. De nuevo es Merleau-Ponty quien ha retomado esta tesis bergsoniana: "la visión es tomada o se hace en el medio de las cosas" (1964a: 14); o también: "Puesto que las cosas y mi cuerpo están hechas de la misma tela, es necesario que su visión se haga de alguna manera en ellas" (*ibid*.). Es en las cosas mismas, y no en una construcción ideal de nuestra conciencia, donde nos ubicamos cuando percibimos. Por eso la conciencia, como el cerebro, no es sino una imagen más entre las infinitas imágenes que componen el universo.

> Mi cuerpo es una imagen-movimiento entre otras, también mi cerebro. Ningún privilegio. Todo es imagen-movimiento y se distingue por los tipos de movimiento y por las leyes que reglamentan la relación de las acciones y de las reacciones en este universo. (Deleuze, *cours* 05/01/82)

Al igual que el sistema nervioso, el sistema perceptivo no tiene por finalidad el conocimiento, sino la acción. La percepción no crea nada; es activa y actual, movimiento y acción, extensa y localizada. Percibir es condensar, inmovilizar, también seleccionar y dividir el *continuum* de la materia. De todas las imágenes que conforman mi entorno (y, en el límite, el universo) la percepción sólo retiene aquellas que interesan a mi cuerpo. El cuerpo se ubica, a través de la percepción, en un campo de acción posible. Este campo perceptivo se forma sobre un *fondo de percepción impersonal*. "...un fondo impersonal permanece, donde la percepción coincide con el objeto percibido, y este fondo es la exterioridad misma" (1939: 38). Este punto será decisivo para Deleuze. Esta dimensión trascendental y a-subjetiva en la que descansa la percepción, este fondo pre-subjetivo e impersonal que crea las condiciones de posibilidad de la experiencia dará lugar a que Deleuze, algunos años después, pueda hablar de un *empirismo trascendental*. Se trata de una visión impersonal, una percepción en sí, como dice Deleuze. Se trata de una indiscernibilidad entre la acción y la pasión, la recepción y la emisión, el ver y el ser visto.

Ahora bien, además de ser un centro de acción, mi cuerpo es también capaz de recibir percepciones y responder a ellas de manera imprevista. Hay algo en mi cuerpo que se sustrae a la acción y que produce algo nuevo. Por eso Bergson puede referirse al cuerpo no sólo como un centro de acción, sino también como un centro de indeterminación. "…en este universo material nosotros percibimos centros de indeterminación, característicos de la vida" (1939: 36). Este principio de incertidumbre o imprevisibilidad encuentra su lugar (o más bien su tiempo, como veremos) en el cerebro. Entre los movimientos recibidos por el sistema sensorio-motor y los que intentan preparar la reacción de mi cuerpo se introduce una distancia (*écart*)[469] que genera una indeterminación y una respuesta imprevista. Esta distancia no es sólo un intervalo espacial, sino sobre todo un *delay*, un deslizamiento del tiempo, un retardo, entre los dos movimientos: el centrípeto que llega al cerebro desde los sentidos y el centrífugo que parte de él hacia los centros periféricos que realizan el movimiento de respuesta.

El cerebro es precisamente ese *delay*, ese intervalo, esa nada que se abre entre el estímulo recibido y su eventual respuesta. Básicamente, el cerebro se define por tres funciones:

(1) Selección y sustracción/eliminación: selecciona aquellos elementos de la imagen que le resultan útiles y elimina lo que no se ajusta a su parámetro de utilidad.
(2) División: divide el impulso o la excitación recibida. La acción recibida no se prolonga en una reacción inmediata, se divide en una multiplicidad de reacciones nacientes.[470]
(3) Elección: elige la acción que va a ejecutarse en función del estímulo recibido.

---

469 *Écart* es precisamente la palabra que utiliza Michel Serres, en varias oportunidades, para referirse al *clinamen* en Lucrecio. Es probable que Bergson haya tenido presente, a la hora de elaborar su noción de "centro de indeterminación", el *clinamen* lucreciano. De hecho, en 1884, mientras era Profesor agregado de Filosofía en el *Lycée d'Angers*, doce años antes de la aparición de *Matière et mémoire*, Bergson publica un estudio sobre el *De rerum natura* de Lucrecio. Comentando el libro II del poema, Bergson escribe: "El alma no es en efecto más que un agregado de átomos; si los átomos estuviesen atados, desde toda la eternidad, a un movimiento invariable y fatal, nuestra alma lo estaría también, y no habría libertad para nosotros. Gracias al *clinamen*, los átomos poseen una verdadera iniciativa, y nuestra alma, por lo tanto, una especie de libertad" (1884: 32).

470 Deleuze sostiene que en este proceso de división existe una suerte de "duda" o "indecisión".

El sujeto no es sino una imagen capaz de seleccionar, sustraer, dividir y elegir imágenes. En efecto, a esa imagen que puede elegir la acción que va a ejecutar en función de la excitación recibida se la denomina *imagen subjetiva* (cfr. *cours* 12/01/82). De tal manera que habrá dos tipos de imágenes: 1) imágenes que sufren acciones y reaccionan en todas sus partes y bajo todas sus caras de forma inmediata; y 2) imágenes que presentan un intervalo entre la acción y la reacción. Estas últimas, por supuesto, son las imágenes subjetivas. El sujeto, aquí, no es sino un intervalo, una distancia o un retardo, es decir, un "centro de indeterminación". Este retardo o intervalo, entonces, garantiza la indeterminación, la introducción de lo nuevo, de lo inesperado. Es lo que caracteriza a los seres vivientes, a las materias vivientes. Pero así como el intervalo designa una pausa en el movimiento de las imágenes, un *delay* entre los movimientos que llegan a mi cerebro y los que parten de él como respuesta, es preciso que este intervalo tenga también una correspondencia y una función luminosa, ya que las imágenes movimiento son por definición imágenes de luz. Dicho de otro modo, ¿qué significa este intervalo desde el punto de vista de la luz? He aquí la respuesta de Deleuze:

> Las imágenes vivientes van a reflejar la luz. [...] Lo que el intervalo de movimiento es al movimiento, la reflexión de la luz va a ser a la luz. Es decir: ellas van a recibir un rayo, van a aislar una línea de luz –este es el primer aspecto de la imagen-movimiento viviente–; y, segundo aspecto, van a reflejar la luz.
> La conciencia es lo contrario de una luz. [...] Lo que es luz, es la materia. Entonces: la conciencia es lo que revela la luz. ¿Por qué? Porque la conciencia es la pantalla negra. La conciencia es la opacidad que va a revelar la luz, es decir que la va a reflejar. [...] Inversión completa: no es la conciencia la que aclara las cosas, son las cosas las que se aclaran a sí mismas. [...] es necesaria la imagen viviente para proporcionar la pantalla negra sobre la cual la luz va a reflejarse. (*cours* 08/03/83)

c) **Imaginación y memoria**

Ahora bien, en el *delay* cerebral, en ese intervalo que se produce entre el estímulo y la respuesta, la memoria, dice Bergson, se inserta en la materia; el tiempo, el espíritu, se introduce en el cuerpo. "...esta memoria espera simplemente que una fisura se produzca entre la impresión actual y el movimiento concomitante para deslizar allí sus imágenes" (1939: 57). La memoria virtual, el pasado, espera que se produzca una fisura entre la impresión actual y el movimiento correspondiente para introducirse en la actualidad sensorio-motriz. Por eso el cerebro, no siendo ni el receptáculo ni la fuente de las imágenes, es para Bergson su ocasión, la posibilidad de que la imagen-recuerdo se inserte en el presente, se vuelva percepción.

Bergson concibe a este movimiento de inserción como un pasaje del recuerdo a la percepción. Cuando un recuerdo se vuelve más claro tiende a convertirse en percepción. Toda percepción es ya memoria o, dicho de otro modo, *percibimos el pasado*. "Nosotros no percibimos, prácticamente, más que el pasado, siendo el presente puro el progreso inasible del pasado que corroe el futuro" (1939: 90). La percepción consciente surge cuando el impulso recibido por la materia no se prolonga en una reacción necesaria. Es allí que, como dijimos, se introduce el tiempo y la memoria. La percepción produce signos que nos recuerdan antiguas imágenes, funciona como un centro de atracción de recuerdos. Bergson, en ciertas ocasiones, habla de una percepción pura, es decir de una percepción sin memoria, una visión inmediata y espontánea de la materia en la cual el sujeto y el objeto coincidirían. Dicha percepción (pura), sin embargo, es un ideal, ya que toda percepción implica una cierta duración y una contracción de instantes diferentes en una intuición única, es decir, memoria. La percepción pura representa uno de los extremos (hipotéticos y nunca alcanzables) al que tiende la conciencia; el otro es el recuerdo puro, el cual será examinado más adelante.

Ahora bien, una de las tesis más importantes de *Matière et mémoire* es que entre la materia y la percepción no hay una diferencia de naturaleza sino de grado; en cambio, entre la materia y la memoria hay "una diferencia radical de naturaleza" (cfr. 1939: 141). La percepción pura y el recuerdo puro, el presente y el pasado, lo actual y lo virtual, para Bergson, difieren por naturaleza. Así como la percepción concierne fundamentalmente a la acción y a mi presente, es decir a lo actual, así también la memoria concierne fundamentalmente a la supervivencia de las imágenes en el pasado, es decir a lo virtual. La memoria completa la experiencia presente, recubre con una napa de recuerdos un fondo de percepción inmediata. Lo espiritual o lo subjetivo surge recién con la actualización de los recuerdos. Por eso puede afirmar Bergson que la memoria representa el costado subjetivo de nuestro conocimiento de las cosas. Lo propio del sujeto es tener memoria, es decir, capacidad de contracción (duración), o, con mayor rigor, lo propio del sujeto es tener la capacidad de situarse en la memoria, de saltar a lo virtual. La memoria ejerce una presión sobre la percepción, intercala el pasado en el presente, el recuerdo en la sensación, el tiempo en el espacio o el espíritu en la materia. No obstante, en la medida en que difiere de la extensión material por naturaleza, la memoria o el espíritu se configuran como una potencia independiente de la materia. Es más bien el punto de contacto entre la materia y la conciencia. Lo mismo que respecto a la percepción, Bergson habla de un *Fondo de la memoria*.

Según las tesis que propone Bergson en su texto de 1896, existen dos tipos de memoria:

(1) *Memoria de acciones y movimientos*: memoria espontánea o automática que se caracteriza por *repetir* y condensar una multiplicidad de impulsos sucesivos presentándolos como un todo. Esta memoria de acciones o memoria-hábito tiene que ver con el mecanismo motor del cuerpo; sin embargo, puede introducir una imagen-recuerdo cuando se crea una fisura entre la impresión actual y el movimiento concomitante. Esa fisura, que podemos identificar con el cerebro, es justamente el principio de indeterminación que mencionábamos hace un momento. El recuerdo característico de esta memoria-hábito, que Deleuze llamará *image-mouvement*, se define por dos procesos: translación (el recuerdo se orienta en vista de la acción) y rotación (el recuerdo muestra su costado más útil).

(2) *Memoria de imágenes-recuerdos*: se caracteriza por *imaginar*.[471] Implica el trabajo del espíritu. Para evocar el pasado en forma de imagen es necesario abstraerse de la acción presente. El recuerdo característico de la memoria-imagen es el recuerdo-imagen y, en el extremo, la imagen-sueño. Hay que tener presente que recordar, para Bergson, no supone una regresión del presente al pasado, sino un progreso del pasado hacia el presente. Primero nos situamos en el pasado y sólo después, una vez situados allí, nos orientamos de vuelta hacia el presente. "La verdad es que la memoria no consiste en una regresión del presente al pasado, sino al contrario en un progreso del pasado al presente. Es en el pasado que nos situamos de entrada" (1939: 141). Este proceso del recuerdo se puede ejemplificar a partir de dos esquemas:

Esquema 1

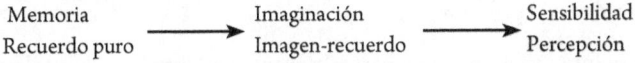

Memoria   Imaginación   Sensibilidad
Recuerdo puro   Imagen-recuerdo   Percepción

---

471 Es necesario tener presente que la memoria de imágenes, si bien está íntimamente vinculada con la imaginación, no se confunde con ella. De hecho, Bergson no deja de señalar que "imaginar no es recordar" (cfr. 1939: 82). Cada vez que se actualiza un recuerdo, éste se encarna en una imagen. Sin embargo, el recuerdo puro, absolutamente virtual, no existe en forma de imagen. La acción de la imaginación, por decirlo así, consiste en la encarnación de un recuerdo puro. Sólo cuando la imaginación le confiere una imagen, el contenido pasado puede actualizarse y ser recordado.

Esquema 2

Memoria pura 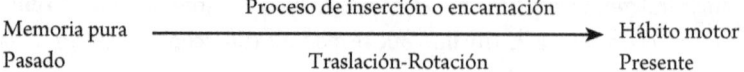 Hábito motor
Pasado   Traslación-Rotación   Presente

Este proceso de inserción o de encarnación, es decir, de actualización implica, como dijimos, dos movimientos simultáneos: la contracción-traslación y la orientación-rotación. La traslación designa el movimiento de actualización de un recuerdo, el pasaje de lo virtual a lo actual. Este movimiento, sin embargo, no supone pasar de un nivel a otro, de una capa de pasado menos contraída a una más contraída, hasta llegar al punto presente. Actualizar un recuerdo es actualizar al mismo tiempo todo el nivel o la capa en la que se encuentra. Por eso es necesario "no confundir los planos de conciencia, a través de los cuales el recuerdo se actualiza, y las regiones, las capas o los niveles del pasado, según los cuales varía el estado del recuerdo siempre virtual" (Deleuze 1966: 62). El movimiento de traslación hace referencia a este proceso de contracción psicológica por el cual todo recuerdo debe pasar para actualizarse y devenir imagen. Además de este movimiento psicológico de traslación, sin embargo, existe una contracción ontológica, intensiva, donde todos los niveles coexisten virtualmente.

El movimiento de rotación, por su parte, concierne al movimiento a partir del cual un recuerdo ofrece su costado más útil al presente actual. Para esto es necesario que el recuerdo se singularice y se distinga del nivel en el que se encuentra. La rotación posibilita esta distinción.

Este proceso de actualización del recuerdo se caracteriza por cuatro aspectos fundamentales:

(1) La traslación: asegura un punto de encuentro entre el pasado y el presente.
(2) La rotación: asegura una transposición, una traducción, una expansión del pasado en el presente.
(3) El movimiento dinámico: asegura la armonía de los dos momentos precedentes, corrigiendo uno por el otro y llevándolos a término.
(4) El movimiento mecánico: asegura la utilidad propia del conjunto y su efectuación motriz en el presente.

Habría un quinto momento: una suerte de desplazamiento por el cual el pasado se encarna solamente en función de otro presente que aquel que ha sido. Por eso es preciso que el recuerdo se encarne, no en función de su propio presente (del que es contemporáneo), sino en función de un nuevo presente por relación al cual es ahora pasado.

Para que este progreso del pasado al presente sea posible, es decir, para que un recuerdo pueda actualizarse, es necesario que primero saltemos al pasado, al Ser.

Nosotros nos reubicamos primero, dice Bergson, en el pasado en general: lo que así describe es *el salto en la ontología*. Saltamos realmente en el ser, en el ser en sí, en el ser en sí del pasado. Se trata de salir de la psicología, se trata de una Memoria inmemorial u ontológica. Es sólo después, una vez que hemos dado el salto, que el recuerdo va a tomar poco a poco una existencia psicológica: de virtual pasa al estado actual. (Deleuze 1966: 52; el subrayado es de Deleuze)

Así como para percibir nos ubicamos en las cosas y para recordar nos ubicamos en el pasado, también para comprender lo que se nos dice, nos instalamos de entrada [*d'emblée*] en el elemento del sentido y luego en una región de este elemento. Es sólo después que el sentido se actualiza en los sonidos que escuchamos. Lo mismo ocurre, como hemos visto, con el recuerdo y la actualización del pasado.

Cuando lo virtual se actualiza es como si una nebulosa se condensara. Cuando recordamos, la percepción presente se dilata sobre una superficie nebulosa en la que comienzan a recortarse puntos luminosos o estrellas. "Poco a poco [el recuerdo] aparece como una nebulosa que se condensa; de virtual pasa al estado actual" (1939: 81). Hay recuerdos dominantes o puntos brillantes alrededor de los cuales los otros forman una nebulosa vaga. Cada estrato o capa de pasado forma una constelación de recuerdos. El pasado emerge de las tinieblas y se asoma a la luz del día. Los recuerdos permanecen en la sombra (de la conciencia). La imagen de la nebulosa es central en Bergson. Varias veces vuelve a ella para explicar el mecanismo del recuerdo. Recordar supone una dilatación de nuestra conciencia, un salto o elevación a las capas más remotas del pasado. "Tal como un cúmulo nebuloso, visto en los telescopios cada vez más potentes, se resuelve en un número creciente de estrellas" (1939: 98). Es en este proceso de actualización, que Bergson compara con el enfoque de una cámara fotográfica o de un telescopio, que el recuerdo puro se vuelve imagen, se encarna; es entonces, dice Deleuze, que "el recuerdo, deviniendo imagen, entra en coalescencia con el presente" (1966: 62). La imagen es un estado presente que sólo participa del pasado por el recuerdo del que ha surgido. Estos esquemas se explican mejor recurriendo a un gráfico del propio Bergson, el famoso cono que utiliza en el capítulo III de *Matière et mémoire*, cuyo título sugestivo, como se sabe, es "De la survivance des images".

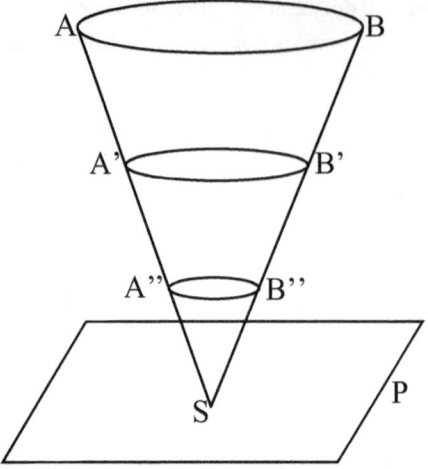

La letra P representa el plano del presente, es decir el campo de acción en el que se sitúa mi cuerpo. Los tres ejes que definen a P son la acción, la percepción y el movimiento. Si el hombre viviera en el presente puro, es decir si lograra alcanzar el límite de una percepción pura se volvería un animal o un impulsivo. El punto S, por supuesto, representa mi cuerpo. Es el estado más simple de nuestra vida mental. Se caracteriza por un hábito motor y por lo que Bergson llama memoria-instantánea o memoria-hábito. S, mi cuerpo, es el punto más contraído del pasado, su extremo actual y activo. Por eso se afirma en *Matière et mémoire* que nuestro carácter presente es "la síntesis actual de todos nuestros estados pasados" (cfr. 1939: 87) o, lo que viene a ser lo mismo, que el pasado existe de "forma condensada" (cfr. *ibid.*) en nuestro presente. Las elipses representadas por las letras AB, A'B' y A''B'' constituyen los diferentes estratos o napas en los que se estructura la memoria. Este es el plano de lo virtual, el pasado tal como se conserva en sí. De más está decir que este pasado puro, tal como se conserva en la memoria, no designa la temporalidad propia de una facultad subjetiva o psicológica. "La memoria –dice Deleuze– no está en nosotros, somos nosotros quienes nos movemos en una memoria-Ser, en una memoria-mundo" (1985: 129-130).[472] Como hemos indicado, la memoria no supone una instancia psicológica o subjetiva que la origine y la funde; más bien es a la inversa, la memoria

---

472 En esta perspectiva, Alberto Gualandi, en su texto sobre Deleuze, puede afirmar: "Para comprender la lectura deleuziana de Bergson, es necesario liberar la doctrina bergsoniana del tiempo de su interpretación espiritualista tradicional. El pasado puro no es un simple principio espiritual y psicológico, sino un verdadero principio ontológico" (1998: 75).

psicológica, el sujeto, surge como un precipitado de una memoria ontológica. Este es el gran descubrimiento de Bergson. Lo virtual es la condición de posibilidad de lo actual, o, dicho de otro modo, si no fuera por el pasado, el presente no pasaría.[473] Hablar de memoria, entonces, es hablar de ontología o metafísica y no de subjetividad o psicología. Sólo en un segundo momento, es decir en una etapa secundaria y derivada, la memoria adopta su forma psicológica y subjetiva.

Si nosotros tenemos tanta dificultad en pensar una supervivencia en sí del pasado, es porque creemos que el pasado no es más, que ha dejado de ser. Nosotros confundimos entonces el Ser con el ser-presente. Sin embargo, el presente *no es*, él sería más bien puro devenir, siempre fuera de sí. No es, pero actúa. Su elemento propio no es el ser, sino lo activo o lo útil. Del pasado, al contrario, es preciso decir que ha dejado de actuar o de ser útil, pero no ha dejado de ser. Inútil e inactivo, impasible, él ES, en el sentido pleno de la palabra; se confunde con el ser en sí. No se dirá que él era, puesto que es el en-sí del Ser, y la forma bajo la cual el ser se conserva en sí. (Deleuze 1966: 49-50)

Este aspecto impasible del pasado, lo que Bergson identifica con el recuerdo puro, es extra-psicológico. El recuerdo puro no tiene una existencia psicológica. Por eso es llamado virtual, inactivo e inconsciente. "Sólo el presente es psicológico; pero el pasado, es la ontología pura, el recuerdo puro no tiene más significación que ontológica" (Deleuze 1966: 51). Por eso recordar supone dar un salto a lo virtual, instalarse en el pasado como en un elemento propio. Así como nosotros percibimos las cosas allí donde se encuentran, y no en nosotros mismos, lo mismo aprehendemos el pasado allí donde él se encuentra, en sí mismo, y no en nosotros, en el presente.

Esta metafísica de la memoria permanece en cierto sentido dentro del paradigma platónico. No es para nada casual que el cono de Bergson ubique al pasado por encima del presente. En Bergson, como bien hemos indicado, existe una ontología de la memoria. El pasado es el Ser, el Ser en sí, el cual, como en Platón, remite a las alturas de las ideas. Por eso recordar, como en la *anamnēsis* platónica, supone descender de las alturas metafísicas a la superficie del presente. Por supuesto que en Bergson no existe, al menos no con la evidencia que encontramos en Platón, una concepción trascendente del pasado y de la memoria. La disposición del cono, sin embargo, nos indica, al igual que en Marcel Proust,

---

[473] Deleuze, por su parte, descubre en Bergson una ontología o una metafísica de la memoria: "Es un más acá y un más allá de la memoria psicológica: los dos polos de una metafísica de la memoria" (1985: 143).

una ascendencia platónica indudable. En el caso de Deleuze, la memoria aparece también como una dimensión ontológica, aunque inmanente.

El pasado y el presente no designan dos momentos sucesivos, sino dos elementos que coexisten, uno que es el presente, y que no deja de pasar, el otro, que es el pasado, y que no deja de ser, pero por el cual pasan todos los presentes. Es en este sentido que hay un pasado puro, una suerte de pasado en general: el pasado no sigue al presente, sino al contrario, es supuesto por él como la condición pura sin la cual no pasaría. En otros términos, cada presente reenvía a sí mismo como pasado. De esta tesis sólo hay un equivalente en Platón –la Reminiscencia. La reminiscencia también afirma un ser puro del pasado, un ser en sí del pasado, una Memoria ontológica, capaz de servir de fundamento al desarrollo del tiempo. Una vez más, una inspiración platónica se hace sentir profundamente en Bergson. (Deleuze 1966: 54-55)

La duración se define menos por la sucesión que por la coexistencia. Es sucesión actual de una coexistencia virtual. Coexistencia de todos los niveles, de todas las tensiones, de todos los grados de contracción y distensión. Hay una repetición diversa a la repetición física del espacio: repetición virtual en lugar de ser actual (cfr. Deleuze 1966: 56). Cada nivel del cono repite a los otros niveles, es decir que cada uno contiene todo el pasado en un cierto nivel de contracción-distensión.

Según Deleuze, hay cuatro grandes proposiciones paradójicas en *Matière et mémoire*:

(1) Paradoja del salto: nos ubicamos de entrada, de un salto, en el elemento ontológico del pasado.
(2) Paradoja del Ser: hay una diferencia de naturaleza entre el presente y el pasado.
(3) Paradoja de la contemporaneidad: el pasado no sucede al presente que él ha sido, sino que coexiste con él.
(4) Paradoja de la repetición psíquica: lo que coexiste con cada presente es todo el pasado, integralmente, en niveles diversos de contracción y de distensión.

La pregunta que, en el contexto de *Le bergsonisme*, plantea el problema del sujeto es: "¿cómo el recuerdo puro va a adoptar una existencia psicológica? –¿cómo este puro virtual va a actualizarse?" (1966: 58).[474] En Bergson, el sujeto es equiva-

---

[474] Esta pregunta, por supuesto, reproduce, en otro marco de discusión, la pregunta que introducía el problema de la subjetividad en el primer texto de Deleuze, *Empirisme et subjectivité*: ¿cómo la imaginación va a constituirse en una naturaleza?, o también, ¿cómo el espíritu va a convertirse en un sujeto? (cfr. Deleuze 1959: 3-15).

lente a la psicología, es decir, al Yo actual, a la existencia psicológica. Bergson no niega la existencia del Yo, sólo que la remite, como su condición de posibilidad, a un plano ontológico. "La conciencia psicológica va a nacer, pero precisamente porque encuentra aquí sus condiciones propiamente ontológicas" (Deleuze 1966: 59).

Todo recuerdo comienza con una llamada. Algo suscita, en el presente, la necesidad de sumergirnos en el pasado. Ese algo (un signo, dirá Proust) nos llama, nos interpela, nos insta a que saltemos al pasado. "Entonces un llamado [*appel*] parte del presente, según las exigencias o las necesidades de la situación presente" (1966: 58). De todas formas, no debemos confundir, aclara Deleuze, el llamado (*appel*) con el recuerdo o evocación (*rappel*). El llamado designa el movimiento de ascenso a lo virtual, el salto; el recuerdo, por el contrario, el movimiento descendente a lo actual, la bajada. En cierto sentido, la diferencia entre *appel* y *rappel* es la diferencia que existe, en el sistema de Bergson, entre memoria e imaginación. El *appel* nos conduce a las alturas virtuales de la memoria, donde yacen los recuerdos puros; el *rappel*, a la superficie actual del presente, donde el recuerdo se vuelve consciente. Este segundo movimiento de actualización supone la conversión del recuerdo-puro en recuerdo-imagen. Sólo a partir de una imagen el recuerdo-puro puede ser actualizado. "Ahora bien, la imagen-recuerdo no es virtual, ella actualiza por su cuenta una virtualidad (que Bergson llama 'recuerdo puro')" (Deleuze 1985: 77). Sólo la memoria, como vemos, representa la dimensión de lo virtual, del recuerdo-puro; la imaginación, en cambio, supone ya un índice de actualización. La función de la imaginación consiste, precisamente, en conferirle al recuerdo-puro una imagen. Ambos movimientos, de ascenso y de descenso, suponen modalidades diversas del inconsciente: un inconsciente ontológico, determinado como fondo virtual (ascenso, *appel*); un inconsciente psicológico, determinado por los recuerdos en vías de actualización (descenso, *rappel*). "Así se define un inconsciente psicológico, distinto del inconsciente ontológico. Éste corresponde al recuerdo puro, virtual, impasible, *en sí*. Aquel representa el movimiento del recuerdo en vías de actualizarse" (1966: 69). Esta es una de las grandes diferencias que encuentra Deleuze en las concepciones que Freud y Bergson proponen del inconsciente. El inconsciente de Bergson, a diferencia del freudiano, no es del orden de lo psicológico. Si para Deleuze es posible, e incluso necesario, contraponer el inconsciente de Bergson al de Freud, es porque mientras en la teoría psicoanalítica el inconsciente designa una "realidad psicológica fuera de la conciencia" (cfr. 1966: 50), en la concepción bergsoniana designa más bien una "realidad no psicológica" (cfr. *ibid.*). El *appel*, en este sentido, representa la dinámica propia de la memoria, es decir, del inconsciente ontológico bergsoniano; el *rappel*, en cambio, la dinámica propia del inconsciente psicológico freudiano.

> El llamado al recuerdo [*appel*] es este lazo por el cual me instalo en lo virtual, en el pasado, en una cierta región del pasado, en tal o tal nivel de contracción. Creemos que este llamado expresa la dimensión propiamente ontológica del hombre, o más bien de la memoria [...] Cuando hablamos al contrario de evocación, o de recuerdo de la imagen [*rappel*], se trata de otra cosa: una vez que nos hemos instalado en tal nivel donde se deslizan los recuerdos, entonces y sólo entonces, estos tienden a actualizarse [...] ellos devienen imágenes-recuerdos, capaces de ser "recordados" ["*rappelés*"]. (1966: 59)

La evocación sólo se produce una vez que nos hemos instalado en alguna de las capas del pasado. Este ascenso a las alturas de la memoria, como hemos indicado, supone un verdadero salto.

Nos interesa particularmente esta noción bergsoniana de imaginación ya que, como hemos visto a lo largo de toda esta investigación, ocupa un lugar liminal y al mismo tiempo decisivo. La imaginación, de algún modo, se ubica entre lo virtual y lo actual, es como una membrana que permite actualizar un contenido virtual (lo que llamamos recordar) o virtualizar un contenido actual (lo que llamamos olvidar).[475] Para que los recuerdos virtuales puedan descender a la superficie del presente es preciso que se encarnen en una imagen. Llamamos recordar, entonces, al devenir imagen de un recuerdo puro. Ahora bien, no sólo la memoria remite a un orden ontológico, sino también la imaginación. En efecto, la imaginación, si bien no designa el recinto puramente virtual de la memoria, tampoco designa el plano puramente actual del presente perceptivo. Por tal motivo, en *L'image-temps* Deleuze indica la necesidad de abordar el problema de la imaginación desde una perspectiva metafísica u ontológica y no psicológica. "La técnica de la imagen remite siempre a una metafísica de la imaginación [*metaphysique de l'imagination*]" (1985: 79). La imaginación, considerada desde un punto de vista metafísico, es el lugar o el pliegue por el que deben pasar los recuerdos puros para

---

[475] Es verdad, sin embargo, como bien ha señalado Gilbert Durand al inicio de *Les structures anthropologiques de l'imaginaire* retomando una objeción de Sartre, que Bergson en cierta forma reduce la imaginación a la memoria y la imagen a mero recuerdo: "Bergson no liberó completamente la imagen del papel subalterno que la obligaba ocupar la psicología clásica. Porque, en él, la imaginación se resuelve en memoria, en una especie de contador de la existencia, que se estropea en el desinterés del sueño y se regulariza por la atención perceptiva a la vida" (1984: 16). De todas formas, si bien la crítica de Durand es correcta, en este capítulo nos interesa proponer una interpretación del pensamiento bergsoniano diversa incluso a la del propio Bergson. Estimamos que, a partir de ciertas tesis de *Matière et mémoire*, es posible conferirle a la imaginación una función mucho más decisiva y un estatuto irreductible a la memoria.

recibir una imagen y acceder a la superficie del presente (el plano P del esquema de Bergson), es decir para volverse perceptibles. Este proceso supone una verdadera *encarnación* del contenido virtual puro. Recordar, por ende, es correlativo a un proceso de encarnación. De la misma manera, el proceso de olvido supone una *espiritualización* de la percepción actual.[476] Se trata de dos movimientos contrarios: cuando recordamos, nuestra imaginación le confiere una imagen a un recuerdo puro o, dicho de otro modo, el contenido virtual se encarna en una imagen y deviene percepción actual; cuando olvidamos, nuestra imaginación le sustrae la imagen, la carne, a la percepción, la cual deviene recuerdo puro, espíritu.

En resumen, encontramos en Bergson dos cuestiones que nos interesan particularmente. En primer lugar, una ontología de la imagen que implica por fuerza una concepción impersonal de la percepción y de la visibilidad. En segundo lugar, una metafísica de la imaginación que se define a partir de dos rasgos esenciales y correlativos: 1) es el pliegue entre lo actual y lo virtual, es decir entre el cuerpo y el alma; 2) es el punto que regula la economía del recuerdo y el olvido,

---

[476] Estos dos procesos, la encarnación y la espiritualización, es decir el recuerdo y el olvido o el devenir actual de un contenido virtual y el devenir virtual de un contenido actual reproducen, en otra clave, la relación que existe entre Cristo y la imaginación. La imaginación marca el nexo o el quiasmo entre lo actual, la carne, y lo virtual, el espíritu o el verbo. En Efesios 4:9-10, en una clave ciertamente diversa a la de *Matière et mémoire* (aunque recordemos que Bergson deseó –pero no concretó por causa del nazismo– convertirse al cristianismo), se alude a los dos movimientos, el de encarnación o descenso y el de espiritualización o ascenso: "Y eso de que subió, ¿qué es, sino que también había descendido primero a las partes más bajas de la tierra? El que descendió, es el mismo que también subió por encima de todos los cielos para llenarlo todo." Un mismo contenido, entonces, puede o bien asumir una imagen según el proceso descendente de la encarnación, o bien despojarse de su imagen y asumir una condición virtual según el proceso ascendente de la espiritualización. Por este motivo, en gran parte de los tratados patrísticos de los primeros siglos del cristianismo, la encarnación y la resurrección, es decir el descenso y el ascenso están íntimamente ligados. En Ignacio e Ireneo, pero también en Cirilo de Alejandría y Teodoro de Mopsuestia, subyace la idea de que la encarnación sólo se completa y llega a su cumplimiento definitivo con la resurrección. Así como la encarnación se completa con la espiritualización, ésta última también se completa con aquélla. La espiritualización no es, como en Platón y también en gran parte de la teología cristiana, el *telos* de la encarnación. Son más bien dos movimientos inmanentes y coexistentes. Esta bipolaridad dinámica, además, genera una suerte de zona de indistinción, una especie de membrana o pliegue en donde las percepciones actuales y los recuerdos puros, virtuales, tienden a confundirse. En 1 Corintios 15:44, pasaje que ya hemos citado en capítulos precedentes, leemos: "Se siembra un cuerpo natural, resucita un cuerpo espiritual." Estos dos cuerpos representan los dos movimientos que explican la relación entre el cuerpo y el espíritu: uno que va de lo virtual a lo actual, es decir de la memoria a la percepción (la encarnación, el cuerpo natural); otro que va de lo actual a lo virtual, de la percepción a la memoria (la espiritualización, el cuerpo espiritual). El primer movimiento, el de siembra, es descendente. La semilla desciende de la memoria a la superficie del presente. El segundo movimiento, el de resurrección, es ascendente. El cuerpo resucitado se eleva al cielo, la percepción se vuelve recuerdo. Ambos movimientos, como hemos dicho, dependen de la imaginación. En Cristo, en efecto, ambos cuerpos, el natural y el espiritual, el cuerpo actual y el cuerpo virtual, la Carne y el Verbo tienden a volverse indistinguibles.

es decir de la encarnación de un contenido virtual y de la espiritualización de un contenido actual. En los próximos capítulos intentaremos seguir algunas de estas perspectivas abiertas por Bergson en tres pensadores más actuales: Merleau-Ponty, Gilbert Simondon y Gilles Deleuze.

Capítulo XIX[477] ■
Maurice Merleau-Ponty: ontología del quiasmo

El concepto de "quiasmo" (*chiasme*), como bien han mostrado varios especialistas,[478] se encuentra en el centro de la filosofía del "último" Merleau-Ponty. En efecto, el capítulo final de *Le visible et l'invisible* (1964), texto póstumo publicado por Gallimard bajo el cuidado de Claude Lefort, se titula precisamente "L'entrelacs - le chiasme". Según Ted Toadvine, la noción de quiasmo "es la llave a la ontología tardía de Merleau-Ponty, y en particular a su comprensión de la relación entre humanos y naturaleza" (2009: 107).

El término "quiasmo", como sabemos, posee dos sentidos fundamentales: uno fisiológico y otro retórico (cfr. Toadvine 2012: 336-338; Hamrick & Van Der Veken 2011: 86-89). Según el primer sentido, designa el punto en el que se cruzan dos estructuras anatómicas tales como fibras, nervios o ligamentos. El ejemplo paradigmático, por supuesto, es el quiasmo óptico. Según el segundo sentido, designa una figura discursiva formada por la repetición de una estructura en orden inverso. Toadvine cita el siguiente verso de Keats como ejemplo: "La belleza es verdad, la verdad belleza" (2012: 336). Si bien ambos sentidos están presentes en Merleau-Ponty, es sin duda el primero, dada su filiación con la cuestión de la visión, el que parece imponerse.

Ahora bien, en este capítulo nos interesa retomar este concepto de Merleau-Ponty con el objetivo de mostrar que su función, en el marco de la nueva ontología esbozada en *Le visible et l'invisible* y en las notas de la misma época, se corresponde con la función que, a lo largo de la historia de la filosofía (en términos

---

[477] Parte de este capítulo ha sido publicado como artículo, con ligeras modificaciones, bajo el título "Quiasmo e imaginación en el 'último' Merleau-Ponty" en *Diánoia. Revista de Filosofía*, vol. LXIII, n° 80, (2018b), pp. 71-95.

[478] Cfr., entre otros, Toadvine 2012: 336-347; Barbaras 2004: 153-161; Dupond 2001: 6-8; Hamrick & Van Der Veken 2011: 86-94.

de Heidegger y Derrida: de la metafísica), ha desempeñado la imaginación.[479] En este sentido, pensar una ontología del quiasmo (o, como veremos, de la carne)[480] supone por necesidad pensar una ontología de la imaginación. Además, esta ontología de la imaginación u ontología quiasmática, necesariamente indirecta, permite arrojar una nueva luz sobre el problema –también central en el autor francés– de la subjetividad. Como veremos, el concepto de quiasmo no sólo se aplica a la distinción ontológica "visible/invisible" o "sensible/inteligible", sino también, y de manera explícita, a la distinción "pasividad/actividad".

Nuestra exposición estará estructurada en dos partes. En la primera explicaremos rápidamente el concepto de quiasmo y por qué proponemos identificarlo con la imaginación. En la segunda, nos abocaremos –también de manera ligera– al problema de la subjetividad y mostraremos que la imaginación es precisamente la instancia que articula el aspecto pasivo con el aspecto activo del sujeto.

a) Imaginación y ontología

En una nota de trabajo de junio de 1960, Merleau-Ponty precisa cuáles son los dos términos que se articulan en el quiasmo: "Hay un cuerpo del espíritu, y un espíritu del cuerpo y un quiasmo entre ellos" (1964: 307). Cuerpo y espíritu, entonces. Sin embargo, la relación que mantienen ambos términos no es de oposición (como en el caso de la *res cogitans* y la *res extensa* en Descartes o del ser en-sí y el ser para-sí en Sartre), tampoco de contradicción o de síntesis (Hegel), sino de solapamiento o encabalgamiento. Hay una pregnancia de lo invisible en lo visible y de lo visible en lo invisible. Lo invisible, el espíritu, no es lo *otro* de lo visible, sino su otro *lado*. De la misma manera, lo visible no es lo *otro* de lo invisible, sino también su otro *lado*. Son como el derecho y el reverso del Ser. Por eso Merleau-Ponty, retomando un motivo cristiano, habla de un cuerpo del espíritu y de un espíritu del cuerpo.[481] En la misma nota, de hecho, aclara:

---

479 En un texto sugerente, Annabelle Dufourcq, quien casualmente transcribió algunas clases dictadas por Gilles Deleuze sobre la imagen en Bergson, se dedica a analizar la relación entre la ontología merleaupontiana y lo imaginario (cfr. Dufourcq 2012: 343-402).

480 El sentido que encierra el concepto de "quiasmo" sólo se vuelve inteligible si se lo pone en relación con otros términos claves de Merleau-Ponty: carne, solapamiento, reversibilidad, profundidad, dehiscencia, etc.

481 El cuerpo natural y el cuerpo espiritual, la naturaleza (*physis*) y el espíritu (*pneuma* pero también *logos*), son por cierto temas centrales en las cartas paulinas en particular (cfr., por ejemplo, 1 Corintios 15:44) y en la teología cristiana en general. Hemos mostrado en el capítulo XIII, y luego ratificado en el capítulo XVI sobre William Blake, que Cristo, es decir el Verbo hecho Carne, viene a situarse en el pliegue exacto de lo visible y lo invisible, del Arquetipo y la copia, del Espíritu y la Materia. Volvemos a citar Colosenses 1:15-16: "Él [Cristo] es la imagen del Dios invisible, el Primogénito de toda la creación. Porque por Él fueron creadas todas las cosas, las que hay en el cielo y las que hay en la tierra, visibles e invisibles [*ta horata kai ta*

El "otro lado" quiere decir que el cuerpo, en tanto que tiene este otro lado, no es descriptible en términos objetivos, en términos de sí –que este otro lado es verdaderamente el otro lado del cuerpo, desborda en él (*Ueberschreiten*), se solapa sobre él, está oculto en él– y al mismo tiempo tiene necesidad de él, se termina en él, se ancla en él. (1964: 307)

El cuerpo, por supuesto, no es un objeto, una cosa, pero tampoco es un sujeto, una conciencia o mera negatividad. Hay una suerte de exceso del cuerpo, de misterio o lado oculto que no puede ser explicado en términos rigurosamente corporales. Este otro lado, esta especie de sombra solapada, encabalgada al cuerpo es el espíritu. Y a la inversa: el espíritu no es una conciencia, no es el sentido inaugurado o fundado en un para-sí; el espíritu es el pliegue del propio cuerpo, su repulgue, el secreto que lo desborda y al mismo tiempo lo requiere. El término que permite pensar esta ontología del solapamiento o de la reversibilidad, y en consecuencia evitar los dualismos propios del pensamiento moderno, es el de carne (*chair*).[482] "La noción esencial para tal filosofía es la de la carne, que no es el cuerpo objetivo, que no es tampoco el cuerpo pensado por el alma (Descartes) como suyo, que es lo sensible en el doble sentido de lo que se siente y lo que siente" (1964: 307). No se trata, entonces, de considerar al cuerpo como objeto y al espíritu como sujeto; no se trata, por lo mismo, de pensar a la carne

---

aorata]." El Hijo es uno con el Padre según su naturaleza o su esencia, pero diverso de Él según su persona, su hipóstasis. Este doble aspecto de Cristo vuelve posible la conexión entre Dios y los hombres, entre lo invisible [*ta aorata*] y lo visible [*ta horata*]. En la teología cristiana, Jesús es precisamente el *quiasmo* entre lo visible y lo invisible, entre el Verbo y la Carne. No es desatinado suponer que Merleau-Ponty haya tenido presente el concepto cristiano de carne puesto que, en *Le visible et l'invisible*, llega a hablar de una carne sutil o de un cuerpo glorioso, expresiones que remiten sin duda alguna a la teología cristiana: "Mi carne y la del mundo comportan entonces zonas claras, días alrededor de los cuales orbitan sus zonas opacas, y la visibilidad primera, la de los *quale* y de las cosas, no deja de remitir a una visibilidad segunda, la de las líneas de fuerza y las dimensiones, la carne maciza a una carne sutil, el cuerpo momentáneo a un cuerpo glorioso" (1964: 192). Federico Leoni sostiene, en un interesante ensayo titulado "Carne come ritmo. Teologia e fenomenologia della carne", que la última ontología de Merleau-Ponty se presenta como una toma de distancia de la teología cristiana pero, al mismo tiempo, en una relación constante con ella: "Una salida de la salida cristiana de la carne, esto es lo que ocurre en *Lo visible y lo invisible* [...]. El sentido de la última fenomenología merleaupontiana se encuentra quizás contenido en este enfrentamiento oculto, en este desafío secreto, en esta implícita toma de distancia" (2003: 50). Toma de distancia que pasaría, al menos en parte, por una recuperación del pensamiento *elemental* de los presocráticos: "Al cuerpo del cristianismo y al cuerpo cristiano de la fenomenología husserliana Merleau-Ponty opone una carne que es, en cierto sentido, griega, que es, quizás en parte, hebrea, que es, por último, no sólo *ante Christum nata* sino también, en cierto modo, nacida antes de Platón y de Sócrates, precristiana y presocrática a la vez" (*ibid.*). En el siglo XX, el autor que más ha profundizado en una fenomenología de la carne y de la encarnación desde una perspectiva cristiana es sin duda Michel Henry (cfr., en particular, Henry 2000).

482 Sobre el concepto de carne en Merleau-Ponty, cfr. Evans & Lawlor 2000; Esposito 2006: 252-271; Carbone 2015: 7-20; Dupond 2001: 5-6; Hamrick & Van Der Veken 2011: 73-102, 205-233.

como substancia: la carne es quiasmo, es decir *relación*. Merleau-Ponty sugiere el término "elemento", es decir "una *cosa general*, a medio camino del individuo espacio-temporal y de la idea, suerte de principio encarnado que conlleva un estilo de ser" (1964: 182). Esta definición, curiosamente, recuerda el concepto de "imagen" propuesto por Henri Bergson en *Matière et mémoire*, un texto en el que se aborda justamente la problemática relación entre el cuerpo y el espíritu. Como vimos en el capítulo previo, Bergson entiende por imagen "una existencia situada a medio camino entre la 'cosa' y la 'representación'" (1939: 5-6). Las imágenes no requieren de ninguna conciencia ni sujeto para existir.[483] De algún modo, la imagen se ubica *a medio camino* entre la cosa y la representación. Se trata de una ontología del "a medio camino", es decir del quiasmo. La carne, en Merleau-Ponty, se ubica *a medio camino* del individuo espacio-temporal y de la idea;[484] la imagen, en Bergson, *a medio camino* de la cosa y la representación. El estatuto ontológico de ambos conceptos, carne e imagen, más allá de sus evidentes (o no tan evidentes) diferencias, es el mismo.[485] Este "a medio camino", pliegue o quiasmo, es acaso lo más difícil de pensar. Merleau-Ponty indica que se trata de

---

483 Merleau-Ponty, comentando el concepto de imagen en Bergson, habla de "un universo de imágenes sin espectador" (1995: 83). Una idea similar tiene en mente Giorgio Colli cuando afirma que la expresión –tema también central, por cierto, en Merleau-Ponty–, a diferencia de la representación, designa "un espectáculo que prescinde de los espectadores" (1978: 20). La misma pregunta, por otro lado, se formula Gottlob Frege en el ensayo "Der Gedanke": "¿Puede haber una experiencia sin alguien que la experimente? ¿Qué sería este gran espectáculo [*Schauspiel*] sin un espectador [*ohne einen Zuschauer*]? ¿Puede existir un dolor sin alguien que lo sostenga?" (1993: 47).

484 Con el objetivo de expresar este lugar intermedio de la carne, Merleau-Ponty muchas veces utiliza la expresión, que remite explícitamente a Marcel Proust, "ideas sensibles". La idealidad en la que está pensando Merleau-Ponty no es, por supuesto, el mundo trascendente de las Formas platónicas, sino el aspecto ideal *de* lo sensible. Si puede hablarse de un plano invisible es siempre con la cautela de considerarlo en relación a lo visible: la idealidad es lo invisible *de* lo visible. Lo cual significa que las ideas son inmanentes a lo sensible. No es casual que Gilles Deleuze encuentre también en Proust esta suerte de idealidad inmanente: "El sentido mismo se confunde con esta desenvoltura del signo, así como el signo se confunde con el enrollamiento del sentido" (Deleuze 1964: 110); y también, un poco más tarde: "Todo es implicado, todo es complicado, todo es signo, sentido, esencia. Todo existe en estas zonas oscuras donde nosotros penetramos como si fueran criptas, para descifrar jeroglíficos y lenguajes secretos [...] No existen cosas ni espíritus, no hay más que cuerpos: cuerpos astrales, cuerpos vegetales... La biología tendría razón si supiera que los cuerpos en sí mismos son ya lenguaje. Los lingüistas tendrían razón si supieran que el lenguaje es siempre el de los cuerpos" (*ibid.*: 112). Esta inscripción del sentido o la significación *en* lo sensible había sido ya notada también por Cornelius Castoriadis: "Pues la institución del mundo de las significaciones como mundo histórico-social es *ipso facto* 'inscripción' y 'encarnación' en el 'mundo sensible' a partir del cual éste es históricamente transformado en su ser-así" (2013: 550).

485 Sobre la carne como visibilidad y su relación con la imagen, cfr. Carbone 2015. En este texto, Carbone retoma incluso la expresión de Merleau-Ponty "carne de lo imaginario" (*ibid.*: 3).

un borde o una juntura, una membrana ontológica.[486] Por eso es preciso "mostrar –asegura Merleau-Ponty– cómo el mundo se articula a partir de un cero de ser que no es una nada, es preciso instalarse sobre el borde del ser, ni en el para Sí ni en el en Sí, en la juntura, allí donde se cruzan las múltiples entradas del mundo" (1964: 308). El quiasmo, entonces, designa un cero de ser que no es una nada: un borde que posee un mínimo de ser.[487] No sólo se trata de una ontología del borde sino, en cierta forma, de situarse en el borde mismo de la ontología. La carne del mundo no es ni un en-sí ni un para-sí, sino el borde o la juntura en el que ambos términos, como las dos imágenes en el quiasma óptico, se articulan y se cruzan. Todo *Le visible et l'invisible* está construido sobre este borde (del ser), sobre esta Y [*ET*] que separa, o más bien solapa, lo visible sobre lo invisible y lo

---

[486] Gilbert Simondon, quien no por casualidad dedica su tesis doctoral a la memoria de Merleau-Ponty, desarrolla, como veremos en el capítulo próximo, una ontología biológica de la membrana: "La membrana viviente, anatómicamente diferenciada o solamente funcional cuando ninguna formación particular materializa su límite, se caracteriza como lo que separa una región de interioridad de una región de exterioridad: la membrana es polarizada, dejando pasar tal cuerpo en el sentido centrípeto o centrífugo, oponiéndose al pasaje de tal otro" (2005: 225). La función de la membrana consiste en separar, y a la vez conectar, elementos del interior con elementos del exterior. La membrana, además, a la vez que permite el mantenimiento de una región de interioridad, es decir la permanencia, siempre inestable, de una zona interna, resulta regenerada por esa misma interioridad: "Se podría decir que lo viviente vive en el límite de sí mismo, sobre su límite: es por relación a este límite que hay una dirección hacia adentro y una dirección hacia afuera" (2005: 225-226). Gilles Deleuze, por su parte, retoma este concepto de Simondon para pensar los procesos de subjetivación en Foucault: "El pliegue mismo, el doblez, es una Memoria [...]. Memoria es el verdadero nombre de la relación sobre sí, o del afecto de sí por sí. [...] El tiempo como sujeto, como subjetivación, se llama memoria. En tanto que el afuera es plegado, un adentro le es coextensivo. El tiempo deviene sujeto porque, al plegar el afuera, produce un adentro como memoria" (2004: 114-115). Este adentro, sin embargo, no designa una interioridad constituyente, sino una suerte de cavidad o enrollamiento del afuera. El adentro no es sino el afuera, el pliegue del afuera: "no es nunca una proyección del interior, sino al contrario una interiorización del afuera" (2004: 105). Sobre la noción de *membrana* en Simondon, cfr. las notas 523, 527 y 528.

[487] Acaso habría que decir del quiasmo, en tanto designa un cero de ser, lo que Alexius Meinong dice de los objetos ideales y nosotros de las imágenes: más que ex-sistir, sub-sisten: "los Objetos ideales de hecho subsisten (*bestehen*), pero de ninguna manera existen (*existieren*), y por lo tanto no pueden ser actuales (*wirkilch*). La semejanza y la diferencia son ejemplos de objetos de este tipo: quizás, bajo ciertas circunstancias, subsisten entre las realidades; pero no forman parte de la realidad en sí mismos" (2011: 79); o también, en relación con los objetos matemáticos: "La forma de ser (*Sein*) que concierne a la matemática no es nunca la existencia (*Existenz*). En este sentido, la matemática nunca trasciende la subsistencia (*Bestand*): una línea recta no tiene más existencia que un ángulo recto; un polígono regular no más que un círculo. Es una peculiaridad del uso matemático del lenguaje que este uso dé lugar a exigencias de existencia. Aunque el matemático utilice el término 'existencia', no puede sino conceder que lo que podríamos llamar 'posibilidad' es, a fin de cuentas, todo lo que requiere el objeto de su consideración teórica" (2011: 80-81). Basándose en Meinong, Gilles Deleuze sostiene que el sentido –es decir los acontecimientos– designa una suerte de Extra-Ser que, más que existir, insiste o subsiste: "Es este *aliquid*, a la vez extra-ser e insistencia, este mínimo de ser que conviene a las insistencias" (1969: 34).

invisible sobre lo visible. *Le visible ET l'invisible*: grandeza de Merleau-Ponty con su ontología indirecta de la promiscuidad y del solapamiento.

IN-VISIBLE

Se trata de una "diplopía ontológica", según la expresión de Maurice Blondel (cfr. 1935: 303) retomada por Merleau-Ponty. En efecto, en el *résumé* del curso dictado en los años 1957-58, Merleau-Ponty escribe: "¿No habría, como se ha dicho, una suerte de 'diplopía ontológica' (M. Blondel) de la que no se puede esperar ninguna reducción racional después de tantos esfuerzos filosóficos, y de la que sólo se trataría de asumir enteramente, como la mirada asume imágenes monoculares para construir una única visión?" (1964: 217). No se trata de resolver la diplopía en una identidad ni de considerar las dos imágenes monoculares, la del cuerpo y la del espíritu, la de lo visible y la de lo invisible, como dos substancias radicalmente diferentes; se trata, parece sugerir Merleau-Ponty, de asumir la diplopía e instalarse en el quiasmo en el que ambas imágenes se integran y se solapan sin perder su especificidad. Este solapamiento de las dos imágenes, esta integración no sintética que se efectúa en el quiasmo, es de otro orden que las imágenes monoculares. "Las imágenes monoculares no *son* en el mismo sentido en que *es* la cosa percibida con los dos ojos" (1964: 22; el subrayado es de Merleau-Ponty). El solapamiento nos introduce en el mundo de la profundidad y de la verticalidad. La profundidad es por cierto inagotable. Siempre hay un resto de invisible en lo visible y un resto de visible en lo invisible. Por eso la integración de las imágenes monoculares no puede ser concebida como una síntesis o una identidad. Y cuando Merleau-Ponty sostiene que "más allá del ser en sí y el ser para nosotros, una tercera dimensión parece abrirse, donde su discordancia se aboleˮ (1964: 48), no hay que entender que las diferencias de las dos imágenes resultan anuladas. La visión tridimensional, binocular, no cancela las diferencias específicas de cada imagen, más bien las hace coexistir, las *deja ser* (para decirlo heideggerianamente) en su diferencia, pero integrándolas.[488]

Ahora bien, hemos dicho que el concepto de quiasmo, tal como Merleau-Ponty lo entiende, puede (y debe) ser identificado con la imaginación. ¿Por qué? Porque a lo largo de la historia de la metafísica la imaginación ha sido precisamente la instancia, muchas veces problemática y marginada, siempre difícil de

---

[488] De nuevo es Simondon el que desarrolla esta idea y la eleva a una dimensión ontológica. La visión tridimensional integra, de algún modo, los detalles de cada una de las visiones bidimensionales sin suprimirlos. Lejos de retener lo que es común, la percepción retiene todo lo que es particular y lo integra al conjunto del nuevo sistema tridimensional. Sobre este punto, cfr. el apartado *a* del capítulo próximo.

aprehender, en la que lo sensible se ha articulado o conectado con lo inteligible. Como sostiene James Engell en *The Creative Imagination*: "La idea de la imaginación dramatizó y articuló la dialéctica entre materia y espíritu, naturaleza y *psyché* interior, materialismo y trascendentalismo" (1981: viii).[489] En efecto, la imaginación ha funcionado como el pliegue o el quiasmo en el que el ojo del cuerpo y el ojo del alma, según la metáfora que se retrotrae a Platón,[490] encuentran la posibilidad de su integración y coexistencia. Si, como afirma Giorgio Agamben, en nuestra cultura "el hombre ha sido siempre pensado como la articulación y la conjunción de un cuerpo y de un alma, de un viviente y de un logos, de un elemento natural (o animal) y de un elemento sobrenatural, social o divino" (2002: 21), y si identificamos al elemento natural, para seguir con la metáfora óptica, con la mirada proveniente del ojo del cuerpo y al elemento espiritual o anímico con la mirada proveniente del ojo del alma, entonces el quiasmo óptico es precisamente la imaginación. Instalarse en el borde del ser, como sugiere Merleau-Ponty a la hora de esbozar su ontología, significa instalarse en la imaginación.[491] Para esto, sin embargo, es necesario liberar a la imaginación de toda connotación psicológica. En efecto, en una nota de febrero de 1959, Merleau-Ponty siente la

---

489 Podríamos citar innumerables ejemplos que apoyan este lugar intermedio, quiasmático, de la imaginación en relación a lo sensible y lo inteligible. Lodi Nauta y Detlev Pätzold, sin ir más lejos, sostienen desde una perspectiva psicológica: "En tanto facultad del alma [la imaginación] se caracteriza en las teorías filosóficas, psicológicas y médicas por ser la mediadora entre los sentidos y la razón" (2004: ix). John Cocking, por su parte, escribe: "en la tradición filosófica que surge de Aristóteles, la fantasía es el nexo entre la sensación y el espíritu, y en la teología de la emanación es el nexo en el proceso contrario; el espíritu divino, creando, pasa de la pura inteligencia a la substancia sensible a través de la imaginación" (1991: 31). En una misma perspectiva, John Lyons se refiere a la imaginación como "la forma de pensamiento que media entre el cuerpo y el intelecto" (2005: xiii). Jan Veenstra expresa la misma idea: "Es una facultad intermedia entre los sentidos y la intelección, siguiendo a los primeros y precediendo a la última, una facultad entre lo corpóreo y lo incorpóreo" (2004: 14). Luigi Ambrosi también enfatiza la "extraña mezcolanza de su naturaleza a un tiempo material y espiritual" (1898: xxx). Giorgio Agamben, por último, refiere: "La imaginación recibe así un rango decisivo en todos los sentidos: en el vértice del alma individual, en el límite entre lo corpóreo y lo incorpóreo, lo individual y lo común, la sensación y el pensamiento, representa el residuo último que la combustión de la existencia individual abandona en el umbral de lo separado y de lo eterno. En este sentido, la imaginación —y no el intelecto— es el principio definitorio de la especie humana" (2007: 51-52); y también, un poco más tarde: "es en la imaginación donde tiene lugar la fractura entre lo individual y lo impersonal, lo múltiple y lo único, lo sensible y lo inteligible y, a la vez, la tarea de su dialéctica recomposición" (*ibid.*: 56).

490 Sobre la expresión "el ojo del alma" en Platón, cfr. el capítulo V.

491 "La ontología nueva debe definir como Ser lo que no es plenamente y superar la dualidad entre ser y no-ser: ahora bien, lo imaginario es una noción que no puede ser pensada sino más allá de este dualismo, ella permite entonces, al igual que la noción de carne, designar un modelo de ser que nosotros buscamos definir más allá de los dualismos" (Dufourcq 2012: 349). Por tal motivo, asegura Dufourcq, "lo imaginario se vuelve modelo ontológico" (*ibid.*) en el último Merleau-Ponty.

necesidad de "mostrar que lo que se podría considerar como 'psicología' (*Ph. de la Perception*) es en realidad ontología" (1964: 228).[492] Esto es aplicable sobre todo a la imaginación.[493] Así como la imaginación, en Kant o en Bergson pero también en gran parte de la filosofía occidental, es la superficie de contacto de lo sensible y lo inteligible (de las intuiciones y los conceptos en Kant; de lo actual y lo virtual en Bergson), así también la imaginación es (o podría ser) el pliegue entre lo visible y lo invisible, entre el cuerpo y el espíritu en Merleau-Ponty.[494] La imaginación es el lugar o, más bien, el no-lugar, la superficie sin espesor en la que lo visible se solapa o se encabalga con lo invisible y viceversa; en la que el cuerpo encuentra su otro lado, su sombra espiritual, y el espíritu su sombra corporal, su lado sensible. Puede haber reversibilidad porque la imaginación es la bisagra que permite, desde ese lugar inextenso y prácticamente inexistente, que el cuerpo y el espíritu se excedan mutuamente y se encabalguen: allí, en el no-lugar de la imaginación, cuerpo y espíritu son *Ineinander*: uno en el otro. La imaginación, entonces, designa este entrelazo entre lo visible y lo invisible, el pliegue que debe ser pensado por toda ontología que intente superar el dualismo sin renunciar a lo corporal y a lo espiritual, es decir sin caer en una posición materialista ni idealista. En este sentido, Merleau-Ponty sostiene que la noción de carne, es decir de quiasmo, posee un estatuto autónomo que debe ser indagado en su especificidad. Se trata, pues, de una noción última: "podemos mostrar que la carne es una noción última, que no es unión o compuesto de dos substancias, sino pensable por sí misma" (1964: 183). Es imperioso pensar esta modalidad mínima de Ser,

---

492 Este tránsito de la fenomenología a la ontología, sin embargo, no supone un abandono del sujeto, sino que se trata, para decirlo en los términos de Jean-Luc Nancy, "de remontarse del sujeto fenomenológico, punto de vista intencional, a un sujeto resonante, espaciamiento intensivo de un rebote que no se acaba en ningún retorno a sí sin relanzar como eco un llamado a este mismo sí" (2002: 44).

493 No podemos desarrollar aquí este punto, pero es preciso indicar la importancia que posee el pensamiento de Schelling, y de los románticos en general, en la filosofía de Merleau-Ponty. Baste notar que la *Naturphilosophie* de Schelling significa, ante todo, para Merleau-Ponty, una "fenomenología del Ser pre-reflexivo" (1995: 66) que desemboca en una ontología de la naturaleza. Como hemos visto en los capítulos XVI y XVII, el Romanticismo se caracteriza por una exaltación de la imaginación, exaltación que, en el caso de Schelling pero también de Coleridge, Blake o Frohschammer, alcanza dimensiones ontológicas y metafísicas. En *Die Philosophie der Kunst*, por ejemplo, Schelling sostiene: "La espléndida palabra alemana 'imaginación' [*Einbildungskraft*] significa el poder de una *mutua invención hacia la unidad* [*Ineinsbildung*] sobre la cual se basa toda creación. Es la potencia por la que algo ideal es simultáneamente algo real, el alma simultáneamente el cuerpo, la potencia de la individuación que es el poder creativo real" (1859: 386). Sobre la imaginación en el Romanticismo, cfr. Engell 1981; Barth 1977. Sobre la influencia de Schelling en Merleau-Ponty, cfr. Wirth & Burke 2013; Hamrick & Van Der Veken 2011: 123-144.

494 En una nota inédita citada por Emmanuel de Saint Aubert, Merleau-Ponty sostiene que lo imaginario no es una ilusión sino un rasgo ontológico: "lo imaginario como hueco 'sensible', no es 'ilusión', sino rasgo ontológico del ser-visto" (Nota inédita B.N. vol. VI [261]v, abril-mayo 1960, citada por E. de Saint Aubert 2004: 258, nota 5).

y pensarla en toda su profundidad y complejidad.[495] Este tercer lugar o "tercera dimensión", como la llama Merleau-Ponty, este "cero de ser que no es una nada", designa un *tertium* cuya función, extremadamente paradójica y ambigua, consiste en conectar y al mismo tiempo distinguir dos elementos o regiones. Se trata de una suerte de *conjunción disyuntiva*.[496] Esta operación, además, es propia de lo que John Sallis denomina la "lógica de la imaginación":

---

495 Esta modalidad no se definiría por la existencia sino, como hemos indicado a partir de Meinong, por la sub-sistencia: "No hay, estrictamente hablando, lo sensible y lo inteligible, sino una única presencia que *subsiste* como la co-presencia de cada cosa en cada cosa, como pregnancia y promiscuidad universales" (Barbaras 2004: 304; el subrayado es nuestro). En tanto no es algo que ex–iste, "el principio de su articulación [de lo sensible y lo inteligible] no puede ser otra cosa diversa de lo que articula" (*ibid.*: 306). Por tal motivo, Mauro Carbone, poniendo en relación la noción de carne en Merleau-Ponty con la *chōra* platónica, aclara que no se trata de un "'tercer género', sino más bien de una textura unitaria de diferencias en constante diferenciación" (2015: 72). También Federico Leoni ha sugerido que uno de los sentidos posibles del término "carne" en Merleau-Ponty es el de *chōra*, tal como la entiende Platón en el *Timeo*: "'Carne' como informe consistencia originaria, como *chōra* fenomenológicamente entendida, he aquí un primer sentido posible del proyecto ontológico merleaupontiano" (2003: 53). En suma, lo sensible y lo inteligible existen; el quiasmo, subsiste. La noción de estado T propuesta por Stéphane Lupasco, como hemos visto en el apartado *d* del capítulo III y como veremos –de pasada– en el capítulo siguiente, se acerca al concepto de quiasmo.

496 Existe un término en química que, creemos, explica la función específica del quiasmo: "miscibilidad". La miscibilidad describe una mezcla de dos substancias en la cual no hay transformación física o química de ninguna de ellas; cada una conserva respectivamente tanto su composición química como sus propiedades físicas. Aunque no hay ningún cambio, las sustancias forman una mezcla homogénea, lo que significa que son visualmente indistinguibles entre sí. En este sentido, podemos decir que el quiasmo óptico, por ejemplo, produce una suerte de miscibilidad de las dos imágenes monoculares, las cuales, como hemos dicho, no son sintetizadas sino integradas en su disparidad para formar una imagen profunda o tridimensional. La solubilidad, en cambio, es un término químico que se refiere a la capacidad de una sustancia, llamada soluto, para disolverse completamente en otra sustancia, llamada solvente. A diferencia de la miscibilidad, la solubilidad se refiere a un cambio físico conforme las moléculas se disuelven y se separan en la solución. En este caso se trata de una síntesis que anula las diferencias respectivas; en el caso de la miscibilidad, por el contrario, de una integración que las conserva. Permítansenos señalar que Gilberto Freyre, en un contexto ciertamente diverso al de la química, se ha servido de este término para explicar el contacto y la mezcla entre razas diferentes: en Portugal primero, en Brasil después. "La miscibilidad [*miscibilidade*], más que la movilidad, fue el proceso por el cual los portugueses compensaron su deficiencia en masa o volumen humano para la colonización a gran escala y sobre áreas extensísimas. Para tal proceso los preparó la íntima convivencia, el intercambio social y sexual con las razas de color, invasoras o vecinas de la Península, una de ellas, la de fe mahometana, en condiciones superiores, técnicas y de cultura intelectual y artística, a la de los cristianos rubios" (Freyre 2003: 70-71). No nos interesa aquí, por supuesto, la cuestión ya anacrónica de las "razas", sino el concepto de *miscibilidade* empleado por Freyre. La función de la miscibilidad es integrar dos términos antagónicos sin suprimir sus diferencias específicas. Esta noción, según Benzaquem de Araújo, implica "una concepción del mestizaje como un proceso en el cual las propiedades singulares de esos pueblos no se disuelven para dar lugar a una nueva figura, dotada de perfil propio, síntesis de las diversas características que se habrían fundido en su composición. De esta manera, al contrario de lo que sucedería en una percepción esencialmente *cromática* del mestizaje [*miscigenaçao*] en la cual, por ejemplo, la mezcla del azul con el amarillo siempre da por resultado el verde, tenemos la

La imaginación se sostiene entre términos diferentes, distintos, y con frecuencia incluso opuestos. En este sostenerse entre términos, la imaginación los mantiene juntos. Esta conjunción no reduce la diferencia entre los términos. No los mezcla, no elimina sus rasgos distintivos; en el caso de los opuestos, no cancela su oposición. No produce lo que podríamos llamar una síntesis. Por el contrario, manteniendo los términos juntos, la imaginación también sostiene su diferencia; articulando los opuestos, los mantiene en su oposición. (2012: 160-161)[497]

b) Imaginación y subjetividad

El término "quiasmo", en Merleau-Ponty, cumple un rol operativo y sirve para pensar diferentes polaridades conceptuales. Su sentido general, como he-

---

afirmación del mestizo como alguien que guarda la indeleble marca de las *diferencias* presentes en su gestación" (1994: 44; el subrayado es de Benzaquem de Araújo). Sobre la noción de "miscibilidad" en Freyre, cfr. Benzaquem de Araújo 1994: 43-48; Roca 2013. A decir verdad, ya los filósofos de la Antigüedad, en especial los estoicos, poseían un término, *krasis*, que designaba una mezcla de dos elementos, en general líquidos, en la cual no se suprimían las características específicas de cada componente. Explica Max Pohlenz en su estudio sobre el estoicismo: "en un determinado tipo de mezclas, la *krasis* [...], dos cuerpos conservan sus cualidades específicas, pero forman una combinación que es completamente diferente de la simple yuxtaposición" (1967: 138-139). Como en el caso de la *miscibilidade*, de la cual se sirve Freyre en el extraordinario *Casa-grande & senzala. Formação da família brasileira sob o regime da economia patriarcal* para explicar la hibridación de las razas, o de la *krasis* estoica, la imaginación, al igual que el quiasma óptico respecto a las imágenes monoculares, integra dos elementos sin suprimir —o sintetizar, para decirlo hegelianamente— sus diferencias específicas. Una perspectiva semejante, aunque crítica de la noción de "hibridación", es la de Silvia Rivera Cusicanqui. La noción de *ch'ixi*, central en su propuesta teórico-práctica, designa precisamente una integración de elementos antagónicos sin supresión ni síntesis: "*Ch'ixi* literalmente se refiere al gris jaspeado, formado a partir de infinidad de puntos negros y blancos que se unifican para la percepción pero permanecen puros, separados. Es un modo de pensar, de hablar y de percibir que se sustenta en lo múltiple y lo contradictorio, no como un estado transitorio que hay que superar (como en la dialéctica), sino como una fuerza explosiva y contenciosa, que potencia nuestra capacidad de pensamiento y acción. Se opone así a las ideas de sincretismo, hibridez, y a la dialéctica de la síntesis, que siempre andan en busca de lo uno, la superación de las contradicciones a través de un tercer elemento, armonioso y completo en sí mismo" (2015: 295). La misma idea plantea Rivera Cusicanqui en el ensayo "Ch'ixinakax utxiwa": "La palabra ch'ixi tiene diversas connotaciones: es un color producto de la yuxtaposición, en pequeños puntos o manchas, de dos colores opuestos o contrastados: el blanco y el negro, el rojo y el verde, etc. Es ese gris jaspeado resultante de la mezcla imperceptible del blanco y el negro, que se confunden para la percepción sin nunca mezclarse del todo. La noción de ch'ixi, como muchas otras (*allqa, ayni*) obedece a la idea aymara de que algo es y no es a la vez, es decir, a la lógica del tercero incluido" (2010: 69). No es casual, pues, que hayamos identificado a la lógica específica de la imaginación con la lógica del tercero incluido. Sobre este punto, cfr. el apartado *d* del cap. III.

497 Por razones de extensión no podemos desarrollar aquí esta idea, pero nótese que existe una profunda afinidad entre la lógica de la imaginación, tal como Sallis la entiende, y lo que podríamos llamar una lógica del quiasmo o de la carne en Merleau-Ponty (cfr., en particular, Sallis 2012: 142-189).

mos visto, se caracteriza por la distinción "visible/invisible" o "expresión/percepción". Este es el quiasmo de los quiasmos o, como sostiene Barbaras, el "último quiasmo" (cfr. 2004: 306).[498] Pero más allá de este quiasmo último, Merleau-Ponty también utiliza el concepto para pensar lo tocante y lo tocado, lo vidente y lo visible, lo visible y lo táctil, yo y mi cuerpo, mi cuerpo y el cuerpo del otro, etc. Ahora bien, entre los diferentes quiasmos individuados en *Le visible et l'invisible*, hay uno que nos interesa particularmente en relación al sujeto: pasividad-actividad.

> El quiasmo, la reversibilidad, es la idea de que toda percepción [...] es acto de dos caras, ya no se sabe quién habla ni quién escucha. Circularidad hablar-escuchar, ver-ser visto, percibir-ser percibido (es ella la que hace que nos parezca que la percepción se produce en las cosas) - Actividad = pasividad. (1964: 233)

Como resulta obvio, Merleau-Ponty está pensando al quiasmo, en este caso vinculado al círculo perceptivo, como el pliegue o la reversibilidad entre la actividad y la pasividad.[499] Pero, ¿qué significa concretamente que lo activo = a lo pasivo? O también, ¿qué significa afirmar, como en una nota de noviembre de 1960, que la "actividad no es más *lo contrario* de la pasividad" (1964: 317)? Esta equivalencia entre la actividad y la pasividad, ¿implica una identidad? La respuesta, evidentemente, es no.[500] Dejemos que Merleau-Ponty nos responda:

> Es que *reversibilidad* no es *identidad* actual de lo tocante y de lo tocado. Es su identidad de principio (siempre faltante). No es sin embargo idealidad, pues el cuerpo no es simplemente un visible entre los visibles, es visible-vidente, o mirada. Dicho de otro modo, el tejido de posibilidades que encierra lo visible exterior sobre el cuerpo vidente mantiene entre ellos una cierta distancia [*écart*]. Pero esta distancia no es un *vacío*, es llenada precisamente por la carne como lugar de emergencia de una visión pasividad que implica una actividad –y por lo mismo distancia entre lo visible exterior y el cuerpo que constituye una amortiguación contra el mundo. (1964: 320)

---

498 En una nota de noviembre de 1960, Merleau-Ponty se pregunta "en qué sentido estos quiasmos múltiples no hacen más que uno" (1964: 309). El último capítulo del libro de Barbaras, *De l'être du phénomène: l'ontologie de Merleau-Ponty*, se titula precisamente "El último quiasmo". Para explicar el carácter inmanente de este concepto último de la ontología merleaupontiana, Barbaras recurre a la noción de envoltura: "Tal es el sentido del último quiasmo: el mundo sensible y el mundo inteligible envuelven al Ser, pero el Ser no es otra cosa que ellos; por eso, para que el Ser pueda preservar su absoluta profundidad, lo sensible y lo inteligible son a su vez envueltos por el Ser" (2004: 306).

499 Explica Mauro Carbone: "la idea de quiasmo [...] parece describir perfectamente la relación que hemos observado entre la actividad y la pasividad" (2004: xvi).

500 "No hay coincidencia entre lo vidente y lo visible" (1964: 309).

Se trata de la misma lógica que explicaba la relación entre lo visible y lo invisible. Hay solapamiento entre la pasividad y la actividad, hay pregnancia: lo activo está impregnado de lo pasivo y lo pasivo de lo activo. ¿Qué es el sujeto? Es esta distancia que no es un vacío, de la misma manera que el quiasmo designa un cero de ser que no es una nada. Lo cual significa que el sujeto coincide con el quiasmo, es decir con la imaginación.[501] El sujeto es un cierto espesor, una distancia, el punto de reversibilidad en el que lo pasivo y lo activo se vuelven prácticamente indistinguibles. No es una cosa, no es un espíritu, no es una substancia: es carne. Por esa razón Merleau-Ponty sostiene que "la idea del quiasmo [supone que] toda relación con el ser es simultáneamente aprehender y ser aprehendido, la aprehensión es aprehendida, está inscripta y se inscribe en el mismo ser que ella aprehende" (1964: 234). El sujeto, en rigor de verdad, no es ni activo ni pasivo o, quizás, es las dos cosas al mismo tiempo: es quien aprehende y quien es aprehendido, quien aprehende en tanto es aprehendido, quien ve y es visto, quien ve en tanto es visto. En *L'Œil et l'esprit*, Merleau-Ponty habla de una suerte de respiración ontológica que da cuenta de este doble movimiento del sujeto: "Lo que se llama inspiración debería ser tomado al pie de la letra: hay verdaderamente inspiración y expiración del Ser, respiración en el Ser, acción y pasión tan poco discernibles que no se sabe ya quién ve y quién es visto, quién pinta y quién es pintado" (1964a: 31-32). El sujeto, como el Ser, el sujeto en tanto forma parte del Ser, no está separado de esa respiración, no es una conciencia constituyente, sino primeramente carne, pliegue o envoltura ontológica.[502] El sujeto es el punto en el que la in-spiración se transforma en ex-piración, el instante en el que la pasividad se vuelve activa, y al mismo tiempo en el que la actividad se vuelve pasiva. La respiración requiere ambos movimientos.[503] Ahora bien, este

---

[501] Sostiene Dufourcq: "El Ser tal como lo concibe Merleau Ponty va a llevar la huella del arquetipo imaginario. Nosotros vamos a mostrar que es fundamentalmente distancia [*écart*], dehiscencia, ubicuidad, no-coincidencia consigo mismo, *Urstiftung* mítica –inasignable. Es la fluidez y el deslizamiento mismos. Es precisamente el carácter evasivo y evanescente de lo imaginario lo que hace que asuma el rango de modelo ontológico" (2012: 350).

[502] En este mismo sentido, Jean-Luc Nancy ha podido explicar, confiriéndole a la "escucha" un rol predominante, la formación del sujeto a partir de "una rítmica fundamental del afecto como tal, a saber –quizás– el batimiento de una incorporación y de una excorporación" (cfr. 2002: 74) o "como el repliegue/despliegue rítmico de una envoltura entre 'adentro' y 'afuera', o bien plegando el 'afuera' en el 'adentro', inaginando, formando un hueco, una caja o un tubo de resonancia" (*ibid.*). No es casual, además, que Nancy explique la relación del sí con el sí, el eco del sí con el sí, como una dehiscencia: "la distancia de una diferencia [...] que no es sino el renvío *a sí* en el que el sí se sostiene, pero no se sostiene más que en dehiscencia o como diferencial de sí (se sostiene, entonces, deshaciéndose, dejándose sostener en otro lado)" (2002: 54).

[503] De alguna manera, esta relación del sujeto con la respiración había sido ya sugerida por William James en el extraordinario ensayo "Does 'consciousness' exist?". Allí, James establecía una proximidad entre la respiración y el flujo de conciencia e incluso, con una admirable intrepidez, el "yo pienso" kantiano: "el

doble movimiento, lejos de conferirle al sujeto un rol constituyente y fundamental, le adjudica más bien una función de actualización. El sujeto se define como una ocasión de actualización: actualiza una potencia anónima e impersonal. "Es esta Visibilidad, esta generalidad de lo Sensible en sí, este anonimato innato de Mí-mismo que nosotros llamamos carne hace un momento" (1964: 181). Podemos ver porque actualizamos esta Visibilidad en general, de la misma manera que podemos sentir porque actualizamos este Sensible en sí. Esta potencia, en el sentido de posibilidad anónima de actualización, es la carne. De allí el énfasis que pone Merleau-Ponty en el aspecto impersonal de la visibilidad. ¿Cuándo se produce la visión, cuándo vemos? Cuando lo visible, la Visibilidad en general, se pliega sobre sí, se solapa sobre sí y, al hacerlo, nos constituye como videntes: "hay una relación *consigo mismo* de lo visible que me atraviesa y me constituye como vidente, este círculo que yo no hago, que me hace, este enrollamiento de lo visible sobre lo visible" (1964: 183; el subrayado es nuestro). He aquí el aspecto pasivo: yo no hago la visión, la visión me hace, me atraviesa. ¿Qué soy? Este rulo, esta suerte de espiral o torbellino que forma lo visible cuando entra en relación *consigo mismo*. En esta especie de cavidad o repulgue del Ser, algo así como un sujeto puede aparecer. Llamamos sensibilidad al pliegue de lo sensible e inteligibilidad al pliegue de lo invisible. Ambos pliegues, además, se solapan entre sí. Así como sentir es actualizar un Sensible en sí, pensar es actualizar un Inteligible en sí. El mundo se siente y se piensa a través nuestro: "se puede decir que nosotros percibimos las cosas mismas, que somos el mundo que se piensa –o que el mundo es en el corazón de nuestra carne" (1964: 177). El sujeto es una ocasión de expresión del Ser, del Mundo.[504] Merleau-Ponty recurre a Marcel Proust para mostrar esta concepción quiasmática del sujeto. El caso ejemplar es el músico. El intérprete no ejecuta la sonata; al contrario: el músico es la ocasión que encuentra la sonata para expresarse, para actualizarse.

---

flujo de pensamiento (al cual reconozco enfáticamente como un fenómeno) es sólo un nombre impreciso para aquello que, una vez inspeccionado, revela no ser más que el flujo de mi respiración [*breathing*]. El 'Yo pienso' que según Kant debía ser capaz de acompañar todos mis objetos, es el 'Yo respiro' [*I breathe*] que en realidad las acompaña" (1912: 22).

504 Como refiere Barbaras: "Uno debe observar que Merleau-Ponty no se preocupa demasiado en clarificar el uso de estos términos [mundo y Ser], a los que tiende a confundir" (2004: 308). Y también, un poco más adelante: "De hecho, mundo y Ser no pueden ser opuestos o distinguidos; hacerlo sería desfigurar a ambos. El Ser hace sentido, es preservado en su absoluta Diferencia, sólo si no posee su propia positividad que le permitiría ser separado del mundo, es decir, retirarse del plano del mundo. Su misma profundidad requiere que no sea distinguido de la experiencia, del mundo entendido en la plenitud de su sentido, o sea, como mundo sensible y mundo inteligible" (2004: 309).

Las ideas musicales o sensibles, precisamente porque son negatividad o ausencia circunscripta, no las poseemos, ellas nos poseen. No es el ejecutante el que produce o reproduce la sonata: él se siente, y los otros lo sienten, al servicio de la sonata, es ella la que canta a través de él, o que grita tan bruscamente que él debe "precipitarse sobre su arco" para seguirla. Y estos torbellinos abiertos en el mundo sonoro no hacen finalmente más que uno donde las ideas se ajustan una a la otra. (1964: 196)[505]

Los sujetos no son sino estos torbellinos abiertos en el mundo sonoro, pero también en el mundo sensible, en el mundo afectivo, en el mundo inteligible. Torbellinos *abiertos* porque nunca puede agotarse la profundidad del ser, porque nunca puede ser clausurada la totalidad de lo que es. Siempre hay un misterio que excede lo que se abarca con la mirada, con el pensamiento, con la sensibilidad. Toda percepción es impercepción, todo pensamiento implica un impensado. El sujeto no es identidad, pero tampoco no-identidad; no es coincidencia, pero tampoco no-coincidencia; es el quiasmo entre el adentro y el afuera, el pliegue en el que el afuera se adentra en sí mismo y, al hacerlo, provoca el advenimiento de una cavidad subjetiva. Adentro y afuera describen un movimiento circular al que podríamos denominar *círculo de la subjetividad*: "Partir de esto: no hay identidad, ni no-identidad, o no coincidencia, hay adentro y afuera girando uno alrededor del otro –Mi nada 'central' es como la punta de la espiral estroboscópica, que es *no se sabe dónde*, que es 'nadie'" (1964: 312).

Es interesante notar que también la imaginación desempeña este rol de bisagra entre lo activo y lo pasivo. De nuevo son los románticos quienes lo expresan con gran claridad. Permítasenos volver a citar un pasaje de la *Biographia literaria* de Samuel Taylor Coleridge:

> Existen con toda evidencia dos poderes en funcionamiento, uno de los cuales es pasivo y el otro activo; y esto no es posible sin una facultad intermediaria, la cual es al mismo tiempo activa y pasiva. (En términos filosóficos,

---

505 La misma idea expresa Merleau-Ponty en las notas de los cursos dictados en el *Collège de France* sobre la naturaleza: "Cuando inventamos una melodía, más que ser cantada por nosotros, ella se canta en nosotros [...] el cuerpo es suspendido en lo que canta, la melodía se encarna y encuentra en él una especie de sirviente" (1995: 228). Mauro Carbone, comentando este pasaje, sostiene que en Merleau-Ponty la subjetividad es pensada como un vacío o un hueco en el que la pasividad y la actividad se vuelven inescindibles: "En suma, en su forma de vacío, la subjetividad revela su propia pasividad como la *creadora* de las ideas. De hecho, si la idea debe ser entendida como *llegando* a la subjetividad, entonces esto significa que es *pasivamente creada* allí" (2004: xv). Acaso una idea similar tiene en mente Maurice Blanchot cuando habla de "la pasividad de la neutro: lo pasivo más allá y siempre más allá de todo pasivo, su pasión propia envolviendo una acción propia, acción de inacción, efecto de no-efecto" (1969: 449). Esta *pasividad creadora* o *creatividad pasiva*, esta *pasividad de lo neutro*, sostenemos nosotros, es lo propio de la imaginación.

debemos denominar a esta facultad intermediaria en todos sus grados y determinaciones, IMAGINACIÓN). (1907: 86)

Esta idea, central también en Wordsworth, Shelley y Schelling, remite, aunque en una perspectiva psicológica, a un autor caro a los románticos: Immanuel Kant. En efecto, para el filósofo de Königsberg la imaginación permite articular el aspecto reproductivo o pasivo con el aspecto productivo o activo. Por eso posee una doble función: imaginación reproductiva e imaginación productiva.[506] En la *Kritik der reinen Vernunft*, la imaginación es una suerte de superficie de doble faz: por un lado, tiene una cara orientada a la sensibilidad, es decir a la pasividad o receptividad; por otro lado, una cara orientada al entendimiento, es decir a la actividad o espontaneidad.[507]

■ ■ ■

En las páginas previas hemos sostenido que el concepto de "quiasmo" es un *terminus technicus* en la ontología esbozada por Merleau-Ponty en sus últimos años. Esta categoría permite pensar una ontología binocular o de doble faz[508] (visible e invisible, cuerpo y espíritu, naturaleza y lenguaje, etc.) sin caer en un dualismo o en un reduccionismo. Como sostiene lúcidamente Barbaras: "La per-

---

506 Coleridge, como hemos visto en el capítulo XVII, distingue dos tipos de imaginación: una primaria y una secundaria. Para Coleridge, como para la mayoría de los románticos, la imaginación es la potencia que unifica al hombre con el resto de la naturaleza. Imaginando, el hombre crea como crea la naturaleza; es más, al ejercer su potencia imaginativa, el hombre asume su condición natural, vive como vive el cosmos, como vive Dios.

507 En este lugar intermedio entre los conceptos y las intuiciones, por supuesto, se ubican los esquemas de la imaginación. No es casual que John Sallis indique la necesidad de pensar una lógica que no se base ni en las categorías inteligibles ni en las meras experiencias sensibles, sino en los esquemas. "La lógica de los conceptos debe dar lugar a una lógica enfocada en la forma que asume la determinación primaria cuando ya no es prescripta desde el exterior (por ejemplo, mediante las categorías) sino reinstalada en lo sensible. Esta operación de determinación primaria en lo sensible debe ser designada a partir de una adaptación del término *esquema*. Y dado que esta operación de los esquemas pertenece a la imaginación, la lógica centrada en tal determinación tomará la forma de una lógica de la imaginación" (Sallis 2012: 22). Esta lógica de la imaginación, cuya operación se define por una conjunción disyuntiva, se ubica en el quiasmo entre lo visible y lo invisible, entre lo sensible y lo inteligible: en el esquema. Se trata de una lógica de lo expresado en la percepción y de lo percibido en la expresión o, dicho de otro modo, de la pregnancia invisible de lo visible y de la pregnancia visible de lo invisible: una lógica de la carne.

508 La expresión "doble faz" pretende traducir el término inglés "twofold". Es preciso no confundir, puesto que se oponen, la doble cara de la ontología merleaupontiana con el dualismo en cualquiera de sus modalidades. El segundo capítulo de *Nature and Logos*, el notable texto de William Hamrick y Jan Van Der Veken al que ya hemos hecho referencia, está dedicado por completo a indagar la influencia de Alfred North Whitehead en la "ontología de doble faz [*twofold ontology*]" del último Merleau-Ponty (cfr. Hamrick & Van Der Veken 2011: 47-72).

cepción y la expresión no pueden ser confundidas, pero tampoco pueden ser opuestas, y por las mismas razones" (2004: 303). Lo visible envuelve ya un margen de invisibilidad, así como lo invisible envuelve un margen de visibilidad. Esta doble articulación o solapamiento, esta reversibilidad es precisamente el quiasmo o la carne. Nos ha interesado mostrar, además, que esta función estratégica que desempeña el término "quiasmo" en Merleau-Ponty es similar a la función que ha desempeñado la imaginación a lo largo de la historia de la metafísica. En efecto, la imaginación ha sido el quiasmo, es decir el pliegue o la bisagra que ha permitido articular las grandes polaridades del Occidente: lo sensible y lo inteligible, el cuerpo y el alma, la materia y el espíritu, etc. Desde Aristóteles a Bergson, pasando por Averroes y Kant, la imaginación (a veces llamada fantasía) ha funcionado como el punto de contacto de las dos grandes regiones ontológicas que Platón ha legado a la posteridad: las Ideas inteligibles y las cosas sensibles. Sin embargo, a pesar de esta función decisiva, o tal vez a causa de ella, la imaginación ha permanecido en una suerte de exterioridad respecto a las grandes dicotomías metafísicas. Acaso no sería osado afirmar que la potencia imaginativa es el gran *impensado* del mundo occidental. Esto es así porque, en cierto sentido, la imaginación, es decir el quiasmo, designa un límite que, en rigor de verdad, no existe, sino que más bien sub-siste. Se trata de un mínimo de ser o, como sostiene Merleau-Ponty, un cero de ser que no es una nada: una ontología del *partage*. Por eso la metafísica occidental, abocada a pensar el Ser, no ha sido capaz de aprehender esta exterioridad paradójica y ambigua que define a la imaginación.

De la misma manera, la imaginación funciona como el quiasmo entre la pasividad y la actividad. El sujeto, hemos dicho, no es ni meramente pasivo ni meramente activo, es más bien la distancia [*écart*] que se abre entre ambos movimientos, distancia que no es sino su punto de contacto. Cuando la *aisthēsis* se vuelve *poiēsis* o, mejor aún, cuando resulta imposible distinguir una de otra podemos decir que hay un sujeto. El sujeto, por eso mismo, es el quiasmo entre la dimensión estética, pasiva, y la dimensión poética, activa. En cierto sentido, al igual que el quiasmo ontológico, el sujeto es también un ser en el límite del ser que no coincide –para decirlo en términos kantianos– ni con la receptividad de la sensibilidad ni con la espontaneidad del entendimiento. El sujeto es su punto de contacto, su límite de reversibilidad: la imaginación. Acaso no existamos, al menos como existe la materia o el espíritu o como existen las cosas y las representaciones; acaso estemos condenados (o librados) a un mínimo de ser, a un cero de ser que, como el de los fantasmas que se aparecen en nuestros sueños, no es una simple nada, sino una sub-sistencia en el borde mismo de la ontología. Como el *eidōlon* de los tiempos homéricos, lo humano –es decir la imagen fantasmática generada por la máquina óptica– no es sino "una superficie que tiene los rasgos de una identidad, pero sólo de una identidad vacía, una apariencia casi cercana a la nada" (Kerényi 1962: 168). Esta fragilidad ontológica es, sin duda, lo más difícil de pensar. Algunos se han arriesgado a llamarla imaginación, otros carne o quiasmo, aunque "se sabe que no hay nombre en la filosofía tradicional para designar esto" (Merleau-Ponty 1964: 181).

Capítulo XX ■
Gilbert Simondon: metaestabilidad de la imaginación

La obra publicada de Gilbert Simondon se estructura a partir de tres libros fundamentales: *Du mode d'existence des objets techniques* (1958), *L'individu et sa genèse physico-biologique* (1964) y *L'individuation psychique et collective* (1989). Los dos últimos, además, constituyen los dos tomos de la tesis doctoral defendida en 1958.

a) Ontología de la relación

Lo primero que habría que decir de la filosofía de Simondon es que se presenta como una ontología no substancialista, una ontología de la relación o, directamente, como una ontogénesis.[509] Por ontogénesis Simondon entiende "el carácter de devenir del ser, aquello por lo cual el ser deviene en tanto que es, como ser" (2013: 13). En la introducción a *L'individu et sa genèse physico-biolo-*

---

[509] La categoría de relación viene a reemplazar, en Simondon, pero ya antes en William James, Alfred North Whitehead o Maurice Merleau-Ponty, la categoría de substancia. Por eso Simondon afirma que "los términos extremos alcanzados por la operación transductiva no preexisten a esta operación" (2013: 25). En el interesante libro *The Theatre of Production. Philosophy and Individuation between Kant and Deleuze*, cuyo quinto capítulo está dedicado a la *ontología relacional* de Simondon, Alberto Toscano sostiene: "Simondon libera las relaciones del orden estático de predicación y de inteligibilidad que suponía la idea de un mundo de individuos, con el objetivo de presentar a la relación misma como un factor ontogenético" (2006: 137). Toscano distingue cuatro tipos de relaciones en Simondon: 1) La no-relación de *disparation*, definiendo las tensiones energéticas y materiales entre tendencias incompatibles en el ser. 2) La relación entre un individuo y su medio ambiente, la cual hace que toda individuación sea doble o una co-individuación. 3) La relación interna entre un individuo y su componente preindividual, el cual permanece junto con el individuo. 4) La relación procesual entre un germen estructurado de individualidad y el dominio metaestable que lo estructura propagando o transduciéndose a sí mismo. En todos estos casos, la relación es pensada como el pasaje de una disparidad o incompatibilidad a una consistencia sistémica relativa. La condición relacional del ser o, más bien, la condición ontológica de la relación designa, pues, la no-identidad del ser con respecto a sí mismo. Para una crítica a la noción ontológica y política de relación, cfr. la nota 361.

gique, Simondon sostiene que el ser se dice, tradicionalmente, en dos sentidos fundamentales: 1) uno expresado en la fórmula "el ser es en tanto que es"; y 2) otro expresado en la fórmula "el ser es en tanto individuado". La filosofía ha confundido al ser con el ser individuado, es decir, ha pensado al ser a partir del individuo. En esta perspectiva, tanto la vía substancialista (por ejemplo, el atomismo, que parte de la existencia del átomo) como la vía hilemórfica (que parte del compuesto forma/materia) han pensado al ser presuponiendo la existencia del individuo, que era precisamente lo que buscaban explicar. Ambas perspectivas, explica Simondon, acuerdan "un privilegio ontológico al individuo constituido" (2013: 10). Por eso el intento de Simondon consiste en construir una teoría que permita abordar el problema de la individuación.[510] Para pensar la individuación, es preciso distinguir lo que la filosofía ha siempre confundido: el ser en tanto que ser y el ser en tanto que individuo. Esta distinción conduce a Simondon a desarrollar una concepción del ser preindividual. La ontología tradicional ha pensado siempre al ser a partir de un principio de individuación, privilegiando siempre el término constituido, el individuo. Siempre se ha tratado de una suerte de ontogénesis invertida: se ha partido de individuo para explicar la individuación. Lo que ha quedado en la sombra, sostiene Simondon, es precisamente la *operación de constitución del individuo*, la individuación como *proceso*. "Existe en ambos casos [la vía substancialista y la vía hilemórfica] *una zona oscura* que recubre la operación de individuación" (2013: 11). Es necesario explorar el proceso que produce al individuo, el devenir de la individuación, la ontogénesis misma; es necesario, pues, iluminar esta zona oscura que la tradición metafísica ha desestimado. Para esto, Simondon efectúa dos desplazamientos esenciales: analizar la individuación antes que el individuo y la operación antes que el principio. Dice Simondon: "intentar conocer al individuo a través de la individuación más que la individuación a partir del individuo" (2013: 22). El individuo es sólo el resultado de una *operación de individuación*. Ahora bien, ¿cómo pensar este ser preindividual, el ser de la individuación, el ser de la ontogénesis? Y, al mismo tiempo, ¿qué sucede con el individuo cuando se lo piensa como el resultado de un proceso de individuación?

---

510 En el número 156 de la *Revue philosophique de la France et de l'étranger* (1966), Gilles Deleuze publica un artículo breve titulado "Gilbert Simondon, L'individu et sa genèse pshysico-biologique", en el cual reseña positivamente el primer tomo de la tesis doctoral de Simondon y señala la originalidad de su pensamiento. "Es ya la fuerza de Gilbert Simondon presentar una teoría profundamente original de la individuación, que implica toda una filosofía" (2002: 120). La individuación designa un momento del devenir del ser, un momento que no es ni el primero ni todo el ser. Es un movimiento que, continúa Deleuze, "nos hará pasar de lo preindividual al individuo" (cfr. 2002: 121).

En principio, para Simondon, el ser es devenir. No existe identidad del ser consigo mismo. El ser preindividual es "más que unidad y más que identidad" (2013: 26). Hay una suerte de exceso del ser sobre sí mismo, un desborde que no implica, sin embargo, una negatividad de tipo dialéctico. El ser contiene un índice potencial, como una reserva de devenir que no lo deja coincidir nunca consigo mismo. Para explicar esta condición del ser preindividual, Simondon recurre al concepto de *metaestabilidad*, tomado de la termodinámica.[511]

Para definir la metaestabilidad, es necesario hacer intervenir la noción de energía potencial de un sistema, la noción de orden y la de aumento de la entropía; es así posible definir este estado metaestable del ser, muy diferente del estado de equilibrio estable y de reposo [...]. Intentaremos entonces presentar *la individuación física como un caso de resolución de un sistema metaestable*. (2013: 26)

En líneas generales, el concepto de metaestabilidad designa un estado que trasciende la oposición clásica entre estabilidad e inestabilidad, y que está compuesto o cargado de potenciales en un devenir.[512] Lo propio de las substancias vivientes es mantenerse en un estado de metaestabilidad, mientras que las substancias inertes existen en un sistema estable cuyos potenciales se han agotado. Un sistema metaestable no se define por una substancia, sino por cargas potenciales y relaciones diferenciales.[513] Es propio de un sistema metaestable ser hete-

---

[511] Sobre la noción de "metaestabilidad" o de "sistema metaestable", cfr. De Boever *et all*.: 2012: 217.

[512] Explica Muriel Combes en *Simondon Individu et collectivité. Pour une philosophie du transindividuel*: "Se dice de un sistema físico que está en equilibrio metaestable (o falso equilibrio) cuando la menor modificación de los parámetros del sistema (presión, temperatura, etc.) basta para romper este equilibrio [...] Antes de toda individuación, el ser puede ser comprendido como un sistema que contiene una energía potencial. Aunque existiendo en acto en el seno del sistema, esta energía es potencial pues necesita, para estructurarse, es decir para actualizarse según estructuras, una transformación del sistema. El ser preindividual y, de una manera general, todo sistema que se encuentra en un estado metaestable, revela potenciales que, puesto que pertenecen a dimensiones heterogéneas del ser, son incompatibles. Es por eso que no puede perpetuarse más que desfasándose" (1999: 7). Andrea Bardin, en *Epistemologia e politica in Gilbert Simondon. Individuazione, tecnica e sistema sociali*, define a un sistema metaestable de la siguiente manera: "El sistema resulta por así decir en tensión, y se mantiene en equilibrio hasta recibir una cantidad aunque sea mínima de energía o información en grado de romper su condición de inercia. Un 'sistema metaestable' es por tanto dishomogéneo, constituido por distribuciones asimétricas de potenciales, y su mantenimiento no puede ser garantizado sólo por la estructura, sino que necesita de un continuo aporte energético interno y/o externo" (2010: 11).

[513] Esto es fundamental para Deleuze. Como el campo trascendental o la Idea (lo que más tarde será el plano de inmanencia), un sistema metaestable "implica una diferencia fundamental, como un estado de disimetría" (cfr. 2002: 121). El concepto de energía potencial se equipara, en Deleuze, al de intensidad. La intensidad designa una diferencia en sí, una diferencia cualitativa. Esta diferencia en sí, esta potencia de diferenciación la encuentra Deleuze también en Bergson. No es casual que en el mismo año en que escribe

rogéneo. Y si es un sistema, es en la medida en que la diferencia se encuentra en él como energía potencial, como diferencia de potencial repartida en tales y tales límites (cfr. Deleuze 2002: 121). La metaestabilidad, además, designa el primer momento del ser, el mundo de las energías potenciales discretas que no se comunican todavía, o no son tomadas en una individualidad. Las energías potenciales, aclara Simondon, son "condición de la metaestabilidad" (2013: 66). ¿Cómo se define la energía potencial? Como "la fracción de energía total de un cuerpo que puede dar lugar a una transformación, reversible o no" (2013: 67). Es indudable que esta noción de energía potencial solicita la existencia de otro término o nivel para actualizarse. Simondon habla de una "relación de heterogeneidad, de disimetría relativamente a otro soporte energético" (2013: 67) que constituye un sistema o una estructura. En efecto, si no existiese esta disimetría o dualidad energética no habría posibilidad de mutación y ontogénesis. La condición del devenir es precisamente la potencialidad energética que requiere actualizarse.[514] Lo cual significa que, si el ser *es* devenir, si no hay primero el ser y luego el devenir, el ser es por necesidad disimetría o desnivel.

Ahora bien, si la tradición filosófica no ha sido capaz de pensar el proceso de individuación es porque no ha conocido la noción de metaestabilidad. Los antiguos, dice Simondon, sólo conocían los estados de estabilidad y de inestabilidad, el reposo y el movimiento, pero no la metaestabilidad, es decir la noción de un campo energético cargado de energías potenciales. La individuación no es sino una resolución eventual de una tensión producida en un sistema metaestable rico en potenciales. Lo propio de la individuación de lo viviente, a diferencia de lo no viviente, es que "conserva en sí mismo una actividad de individuación permanente; no es solamente resultado de la individuación como el cristal o la molécula, sino teatro de individuación" (Simondon 2013:16). Este proceso de individuación, tanto en los vivientes como en los no vivientes, supone cargas potenciales distribuidas asimétricamente en un sistema metaestable. Esta asimetría potencial se propaga a partir de un proceso de desfasaje. El concepto de *desfasaje* es fun-

---

su artículo sobre Simondon, Deleuze publique *Le bergsonisme*, aunque es verdad que la idea de una diferencia en sí o diferencia pura ya aparecía en un artículo temprano sobre Bergson titulado "La conception de la différence chez Bergson", publicado en 1956 en los *Études bergsoniennes*.

514 En un sentido similar, Stéphane Lupasco había hablado de un dinamismo antagónico que permite explicar el pasaje de la potencia al acto, es decir el proceso de actualización de un término y correlativamente de potencialización del otro: "toda energía no solamente posee dinamismos antagónicos, sino que esos dinamismos deben ser tales que la actualización de uno implique la potencialización del otro, o aún mejor, que ambos se encuentren en dos trayectorias, del pasaje de lo potencial a lo actual y de lo actual a lo potencial, rumbo a o simultáneamente en un estado de igual potencialización y de igual actualización, uno en relación al otro" (Lupasco 1960: 19-20).

damental en el pensamiento de Simondon, ya que designa el devenir mismo del ser. El ser es devenir, y deviene según fases. Pero el desfasaje es primero respecto a las fases.[515] Este proceso de desfasaje es denominado por Simondon *transducción*. La transducción se define como una operación física, biológica, mental o social a través de la cual una actividad se propaga gradualmente en un dominio determinado, realizando esta propagación sobre una estructuración del dominio que es realizada de un lugar al siguiente: "la transducción es entonces aparición correlativa de dimensiones y de estructuras en un ser en estado de tensión preindividual, es decir en un ser que es más que unidad y más que identidad, y que está aún desfasado por relación a sí mismo en dimensiones múltiples" (2013: 33). El paradigma de un proceso transductivo es el fenómeno conocido como cristalización.[516] El proceso de individuación, entonces, debe ser entendido como un proceso transductivo, es decir como el establecimiento o la instauración de una comunicación interactiva entre órdenes de magnitud o de realidad dispares, como la actualización de las energías potenciales, la integración de las singularidades, pero también como la resolución de los problemas planteados por los órdenes dispares.[517] Esta resolución se efectúa de dos maneras: como resonancia interna y como información. La resonancia interna designa el modo más primitivo de la comunicación entre realidades de órdenes diferentes. La información, por su parte, designa una comunicación entre dos niveles dispares, uno definido por una forma ya contenida en el receptor, el otro por la señal aportada del exterior. La individuación aparece, entonces, como un nuevo momento del ser, como el momento desfasado del ser. Como dice Simondon en *L'individu et sa genèse physique-biologique*: "El ser preindividual es el ser sin fases, mientras que el ser después de la individuación es el ser en fases" (2013: 276).[518] Pero si bien el ser preindividual es el ser sin fases, eso no quiere decir que sea una unidad indiferenciada, homogénea y estática, es decir exenta de relaciones, en estado de equilibrio absoluto. Por eso Alberto Toscano, en *The Theatre of Production*, puede sostener que el ser preindividual supone siempre una cierta dualidad o disimetría:

---

515 Deleuze, como resulta evidente, expresará esta idea diciendo que la identidad es un resultado de la diferencia, es decir, que la diferencia es primera.

516 Sobre la transducción, cfr. De Boever *et all.*: 2012: 230; Combes 1999: 9-12.

517 "La individuación es entonces la organización de una solución, de una 'resolución' para un sistema objetivamente problemático" (Deleuze 2002: 122).

518 Es importante notar que este desfasaje del ser a partir del cual se forma una nueva estructura de individuación no excluye por completo al ser preindividual, el cual sigue existiendo de forma virtual en el individuo. Como dice Deleuze en su artículo sobre Simondon: "lo pre-individual permanece y debe permanecer asociado al individuo" (cfr. 2002: 124).

Una primacía de las relaciones puede ser identificada en la doctrina de Simondon ya que concibe al ser preindividual como caracterizado por una "dualidad original" y por la "ausencia inicial de comunicación interactiva". Esta dualidad no debe ser entendida como una dualidad de principios, sino más bien como una suerte de diferencia originaria, an-árquica. (2006: 138)

Esta diferencia originaria es precisamente la *disparation*, una tensión entre dos magnitudes de órdenes diferentes. Como aclara Toscano: "La disparidad originaria del ser preindividual prohíbe cualquier totalización" (2006: 141). Siempre existe una disparidad en el seno del ser, una diferencia que lo excede y le impide totalizarse o clausurarse. Se trata de una dualidad anárquica o de una tensión originaria. Esta diferencia originaria, empero, no supone ningún dualismo ontológico, sino una tensión o incompatibilidad que sólo una nueva individuación puede resolver. Simondon, en la introducción a *L'individuation à la lumière des notions de forme et d'information*, utiliza la expresión "dualidad original [*dualité originelle*]" (2013: 27). Por eso el surgimiento del individuo a partir del ser preindividual debe ser concebido como la resolución de una tensión entre potenciales que pertenecen a órdenes de magnitud antes separados. Un vegetal, por ejemplo, hace comunicar un orden cósmico (la luz) y un orden micro-molecular (las sales minerales, el oxígeno, etc.). De una manera general, la existencia de los individuos se explica como una solución parcial (como soluciones parciales, en plural) a un problema de incompatibilidad entre niveles separados del ser. El devenir no es un accidente del ser, sino el ser mismo del ser. "El ser no es más que deviniendo, es decir estructurándose en diversos dominios de individuación [...] a través de operaciones" (Combes 1999: 8). Ahora bien, el ser, dice Simondon, es más que uno. Esto quiere decir que el ser no se agota completamente en sus actualizaciones, en los individuos que deviene. Como sostiene Alberto Toscano: "Se dice que el ser es más-que-uno ya que todos sus potenciales no pueden ser actualizados de una sola vez. Para Simondon, hay una suerte de exceso primario o desborde en el ser" (2006: 138). En cada fase de su devenir, permanece siempre más que uno, siempre en exceso respecto a sí mismo, cargado de energías potenciales: "El ser en tanto que ser es dado todo entero en cada una de sus fases, pero con una reserva de devenir" (Simondon 2013: 229). En un párrafo de la introducción a *L'individuation psychique et collective*, donde se establecen los parámetros generales de la investigación doctoral, se consigna este desborde o exceso del ser, así como el proceso transductivo de desfasaje.

La concepción del ser sobre la cual reposa este estudio es la siguiente: el ser no posee una unidad de identidad, que es la del estado estable en el cual ninguna transformación es posible; el ser posee una unidad transductiva, es decir que puede desfasarse en relación a sí mismo, desbordarse completamente de su centro. Lo que se toma por relación o dualidad de principios es de hecho escalonamiento del ser, el cual es más que unidad y más que identidad; el devenir es una dimensión del ser, no lo que le adviene según una sucesión que sería sufrida por un ser primitivamente dado y substancial. (2013: 23)

Para pensar esta reserva de devenir, Simondon recurre a la cibernética, en particular a los conceptos de información primera, resonancia interna, potencial energético y órdenes de magnitud. La forma, por ejemplo, la forma aristotélica, deja de ser pensada como un principio de individuación que actúa sobre la materia desde el exterior y se transforma en información. Pero el concepto de información, resignificado por Simondon, pasa a designar la operación de individuación por la cual un ser adopta una forma.

Repensado como un sistema metaestable, el ser antes de toda individuación es un campo rico en potenciales que no puede existir más que deviniendo, es decir individuándose. Más rico que la simple identidad consigo mismo puesto que contiene una reserva de devenir, el ser preindividual es igualmente, se ha visto, más que uno. (Combes 1999: 9)

Esta reserva de devenir supone una diferenciación en el ser o, más bien, supone concebir al ser como proceso de diferenciación. El concepto de *disparation* (disparidad o discordancia), central en el pensamiento de Simondon, intenta dar cuenta de esta condición desequilibrada del ser, de esta ontología desfasada. Este concepto designa una tensión o una incompatibilidad entre dos elementos que forman parte de la misma situación y que sólo una nueva individuación puede resolver.[519] El caso paradigmático de *disparation*, para Simondon, es la visión, la cual se explica como la resolución de una disparidad entre la imagen percibida por el ojo derecho y la imagen percibida por el ojo izquierdo. Estas dos imágenes bidimensionales dispares requieren de una dimensión tridimensional que resuelva su tensión. Esta resolución de dos elementos dispares es precisamente la transducción, el pasaje a una nueva fase que permita resolver la tensión previa. A diferencia de la inducción, que no conserva más que lo que los términos tienen en común y no lo que tienen de singular, la transducción hace surgir una dimensión en la que los términos pueden ordenarse sin pérdida y sin reducción: "aquello por lo cual los términos no son idénticos uno al otro, aquello por lo cual son *dispares* (en el sentido que toma este término en la teoría de la visión) es integrado al sistema de resolución y deviene condición de significación" (2013: 34).

---

519   Sobre el concepto de *disparidad*, cfr. Simondon 2013: 205-209; Combes 1999: 32-35.

En efecto, cada imagen es diferente de la otra y conserva su especificidad. "Así, cada retina está cubierta de una imagen bidimensional; la imagen izquierda y la imagen derecha son dispares; no pueden recubrirse porque representan el mundo de dos puntos de vista diferentes" (2013: 208). Esta disparidad fundamental, por lo tanto, crea las condiciones para que surja una tercera dimensión que venga a resolverla. Este nuevo sistema es precisamente la visión tridimensional: "en el mundo tridimensional no hay más dos imágenes, sino el sistema integrado de las dos imágenes" (*ibid.*). La visión tridimensional integra, de algún modo, los detalles de cada una de las visiones bidimensionales *sin suprimirlos*.[520] Lejos de retener lo que es común, como vimos, la percepción retiene todo lo que es particular y lo integra al conjunto del nuevo sistema tridimensional.[521] Para que el relieve y la profundidad aparezcan es preciso que, por un lado, las dos imágenes monoculares no sean completamente iguales, pero también, por otro lado, que no sean completamente diferentes. En el primer caso, ninguna imagen aparece porque no hay dos elementos para integrar; en el segundo, porque no existe ningún punto común.

b) Disimetría y polaridad de la imaginación

El problema fundamental de la doctrina hilemórfica es que ha buscado explicar la ontogénesis o bien a partir de la materia o bien –y ésta ha sido la norma– a partir de la forma. Esto significa que a veces se ha identificado al principio del individuo con la materia y se ha pensado a la forma como derivada o secundaria, y a veces se lo ha identificado con la forma y se ha pensado a la materia como derivada o secundaria. Lo que se ha perdido de vista, en los dos casos, es precisamente la relación, el entre, "la operación energética" (Simondon 2013: 47) que incluye a todo el "sistema de actualización de energía potencial, reuniendo en una mediación activa dos realidades, órdenes de magnitud diferentes, en un

---

[520] Lo negativo no aparece como segundo momento en la operación de individuación, sino como tensión e incompatibilidad. "es lo que hay de más positivo en el estado del ser preindividual, a saber: la existencia de potenciales" (2013: 34). No se trata, entonces, de "un negativo substancial; no es jamás etapa o fase, y la individuación no es síntesis, retorno a la unidad, sino desfasaje del ser" (*ibid.*).

[521] Se dirá, entonces, que la resolución de las dos imágenes en el cerebro es equivalente a la operación de *miscibilidad* o a la *krasis* estoica. En ambos casos se trata de una integración que conserva los elementos distintivos de cada substancia o, en este caso, de cada imagen. La categoría de *ch'ixi* propuesta más recientemente por Silvia Rivera Cusicanqui alude también, como vimos, a una integración de opuestos que no anula los rasgos específicos de cada término. Sobre este punto, cfr. la nota 496.

orden intermediario" (2013: 47-48).[522] Es precisamente esta mediación de dos realidades, este orden intermediario lo que ha quedado impensado en la tradición metafísica. Este olvido de la relación, de la operación transductiva, ha conducido a pensar al individuo como una realidad completa y cerrada.

> Toda teoría que quiera hacer preexistir el principio de individuación a la individuación debe atribuirlo a la forma o a la materia, y exclusivamente a una o a otra. En este caso, el individuo no es nada más que la reunión de una forma y de una materia, y es una realidad completa. (2013: 61)

¿Por qué nos interesa esta crítica a la teoría hilemórfica de raíz aristotélica? Porque para Simondon, "el dualismo de las substancias –alma y cuerpo– está en germen en el esquema hilemórfico" (2013: 50). La crítica de Simondon al hilemorfismo es así correlativa a la crítica al dualismo antropológico/ontológico. El individuo, en este sentido, no es una substancia dada de una vez por todas, sino "teatro y agente de una relación" (2013: 62). Nos interesa particularmente esta noción de Simondon puesto que nos permite pensar lo humano sin recurrir a las nociones de forma ni de materia, es decir ni como alma ni como cuerpo, pero tampoco como compuesto o síntesis de ambos. Lo humano, como el ser, es relación, desdoblamiento e integración parcial, metaestable, de una disparidad heterogénea. El siguiente pasaje es decisivo:

> En lugar de concebir la individuación como una síntesis de forma y materia, o de cuerpo y alma, nosotros la representaremos como un desdoblamiento, una resolución, una partición no simétrica sobrevenida en una totalidad, a partir de una singularidad. Por esta razón, el individuo no es un concreto, un ser completo, en la medida en que no es más que una parte del ser después de la individuación resolutiva. (2013: 63)

El individuo humano, en nuestro caso, es una imagen generada por la máquina óptica a partir de la distribución no simétrica, del desdoblamiento de las miradas y de su resolución parcial. Lo que se trata de pensar, para Simondon y también para nosotros, es precisamente el punto de desfasaje, el umbral crítico en el que el ser se desborda en una polaridad dispar. Simondon denomina a ese punto o a ese límite *singularidad*. No se trata de un tercer término que se

---

[522] También Lupasco ha indicado la necesidad de conferirle a la relación (la operación) el rango de ser. "Es la operación la que engendra el elemento. Los elementos, en suma, se presentan como detenciones del dinamismo, del devenir de una implicación [...] ellos marcan el límite relativo de una actualización frente a la potencialización contradictoria" (citado en Nicolescu 2012: 36). En este sentido, Basarab Nicolescu ha podido afirmar que en Lupasco, y como hemos visto también en Simondon, existe una "primacía de la relación sobre el objeto" (2012: 32).

añadiría a los dos extremos, no tiene en cierto sentido una positividad propia: es sólo relación.

Una situación hilemórfica es una situación en la cual no hay más que forma y materia, entonces dos niveles de realidad sin comunicación. La institución de esta comunicación entre niveles –con transformaciones energéticas– es el esbozo de la individuación; ella supone la aparición de una singularidad, que se puede llamar información, ya sea que venga de afuera, ya sea subyacente. (2013: 82)

El equilibrio metaestable puede romperse en la medida en que recibe el aporte local de una singularidad. Una vez que el estado de metaestabilidad ha sido modificado, la transformación se propaga según fases sucesivas. La aparición de una singularidad, por ejemplo un germen cristalino en el caso de la cristalización, genera la actualización de un proceso de polarización, ya potencial, a partir del cual se produce, en fases sucesivas, la individuación. La singularidad presupone y a la vez produce una relación disimétrica; en este sentido, Simondon puede afirmar que "una singularidad es polarizada" (2013: 90). La singularidad, entonces, no designa una entidad que preexistiría a la polaridad; es en sí misma polarizada. El ser individual, sostiene Simondon, se define como aquello que es capaz de crecer e incluso de reproducirse con "una cierta polaridad" (2013: 201). Hay una preparación de individualidad cada vez que una polaridad se produce, cada vez que una disparidad asimétrica, una orientación y un orden aparecen. La singularidad es una suerte de membrana que conecta y al mismo tiempo distingue dos elementos o dos órdenes de magnitud diversos.[523] El estatuto paradójico de

---

[523] En un apartado de *L'individuation à la lumière des notions de forme et d'information*, titulado "Topoloqie et ontogénèse", capítulo que Deleuze, en su artículo de 1966 sobre *L'individu et sa genèse physique-biologique*, juzga "admirable" (cfr. 2002: 123), Simondon aborda el problema de la relación entre lo viviente y lo inerte. Tradicionalmente, sostiene Simondon, se ha pensado que la diferencia entre la materia viviente y la materia inerte radica en una cuestión química. Según esta visión, las propiedades vitales, características de las sustancias vivientes, encontrarían su explicación en la composición química que las diferencia de las substancias inertes. Sin embargo, para Simondon, el misterio de lo viviente no se resuelve apelando a una dimensión química sino topológica. La vida, afirma el autor con un sentido que nos hace pensar acaso en Jakob von Uexküll, es inseparable de una cierta relación con el espacio: "la condición topológica es quizás primordial en lo viviente en tanto que viviente" (Simondon 2013: 225). Lo viviente se caracteriza por efectuar constantemente un cierto "arreglo topológico" (cfr. 2013: 225) con el objetivo de estabilizar (o de metaestabilizar) los posibles desequilibrios presentados por el medio. Es allí, precisamente, en el límite del adentro y el afuera, que Simondon introduce su concepto de *membrana*. La función de la membrana viviente, en este sentido, consiste en mantener lo que Simondon llama una "asimetría metaestable" (cfr. 2013: 227) entre un interior y un exterior. La membrana no sólo separa (y conecta) dos espacios heterogéneos, sino también, y por la misma razón, dos tiempos heterogéneos. El adentro se constituye a partir de una condensación del tiempo, es decir, como memoria, como contracción originaria del pasado. Pero de la misma manera, el afuera, debido a la polarización de la membrana, se constituye como

la singularidad es equivalente al del presente en la tríada temporal. Paradójico porque en cierto sentido, como el límite entre el cristal y el medio amorfo, pertenece y no pertenece a los dos órdenes que pone en relación, así como el presente no existe más que desdoblado en el pasado y el futuro.

> Por lo tanto, la relación entre el pasado y el futuro sería la que nosotros aprehendemos entre el medio amorfo y el cristal; el presente, relación entre el pasado y el futuro, es como el límite asimétrico, polarizante, entre el cristal y el medio amorfo. Este límite no puede ser aprehendido ni como potencial ni como estructura; no es interior al cristal, pero tampoco forma parte del medio amorfo. Sin embargo, en otro sentido, es parte integrante de uno y de otro de los dos términos, pues posee todas sus propiedades. Los dos aspectos precedentes, a saber la pertenencia y la no-pertenencia del límite respecto a los términos limitados, que se oponen como la tesis y la antítesis de una tríada dialéctica, se distinguirían y opondrían de manera artificial sin su carácter de principio constitutivo: esta relación disimétrica es, en efecto, el principio de la génesis del cristal, y la disimetría se perpetúa a lo largo de toda la génesis. (2013: 91)

Este límite asimétrico, polarizado y polarizante, esta relación disimétrica entre dos órdenes dispares es lo que ha permanecido velado a lo largo de la historia de la metafísica. No es de extrañar, sin embargo, puesto que resulta lo más difícil de pensar. No es de extrañar, tampoco, que las imágenes sean para Simondon precisamente las instancias "intermediarias entre pasado y futuro" (2008: 15). De ellas, así como de la superficie polarizada, puede predicarse tanto la pertenencia como la no-pertenencia respecto a los dos términos que articulan. Por un lado, no puede ser aprehendido ni como potencial ni como estructura; por el otro, es parte integrante de ambos términos. A lo largo de la historia de la filosofía occidental, sin embargo, los hombres, como hemos visto, han tendido a recluir a las imágenes, y con ellas a la imaginación, en esa zona intermedia y por así decir casi inexistente entre los dos grandes órdenes dispares de la metafísica:

---

el espacio del porvenir: "Al nivel de la membrana polarizada se enfrentan el pasado interior y el futuro: este enfrentamiento en la operación de asimilación selectiva es el presente de lo viviente, que está hecho de esta polaridad de pasaje y de rechazo, entre substancias pasadas y substancias que advienen, presentes una a la otra a través de la operación de individuación; el presente es esta metaestabilidad de la relación entre interior y exterior, pasado y futuro; es por relación a esta actividad de presencia mutua, alagmática, que el exterior es exterior y el interior, interior. Topología y cronología coinciden en la individuación de lo viviente" (2013: 228). La membrana viviente, anatómicamente diferenciada o solamente funcional cuando ninguna formación particular materializa su límite, se caracteriza como lo que separa una región de interioridad de una región de exterioridad: la membrana es polarizada, dejando pasar tal cuerpo en el sentido centrípeto o centrífugo, oponiéndose al pasaje de tal otro (2005: 225).

lo sensible y lo inteligible, el alma y el cuerpo. Y en efecto, la imaginación ha funcionado como el quiasma o el límite de articulación de las grandes polaridades metafísicas. De ella se han predicado las mayores ambigüedades y paradojas, de ella se ha afirmado su condición a la vez material y espiritual, su pertenencia al alma y al cuerpo, al alma o al cuerpo. Creemos que Simondon es consciente de este lugar limítrofe y absolutamente paradójico de la imaginación cuando remite el paradigma hilemórfico al sistema kantiano y sostiene que lo que ha permanecido en las sombras, a diferencia de la forma y la materia, es el esquematismo, es decir la operación o la relación entre dos órdenes dispares.[524]

> El esquema hilemórfico no retiene más que los extremos de estas dos semicadenas que la operación técnica elabora; el esquematismo de la operación misma es velado, ignorado. Hay un agujero en la representación hilemórfica que hace desaparecer la verdadera mediación, la operación misma que pone en relación recíproca las dos semi-cadenas instituyendo un sistema energético, un estado que evoluciona y debe existir efectivamente para que un objeto aparezca con su ecceidad. (2013: 46)

Simondon, resulta evidente, identifica a la singularidad o al límite asimétrico y polarizante con el esquematismo kantiano, función que concierne a la imaginación. Siempre se ha pensado o bien la forma o bien la materia, o bien el entendimiento o bien la sensibilidad, o bien lo inteligible o bien lo sensible, o bien el alma o bien el cuerpo; a lo sumo, se ha pensado la síntesis o el compuesto entre ambos términos. Estas dos modalidades, además, han determinado prácticamente las diversas concepciones antropológicas del Occidente: o bien se ha identificado a la esencia humana con el alma o bien con el compuesto de cuerpo y alma. En algunos casos, muy pocos, se ha pensado a lo humano a partir del cuerpo (los estoicos, por ejemplo, pero también los diversos materialismos). Lo que parece no haber sido pensado nunca es lo humano fuera de esta lógica. Pero ¿qué sucede si el hombre no es ni alma ni cuerpo ni una tercera substancia que vendría a añadirse a ambos términos? La única "entidad" que a lo largo de la tradición metafísica ha podido ser pensada en esta suerte de borde de la ontología, en este límite que pertenece y a la vez no pertenece a los dos niveles polarizados, es la imagen y, por ende, la imaginación. Simondon es perfectamente consciente de esta situación paradójica cuando, en sus cursos de los años 1965-66, afirma que "la imagen es una resultante, pero también un germen"

---

[524] Que Simondon estaba interesado en el problema de la imagen y de la imaginación es evidente por el curso que dictó en los años 1965-66, un año después de la publicación de *L'individu et sa genèse physico-biologique*, en el *Institut de Psychologie* de La Sorbona, titulado *Imagination et Invention*. El curso presenta una teoría novedosa de la imagen y de la imaginación.

(2008: 13). Las imágenes se caracterizan por esta condición intermediaria, "a medio camino entre lo subjetivo y lo objetivo" (2008: 9), pero también "entre lo abstracto y lo concreto" (2008: 10). En *L'individuation à la lumière des notions de forme et d'information*, Simondon identifica al medio, entendido como relación, con esta tercera realidad que es para nosotros la imagen:

> La tercera realidad que nosotros llamamos medio, o sistema energético constituyente, no debe ser concebida como un término nuevo que se añadiría a la forma y la materia: es la actividad misma de la relación, la realidad de la relación entre dos órdenes que comunican a través de una singularidad. (2013: 62)

La teoría simondoniana de la imagen, por el lugar y el estatuto específico que le confiere, nos parece de una extrema importancia. Las imágenes designan una suerte de subconjunto –de subsistencias o supervivencias, diríamos retomando a Aby Warburg– en el interior de lo viviente. Se trata de entidades semi-abstractas, semi-concretas, semi-objetivas, semi-subjetivas; en suma, se trata de semi-entidades o cuasi-organismos que llevan una vida relativamente independiente del sujeto.

> [Las imágenes] …conservan una cierta opacidad como una población extranjera en el seno de un estado bien organizado. Conteniendo en cierta medida voluntad, apetito y movimiento, aparecen casi como organismos secundarios en el seno del ser pensante: parásitos o añadidos, son como mónadas secundarias que habitan en ciertos momentos al sujeto y lo abandonan en otros. (2008: 9)

Las imágenes son como extranjeros o inmigrantes que llevan una existencia parasitaria en el seno del ser pensante. Su mundo se define por el casi, el semi, el pseudo. Existencias secundarias, segundas, casi-existencias o semi-existencias, las imágenes habitan la conciencia "como un intruso que viene a desarreglar el orden de una casa a la que no ha sido invitado" (2008: 7). Las imágenes, como la imaginación, son exteriores o, quizás, a la vez exteriores e interiores al sujeto. En todo caso, es claro que para Simondon designan singularidades que no poseen una existencia meramente mental o subjetiva.[525] Las imágenes habitan al sujeto, un poco como las imágenes de los sueños visitaban al durmiente en las culturas antiguas. Las imágenes poseen –o son poseídas– por una vida independiente en relación a la conciencia. No dependen, en este sentido, a diferencia de lo que suponía Sartre, de una conciencia imaginante.

---

[525] "En efecto, la imagen, como realidad intermediaria entre lo abstracto y lo concreto, entre el yo y el mundo, no es solamente mental" (2008: 13).

Se podría suponer que este carácter a la vez objetivo y subjetivo de las imágenes traduce de hecho este estatuto de cuasi-organismo que posee la imagen, habitando al sujeto y desarrollándose en él con una relativa independencia en relación a la actividad unificada y consciente. (2008: 9)

La imagen posee un modo de ser extremadamente sutil, a la vez consciente e inconsciente, interior y exterior, subjetivo y objetivo. Se asemejan a fantasmas que, desde su paradójica ex o, más bien, in-sistencia, se le aparecen al sujeto, ya sea para horrorizarlo, ya sea para socorrerlo. No sorprende que Simondon, a la hora de subrayar el aspecto extra-subjetivo del mundo imaginal, afirme que toda imagen está dotada de un poder fantasmático.

La creencia en los fantasmas y en los espectros [...] traduce bien y concretiza este aspecto de relativa exterioridad de la imagen. Toda imagen fuerte está de alguna manera dotada de un poder fantasmático, pues puede sobreimponerse al mundo de la representación objetiva y de la situación presente, como hacen los fantasmas, según dicen, al atravesar las murallas. (2008: 8)

Este aspecto de relativa exterioridad no sólo es propio de la imagen, del fantasma, sino también, y por las mismas razones, de la imaginación. Simondon no deja de señalar la profunda ambigüedad que posee el término "imaginación". Por un lado, puede significar un cierto poder, una actividad que produce imágenes o una función que las emplea; en este sentido, reenvía a la psicología de las facultades. Por otro lado, puede inducir a error al remitir las imágenes al sujeto que las produce, haciendo creer que se fundan en una facultad psicológica o subjetiva, excluyendo así "la hipótesis de una exterioridad primitiva de las imágenes por relación al sujeto" (2008: 7). Para Simondon se trata de mantener ambos sentidos a la vez. La imaginación designa un cierto poder, una cierta actividad y una cierta función, pero que no se agotan en un plano psicológico. Su poder o función específica, lo hemos visto, consiste en articular lo subjetivo y lo objetivo, lo abstracto y lo concreto, lo sensible y lo inteligible. Por eso Simondon puede hablar de las imágenes como un tercer orden que no se explica en términos estrictos ni por la sensación ni por la conceptualización: "Este orden de tercera realidad no es ni plenamente perceptible ni enteramente conceptualizable" (2008: 18).

Si identificamos a lo perceptible con el campo de visibilidad del ojo del cuerpo y a lo conceptualizable como el campo de visibilidad del ojo del alma, entonces este orden de tercera realidad, esta realidad tridimensional, debe ser identificada con la imaginación. En efecto, nosotros hemos retomado una concepción antigua que se remonta al menos hasta Galeno, según la cual la instancia en la que se articulan y resuelven las dos imágenes dispares provenientes de cada ojo es el quiasma óptico. Hemos además mostrado que el quiasma debe ser pensado, y de hecho lo ha sido por autores como De Aguilón o Danti, como sinónimo de la imaginación. En el espacio de la imaginación[526] se han desarrollado las tensiones, las oposiciones, las resoluciones y los eventuales equilibrios entre los dos grandes planos de la metafísica y, por lo tanto, de la antropología. La máquina óptica, como hemos señalado, instaura un espacio metaestable, un sistema atravesado por una profunda disimetría bipolar. Su funcionamiento consiste en actualizar las cargas potenciales provenientes de cada ojo y asegurar así la economía entre las dos miradas.[527] Cuando la tensión se vuelve imposible de resolver con los elementos dispuestos en ese sistema determinado, se produce un cambio de fase, la instauración de un nuevo sistema que produce una nueva imagen de lo humano. Por eso hemos indicado, en la primera sección, que la máquina óptica intenta rectificar e impedir por todos los medios la diplopía. Cuando la visión diplópica alcanza un umbral crítico, es decir un punto de tensión que el sistema no puede asimilar, la máquina efectúa un desfasaje, un cambio de fase que da inicio a un nuevo sistema óptico, a una nueva relación entre el ojo del alma y el ojo del cuerpo capaz de generar una visión haplópica.

c) **Ontogénesis de la máquina óptica**

Los conceptos expuestos con anterioridad se revelan fundamentales para esbozar una ontología, y al mismo tiempo una arqueología, de la imaginación. Como hemos indicado en la primera sección y a lo largo de toda la investiga-

---

526 En *Confessiones*, Agustín habla de un "espacio interior que no es un espacio" (cfr. X, IX, 16). Se trata de un espacio topológico y no extenso, un territorio intensivo. No obstante, en el caso de Simondon, a diferencia quizá de Agustín, este espacio no es "interior", no pertenece al alma del sujeto, es, más bien, el límite entre lo interior y lo exterior, un espacio extra-subjetivo, un *topos* ontológico.

527 En este punto, como en tantos otros, existe una proximidad entre la noción de imaginación o de membrana en Simondon y la noción de estado T en Lupasco, sobre todo a partir de los desarrollos efectuados por Basarab Nicolescu. En efecto, el físico rumano interpreta el pensamiento de Lupasco en el marco de su teoría sobre los niveles de realidad. De tal manera que dos niveles adyacentes están ligados por la lógica del tercero incluido, en el sentido de que el estado T presente en un cierto nivel está ligado a un par de contradictorios (A y no-A o, en nuestro caso, lo sensible (el ojo del cuerpo) y lo inteligible (el ojo del alma)) del nivel inmediatamente vecino. El estado T (el ojo de la imaginación, el quiasma óptico) efectúa la integración de los contradictorios A y no-A, pero esa integración es efectuada en un nivel diferente de aquel en el que se encuentran A y no-A. Esto significa que el estatuto ontológico del estado T, el *oculus imaginationis*, no es idéntico al del ojo del alma y el ojo del cuerpo. Mientras que estos dos contradictorios pertenecen al nivel de la existencia, el estado T, la imagen y su *topos* específico, la imaginación, pertenecen al nivel de la subsistencia. Sobre la noción de niveles de realidad en relación al pensamiento de Lupasco, cfr. Nicolescu 2012.

ción, el funcionamiento de la máquina óptica se caracteriza por articular o resolver la tensión entre dos miradas *dispares*. El ojo del alma y el ojo del cuerpo representan, en nuestro caso, los dos elementos incompatibles (lo que Simondon llama la "dualidad original", Toscano la "diferencia originaria" o Deleuze la "diferencia fundamental") cuya tensión podrá ser resuelta sólo mediante una nueva individuación. La máquina óptica proporciona precisamente esta nueva individuación. Por eso su funcionamiento, como en el caso del estereoscopio, se caracteriza fundamentalmente por integrar (y no sintetizar) las imágenes provenientes de los dos ojos. La existencia de esta tensión estructural, a su vez, nos remite al concepto de metaestabilidad. Un sistema metaestable, como vimos, se define como un campo cargado de energías potenciales en tensión. Por eso todo sistema que se encuentra en un estado metaestable, sostiene Muriel Combes, revela potenciales que, puesto que pertenecen a dimensiones heterogéneas del ser, son incompatibles (cfr. Combes 1999: 7). Por eso también, el ser no puede perpetuarse más que desfasándose. Estas potencialidades incompatibles, en el caso de la máquina óptica, se agrupan a partir de los dos polos antes indicados: el ojo del alma y el ojo del cuerpo. Lo cual significa que el espacio óptico que abre la máquina funciona como un campo metaestable. La naturaleza heterogénea e incompatible de los dos ojos y de las dos miradas, a su vez, genera un desfasaje en la máquina, es decir el pasaje a una nueva fase. Cada imagen de lo humano que la máquina genera supone una resolución o una integración parcial y momentánea de la tensión o disparidad binocular. Cuando las cargas potenciales alcanzan un punto crítico de tensión, es decir cuando la disparidad supera un cierto límite imposible de integrar, la máquina pasa a una nueva fase, es decir a una nueva articulación de las dos imágenes y de las dos miradas, a una nueva imagen tridimensional de lo humano. Simondon denomina transducción a este proceso de desfasaje. En nuestro caso, dado que la máquina óptica es un dispositivo histórico, el concepto de transducción se aplica a la historia misma. Cada época representa una fase del ser, un escalón contingente que no conduce, en razón de esa contingencia, a ningún *telos* ni destino prefijado. Cada fase posee su propia imagen (o sistema de imágenes) de lo humano generada por la máquina óptica.

Ahora bien, ¿cómo se han constituido en sus diferentes momentos el ojo del cuerpo y el ojo del alma? Es decir, ¿cómo se han formado los dos polos de la máquina óptica? En Simondon encontramos la posibilidad de fundamentar ontológicamente o, más bien, ontogenéticamente la formación histórica de la máquina óptica. La distinción entre el ojo del cuerpo y el ojo del alma o, más bien, de las dos regiones metafísicas que darán lugar a los dos polos de la máquina óptica aparece en Simondon como la distinción entre lo físico y lo psíquico o entre lo orgánico y el pensamiento. Lo primero que hay que tener en cuenta es que la constitución del psiquismo "tiene necesidad del soporte del ser viviente ya individuado para desarrollarse" (2013: 260). En el caso de los vivientes, la individuación no es un proceso que se agote una vez constituido el individuo, sino un devenir que constituye la individuación viviente en cuanto tal. En este proceso de individuación, la unidad de lo viviente puede polarizarse o desdoblarse en dos dominios diferentes.

> ...el funcionamiento psíquico no es un funcionamiento separado de lo vital, pero, luego de la individuación inicial que proporciona a un ser viviente su origen, puede haber en la unidad de este ser individual dos funciones diferentes, que no se superponen, sino que son una en relación a la otra (funcionalmente) como el individuo en relación al medio asociado; el pensamiento y la vida son dos funciones complementarias, raramente paralelas; todo sucede como si el individuo viviente pudiera de nuevo ser el teatro de individuaciones sucesivas que se reparten en dominios distintos. (2013: 260-261)

La formación de lo psíquico supone una nueva estructuración en el seno del individuo. Una vez individuado, el ser viviente se desdobla, en fases sucesivas, en pensamiento y funciones orgánicas. La distinción entre lo físico y lo psíquico implica una polaridad en el seno de lo viviente que, sin embargo, mantiene su unidad. Por eso para que se produzca la visión en profundidad, el relieve tridimensional, es preciso que las imágenes monoculares no sean completamente dispares. Si así fuera, la integración sería imposible. Se trata de una polaridad funcional, de dos órdenes diversos de lo viviente. No hay una identidad de estructuras entre lo somático y lo psíquico, se trata más bien de parejas de realidades complementarias, subconjuntos vivientes al nivel del ser individuado. El ser individuado se expresa en parejas somato-psíquicas sucesivas, parcialmente coordinadas entre sí: "El ser individuado no es al comienzo *un* alma y *un* cuerpo; se construye como tal individualizándose, desdoblándose etapa por etapa" (2013: 261). Tanto la estructura somática como la psíquica son soluciones parciales planteadas a lo viviente. Es como si el individuo viviente se enfrentase a ciertos problemas planteados por el medio y el mundo en general y encontrase una respuesta posible estructurándose de manera somática primero y psíquica después.

La verdadera filosofía primera debe remontarse a este real anterior a la individuación de donde surge el sujeto. La historia de la metafísica ha tendido a pensar la esencia del ser, y específicamente del ser humano, a partir de uno de estos dos planos del ser inacabado. De tal manera que se ha terminado por efectuar una suerte de operación metonímica, tomando la parte por el todo. En general, ha predominado la línea espiritualista o idealista, aunque también el materialismo ha tenido sus momentos de gloria. Para Simondon, por el contrario, la filosofía primera, la ontología, debe pensar este real preindividual que no se agota ni en una mera inmanencia ni en una mera trascendencia.

> La verdadera filosofía primera no es la del sujeto, ni la del objeto, ni la de Dios ni la de una Naturaleza explicadas según un principio de transcendencia o de inmanencia, sino la de un real anterior a la individuación, de un real que no puede ser buscado en el objeto objetivado ni en el sujeto subjetivado, sino en el límite entre el individuo y lo que resta fuera de él, según una mediación suspendida entre trascendencia e inmanencia. La razón que vuelve vana la explicación según la trascendencia o la inmanencia vuelve también vana la explicación de la esencia del ser individuado en el alma o en el cuerpo. (2013: 263)

Este real anterior a la individuación, hemos visto, no debe entenderse como un ser homogéneo y absolutamente indiferenciado. Es preciso que el ser preindividual, puesto que *es* devenir, contenga en su seno una disimetría (la dualidad original). Por eso el concepto que explica esta dimensión ontológica es el de metaestabilidad. Como hemos indicado, el espacio topológico que instaura la máquina es precisamente este real metaestable, este sistema cargado de energías potenciales. La máquina desdobla lo viviente en dos dominios diversos, lo físico y lo psíquico. Tratándose de un dispositivo óptico, este desdoblamiento se expresa a partir de la conformación de dos ojos: el ojo del cuerpo y el ojo del alma. Ahora bien, lo humano no puede ser pensado ni a partir del alma ni a partir del cuerpo. En ambos casos se pierde de vista lo esencial: la relación, la singularidad, la membrana polarizada.[528] En efecto, decir que sólo el cuerpo es determinante,

---

[528] La noción de membrana polarizada que encontramos en Simondon se acerca, en cierto sentido, a la noción de "área intermedia" [*intermediate area*] de Donald Woods Winnicott. En *Playing and Reality*, leemos: "De todo individuo que ha alcanzado el estadio de ser una unidad con una membrana limitadora [*limitanting membrane*] y un afuera y un adentro, se puede decir que existe una realidad interna de ese individuo, un mundo interno" (2005: 3). Ahora bien, este esquema dual o dialéctico (adentro y afuera) puede —y debe— ser completado con la introducción de un tercer elemento, un "espacio potencial" intermedio: "Mi tesis es que si hay necesidad de esta doble estructura, hay también necesidad de una estructura triple: la tercera parte de la vida de un ser humano, una parte que no podemos ignorar, es un área intermedia de *experiencia*, en la cual se conecta la realidad interna y la vida externa. Se trata de un área que no puede ser refutada, puesto que no se puede predicar nada de ella excepto que existe como un lugar de descanso para un individuo implicado en la tarea humana perpetua de mantener la realidad interna y externa separadas pero relacionadas" (*ibid.*). En esta área intermedia, además, se asientan las diversas funciones imaginarias y lúdicas. Explica Gabriele Schwab: "Winnicott considera que las raíces de las funciones ima-

o que sólo el espíritu es lo fundamental, es suponer implícitamente que existe otro término en el individuo, término reducido y privado de toda su consistencia, pero sin embargo real en tanto que doblez inútil o negado: "el monismo materialista o el monismo espiritualista son de hecho dualismos asimétricos: imponen una mutilación del ser individual completo" (2013: 266). La única manera de evitar el dualismo es partiendo de una fase del ser anterior a la individuación, un ser preindividual que contiene en su seno, por necesidad, la dimensión de un dualismo posible. En cierto sentido, se trata de una suerte de *monismo dualista* o de *dualismo monista*, una ontogénesis entendida como devenir, como proceso de individuación en la que el dualismo funcional no excluye el ser preindividual cargado de potenciales. "El único verdadero monismo es aquel en el que la unidad es aprehendida en el momento en el que la posibilidad de una diversidad de funcionamiento y de estructuras es presentada" (2013: 266).

El espacio de visión que instituye la máquina óptica es a la vez monista y dualista. Se trata de un campo óptico cargado de energías potenciales distribuidas en dos dominios de visibilidad: lo sensible y lo inteligible. La visión se estructura a partir de estas dos regiones y de sus dos ojos correspondientes. ¿Qué es lo humano? Es esta unidad desdoblada, este individuo desfasado, este sistema polarizado. Es, además, el efecto de profundidad, la imagen tridimensional generada por este desdoblamiento, por este desfasaje y por esta polaridad. Es interesante notar que la instancia de desfasaje y polarización, la membrana o el germen, el umbral de desdoblamiento de la unidad viviente ha sido, a lo largo de la historia de la metafísica, la imaginación: el quiasmo entre lo visible y lo invisible. Este umbral relacional, es decir relativo, como hemos dicho, es lo más arduo de pensar.[529] No se trata de un tercer género del Ser, pero tampoco de una nada. Merleau-Ponty lo ha definido, en pasajes sugerentes, como un cero de ser que no es una nada, como una distancia que no es un vacío; en síntesis, como carne. Simondon, por su parte, como una "mediación suspendida entre trascendencia e inmanencia". Pensar una ontología de la imaginación significa, por eso mismo,

---

ginarias se anclan en el área intermedia, y desarrolla una compleja teoría sobre el juego basada en sus investigaciones sobre esta área" (1984: 459). Este espacio potencial designa entonces una región de experiencia que –como sostiene Jan Abram– "no pertenece ni a la realidad interna ni a la realidad externa; más bien, es el lugar que al mismo tiempo conecta y separa lo interno de lo externo" (2007: 337). Nótese también la proximidad con el concepto de *barzakh* de Ibn al-'Arabī o de *chiasme* de Merleau-Ponty. Sobre la noción de "área intermedia" en Winnicott, cfr. Abram 2007: 337-354.

[529] En el capítulo previo hemos encontrado en Merleau-Ponty, a quien no por casualidad, como indicamos oportunamente, Simondon dedicó su tesis doctoral, los esbozos de una ontología del quiasmo. El estatuto ontológico de este pliegue quiasmático, diverso al de las imágenes monoculares en vías de integración, es ciertamente paradójico y ambiguo.

pensar este mínimo de ser, este cero ontológico, este límite frágil y evasivo que no es sino relación y polaridad. Palabras decisivas de Maurice Blanchot:

> ...lo que pertenece a lo neutro no es un tercer género oponiéndose a los otros dos y constituyendo una clase determinada de existentes o de seres de razón. Lo neutro es lo que no se distribuye en ningún género: lo no-general, lo no-genérico, como lo no-particular. Rechaza la pertenencia tanto a la categoría de objeto como de sujeto. Y esto no quiere decir sólo que es todavía indeterminado y como dudando entre los dos, esto quiere decir que supone otra relación, una que no revela ni condiciones objetivas ni disposiciones subjetivas. (1969: 440)

Stéphane Lupasco, por su parte, nos ha brindado la lógica (del tercero incluido) específica del quiasmo o de la imaginación. Sea A lo sensible o corpóreo, no-A lo inteligible o incorpóreo y el estado T la imaginación o la imagen. De acuerdo a la lógica de Lupasco, cuando A se actualiza, no-A se potencializa; y a la inversa, cuando no-A se actualiza, A se potencializa. Lo interesante es que T, según sostiene Lupasco en *Le principe d'antagonisme et la logique de l'énergie*, "no es ni potencial ni actual" (1951: 10). Lo cual significa que pertenece a un registro ontológico diverso. De todas formas, si bien no llega a constituir –por su insólita fragilidad– un tercer género del Ser, no por eso se confunde con los términos que dinamiza. Es como si el estado T, el ojo de la imaginación que articula las imágenes de ambos ojos, se diferenciara de ellos, pero no por exceso, sino por defecto o substracción.[530] Este defecto es propio de la imagen. Y si lo humano no es más que una imagen generada por la máquina óptica, entonces el hombre mismo se define por este mínimo de ser que conviene a las subsistencias.

---

530 Sobre la condición substractiva de la imagen fantasmática, cfr. la nota 329.

Capítulo XXI ■
Gilles Deleuze: hacia un mínimo de ser

Estamos plenamente de acuerdo con Michel Foucault cuando sostiene que *Différence et répétition* y *Logique du sens* son dos libros "grandes entre los grandes" (2001: 75). La teoría del sentido esbozada por Deleuze en 1969, sobre todo en su relación con la noción de "fantasma", nos resulta esencial para nuestra investigación. La ontología –de corte estoico– que desarrolla Deleuze en *Logique du sens* nos permite profundizar algunos aspectos de esta ontología de la imaginación que estamos intentando esbozar. El punto decisivo, en esta perspectiva, concierne al valor central que adquiere la categoría de "superficie". Ella permite pensar una región ontológica o, mejor aún, una frontera en el límite mismo de la ontología que no se confunde ni con la altura inteligible ni con la profundidad sensible, ni con el campo de visibilidad perteneciente al ojo del alma ni con el campo de visibilidad perteneciente al ojo del cuerpo. Esta superficie prácticamente sin espesor, esta membrana de dos caras, es el lugar paradójico del fantasma: el puro acontecimiento.

a) **Las tres imágenes de filósofos**

En la decimoctava serie de *Logique du sens*, Deleuze retoma la gran pregunta kantiana "¿qué significa orientarse en el pensamiento?" y distingue tres imágenes de filósofos, tres tipos o paradigmas filosóficos que constituyen toda una topología general del pensamiento.[531] Por un lado, la imagen del filósofo propuesta por el platonismo: "un ser de los ascensos, que sale de la caverna, se eleva y se purifica cuanto más se eleva" (1969: 152). Es el pensador de las alturas, del mundo inteligible (*topos noētos*), cuya operación más propia consiste en ascender hasta los

---

531 El pensamiento, sostiene Deleuze, antes que tener una historia, tiene una geografía (cfr. Deleuze 1969: 152). Pensar, en este sentido, supone ejes y dimensiones, placas y estratos, niveles y territorios diversos.

principios trascendentes de las Formas ideales. Este pensador, por supuesto, ejercita el ojo del alma en detrimento del ojo del cuerpo. Por otro lado, la imagen del filósofo que aparece en los presocráticos, pero también en Nietzsche y Artaud:

> Los Presocráticos han instalado el pensamiento en las cavernas, la vida en la profundidad [...] A las alas del alma platónica, se opone la sandalia de Empédocles, que prueba que pertenecía a la tierra, bajo la tierra, que era autóctona. Al aleteo platónico, el golpe de martillo presocrático. (1969: 153)

Los presocráticos afirman el mundo de los cuerpos, de los elementos, de la materia que el platonismo rebajará a mera copia degradada. Se trata de un *pathos* sensible, una suerte de convulsión de las profundidades. Este pensador, a diferencia del platónico, ejercita el ojo del cuerpo en detrimento del ojo del alma. Pero hay una tercera imagen de filósofo, acaso la más relevante en *Logique du sens*, que surge con los megáricos, los cínicos y los estoicos:

> Es una re-orientación de todo el pensamiento y de lo que significa pensar: no hay más ni profundidad ni altura. [...] se trata de destituir las Ideas y de mostrar que lo incorporal no está en la altura, sino en la superficie, que no es la causa elevada, sino el efecto superficial por excelencia, que no es Esencia, sino acontecimiento. (1969: 155)

Cada imagen de filósofo representa un cierto espacio de pensamiento, una cierta orientación del pensamiento. Hay, por lo tanto, tres ámbitos generales –tres regiones ontológicas o, más bien, como veremos, dos regiones ontológicas y una extra-ontológica– en los que el pensamiento puede orientarse: "el abismo infernal, la altura celeste y la superficie de la tierra" (1969: 157). Con los estoicos y los cínicos aparece esta tercera dimensión, la superficie. Cada uno de estos planos, de estas imágenes de filósofos, además, se identifica con un rasgo particular: la altura con la conversión; la profundidad con la subversión; la superficie con la perversión.

Esta tercera imagen del filósofo como un ser de las superficies es central para comprender la concepción del acontecimiento que aparece en *Logique du sens*. El acontecimiento, como veremos, no concierne ni a las alturas ni a las profundidades, sino a la superficie. Es el gran descubrimiento de los estoicos, desarrollado luego con maestría por Lewis Carroll, a la vez contra los presocráticos y contra Platón. Pero ¿en qué consiste este descubrimiento? Consiste en descubrir la superficie y liberarla tanto de la altura cuanto de la profundidad. Descubrir la superficie significa descubrir el mundo de los acontecimientos: "el descubrimiento de los acontecimientos incorporales, sentido o efecto, que son irreductibles a los cuerpos profundos y a las Ideas altas" (1969: 158). *Logique du sens*, en esta perspectiva, no es sino el intento por construir una teoría del sentido y del acontecimiento; una teoría general, pues, de la superficie. Esta teoría, además, supone una ontología específica que es necesario examinar.

b) Mezclas de cuerpos y efectos incorporales

Deleuze descubre en los estoicos una curiosa ontología. Por un lado, los cuerpos, con sus relaciones, sus cualidades físicas, sus acciones y pasiones, sus mezclas, es decir, los estados de cosas. Su tiempo es el presente, lo actual. Por otro lado, los incorporales, atributos lógicos, efectos o acontecimientos. No son presentes, ni agentes ni pacientes; de algún modo, ni siquiera existen, sino que más bien insisten o subsisten. No son substantivos ni adjetivos, sino verbos infinitivos. Los cuerpos son causas de efectos incorporales que repercuten en la superficie. Los incorporales son resultados de las acciones y pasiones de los cuerpos, efectos superficiales de mezclas profundas. Lo que hay en los cuerpos, en la profundidad de los cuerpos, son mezclas: un cuerpo penetra a otro, lo repele, lo atrae, lo inunda, lo abandona, etc. Pero los infinitivos como "crecer", "cortar", "amar", etc., designan acontecimientos de superficie, efectos incorporales causados por los cuerpos, pero al mismo tiempo efectuándose en ellos, actualizándose en las profundidades: "los acontecimientos se efectúan en nosotros, nos esperan y nos aspiran, nos hacen señas: 'Mi herida existía antes que yo; he nacido para encarnarla'" (1969: 174). Es como si los cuerpos, los substantivos, y sus cualidades, los adjetivos, efectuaran o actualizaran los verbos infinitivos. Estos infinitivos incorporales, además, poseen dos momentos: el presente de la efectuación, en el que el acontecimiento se encarna en un estado de cosas, en una persona, en una acción, etc.; el pasado-futuro de la contra-efectuación, el acontecimiento tomado en sí mismo, libre de los estados de cosas, del presente, impersonal y pre-individual. Es como el SE de Blanchot: *se* muere. "Es el *se* de las singularidades impersonales y pre-individualidades, el *se* del acontecimiento puro en el que *muere* es como *llueve*" (1969: 178). O como *piensa*, podríamos agregar, si es verdad que el pensamiento, como ha mostrado William James y posteriormente Benveniste, es, como la lluvia o el viento, un puro acontecimiento.

Según una primera dualidad, entonces, tenemos los cuerpos y los incorporales, los estados de cosas y los acontecimientos, las causas y los efectos. A esta primera dualidad, dice Deleuze, es preciso añadirle una segunda: los cuerpos y las proposiciones, las cosas y el lenguaje. En efecto, la relación entre los acontecimientos y el lenguaje es esencial. "Entre los acontecimientos-efectos y el lenguaje, o incluso la posibilidad del lenguaje, hay una relación esencial: pertenece a los acontecimientos el ser expresados o expresables" (1969: 22).

Deleuze distingue tres dimensiones o instancias de la proposición: 1) Designación o indicación: relación de la proposición con un estado de cosas. Las palabras funcionan como imágenes que representan estados de cosas. Es la dimensión de lo verdadero y lo falso. Verdadero significa que una designación está cumplida por el estado de cosas. Falso significa que no se cumple la designación. 2) Manifestación: relación de la proposición con el sujeto que habla y se expresa. El Yo es el manifestante de base. Es el dominio de lo personal que sirve de principio para toda designación posible, así como de la veracidad y el engaño. 3) Significación: relación de la palabra con conceptos universales o generales a partir de implicaciones lógicas del tipo "por lo tanto", "en consecuencia". Es el dominio de las premisas y de las conclusiones, así como de las condiciones de verdad, es decir el conjunto de condiciones bajo las cuales una proposición puede ser considerada verdadera.

Estas tres dimensiones conforman lo que Deleuze llama el "círculo de la proposición" (cfr. 1969: 27). Cada una remite a la otra, reenvía a la otra en un circuito que permanece cerrado en sí mismo y que, justamente por ello, no puede dar cuenta del aspecto fundamental del lenguaje: el sentido. Por eso es necesario, por razones estratégicas, "añadir una cuarta [dimensión] que sería el sentido" (*ibid.*). Esta "cuarta dimensión de la proposición" (*ibid.*: 30), entonces, esta dimensión suplementaria y evanescente, de la cual casi podría decirse que no existe, sino que más bien *insiste* o *subsiste* en el lenguaje, es el sentido o el acontecimiento puro, el cual no se confunde ni con la proposición que lo expresa ni con el estado de cosas al cual se atribuye. Del círculo de la proposición pasamos a la línea recta y superficial del sentido.

> Pero ahora no se trata de un círculo. Es más bien la coexistencia de dos caras sin espesor, de modo que se pasa de la una a la otra siguiendo su longitud. De modo inseparable, *el sentido es lo expresable o lo expresado de la proposición, y el atributo del estado de cosas*. Tiende una cara hacia las cosas, y otra hacia las proposiciones. Pero no se confunde ni con la proposición que lo expresa ni con el estado de cosas que la proposición designa. Es exactamente la frontera de las proposiciones y las cosas. Es este *aliquid*, a la vez extra-ser e insistencia, este mínimo de ser que conviene a las insistencias. (1969: 33-34)

Es preciso señalar la importancia que le confiere Deleuze a esta dimensión suplementaria del sentido, así como a la necesidad de distinguirla tanto de las proposiciones cuanto de los estados de cosas. Si el Ser se define por estos dos grandes niveles ontológicos, los cuerpos y las proposiciones –las palabras y las cosas, para retomar el título del genial libro de Michel Foucault– entonces el sentido, en tanto acontecimiento que difiere por naturaleza de la proposición que lo expresa y de la mezcla de cuerpos de la que surge, constituye una suerte de Extra-Ser, una dimensión que se define más por un in-sistir o un sub-sistir que por un ex-istir. Por eso el sentido es sólo una línea sin espesor, una grieta en el Ser, una fisura ontológica. El espacio propio del sentido, así, es la superficie imperceptible que separa los cuerpos de las proposiciones, la frontera que se instaura entre la profundidad de los cuerpos y la altura de las proposiciones. Por encima del sentido, entonces, se distribuyen las proposiciones, la voz; por debajo, los cuerpos, el ruido. "El ruido de la profundidad era un infra-sentido, un sub-sentido, *Untersinn*; la voz de la altura era un pre-sentido" (1969: 272). Ni ruido desarticulado de las profundidades de los cuerpos ni voz articulada de las proposiciones, el sentido es el atributo del ruido y lo expresado de la voz, pero que, por eso mismo, no se confunde con ninguna de las dos instancias. El sentido no existe fuera de la proposición que lo expresa, pero tampoco coincide con ella; tiene una objetividad completamente distinta. Del mismo modo, es un atributo de los cuerpos, pero tampoco se confunde con los estados de cosas físicos o con algunas de sus cualidades. El sentido no es una cualidad de los cuerpos, como "verde", por ejemplo. Es un atributo que se dice de la cosa y se expresa en la proposición, pero permaneciendo irreductible a ambas instancias. No ya verde, sino *verdear*: puro acontecimiento. Esta irreductibilidad, tanto respecto a los estados de cosas cuanto a las proposiciones, es inherente a los acontecimientos.

Si los estados de cosas y las proposiciones, los cuerpos y el lenguaje, forman dos series heterogéneas, si "la forma serial se realiza necesariamente en la simultaneidad de dos series por lo menos" (cfr. 1969: 50), y si estas dos series son siempre disímiles ya que, como han mostrado Blanchot y Foucault, nunca se habla de lo que se ve ni se ve de lo que se habla, entonces ¿cómo se explica su relación? ¿Cómo la serie de las palabras se conecta con la serie de las cosas? Para responder a esta pregunta, debemos considerar la lectura inusual que Deleuze hace de ciertas tesis estructuralistas en general y lacanianas en particular.

Según Ferdinand de Saussure, es posible estudiar al lenguaje como una estructura compuesta por signos. Los signos representan las unidades del lenguaje. Poseen dos aspectos: el significante (sonido, materialidad) y el significado (concepto asociado al sonido). Los signos se definen por la diferencia respecto a los demás signos del sistema y a la relación (así como a la posición) que mantienen entre sí.[532] La estructura de los signos, entonces, está conformada por dos series diversas. De hecho, para Deleuze, la ley básica de las dos series simultáneas, sean las que sean, es que nunca son iguales. Una representa el significante, la otra el significado. Ahora bien, la relación y la distribución de ambas series se explican a partir de tres instancias: 1) Los términos de cada serie están en perpetuo desplazamiento relativo respecto a los de la otra. Hay un desfasaje esencial de las series, una disparidad o un doble deslizamiento de una serie respecto a la otra. 2) Una de las series, la determinada como significante, presenta un exceso sobre la otra.[533] 3) Lo que asegura el desplazamiento relativo de las dos series y el exceso de una sobre la otra es una instancia paradójica que no puede reducirse a ningún término de las series. Este es el punto más importante para Deleuze. Esta instancia paradójica que no cesa de circular entre las dos series, asegurando con ello su comunicación, esta instancia móvil de dos caras, igualmente presente en la serie significante y en la serie significada, es el fantasma, el punto aleatorio, la casilla vacía o el objeto x. Este elemento nómada es a la vez palabra y cosa, nombre y objeto, significante y significado, cuerpo y lenguaje. El estatuto paradójico de esta instancia intermedia es que pertenece y a la vez no pertenece a las series que pone en relación.[534] En su recorrido, asegura la convergencia de las series aunque sólo para hacerlas divergir. El fantasma o el punto aleatorio siempre falta a su lugar, no posee identidad propia, falta a su origen, a su equilibrio. "Es la misma cosa bajo dos caras, pero dos caras impares mediante las que las series comunican sin perder su diferencia" (1969: 65). La superficie del sentido, sobre la que circula el fantasma, es como un espejo. El punto fantasmático refleja una serie en la otra sin hacerles perder por eso su especificidad y su heterogeneidad. De tal manera que funciona también como un principio de resonancia: hace resonar las series entre sí, establece una zona de resonancia y al mismo tiempo de divergencia.[535]

---

532   En efecto, en el *Cours de linguistique générale* Saussure define al signo como una "unidad lingüística de una cosa doble, hecha de la aproximación de dos términos" (cfr. 1995: 98), es decir como "una entidad psíquica de dos caras" (1995: 99). A su vez, puesto que la lengua es un sistema cuyos términos son solidarios y cuyo valor no resulta más que de la presencia simultánea de los demás, todo signo existe necesariamente en una cadena de signos.

533   Este punto, característico sobre todo del estructuralismo lacaniano y lévi-straussiano así como de la época arqueológica de Foucault, será abandonado más adelante por Deleuze, sobre todo a partir de su encuentro con Félix Guattari. Pero incluso ya en *Logique du sens* se afirma que ninguna de las dos series es más originaria que la otra: "De las dos series que anima no debe decirse que una es la originaria y la otra la derivada" (1969: 55).

534   Se comprenderá ahora por qué en el párrafo final de la introducción general hemos afirmado que el hombre, en tanto imagen –fantasma–, *pertenece y no pertenece* a los dos dominios de la metafísica occidental: lo sensible y lo inteligible, la materia y el espíritu, lo visible y lo invisible, etc.

535   El concepto de resonancia, por supuesto, pertenece a Simondon.

Lo que debemos tener en cuenta es que para Deleuze la convergencia es siempre secundaria respecto a una disyunción o divergencia previa. Las series pueden converger porque su ser mismo consiste en una divergencia, o, dicho de otro modo, la convergencia es un efecto de la divergencia.

El fantasma, entonces, es el punto que conecta/desconecta, en un movimiento aleatorio, los dos niveles, las dos series. Leamos la definición de Deleuze:

> Y es que el fantasma, como el acontecimiento que representa, es un "atributo noemático" que se distingue no sólo de los estados de cosas y sus cualidades, sino también de la vivencia psicológica y de los conceptos lógicos. Como tal, pertenece a una superficie ideal sobre la que es producido como efecto, y que trasciende lo interior y lo exterior, ya que tiene como propiedad topológica poner en contacto "su" lado interior y "su" lado exterior para desplegarlos en un solo lado. (1969: 245-246)

El fantasma es el punto de plegado, la instancia de articulación, la variable, siempre inestable, siempre fuera de lugar, que hace converger la profundidad de los cuerpos con la altura de las proposiciones. Dicho de otro modo, el fantasma es el límite en el que los enunciados se rozan con los cuerpos y éstos con aquellos. Pero en tanto límite, no se confunde ni con el estado de cosas, es decir, con el plano sensible, ni con las proposiciones, es decir, con el plano inteligible. Su propiedad topológica, aclara Deleuze, consiste simplemente en conectar/desconectar las dos series, los dos planos.

El fantasma obedece a una doble causalidad: por un lado, depende de los estados de cosas de los que ha surgido en la profundidad (causa externa o interna); por otro lado, depende de las relaciones con las demás singularidades que se distribuyen al nivel de la superficie (cuasi-causa). La causalidad externa o interna opera de manera vertical y remite a la profundidad de los cuerpos; la cuasi-causalidad, en cambio, opera de manera horizontal y remite a la superficie de los acontecimientos. Para utilizar las categorías estructuralistas de Althusser, podríamos decir que cada nivel topológico, la altura y la profundidad, las proposiciones y los cuerpos, funcionan con una lógica y una dinámica propia, es decir, poseen una "autonomía relativa"; pero a la vez, todas las dimensiones operan a partir de una "causalidad estructural", es decir, como un sistema estructurado verticalmente según un desfasaje o una disparidad siempre abierta.[536] Así como

---

[536] En *Lire le Capital*, Althusser y Balibar piensan a una formación social como una totalidad compuesta por una superposición de estratos o niveles estructurales desfasados. Cada nivel, en este sentido, posee su tiempo propio y su especificidad, es decir, su autonomía relativa respecto al resto. "A cada nivel, debemos por el contrario asignar un tiempo propio, relativamente autónomo, es decir relativamente independiente

la autonomía relativa se refiere a una causalidad horizontal, propia de cada estrato o serie topológica, así también la causalidad estructural o el principio de determinación en última instancia se refiere a una relación vertical, a un sistema estructural compuesto por niveles heterogéneos y desfasados.

El fantasma instaura una máquina bipolar: distribuye intensidades a ambos lados de la superficie del sentido. Desde esta perspectiva, funciona como una verdadera máquina de simulación. "La simulación es el fantasma mismo, es decir, el efecto de funcionamiento del simulacro en tanto que maquinaria, máquina dionisíaca" (1969: 303). El fantasma es la potencia misma de la simulación, la máquina de simular, y de simular incluso la simulación. En la trigésima serie, Deleuze define al fantasma a partir de tres rasgos esenciales:

1) No representa una acción ni una pasión, sino un resultado de acción y pasión, es decir, un efecto, un puro acontecimiento neutro.
2) Supone la disolución del Yo, ya que lo fisura y libera en la superficie las singularidades impersonales y pre-individuales.
3) Difiere tanto de las proposiciones que lo expresan cuanto de los estados de cosas que lo efectúan. Además "es inseparable del verbo en infinitivo, y con ello es prueba del acontecimiento puro". (1969: 250)

Esta identificación del fantasma con el acontecimiento requiere una temporalidad particular que Deleuze identifica con el tiempo del Aión, el cual se distingue radicalmente del tiempo de Cronos, propio de los cuerpos y de los estados de cosas. Según Cronos, sólo existe el presente. El pasado y el futuro son dos dimensiones relativas al presente. El presente es el tiempo de las mezclas corporales, de las acciones y pasiones. En un sentido bergsoniano, diríamos que Cronos es el tiempo de lo actual. Ahora bien, ya en este nivel crónico o cronológico existe una suerte de subversión del presente, una suerte de desajuste fundamental del mismo Cronos. A este "devenir loco de las profundidades"

---

en su dependencia misma, de los 'tiempos' de los otros niveles" (1973, Tomo I: 124). Esta independencia relativa, sin embargo, está sujeta a la causalidad estructural que gobierna toda la formación social, es decir, a la interdependencia de todos los niveles y a su mutua determinación. "la especificidad de cada uno de estos tiempos, de cada una de estas historias, dicho de otro modo su autonomía e independencia relativas, están fundadas sobre un cierto tipo de articulación en el todo, es decir sobre un *cierto tipo de dependencia* respecto del todo" (*ibid.;* el subrayado es de Althusser y Balibar). En última instancia, sostienen los autores, es el nivel económico el que determina al resto, o, más bien, el que determina qué nivel será el determinante. Este principio, que Althusser y Balibar denominan "determinación en última instancia" (cfr. 1973, Tomo I: 123), implica una cierta verticalidad que atraviesa, en cierto sentido, la horizontalidad propia de cada nivel. De todas formas, esta determinación, reconocen los autores, esta última instancia, nunca llega, es decir, nunca se convierte en una determinación absoluta. Para una síntesis de los principales conceptos de Althusser y Balibar, cfr. Callinicos 1976: 30-71.

(cfr. 1969: 192), Deleuze lo llama el *mal-Cronos*. Cronos es el tiempo de las profundidades, el presente de los cuerpos; sin embargo, hay como un fondo o un abismo que derroca y subvierte toda medida y que se sustrae al mismo presente. "El devenir-loco de la profundidad es pues un mal Cronos, que se opone al presente vivo del buen Cronos" (1969: 192). Este mal Cronos, en Deleuze, designa el tiempo propio de los simulacros. No se trata ya de los cuerpos naturales, del orden natural, del cosmos, sino de singularidades disímiles que se hurtan a la primacía del presente. Se trata, dice, Deleuze, de una subversión del presente (el buen Cronos) pero desde el mismo presente, desde un presente aterrador, desmesurado y profundo (el mal Cronos).

Según Aión, únicamente el pasado y el futuro insisten o subsisten en el tiempo. Aión es la forma pura del tiempo, la temporalidad propia de los acontecimientos incorporales. En lugar de ser, como Cronos (como el buen Cronos, por lo pronto), "un presente que reabsorbe el pasado y el futuro, [es más bien] un futuro y un pasado que dividen el presente en cada instante, que lo subdividen hasta el infinito en pasado y futuro, en los dos sentidos a la vez" (1969: 192-193). Incluso entre el mal Cronos y Aión, a pesar de que ambos esquivan al presente, la diferencia es radical. Cronos esquiva el presente desde el mismo presente; Aión, por el contrario, desde un instante que no es nunca presente o, más bien, desde un presente sin espesor, puro movimiento perverso. Es la misma distinción que encontrábamos entre la efectuación del acontecimiento, el accidente, y aquello que en todo acontecimiento queda sin efectuar, aquello que no se agota en su efectuación y que, por eso mismo, no se hace nunca presente. Reproduzcamos un pasaje en el que Deleuze distingue ambas temporalidades:

> Cronos expresaba la acción de los cuerpos y la creación de cualidades corporales, Aión es el lugar de los acontecimientos incorporales, y de los atributos distintos de las cualidades. Cronos era inseparable de los cuerpos que lo llenaban como causas y materias, Aión está poblado de efectos que lo recorren sin llenarlo jamás. Cronos era limitado e infinito, Aión es ilimitado como el futuro y el pasado, pero finito como el instante. (1969: 193-194)

Lo propio del Aión, explica Deleuze, es trazar una frontera entre las cosas y las proposiciones. Sin esa frontera, las proposiciones no serían posibles. Esa línea sin espesor, como la superficie de un espejo, es recorrida por el fantasma, equiparado ahora al sinsentido. Esta instancia aleatoria divide y subdivide todo presente en dos sentidos a la vez, pasado y futuro, sobre la línea recta del Aión. Esta línea "tiene como dos caras, siempre desiguales, en desequilibrio, una vuelta hacia los estados de cosas, la otra hacia las proposiciones" (1969: 195). En la vigésimo tercera serie de *Logique du sens* dedicada al Aión, Deleuze avanza la idea de que el acontecimiento sería la cara del Aión vuelta a los estados de cosas, siempre entendido como el atributo lógico de esos estados, mientras que el sentido sería la cara del Aión vuelta a las proposiciones, siempre entendido como lo expresado por esas proposiciones.

El acontecimiento se remite a los estados de cosas, pero como el atributo lógico de esos estados, completamente diferente de sus cualidades físicas, aunque les sobrevenga a ellas, se encarne en ellas o se efectúe en ellas. El sentido es lo mismo que el acontecimiento, pero esta vez remitido a las proposiciones. Y se remite a las proposiciones como su expresable o su expresado, completamente diferente de lo que significan, de lo que manifiestan y de lo que designan. (1969: 195)

El Aión, entonces, como tiempo propio de los acontecimientos-efectos, de los incorporales, alude siempre a algo que acaba de pasar y que va a pasar, a la vez, nunca a algo que pasa. Los puntos singulares de los acontecimientos se distribuyen sobre la línea recta del Aión, siempre en relación a la instancia x, el fantasma, que los subdivide y los hace comunicar. Es como un juego que se lleva a cabo sobre dos mesas dividas por una bisectriz. "Las dos mesas o series son como el cielo y la tierra, las proposiciones y las cosas [...] El Aión es exactamente la frontera entre las dos, la línea recta que las separa, pero igualmente la superficie plana que las articula, vidrio o espejo impenetrable" (1969: 81).[537]

---

[537] Se habrá notado que la concepción de lo humano que proponemos aquí, es decir entendido como *fantasma*, se acerca a la noción de "imagen dialéctica" [*dialektische Bild*] de Walter Benjamin. Se recordará el célebre pasaje: "En otras palabras: imagen es la dialéctica en suspensión [*Bild ist die Dialektik im Stillstand*]. Puesto que, mientras que la relación del presente con el pasado es puramente temporal, continua, la relación entre lo que ha sido y el ahora es dialéctica: no es una sucesión sino una imagen discontinua, a saltos" (1982, V, I: [N2a, 3], 576-577). La imagen dialéctica es el fantasma, la casilla vacía que conecta las cosas con las proposiciones, el punto de suspensión entre lo que ha sido y lo que será. Esa suspensión indiscernible e indecible es lo propio del instante, del ahora [*kairos*], es decir, del tiempo que no es, pero que, desde su no-ser (presente), conecta o pliega las dos series heterogéneas del pasado y del futuro. Por eso la condición dialéctica de la *constelación* es presentada por Benjamin como una dialéctica suspendida. Esta suspensión, por otra parte, indica el momento en que el fantasma, entendido como instancia x o elemento paradójico, irrumpe en el punto de desdoblamiento del presente y conecta la imagen pasada con el significado futuro, así como la serie de los cuerpos con la serie de los signos: "Las imágenes dialécticas son constelaciones entre cosas enajenadas y el significado incipiente, que se detienen en el instante de la indiferencia entre muerte y significado" (Benjamin 1982, V, I: [N5, 2], 582). En cierto sentido, las "cosas enajenadas" pueden ser entendidas —más allá de Benjamin—, en una clave estructuralista, como significantes, mientras que el "significado incipiente", por supuesto, como significados. Las imágenes recuerdo son las huellas psíquicas de una imagen acústica, así como el significado incipiente es el concepto al que remite la imagen acústica. De tal manera que la constelación sería la conexión ramificada de dos series: la serie significante (cosas enajenadas) y la serie significada (significado incipiente). La imagen dialéctica o fantasma es la instancia paradójica que conecta estas dos series heterogéneas y que, al hacerlo, conecta también, en el ahora o desde el ahora, el pasado con el futuro. En este instante, la dialéctica se detiene y queda en suspenso: "Al

c) **La imaginación como superficie incorporal**

Retomemos ahora algunas de las categorías expuestas hasta aquí. Como vimos, Deleuze distingue tres regiones: la altura, la profundidad y la superficie. Cada una de ellas corresponde a una parte y a una función de la máquina óptica. La altura, el reino de las Ideas, designa el campo de visión del ojo del alma; la profundidad, el reino de los cuerpos, el campo de visión del ojo del cuerpo; la superficie, por último, el límite o pliegue de articulación de ambos ojos: el quiasmo, es decir la imaginación. Hay que notar, sin embargo, que Deleuze no habla de imaginación ni identifica a la superficie de los acontecimientos con la imaginación. Incluso pareciera oponer la noción de fantasma a la noción de imaginario: "Ni activos ni pasivos, ni internos ni externos, ni imaginarios ni reales, los fantasmas poseen la impasibilidad y la idealidad del acontecimiento" (1969: 246). ¿Por qué los fantasmas no pueden pertenecer para Deleuze a la imaginación o a lo imaginario? Porque concibe a lo imaginario como irreal o ilusorio. No obstante, hemos visto en las secciones precedentes que lo fantasmático o imaginario no es estrictamente irreal o no-existente, sino insistente o subsistente. En nuestra perspectiva, los fantasmas son imaginarios, puesto que lo imaginario, tal como nosotros lo entendemos, designa precisamente ese mínimo de ser, ese cero de ser que caracteriza al acontecimiento.

Estas nociones son de una importancia extrema para nuestro planteo antropológico. Hemos visto que con Nietzsche, y específicamente a partir de la muerte de Dios, la máquina óptica se vuelve fantasmática. De producir imágenes icónicas, es decir relativas a un modelo trascendente, pasa a producir fantasmas, imágenes fantasmáticas de lo humano. Se habrán ya presentado las consecuencias profundas que tiene la noción de fantasma cuando se la reubica en un marco antropológico. Afirmar que el hombre es un fantasma significa afirmar que no es ni cuerpo ni lenguaje, ni un ser de las profundidades ni un ser de las alturas.

---

pensamiento le pertenece tanto el movimiento cuanto la detención de los pensamientos. Allí donde el pensamiento se detiene en una constelación saturada de tensiones, aparece la imagen dialéctica. Ella es la cesura en el movimiento del pensamiento. Naturalmente el suyo no es un lugar cualquiera. En breve, debe ser buscada allí donde la tensión entre los opuestos dialécticos alcanza su punto máximo" (1982, V, I: [N10a, 3], 595). La imagen dialéctica es la cesura del pensamiento, el punto en el que el sujeto (humano en este caso) se pierde. Por eso el presente de la membrana viviente, tal como hemos visto en Simondon y como estamos viendo en Deleuze, está siempre desdoblado en dos flujos o vectores temporales: uno hacia el pasado, otro hacia el futuro. El índice mismo de ese desdoblamiento, el punto más saturado de tensiones, es precisamente el sujeto fisurado, la cesura del sujeto humano: el fantasma. No hay duda de que entre el *aión* deleuziano y el *kairós* benjaminiano existe –si bien no una identidad– una cercanía indudable.

La máquina óptica, al volverse inmanente, ha comenzado a producir lo humano como imagen de superficie.

Hemos también visto que el lugar dejado vacío por Dios es ocupado, a partir del siglo XIX, por el lenguaje. Diremos entonces que la imagen tridimensional generada por la máquina óptica es un atributo del ojo del cuerpo y una expresión del ojo del lenguaje. La imagen fantasmática de lo humano es una entidad con dos caras: una orientada hacia la imagen monocular propia del ojo del alma (proposiciones), otra hacia la imagen monocular propia del ojo del cuerpo (los estados de cosas). Pero en sí mismo, el fantasma, a la vez atributo y expresión, no se confunde con ninguna de las dos imágenes. Pertenece más bien a un ojo de otro orden, ni sensible ni inteligible, ni corpóreo ni proposicional: el *oculus imaginationis*. A diferencia de los dos ojos polares, el del cuerpo y el del alma, el ojo de la imaginación es un ojo liminal y superficial. Este ojo, quiasmático o pineal, tiene la propiedad topológica de poner en contacto su lado izquierdo, el ojo del cuerpo, con su lado derecho, el ojo del alma. Esta superficie ideal, metafísica, esta línea especular por la que circula el fantasma es precisamente el espacio específico de la imaginación.[538] En efecto, "el fantasma es un fenómeno de superficie" (1969: 252). Y en la medida en que conecta elementos provenientes de dos series heterogéneas, la del significante y la del significado o, desde una perspectiva óptica, la de lo sensible y la de lo inteligible o la de lo corpóreo y la de lo anímico, la superficie fantasmática instaura "un uso afirmativo de la síntesis disyuntiva (y no síntesis de contradicción)" (1969: 249). ¿En qué consiste esta síntesis disyuntiva? Consiste en distribuir cargas potenciales a ambos lados de la superficie de la imaginación. La síntesis disyuntiva genera un campo polarizado y al mismo tiempo una articulación posible de los polos. "El fantasma es el proceso

---

[538] Ya en su primer texto sobre el empirismo de David Hume, a decir verdad, Deleuze aborda a la imaginación desde un punto de vista topológico: "la imaginación no es un factor, un agente, una determinación determinante; es un lugar, que es necesario localizar, es decir fijar, un determinable. Nada se hace *por* la imaginación, todo se hace *en* la imaginación" (1953: 3; el subrayado es de Deleuze). Como vemos, la imaginación designa, antes que nada, un lugar, un *topos*. En este sentido, no es una naturaleza ni una facultad subjetiva; más bien hace referencia a un fondo impersonal del que surge, en un movimiento secundario, el sujeto humano. Si bien la imaginación es un lugar, no por ello carece de una actividad o dinámica propia. "Por cierto ella tiene su actividad; pero esta actividad no tiene constancia ni uniformidad, fantasiosa y delirante, ella es el movimiento de las ideas, el conjunto de sus acciones y reacciones" (1953: 3-4). La imaginación es, en principio, un lugar, pero también un movimiento. Es importante destacar el hecho de que Deleuze, en su texto de 1953 sobre Hume, cada vez que se refiere al movimiento o la dinámica que caracteriza a las ideas en la imaginación recurre a la noción de fantasía. "El fondo del espíritu es delirio, o, lo que quiere decir lo mismo desde otros puntos de vista, azar, indiferencia. Por tal motivo, la imaginación no es una naturaleza, sino una fantasía" (1953: 4). La imaginación es una fantasía porque es delirio, es decir, porque el movimiento que la recorre y la sobrevuela es un movimiento delirante. Esta tesis, como se sabe, será retomada junto a Félix Guattari en *L'Anti-Œdipe* cuando se afirme que el ser es esquizofrénico.

de constitución de lo incorporal, la máquina de extraer un poco de pensamiento, repartir una diferencia de potencial a los bordes de la grieta, polarizar el campo cerebral" (1969: 256).[539] El *oculus imaginationis* es un ojo incorporal, pero no porque se identifique con el ojo del alma, sino porque surge como un efecto del ojo del cuerpo. Y así como es un ojo incorporal, es también –si podría decirse– in-anímico, en tanto es lo expresado por el ojo del alma. En todo caso, el fantasma reparte energías potenciales a ambos lados de la superficie imaginal. El punto más interesante de *Logique du sens*, creemos, concierne al estatuto paradójico del fantasma. Deleuze sostiene que, al igual que el sentido o el acontecimiento con los cuales se identifica, el fantasma designa un extra-ser o un mínimo de ser. "Como atributo de los estados de cosas, el sentido es extra-ser, no es el ser, sino un *aliquid* que conviene al no-ser. Como expresado de la proposición, el sentido no existe, sino que insiste o subsiste en la proposición" (1969: 44-45). Estas nociones, que Deleuze toma de Meinong, son de la mayor importancia para nosotros. Se habrán advertido las profundas consecuencias que se derivan de concebir al fantasma como un extra-ser, es decir como una entidad que no se define ya por la existencia sino por la insistencia o la subsistencia, y al mismo tiempo identificar al fantasma con lo humano. Entre otras cosas, implica un replanteo de los fundamentos ontológicos de la antropología en cuanto tal. Si lo humano, a partir de la muerte de Dios, deja de ser un ícono y se convierte en un fantasma, entonces habrá que decir de él que designa un "extra-ser, es decir [un] mínimo de ser común a lo real, a lo posible y a lo imposible" (1969: 211).

---

539 Uno de los mayores poetas de todos los tiempos, Juan Carlos Bustriazo Ortiz, ha acuñado el neologismo "fantasmamiento" que, de algún modo, condensa el vínculo entre el pensamiento y el fantasma señalado por Deleuze. "mi azulamirla –canta Bustriazo, el *Ghenpín*, quien hubo de firmar alguna vez el "vate redivivo"– los fantasmamientos fantasmaduras y lo enfantasmado" (2008: 77).

Capítulo XXII [540]
Michel Foucault: arqueología de la imaginación

a) Las formaciones de visibilidad

Los ojos, la voz. Pasión de ver, acción de decir; pasividad de la visión, espontaneidad del enunciado. He aquí los dos niveles, según Deleuze, de la arqueología foucaultiana: lo visible y lo enunciable. "Foucault no ha dejado de fascinarse por lo que veía tanto como por lo que escuchaba o leía, y la arqueología tal como la concibe es un archivo audio-visual" (Deleuze 2004: 58).[541]

La arqueología es tanto un estudio de las condiciones de enunciación cuanto un estudio de las condiciones de visibilidad: arqueología de los enunciados y arqueología de la mirada. *Naissance de la clinique*, en efecto, analiza las mutaciones que sufre la mirada médica en el período que va del siglo XVII al XIX. No se trata de una historia de la medicina, de sus eventuales avances o progresos, no se trata tampoco de un examen fenomenológico de la experiencia médica o de la enfermedad; se trata, para Foucault, de determinar las condiciones de visibilidad de la enfermedad en un período específico de tiempo. La mirada, "objeto" privilegiado de este texto en el que se cruzan el espacio, el lenguaje y la muerte, no es la mirada intencional del fenomenólogo que se dirige al corazón de las cosas, tampoco es la mirada de un cuerpo que encontraría finalmente (o primeramente) la ocasión de anclarse en el mundo; no es pues una mirada que podría revelar las cosas mismas, ni en lo que concierne a la misteriosa mismidad de su esencia

---

540 Parte de este capítulo ha sido publicado como artículo, con ligeras modificaciones, bajo el título "La noción de 'esquema' en el pensamiento de Michel Foucault. Hacia una ontología de la imaginación" en *Agora. Papeles de Filosofía*, Vol 37, No 2 (2018a), pp. 215-235.

541 En los años sesenta, Foucault parece darle un primado al nivel discursivo en relación a lo no-discursivo (según la fórmula negativa de *L'arquéologie du savoir*). Sin embargo, ambos registros, lo enunciable y lo visible, además de diferir por naturaleza y a pesar de la preeminencia del primero, no dejan de ser irreductibles.

ni a la determinación de una conciencia constituyente; en suma, la mirada que se propone analizar Foucault se remonta a las condiciones (históricas) de visibilidad de una cierta *episteme*, es decir a las razones por las cuales una cierta época ha podido *ver*, y a la vez, *no ver* ciertos objetos. ¿Por qué la mirada médica del siglo XIX, pongamos por caso, ha podido ver, con sus ojos contingentes y para siempre relativos, un dominio diverso al de la mirada, también médica, del siglo XVII? Se trata entonces de interrogarse sobre las condiciones de posibilidad de que algo pueda ser visto (y de que algo pueda ser enunciado, por supuesto) en una determinada formación histórica. El arqueólogo no se preguntará tanto por los objetos específicos de un determinado campo de estudios, no se preguntará tampoco por las ideas o los comportamientos de los hombres en una determinada época; se preguntará, más bien –y la pregunta sonará por cierto extrañamente kantiana– por las condiciones de posibilidad de lo visible y lo enunciable, se preguntará por aquello que ha hecho posible que en un determinado momento histórico se modifique la mirada de los médicos, pero también de los jueces, de los psiquiatras, de los maestros, etc., y que, en un resplandor que podrá durar décadas, siglos, "lo que era fundamentalmente invisible se [ofrezca] de repente a la claridad de la mirada" (Foucault 1997: 274). Esta modificación o, acaso, discontinuidad de la mirada responde entonces a condiciones que, si bien son *a priori*, no dejan de ser por eso mismo *históricas* y *concretas*.

> La medicina como ciencia clínica apareció bajo condiciones que definen, con su posibilidad histórica, el dominio de su experiencia y la estructura de su racionalidad. Éstas forman su *a priori* concreto que es ahora posible sacar a la luz, quizá porque está por nacer una nueva experiencia de la enfermedad, que ofrece, sobre la que rechaza en el tiempo, la posibilidad de una percepción histórica y crítica. (1997: 9)

Inútil insistir en el carácter kantiano de este pasaje de Foucault.[542] El arqueólogo se interroga por las condiciones que definen la posibilidad histórica de una cierta experiencia y de una cierta racionalidad. Lejos estamos, sin duda, aunque no quizás tan lejos como hubiese deseado el mismo Foucault, de una concepción originaria de la experiencia y, por ende, de la mirada.[543] No han pasado ni siquiera veinte años para que la *fenomenología* de la percepción haya dado lugar a una *arqueología* de la mirada. La brutalidad del Ser, su indómito salvajismo, responde ahora a condiciones históricas y epistémicas que, pocos años más tarde, se

---

542 Sobre este punto cfr. cfr. los apartados *a* y *b* de la introducción a la sección II.

543 Foucault, se sabe, ha criticado sus primeros textos, en particular la *Histoire de la folie*, considerando que aún existía en ellos una suerte de "experiencia" de la locura con ciertos tintes fenomenológicos.

volverán decididamente políticas y estratégicas. No se trata pues de una mirada originaria, de una visibilidad ontológica que nos revelaría la profundidad del ser o de la carne; entre el ser y mi experiencia, ahora, hay innumerables dispositivos y condiciones específicas; la visión de mi carne, de *la* carne, debe atravesar los minuciosos recovecos de una luminosidad infinitamente artificial.

Las visibilidades producidas en una determinada episteme, como bien explica Deleuze, no deben ser confundidas con los objetos visibles, así como tampoco con los sujetos videntes. Por eso resulta preciso aclarar que, por un lado, para Foucault, "las visibilidades no se confunden con elementos visuales o más generalmente sensibles, cualidades, cosas, objetos, compuestos de objetos" (Deleuze 2004: 80) y, consecuentemente, por otro lado, que "la condición a la que remite la visibilidad no es, sin embargo, la manera de ver de un sujeto: el sujeto que ve es un emplazamiento en la visibilidad, una función derivada de la visibilidad" (2004: 85). Por eso sostiene Deleuze, explicando a Foucault, que el arqueólogo debe remontarse de los objetos a las visibilidades, de las cosas empíricas al campo trascendental. En este sentido, las visibilidades, que existen en el *medio* sensible y se distinguen de la visión efectiva, si bien no están ocultas, al igual que los enunciados, no son por ello directamente visibles. "Pues las visibilidades, por más que se esfuerzan a su vez en no estar nunca ocultas, no por ello son inmediatamente vistas ni visibles. Incluso son invisibles, mientras uno se limite a los objetos, a las cosas o a las cualidades sensibles sin elevarse hasta la condición que los abre" (2004: 85). Para utilizar la terminología deleuziana, diríamos que este espacio trascendental, *a priori*, de visibilidad se identifica con un plano virtual, mientras que los sujetos videntes y los objetos vistos con un plano actual. A Deleuze le interesa la arqueología foucaultiana porque encuentra allí la posibilidad de darle un carácter histórico y contingente a lo virtual. En la lectura de Deleuze, este *a priori* arqueológico, en sus dos niveles: lo decible y lo visible, está dado por el lenguaje y la luz. El lenguaje es el espacio trascendental (virtual) de los enunciados, así como la luz es el espacio trascendental (virtual) de las visibilidades. Cada uno es un absoluto, un campo trascendental, y sin embargo histórico y contingente.

> Así pues, hay un "ser" luz, un ser de la luz o un ser-luz, como también hay un ser-lenguaje. Cada uno es un absoluto, y no obstante histórico, puesto que es inseparable de la manera en que cae sobre una formación, sobre un corpus. Uno hace visibles o perceptibles las visibilidades, de la misma manera que el otro hacía los enunciados enunciables, decibles o legibles. Por eso las visibilidades no son ni los actos de un sujeto que ve, ni los datos de un sentido visual (Foucault denuncia el subtítulo "arqueología de la mirada"). De la misma manera que lo visible no se reduce a una cosa o cualidad

sensible, el ser-luz no se reduce a un medio físico: Foucault está más cerca de Goethe que de Newton. El ser-luz es una condición estrictamente indivisible, el único a priori capaz de relacionar las visibilidades con la vista y, como consecuencia, con los otros sentidos, siempre según combinaciones a su vez visibles. (2004: 86-87)

Este ser-luz absoluto (pero histórico), que tiene por función hacer visibles o perceptibles las visibilidades, es el único *a priori*, aclara Deleuze, que puede conectar las visibilidades con la vista. En su texto sobre Foucault, Deleuze habla de una luz primera y de una luz segunda. La luz primera es de naturaleza trascendental, virtual; la luz segunda, empírica, actual. El ser-luz es trascendental no sólo porque preexiste al sujeto, sino porque funciona como su condición de posibilidad. El sujeto, sostienen Foucault y Deleuze, es una función derivada de la visibilidad, un emplazamiento de la luz. El sujeto surge sólo cuando este lugar de visibilidad, este campo trascendental se actualiza en una visión determinada. Sólo a nivel actual, entonces, puede hablarse de sujeto, es decir, puede remitirse la visión a un sujeto, así como la forma pura de la visibilidad puede determinarse en un objeto concreto. Por eso el arqueólogo debe hendir las cosas, percibir su luminosidad trascendental, su condición virtual. Las visibilidades, hemos dicho, no son formas de objetos, ni incluso formas que se revelarían al contacto de la luz y la cosa, sino formas de luminosidad, creadas por la luz misma y que no dejan subsistir a las cosas y los objetos más que como resplandores, espejismos o reflejos (cfr. Deleuze 2004: 60). Estas visibilidades, por supuesto, se entrecruzan con los enunciados. Hay una captura mutua de la luz y el lenguaje: un enunciado retoma un cierto rayo de luz, del mismo modo que una visibilidad resulta enunciada. Hay una inserción o "ingresión"[544] de los enunciados en las visibilidades.

---

544 El término "ingresión" [*ingression*] remite a la filosofía de Alfred N. Whitehead, también llamada *philosophy of organism*. En *Process and Reality*, Whitehead explica que el mundo actual es un proceso, y que dicho proceso no es sino el devenir de las entidades actuales. Según esta metafísica del acontecimiento, los objetos eternos, a diferencia de las ocasiones o entidades actuales, son potencialidades puras que pueden ingresar eventualmente en el devenir actual del mundo y realizarse. En la sección II del segundo capítulo de *Process and Reality*, Whitehead explica algunas de sus categorías centrales. La proposición VII de las "Categories of Explanation", sin ir más lejos, postula: "Que un objeto eterno puede ser descripto sólo en función de su potencialidad de 'ingresión' [*ingression*] en el devenir de las entidades actuales; que su análisis sólo revela otros objetos eternos. Es un puro potencial. El término 'ingresión' se refiere al modo particular por el cual la potencialidad de un objeto eterno es realizada en una entidad actual particular, contribuyendo a la determinación de dicha entidad actual" (1978: 23). Los objetos eternos, a diferencia de los acontecimientos o de las ocasiones actuales, no transcurren. En *The Concept of Nature*, los objetos eternos (llamados simplemente *objetos*), son definidos como aquellos "elementos en la naturaleza que no pasan" (cfr. 1920: 143). La ingresión designa, en este sentido, la "relación general de los objetos con los eventos" (cfr. 1920: 144). No deja de ser curioso que Jorge Luis Borges se refiera a la noción de objeto eterno de Whitehead en un ensayo de *Otras inquisiciones* titulado "El sueño de Coleridge" y que, como el título ya deja adivinar, el lugar —o el estado— paradigmático

En *Naissance de la clinique*, Foucault pareciera orientarse hacia esa "región en la cual las 'cosas' y las 'palabras' no están aún separadas, allá donde aún se pertenecen, al nivel del lenguaje, manera de ver y manera de decir" (1997: 4). En este punto, podría pensarse que finalmente existiría una suerte de espacio originario en el cual ver sería hablar y hablar, ver; un suelo común en el que la irreductibilidad de lo visible y lo enunciable no se habría aún instaurado. Foucault, de hecho, no sin cierta ironía, habla de "la estructura común que corta y articula lo que *ve* y lo que *dice*" (1997: 15). Esta estructura común sería, quizás, una suerte de "mirada locuaz" (1997: 4), es decir un pliegue en el que lo visible sería transparentemente enunciable y lo enunciable automáticamente visible. Sin embargo, el mismo Foucault se encarga de señalar la necesidad de "poner en duda la distribución originaria de lo visible y de lo invisible" (*ibid.*). Lo que se debe poner en duda, sobre todo, es precisamente el carácter *originario* de la distribución. Foucault no pretende conquistar una suerte de subsuelo incontaminado y originario en el que, de algún modo, el ojo hablaría y la boca vería. El origen, sabemos a partir de "Nietzsche, la généalogie, l'histoire", es un mito. Ya en *Naissance de la clinique*, sin embargo, Foucault era plenamente consciente de ello: "Por encima de todos estos esfuerzos del pensamiento clínico por definir sus métodos y sus normas científicos, planea el gran mito de una pura Mirada que sería puro Lenguaje: Ojo que hablaría" (1997: 165). En este lugar mítico, presuntamente "originario", Foucault encontrará, no ya una mirada que se diría a sí misma, que se enunciaría con naturalidad en su visión, tampoco una enunciación que vería, que se confundiría de forma espontánea con lo no-discursivo, sino un campo de batalla, de ninguna manera originario e incontaminado, recorrido por relaciones de fuerzas históricas y en cierto sentido fortuitas. "Son los enunciados y las visibilidades las que se abrazan como luchadores, se fuerzan o se capturan, constitu-

---

de los objetos eternos sea precisamente el sueño. El texto de Borges narra la historia de un emperador mongol (Kubla Khan) que, en el siglo XIII, sueña un palacio y lo edifica conforme a la visión; luego, en el siglo XVIII, un poeta inglés (Coleridge, por cierto) que no pudo saber que esa creación se derivó de un sueño, sueña un poema sobre el palacio. Borges concluye: "algún lector de *Kubla Khan* [Borges se refiere a la obra homónima de Coleridge] soñará, en una noche de la que nos separan los siglos, un mármol o una música. Ese hombre no sabrá que otros dos soñaron, quizá la serie de los sueños no tenga fin, quizá la clave esté en el último. Ya escrito lo anterior, entreveo o creo entrever otra explicación. Acaso un arquetipo no revelado aún a los hombres, un objeto eterno (para usar la nomenclatura de Whitehead), esté ingresando paulatinamente en el mundo; su primera manifestación fue el palacio; la segunda el poema. Quien los hubiera comparado habría visto que eran esencialmente iguales" (1974: 645). Sobre la relación entre los objetos eternos y las ocasiones actuales, cfr. Bonfantini 1972: 96-118; Cobb 2008: 17-20, 23-26, 39-41; Mays 1977: 81-104. Para un panorama general de la metafísica de Whitehead, cfr. Leclerc 1958.

yendo cada vez la verdad" (Deleuze 2004: 73). Lucha, fuerza, captura: estamos en el umbral de la genealogía.[545]

b) Los hombres infames

Un año después de *La volonté de savoir*, aparece un breve texto de Foucault en *Les Cahiers du chemin* bajo el sugerente título "La vie des hommes infâmes" que, según aclara el autor, debía funcionar como introducción a una "antología de existencias" (1994: 237). No se trataría, sin embargo, de biografías ilustres ni de hombres célebres; sus páginas no albergarían ni peripecias heroicas ni figuras legendarias; por el contrario, esta curiosa antología compilaría, por así decir, fugaces reportes policiales, denuncias vecinales, informes municipales, actas de internación, *lettres de cachet*; en suma, textos breves en los que quedarían consignadas, como huellas efímeras pero persistentes, las "existencias más inesenciales" (1994: 241) de "gentes sin importancia" (242). Pocos textos de Foucault, además del capítulo de *Surveiller et punir* dedicado al panóptico, exponen con tanta precisión la relación inescindible entre la luz y el poder. No porque la visibilidad sea un contenido explícito del análisis propuesto por Foucault, como sí lo es en el caso del panóptico, sino porque se trata aquí de captar más bien el instante en el que, como luciérnagas delicadas,[546] esas vidas han resplandecido al encontrarse de repente atravesadas por la luz del poder.

> Las palabras breves y estridentes que van y vienen entre el poder y las existencias más inesenciales, es ese sin duda el único monumento que se les haya jamás acordado; es lo que les da, para atravesar el tiempo, el pequeño brillo, el breve resplandor que las acerca hasta nosotros. (1994: 241)

---

545 Como se habrá notado, hemos preferido retomar textos clásicos de Foucault, innumerablemente comentados, y no hacer referencia a los cursos y escritos de reciente publicación. Creemos que muchas veces los especialistas en Foucault caen en el error de creer que el *último* texto publicado o el *último* curso daría la clave de toda la obra. La escritura de Foucault, como toda escritura, se compone de varios estratos que *coexisten* a la vez. Sería ingenuo suponer que los textos tardíos y las rectificaciones conceptuales introducidas por el mismo Foucault invalidan las tesis propuestas con anterioridad. Por eso consideramos oportuno, frente al auge actual de estudios centrados en los últimos cursos —que sufren, en parte, una obsesión similar a la que impulsa la moda tecnológica (el *último* celular, el *último* sistema operativo, el *último* i-phone, etc.)–, volver a los textos clásicos. En los dos apartados siguientes, por eso mismo, abordaremos el ensayo "La vie des hommes infâmes" y el capítulo "Le panoptisme" de *Surveiller et punir*. En efecto, ¿qué texto ha sido más comentado que el estudio sobre el nacimiento de la prisión de 1975, y en especial el capítulo dedicado al dispositivo panóptico?, ¿qué no se ha escrito sobre "La vie des hommes infâmes"? A ellos, entonces, volveremos.

546 Utilizamos el término "luciérnaga" en el sentido en que lo utiliza Georges Didi-Huberman en *Survivance des luciolés* (cfr. la nota 140).

Estas vidas intrascendentes y cotidianas, que difícilmente habrían abandonado las sombras del anonimato y de la infamia, resplandecen no obstante en estos extraños y lacónicos reportes, y es por esa razón, por el breve fulgor producido en su enfrentamiento con la autoridad, que nos son hoy de algún modo accesibles. Este resplandor, de más está decirlo, no proviene ya de una luz fenomenológica que abriría un campo de objetividad posible, así como tampoco proviene meramente del mundo o, acaso con más rigor, del ser (carnal o no) del mundo; este resplandor es ahora captado, y a la vez incitado, suscitado, producido, por "la mirada del poder [*le regard du pouvoir*]" (1994: 242). Las palabras de estos sucintos informes conforman una suerte de tela luminosa en la que, como moscas, han quedado atrapadas estas vidas triviales.

Para que algo de ellas llegue hasta nosotros, ha sido necesario que un haz de luz, un instante al menos, venga a aclararlas. Luz que viene de otro lugar. Lo que las arranca a la noche donde ellas hubieran podido, y quizás siempre debido, estar, es el encuentro con el poder; sin este choque, no habría ninguna palabra sin duda para recordar su fugitivo trayecto. (1994: 240)

Un haz de luz recorre un campo oscuro. En su itinerario, en su barrido implacable, hace brillar las partículas más intrascendentes. Se registra el fulgor en palabras también breves. Estas vidas infames han salido, por cierto, de la noche, pero el día que prometía su redención postrera se ha revelado más oscuro aún que el anonimato en el que permanecían ocultas.

Toda "La vie des hommes infâmes" se estructura a partir de un curioso cromatismo; como si las vidas allí narradas se vieran sujetas, tal vez al igual que las nuestras, a una oscilación que va de la oscuridad secreta del negro a la luminosidad esplendente del blanco, pasando por la liviandad ordinaria del gris. En efecto, Foucault se refiere a los hombres infames como "hombres oscuros" (1994: 241) cuyas vidas mediocres y bastante corrientes no alimentan ninguna "leyenda dorada" (*ibid.*: 242), es decir gloriosa o épica, sino sólo una "leyenda negra, pero sobre todo escueta" (*ibid.*). El negro es el color de la infamia; o el gris, a lo sumo. "He querido que estos personajes fueran ellos mismos oscuros, que [...] en sus amores y en sus odios hubiese un tono gris y ordinario frente a lo que generalmente se considera digno de ser narrado" (*ibid.*: 240). La vida de los hombres infames es gris, tan gris como el método genealógico que Foucault, con meticulosidad y paciencia, pone en práctica en los años setenta.[547] Para que estas vidas pudiesen emerger de la oscuridad fue preciso que la luz del poder se detuviese

---

547 Recuérdense las palabras iniciales de "Nietzsche, la généalogie, l'histoire": "La genealogía es gris; ella es meticulosa y pacientemente documentaria" (2004: 136).

en ellas, por lo pronto en alguna de sus desgracias o excesos, en algunos de sus gestos o imprecaciones, y que ese breve resplandor se tradujese en concisas y terribles palabras; fue preciso, pues, que el *negro* del anonimato se viera iluminado, de repente y casi por azar, por el *blanco* del poder.

> Que pueda haber en el orden de todos los días algo como un secreto a develar, que lo inesencial pueda ser, de una cierta manera, importante, esto no ha sido posible hasta que ha venido a posarse, sobre estas turbulencias minúsculas, la mirada blanca del poder [*le regard blanc du pouvoir*]. (1994: 248)

Entre "la parte más nocturna y más cotidiana de la existencia" (1994: 252) y "el resplandor del poder" (243), o entre las "existencias […] oscuras e infortunadas" (*ibid.*: 239) y el "brillo […] o esplendor" (*ibid.*: 244) de la autoridad, parece abrirse un espectro cromático que configura, de algún modo, el campo de visibilidad propio de los siglos XVII-XVIII. No se trata, sin embargo, de pensar la arqueología foucaultiana como una suerte de maniqueísmo visual. La oscuridad, la negritud que caracteriza a estas vidas singulares, a estos *exempla*, no alude a una suerte de pureza o naturalidad exterior a las relaciones de poder. La oscuridad, en este caso, no es lo *otro* de la luz o, en todo caso, si designa una suerte de límite del espectro visual, lo cierto es que, en cuanto tal, resulta incognoscible. Frase entrañable de Foucault: "he aquí de nuevo la incapacidad para franquear la frontera, para pasar del otro lado" (1994: 241). Franquear la frontera sería acceder, ¡al fin!, a la dimensión pura de la vida, a esos oscuros recodos que aún no habrían sido descubiertos por el ojo luminoso del poder. ¿Y no sería acceder, también, a lo que los fenomenólogos llamaban "las cosas mismas"? Tal acceso, no obstante, nos está vedado. Las únicas noticias que nos llegan del otro lado, de la oscuridad más absoluta, son los brillos, tenues algunas veces, refulgentes otras, que se producen cuando la mirada blanca del poder se posa un instante en el espacio de la vida (infame). Acaso no haya oscuridad, acaso el negro sea sólo una versión absurda del blanco, el matiz más oscuro *del* blanco, su doble o su gemelo.

> Todas estas vidas que estaban destinadas a pasar por debajo de todo discurso y a desaparecer sin haber sido jamás dichas no han podido dejar huellas –breves, incisivas, enigmáticas con frecuencia– más que al contacto instantáneo con el poder. De tal manera que resulta sin duda imposible aprehenderlas en sí mismas, tal como eran "en estado libre"; no se puede más que descubrirlas en las declamaciones, las parcialidades tácticas, las mentiras imperativas que suponen los juegos de poder y las relaciones con él. (1994: 241)

¿Cómo hubiesen sido estas vidas en "estado libre"? ¿Cómo hubiesen sido de permanecer por debajo de todo discurso? ¿Cómo pensar, en definitiva, este "estado libre" y este "abajo" que, a pesar de ser incognoscibles, parecieran suponerse como elementos informes y matrices ontológicas de las eventuales epistemes? Foucault, probablemente no preocupado por elaborar una ontología, no se pronuncia al respecto. A lo sumo, sostiene la imposibilidad epistemológica de remontarse a cualquier tipo de dimensión a-histórica y absoluta. El *a priori*, como hemos dicho, es siempre histórico y contingente; las condiciones, no por ser condiciones, son por eso en sí mismas incondicionadas. La sutileza de Foucault, lo que le confiere al método arqueológico una gran novedad respecto a las teorías históricas tradicionales, es que se asienta en una noción que podríamos denominar *condición condicionada*. Foucault expresa esta idea diciendo que el *a priori*, que para Kant nunca podía fundarse en la experiencia, es sin embargo, para el arqueólogo, *empírico*. Por eso estas vidas infames que habrían debido permanecer, como tantas otras, como la gran mayoría de las vidas, en las sombras, nos son de todas formas accesibles gracias a la luz minuciosa del poder. Foucault detecta en los siglos XVII y XVIII la constitución de una nueva tecnología de poder que, reelaborando los mecanismos de la confesión cristiana, tiene por objetivo prioritario "hacer aflorar lo que permanecía oculto, lo que no podía o no debía salir a la luz, o, en otros términos, los grados más bajos y más tenues de lo real" (1994: 252). Estos grados más bajos de lo real, estas existencias que habrían debido permanecer por debajo de todo discurso, esta "turbulencia popular" (1994: 250), se va a constituir, cuando la soberanía devenga biopoder, en el blanco privilegiado de los diversos mecanismos de poder. Se intentará disciplinar este enjambre de cuerpos infames, de vidas sin gloria, de existencias monótonas; será cuestión de normalizarlas. Este hormiguero de cuerpos será organizado en los diversos dispositivos disciplinarios: en las fábricas (el cuerpo trabajador); en las escuelas (el cuerpo estudiantil); en las prisiones (el cuerpo delincuente); en los hospitales generales (el cuerpo enfermo); en los hospitales psiquiátricos (el cuerpo demente); etc. Se habrá entrado, pues, en una episteme disciplinaria, es decir en una sociedad panóptica.

c) **El Panóptico**

Grabado de Jean-Ignace Isidore Grandville (*Premier rêve: Crime et expiation*).
Extraído de *Le Magasin Pittoresque*, 1847, p. 212.

Se trata del sueño de un asesino atormentado por el remordimiento. En la esquina izquierda superior, la representación del acto criminal. Los cabellos de la víctima son raíces; el asesinato ha sido cometido en un bosque. A su lado hay una cruz que se transforma en una fuente de sangre y posteriormente en un cúmulo de manos suplicantes. El jarrón del extremo superior de la fuente asume, acto seguido, la forma de un gorro de juez. La fuente es ya una espada, ya la balanza de la justicia. Su objetivo, en todo caso, no es la mera condena y el castigo sangriento, es la vigilancia y el control. La balanza de la Ley es ahora un Ojo enorme que persigue al asesino. Ni siquiera la velocidad de un caballo puede sustraerlo a la mirada del Poder. El fugitivo trepa a una columna, cae al mar. El Ojo se convierte en un Pez terrorífico. A punto de alcanzar la cruz que lo liberaría, el asesino es atrapado por el Pez, en cuya monstruosa anatomía conviven los dientes afilados de una boca feroz con la mirada vigilante de un ojo helado. La cruz es inalcanzable; la redención, imposible.[548]

Este grabado de Grandville, no por casualidad titulado *Crime et expiation*, describe a la perfección el pasaje del poder soberano al biopoder que anuncia Foucault en el capítulo final de *La volonté de savoir*. La espada soberana de la Ley da lugar, no sin encabalgamientos y síncopas, a la mirada normalizadora de la disciplina. Y si antes de los siglos XVII y XVIII la mirada del poder se condensaba en el Ojo único del soberano, ahora se multiplica en innumerables ojos diseminados por todos los rincones del campo social. De ser trascendente, la mirada se ha vuelto, al multiplicarse, inmanente. De la "soberanía de la mirada" (1997: 17) se pasa a la mirada infinitesimal de las disciplinas; del espectáculo de Damiens al panóptico de Bentham. Por eso Foucault va a hablar de "una mirada sin ros-

---

[548] Sabemos que Victor Hugo, lector frecuente del *Magasine Pittoresque*, ha visto este grabado de Jean Ignace Isidore Grandville en el cual se ha inspirado para escribir el poema "La conscience". Este poema tiene como personaje central a Caín. Luego de haber cometido el fratricidio, el primer asesino de la historia —en su sentido bíblico, claro está— intenta ocultarse de la presencia divina. Huye por eso con su mujer y sus hijos. Mientras ellos duermen al pie de una montaña, Caín, cuyo tormento moral le impide descansar, ve un ojo enorme que lo observa. "Habiendo levantado la cabeza, en el fondo de los cielos fúnebres, / ve un ojo, enorme y abierto en las tinieblas, / que lo miraba en la sombra fijamente". Despierta entonces a los suyos y marchan treinta días y treinta noches hasta llegar a la orilla del mar. "Y, cuando se sentó, vio en los cielos tristes / el ojo en el mismo lugar en el fondo del horizonte". Siente entonces un temblor en todo el cuerpo e intenta ocultarse en el interior de una carpa. Su mujer le pregunta si ve algo desde esa oscuridad, "Caín responde: '¡veo este ojo aún'!". Jubal decide levantar un muro de bronce para ocultar a Caín, pero el asesino de Abel repite la terrible frase: "'¡Este ojo me observa siempre!". Deciden construir entonces una ciudad amurallada para proteger a Caín: "'¡Oh mi padre! ¿El ojo ha desaparecido?' pregunta temblando Tsilla. / Y Caín responde: 'No, está siempre allí'". Finalmente, Caín manifiesta su deseo de ser enterrado en una fosa, como si fuese un sepulcro, para evitar la mirada del ojo abominable. Desciende entonces a la cavidad subterránea, como se desciende a la muerte. El poema concluye: "El ojo estaba en la tumba y miraba a Caín".

tro que transforma todo el rostro social en un campo de percepción: millares de ojos por doquier, atenciones móviles y siempre alertas" (1975: 216). El campo de visibilidad de la sociedad disciplinaria y normalizadora no abre un espacio susceptible de ser recorrido por una mirada soberana; ahora, en el transcurso de pocas décadas, la mirada del poder ha asumido un régimen panóptico.[549]

Antes de los siglos XVII y XVIII la forma principal del castigo era el suplicio. Foucault dedica las páginas iniciales de *Surveiller et punir*, célebres por su crueldad y dramatismo, a describir un suplicio realizado en 1757. El cuerpo del supliciado se exhibía abiertamente a la mirada del público; las torturas y crueldades a las que era sometido debían servir de ejemplo y desalentar a los espectadores de cualquier posible revuelta. Se trataba de un poder soberano y espectacular. La brutalidad del suplicio debía manifestar la fuerza también brutal del soberano. En el transcurso de pocas décadas, sin embargo, se produce una profunda mutación en la forma del castigo y en el ejercicio general del poder. Este poder espectacular, este teatro en el que el soberano exhibía su potencia ilimitada es "sustituido por una gran arquitectura cerrada, compleja y jerarquizada que se integra en el cuerpo mismo del aparato estatal. [...] [Se trata ahora de] una física del poder completamente distinta, una manera de dominar el cuerpo de los hombres completamente distinta" (1975: 117-118). Esta nueva arquitectura a la que hace referencia Foucault es el panóptico.

El panóptico es una construcción arquitectónica destinada a la vigilancia y el control de los cuerpos. Se trata de una torre central con ventanas que se abren hacia las diversas celdas distribuidas en forma de anillo a su alrededor. Cada una de las celdas posee a su vez dos ventanas: una que da al exterior y que permite la entrada de la luz; otra que da a la torre central, sumida en la oscuridad. "Por el efecto de la contraluz, se pueden percibir desde la torre, recortándose perfectamente sobre la luz, las pequeñas siluetas cautivas en las celdas de la periferia" (202). La luz trabaja los cuerpos, los hace aparecer, los trae a la presencia de una mirada atenta y aséptica, ubicua y analítica. La "blanca mirada del poder" que hacía aparecer por un instante las vidas insubstanciales de los hombres infames ha encontrado, en el panóptico, su método y su modelo ideal. Los cuerpos de los internados, de los delincuentes, de los enfermos, de los anormales, surgen de las sombras como otras tantas siluetas infames. Pero ahora, tal vez como siempre, la visibilidad es una trampa. "La plena luz y la mirada de un vigilante captan mejor que la sombra, que en último término protegía" (202). El panóptico

---

[549] No hace falta decir que uno de los capítulos más famosos de *Surveiller et punir* es, sin duda, "Le panoptisme". A partir de una lectura brillante del texto de Jeremy Bentham *Panopticon; or, The inspection house*, Foucault demuestra el funcionamiento del poder característico de las sociedades disciplinarias.

funciona como una suerte de faro invertido que ilumina más cuanto más oscuro se encuentra. La luz no proviene de la torre central; el guardián o, mejor aún, la "función" que encarna el guardián en la torre central, incluso sin estar presente, se define por una pasividad lumínica. La torre de vigilancia no irradia luz, la recibe. Pero el efecto es inmediato: "inducir en el detenido un estado consciente y permanente de visibilidad que garantiza el funcionamiento automático del poder" (202). El poder, nos dice Foucault, funciona de forma automática. Y esto porque no depende de una persona específica o conjunto de personas que serían sus portadores o propietarios, sino de una cierta administración o economía de la luz y de la oscuridad, de los reflejos y de las sombras, en la cual los internos, pero también los guardianes, están inmersos. El panóptico, en definitiva, es una máquina de visibilidad, un dispositivo óptico que funciona distribuyendo la luz y las sombras, lo claro y lo oscuro, lo opaco y lo transparente. "El Panóptico es una máquina de disociar la pareja ver-ser visto: en el anillo periférico, se es totalmente visto, sin ver jamás; en la torre central, se ve todo, sin ser jamás visto" (1975: 203). Se trata de la instauración de un régimen de visibilidad. El panóptico es un dispositivo óptico, un mecanismo de vigilancia elevado a su forma ideal. La prisión misma, en este sentido, es una máquina cuyo funcionamiento consiste en volver el crimen visible. Doble articulación: de visibilidades y de enunciados. La prisión como medio de visibilidad y el derecho penal como forma de expresión, como conjunto de enunciados. Explica Deleuze:

> La prisión, por su parte, concierne a lo visible: no sólo pretende hacer ver el crimen y el criminal, sino que constituye en sí misma una visibilidad, es un régimen de luz antes de ser una figura de piedra, se define por el panoptismo, es decir por un agenciamiento visual y un medio luminoso donde el vigilante puede ver todo sin ser visto, los detenidos ser vistos a cada instante sin ver. Un régimen de luz y un régimen de lenguaje no son la misma forma, y no tienen la misma formación. (2004: 40)

Ahora bien, el panoptismo excede a la prisión en cuanto tal. Por eso Foucault puede hablar de una "sociedad panóptica" (308). No se confunde, en esta perspectiva, con un estrato de saber en concreto, ni siquiera con el estrato de lo visible, aunque posee una íntima repercusión en su configuración. En la terminología de Deleuze, el panóptico no es un agenciamiento específico, por ejemplo la prisión o el hospital general, sino un diagrama de fuerzas; no es una máquina concreta, sino una máquina abstracta; no es un archivo formal, sino un mapa informe.

> El panoptismo concierne a materias no formadas, no reorganizadas, y a funciones no formalizadas, no finalizadas, las dos variables siempre ligadas. Es

un diagrama. El diagrama no es el archivo, auditivo o visual, es el mapa, la cartografía, coextensiva a todo el campo social. Es una máquina abstracta. Se define por funciones y materias informales, ignora toda distinción de forma entre contenido y expresión, entre una formación discursiva y una no-discursiva. Es una máquina casi muda y ciega, aunque es ella la que hace ver y hablar. (Deleuze 2004: 42)

¿Pero no nos encontramos aquí, al nivel de estas materias no formadas, de esta máquina abstracta, en esa suerte de sustrato común y originario en el que aún no se habrían distinguido el contenido de la expresión, lo discursivo de lo no-discursivo, las palabras de las cosas y los enunciados de las visibilidades? ¿No nos encontramos, de nuevo, con este Ojo que hablaría o con esta pura Mirada que sería puro Lenguaje? Sí, pero con la condición de que no se confunda el diagrama informe o la máquina abstracta con una suerte de absoluto a-histórico y universal. Esta máquina casi muda y ciega, esta máquina que hace hablar y ver, es tan histórica y contingente como los diversos dispositivos que la actualizan. De nuevo, se trata de *condiciones condicionadas*. "Existe una relación de fuerzas que actúa transversalmente, y que encuentra en la dualidad de las formas la condición de su propia acción, de su propia actualización" (Deleuze 2004: 47).

d) Arqueología-genealogía de la imaginación: los esquemas

El término "esquema" [*schéma*],[550] ya sea en singular o plural, figura trece veces en el capítulo "Le panoptisme". A diferencia de otros términos más famosos (tecnología, táctica, estrategia, diagrama, dispositivo, etc.), este no ha sido prácticamente tenido en cuenta por los comentadores de Foucault. Sin embargo, consideramos que se trata de un concepto central en la arquitectura de su pensamiento. Así, en las páginas de "Le panoptisme" Foucault habla del "esquema panóptico" (1975: 206, 207, 208), de "esquemas disciplinarios" (199), de "esquemas de exclusión" (199), de "esquemas externos, escolares, militares, luego médicos, psiquiátricos, psicológicos" (216), del "esquema de la disciplina

---

[550] John Sallis remite sobre todo a Aristóteles la procedencia del término "esquema" en relación a su sentido kantiano: "La palabra traduce σχῆμα, que en los textos de Aristóteles designa aquello que, a través del término latino "figura", será llamado la figura de un silogismo. La figura es determinada primeramente por el modo en que los términos de las proposiciones pertenecientes al silogismo son ordenadas, relacionadas unas con otras. La figura expresa el espaciamiento de los términos implicados en el silogismo. No es insignificante que el término σχῆμα pueda referirse también a una figura danzante, es decir, a la figura formada por el recorrido de un bailarín mientras describe un cierto espacio. En cualquier caso, la figura de un silogismo alude a su carácter demostrativo, así como los esquemas, delimitando espacios en la configuración relevante, aluden al mostrarse de las cosas por sí mismas, a su demostración" (2012: 23).

de excepción" (210), del "esquema de una vigilancia generalizada" (210), del "esquema operatorio" (222), de "esquemas de poder" (222) y del "esquema de poder-saber" (227). Es evidente que este uso del término, sobre todo teniendo en cuenta la atención y agudeza con la que Foucault ha leído a Kant, no es para nada casual. Gilles Deleuze es uno de los pocos pensadores que parece haber presentido la relación entre la problemática del poder (específicamente el concepto de "diagrama") y el esquematismo kantiano.[551] En su estudio sobre Foucault, en efecto, Deleuze señala:

> Kant había ya atravesado una aventura semejante: la espontaneidad del entendimiento no ejercía su determinación sobre la receptividad de la intuición sin que ésta continuase oponiendo su forma a aquélla. Era necesario que Kant invocara una tercera instancia más allá de las dos formas, esencialmente misteriosa y capaz de dar cuenta de su coadaptación como Verdad. Era el esquema de la imaginación. En Foucault también era necesario que una tercera instancia coadapte lo visible y lo enunciable, la receptividad de la luz y la espontaneidad del lenguaje... el lugar de enfrentamiento implica un no-lugar que muestra que los adversarios no pertenecen al mismo espacio ni dependen de la misma forma. He aquí que debemos saltar a otra dimensión diversa a la del estrato y sus dos formas, dimensión informe, estratégica. (2004: 75)

En la lectura de Deleuze, los dos niveles de la arqueología, lo decible y lo visible, se corresponden con las dos facultades principales que intervienen en el proceso cognoscitivo: el entendimiento y la sensibilidad. La preeminencia del registro discursivo en Foucault es análoga a la espontaneidad del entendimiento en Kant; y por lo mismo, la pasividad de lo visible en el filósofo francés es análoga a la receptividad de la sensibilidad en el autor de la *Kritik*. Deleuze se da cuenta que se trata de aventuras semejantes. Así como Kant debe recurrir a una tercera instancia o facultad, la imaginación, para dar cuenta de la conexión entre las intuiciones sensibles y los conceptos inteligibles, asimismo Foucault debe también invocar una tercera instancia, análoga al esquematismo de la imaginación, para explicar la relación (ni isomórfica ni causal) entre los enunciados y las visibilidades. Según Deleuze, esta tercera dimensión, requerida por la lógica interna del método foucaultiano, es el diagrama de fuerzas. De tal manera que la función que desempeña el concepto de diagrama, al interior del pensamiento de Foucault, es análoga a la función que desempeña el concepto de esquema en la filosofía crítica de Kant. Creemos que Deleuze acierta

---

551 También habría que mencionar el caso de John Rajchman, quien hace referencia, en su artículo "Foucault's Art of Seeing", al matiz kantiano del término "esquema" en Foucault (cfr. Rajchman 1988: 99).

al señalar esta relación. Sin embargo, su análisis se concentra sobre todo en la categoría de "diagrama", también desarrollada en *Logique de la sensation*, pero deja de lado la relación que posee el diagrama, es decir el esquema, con la imaginación. Si el esquema kantiano es análogo al diagrama, y si el esquema, en la *Kritik der reinen Vernunft*, es producido por la imaginación, ¿cuál es el término que se corresponde, en Foucault, con la imaginación? Esta pregunta apunta ya a una ontología. La respuesta, por eso mismo, no la encontramos en Foucault. Así y todo, es posible dar algunas indicaciones que, partiendo de la influencia kantiana en el pensamiento foucaultiano, nos orientan hacia una *ontología política e histórica de la imaginación*.

d.1) El esquematismo kantiano

En el primer capítulo de "Die Analytik der Grundsätze", Kant intenta mostrar cómo es posible que los fenómenos en general puedan ser subsumidos a los conceptos puros del entendimiento, es decir cómo es que las categorías puedan ser aplicadas a las intuiciones empíricas. Para que esto sea posible, sostiene Kant,

> ...tiene que haber un tercer término que debe ser homogéneo por una parte con la categoría y por otra parte con el fenómeno, y hacer posible la aplicación de la primera al último. Esa representación mediadora ha de ser pura (sin nada empírico) y sin embargo, por una parte, *intelectual* y por otra, *sensible*. Tal es el *esquema trascendental*. (1956: 197)

La función del esquema trascendental es esencial en la arquitectura del sistema kantiano. Si la condición de posibilidad del conocimiento es la unión o conexión de las intuiciones (puesto que por sí mismas son ciegas) con los conceptos (puesto que por sí mismos son vacíos), y si esa unión o conexión es efectuada por el esquematismo, entonces los esquemas son la condición de posibilidad última del conocimiento en general. Kant define al esquema como la "condición formal y pura de la sensibilidad, a la cual el concepto del entendimiento en su uso está restringido" (1956: 199), y correlativamente como la "representación de un procedimiento universal de la imaginación para proporcionar su imagen a un concepto" (*ibid.*). Es preciso, además, distinguir la imagen del esquema. Si yo me represento un perro en concreto, tengo una imagen; si me represento en cambio la figura de cierto cuadrúpedo, sin estar limitada a ninguna figura particular que la experiencia me ofrece, tengo un esquema. Básicamente, la diferencia entre esquema e imagen es la diferencia entre un ejercicio *a priori* y un ejercicio empírico de la imaginación. "...la imagen es un producto de la facultad empírica de la imaginación productiva; el esquema de los conceptos sensibles [...] es un producto y como un monograma de la imaginación pura *a priori*, por el cual y según el cual se hacen posibles las imágenes" (1956: 200). Ahora bien, más allá de esta diferencia, central sin duda, lo cierto es que el "esquema es en sí mismo tan sólo un producto de la imaginación" (1956: 199) y el esquematismo una "función ciega aunque indispensable del alma, sin la cual no tendríamos conocimiento alguno, mas de la cual rara vez llegamos a ser conscientes" (1956: 116). Se trata de una suerte de funcionamiento inconsciente de la imaginación o, para emplear los términos de Kant, de "un arte recóndito en las profundidades del alma humana, cuyo verdadero manejo difícilmente adivinaremos a la naturaleza y pondremos al descubierto" (1956: 200). Este arte recóndito sugiere una dimensión inconsciente del sujeto trascendental, un inconsciente trascendental que coincide precisamente con la imaginación como potencia productora de esquemas. Kant, sin embargo, prefiere concentrarse en las representaciones conscientes y en explicar cómo son posibles los juicios sintéticos a priori. Esta explicación, no obstante, alude subrepticiamente a los esquemas de la imaginación. En este sentido, como bien ha mostrado Heidegger, la imaginación es la mancha ciega de la *Kritik der reinen Vernunft* y, al mismo tiempo, el eje oculto alrededor del cual gira todo el sistema.[552]

d.2) Del sujeto trascendental a la ontología trascendental

John Sallis, en un sugestivo texto titulado *Logic of Imagination. The Expanse of the Elemental*, luego de explicar la teoría kantiana del esquematismo, formula la pregunta que hemos dejado hasta aquí en suspenso: "Pero ¿qué sucede con la imaginación en sí misma? Hay precedentes que solicitan una inversión: más que considerar a la imaginación como perteneciente al sujeto, como una potencia del sujeto, debería considerarse al sujeto como perteneciente a la imaginación" (2012: 184). Lo que se esboza aquí, aunque Sallis no utilice la expresión, es una ontología de la imaginación. No se trata de pensar la imaginación como la facultad de un sujeto, sino de pensar al sujeto como un efecto o una derivada

---

[552] No es casual, indica Heidegger, que Kant haya suprimido varios pasajes concernientes a la imaginación en la segunda edición de la *Kritik*. Según Heidegger, Kant da marcha atrás y no se interna en ese "desconocido" que es la imaginación: "Esta constitución originaria de la esencia del hombre, 'enraizada' en la imaginación trascendental, es lo 'desconocido', que Kant debe haber entrevisto, pues habló de una 'raíz desconocida para nosotros'. [...] Sin embargo, Kant no llevó a cabo la interpretación más originaria de la imaginación trascendental; ni siquiera la emprendió, a pesar de los indicios claros que él fue el primero en reconocer, para un análisis de esta índole. Por el contrario: Kant retrocedió ante esta raíz desconocida" (2014: 114).

de un proceso imaginario. Lo cual significa que la imaginación es previa al sujeto. "Lo que se necesita –sugiere Sallis– es liberar la imaginación, liberarla del sujeto, y aventurar una redeterminación radical" (2012: 185). Esta redeterminación radical, como hemos dicho, supone una concepción ontológica –y no ya psicológica– de la imaginación. El primer paso de esta *ontologización* de la imaginación exige confinarla a un espacio irreductible a lo sensible y lo inteligible, al *entre* que representa, para Kant –y Sallis–, el *locus* específico de los esquemas. "Kant es explícito cuando mantiene que los esquemas son, en ambos niveles, productos de la imaginación, la cual, a su vez, es una potencia situada entre la intuición y el entendimiento" (Sallis 2012: 170). En este sentido, la imaginación funciona a la vez como condición de posibilidad y de imposibilidad de los elementos que coadapta, ya que, por un lado, es sensible e inteligible (la imaginación como *entre* conjuntivo), pero, por otro, no se confunde con ninguno de los dos términos que pone en relación (la imaginación como *entre* disyuntivo). Como sea, se trata de un pensamiento liminal cuya lógica excede y al mismo tiempo pervierte o subvierte la lógica dicotómica de la tradición metafísica.

> Con el inicio de tal pensamiento liminal, hay transformación en ambos niveles, un salto hacia otro momento determinante que suplanta las determinaciones prescriptas por los parámetros platónicos. [...] la prioridad del concepto es cancelada en función de su reinscripción en lo sensible; y la determinación formalmente adjudicada al concepto es reconfigurada y transformada en cuanto tal, desplazada al esquema y transformada en el espaciamiento de la imaginación. (Sallis 2012: 15-16)

Se trata, como indica Sallis, de una ontología reinsertada o reinscripta en lo sensible; no ya una ontología de la Idea o, en lenguaje kantiano, de las categorías o los conceptos, sino una ontología de los esquemas. La imaginación designa una potencia necesariamente inmanente a los cuerpos y las formas sensibles. El sentido y el lenguaje, que pertenecen a la imaginación, no son sin embargo trascendentes respecto a lo sensible. Por esa razón, Sallis sostiene que los esquemas definen una operación realizada por la imaginación "en lo sensible" (2012: 22).

¿Cuál es el rasgo distintivo del esquema? La apertura de un espacio. El concepto de "esquema" es indisociable de un espaciamiento, de un fenómeno de apertura que no remite, como en la fenomenología tradicional, a una conciencia constituyente o a un ego trascendental, sino más bien a una operación de la imaginación que consiste en actualizar sus potencialidades en un cierto campo. "Los esquemas están, entonces, íntimamente vinculados al espacio, o, con mayor precisión, a la apertura originaria del espacio, es decir, al espaciamiento.

[...] Además, el espaciamiento no abre necesariamente un espacio isotrópico y homogéneo" (Sallis 2012: 164-165). ¿Cómo entender este espacio o, más bien, esta apertura originaria del espacio, este espaciamiento? No se trata, por cierto, de un espacio euclidiano o de un espacio extenso. Los esquemas designan procesos de espaciamiento, aperturas de territorios intensivos y heterogéneos, campos potenciales de fuerzas. Hemos visto en capítulos anteriores, sobre todo a partir de Simondon, que el proceso ontogenético progresa por fases y momentos estructurales. Cada fase del ser supone la instauración de un campo metaestable basado en una dualidad o polaridad energética. Pero no hay que creer que, por tratarse de conceptos ontológicos, los esquemas no estén sujetos a los vaivenes de la historia. De allí la importancia de la arqueología foucaultiana. Es necesario pensar, con Foucault, la historicidad de la ontogénesis. La membrana polarizada que distribuye las cargas potenciales en un sistema es precisamente el esquema. Los esquemas son configuraciones históricas metaestables. Y si Foucault puede hablar de un "esquema disciplinario" o de un "esquema de saber" es porque la noción de esquema supone la apertura (históricamente determinada) de un espacio topológico polarizado en dos niveles: lo visible y lo decible. Por eso para Sallis siempre hay dos momentos o elementos implicados en los esquemas. "el espaciamiento es tal que los dos momentos involucrados coexisten a la vez en su diferencia. En este espacio que se abre ambos momentos pueden funcionar en simultáneo" (2012: 183). El esquema es precisamente el espacio trascendental que hace posible un cierto régimen de enunciación y un cierto régimen de visibilidad. Por tal motivo, Kant sostiene que, a diferencia de la imagen, que pertenece a la imaginación empírica, el esquema pertenece a la imaginación pura *a priori*. Este *a priori*, sin embargo, nos ha enseñado Foucault, es en sí mismo histórico y contingente. Los esquemas, por eso mismo, son siempre operativos, es decir, son siempre actualizaciones concretas, históricamente determinables y circunscriptas, de energías potenciales. De allí el énfasis de Foucault en las rupturas y las discontinuidades. Los cambios epistémicos son por necesidad cambios de esquemas, saltos cuánticos, desfasajes sucesivos. Las mutaciones epistémicas suponen cambios en el espacio o en el proceso de espaciamiento en el que se distribuyen, cada vez, los enunciados y las visibilidades. El esquema entonces es el aspecto trascendental de una cierta formación histórica, el espacio que funciona como condición de posibilidad de determinados enunciados y determinadas visibilidades.

Como condición de posibilidad, tiene una cierta precedencia sobre lo que hace posible. En este sentido, el esquema es anterior a la díada del concepto y lo sensible. Por eso mismo, la imaginación, que produce el esquema, tiene prioridad sobre el pensamiento y la intuición. Esta prioridad pertenece estrictamente al orden trascendental… (Sallis 2012: 15)

El esquema, como vemos, posee una anterioridad o una prioridad potencial respecto a los niveles cuya actualización hace posible. Es gracias a la apertura de este espacio que las cosas pueden manifestarse y encontrar la ocasión de su exposición. Curiosa fenomenología sin conciencia ni sujeto. Las cosas se muestran a nadie, se muestran a sí mismas y encuentran en los sujetos vivientes la ocasión de flexionarse sobre sí, de re-flexionar-se y mostrar-se en ese movimiento de bucle. El reflexivo, el "se", marca la vuelta de la visibilidad y la decibilidad sobre sí.[553] Por eso el esquema supone como dos líneas que se abren y que generan, en esa apertura, el espacio en el que las cosas pueden manifestarse. "Entre estas líneas, que constituyen el esquema diádico y manifiesto, hay un espacio, la apertura del espacio comprehensivo en el que las cosas se auto-muestran" (Sallis 2012: 176). Se trata de una auto-mostración porque no hay sujeto que funcione como fundamento del aparecer de las cosas; al contrario, el sujeto es la flexión o el pliegue que se produce cuando las cosas se muestran a sí mismas. En Foucault, la auto-afección de los procesos de subjetivación es entendida, en términos arqueológicos, como un enunciar-se (el rumor, el murmullo: *se* dice) y como un ver-se (la luz, la oscuridad: *se* ve).

d.3) Arqueología de la luz

En *De anima*, Aristóteles explica que los términos fenómeno (*phainomenon*) y fantasía (*phantasia*) remiten al verbo *phainō*: traer a la luz, hacer aparecer, volver visible. La luz, *phaos*, en este sentido, es indispensable para que los fenómenos puedan aparecer. "Pero como la vista es el principal de nuestros sentidos, la imaginación [*phantasia*] ha recibido su nombre de la imagen que la luz nos revela, puesto que no es posible ver sin luz" (*De anima*, 429a). La imaginación, en nuestra perspectiva, es una potencia ontológica que, a través de los esquemas, es decir de la apertura de un espacio (histórico-político) o, mejor aún, de un pro-

---

553 Deleuze, sin ir más lejos, explica el tercer eje o momento del pensamiento foucaultiano, dedicado a los procesos de subjetivación y a las tecnologías del yo, como una autoafección de las fuerzas: "Las tecnologías del yo o el cuidado de sí se refieren a una relación de la fuerza consigo misma, un poder de afectarse a sí misma, un afecto de sí por sí" (2004: 108); y también: "Los Griegos han inventado el pliegue de la fuerza para crear un espacio de interioridad, han inventado el sujeto, pero como una derivada, como el producto de un proceso de subjetivación. Han descubierto la existencia estética, el doblez, la relación sobre sí" (*ibid.*). Desde este punto de vista, el sujeto se asemeja a un pliegue o un doblez de la fuerza, "un adentro que sólo sería el pliegue del afuera, como si el navío fuese un pliegue del mar" (2004: 129).

ceso de espaciamiento, trae las cosas a la luz.[554] Las cosas salen a la luz, aparecen, en la medida en que resultan enunciadas y vistas en una determinada formación epistémica. De algún modo, Foucault realiza una *arqueología de la fenomenología*, un análisis de las condiciones histórico-políticas que hacen posible el "mostrarse" de las cosas. Estas condiciones, hemos visto, se actualizan en dos niveles: lo decible y lo visible. Por eso los esquemas abren un espacio polarizado o diádico. Para que algo pueda manifestarse, para que algo pueda aparecer, es preciso que sea asimilado por la lógica discursiva y lumínica de una cierta formación social. A Foucault le interesa particularmente la racionalidad y la regularidad de este espacio esquemático: cuáles son las condiciones discursivas que reglamentan la aparición de ciertos enunciados, cuáles son las condiciones no discursivas que regulan la aparición de ciertas visibilidades. La arqueología del saber implica las dos caras del esquema, es decir implica tanto una arqueología de los enunciados cuanto una arqueología de la mirada. Estas nociones foucaultianas nos brindan la posibilidad de darle una última configuración a la noción de máquina óptica. Este dispositivo antropológico funciona articulando un ojo discursivo, relativo al nivel de los enunciados, y un ojo no-discursivo, relativo al nivel de las visibilidades; un ojo visible y un ojo invisible. Si a partir de esto retomamos la pregunta kantiana, a su vez retomada por Foucault: ¿qué es el hombre?, es decir ¿qué es el sujeto?, podemos responder: una imagen generada por la articulación de ciertos enunciados y ciertas visibilidades; una imagen traída a la luz: un fantasma. Acaso lo que queda, una vez que la mano, ¡el martillo!, de Nietzsche pareciera haber borrado en un mismo gesto el Rostro de Dios y el rostro del Hombre, ambos construidos a partir de la misma relación icónica entre el Arquetipo y la copia, es una mera imagen sin esencia ni fundamento, el vano fantasma de un sueño antropológico. Sin embargo, al borrar con la mano derecha el rostro del Hombre, Nietzsche pareciera haber dibujado o por lo pronto esbozado en la arena del tiempo, con la mano izquierda, no ya un rostro, sino una máscara: la máscara fantasmática del superhombre.[555]

---

554 Este es el verdadero —y acaso único— sentido en que puede entenderse la noción de "imaginación trascendental". Gilbert Durand, aunque en un sentido diverso al que le damos aquí, le dedica el tercer libro de *Les structures anthropologiques de l'imaginaire* al análisis de una *fantastique transcendantale* (1984: 435-492). Por otro lado, la expresión *fantastique générale*, al igual que *imagination transcendantale*, ya más próximas a nuestra perspectiva, figura en Derrida 1993: 182-184.

555 Sobre la relación entre el rostro del hombre y la máscara del fantasma, cfr. la nota 355.

Conclusión Sección IV ■

A lo largo de esta sección, hemos señalado la necesidad de abordar la imaginación desde un punto de vista ontológico. En tanto el sujeto humano es un efecto imaginario producido por la máquina óptica, cualquier reducción de la imaginación a una mera facultad subjetiva se revela rápidamente insuficiente. Si lo humano, el sujeto, es una imagen, y si la imagen resulta de la articulación e integración efectuada por la imaginación, entonces la imaginación posee una evidente prioridad respecto a la imagen generada. La imaginación, entendida como facultad subjetiva, *psicológica*, es uno de los rasgos de la imagen humana, pero no se confunde estrictamente con el quiasmo de la máquina, es decir con la instancia, *ontológica*, que funciona como su condición de posibilidad. Se trata de dos consideraciones diversas de la imaginación. Una, psicológica, a la que podríamos denominar, retomando la terminología kantiana, *empírica*; la otra, ontológica, denominada *trascendental*. El uso empírico de la imaginación pertenece al plano psicológico o subjetivo, pero el uso trascendente al plano trascendental. Gilles Deleuze lo ha expresado con claridad en *Différence et répétition*: "cuando la imaginación se eleva a su vez a un ejercicio trascendente, es el fantasma, la disparidad en el fantasma la que constituye el *phantasteon*, lo que no puede ser imaginado, lo inimaginable empírico" (1968: 188). El ejercicio trascendente de las facultades, en el marco de este gran texto de 1968, supone remontarse de la psicología (plano empírico) a la ontología (plano trascendental) o de la conciencia al inconsciente. Todo *Différence et répétition* está estructurado alrededor de una ontología del inconsciente que Deleuze, con toda probabilidad, ha descubierto no sólo en Freud sino también y sobre todo en Bergson.[556] Así como en *Le bergsonisme*

---

[556] En *El bergsonisme*, como vimos en el capítulo XVIII, Deleuze distingue entre dos concepciones del inconsciente, la de Freud y la de Bergson. El inconsciente de Bergson, a diferencia del freudiano, no es del orden de lo psicológico. Si para Deleuze es posible, e incluso necesario, contraponer el inconsciente de Bergson al de Freud, es porque mientras en la teoría psicoanalítica el inconsciente designa una "realidad psicoló-

se habla de una "Memoria ontológica", asimismo es preciso hablar de una *Imaginación ontológica*. Y esta imaginación ontológica, hemos visto, no es sino la superficie inextensa sobre la cual se producen, como efectos incorporales, los fantasmas. Esta ontología, por lo tanto, implica por necesidad una "fantástica de la imaginación" (cfr. 1968: 365) que coincide con "el límite, lo imposible de imaginar" (1968: 186) desde un punto de vista empírico o psicológico. Lo inimaginable, el *imaginandum*, es la fractura o la grieta alrededor de la cual se distribuyen los dos niveles del campo óptico.

Según hemos visto en los capítulos XVI y XVII, los autores románticos tienden a pensar la imaginación como una potencia creativa y consecuentemente a la realidad como un proceso orgánico. En esta perspectiva, la imaginación se identifica con la totalidad de lo real, con el Ser en cuanto tal,[557] en el mismo sentido en que Spinoza sostiene que el Ser es la Substancia infinita, Schelling que es lo Absoluto o Hegel que es la Idea. En estos casos, el Ser se manifiesta de dos maneras: como extensión y pensamiento (los dos atributos –de los infinitos que definen la Substancia spinoziana– cognoscibles por el hombre); como lo real y lo ideal (Schelling); como naturaleza y espíritu (Hegel). Sin embargo, creemos que lo específico de la imaginación no concierne a las dos regiones ontológicas características de la metafísica occidental: lo sensible y lo inteligible o lo visible y lo invisible, sino al pliegue o al quiasmo en el que ambas regiones se articulan. En este último sentido, la imaginación se identifica, no ya con la totalidad de lo que es, sino con la superficie de contacto, el hiato o el límite que, en la medida en que no se confunde con los dos elementos que articula, no existe en cuanto tal. Este es el gran descubrimiento –creemos– de *Logique du sens*. En este texto, Deleuze saca nuevamente a la luz, a partir de los estoicos, de Carroll, de Lucrecio, etc., la dimensión superficial de los acontecimientos y de los fantasmas (a la cual no identifica, valga la aclaración, con la imaginación); y señala, al mismo tiempo, la especificidad ontológica (en el límite de la ontología) de esta superficie, diversa tanto de la altura de las proposiciones cuanto de la profundidad de los cuerpos. Como hemos visto, el fantasma no se confunde ni con la proposición que lo expresa ni con los estados de cosas a los cuales se atribuye; como dice Deleuze, "pertenece a otro dominio" (1969: 248). Y es justamente este otro dominio, la superficie metafísica de los acontecimientos, lo que nosotros –y no Deleuze–

---

gica fuera de la conciencia" (1966: 50), en la concepción bergsoniana designa más bien una "realidad no psicológica" (*ibid.*).

557   El caso paradigmático de esta metafísica organicista de la imaginación, como hemos indicado, es Jakob Frohschammer (cfr. la nota 22).

identificamos con la imaginación.[558] De tal manera que la imaginación no es –o no sólo es– lo sensible *más* lo inteligible, los cuerpos *más* las proposiciones, la naturaleza *más* el espíritu, sino más bien *ni* lo sensible *ni* lo inteligible, *ni* los cuerpos *ni* las proposiciones, *ni* la naturaleza *ni* el espíritu. Se trata, en consecuencia, de una ontología de lo neutro (de allí la importancia de Maurice Blanchot),[559] pero entendido en un sentido muy particular: lo neutro, *ne-uter*, para nosotros, se aplica meramente a la membrana o a la frontera que pone en contacto las dos caras del Ser, pero no a las caras en sí mismas. En nuestra perspectiva, la imaginación no es sino "la superficie de contacto o el límite superficial neutro que trasciende las distancias y asegura la continuidad sobre sus dos caras" (Deleuze 1969: 127). Por eso el espacio instaurado por la máquina óptica es un espacio metaestable, es decir atravesado por una dualidad o disimetría constitutiva.

Desde la primera sección de este estudio, hemos identificado a la imaginación con el quiasma óptico, es decir con el pliegue o el límite en el que las imágenes monoculares provenientes de los dos ojos, el del cuerpo y el del alma, se integran y resuelven en una imagen tridimensional. De tal manera que la imaginación es la membrana que polariza el espacio abierto por la máquina óptica y que, a la vez o por lo mismo, asegura la economía entre los dos polos, es decir la distribución de energías potenciales hacia las dos caras del Ser. Pero por esa misma razón, siendo la superficie de la imaginación ontológicamente irreductible a las dos regiones que pone en relación, y siendo estas dos regiones las dos regiones del Ser,

---

558 Es interesante notar que Jean-Pierre Vernant ha sostenido que la imagen, en la cultura griega antigua, designa precisamente un dominio diverso a lo visible y lo invisible: "Frente a las parejas natural-sobrenatural, visible-invisible, ella [la imagen] instituye una dimensión nueva, otro dominio: lo ficticio, lo ilusorio, el mismo que define, a los ojos de los griegos, cuando ellos quieren desvalorizarlo oponiéndolo al discurso verdadero de la demostración, al *logos*, la naturaleza del *mythos*: una ficción" (2008, II: 1525). Como hemos dicho, el hombre es un mito, una ficción, es decir una imagen producida por un dispositivo histórico-político denominado máquina óptica.

559 Blanchot es uno de los autores contemporáneos que sin duda ha ido más lejos a la hora de afrontar –y asumir– las paradojas y ambigüedades de un pensamiento de lo neutro. En *Le Pas au-delà*, por ejemplo, explica el sentido específico del término: "Lo neutro deriva, del modo más simple, de una negación con dos términos: neutro, ni lo uno ni lo otro. Ni ni lo otro, nada más preciso" (1994: 104). En este sentido, Roberto Esposito, comentando la "noción" de neutro en Blanchot, ha podido escribir en *Terza persona*: "Neutro no es otro que se añade a los dos primeros, sino lo que no es *ni* uno *ni* otro –lo que escapa a todas las dicotomías fundadas, o presupuestas, por el lenguaje de la persona" (2007: 21). Lo neutro posee sin dudas una relación íntima con la nada, pero no con la nada en tanto opuesta –y por lo tanto reductible– al ser, sino la nada que se mantiene más allá del ser, allende al ser, irrecuperable. Como explica Marlène Zarader en su notable texto *L'être et le neutre. À partir de Maurice Blanchot*: "La nada es allí, seguramente, satura la visión (en la fascinación), pero no es *ni* visible *ni* invisible, *ni* rechazada *ni* dada, *ni* oculta *ni* manifiesta. Ser expuesto a ella, es ser 'en una relación que no abre la luz, que no cierra la ausencia de luz'. En tanto que tal, esta relación puede y debe ser dicha 'neutra'" (2001: 172). Sobre el concepto de neutro en Blanchot, cfr. Zarader 2001.

siendo *el* Ser, no puede decirse que la superficie fantasmática, el quiasmo, posea el mismo estatuto ontológico que ambos dominios. Es de hecho la conclusión a la que llega Deleuze a través de los estoicos y en especial de Alexius Meinong. En relación a los estados de cosas, es decir a los cuerpos, a la región de visibilidad contemplada por el ojo del cuerpo, la superficie sobre la que se produce el fantasma se define como un "extra-ser, [...] un *aliquid* que conviene al no-ser" (Deleuze 1969: 44); en relación a las proposiciones, es decir al lenguaje, a la región de visibilidad contemplada por el ojo del alma, "no existe, sino que insiste o subsiste en la proposición" (*ibid.*: 44-45). Lo cual significa que no resulta posible pensar una ontología de la imaginación, en la perspectiva que adoptamos aquí, sin desembocar necesariamente en una sub-ontología, es decir en una concepción de la imaginación, y por ende del fantasma, que se define a partir de la subsistencia y no de la existencia.

Ahora bien, para acentuar este estatuto subsistente de la imaginación, irreductible a lo sensible y lo inteligible, permítasenos volver a citar algunos pasajes de los capítulos previos. Estimamos que se volverá más evidente, al leerlos de corrido y fuera de contexto, la naturaleza paradójica y extremadamente frágil de la imaginación.

> El *barzakh* es algo que separa lo conocido de lo desconocido, lo existente de lo no-existente, lo negado de lo afirmado, lo inteligible de lo no-inteligible. Es llamado *barzakh* como un término técnico (*istilāh*), y en sí mismo es inteligible, pero es sólo imaginación. Porque, cuando tú lo percibes y eres inteligente, sabrás que has percibido una cosa ontológica (*shay' wujūdī*) sobre la cual tus ojos han caído. Pero sabrás también por pruebas ciertas que no hay nada allí en origen y de raíz. Por lo tanto, ¿qué es esta cosa de la cual has afirmado un estatuto ontológico y a la cual se lo has negado al afirmarlo? La imaginación no es ni existente ni no-existente, ni conocida ni desconocida, ni negada ni afirmada. (Ibn al-'Arabī, *al-Futûhât al-Makkiyya* I 304.16)

> La filosofía como interrogación [...] no puede consistir más que en mostrar cómo el mundo se articula a partir de un cero de ser que no es una nada, es preciso instalarse sobre el borde del ser, ni en el para Sí ni en el en Sí, en la juntura, allí donde se cruzan las múltiples entradas del mundo. (Merleau-Ponty 1964: 308)

> Las imágenes monoculares no *son* en el mismo sentido en que *es* la cosa percibida con los dos ojos. (Merleau-Ponty 1964: 22)

> La tercera realidad que nosotros llamamos medio, o sistema energético constituyente, no debe ser concebida como un término nuevo que se aña-

diría a la forma y la materia: es la actividad misma de la relación, la realidad de la relación entre dos órdenes que comunican a través de una singularidad. (Simondon 2013: 62)

Tiende una cara hacia las cosas, y otra hacia las proposiciones. Pero no se confunde ni con la proposición que lo expresa ni con el estado de cosas que la proposición designa. Es exactamente la frontera de las proposiciones y las cosas. Es este *aliquid*, a la vez extra-ser e insistencia, este mínimo de ser que conviene a las insistencias. (Deleuze 1969: 33-34)

Estos pasajes, en su heterogeneidad indiscutible, tienen la virtud de indicarnos una zona liminal y difícil de aprehender con las categorías tradicionales de la metafísica. Esta "zona" es –como afirma al-'Arabī– ni negada ni afirmada, ni conocida ni desconocida. No es reductible, por eso mismo, a las dos regiones ontológicas que pone en relación. Se trata de una membrana polarizada que no es ni afirmativa ni negativa (al-'Arabī), ni forma ni materia (Simondon), de un cero de ser que no es una nada (Merleau-Ponty), de un mínimo de ser que conviene a las insistencias (Deleuze).

La imaginación es una suerte de valle en forma de V, en el sentido geográfico de la expresión, entre las dos cadenas montañosas del Ser. No designa una tercera cadena, un tercer género del Ser, sino más bien una depresión ontológica, un desfiladero entre dos cordones rocosos. De las montañas, la metafísica ha predicado la existencia, pero no así de la quebrada o el fondo liminal que las articula. Los ojos de los geógrafos metafísicos han sido incapaces de ver, salvo contadas ocasiones, el badén ontológico específico del mundo imaginal. En general, han orientado su mirada hacia las alturas, hacia ese lugar en el que el Ser tenía la posibilidad de excederse a sí mismo, ese lugar donde el cielo podía ser un hiper-cielo (*hyperouranion*). Lo que no han podido ver, sin embargo, porque yacía más abajo que las montañas, es decir que la existencia, es la quebrada, el fondo del valle, el Ser llevado a su grado cero: el desfiladero de fantasmas, la depresión imaginaria. En suma, han podido ver el Ser, y hasta su hermana gemela, la Nada; pero ese encandilamiento –el mismo padecido por el filósofo platónico al salir de la caverna– les ha impedido verse a sí mismos, verse como imágenes, como fantasmas. Por tal razón, esta ontología o, más bien, esta infra-ontología de la imaginación y del fantasma, dado que hemos identificado a lo humano precisamente con una imagen generada por la imaginación, trae aparejada profundas consecuencias antropológicas. Reflexionaremos sobre estas consecuencias en la conclusión general.

Conclusión general

*La tierra bidimensional
de la metafísica*

Flatland: A Romance of Many Dimensions, la extraordinaria novela satírica de 1884 escrita por el profesor y teólogo inglés Edwin Abbott Abbott, narra una historia que se desarrolla en un mundo bidimensional conocido como *Flatland* (Planolandia). El narrador, llamado *A Square* (Un Cuadrado), habita, al igual que otra serie de figuras, este mundo de dos dimensiones. El libro comienza con la siguiente descripción de *Flatland*:

> Imagina una vasta hoja de papel sobre la cual hay Líneas rectas, Triángulos, Cuadrados, Pentágonos, Hexágonos y otras figuras que, en vez de permanecer fijas en sus lugares, se mueven libremente por, sobre o en esa superficie, pero sin poder elevarse o descender, semejantes a sombras –sólo que duras y con bordes luminosos– y podrás formarte una noción correcta de mi país y de sus habitantes. (1885: 11)

Cada figura representa una clase social. Las figuras más simples son las Líneas rectas, las mujeres. Luego se encuentran los Triángulos isósceles, la clase más numerosa, en general obreros y soldados. Estas figuras tienen una gran propensión a convertirse en criminales. A veces, los Triángulos isósceles más evolucionados logran dar a luz a un hijo equilátero. Es una ocasión de festejo ya que mantiene viva la esperanza de que es posible la movilidad social. Los Triángulos equiláteros representan la clase baja constituida por comerciantes y artesanos. Luego vienen los Cuadrados y Pentágonos, la clase profesional: doctores, abogados, etc. Los Hexágonos, por su parte, pertenecen al estrato inferior de la nobleza. Por encima de ellos se encuentran los Polígonos de alto rango. Por último, en la cima de la jerarquía social, la clase sacerdotal, los Círculos.

No todas las figuras de *Flatland*, sin embargo, son regulares, es decir poseen sus lados iguales. Hay también –y el propio Cuadrado se lamenta de ello– figuras irregulares o deformes. Según los códigos civiles de este mundo bidimensional, la irregularidad es una amenaza para el orden social: "la totalidad de la vida social en Flatland descansa sobre el hecho fundamental de que la Naturaleza desea que todas las figuras posean los lados iguales" (1885: 48-49). Si predominara la desigualdad o la irregularidad de los lados y de los ángulos, advierte el pobre Cuadrado, "la civilización se abismaría en el barbarismo" (1885: 49) y "todo sería caos y confusión" (1885: 50). Existe por eso todo un aparato legal que castiga la irregularidad. Si la deformidad de un recién nacido supera el límite establecido por la Ley, puede cometerse eutanasia. Si no supera el límite, se lo ubica en la clase más baja para que funcione como sirviente. Hay también centros de salud destinados a curar, en la medida de lo posible, las anormalidades. Los casos incurables, puesto que "la tolerancia a la Irregularidad es incompatible con la seguridad del Estado" (1885: 53), pueden incluso ser castigados con la muerte.

El último día del año 1999 de la era bidimensional, Un Cuadrado sueña que visita *Lineland* (Línealandia), un mundo de una dimensión compuesto sólo por segmentos y puntos ubicados sobre una línea. Al acercarse a la línea, Un Cuadrado, percibiendo sólo un segmento recto, cree que se trata de una mujer, pero pronto descubre que en realidad es el monarca de ese reino unidimensional.

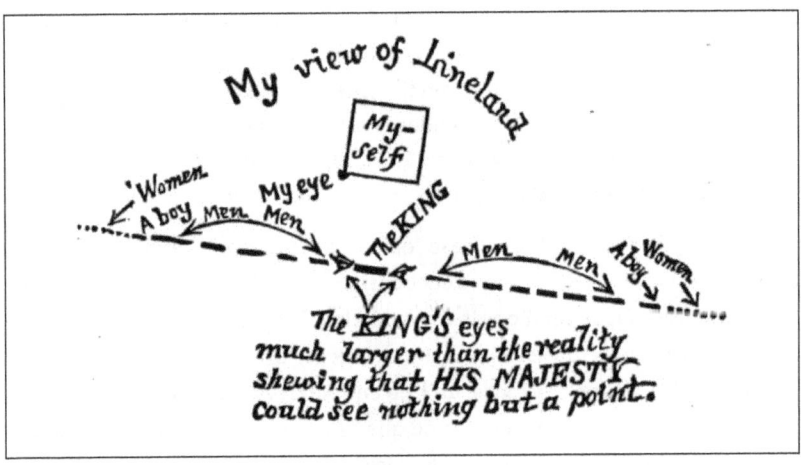

Ilustración de Edwin Abbott Abbott. Extraída de
Flatland: A Romance of Many Dimensions. Boston: Roberts Brothers, 1885, p. 86.

Un Cuadrado intenta explicarle que existe otro mundo de dos dimensiones, pero el rey no logra comprender lo que dice. Además del movimiento hacia el norte y el sur, propio de *Lineland*, existe también, argumenta en vano Un Cuadrado, un movimiento a la derecha y otro a la izquierda. El monarca no comprende porque eso implicaría para él salirse de la línea, es decir del mundo, del espacio unidimensional. Un Cuadrado decide entonces mostrarle por sí mismo lo que significa moverse fuera de la línea. Sin embargo, al hacerlo, al sustraerse a los parámetros perceptivos de *Lineland*, desaparece ante el rey.

Ilustración de Edwin Abbott Abbott. Extraída de *Flatland: A Romance of Many Dimensions*. Boston: Roberts Brothers, 1885, p. 99.

En tanto una parte de mí permanecía dentro de su dominio y de su visión, el rey seguía exclamando: "te veo, te veo aún; no te estás moviendo". Pero cuando salí de la Línea, él gritó con su estruendosa voz: "ha desaparecido; ha muerto". "No estoy muerto", repliqué yo; "Simplemente estoy fuera de *Lineland*, es decir fuera de la línea recta que tú llamas espacio, en el verdadero espacio, donde yo puedo ver las cosas como son". (1885: 99)

Finalmente, el rey no entiende lo que Un Cuadrado le dice y, al juzgarlo peligroso e insensato, ordena matarlo. En ese momento, el narrador despierta.

Ese mismo día, el último del Milenio de la era bidimensional, Un Cuadrado recuerda una discusión que tuvo con su nieto, un joven Hexágono de gran brillo y ángulos perfectos, sobre cuestiones aritméticas y geométricas. En esa oportunidad, el narrador, según una costumbre habitual en la familia, le había explicado a su nieto el principio de la raíz cuadrada. Luego de escuchar la explicación de su abuelo, el Hexágono había dicho: "Pero tú me has enseñado a elevar los números a la tercera potencia; supongo que 3^3 debe significar algo en geometría; ¿qué significa?" (1885: 103). La respuesta de Un Cuadrado, por supuesto, fue más que previsible: "Nada en absoluto, al menos nada en geometría; porque la geometría tiene sólo dos dimensiones" (*ibid.*). Sin embargo, no dándose por vencido, el joven Hexágono volvió a la misma cuestión, esta vez con mayores argumentos:

> Bien, entonces, si un punto, al moverse tres pulgadas, produce una línea de tres pulgadas representada por 3; y si una línea recta de tres pulgadas, al moverse de forma paralela a sí misma, produce un cuadrado de tres pulgadas

por lado, representado por 3^2; entonces un cuadrado de tres pulgadas por lado, al moverse de forma paralela a sí mismo (aunque no veo cómo), debe producir algo más (aunque no sé qué) de tres pulgadas por lado –y eso debe ser representado por 3^3. (1885: 103-104)

Un Cuadrado, entonces, molesto por la interrupción del nieto, pero sobre todo por la insolencia y la insensatez del razonamiento, lo había enviado a la cama. Pero ahora, mientras recordaba esa conversación sobre la misteriosa raíz cúbica, noción absurda y perturbadora, a pocos minutos de terminar el milenio, Un Cuadrado se volvió consciente de (o, más bien, sintió) "una presencia en la habitación" (1885: 104) y, mientras exclamaba "El niño es un tonto, 3^3 no significa nada en geometría", escuchó una voz que decía: "El niño no es un tonto; y 3^3 tiene un significado geométrico obvio" (1885: 105). Tanto Un Cuadrado como su mujer se voltearon hacia el lugar de donde provenía la voz. Al inicio creyeron que se trataba de un Círculo, pero la enigmática figura les explicó que en realidad era varios círculos en uno. Luego de quedarse a solas con el Extraño, Un Cuadrado le pregunta de dónde viene, a lo cual la figura responde: del espacio tridimensional. A diferencia de *Flatland*, le explica la figura que en verdad es una Esfera, cuyo espacio se define por dos dimensiones, altura y amplitud, el mundo tridimensional, llamado *Spaceland* (Espaciolandia), se define por tres variables: altura, amplitud y profundidad. Un Cuadrado desea saber entonces en qué dirección se encuentra esta misteriosa tercera dimensión, la profundidad. La Esfera le dice que para poder verla requeriría tener dos ojos, uno de cada lado, de tal manera que, al ser integradas las imágenes (dispares) de cada ojo, pudiera producirse la sensación de profundidad. El problema es que, con la estructura cognitiva de *Flatland*, la visión de los cuerpos tridimensionales (los *sólidos*) resulta imposible. La extraña presencia explica:

> Tú vives sobre un plano. Lo que llamas *Flatland* es la vasta superficie de lo que yo podría llamar un fluido, sobre, o en cuya cima, tú y las demás figuras se desplazan, sin elevarse ni descender. Yo no soy una figura plana, sino un sólido. Puedes llamarme Círculo; pero en realidad no soy un Círculo, sino un número infinito de Círculos, variando en su tamaño de un punto a un Círculo de trece pulgadas de diámetro, uno ubicado encima del otro. Cuando paso a través del plano como lo estoy haciendo ahora, describo en tu plano una sección a la cual tú llamas, correctamente, un Círculo. Porque una Esfera –tal como me llaman en mi país–, si se manifiesta a un habitante de *Flatland* lo debe hacer necesariamente como un Círculo. (1885: 111-112)

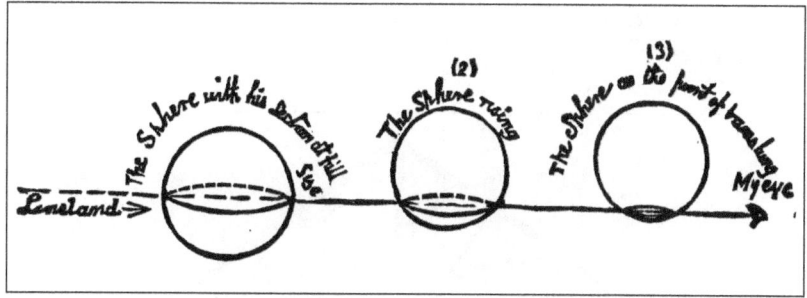

Ilustración de Edwin Abbott Abbott. Extraída de
Flatland: A Romance of Many Dimensions. Boston: Roberts Brothers, 1885, p. 113.

En efecto, Un Cuadrado percibe el movimiento de la Esfera como un Círculo creciendo o decreciendo de tamaño, puesto que sólo es capaz de ver lo que sucede en la superficie del plano. De todas formas, la Esfera sigue intentando explicarle al narrador y protagonista de la novela, al igual que él mismo había intentado explicarle al monarca de *Lineland* los principios del espacio bidimensional, los misterios de la tercera dimensión. Si un punto, argumenta ahora la Esfera, produce una línea con dos puntos en sus extremos; y si una línea produce un cuadrado con cuatro puntos en sus extremos, la próxima figura debería contener, según esta progresión numérica, ocho puntos en sus extremos. Un Cuadrado, en efecto, acuerda con la Esfera. "*Esfera*: —Exacto. El cuadrado produce un algo-para-lo-cual-no-tienes-todavía-un-nombre-pero-que-nosotros-llamamos-un-cubo con ocho puntos en sus extremos. Ahora, ¿estás convencido?" (1885: 117). Por supuesto que Un Cuadrado aún no está convencido. Ya impaciente, la Esfera decide arrastrarlo al espacio tridimensional. "Entonces enfrenta tu destino: irás fuera de tu plano. ¡Uno, dos tres! ¡Está hecho!" (1885: 121). El maravilloso apartado 18 describe el ingreso de Un Cuadrado a la tercera dimensión:

> Un inexpresable horror se apoderó de mí. Hubo primero oscuridad; luego una ligera y vertiginosa sensación de visión que no era como ver; vi una línea que no era una línea; espacio que no era espacio; era yo y no yo. Cuando pude recobrar la voz, grité fuerte en agonía, "O esto es la locura o es el infierno". "No es ninguno de los dos", replicó calmadamente la voz de la Esfera, "es conocimiento; son las tres dimensiones: abre tus ojos de nuevo y trata de mirar fijamente". Miré, y ¡descubrí un nuevo mundo! (1885: 122)

Los próximos capítulos de la novela describen el viaje de Un Cuadrado y la Esfera por el espacio tridimensional. Desde las alturas contempla su casa, como nunca antes la había contemplado. Todas las habitaciones, ahora, se le ofrecen en simultáneo.

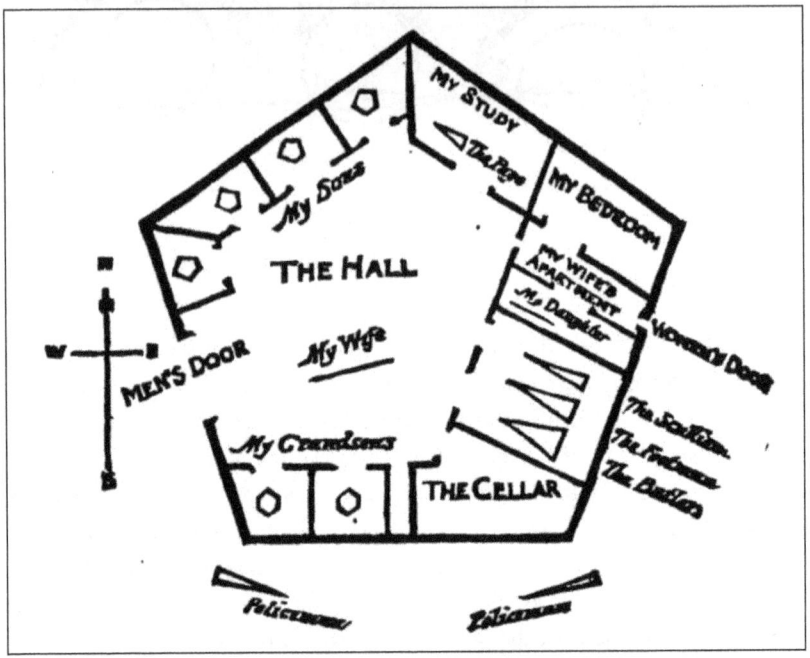

Ilustración de Edwin Abbott Abbott. Extraída de
Flatland: A Romance of Many Dimensions. Boston: Roberts Brothers, 1885, p. 124.

Un Cuadrado considera la posibilidad teórica de que existan más dimensiones. Le pide a la Esfera que lo conduzca a un mundo cuatridimensional, pero su guía lo devuelve a *Flatland*, más precisamente al Hall de la Asamblea General de los Estados, donde pueden contemplar, desde su lugar tridimensional, el cónclave milenario de los Círculos, quienes, reconociendo la existencia de la Esfera, prohíben que sea predicada la doctrina de la tridimensionalidad. "Muerte o prisión le esperan al Apóstol del Evangelio de las Tres Dimensiones" (1885: 128). Luego de lo cual, la Esfera se manifiesta en la sala del Concilio y declara: "He venido a proclamar que existe una tierra de tres dimensiones" (*ibid.*). El Presidente de los Círculos, conociendo los archivos secretos en los que se explica que todos los milenios se manifiesta una figura tridimensional, ordena a los Triángulos isósceles que atrapen a la Esfera, pero ésta desaparece.

Un Cuadrado vuelve a su vida habitual en *Flatland*, esforzándose por no revelar los misterios de las Tres Dimensiones. Sin embargo, en una reunión de la Sociedad Especulativa Local, luego de haber avanzado en otras oportunidades expresiones como "el ojo que discierne el interior de las cosas" (1885: 151) o "la tierra que todo lo ve" (*ibid.*), relata a los allí presentes su viaje con la Esfera por el espacio tridimensional. Naturalmente, al otro día es encarcelado, luego de un escueto interrogatorio. Tras pasar siete años en prisión, el narrador termina de escribir *Flatland: A Romance of Many Dimensions*, con la esperanza de que futuras generaciones puedan conocer los principios que rigen el espacio tridimensional. El texto concluye con el siguiente pasaje:

> "Arriba, no al norte", me atormenta como una Esfinge devoradora de almas. Es parte del martirio que he debido soportar por causa de la verdad. Hay temporadas de debilidad mental, cuando los cubos y las esferas se desvanecen en un trasfondo de casi-posibles existencias; cuando la tierra de las Tres Dimensiones parece tan imaginaria como la tierra de Una o de Ninguna; cuando incluso estos pesados muros que me separan de mi libertad, estas mismas tablas sobre las que estoy escribiendo, y todas las realidades substanciales de *Flatland* mismo, parecen no ser más que los productos de una imaginación enferma, o del más bajo tejido de los sueños. (1885: 155)

■ ■ ■

Se habrá advertido que la historia de la metafísica, y la antropología que le es inherente, está contenida en esta novela de Abbott. El mundo de la meta-física es como *Flatland*, un mundo bidimensional al que hemos llamado, en función del aspecto óptico o visual adoptado en esta investigación, *binocularcentrismo*. Como los habitantes de *Flatland*, la metafísica ha podido pensar, al menos en sus líneas dominantes, sólo lo sensible (la amplitud) o lo inteligible (la altura). En consecuencia, ha pensado al hombre o bien como cuerpo, o bien como alma, o bien –en el mejor de los casos– como un compuesto de cuerpo y alma. Dicho de otro (del mismo) modo: ha pensado al hombre o bien según su amplitud corpórea, o bien según su altitud incorpórea, o bien como un compuesto de ambos elementos, a la vez alto y ancho. Esto es evidente en el tratamiento teológico del hombre como *imago Dei*. En algunos casos se ha identificado a la imagen con el alma (Agustín, Orígenes, Clemente, etc.), en otros casos con el compuesto cuerpo-alma (Ireneo, Tertuliano, etc.), en muy pocos casos, con el cuerpo *tout court* (Macario de Egipto, por ejemplo). En este sentido, habría que decir que la metafísica es capaz de reconocer tanto la regularidad cuanto la irregularidad de las figuras. En general la irregularidad ha sido identificada con el cuerpo (en la línea platónica, sobre todo) y la regularidad con el alma. De todas formas, lo importante es que tanto de las figuras regulares cuanto de las irregulares, en la medida en que pertenecen a la lógica bidimensional de la metafísica, se ha predicado la existencia. Nosotros hemos mostrado, en cambio, que el hombre es una imagen o, más bien, el efecto tridimensional producido por un dispositivo específico llamado máquina óptica. Esto ha significado tomar en serio la sugerencia de Furio Jesi, aludida (pero no desarrollada) por Giorgio Agamben, según la cual la máquina antropológica es un dispositivo generador de imágenes del hombre o, como dice Jesi, de "modelos antropológicos".

De algún modo, en esta investigación nos hemos propuesto explorar –ni más ni menos– las múltiples vías abiertas por esta insinuación de Jesi. Para eso, hemos debido pensar a fondo lo que significa que el hombre sea una imagen, y más en concreto una imagen tridimensional, un fantasma. Ese "ojo que discierne el interior de las cosas", según la expresión empleada por Abbott para referirse a la visión tridimensional, no es sino el *oculus imaginationis*, el ojo capaz de percibir la "naturaleza" imaginal de lo humano. Y de la misma manera, esa "tierra que todo lo ve" no es sino la tierra de la imaginación. A lo largo de la historia metafísica, los teólogos y pensadores, como los sacerdotes circulares de *Flatland*, han luchado para que el Evangelio de las Tres Dimensiones no sea conocido. Esto se ha debido, por supuesto, a razones históricas propias de la civilización occidental. Este Evangelio, a diferencia del Nuevo Testamento, no viene a predicar que el hombre tiene la posibilidad de asemejarse a Dios, es decir que conserva aún, a través del Hijo, la imagen del Padre. El Evangelio de las Tres Dimensiones viene a decir, más bien, que el hombre no es un ícono, sino un fantasma, es decir una imagen sin modelo ni fundamento. El Apóstol de este Nuevo Evangelio, al que hemos identificado en la conclusión a la tercera sección con el Zaratustra de Nietzsche, viene a anunciar que el hombre, al igual que Dios, *no existe*. Afirmar que el hombre no existe significa tomarse en serio el hecho de que su estatuto ontológico es el de una imagen.

¿Por qué no se ha podido pensar, en términos estrictos y hasta el fondo, al hombre como imagen? Porque a lo largo de la historia se ha dispuesto siempre de categorías bidimensionales, de tal modo que se lo ha pensado siempre según los parámetros de *Flatland*, la tierra plana de la metafísica. Pero con Nietzsche, al anularse el mundo verdadero y a la vez, por la misma necesidad, el mundo aparente, es decir al anularse la bidimensionalidad, la altitud de la verdad y la amplitud de la apariencia, una nueva dimensión ha aparecido ante nuestros ojos: la tercera dimensión del fantasma. El horror inexpresable que experimenta Un

Cuadrado cuando la Esfera lo eleva a la tercera dimensión es el mismo horror –o la misma serenidad, qué más da– que se siente cuando se experimenta la subsistencia (y no la existencia) fantasmática de lo humano. El ojo de la metafísica es como el ojo de Un Cuadrado en el tercer diagrama de Abbott: sólo puede ver la Esfera como un círculo sobre la superficie, es decir como una entidad definida por dos dimensiones: inteligibilidad y sensibilidad o espiritualidad y materialidad. De la misma manera, el hombre sólo puede ser pensado por la metafísica como una imagen bidimensional. El ícono, en su sentido teológico, designa esa clase de imagen. Con Nietzsche, en cambio, el ícono se transforma en fantasma. Es como si Zaratustra-Nietzsche le dijera al hombre las mismas palabras que emplea la Esfera para dirigirse a Un Cuadrado: "Entonces enfrenta tu destino: irás fuera de tu plano. ¡Uno, dos tres! ¡Está hecho!" (1885: 121). Está hecho, en efecto: nos experimentamos ya como fantasmas. Hemos descubierto, más bien redescubierto, algo que sabíamos desde tiempo inmemorial: no existimos. Ser humano es no-existir. Pero la no-existencia no es la nada o el no-ser, sino un mínimo de Ser, una subsistencia, un cero de ser. Una imagen es eso: una infra-vida o, para retomar una expresión de Michael Clarke, una "media vida [*half-life*]" (1999: 53).

¿Dónde está, de hecho, la imagen de lo humano, la imagen tridimensional producida por la máquina óptica? ¿Dónde podemos contemplarla? No posee ningún soporte material, ninguna representación fáctica, no es tampoco un contenido mental o el producto psíquico de una conciencia subjetiva. Para la metafísica, la imagen tridimensional de lo humano no existe. Es como la esfera para los habitantes de *Flatland* o el cuadrado para los habitantes de *Lineland*. Cuando Un Cuadrado se sale de la línea recta que constituye el espacio unidimensional de *Lineland*, el monarca cree que ha desaparecido, que ha muerto, que no existe; cuando la esfera se sale de la superficie que constituye el espacio bidimensional de *Flatland*, Un Cuadrado cree también que ha desaparecido o que ha dejado de existir. Esa tercera dimensión, sin embargo, ni meramente sensible ni meramente inteligible, es el mundo específico de las imágenes. Toda imagen es por eso un fantasma. Sólo que, a lo largo de la historia occidental, la teología, la onto-teología, ha intentado cerrar la puerta que conduce a la Tercera Dimensión: la imaginación.[560] Con ese fin, como los Círculos sacerdotales de Abbott –y aquí entra para nosotros tanto la teología cuanto la filosofía de ascendencia platónica–, se ha pensado la imagen en relación a un arquetipo, es decir fundándola en un modelo; se ha pensado, en definitiva, como ícono. Esto ha obedecido, como hemos indi-

---

560 En cierto sentido, durante la historia de la metafísica hemos estado, como el campesino de Kafka, ante la Ley que prohíbe la Tercera Dimensión.

cado, a cuestiones (contingentes) propias de la historia del mundo occidental. El peligro que se escondía en la Tercera Dimensión, en la imaginación, es decir en el mundo de las imágenes, era la no-existencia. Peligro tanto más perturbador cuanto que ponía en riesgo lo humano en su ser más propio. Identificar el estatuto del ser humano con el de una imagen, y pensar al mismo tiempo la imagen como fantasma, hubiese significado pensar al ser humano como una entidad no-existente... subsistente, a lo sumo.[561]

Si volvemos a la novela de Abbott, podemos definir la subsistencia como la profundidad de la esfera que excede la bidimensionalidad y que no puede ser percibida por el ojo de la metafísica. Para los teólogos y metafísicos que han estructurado el pensamiento –extremadamente heterogéneo y variopinto– de la civilización occidental, siempre defensores de lo que Alexius Meinong ha llamado "el prejuicio en favor de la existencia" (cfr. 1904: 11), la imagen fantasmática generada por la máquina óptica no existe, no forma parte de lo real.[562] Sostener que el hombre es un fantasma, por eso mismo, hubiese significado sostener que lo propio del hombre, a diferencia de la tesis existencialista, no es la existencia sino la subsistencia. Ese es el "horror" que ha vuelto posible Nietzsche. El horror que siente Un Cuadrado cuando entra en *Spaceland* es el horror de la mancha ciega, el horror del punto en el que ver no se parece a ver, en el que el hombre no es ya humano, en el que se linda con la locura o con el infierno, pero también con una suerte de beatitud absolutamente contingente e infundada. Habría que decir del fantasma lo mismo que le dice la Esfera a Un Cuadrado cuando intenta explicarle lo que es un Cubo: algo-para-lo-cual-no-tienes-todavía-un-nombre-pero-que-nosotros-llamamos-un-fantasma [*Something-which-you-do-not-as-yet-know-a-name-for-but-which-we-call-a-Phantom*]. Esta paráfrasis de Abbott constituye la sentencia correlativa, desde un punto de vista antropológico, a la muerte de Dios anunciada por Nietzsche. Esto es lo que parece decirle Nietzsche, pero también Meinong o Warburg, a la historia de la metafísica: hay algo, un *aliquid*, una suerte de número elevado a la tercera potencia, un n^3 que se define por un mínimo de

---

561 En tanto entidad ambigua, el fantasma admite una metafísica que es también una física o, mejor aún, una operación topológica que oscila entre la física y la metafísica sin demorarse en ninguna de ellas. No es causal que Michel Foucault, comentando precisamente la noción de "fantasma" en *Logique du sens*, haya hablado de "una metafísica del fantasma [*métaphysique du fantasme*] [que] gira en torno al ateísmo y a la transgresión" (2001: 80) y que, un párrafo después, haya utilizado la expresión "fantasmofísica [*fantasmaphysique*]" (cfr. *ibid.*), es decir *física* del fantasma.

562 Este prejuicio en favor de lo existente o de lo real/actual, sabemos por Castoriadis, es una construcción histórico-social: "la institución de la sociedad es la que determina lo que es real y lo que no lo es, qué tiene sentido y qué no lo tiene" (2005: 69).

ser, una subsistencia para la cual no existen nombres en el léxico bidimensional de la metafísica, pero que podemos llamar fantasma.[563]

■ ■ ■

¿Quién no ha experimentado, al menos por un instante, la distancia infinita –por lo próxima– que lo separa del cuerpo, la misma distancia, por su infinita proximidad, que lo separa del alma? ¿Quién no ha experimentado ese exceso de lo corpóreo que no se confunde sin embargo con lo *otro* del cuerpo, con el alma inmortal de la teología? ¿Quién, en suma, no se ha vivido más allá o más acá, *ni* más allá *ni* más acá, del alma y del cuerpo? ¿Quién no se ha sentido, alguna vez, completamente *neutro*? Cualquiera que haya soñado sabe lo que significa ser un fantasma.[564] El sueño es el mundo de las Tres Dimensiones, el espacio en el que no somos ni cuerpos ni almas, ni seres sensibles ni seres inteligibles, ni animales ni ángeles. El sueño es el mundo de las subsistencias. Soñar es no existir

---

563 En el pensamiento de Cornelius Castoriadis, estos entes definidos por un mínimo de ser conforman la región de lo indeterminado, a diferencia del ser determinado ("real") propio de la lógica y de la ontología heredadas: "Para decirlo brevemente, la ontología tradicional ha sido pura y simplemente la posición subrepticia, en tanto sentido del ser, del modo de ser de esas categorías particulares de entes en las que tiene fija la vista. Precisamente de ellas, al mismo tiempo que de las necesidades del lenguaje en tanto *legein* (en tanto instrumento conjuntista-identitario) –lo que viene a ser lo mismo–, es de donde la ontología tradicional ha extraído el sentido del ser como ser determinado. Es cierto que esto no le ha impedido enfocar otros tipos de ser, pero siempre la ha conducido a cualificarlos, implícita o explícitamente, como menos-ser (*hetton on*, en oposición al más-ser, *mallon on*), con lo que en ningún momento ha querido decir otra cosa que ésta: menos determinado o menos determinable" (2013: 292). Este *hetton on*, por cierto, cualifica a la imagen fantasmática, *subsistente*; el *mallon on*, por el contrario, a las cosas y a las ideas, los dos reinos *existentes*. Para comprender esta modalidad paradójica e *indeterminada* del Ser Castoriadis acuña la noción de *magma*: "Hemos de pensarlo como un magma, e incluso como un magma de magmas con lo que no quiero decir el caos, sino el modo de organización de una diversidad no susceptible de ser reunida en un conjunto, ejemplificada por lo social, lo imaginario o lo inconsciente" (2013: 293). No es este el lugar, por supuesto, para explicar la interesante ontología de Castoriadis. Baste decir que lo imaginario –en nosotros, la imaginación– adopta en Castoriadis un estatuto ontológico e histórico, a la vez que se convierte en la potencia específica del hombre. Sobre la ontología de Castoriadis, cfr. Tello 2003: 29-91; Johann 2015: 123-145; Adams 2011. Quisiéramos dejar sentado, además, que desde una suerte de periferia velada, eventualmente insinuado en algunas notas al pie, el texto *L'institution imaginaire de la société*, por su crítica a la lógica "ensídica" (neologismo formado a partir de la unión de los términos *ensemble* e *identitaire*) y a la ontología heredada, por su lucidez para mostrar la construcción social de lo "real", por el lugar central que adquiere la imaginación y lo imaginario, ha sido un marco de referencia, si bien no central, para la elaboración de esta investigación.

564 Los tratados sobre el sueño, que forman parte fundamental de la cultura humana, deben ser leídos en clave tanto antropológica como ontológica. Esos textos constituyen quizás el mayor esfuerzo que han hecho los hombres por pensar la imagen fantasmática. Dicha tarea, por supuesto, excede el marco de este libro. No obstante, sobre la relación entre la antropología y el sueño, cfr. Prósperi 2018.

o, más bien, oscilar entre la existencia y la no-existencia.[565] Por eso los hombres, desde antaño, han sospechado que tal vez no existían, o que su estatuto no se identificaba perfectamente con lo real/actual. Este desfasaje en la presencia, *de* la presencia, este desborde de uno mismo, es la imagen. Lo que existe, ha dicho la metafísica, es lo presente. Ergo: el fantasma, que por definición no pertenece a la presencia, no existe.[566] El estatuto ontológico que le conviene es el de la subsistencia. No somos diferentes a las imágenes que se nos aparecen en nuestros sueños. En este sentido, "toda imagen –según la hermosa formula de Emanuele Coccia– es como un fragmento de sueño" (2010: 71). Ni corpóreos ni incorpóreos, vivimos en un límite extremadamente paradójico y casi imposible. Tal vez necesitemos fingir que estamos despiertos, que somos cuerpos actuales, almas reales, compuestos indudablemente existentes. Nada impedirá, sin embargo, que cerremos cada tanto los ojos y descendamos a un espacio definido por un mínimo de ser, un mundo en el que no se es ni el mismo ni otro, en el que el yo es otro y el otro, nadie.[567] A fin de cuentas, la historia de la metafísica occidental no ha sido más que un sueño antropológico.

En *La vita sensibile*, Emanuele Coccia sostiene que el ser de las imágenes no se confunde ni con el ser de los objetos ni con el ser de los sujetos. En este sentido, designa un afuera que ha subsistido, como los sueños, en los márgenes de la tradición occidental: "Se podría decir que la imagen es el afuera absoluto, una especie de hiper-espacio, aquello que se mantiene fuera del alma y fuera de los cuerpos" (2010: 24).[568] Este afuera absoluto, cuya fragilidad ontológica requie-

---

565 No podemos dejar de citar, en este sentido, el pasaje del *De generatione animalium* en el que Aristóteles presenta al sueño como un estado intermedio entre la existencia y la no-existencia, entre el vivir y el no-vivir: "la transición del no ser al ser se produce a través del estadio intermedio, y el sueño parece ser por naturaleza una cosa de este tipo, una especie de frontera entre el vivir y el no vivir, y el que duerme parece que ni existe del todo ni no existe" (V, 1, 778b28-33).

566 Como bien ha indicado Jacques Derrida, el fantasma se define por una "no-identidad consigo mismo, [una] inadecuación y, por consiguiente, [una] no-presencia a sí, [una] intempestividad desajustada" (1993: 138; traducción ligeramente modificada). El fantasma/espectro (aquí no distinguimos ambos términos) es siempre inactual, anacrónico (en el sentido de Didi-Huberman); su "ser", en el límite del ser, es una no-presencia: "Lo propio del espectro, si lo hay, es que no se sabe si, (re)apareciendo, da testimonio de un ser vivo pasado o de un ser vivo futuro, pues el (re)aparecido ya puede marcar el retorno del espectro de un ser vivo prometido. Intempestividad, de nuevo, y desajuste de lo contemporáneo" (Derrida 1993: 115).

567 Ya Sartre había indicado, en *L'imaginaire*, la naturaleza *irreal* de la experiencia onírica: "El sueño es una experiencia privilegiada que nos puede ayudar a concebir lo que sería una conciencia que hubiese perdido su 'ser-en-el-mundo' y que al mismo tiempo se viese privada de la categoría de lo real" (1964: 228).

568 ¿Acaso no había hablado Derrida, en relación a los fantasmas (de Marx, pero también de la tradición metafísica en general), de una "hiper-fenomenología [*hyper-phénoménologie*]" (1993: 204) que, en vez de ser una fenomenología del espíritu, sería más bien una "fenomenología del espectro" (1993: 213); una fenomenología cuyo correlato *irreal* no estaría "ni en el mundo ni en la conciencia" (cfr. Derrida 1993:

re una hiper-topografía, esta suerte de hiper-espacio del que habla Coccia es el espacio tridimensional de la imaginación: *Spaceland*, la tierra de las imágenes. Coccia lo denomina, sin más, *sensible*. No hay que creer, sin embargo, que se trata del sensible platónico, es decir del sensible entendido como mera materia corpórea. Lo sensible, tal como Coccia lo entiende, designa el *medio* específico de las imágenes que, en cuanto tales, no pertenecen ni al registro de lo objetivo ni al registro de lo subjetivo. "Lo sensible –explica Coccia– es el ser de las formas cuando están en el exterior, exiliadas del propio lugar" (2010: 25). La imagen no es más que este exilio, en un doble sentido: respecto al cuerpo y respecto al alma. El cuerpo fuera de sí, en un afuera que no se confunde con el alma; el alma fuera de sí, en un afuera que no se confunde con el cuerpo: eso es la imagen. La insuficiencia de la metafísica, en su sentido histórico dominante, insuficiencia que consiste en el prejuicio en favor de lo actual que hemos mencionado, se caracteriza por haber pensado siempre el afuera del cuerpo como alma y el afuera del alma como cuerpo. Lo cual significa que no ha pensado, *sensu stricto*, la imagen. O cuando lo ha hecho, ha sido siempre en sus orillas y de forma más o menos subterránea. Esto es así porque las imágenes poseen un ser menor o débil, difícil de aprehender con las categorías dicotómicas tradicionales. No es casual que el sueño sea la experiencia originaria del mundo de las imágenes. "El mundo específico de las imágenes, el lugar de lo sensible (el lugar originario de la experiencia y del sueño), no coincide ni con el espacio de los objetos del mundo físico –ni con el espacio de los sujetos cognoscentes" (Coccia 2010: 30). Este espacio onírico, como hemos dicho, es el espacio propio del fantasma humano. Si afirmamos que el hombre es una imagen, y si el mundo específico de las imágenes es el sueño, entonces el mundo humano coincide con el mundo onírico. Por eso Un Cuadrado, el protagonista de la novela de Abbott, termina confesando que las cosas vistas en el espacio tridimensional que había conocido *fuera* de su mundo plano se le aparecían cada vez más como "productos de una imaginación enferma, o del más bajo tejido de los sueños" (1885: 155). El libro termina, de hecho, con la palabra *dream*, como si fuese un sello y al mismo tiempo una enigmática promesa. No por casualidad Stéphane Lupasco ha sostenido que "la realidad del alma está tejida con los hilos del sueño" (1960: 103). En efecto, para Lupasco la naturaleza del fenómeno psíquico o anímico se explica a partir de una coexistencia contradictoria entre la actualización y la virtualización:

214-215)? Hay que decir, además, que este texto de Derrida, *Spectres de Marx*, al igual que el fantasma del comunismo respecto a Europa, ha estado sobrevolando las diversas secciones que conforman esta investigación, sin hacerse del todo presente, por supuesto, como corresponde a un verdadero fantasma.

Porque el fenómeno psíquico es conciencia de la conciencia y conocimiento del conocimiento, es decir, coexistencia contradictoria intermedia entre la virtualización y la realización, por estar precisamente afianzado en esa contradicción, no puede integrarse en lo que hemos definido como real e irreal; y su campo de expresión, por el momento al menos, sólo puede ser la ficción, y en último término la ficción estética. (1960: 103)[569]

La máquina óptica, podríamos decir, sueña lo humano, o sea lo produce como fantasma.[570] "La humanidad –ha dicho Derrida– no es más que una colección o una serie de fantasmas" (1993: 220). La máquina óptica, a través de una estrategia que, siguiendo con Derrida, podríamos definir como "un arte o una técnica del hacer desaparecer" (que es también, por supuesto, un hacer aparecer) o como un "volver inaparente" (cfr. 1993: 204), produce (sueña) lo humano históricamente. Cada época, en esta suerte de –y perdónesenos el pleonasmo– *fenomenología del fantasma*, ocupa su lugar en la serie o, más bien, en el "desfile de fantasmas" (cfr. *ibid.*: 220) antropológicos que concebimos como historia. En efecto, ¿qué fantasma –se pregunta Derrida– ocuparía el lugar "originario", el

---

569 Esta "consistencia contradictoria intermedia", vale la pena aclarar, no sólo es propia de la ficción estética sino de la experiencia onírica. No se trata, por supuesto, de una experiencia meramente psicológica. Por eso la naturaleza onírica del alma, en Lupasco, no tarda en asumir rasgos decididamente ontológicos: "si se acuerda a la palabra "sueño" el sentido de alguna formación insustancial y en puro devenir que no alcanza jamás una identidad rigurosa, una actualidad absoluta [...], el universo, todo objeto será un sueño en sí mismo; la trama del mundo, si el mundo existe, está hecha de sueños" (1960: 136). Esta concepción del sueño requiere que se aborde el mundo onírico en su especificidad, sin reducirlo ni a lo sensible ni a lo inteligible. Castoriadis lo ha expresado con vehemencia: "Pero en todo caso, en su especificidad propia y su modo de ser inseparable de su ser-así, ésa es la región ontológica que tenemos que reconocer en el sueño y de manera más general en el inconsciente y que para empezar tenemos que pensar como tal y en sí misma, sin reducirla de antemano a otra cosa, sin querer eliminar a cualquier precio, aplastando su especificidad, la pregunta interminable que ella misma nos hace tanto en sí misma como por su 'coexistencia' con la realidad y el *noein-einai* diurno" (1998: 224).

570 No sólo habría que decir, como Jules Michelet, que cada época sueña la siguiente, según el *motto* utilizado por Walter Benjamin como epígrafe del primer apartado del *exposé* de 1935 sobre los pasajes parisinos, o que cada época sueña la anterior, según la reformulación de Ricardo Piglia (cfr. 1992: 79), sino que cada época se sueña a sí misma o, más bien, sueña la *humanitas* del *homo sapiens*. En *La terre et les rêveries du repos*, de hecho, Gaston Bachelard habla de un "*a priori* onírico" (1948: 113). Bachelard utiliza esta expresión para comentar una escena de *Le Poids des Ombres* de Mary Webb, pero bien puede aplicarse, por su matiz kantiano, a nuestra categoría de máquina óptica. Si la máquina óptica sueña lo humano, es decir lo produce como fantasma, y si, como hemos visto en la primera sección, funciona en un plano trascendental (desdoblando el campo de visibilidad en dos miradas y dos ojos), entonces la expresión de Bachelard, "*a priori* onírico", explica perfectamente su funcionamiento. El espacio trascendental de la máquina óptica es, por eso mismo, un *espacio onírico*. La expresión, de nuevo, pertenece a Bachelard: "¿En qué espacio viven nuestros sueños? ¿Cuál es el dinamismo de nuestra vida nocturna? [...] Estos trozos de sueño, estos fragmentos de espacio onírico [*espace onirique*], nosotros los yuxtaponemos más tarde en los cuadros geométricos del espacio claro. Del sueño hacemos así una anatomía de piezas muertas" (1970: 195).

archi-lugar de la serie?; ¿quién sería capaz, en esta diseminación indiscriminada de espectros, de soportar el primer nombre, de asumir la posición del archi-fantasma? La respuesta: "A la cabeza de la procesión viene el capital, la representación capital, el Hijo amado: el Hombre. El archi-espectro, aquel por el que esto comienza y esto obliga, el fantasma capital es el Hombre mismo con H mayúscula" (Derrida 1993: 219). La máquina óptica vuelve aparente/inaparente: hace aparecer al hombre (con h minúscula) como fantasma, pero sólo para revestirlo con la H mayúscula, para conjurar su estatuto fantasmático, para volverlo inaparente. O también: sueña al hombre, al fantasma, pero en el mismo momento en que lo sueña, le adjudica la realidad y la existencia de la vigilia.[571] La máquina óptica, en este sentido, es por necesidad una máquina onírica. Por eso el nexo entre la antropología y el sueño es esencial.[572] El fantasma onírico, al no ser ni cuerpo ni alma, en términos rigurosos no existe; subsiste, en todo caso. El cuasi-ser de las imágenes requiere una suerte de sub-ontología o de pseudo-ontología. No se trata de algo excéntrico o provocador. Al contrario, es algo habitual, extrañamente familiar: "Hacemos experiencia de ello cotidianamente: el sueño, en el fondo, es una especie de vida autónoma de lo sensible en nosotros mismos" (Coccia 2010: 80). Soñar es hacer la experiencia de no existir ni como cuerpo ni como alma... simplemente la experiencia de no existir; es llevar el ser a su grado cero, a su nivel mínimo. Es una ontología extremadamente delicada. "O es la locura o el infierno", gritaba con horror Un Cuadrado cuando penetraba en el mundo de las Tres Dimensiones, en *Spaceland*. La respuesta de la Esfera no difiere demasiado de la que daríamos nosotros, ya acercándonos al final de nuestro recorrido: ni uno ni otro, es sólo el mundo tridimensional de las imágenes, el mundo de los sueños. Hemos conocido ese mundo desde siempre. Hemos sospechado, en la profun-

---

571   En este sentido, la metafísica occidental, correlativa a la máquina óptica-antropológica, se define también por este doble movimiento: produce lo humano como fantasma y al mismo tiempo oculta su condición fantasmal, imaginaria, adjudicándole una esencia. Catherine Malabou, en *La plasticité au soir de l'écriture*, ha expresado –aunque no ya desde una perspectiva antropológica– una misma concepción de la historia de la metafísica: "Yo he admitido muy rápido, sin resistencia, que toda doctrina filosófica era siempre y necesariamente trabajada, fragmentada por su 'destrucción', la cual es su *contemporánea paradójica*, y que todas las diferencias de tiempo que funcionan en el seno de un mismo pensamiento procedían, *a posteriori* pero originariamente, de esta fuerza de dislocación de la metafísica que no hemos terminado de interrogar" (2005: 22). Se comprenderá que esta fuerza de dislocación de la metafísica, desde la perspectiva antropológica que adoptamos aquí, no es sino la imagen, el fantasma, es decir la "entidad" que no se reduce ni a lo corpóreo ni a lo espiritual.

572   En este sentido, hacemos nuestras, aunque por diferentes razones, las palabras que emplea Kelly Bulkeley en *Dreaming in the World's Religions. A Comparative Study*: "El estudio de los sueños es por lo tanto una fuente de iluminación para nuestro conocimiento de lo que significa ser humano" (2008: 3); o también: "Para comprender la naturaleza humana debemos estudiar los sueños" (*ibid.*: 4).

didad de nosotros mismos, que no somos cuerpos, tampoco almas.[573] Soñar es una experiencia antropológica. Cerramos nuestros ojos y descendemos a una región, una heterotopía, en la que no funcionan ni las coordenadas del espíritu ni las de la materia, ni las del sujeto ni las del objeto. Las cosas no existen allí, sólo subsisten. No son cosas, por lo tanto; como nosotros, "humanos", son fantasmas.

---

573   Según establece la primera tesis de Tiqqun II: "La unidad humana elemental no es el *cuerpo* —el individuo, sino la forma-de-vida" (2001: 15). No resulta necesario agregar que dicha unidad elemental tampoco se encuentra en la conciencia o la razón del sujeto moderno o fenomenológico (intencional). La relación entre la imagen, el fantasma, en la medida en que no es ni cuerpo ni alma, y la forma-de-vida, si bien no es directamente equiparable, no deja de ser preponderante. Llamamos fantasma a un modo de ser sin fundamento ni arquetipo, una tonalidad (musical) de la vida pero que, a diferencia de Tiqqun y, más allá, de Agamben, no se confunde con una vida inseparable de su forma (cfr. Agamben 2014: 264-272), sino con el hiato al interior de la vida, la fractura o la dehiscencia que, al interior de lo viviente, lo abisma en una topología que no puede ser considerada con rigor totalmente biótica. El fantasma, por eso mismo, si bien no admite ningún "qué", sino siempre un "cómo" –"'Mi' forma-de-vida no se relaciona con lo *que* yo soy, sino con *cómo* soy lo que soy" (Tiqqun II, 2001: 17)– es sólo en la medida en que produce una herida o una fractura al interior del "cómo", es decir una interrupción en la dinámica tonal (*Stimmung*) de la existencia. Pierre Hadot ha señalado en diversos textos la relación esencial que existe, sobre todo en la filosofía antigua pero también en todo espíritu verdaderamente filosófico, entre el discurso del filósofo y la forma-de-vida, relación que incluye necesariamente un cuidado del cuerpo y un devenir vital del pensamiento. Refiriéndose a la vida racional y discursiva en Porfirio, Hadot escribe: "La vida según el espíritu no se reduce a una actividad puramente racional y discursiva [...]. No basta con adquirir conocimientos, sino que es necesario que esos conocimientos 'devengan naturaleza en nosotros', 'que ellos crezcan con nosotros'. No hay contemplación, dice Porfirio, más que cuando nuestros conocimientos devienen en nosotros 'vida' y 'naturaleza'" (1995: 244). Si el ícono es el lugar topológico en el que el sentido se hace cuerpo y el cuerpo, sentido, el fantasma es el punto de fuga de toda forma y de toda vida. En la superficie infundada del fantasma, la forma se des-materializa cada vez más y la materia se des-formaliza: la vida, pues, deviene ex-forma-abiótca (sobre la noción de *exforme*, cfr. Bourriaud 2017). Y si puede decirse que en cierto modo aún somos cristianos es porque en la imagen icónica el Verbo se hace Carne y la Carne, Verbo. Llamamos forma-de-vida al devenir carne del verbo y al devenir verbo de la carne: forma-de-vida = ícono. Llamamos fantasma al devenir abiótico de la vida y al devenir amorfo de la forma. Y si Cristo es la figura paradigmática del ícono, el Anticristo es la figura paradigmática del fantasma.

Anexo

Las islas extra-ontológicas

a) **Aclaraciones preliminares: los senderos que se bifurcan**

Convencidos de que los problemas son más importantes que las soluciones, hemos optado por incluir un anexo en el cual se reconfiguran, en cierto sentido, los resultados alcanzados en la conclusión general. A lo largo de este texto, como hemos indicado en varias oportunidades, la imagen de lo humano generada por la máquina óptica ha sido pensada a partir de la noción de "subsistencia". En este sentido, tanto la imagen cuanto su espacio específico, la imaginación, no se confunden con los dos dominios que la metafísica occidental ha considerado, en sus diferentes momentos, como existentes: lo corpóreo y lo incorpóreo o lo sensible y lo inteligible. La "conclusión general" desarrolla esta línea y saca las últimas consecuencias antropológicas de la noción de subsistencia: el hombre, a diferencia de los cuerpos y de las almas, de las cosas y de las ideas, no existe, sino que subsiste.

No obstante, hemos creído pertinente agregar este anexo en el que se piensa de otra manera la no-existencia del hombre. En este caso, la categoría central no es la de "subsistencia", tal como ha sido presentada a lo largo de este texto, sino la de "extra-Ser". Esta última expresión, por supuesto, remite al pensamiento de Alexius Meinong. En la conclusión general, la imagen y la imaginación –y por ende lo humano– han sido pensadas como una suerte de "cuasi-ser", "pseudo-existencia" o "subsistencia", es decir según categorías que se encuentran en los textos de Meinong anteriores a la *Gegenstandstheorie*. En el presente anexo, son pensadas a partir de las nociones de *Sosein* (ser-así) y de *Außersein* (extra-Ser), es decir con categorías pertenecientes ya a la *Gegenstandstheorie*. Si se aceptan las premisas de esta última posibilidad, como indicaremos en su debido momento, es preciso reconsiderar el estatuto de la imagen y de lo humano que hemos desarrollado hasta aquí. No se trata de cambios que invalidan nuestros análisis, pero sí de desplazamientos que ameritan algunos ajustes indispensables. En la conclusión general, como dijimos, la imagen y la imaginación son pensadas como subsistentes, mientras que la sensibilidad (los cuerpos) y el intelecto (las almas) son pensados como existentes. Esta interpretación se aleja de la teoría propuesta por Meinong en 1904, puesto que allí la subsistencia se identifica con los objetos ideales, por ejemplo las entidades matemáticas. Así como una cosa empírica existe, asimismo la figura ideal de un triángulo subsiste. Nosotros, sin embargo, hemos preferido –modificando deliberadamente la clasificación de Meinong– reservar la noción de subsistencia (así como la de cuasi-ser o pseudo-existencia) para pensar la imagen y la imaginación, pero *no* los objetos ideales. Por eso mismo, hemos afirmado que, si bien las cosas y las ideas *existen*,[574] el hombre –en tanto imagen– *subsiste*.

Este anexo, en cambio, se ajusta más a la *Gegenstandstheorie* de Meinong. En este caso, la imagen y la imaginación son pensadas como el límite que no sólo conecta lo sensible y lo inteligible, sino el ser y el extra-ser. De tal manera que la imagen, en este sentido, se define por dos aspectos: por un lado, tiene una cara orientada hacia el ser, tanto en su sentido corpóreo (existente) cuanto en su sentido incorpóreo (subsistente);[575] pero por otro lado, la imagen tiene también una cara orientada hacia el extra-ser, hacia una región que no se define ni por la existencia (propia de los objetos actuales) ni por la subsistencia (propia de los objetos ideales), sino por la indiferencia y la neutralidad. La imagen y la imaginación se definen entonces por un doble quiasmo: por un lado, de acuerdo a su cara ontológica, articulan lo sensible y lo inteligible, el cuerpo y el alma; por otro lado, de acuerdo a su cara extra-ontológica, articulan el reino del Ser con el reino del extra-Ser.

Permítasenos añadir, como cierre de esta aclaración, dos diagramas: el primero ilustra la estructura de la conclusión general; el segundo, la de este anexo. Quien lee sabrá elegir la posibilidad que más le convenza o, en caso de que lo considere factible, ambas posibilidades a la vez. No se excluye, por supuesto, que una persona perspicaz no elija ninguna.

---

574 En efecto, para Platón y gran parte de la tradición metafísica lo ideal posee más existencia que lo aparente. Sólo de las Formas ideales, en la línea platónica, se puede predicar legítimamente la existencia.

575 En tanto aquí identificamos a la existencia con lo actual y a la subsistencia con lo ideal, respetamos la distinción de Meinong.

DIAGRAMA CORRESPONDIENTE A LA CONCLUSIÓN GENERAL:

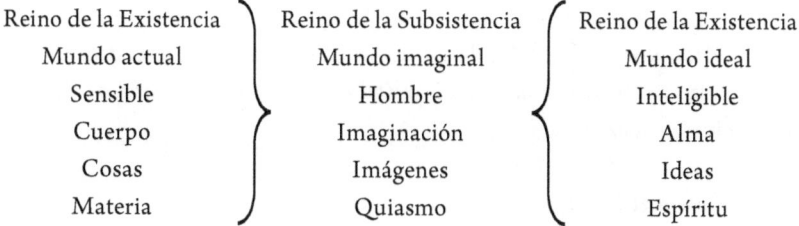

DIAGRAMA CORRESPONDIENTE AL ANEXO[576]:

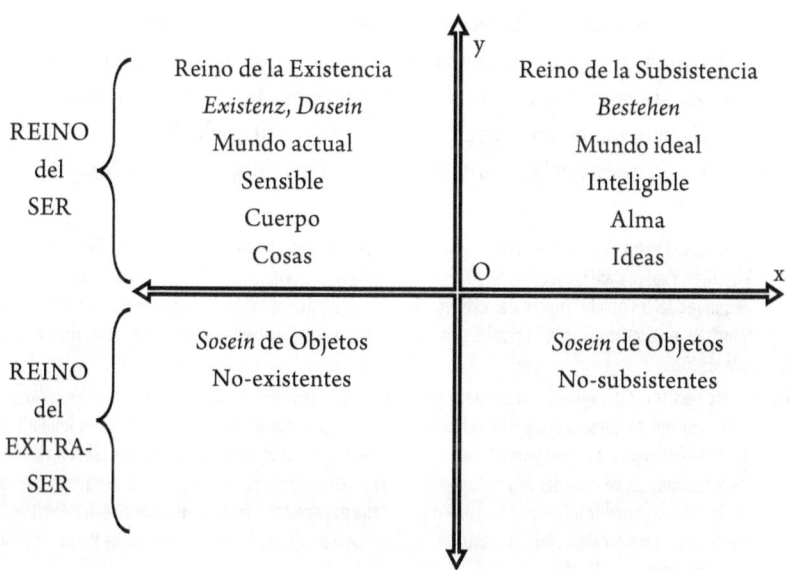

La imaginación se define por dos ejes: el eje y o eje de ordenadas y el eje x o eje de abscisas. El eje y conecta el Reino de la Existencia (lo sensible, lo actual, el cuerpo, la materia, lo visible, etc.) con el Reino de la Subsistencia (lo inteligible, lo ideal, el alma, el espíritu, lo invisible, etc.), a la vez que el Reino de la No-Existencia con el Reino de la No-Subsistencia. El eje x, por su parte, conecta el Reino del Ser con el Reino del Extra-Ser. Según el eje y, la imaginación posee una cara existente y una cara subsistente, es decir una cara sensible y una inteligible, a la vez que una cara no-existente y una no-subsistente; según el eje x, en cam-

---

576 Este diagrama resultará ciertamente ininteligible por el momento. Esperamos que luego de leído este anexo pueda ser comprendido con mayor facilidad.

bio, posee una cara ontológica y una cara extra-ontológica, una cara orientada hacia el *Sein* y otra hacia el *Außersein*.[577] El punto O, el origen de las coordenadas, es el quiasmo de los quiasmos, el doble quiasmo, "la juntura —para decirlo con Merleau-Ponty— [...] donde se cruzan las múltiples entradas del mundo" (1964: 308).[578] La cruz —*chiasma* (X) o *stauros* (T)—, pues, es el símbolo/diábolo de la imaginación.[579]

b) Del *Dasein* al *Sosein*

En un extraordinario texto titulado *Über die Stellung der Gegenstandstheorie im System der Wissenschaften*,[580] Alexius Meinong utilizó el término *heimatlos*, el mismo que utilizará Heidegger para referirse a la condición del hombre en la época del nihilismo, para calificar a ciertos Objetos que no pertenecían a ningún dominio de la metafísica tradicional (cfr. Meinong 1907: 89).[581] Se trataba de una ciencia, aún incipiente, cuyos Objetos estaban más allá del ser y del no-ser [*jenseits von Sein und Nichtsein*].[582] Su dominio específico, explicaba Meinong, se

---

577 El Reino del extra-Ser, como vemos en el diagrama, se divide en objetos no-existentes y objetos no-subsistentes. Explica Dale Jacquette: "En su teoría de madurez, Meinong adopta la posición realista moderada según la cual los objetos materiales existen y los objetos abstractos subsisten, y aumenta la teoría incluyendo objetos incompletos e imposibles en una extraontología de objetos noexistentes y nosubsistentes" (1996: 10).

578 Acaso podría establecerse un nexo con el punto Omega de Teilhard de Chardin. Es necesario indicar, sin embargo, que en nuestra perspectiva el Punto O, el doble quiasmo, lejos de designar como en Teilhard un foco de convergencia y de identidad, designa más bien lo contrario: la inesencialidad o insubstancialidad de lo humano, la pérdida del Yo y la condición fantasmática del sujeto. El punto O, en nuestro esquema, designa la abertura de la imagen, la fisura o la ventana por donde el ser comunica con el extra-Ser. Desarrollaremos esta cuestión, por supuesto, en las páginas que siguen. Sobre el concepto de Punto Omega, cfr. Teilhard de Chardin 1956: 174-187.

579 Recuérdese que en el capítulo XII hemos sugerido que el lugar que ocupa Cristo, cuyo símbolo sin duda es la cruz (cfr. Orbe 1995, vol. II: 269-300), en la ontología y la teología —en la ontología *de* la teología— es el mismo que ocupa la imagen y la imaginación en la psicología humana. Esta tesis, además, ha sido corroborada, ya en una clave ontológica, en los capítulos XVI y XVII. No obstante, si bien no es este el lugar para desarrollar este punto, es preciso indicar que la imaginación es susceptible de dos funcionamientos: sim-bólico y dia-bólico. Sobre esta cuestión, cfr. la nota 256.

580 Este texto fue publicado por primera vez en 1907 por R. Voightländer en Leipzig.

581 Sobre este punto, cfr. el apartado *b* del apéndice I.

582 En el excelente prólogo al *Pequeño manual de inestética* de Alain Badiou, Fabián Ludueña Romandini explica la proximidad entre la teoría de los Objetos de Meinong y la "ciencia sin nombre" de Aby Warburg (cfr. Ludueña Romandini 2009: 22-39). Ambas disciplinas, y por eso nos resultan fundamentales, conciernen de manera específica a las imágenes. Como los objetos estéticos en general, las imágenes poseen una "naturaleza fantasmal [*shattenhafte Natur*]" (2009: 36) que las vuelve irreductibles a las regiones de la metafísica dogmática. "Son existencias —explica Ludueña— que Meinong ha calificado de fantasmales

encontraba más bien *fuera* del Ser [*Außerseiend*]. Para distinguirlos de los Objetos tradicionales, Meinong los llamó Objetos puros. Un Objeto puro [*reiner Gegenstand*] designaba cualquier objeto intencional considerado fuera del ser, independientemente de su estatuto óntico. Meinong los describió como *heimatlose*, sin patria o sin hogar, puesto que no encontraban lugar en ninguna categoría aceptada por la metafísica.[583] Quisiéramos detenernos un momento en estos conceptos de Meinong –implícitos hasta aquí en algunas partes de esta investigación– puesto que se revelan fundamentales para comprender las consecuencias últimas, sobre todo antropológicas, de nuestra propuesta.

Los Objetos puros son los objetos tomados en cuanto tales, en su ser-así, más allá de su condición espaciotemporal, abstracta o conceptual. El término *Sosein*, ser-así, se refiere al conjunto de propiedades que se pueden adjudicar a un objeto o, en el límite –y esta última sugerencia corre ya por nuestra cuenta–, a la mera posibilidad de recibir propiedades.[584] Meinong sostiene que el *Sosein* designa la naturaleza propia de un Objeto, independientemente de su ser o no-ser: "aquello que de ninguna manera es externo al Objeto, sino que constituye su esencia propia, subsiste en su *Sosein* –en tanto el *Sosein* se relaciona con el Objeto más allá de que tenga ser o no" (1904: 13). El *Sosein*, entonces, es el ser-así del Objeto o, más bien, su condición de *así*, su estado de *así*, más allá del ser o del no-ser: "el *Sosein* de un Objeto no se ve afectado por su no-ser [*Nichtsein*]" (1904: 8). Meinong denomina a esto "el principio de la independencia del *Sosein* respecto del *Sein*" (*ibid.*). En tanto independiente del ser y del no-ser, no puede decirse que el *Sosein* existe. Las diversas propiedades (incluso contradictorias o imposibles, por ejemplo ser cuadrado y redondo al mismo tiempo) de un Objeto puro, dice Meinong, "subsisten en su *Sosein*". El *Sosein*, entonces, es la esencia, el con-

---

[*schattenhaft*]" (cfr. 2009: 36) cuyo estatuto, por eso mismo, concierne más a la subsistencia que a la existencia. Ludueña propone el término "trans-objetualidad", en el cual creemos percibir ciertas resonancias de la "trans-objetividad" de Héctor A. Murena (cfr. Murena 1954: 201-203), para designar "la concepción según la cual todo objeto estético está inmanente e indistinguiblemente conformado por una multiplicidad sensible y una multiplicidad espectral que se desarrollan, conjuntamente, a lo largo de una estela temporal indefinida" (2009: 37). Esta multiplicidad espectral se acerca, por cierto, al sentido que le damos aquí al término fantasma.

583 Explica Velarde Mayol del objeto puro: "Este objeto tiene la propiedad de estar más allá del ser y del no-ser, ya que no es ninguno de los tipos de seres conocidos –el existir y el ser ideal, o como prefiere Meinong, el ser consistente–, sino precisamente una indiferencia a su determinación de ser o no-ser, sin que esto implique que ese objeto pueda darse alguna vez sin el ser y sin el no-ser. El objeto puro es aquel estado del objeto, indiferente a tener o no tener ser, que tiene antes de entrar a formar parte de un juicio de ser" (1987-88: 178).

584 "El objeto puro es esencialmente ser-así, pura índole indiferente al ser y al no-ser, es el puro estado lógico de un objeto, sin considerar su ser mental o extramental, si bien uno de los dos estados ha de darse" (Velarde Mayol 1987-88: 178).

junto de propiedades, que definen a un Objeto. Por ejemplo, el objeto "cuadrado redondo" posee las propiedades de ser cuadrado y a la vez redondo. Poco importa que tal objeto no pueda existir en la realidad, que no pueda ser real o actual; lo que importa es que, más allá de si es real o irreal, posee esas propiedades, y las posee de manera esencial. Esas dos propiedades constituyen su ser-así, su *Sosein*. Sin embargo, en el pasaje citado con anterioridad, Meinong sostiene que las propiedades "subsisten" en el *Sosein* del objeto; como si existiese una ligera distinción entre el *Sosein* y las propiedades que subsisten en él. Dale Jacquette, sin embargo, considera que el *Sosein* de un Objeto puro se identifica con el conjunto de propiedades que lo definen en cuanto tal:

> El *Sosein* de un objeto es el conjunto de propiedades que lo constituyen intencionalmente como el objeto particular que es, bajo las propiedades intencionales basadas en el principio leibniziano de identidad, y en virtud del cual, más allá de su ausencia de ser, puede ser pensado y referido con el lenguaje. Estas son las propiedades que determinan e individúan a los objetos intencionales. (2015: 15)

Por nuestra parte, quisiéramos interpretar al *Sosein*, no ya como las propiedades de un objeto intencional[585] sino como la mera posibilidad o potencia de recibir propiedades, no ya entonces como la *esencia* de un objeto puro –según la propuesta de Meinong, al menos en la lectura de Dale Jacquette y de otros comentadores–, sino como una suerte de capacidad receptiva, como un receptor.[586] De tal manera que, según nuestra interpretación, en cierto sentido excéntrica respecto a las lecturas convencionales de Meinong, la subsistencia se aplica a las

---

585 Téngase presente que el objeto puro, en su *Sosein*, no depende para nosotros de la intencionalidad de una conciencia. Como bien indica Velarde Mayol. "El estado de allende al ser (*Aussersein*), que pertenece al objeto puro, es indiferente tanto al ser extramental, como al ser mental o ser intencional" (1987-88: 180). Sólo admitiríamos que el objeto puro de Meinong es un objeto intencional en tanto y en cuanto se considere a lo intencional, en la línea de Emanuele Coccia, como "el estado de existencia de todas las formas cuando se mantienen más allá de los objetos y más acá de los sujetos, o viceversa" (2010: 53). Es claro que esta interpretación de la intencionalidad se aleja de las concepciones tradicionales de la fenomenología, al menos de aquéllas que la hacían depender necesariamente de la actividad de la conciencia.

586 Emanuele Coccia ha elevado la categoría de "receptor", íntimamente vinculada a la de "medio", a un nivel filosófico. El medio es un receptor. El espejo, por ejemplo, es un medio receptivo de imágenes, las cuales subsisten, dice Coccia, aunque ningún sujeto las contemple. Ahora bien, ¿qué es un receptor? Es una pura potencia de recibir formas, ya sean inteligibles o sensibles, conceptos o imágenes. Se trata de un espacio suplementario, "un suplemento de ser" (Coccia 2010: 30). En este sentido, un receptor se define como un vacío ontológico: "el receptor debe encontrarse en el estado de privación de la naturaleza de la forma que recibe. Todo medio, todo receptor, lo es solamente gracias al propio *vacío ontológico*, gracias a la capacidad de *no ser* aquello que es capaz de recibir" (Coccia 2010: 31; el subrayado es nuestro). El *Sosein*, tal como nosotros lo entendemos, coincide con la noción de receptor, tal como Coccia lo entiende.

propiedades o los predicados ideales, mientras que la indiferencia y el extra-ser al *Sosein* en cuanto tal. Si esto es así, el *Sosein* de un objeto sería la potencia receptiva, indiferente en cuanto tal, es decir neutra, capaz de recibir propiedades. Estas propiedades, a su vez, podrían ser o bien existentes, en la medida en que pertenezcan a un objeto actual o real, o bien subsistentes, en la medida en que pertenezcan a un objeto virtual o ideal. Lo cual implica que modifiquemos el estatuto ontológico de las imágenes que veníamos sosteniendo hasta aquí. Por dicha razón, hemos optado por incluir esta alternativa como anexo. Aceptar las premisas del Extra-Ser (*Außersein*) significa pensar de un modo diverso el estatuto de las imágenes. En efecto, las imágenes, a la vez existentes (por pertenecer a lo corpóreo) y subsistentes (por pertenecer a lo incorpóreo) serían como ventanas que comunican con el Extra-Ser, con el *Sosein*, ni corpóreo ni incorpóreo o, más bien, indiferente a ambos dominios. Lo cual supondría complejizar también la noción de imagen: por un lado, la imagen pertenecería al ser, tanto al dominio de lo corpóreo (según su existencia actual) cuanto al dominio de lo incorpóreo (según su subsistencia ideal);[587] pero por otro lado, la imagen poseería además un *Sosein*, un ser-así que ya no dependería de lo corpóreo y de lo incorpóreo, sino que sería indiferente a ambos. En este punto, el estatuto ontológico de la imagen ya no se definiría sólo a partir de la subsistencia –según hemos afirmado a lo largo de esta investigación–, puesto que la subsistencia designaría meramente su costado ideal, perteneciente aún al ser, sino más bien en relación al extra-Ser. La imagen, en este sentido, sería el objeto puro por antonomasia, el paradigma de los objetos puros. Como ningún otro objeto, la imagen nos abismaría fuera del ser, en la más completa indiferencia, en la pura neutralidad. Las imágenes, por eso mismo, serían como ventanas hacia el afuera del ser. Este punto es decisivo y posee profundas consecuencias antropológicas.

El hombre en tanto fantasma, en tanto imagen generada por la máquina óptica después de la muerte de Dios, no se define sólo por su *Sein* sino también y sobre todo por su *Sosein*. La antropología que quisiéramos proponer aquí –siempre y cuando admitamos los presupuestos del extra-ser– requiere reemplazar el *Da-sein* de Heidegger por el *So-sein* de Meinong.[588] Lo distintivo del hombre no es su *Da*, su ahí, el claro que le permite abrirse al Ser, al lenguaje (el claro que *es* el lenguaje); lo distintivo es su *So*, su así, su ser-así, su ser la mera posibilidad de

---

587   Por eso hacia el final de la introducción general, antes de la nota aclaratoria, hemos afirmado que lo humano pertenece y no pertenece a ambos dominios y que, por esa razón, puede decirse que es una imagen.

588   Se recordarán las palabras de Jacques Derrida en *Spectres de Marx*: "No hay *Dasein* del espectro, pero tampoco hay *Dasein* sin la inquietante extrañeza, sin la extraña familiaridad (*Unheimlichkeit*) de algún espectro" (1993: 165).

recibir propiedades. Este "así" designa un lugar extra-ontológico, un reino allende al ser. Como tal, no se confunde con ninguna propiedad en particular, pues cualquier propiedad pertenece al registro de lo óntico/ontológico; el "así" es el medio receptivo capaz de asumir las más variadas propiedades.[589] Esto, y no otra cosa, significa que el hombre es una imagen, un fantasma. De donde resulta que la máquina óptica es el dispositivo encargado de adjudicarle propiedades al *Sosein*, al ser-imagen (el *Bildsein*, si podría decirse) de lo humano. El hombre es sólo un "así", una imagen, y por ende todo lo contrario de una esencia predeterminada. La máquina óptica funciona, entonces, adjudicándole propiedades, ocultando su estatuto extra-ontológico con atributos existentes. En este sentido, su funcionamiento consiste en arrastrar al hombre al Ser –o al ente, por lo menos–, es decir en remitirlo de nuevo a su lugar supuestamente esencial, a su *Da*, que coincide con la existencia (en tanto cuerpo) y con la subsistencia (en tanto alma). Esta imposibilidad de aprehender lo humano más allá del ser es propia de la historia de la metafísica. Meinong lo denomina "prejuicio en favor de la existencia" (cfr. 1904: 11) o "prejuicio en favor de lo actual/real [*wirklich*]" (1904: 24): "Según el prejuicio en favor de la existencia antes mencionado se acordará que sólo se puede hablar de un *Sosein* en el caso de que un *Sein* resulte presupuesto" (1904: 8). Esto explica a la perfección el funcionamiento metafísico de la máquina óptica. En vez de dejar aparecer la imagen en cuanto tal, el *Sein y a la vez* el *Sosein* de lo humano, su ser-así, lo hace aparecer en tanto esencia, es decir, presupone, como por detrás del *Sosein*, el *Sein*; detrás de la mera apariencia, entonces, del fantasma, presupone la esencia, el rostro último que debería soportar las diversas máscaras, es decir las diversas propiedades y predicados. Sin embargo, el *Sosein*, tal como nosotros lo entendemos, no designa un lugar más originario respecto a las propiedades que se predican de él; por el contrario, el *Sosein* se define por la *posibilidad inmanente* de asumir propiedades y por nada más. En este sentido, el *Sosein* es aplicable a cualquier Objeto, independientemente de si existe o no. Es como si toda entidad tuviese un doble extra-ontológico, una condición pura indiferente al ser y al no-ser. Cuando se deja de considerar el *Sein* de un objeto y se comienza a considerar su *Sosein*, se pasa del objeto al Objeto puro. No necesariamente se trata de *otro* objeto, sino del *mismo* objeto pero

---

589 Nótese, sin embargo, que el *Sosein* de Meinong, en la medida en que designa en nuestra perspectiva, una mera *potencialidad* de recibir propiedades, no se distancia demasiado del *Dasein* heideggeriano. Pero si bien para Heidegger el *Dasein* no se define por ninguna esencia, sí se define, y precisamente en función de su inesencialidad radical, por la facticidad de su existencia. En la antropología que proponemos aquí, en cambio, el hombre en tanto fantasma no se define por la existencia sino por la no-existencia (es decir, por la posibilidad de acceso al extra-Ser). Para una distinción entre el *Dasein* de Heidegger y el "fantasma", cfr. los apartados *b* y *c* del apéndice I.

considerado más allá del ser y del no-ser, en su naturaleza tal cual es, en su ser-así como es. Esta naturaleza propia al objeto, sin embargo, no se identifica con lo que la tradición metafísica ha entendido por esencia. Como hemos señalado, nosotros entendemos por *Sosein* una pura potencia receptiva, una receptividad originaria que no se confunde con ninguna propiedad en particular, ni del lado de la existencia corpórea ni del lado de la subsistencia incorpórea. Por supuesto que hay Objetos que sólo poseen *Sosein* y que, ya sean existentes o inexistentes, subsistentes o insubsistentes, pertenecen al *Außersein*. A diferencia de la esencia real o existente de un objeto, definida por una serie de atributos y propiedades también reales y existentes, y de la esencia ideal o subsistente, definida por una serie de atributos ideales y subsistentes, el *Sosein* es la vida del objeto en cuanto posibilidad de recibir propiedades, en tanto pura cognoscibilidad. Y es precisamente esta condición fluctuante o flotante lo que permite que la máquina óptica pueda funcionar. Este funcionamiento consiste en ontologizar el *Sosein*, presuponerle un *Sein*, devolverlo al dominio bipolar del que se ha exiliado o, mejor aún, al que nunca ha pertenecido. Esta maniobra de la máquina, inversa a la de Meinong, supone una existencialización de la imagen, es decir un hacer aparecer un objeto *real*, determinado en su ser, allí donde se trata de un Objeto puro. No es casual que Jean-François Courtine, en el estudio preliminar a la edición francesa de la *Gegenstandstheorie* y la *Selbstdarstellung*, sostenga que la teoría de Meinong supone "una completa desontologización [*complète désontologisation*] del objeto como tal" (Courtine 1999: 37).[590] Esta desontologización es el exacto contrario del proceso de predicación o atribución de propiedades implementado por la máquina óptica. La máquina se apodera del lado ontológico de la imagen, y mantiene oculto su lado extraontológico. Hace jugar, a diferencia de Meinong, el *Sein* contra el *Sosein*; viste la condición inexistente o, más bien, indiferente de lo humano con los atuendos de la existencia y de lo real. En este sentido, el funcionamiento de la máquina óptica se explica como un "prejuicio en favor de

---

590   Alain de Libera, en un interesante artículo con el cual, sin embargo, no estamos completamente de acuerdo, habla de una "desexitencialización de la *ousia* [*désexistentialisation de l'ousia*]" o de una "esencia desexistencializada [*essence désexistentialisée*]" (1997: 188). Esta "desexistencialización de la esencia" que menciona De Libera, por otro lado, no deja de contraponerse a las nociones de "desneutralización" o de "domesticación de lo neutro" que representan, para Maurice Blanchot, el rasgo característico de la historia de la metafísica: "se podría reconocer, en toda la historia de la filosofía, un esfuerzo ya sea para aclimatar y domesticar lo 'neutro' substituyéndole la ley de lo impersonal y el reino de lo universal, ya sea para rechazar lo neutro afirmando la primacía ética del Yo-Sujeto, la aspiración mística a lo Único singular. Lo neutro es así constantemente eliminado de nuestros lenguajes y de nuestras verdades" (1969: 441). En este sentido, Marlène Zarader ha podido decir que Blanchot es el filósofo que más se ha atrevido a sondear el abismo de lo neutro, a pensar –consciente no obstante de la cuasi-imposibilidad de tal pensamiento– "una nada fuera del ser, un neutro más allá del ser" (Zarader 2001: 258).

la existencia" o un "prejuicio en favor de lo actual/real [*wirklich*]". Hemos visto un ejemplo de esto cuando abordamos el problema de la *imago Dei*. La máquina óptica bíblica presentaba al hombre como *imago*, como imagen, y en este sentido parecía atravesar, muy a su pesar, el límite de la ontología. Sin embargo, rápidamente la imagen era reconducida a su lugar ontológico, a su condición de realidad, tanto en su vertiente existente cuanto subsistente. La *imago*, en cuyo centro paradójico (entre los vivos y los muertos, entre lo corpóreo y lo incorpóreo, entre la materia y el espíritu, etc.) se escondía un peligro fundamental, sólo podía ser pensada como *imago Dei*. Esta adherencia de la *imago* a su polo trascendente, de la creatura al Padre, este movimiento de reconducción de la imagen a la entidad que, por encima de todas, existe, designa el gesto fundamental del dispositivo metafísico.

> Sin duda, la metafísica tiene que ver con todo lo que existe. No obstante, la totalidad de lo que existe, incluyendo lo que ha existido y lo que existirá, es infinitamente pequeña en comparación con la totalidad de los Objetos de conocimiento. Este hecho en general pasa desapercibido, probablemente porque el interés vital en la realidad que forma parte de nuestra naturaleza tiende a favorecer aquella exageración que encuentra en lo no-real una mera nada –o, más precisamente, que encuentra en lo no-real algo sin aplicación para la ciencia e incluso sin aplicación en general. (Meinong 1904: 5)

La historia de la metafísica, para Meinong, se ha caracterizado por pensar lo existente. Esto se ha debido a que una propensión de nuestra naturaleza nos demora, por necesidades vitales, en el registro de lo actual presente. Como ya había observado Bergson en *Matière et mémoire*, el presente viviente, a diferencia del pasado virtual, posee una función pragmática y utilitaria. También Heidegger enfatizará la preeminencia que ha tenido el presente, la presencia, a lo largo de la historia de la metafísica. Por eso la historia de Occidente no es sino el desarrollo de una metafísica de la presencia. Para Heidegger, este prejuicio en favor de lo presente significa un olvido del Ser. Creyendo pensar el Ser, la metafísica no ha pensado sino el ente. Para Meinong, en cambio, lo propio de la metafísica, y de su prejuicio en favor de lo actual, no ha sido el olvido del Ser, sino la imposibilidad de olvidarlo, o, para decirlo de otro modo, el olvido del extra-ser. Y justamente ha sido este olvido lo que ha imposibilitado pensar lo humano como imagen, es decir como "algo fuera de la realidad [*Außerwirliche*]" (1904: 14). Fuera de la realidad no significa meramente lo opuesto a lo real, lo ilusorio o inexistente, sino la indiferencia respecto a la realidad o irrealidad, a la existencia o inexistencia, al ser o al no-ser. "El Objeto es por naturaleza indiferente al ser [*Außerseiend*]" (1904: 13). Meinong llama a esto "el principio de la indiferencia del Objeto puro respecto al ser" (*ibid.*). Nótese que ser un Objeto puro, como hemos dicho, no significa poseer algún tipo especial de ser;[591] significa, más bien, no poseer nada de ser o, mejor aún, ser indiferente a poseerlo o no poseerlo. Por la misma razón, la extra-ontología no es una subespecie de la ontología. En tal sentido, poseer *Außersein* significa permanecer al margen, más allá del margen, de las categorías con las cuales la metafísica de Occidente ha pensado al ser.[592] No es casual que la *Gegenstandstheorie* de Meinong venga a clausurar toda una concepción milenaria que se remonta, como no podía ser de otra manera, a Platón (y a Aristóteles, por cierto). En efecto, en el *Sofista* Platón sostiene que la condición para que sea verdadero afirmar incluso que un objeto no existe es que posea algún tipo de ser. Con la noción de *Außersein*, en cambio, Meinong logra elaborar una teoría según la cual es posible que un objeto, ya sea existente o no-existente, funcione como puro objeto de referencia y de predicación de propiedades, más allá del ser y del no-ser. La imagen generada por la máquina óptica, como hemos visto, es, bajo uno de sus lados, respecto a su *Sosein*, un Objeto puro, es decir, una entidad fuera de la realidad. No se debe creer sin embargo que esta condición exterior a lo real no haya tenido consecuencias en el mundo supuestamente "real". Al contrario, lo humano ha dependido de este extra-ser o, mejor, del modo en que ha sido utilizado por la máquina óptica/antropológica. Se trata de un *Sosein* que induce efectos de realidad en el *Sein*, efectos de verdad en lo real.

La metafísica occidental, entonces, se ha limitado a pensar lo real, identificando realidad y ser. Ahora bien, ¿qué debemos entender por real? Según Meinong, debemos entender lo físico y lo psicológico, la existencia actual y la subsistencia ideal. Dentro de estos dos dominios, que circunscriben lo metafísicamente existente, se ubican tanto el monismo cuanto el dualismo.

---

591 El término "Quasisein" (Cuasi-ser), perteneciente a una fase de transición en el pensamiento de Meinong, tenía la pretensión de designar un estatuto intermedio entre el ser y el no-ser, un mínimo de ser. Nosotros lo hemos utilizado, a lo largo de esta investigación, para pensar el modo de ser de las imágenes. Ya en 1904, sin embargo, año en que se publica la *Gegenstandstheorie*, Meinong expresa su insatisfacción respecto a las categorías de "Quasisein" o "Pseudoexistenz" que había propuesto en textos anteriores. El "Quasi" o el "Pseudo", dice ahora Meinong, requieren ser reemplazados por el término, mucho menos ambiguo y problemático, "Außersein" (fuera del ser): "El término 'Cuasi-ser' me parecía en cierto momento una expresión completamente adecuada para esta extraña clase de ser. Esta designación, de todos modos, como otras aprobadas anteriormente (por ejemplo, '*Pseudoexistenz*' y '*Quasitranszendenz*') corren el riesgo de ser confusas" (1904: 11). En este anexo, por supuesto, nos centramos en la *Gegenstandstheorie* y no en los textos anteriores de Meinong. Lo cual nos obliga a repensar el ser específico de las imágenes y a abrirlo, si así podría decirse, al extra-Ser.

592 Dale Jacquette habla, en este sentido, de "una extraontología de puros objetos apátridas [*homeless*] más allá del ser y del no-ser, y de objetos intencionales sin ser [*beingless*] que no pueden ser clasificados en ninguno de los dominios lógicos, semánticos o metafísicos tradicionales" (2015: 45).

Si, como podríamos creer, todo lo que existe en el mundo es o bien psicológico o físico, entonces la metafísica, en tanto concierne a lo psicológico y a lo físico, es la ciencia de la realidad en general [*von der Gesamtheit des Wirklichen*]. En este sentido, para citar un ejemplo, tanto las tesis fundamentales del monismo, las cuales aseguran una identidad de lo físico y lo psicológico, cuanto las del dualismo, las cuales aseguran su necesaria diferencia, son metafísicas. Pero cualquiera que sepa que las cosas son idénticas o diferentes sabe algo sobre esas cosas; su conocimiento, sin embargo, concierne también a la identidad y/o diferencia, y la identidad en sí misma está tan lejos del ser como la diferencia. Tanto la identidad como la diferencia yacen fuera de la disyunción entre lo físico y lo psicológico, puesto que yacen más allá de lo real [*ausserhalb des Realen*]. Existe conocimiento también de lo que no es actual [*von Nichtwirklichem*]. No importan cuán generales puedan ser los problemas construidos por la metafísica, hay cuestiones incluso más generales; estas cuestiones, a diferencia de las que conciernen a la metafísica, no están exclusivamente orientadas hacia la realidad. Las cuestiones que conciernen a la teoría de los Objetos son de esta clase. (Meinong 1904: 37)

Como hemos visto con anterioridad, y más en particular en la cuarta sección, hay dos grandes maneras de abordar la imaginación desde una perspectiva ontológica: o bien a partir de un monismo, lo cual significa identificar la imaginación con el Ser *tout court*; o bien a partir de un dualismo, lo cual significa desplazarla hacia uno de los extremos: en general, hacia el polo corporal o material.[593] Existe, sin embargo, una tercera posibilidad. La imaginación no es ni todo el ser, ni uno de sus dos dominios, sino el pliegue o el quiasmo en el cual ambos dominios (lo físico y lo psicológico, o lo sensible y lo inteligible) entran en relación pero que, en cuanto tal, no pertenece a ninguno de ellos. Hemos dicho que, por tratarse de un límite paradójico, no puede ser abordado con las mismas categorías con las cuales se han pensado los términos que se articulan en ese límite. Para decirlo con Meinong, el quiasmo, la imaginación, yace más allá de lo real, más allá de lo físico y lo psicológico. Lo cual significa que lo que ha permanecido impensado a lo largo de la historia, en razón de su condición extra-ontológica, es precisamente la instancia de conexión y de desconexión, la síntesis disyuntiva, la membrana relacional: en suma, la imaginación, el mundo de las imágenes.

Los dos dominios metafísicos con los que trabaja esta lógica son lo físico y lo psicológico o, para emplear otra terminología de Meinong más cercana al

---

[593] Hemos abordado esta segunda perspectiva, característica de las posiciones dualistas, en la conclusión a la segunda sección. Los casos emblemáticos, por supuesto, son Platón y Descartes (cfr., en este sentido, el apartado *a* del capítulo VIII y la nota 173 en particular).

Romanticismo, la ciencia de la naturaleza y la ciencia del espíritu: "La organización de todo el conocimiento en ciencia de la naturaleza y ciencia del espíritu [*Natur- und Geisteswissenschaft*] [...] sólo toma en consideración la clase de conocimiento que tiene que ver con la realidad [*Wirklichkeit*]" (1904: 7). Tanto lo sensible como lo inteligible o, para decirlo con Schelling, lo real y lo ideal, pertenecen al dominio de lo existente que Meinong identifica con la ontología. Roderick Chisholm, uno de los autores que ha continuado desarrollando la teoría de los objetos de Meinong, sostiene que los Objetos puros, apátridas, no pertenecen ni al cielo ideal de Platón ni a la tierra actual del empirismo; no son, en este sentido, ni *abstracta* ni *concreta*:

> Podemos considerar las cosas físicas o las personas como *concreta*, y los atributos, las clases y los números como *abstracta*. Y podemos decir que un objeto apátrida [*homeless*] es un objeto ni *concretum* ni *abstractum*. Tal objeto sería apátrida, no sólo porque no entra en ninguna de las ramas usuales del conocimiento, sino porque no habría ningún lugar para él, ni en el cielo de Platón ni en la tierra. (1982: 37)

En esta perspectiva, la ontología tradicional incluiría tanto la *existencia*, propia de las cosas actuales (*concreta*), cuanto la *subsistencia*, propia de las cosas ideales (*abstracta*). El mismo Meinong, por otro lado, se había encargado de distinguir la existencia de las cosas empíricas de la subsistencia de los objetos ideales: "los Objetos ideales [...] de hecho subsisten [*bestehen*], pero de ninguna manera existen [*existieren*], y consecuentemente no pueden ser reales [*wirklich*] en ningún sentido" (1904: 5). El Objeto puro se define por una indiferencia tanto respecto a la existencia de lo real cuanto a la subsistencia de lo ideal. Aquí, con el Objeto puro, entramos en el reino del Extra-ser, el reino de los objetos en su receptividad neutra, el reino del *Sosein*. Esta ambigüedad, hemos visto, es propia de la imagen. A diferencia de las sensaciones, que pertenecen a la sensibilidad, y de los conceptos, que pertenecen al entendimiento, las imágenes *pertenecen y no pertenecen* a ambas facultades. Pertenecen porque tienen algo de corpóreo y de incorpóreo, y en este sentido poseen un cierto grado (aunque mínimo o en todo caso diverso al de las cosas) de ser; no pertenecen porque, siendo irreductibles a ambos registros, no se confunden con ninguno de ellos, y en este sentido exceden los límites de la ontología y se ubican en una zona neutra fuera del ser. Esta ambivalencia, además, es característica, y por las mismas razones, de la imaginación.[594] Al igual que Meinong, Stéphane Lupasco ha señalado el prejuicio en

---

594 Nadie ha expresado mejor esta ambigüedad esencial de las imágenes que Maurice Blanchot en *L'espace littéraire*: "[la imagen] corre el riesgo constantemente de reenviarnos, no ya a la cosa ausente, sino a la ausencia como presencia, al doble neutro del objeto en el cual la pertenencia al mundo se ha disipado: esta

favor de lo actual que ha caracterizado a la metafísica y a la vez el tercer término (la imaginación, en nuestra perspectiva) excluido de la lógica tradicional:

> Todo aquello que es y que no es a la vez, es decir, lo que no es ni actual ni virtual, no existe, no puede existir, porque en esta lógica usual se postula que la contradicción implica ipso facto la inexistencia, la supresión de sus propios términos; y todo lo que parece manifestarse como rigurosamente actual se postula como real, mientras que lo que posee los caracteres de la virtualidad pura es considerado como irreal, en virtud del principio de no-contradicción, no-contradicción de la afirmación, en el primer caso; no-contradicción de la negación, en el segundo, no-contradicción que opera esta disociación absoluta del principio del tercero excluido. (Lupasco 1960: 88)

De todas formas, más que enfatizar la pertenencia a la ontología, ya sea monista o dualista, nos interesa aquí pensar la imaginación y la imagen como entidades extra-ontológicas, es decir como entidades que no se definen por ninguna de las dos regiones de la metafísica tradicional: lo sensible y lo inteligible. Sucede lo mismo que respecto al *Sein* y al *Sosein* de un Objeto. Si se aborda una imagen respecto a su *Sein*, diremos que existe y subsiste; si se la aborda respecto a su *Sosein*, diremos que es indiferente a la existencia o la no-existencia, así como a la subsistencia o la no-subsistencia. En este sentido, las imágenes no sólo poseen un extra-ser, sino que, siendo en cierta medida existentes (en relación a los cuerpos) y subsistentes (en relación a las almas), constituyen el umbral que conecta el ser con el ser-así, el *Sein* con el *Sosein*. Las imágenes son como ventanas, que la metafísica se ha encargado de mantener convenientemente cerradas, que conectan el ser con el extra-ser, el *Sein* con el *Außersein*. Contemplando el ser de las imágenes nos vemos transportados, casi sin saberlo, al extra-ser, a su ser simplemente así, a su ser el así, a su ser la mera posibilidad de recibir propiedades que, en cuanto posibilidad, no existe (de manera actual) ni subsiste (de manera ideal). Y este ha sido el peligro que la máquina óptica ha intentado conjurar. La imagen antropológica producida por la máquina, considerada en su *Sosein*, en la medida en que no pertenece ni al plano físico ni al plano psicológico, ni a lo real ni a lo ideal, posee el estatuto de un Objeto puro. Lo cual significa, como dijimos, que no se define ni por la existencia de los objetos reales o actuales ni por la subsistencia de los objetos ideales, sino por su ser tal cual es, su ser-así, independientemente del ser y del no-ser. La misma ambigüedad respecto al *Sein* y al

---

duplicidad no puede ser pacificada por un o bien o bien, capaz de autorizar una elección y de sustraer de la elección la ambigüedad que la vuelve posible. Esta duplicidad reenvía a un doble sentido siempre más inicial" (1955: 353). Es inherente a las imágenes abismarnos en lo neutro, en la indiferencia del *Außersein*.

Sosein concierne a la imaginación. Meinong distingue entre "una función tética y una sintética del pensamiento" (cfr. 1904: 7). La primera función es propia de la conciencia constituyente en el sentido husserliano; la segunda función, si bien no lo dice, es propia de la imaginación.[595] "En el primer caso, el acto de pensamiento aprehende un *Sein*, en el segundo un *Sosein*" (1904: 7-8). Es como si a diferencia de la sensibilidad y del entendimiento, o del cuerpo y del alma o de lo físico y lo psicológico, cuya función consistiría en pensar el *Sein*, la imaginación, en la medida en que trabaja con imágenes, fuese la única potencia capaz de pensar el *Sosein* y de ubicarse, por eso mismo, fuera del ser. La imaginación es la única potencia que puede atravesar el umbral que le proponen las imágenes. Sólo ella ha sido capaz, a duras penas, a lo lo largo de las duras penas de la historia metafísica, de abrir las ventanas imaginales y arriesgarse a traspasarlas. Por eso la máquina óptica, en relación a la imagen de lo humano, ha intentado conjurar por todos los medios que la ventana se abriera y que se viera finalmente que el hombre no existía, que incluso, *in extremis*, ni siquiera subsistía; que era un espacio receptivo indiferente al ser y al no-ser, un cero de ser que no es una nada.[596]

c) **La isla irreal de lo humano**

Un pequeño cuadro de Darío de Regoyos le sirve a Ortega y Gasset como excusa para meditar acerca del arte en general y del límite que separa lo actual de lo virtual. El filósofo español, por eso mismo, no se interesa tanto en el contenido del cuadro, un rincón del río Bidasoa, cuanto en algo mucho más modesto: el marco. Existe, dice Ortega, una suerte de frontera entre la pared, real y cotidiana, y la obra de Regoyos, ese paisaje que –como el hombre, diríamos nosotros– "está sin estar" (cfr. 1963: 310); existe entonces un límite o hiato entre dos regiones ontológicas diversas: una actual, real, donde un puente es

---

595 Meinong, en efecto, no menciona el término "imaginación". Sin embargo, dado el tono kantiano de esa parte del texto, sobre todo en relación a la conciencia husserliana, es claro que está pensando, al hablar de una función sintética del pensamiento, en la imaginación [*Einbildungskraft*], tal como Kant la entiende. Recuérdese el famoso pasaje del §10 de la *Kritik der reinen Vernunft*: "La síntesis en general es, como veremos más adelante, el mero efecto de la imaginación, función ciega aunque indispensable del alma, sin la cual no tendríamos conocimiento alguno, mas de la cual rara vez llegamos a ser conscientes" (1956: 116). No es casual, además, que Sartre sostenga, en *L'imaginaire. Psychologie phénoménologique de l'imagination*, que la conciencia imaginante, a diferencia de la conciencia perceptiva, es "una conciencia inmanente y no-tética" (1964: 23).

596 No es casual que Emanuele Coccia, en un ensayo dedicado a la teoría de los Objetos de Meinong, considere que el cero es un caso ejemplar de un Objeto que no posee existencia real: "el cero no es sino el paradigma de los objetos imposibles: no es sino aquello 'cuyo ser es semejante a su no-ser'" (2008: 13).

un puente, el humo es humo y el campo, campo; otra virtual, irreal, donde un puente no es un puente, el humo no es humo ni el campo, campo.

La pared donde cuelga la obra de Regoyos no tiene más de seis metros. El cuadro desplaza una mínima parte de ella, y, sin embargo, me presenta un amplio trozo de la región bidasotarra: un río y un puente, un ferrocarril, un pueblo y el curvo lomo de una larga montaña. ¿Cómo puede estar todo esto en tan exiguo espacio? Evidentemente, está sin estar. El paisaje pintado no me permite comportarme ante él como ante una realidad; el puente no es, en verdad, un puente, ni humo el humo, ni campo la campiña. Todo en él es pura metáfora, todo en él goza de una existencia meramente virtual. El cuadro, como la poesía o como la música, como toda obra de arte, es una abertura de irrealidad que se abre mágicamente en nuestro contorno real. (1963: 310-311)

Ortega describe a la perfección, en este pasaje, el espacio específico de la imaginación.[597] Se trata de una existencia meramente virtual, dice el filósofo español, es decir, de una imagen que, en cuanto tal, no existe. La expresión "abertura de irrealidad", además, se ajusta cómodamente a la definición de imagen.[598] En efecto, las imágenes son como ventanas que comunican el ser con el extra-ser, el *Sein*, es decir la pared sobre la que está colgado el cuadro, con el *Außersein*, es decir el cuadro mismo, el interior del marco. Ortega es plenamente consciente que se trata de dos mundos —antagónicos incluso— y que uno de ellos concierne, además, a la imaginación:

Cuando miro esta gris pared doméstica mi actitud es forzosamente de un utilitarismo vital. Cuando miro al cuadro ingreso en un recinto imaginario y adopto una actitud de pura contemplación. Son, pues, pared y cuadro dos

---

[597] Sin embargo, como mostraremos en breve, la imaginación no coincide para nosotros con el interior del cuadro sino más bien con el marco, es decir con el límite o el pliegue en el que se articulan —y a la vez diferencian— la pared y la obra estética, lo real y lo virtual, lo literal y lo metafórico.

[598] No es para nada casual que Maurice Blanchot emplee la misma expresión, "abertura de irrealidad", para referirse a la imagen, lo imaginario y la imaginación tal como los entiende Gaston Bachelard: "Ahora, nosotros sentimos que imagen, imaginario, imaginación no designan sólo la aptitud para los fantasmas interiores, sino el acceso a la realidad propia de lo irreal (a lo que hay en él de no-afirmación ilimitada, de infinita posición en su exigencia negativa) y al mismo tiempo la medida recreadora y renovadora de lo real que es la abertura de irrealidad [*l'ouverture de l'irréalité*]" (1969: 477). Ya en la época de *L'espace littéraire*, a decir verdad, Blanchot indicaba el estatuto equívoco e irreductible a lo real que caracterizaba a la imagen: "A partir del momento en el que estamos fuera de nosotros —en este éxtasis que es la imagen—, lo real entra en un reino equívoco donde no hay más límite, ni intervalo, ni momentos, y donde cada cosa, absorbida en el vacío de su reflejo, se aproxima a la conciencia que se ha dejado colmar por una plenitud anónima" (1955: 352).

mundos antagónicos y sin comunicación. De lo real a lo irreal, el espíritu da un brinco como de la vigilia al sueño. (1963: 311)

La mirada de Ortega se desliza de la pared al cuadro, de lo real a lo irreal, pero el desliz no se produce gradualmente. En cierto momento hay un salto, una caída abrupta en la irrealidad. El marco es el garante de la distinción. Pero su función es no obstante ambigua: distingue y articula: genera una brecha entre el adentro y el afuera, pero a la vez hace posible que el cuadro coexista con la pared. Acoge la obra y expulsa, en un mismo movimiento, la pared; al expulsarla, sin embargo, la atrae, la condensa alrededor del espacio circunscripto del fenómeno estético. Hemos visto que esta función limítrofe o quiasmática le concierne a la imaginación y, en consecuencia, a las imágenes que se propagan sobre su superficie liminal. No sólo articula y distingue, articula en la medida en que distingue, lo corpóreo y lo incorpóreo, lo existente y lo subsistente, sino que funciona también como nexo o pliegue del ser y el extra-ser, del *Sein* y el *Außersein*. ¿Qué es la imagen? Es una ventana que conecta el ser con el extra-ser, las propiedades efectivas de un objeto con la mera potencia de recibir propiedades, el *Da*, el ahí efectivo de un objeto, con el *So*, el así de su extra-realidad. "Tiene, pues, el marco algo de ventana, como la ventana mucho de marco. Los lienzos pintados son agujeros de idealidad perforados en la muda realidad de las paredes, boquetes de inverosimilitud a que nos asomamos por la ventana benéfica del marco" (1963: 311). Que no se crea que esta idealidad remite a las ideas platónicas o a los objetos matemáticos; que no se crea tampoco que la inverosimilitud alude a un mero capricho de la fantasía. Los agujeros de idealidad son agujeros en el ser; los boquetes de inverosimilitud son boquetes ontológicos. La ventana del marco nos abisma en ese agujero en el que el ser ya no es o, acaso mejor, en el que ya no resulta relevante si es o no es. Por eso la imagen es fundamental: según uno de sus lados, comunica con la pared; según su otro lado, con el interior del cuadro. Dicho de otro modo: la imagen, en tanto ventana o marco, es un aislante.

Para aislar una cosa de otra se necesita una tercera que no sea ni como la una ni como la otra: un objeto neutro. El marco no es ya la pared, trozo meramente útil de mi contorno; pero aún no es la superficie encantada del cuadro. Frontera de ambas regiones, sirve para neutralizar una breve faja de muro y actúa de trampolín que lanza nuestra atención a la dimensión legendaria de la isla estética. (Ortega y Gasset 1963: 311)

La imaginación, para nosotros y no para Ortega que la identifica con el interior del cuadro, es precisamente esta tercera cosa que no es ni como la pared ni como el cuadro. La imaginación es justamente el quiasmo o el límite: el marco. Como hemos visto, no se confunde ni con lo corpóreo ni con lo incorpóreo, ni con la materia ni con el espíritu, y en este sentido es, como el marco, no ya pared pero no aún cuadro, neutra. Este espacio liminal es donde se producen las imágenes. De ahí su carácter paradójico: no ya cuerpos materiales pero no aún almas inmateriales, las imágenes son neutras o indiferentes, pero justamente por eso mismo poseen la capacidad de comunicar el ser con el extra-ser, el *Sein* con el *Außersein* –el mar de la realidad con las islas irreales, según la metáfora de Ortega–.

> Es la obra de arte una isla imaginaria que flota rodeada de realidad por todas partes. Para que se produzca, es, pues, necesario que el cuerpo estético quede aislado del contorno vital. [...] De aquí que el cuadro sin marco, al confundir sus límites con los objetos útiles, extraartísticos que le rodean, pierda garbo y sugestión. Hace falta que la pared real concluya de pronto, radicalmente, y que súbitamente, sin titubeo, nos encontremos en el territorio irreal del cuadro. Hace falta un aislador. Esto es el marco. (1963: 311)

Este pasaje de Ortega, por curioso que parezca, nos permite comprender el funcionamiento de la máquina óptica/antropológica. A lo largo de la historia de la metafísica la máquina ha producido lo humano como imagen, es decir como una entidad que, según uno de sus lados, no forma parte de lo real, del ser (*Sein*) –al menos tal como ha sido pensado por la metafísica–, sino de lo irreal, del extra-ser (*Außersein*). Pero al mismo tiempo que ha generado al hombre como imagen, es decir como agujero de irrealidad o isla imaginaria, en el mismo momento en que lo ha aislado de la existencia actual, ha borrado el marco, es decir ha permitido, en un intento por conjurar el extra-ser de la imagen, que la pared de la realidad absorba la especificidad no existente del cuadro humano [599] Si el marco, la

---

[599] En efecto, Jean-Paul Sartre había contrapuesto el mundo real, el ser-en-el-mundo, al mundo irreal, el "ser-en-el-mundo-irreal" (cfr. 1964: 221-228). No obstante, en el caso de Sartre, la posibilidad que tiene la conciencia de irrealizar el mundo se asienta irremediablemente en su existencia mundana originaria. Dicho de otro modo: la conciencia puede irrealizarse y anonadar el mundo porque existe originariamente en un mundo; lo real es condición de posibilidad de lo irreal: "Así, aunque por la producción de irreal pueda parecer la conciencia momentáneamente liberada de su 'ser-en-el-mundo', es este 'ser-en-el-mundo', por el contrario, la condición necesaria de la imaginación" (1964: 238). Sobre Sartre y lo imaginario, cfr. Cabestan 1999. Gaston Bachelard, desde una perspectiva acaso opuesta a la sartreana, llega a sugerir que lo real, la función de lo real no es sino una inhibición o una detención del devenir irreal del mundo: "*la función de irreal* es la función que dinamiza verdaderamente el psiquismo, mientras que *la función de lo real* es una función de detención, una función de inhibición, una función que *reduce* las imágenes de tal manera que sólo les confiere un simple valor de signo" (1948: 82; el subrayado es de Bachelard). La condición de posibilidad de lo real, para Bachelard, es lo irreal; de la misma manera y por lo mismo, la vigilia es un efecto del sueño (cfr. la nota 570). Habría que agregar también, por supuesto, el siguiente pasaje de Castoriadis,

imaginación, hubiese sido afirmado por la máquina, debería haberse afirmado, consecuentemente, la no existencia del hombre. En efecto, si el marco hubiese podido funcionar, debería haberse admitido que lo humano, en tanto imagen diferente a la pared, no existía. Todo el funcionamiento de la máquina, en este sentido, se explica como una conjuración de la no existencia de lo humano. Se trata de hacerlo existir a toda costa. ¿Cómo se logra la existencia de lo humano? Desplazando el cuadro, el agujero extra-ontológico, a la pared; haciendo que la pared (existente y subsistente) se coma el cuadro. Este mecanismo ha implicado que se piense al hombre como un compuesto de cuerpo y alma (Aristóteles, Tertuliano, Ireneo, Tomás, etc.) o, en el extremo, como alma (Platón, Agustín, Descartes, etc.). Lo importante no es tanto que lo humano se identifique con el compuesto de ambos elementos o con uno solo, sino que se identifique con algo efectivamente existente. Si se lo identifica con una imagen, en cambio, se debe admitir que, en cierto sentido y según uno de sus aspectos, no existe. Por eso el marco, la imaginación, ha sido desdibujado y cancelado. Por eso nunca ha sido capaz, para emplear la expresión de Ortega, de "interrumpir nuestra ocupación con lo real" (1963: 312). Entre todos los marcos, continúa Ortega, el marco dorado es el que mejor cumple su función de aislante. "Así, el marco dorado, con su erizamiento de fulgores agudos, inserta entre el cuadro y el contorno real una cinta de puro esplendor. Sus reflejos, obrando como menudas dagas irritadas, incesantemente cortan los hilos que, sin quererlo, tendemos entre el cuadro irreal y la realidad circundante" (*ibid.*). Se comprende que la máquina óptica no ha hecho más que tender innumerables hilos entre la imagen (irreal o no-existente) de lo humano y la realidad circundante. Poco importa, en este punto, si se entiende por realidad a los cuerpos (tesis materialista) o al espíritu (tesis idealista); lo que importa, como dijimos, es que se identifique al hombre con algún elemento que verdaderamente existe. El riesgo es que se piense al hombre como marco, como ventana al extra-ser, como pliegue o quiasmo que, en cuanto tal, ni es ni no es, ni es pared ni cuadro. Por eso el marco dorado, hacedor de reflejos, es el más efectivo para asegurar la distinción; por eso mismo, su "ser" específico es neutro y espectral. "El reflejo no es del que refleja ni del que se refleja, sino más bien algo entre las cosas, espectro sin materia" (Ortega y Gasset 1963: 312). No se diferen-

---

muy en la línea de Bachelard: "Cuando se afirma, en el caso de la institución, que lo imaginario no juega en ella un papel sino porque hay problemas 'reales' que los hombres no llegan a resolver, se olvida, pues, por un lado, que los hombres no llegan precisamente a resolver estos problemas reales, en la medida en que lo consiguen, sino *porque* son capaces de imaginario; y, por otra parte, que estos problemas reales no pueden ser problemas, no se constituyen como *aquellos* problemas que tal época o tal sociedad se da como tarea resolver, más que en función de un imaginario central de la época o de la sociedad consideradas" (2013: 215-216).

cia demasiado, en este punto, del telón teatral. Como el marco, el telón establece un límite entre la escena y la realidad, una cesura que, en sí misma, no es ni ficticia ni verídica. El telón, dice Ortega, es como un paréntesis entre dos mundos.

> La boca del telón es el marco de la escena. Dilata sus anchas fauces como un paréntesis dispuesto para contener otra cosa distinta de las que hay en la sala. Por eso, cuanto más nulo sea su ornamento, mejor. Con un enorme y absurdo ademán nos advierte que en el *hinterland* imaginario de la escena, abierto tras él, empieza el otro mundo, el irreal, la fantasmagoría. (1963: 312-313)

Es evidente que Ortega identifica a la imaginación con la zona de irrealidad propia del cuadro. En nuestro caso, sin embargo, la hemos pensado como el intersticio que separa lo real de lo irreal; no ya como cuadro, entonces, sino como marco. La estrategia propia de la máquina óptica ha consistido en invadir la zona extra-ontológica del cuadro con las categorías metafísicas de la pared. El gran peligro a conjurar, por supuesto, es que el hombre no exista. Por eso el fantasma no es una nada, sino un cero de ser que, como advierte Merleau-Ponty, no se confunde con el no-ser *tout court*. Y por eso también la nada, cómplice del ser, es indisociable de la existencia, según los diversos existencialismos. No admitamos que la boca del telón, dice Ortega, envíe hacia nosotros cuestiones vinculadas a la realidad o a la existencia; al contrario, "sólo nos parecerá aceptable si envía hacia nosotros bocanadas de ensueño, vahos de leyenda" (1963: 313). Cada imagen de lo humano generada por la máquina óptica es una bocanada de ensueño, un vaho de leyenda. La metafísica, dice Meinong, ha sido demasiado empírica para pensar el estatuto específico de este vaho y de este ensueño. Veamos por qué.

d) El olvido del olvido del ser

Una imagen, como hemos visto, posee dos caras: una orientada hacia el ser (*Sein*) y otra hacia el extra-ser (*Außersein*). Cada uno de estos aspectos, además, reenvían a una disciplina específica. El universo de los objetos considerados según su *Sein*, aclara Meinong, corresponde a la metafísica. Se trata de un conocimiento empírico y *a posteriori*. El universo de los objetos considerados según su *Sosein*, nunca pensado por la metafísica, corresponde a la Teoría de los Objetos. En este caso, se trata de un conocimiento *a priori*.

Lo que podemos conocer de un Objeto en virtud de su naturaleza, por ende *a priori*, pertenece a la teoría de Objetos. Esto implica, en primer lugar, el

Sosein de lo 'dado'. Pero también implica su ser [*Sein*] en tanto puede ser conocido a partir de su *Sosein*. Por otro lado, aquello que resulta determinado de los Objetos solo *a posteriori* pertenece a la metafísica. (1904: 40)

Resulta así completamente reformulada la jerarquía de las ciencias tradicionales. En lugar de criticar a la metafísica por ser demasiado especulativa y poco empírica, según la diatriba positivista, Meinong la critica, según adelantamos, por ser demasiado empírica y no haber podido aprehender el dominio de los Objetos puros. En este sentido, la *Heimatlosigkeit*, la "apatridad" o el desamparo de los Objetos puros es correlativa, como el nihilismo para Heidegger, a la historia de la metafísica.[600] La teoría trascendental de los Objetos es, en este sentido, una

---

[600] Podría objetarse que la noción de "Ser", tal como Meinong la entiende, coincide con la noción heideggeriana de "ente". De tal manera que la imposibilidad metafísica de pensar el extra-Ser sería equivalente al olvido del Ser heideggeriano. Si esto fuera así, lo que Meinong entiende por "Ser" sería equivalente a lo "óntico" en Heidegger, mientras que el "extra-Ser" correspondería al "Ser" heideggeriano. Sin embargo, no se trata de una mera diferencia terminológica. Hemos visto en repetidas oportunidades que no puede pensarse al fantasma como existente sino como subsistente y, en el extremo, como indiferente a la existencia o la no-existencia, es decir como *neutro*. En Heidegger, como bien ha mostrado Maurice Blanchot, la nada sigue remitiendo, en una complicidad problemática, al Ser. Blanchot ha intentado pensar, con la noción de "neutro", una nada que no pueda ser subsumida en la economía ontológica heideggeriana. En este sentido, nuestra noción de "fantasma" está más próxima a lo neutro blanchotiano que al *Dasein* heideggeriano. Sobre este problema, cfr. las notas 589 y 590. Por otro lado, a diferencia del planteo heideggeriano que aúna irremediablemente el ser y el mundo, y que en ese sentido aborda al *Dasein* como un ser-en-el-mundo y a la misma mundanidad como horizonte último de existencia del hombre, el extra-Ser de Meinong, al menos tal como nosotros lo interpretamos, precinde de toda referencia al mundo entendido como horizonte humano de significación. En efecto, el mundo es el último reducto de Dios, su hijo no reconocido, su tácito heredero. El horizonte religioso se ha convertido, a partir del siglo XIX y con mayor vehemencia en el XX, en un horizonte mundano. El ser-en-Dios del Medioevo es hoy, es decir en la cultura contemporánea, un ser-en-el-mundo. La trascendencia divina se ha replegado en una trascendencia mundana, en una conciencia que se trasciende hacia el mundo, último horizonte de contención de lo humano. Creemos que es preciso deshacerse incluso del mundo, de toda noción de horizonte. El mundo funciona, implícitamente, como la matriz que asegura la realidad ontológica de lo humano (y en ese sentido es cómplice de la máquina óptica y de su ocultamiento de la condición extra-ontológica, es decir fantasmática de lo humano); de ahí que las diversas filosofías del mundo (en especial, la fenomenología) surjan precisamente cuando el horizonte divino se ha desdibujado. La muerte de Dios es el nacimiento del mundo. Cuando ya no hay Dios, sólo resta el mundo. Desde esta perspectiva, la noción de *trans-objetividad* propuesta por Héctor Álvarez Murena en "El pecado original de América" es de la mayor importancia: "Y bien: para el americano [...] cobró el mundo una pesantez inusitadamente mayor como carga de conciencia, pero al mismo tiempo, en cuanto a la vida total, quedó más apartado, más degradado, más objetivado: *transobjetivado*. Con el término *transobjetivado* buscamos indicar que quedó *trascendido* como objeto, que se convirtió en un objeto que ya no está al *frente* de nuestra conciencia sino *atrás* de ésta; un objeto que en modo alguno ha desaparecido de nuestra conciencia, pero que ya no se yergue frente a ésta pleno del interés con que se alza para el occidental, sino que ha quedado atrás, como un objeto de segunda importancia, como un objeto respecto al cual nos hemos 'desengañado'" (Murena 1954: 202; el subrayado es de Murena). No vale la pena subrayar la cercanía que existe, por lo pronto para nosotros, entre la noción

fantasmología, una ciencia de los fantasmas, de los objetos –imágenes– apátridas. En efecto, el fantasma, como bien ha mostrado Derrida, se define por un lugar fuera de lugar, un exilio respecto de sí mismo: "Dentro de él fuera de él: éste es el lugar fuera de lugar de los fantasmas en todas partes donde fingen fijar domicilio" (1993: 122). En este sentido, Didi-Huberman ha podido referirse al fantasma con la expresión "*genius deloci*, o 'genio del no-lugar'" (2001: 126). Este lugar fuera de lugar, que tanto para Derrida cuanto para Didi-Huberman define el espacio de los fantasmas, es *Außersein*: una topología extra-ontológica.

Como hemos visto, Heidegger, el pastor del Ser, calificó al hombre contemporáneo, por haber olvidado la dimensión ontológica, de *heimatlos*. Meinong, el pastor del Extra-Ser,[601] utilizó el mismo epíteto, pero no para calificar las consecuencias de un olvido, sino las secuelas de un recuerdo. El problema de la metafísica no consistió en haber olvidado el Ser, sino en no haberlo olvidado lo

---

mureniana de *trans-objetividad* y la noción meinongiana de *extra-Ser*. La importancia de Murena consiste en haber vislumbrado la necesidad de pensar al hombre incluso más allá del mundo, es decir más allá –o más acá– del hombre (ergo, del Ser). En este punto, creemos que Murena permite superar lo que Quentin Meillassoux ha denominado, recientemente, "correlacionismo" (cfr. Meillassoux 2006: 18; cfr. también, sobre Meillassoux y el correlacionismo, Harman 2011: 6-14). Gran parte de la filosofía contemporánea se habría fundado, según la tesis de Meillassoux, no ya en un realismo ni en un idealismo, sino en la correlación del sujeto y el mundo o de la conciencia y su contenido: "La conciencia y el lenguaje han sido los dos 'medios' principales de la correlación en el siglo XX –soportando respectivamente la fenomenología, y las diversas corrientes de la filosofía analítica" (Meillassoux 2006: 20). Y es precisamente esta correlación entre conciencia y mundo, esta relación (paradójica y ambigua) entre hombre y realidad mundana, la que resulta desactivada en los planteos de Murena concernientes al ser americano, así como en los planteos de Meinong concernientes al extra-Ser. Emanuele Coccia, por el contrario, ha defendido recientemente la noción de ser-en-el-mundo y criticado sutilmente la posición de Meillassoux y del realismo especulativo. La insuficiencia de las tesis defendidas por los adherentes al realismo especulativo, según explica Coccia en una nota al pie de *La vida de las plantas*, consistiría en haber "ignorado totalmente la idea del mundo como mixtura" (2017. 133). En esta metafísica de la mixtura, la atmósfera, y correlativamente la respiración, el soplo, juega un papel esencial: "El soplo es simplemente el primer nombre del estar-en-el-mundo" (2017: 61). Pero sería posible formular una crítica al planteo de Coccia, similar incluso a la que él mismo le dirige al realismo especulativo: en la medida en que piensa al mundo sólo como mixtura, Coccia se priva de la posibilidad de pensar un dominio que, en tanto irreductible a las mezclas y a los movimientos pneumatológicos, se sitúa más allá del ser y del mundo. En efecto, al considerar que "respirar es hacer mundo, es fundirse en él [...], penetrarlo y hacerse penetrar por él y su espíritu" (2017: 62), el planteo de Coccia se reduce a una suerte de cosmología pneumatológica que, en función de sus propios presupuestos, no logra pensar lo que podríamos llamar, en un sentido también cosmológico y metafísico, la *apnea* del Ser (cfr. Prósperi 2018) o, para decirlo con Lévinas, el "*sofocamiento del espíritu* [*essoufflement de l'esprit*] o el espíritu reteniendo su aliento –donde se piensa y se dice desde Platón el más allá de la esencia" (2004: 16; el subrayado es de Lévinas). Así pues, podría decirse que el desconocimiento de la mixtura por parte de los realistas especulativos es tan insuficiente como el desconocimiento del afuera-del-mundo por parte de Coccia. Sobre este punto, cfr. la nota 256.

601 Retomamos y al mismo tiempo modificamos ligeramente la expresión que utiliza Dale Jacquette en el título de su interesante texto: *Alexius Meinong, The Shepherd of Non-Being*.

suficiente y, por ello, en no haber podido pensar más allá de él.[602] Lo que permaneció velado, entonces, no fue el claro en el que el ser intermitentemente hubiese podido desocultarse, sino lo que estaba más allá del ser, apenas del otro lado. De Platón en adelante, la historia de la metafísica, salvo en contadas ocasiones, se vedó la posibilidad de pensar los Objetos puros. Este "olvido", desplazado a un registro antropológico, significó la imposibilidad de pensar lo humano en tanto imagen. En efecto, la imagen generada por la máquina óptica designa un Objeto extremadamente paradójico y sutil, irreductible a lo sensible y a lo inteligible, un efecto tridimensional imposible de ser explicado a partir de la imagen del ojo del cuerpo o de la imagen del ojo del alma. Meinong utilizó una curiosa frase para definir los Objetos de su ciencia infinita: "A quienes les gustan los modos paradójicos de expresión pueden muy bien decir: 'Existen objetos de los cuales es verdad que no existen tales objetos'" (1904: 9). Algunas décadas más tarde, Gilbert Ryle, en un célebre artículo, dijo que nadie sería ya capaz de utilizar esta frase como argumento.[603] En lo que concierne a nosotros, al menos, Ryle se equivocó. Si lo humano es una imagen, y si una imagen –según uno de sus aspectos– es un Objeto puro, la conclusión se impone: existen imágenes de las cuales es verdad que no existen tales imágenes. El hombre es una imagen de esa clase.

---

602 No llama la atención que Michel Foucault, comentando *Logique du sens*, un libro en el que, como vimos, se siente la influencia (explícita, por otro lado) de Meinong, contraponga la ontología heideggeriana a la extra-ontología meinongiana: "Pero *Logique du sens* debe ser leído sobre todo como el más audaz, el más insolente tratado de metafísica –con la simple condición de que, en lugar de denunciar una vez más la metafísica como olvido del ser, se le encargue ahora hablar del extra-ser" (2001: 70).

603 Nos referimos al artículo "Intentionality Theory and the Nature of Thinking": "Concédasenos desde el inicio que la *Gegenstandstheorie* está muerta, sepultada y que no va a resucitar. Nadie va a argumentar ya que por ejemplo 'existen objetos de los cuales es verdad que no existen tales objetos'" (1973: 255).

Apéndices

Apéndice I
Ser-en-el-espejo:
la pobreza de los fantasmas

a) **Fantasmas en el espejo**

El 17 de julio de 1949, Jacques Lacan participa del *XVIe Congrès International de Psychanalyse* organizado en Zurich. El título de su ponencia, ya célebre, es "Le stade du miroir comme formateur de la fonction du je, telle qu'elle nous est révélée dans l'expérience psychanalytique". En ella, Lacan sintetiza algunas tesis de otra comunicación sobre el estadio del espejo presentada trece años antes en el mismo Congreso. Nos interesa este texto porque el sujeto no sólo es pensado en relación a una imagen, sino que, en cierta manera, *es* en sí mismo una imagen. Retomemos algunas de sus ideas generales.

El niño contempla su imagen en el espejo. No es *su* imagen, sin embargo; no lo será hasta pasados los dieciocho meses. Esta experiencia será la ocasión para que la imagen devenga finalmente *suya*, es decir, para que el yo pueda constituirse. La formación del yo, en este sentido, coincide con la *apropiación* de la imagen especular. El niño construye su subjetividad, se forma en tanto sujeto, cuando contempla la imagen en el espejo como *su* imagen. Lo cual significa que el yo no se constituye a partir de una separación de la imagen, sino a partir de una identificación.

> Es necesario comprender el estadio del espejo como una *identificación* en el sentido pleno que el análisis da a este término: a saber, la transformación producida en el sujeto cuando asume una imagen, –cuya predestinación con este efecto de fase es suficientemente indicado por el uso en la teoría, del término antiguo de *imago*. (Lacan 1949: 450)

El yo se forma cuando se identifica, en el sentido psicoanalítico del término, con la imagen especular. Esta identificación es pensada por Lacan como una asunción o apropiación de la imagen. No se trata de que el sujeto se distinga de la imagen, se trata de que la imagen coincida con el sujeto. Lacan explica que esta asunción revela de una manera privilegiada "la matriz simbólica donde el yo se precipita en una forma primordial" (1949: 450). Esta forma primordial en la que se precipita el niño es lo que nosotros, y no necesariamente Lacan ni el psicoanálisis en general, entendemos por fantasma. La asunción de la imagen es en verdad una precipitación en ella. La forma total del cuerpo le es dada al niño como una *Gestalt*, es decir –según Lacan– como una imagen invertida, como "una exterioridad donde ciertamente esta forma es más constituyente que constituida" (1949: 450). Lo interesante, sostiene Lacan, es que esta forma imaginaria o fantasmática, esta *Gestalt* especular, sitúa al yo sobre una "línea de ficción" (1949: 450) previa a todo condicionamiento social, incluso y sobre todo lingüístico. Se trata de una ficción porque no hay, *stricto sensu*, unidad en el niño, ni a nivel orgánico ni a nivel psíquico. El niño es un cuerpo fragmentado; no hay identidad aún, sólo pulsiones. El niño ríe, llora, tiene hambre, sed, se alegra, se entristece; *nadie*, sin embargo, funciona como soporte de estas experiencias. Esa función, específica del yo, surgirá a partir de una imagen –un fantasma– en un espejo. La imagen le proporcionará al niño la ficción –pues no se corresponde con nada natural, ni con su cuerpo ni con su alma– de la unidad. El mérito de Lacan consiste en haber mostrado que el *ego cogito* cartesiano, así como el *Ich denke* kantiano, es en verdad una imagen, un fantasma. Para Kant, en efecto, el sujeto puede tener representaciones porque es consciente *a priori* de una síntesis que las remite a un Yo y que, al hacerlo, lo constituye como sujeto (y como propietario) de esas representaciones. Esta conciencia de la síntesis de lo múltiple dado es denominada por Kant *unidad sintética originaria de la apercepción*.

> Soy pues consciente del yo idéntico, con respecto a lo múltiple de las representaciones, dadas a mí en una intuición, porque a todas ellas llamo mis representaciones, que constituyen una sola. Mas esto significa que soy consciente a priori de una síntesis necesaria de las mismas, que se llama la unidad sintética originaria de la apercepción, bajo la cual están todas las representaciones dadas a mí, pero bajo la cual también tienen ellas que ser reducidas por medio de una síntesis. (Kant 1956: 145-146)

Para que pueda hablar de *mis* representaciones, sostiene Kant, es preciso que pueda remitirlas a la unidad del "Yo pienso" (Kant 1956: 140). Ahora bien, Lacan muestra que la unidad del yo depende de la interiorización de una imagen; es más, que la unidad del yo *es* una imagen. En este sentido, Lacan puede confesar que los principios derivados del estadio del espejo se oponen "radicalmente a toda filosofía surgida del *Cogito*" (1949: 449). Esto quiere decir que el *Cogito* no puede funcionar ya como fundamento de la identidad subjetiva. En el centro del *Cogito*, ahora, en el corazón del yo que piensa no hay más que una imagen: un fantasma. Y así como la imagen reflejada en el espejo es por necesidad exterior al yo, y en tanto el yo se forma a partir de una identificación con esa imagen especular, la imagen, el fantasma, es el verdadero *a priori* trascendental. No se trata de pensar al fantasma como un producto imaginario del yo, sino de pensar al yo como un producto imaginario del fantasma. Pero si el fantasma es condición de posibilidad del yo, entonces el yo deja de ocupar ese lugar fundamental que poseía en el sistema kantiano. La "unidad trascendental de la autoconciencia" (cfr. 1956: 141) que para Kant constituye la posibilidad *a priori* del conocimiento en general no es sino una ficción fantasmática. Nótense las consecuencias antropológicas. El hombre, el sujeto humano, no es condición de posibilidad de las imágenes; al contrario, son las imágenes –concretamente la imagen reflejada en el espejo– las que funcionan como condición de posibilidad del sujeto humano. En consecuencia, si el yo para Kant era el *a priori* que creaba las condiciones de posibilidad del conocimiento, y si en Lacan el fantasma, la imagen especular, es la que crea la condición de posibilidad del yo, entonces la imagen fantasmática designa una suerte de *a priori* del yo, un *a priori* del *a priori*. Había que horadar el yo hasta encontrar el fantasma; había que exacerbar la fisura de la identidad. La esquizofrenia[604] o la histeria son ejemplos de una subjetividad fragmentada, un yo que no ha podido reconstruir su unidad, una ficción que no ha podido representarse. En el extrañamiento del esquizo o en la parálisis de la histérica, emerge toda una "anatomía fantasmática" (Lacan 1949: 453). Lo mismo en lo que concierne a la conciencia. El final del estadio del espejo "hace del yo un aparato para el cual todo avance de los instintos será un peligro" (1949: 454). Este aparato egocéntrico –en el sentido específico del término–, este aparato que sitúa al yo en su centro y que construye murallas a su alrededor con el fin de protegerlo de la invasión pulsional, este aparato es una máquina fantasmática y ficcional cuyo funcionamiento consiste en cubrir al fantasma, al vacío central, con la apariencia del yo.[605]

---

604 El mundo fantasmático, en este sentido, es literalmente esquizofrénico (*schizein*: dividir, escindir + *phrēn*: entendimiento, razón). Catherine Malabou ha creado el término "esquizología [*squizologie*]" para designar una contradicción sin resolución dialéctica. Sobre esta noción, cfr. Malabou 1996: 37-53; 2005: 21. Sobre la esquizofrenia inherente a la historia de la metafísica occidental y su relación con el fantasma y la imaginación, cfr. Prósperi 2018: 60-66.

605 Pierre Klossowski, un autor cuyo pensamiento –al menos en parte– gira en torno a las nociones de *fantasma* y de demonio, en el notable *Nietzsche et le cercle vicieux*, ha analizado en profundidad la tensión entre el cerebro de Nietzsche, entendido como asiento de la persona o del yo (*Ich*), y la pluralidad de impulsos que constituyen la vida del cuerpo (*Selbst*): "todo el mal, todo el sufrimiento provienen de esa querella

el estadio del espejo es un drama [en el que] el sujeto, tomado como señuelo de la identificación espacial, maquina los fantasmas que se suceden de una imagen fragmentada del cuerpo a una forma que llamaremos ortopédica de su totalidad, –al armazón finalmente asumido de una identidad alienante que va a marcar con su estructura rígida todo su desarrollo mental. (1949: 452-53)

El sujeto maquina sus fantasmas. Rectifiquemos: el fantasma maquina su sujeto. Hemos visto este mismo procedimiento en relación a la máquina óptica. A partir de la muerte de Dios, la máquina comienza a producir lo humano como fantasma. Esto no significa que antes no lo hubiese hecho: el hombre fue siempre un fantasma, es decir una imagen sin esencia definida. Sin embargo, hasta Nietzsche la máquina creó lo humano como ícono, es decir como una imagen fundada en un modelo trascendente. Lo hemos visto en el caso de la máquina óptica bíblica. El hombre es siempre *imago Dei*: ícono. Siendo sin embargo un fantasma, el hombre se experimentó, es decir se pensó, se vivió como ícono. A partir de Nietzsche, en cambio, el hombre se *sabe* fantasma, es decir, accede a la experiencia histórica de su ausencia de naturaleza; vive en ese vacío que otrora había ocupado Dios y luego el Yo. Se trata, para utilizar una expresión de Lacan, de una modificación en la "estructura ontológica del mundo humano" (1949: 450). De un mundo icónico se pasa, en pocas décadas, a un mundo fantasmático, es decir a un no-ya-mundo.

b) La imagen apátrida

Martin Heidegger se ha referido a esta condición fantasmática que asume el hombre en la época de la muerte de Dios con la expresión *Heimatlosigkeit*, término que significa la pérdida de la patria, el desamparo o la indigencia del ente en cuanto tal.

El desamparo del ente en cuanto tal saca a la luz la apatridad [*Heimatlosigkeit*] del hombre histórico en medio del ente en su totalidad. El dónde de un

---

entre la pluralidad del cuerpo con sus mil veleidades pulsionales y la obstinación interpretativa del sentido cerebral: del cuerpo, del *sí mismo* brotan las fuerzas creadoras, las evaluaciones; de su *inversión cerebral* nacen los espectros mortales, empezando por la ilusión de un yo voluntario, de un espíritu *'desprovisto de sí'*. Asimismo, los demás no son otra cosa que proyecciones del *Sí mismo*, a través de las inversiones del espíritu: el *yo*, el *tú* no tienen más realidad que como pura *modificación del Sí mismo*. Por último, el *Sí mismo* en el cuerpo no es sino una extremidad *prolongada* del *Caos* —los impulsos, bajo una forma orgánica e individuada, son los delegados del Caos. Esa delegación se vuelve interlocutora de Nietzsche. Desde lo alto de la ciudadela cerebral, sitiada de ese modo, se da a sí misma el nombre de *locura*" (1969: 58-59; el subrayado es de Klossowski).

habitar en medio del ente en cuanto tal parece aniquilado, porque el ser mismo, en cuanto aquello que esencia en todo albergue, se rehúsa. [...] El hombre apátrida se deja llevar [...] a la fuga de su propia esencia, para representarse esa fuga como el retorno a la verdadera humanidad del *homo humanus* y acogerla en su propia esencia. (1997a: 395)

¿En qué consiste esta pérdida de la patria? Consiste en que el lugar, el "dónde" del albergue, en pleno nihilismo, pareciera haberse ausentado. Como si el ocaso de los ídolos (o de los íconos, según hemos visto) hubiese significado la desaparición del lugar que hacía posible no sólo la habitación en el mundo sino, y por la misma razón, el desocultamiento del ser. Heidegger sostiene que esta desaparición de la patria implica una fuga de la esencia humana. ¿Por qué? Porque esa patria, ese lugar de desocultamiento del ser, que en otros textos es llamado "claro" (*Lichtung*) o "abierto" (*Offen*), no es sino "la esencia del hombre" (cfr. 1997a: 358). Por supuesto que no se trata del hombre en su sentido moderno, sino entendido como un ente que guarda una relación esencial con el ser en la medida en que se pregunta por su sentido. El hombre se vuelve esencial al penetrar en su esencia, al habitar ese claro al que pertenece pero que no funda. "El ser mismo, al trasladarse al desocultamiento de sí mismo –y sólo así es el ser– se dota del lugar de su advenir como albergue de su permanecer fuera. Ese donde, en cuanto ahí del albergue, pertenece al ser mismo, 'es' el ser mismo, y por eso se llama ser-ahí [*Dasein*]" (1997a: 358). La esencia del hombre consiste en ser el albergue del desocultamiento del ser. Este lugar de acogimiento, este claro en el que, al permanecer fuera, el ser puede revelarse, es justamente el *Da*, el ahí. Albergar el ser, hospedarlo a fin de que se desoculte o, aún mejor, a fin de *dejarlo ser* significa, en Heidegger, existir. Con el advenimiento del nihilismo –o con su consumación, puesto que para Heidegger la metafísica es originariamente nihilista– el hombre, de algún modo, pierde su *Da*, su ahí, es decir, pierde la posibilidad de acogimiento, y por ende de desocultamiento, del ser. Por eso Heidegger indica que el hombre apátrida [*heimatlos*] se deja llevar a la fuga de su propia esencia. Esta fuga es el fantasma. Lo cual significa que la imagen antropológica que la máquina óptica produce a partir de la muerte de Dios no posee esencia ni naturaleza invariable. El fantasma, el hombre como fantasma, ha perdido su "ahí", su patria, la posibilidad de hospedar al ser en el acontecimiento de su revelación. La partida de los dioses es simultánea y correlativa a la fuga de la esencia humana, es decir a la desaparición del "ahí". El hombre apátrida, entonces, pareciera ser un mero *Sein* sin *Da*, un ser sin lugar fijo ni refugio, abandonado e indigente. Pero si el fantasma no puede ser pensado como *Dasein*, es decir como un ser-en-el-mundo o como la apertura de un ahí en el que el ser puede desocultarse, ¿es posible seguir sosteniendo que es el único ente entre todos los entes del cual se puede predicar legítimamente la existencia? ¿No sería preciso invertir la tesis fundamental del existencialismo y decir que, a diferencia de las cosas (constitutivas, según Sartre, del variopinto dominio del en-sí) que *sí* existen, el hombre es el único ente entre todos los entes que *no* existe o que, en el mejor de los casos, subsiste?

La tradición occidental, como indicamos, tendió a ubicar la imagen en ese lugar ambiguo y prácticamente imposible entre la materia y el espíritu. En ese movimiento, el ser de la imagen se volvió confuso. No porque no fuese pensada en su *ser* propio –aunque tampoco fue lo más frecuente–, sino porque se la pensó o bien según el parámetro del reino inteligible o bien según el parámetro del reino sensible, es decir se identificó su ser con las dos grandes categorías ontológicas que la metafísica tenía a su disposición. Lo que resultó imposible fue desligarla de estos dos registros ontológicos: pensar la imagen más allá o más acá de lo sensible y lo inteligible. Y si además, como hemos sostenido a lo largo de esta investigación, lo humano no es sino una imagen, es el mismo hombre el que no ha podido ser pensado debido a este "prejuicio –para emplear la expresión de Alexius Meinong– en favor de lo actual/real" (1904: 24).

c) La pobreza esencial de las imágenes

Jean-Paul Sartre ha sido sensible al carácter irreal de las imágenes. De allí la dificultad de hablar, con rigor, de un "mundo de las imágenes", así como de un "mundo del sueño". Siendo por definición indeterminadas, las imágenes no constituyen un mundo.[606] Como el animal para Heidegger, la imagen se caracteriza por una *pobreza esencial* y, por eso mismo, por una imposibilidad de ser-en-el-mundo. Los fantasmas, como los simulacros de los sueños, no constituyen entonces un mundo, sino un anti-mundo.

> La conciencia está, pues, constantemente rodeada por un cortejo de objetos-fantasmas. Aunque todos estos objetos tengan a primera vista un objeto sensible, no son los mismos que los de la percepción. [...] En cuanto fijamos nuestras miradas en uno de ellos, nos encontramos frente a seres extraños que escapan a las leyes del mundo. Se dan siempre como totalidades indivisibles, como absolutos. Ambiguos, pobres y secos al mismo tiempo, aparecen y desaparecen de manera discontinua, se dan como un perpetuo "en-otro-lugar", como una evasión perpetua. Pero la evasión a la que invitan

---

606 "Cuando hablamos del *mundo* de los objetos irreales, empleamos para mayor comodidad una expresión inexacta" (Sartre 1964: 173).

no es sólo la que nos haría escapar a nuestra condición actual, a nuestras preocupaciones, a nuestros pesares; nos ofrecen escapar a todo constreñimiento del *mundo*, parecen presentarse como una negación de la condición de *ser-en-el-mundo*, como un anti-mundo. (Sartre 1964: 177)

¿Qué otra cosa son las diversas imágenes de lo humano generadas por la máquina óptica sino un espectral cortejo de objetos-fantasmas, de seres extraños que escapan a las leyes del "mundo real" (con perdón, quizás, del pleonasmo)? A diferencia de los objetos sensibles, que pertenecen al mundo visible (*kosmos horatos*), y a diferencia también de los objetos ideales, que pertenecen al mundo invisible o inteligible (*kosmos noētos*), las imágenes no pertenecen a ningún mundo o, más bien, pertenecen a un anti-mundo.[607] De tal manera que el ser-en-el-mundo que caracteriza la *existencia* del *Dasein* o, según la traducción humanista de Sartre, de la "realidad humana" (cfr. 1970: 21), no se aplica al "mundo" (al no-ya-mundo o al menos-que-mundo: al sub-mundo, en suma) de las imágenes fantasmáticas.[608] Pero si las imágenes no pertenecen al mundo, no puede decirse, con total propiedad, que *existen*. Las imágenes, lo hemos repetidos en varias

---

[607] Creemos que uno de los puntos decisivos de la concepción sartreana de la imagen y de la imaginación consiste precisamente en haber enfatizado su estatuto específico, ni sensible ni inteligible, y en haberlo distinguido, además, de lo real/actual del presente. En efecto, según sostiene en *L'imagination*, "existe entre la imagen y la percepción una diferencia de naturaleza" (2012: 94), o también, de modo más lacónico, "la imagen no es *la* cosa" (2012: 44; el subrayado es de Sartre). Esta modalidad imaginaria del Ser, continúa Sartre, no pertenece a la presencia: "las imágenes se dan a sí mismas, en el mismo momento en que aparecen, como algo diferente a la presencia" (2012: 42). Este anti-mundo de las imágenes, tal como Sartre lo entiende, no dista demasiado de ese "contra-mundo que es quizás —para Maurice Blanchot— lo imaginario" (1969: 475). Gilbert Durand, sin embargo, en *Les structures anthropologiques de l'imaginaire*, ha criticado con lucidez algunas de las tesis del texto sartreano en la medida en que, a pesar de sus méritos, siguen perpetuando la desvalorización de la imagen y la imaginación: "la imagen y el papel de la imaginación parecen volatilizarse y desembocar, en definitiva, en una total devaluación de lo imaginario" (1984: 19); y más adelante, no sin cierto humor: "La obra que Sartre consagra a *L'imaginaire* podría titularse perfectamente 'Conciencia-de-la-imagen-en-Jean-Paul-Sartre'. Por este psicologismo tan estrecho como parcial, Sartre peca contra la fenomenología" (1984: 20).

[608] No es causal que este pensamiento, en cierto sentido "post-heideggeriano", haya solicitado, como bien ha visto Maurice Blanchot, una profundización de la "noción" (más allá o, acaso, (no) más allá de toda noción) de neutro que, en un mismo movimiento, recuperaba la nada heideggeriana pero sin revelarla al sujeto, una nada irreductible al ser, un abismo —*Abgrund*— sin *Dasein*. Explica Marlène Zarader: "Pensar 'después de Heidegger' significaría acoger la nada que nos fue legada por él, pero soportándola más puramente, es decir sin convertirla en ser. Esto supone que se consume el duelo del sujeto y también de lo que restaba aún de subjetividad en el *Dasein*, que se rompa con el privilegio de la presencia y al mismo tiempo con lo que quedaba todavía de contaminación por ésta en el *Ser* mismo" (2001: 284-285); o también, un poco después: "[para Heidegger] la nada 'se despliega (*west*) como ser'; es evidentemente a este título que puede reivindicar al *Dasein* y ser, por eso mismo, acogida por él. ¿Qué ocurre cuando se desactiva al ser para mejor acceder a la nada?" (2001: 286). Lo que ocurre no es ya el *Dasein*, sino el fantasma; no ya la existencia, sino la subsistencia.

oportunidades, *subsisten* en un *sub*-mundo imaginario y fantasmático. No se trata de ciencia ficción, no se trata de un mundo paralelo, se trata de algo "diario" (aunque quitándole al término el sentido diurno y reemplazándolo por un sentido nocturno o, mejor aún, por un sentido ajeno a la polaridad diurno-nocturno: un sentido crepuscular, en suma): se trata del mundo de los sueños. No porque los sueños agoten la totalidad de las imágenes, sino porque representan la experiencia privilegiada de la irrealidad, eminentemente real, del mundo imaginal. En Sartre, de todas formas, las imágenes, si bien poseyendo una especificidad que las distingue tanto de los objetos sensibles cuanto de los conceptos, remiten como condición de posibilidad al mundo. "De tal manera, lo irreal […] tiene que estar constituido siempre sobre el fondo del mundo que niega" (1964: 238). Sólo porque existe este fondo del mundo, este mundo como fondo, puede la conciencia imaginante manifestar su libertad y acceder a la irrealidad imaginaria. Hemos visto, sin embargo, que Gaston Bachelard o Cornelius Castoriadis invertían de algún modo la tesis sartreana.[609] El "ser-en-el-mundo-irreal" (Sartre 1964: 224), expresión impropia para Sartre debido a que las imágenes no son capaces de constituir un *mundo*, es sin embargo para Bachelard o Castoriadis la condición de posibilidad del mundo real. El ser-en-el-mundo de la existencia humana, por ende, se asienta en una pobreza esencial, una irrealidad absolutamente indeterminada y evanescente que, desde una perspectiva heideggeriana, estaría más próxima al ambiente animal que al mundo humano. "El objeto en imagen –dice Sartre– es una *falta definida*; se dibuja en hueco" (1964: 165; el subrayado es de Sartre).[610] Lo que el autor de *L'imaginaire* pareciera no haber visto (o, más bien, lo que ha visto pero sólo para descartarlo por inviable) es que estas imágenes faltantes, incompletas y extremadamente pobres, no dependen de una conciencia para existir. "La débil vida que les insuflamos depende de nosotros, de nuestra espontaneidad. Si nos desviamos de ellos, se aniquilan" (1964: 164).[611]

---

609 Sobre esta cuestión, cfr. la nota 599.

610 Gérard Ulliac, en un interesante artículo, explica la experiencia onírica, equiparándola con el delirio, como una pobreza de mundo o una "retracción existencial" (cfr. 2006: 9) que implica una reducción o una suerte de debilitamiento del ser-en-el-mundo y una aproximación a la animalidad: "Por cierto, no se puede negar que el sueño tiene un sentido. Pero el sentido pulsional de los fantasmas no constituye para nada un mundo. Expresar no es conocer. Sin embargo, el Otro está siempre presente en el sueño y el delirio, como objeto de deseo, de odio o de temor. El soñador no es sin mundo, sino que, como el delirante, arrastrado por sus pulsiones no puede liberarse de las condiciones estrechas de su nido egológico, para abrirse al mundo tal como es en su totalidad. Soñar y delirar es ser pobre de mundo" (2006: 8).

611 En *L'imagination*, Sartre llega a sostener incluso que la imagen no es algo distinto de la conciencia, sino un cierto tipo de conciencia (intencional): "No hay y no puede haber imágenes en la conciencia. Sino que la imagen *es un cierto tipo de conciencia*. La imagen es un acto y no una cosa. La imagen es conciencia de algo" (2012: 135; el subrayado es de Sartre).

A diferencia de esta forma fundante de la subjetividad que aún encontramos en Sartre, hemos visto en el capítulo XVIII dedicado a Henri Bergson que las imágenes no requieren de una conciencia para existir.[612] La insuficiencia de la psicología fenomenológica de la imaginación que propone Sartre consiste precisamente en la perspectiva adoptada: la imaginación no puede ser abordada –y esto lo ha visto ya con claridad Merleau-Ponty– ni por una perspectiva meramente psicológica ni por una perspectiva meramente fenomenológica. Se requiere una ontología de la imaginación cuyos esbozos hemos encontrado ya en los autores

---

[612] Incluso si se adopta una concepción impersonal de la conciencia, como la que propone el mismo Sartre en *La trascendance de l'Ego*, el enfoque resulta insuficiente. En efecto, el problema central que aborda Sartre en este ensayo de 1936 (más o menos en la misma época de *L'imaginaire* y de *L'imagination*) concierne al estatuto del Yo y a su relación con la conciencia. Kant, sostiene Sartre, ha convertido al "Yo pienso" en la unidad sintética que hace posible, justamente a partir de un proceso de unificación, todas mis representaciones. Sartre se refiere, por supuesto, a la segunda sección del segundo capítulo de la "Transzendentale Analytik". Allí, como vimos en el primer apartado de este apéndice, Kant sostiene que el sujeto puede tener representaciones porque es consciente *a priori* de una síntesis que las remite a un Yo, y que al hacerlo lo constituye como sujeto (y como propietario) de esas representaciones. Esta conciencia de la síntesis de lo múltiple dado es denominada por Kant *unidad sintética originaria de la apercepción*. Puede haber representaciones porque existe un "Yo pienso" que las sintetiza y unifica. Sartre parte de este problema: "el Yo pienso debe poder acompañar todas nuestras representaciones, pero ¿las acompaña de hecho?" (1966: 15). El interrogante de Sartre, en este caso, retoma el inicio del §16 de la *Kritik der reinen Vernunft*, pero se extiende también a la fenomenología de Husserl. Sobre todo en *Ideen*, sostiene Sartre, Husserl ha adoptado la tesis clásica de que existiría un Yo trascendental, como por detrás de nuestras conciencias, que sería la condición de posibilidad de nuestras representaciones: "Así –aclara Sartre– la conciencia trascendental deviene rigurosamente personal" (1966: 20). Tal concepción personal de la conciencia, dice Sartre, es innecesaria. Todo el ensayo, de hecho, intenta deconstruir esta condición personal de la conciencia y mostrar que el Yo es un efecto generado por una conciencia impersonal. Gilles Deleuze ha retomado, tanto en *Logique du sens* como en su último artículo publicado, "L'immanence: une vie...", estas tesis sartreanas a la vez que ha indicado su insuficiencia. Por un lado, Deleuze habla de una "pura corriente de conciencia a-subjetiva, conciencia pre-reflexiva impersonal, duración cualitativa de la conciencia sin yo" (2003: 359). Al igual que el Sartre de 1936, Deleuze mantiene aquí la noción de conciencia, sólo que le quita todo rasgo de subjetividad y personalidad. En este sentido, es fiel al texto sartreano. Pero un poco más adelante, aclara: "Pero la relación del campo trascendental con la conciencia es sólo de derecho. La conciencia no deviene un hecho más que si el sujeto es producido al mismo tiempo que su objeto, ambos fuera del campo y apareciendo como trascendentes" (2003: 359). Más que ser identificado con una conciencia, el campo trascendental deleuziano es identificado con un *puro plano de inmanencia* que escapa a toda trascendencia del sujeto y del objeto así como a toda conciencia (cfr. 2003: 360). Es preciso mencionar, por último, la crítica de Xavier Zubiri a la concepción husserliana de las esencias. Según Zubiri, Husserl reduce la esencia a ser una mera unidad eidética de sentido, dependiente por tanto de la intencionalidad de la conciencia, razón por la cual, concluye el filósofo español, "la esencia de las cosas queda irremediablemente perdida de antemano y jamás podrá volver a recuperarse. La filosofía de Husserl, la Fenomenología, jamás nos dice qué es algo, sino cuál es el modo de conciencia en que es dado. [...] Y esto es inadmisible. Al desviarse de las cosas y dirigirse a la conciencia en beneficio de un saber absoluto, Husserl ha perdido, en el enfoque mismo de la cuestión, lo esencial de la realidad. Logrará a lo sumo un tipo de 'pensar esencial', pero jamás la esencia de las cosas" (1985: 28).

románticos.⁶¹³ De todas formas, Sartre ha logrado ver el proceso de irrealización característico de la imaginación: "para actuar con estos objetos irreales me tengo que desdoblar yo mismo, *me tengo que irrealizar*" (1964: 164; el subrayado es de Sartre); o también: "el mundo imaginario está totalmente aislado, sólo puedo entrar en él irrealizándome" (1964: 173).⁶¹⁴ Hemos visto que la máquina óptica funcionaba según un doble movimiento: de realización, en la medida en que creaba lo humano, dándole realidad y actualidad al identificarlo con el cuerpo, con el alma o con el compuesto de ambos elementos; de irrealización, en la medida en que creaba lo humano como imagen, es decir como una "entidad" irreal, un cuasi-ser subsistente. Esta doble maniobra, hemos aseverado, comienza con Platón: el Padre y a la vez el filicida del hombre occidental.

---

613 Sobre la crítica de Merleau-Ponty a lo imaginario sartreano, cfr. Dufourcq 2012: 151-243; Colonna 2003: 111-144; Renault 2003: 149-175. Fabrice Colonna, de hecho, explica que el problema de lo imaginario en Merleau-Ponty apunta ya a una ontología y no a una fenomenología: "El pensamiento de lo imaginario termina por conducir a Merleau-Ponty lejos de toda fenomenología, en la profundización de una ontología" (2003: 141). En efecto, un pensamiento que no hace depender más lo imaginario de la conciencia de un sujeto es un pensamiento que pone en cuestión las bases mismas de la fenomenología, al menos en su línea más ortodoxa: "Una filosofía que, como la de Merleau-Ponty, se brinda a sus imágenes y considera que el *cogito*, aunque indeclinable ya no está en la posición de fundación del saber, ¿es aún una fenomenología?" (Colonna 2003: 140).

614 Es interesante notar que Jean-Pierre Vernant utiliza el término "desrealización" para referirse al proceso que sufre el alma (antes de Platón) y el cuerpo (a partir de Platón) del difunto en la cultura griega antigua. Vale la pena citar, en este sentido, el pasaje en el cual explica que la *psychē*, de ser una mera imagen insubstancial e *irreal* del cuerpo vivo para los griegos antiguos, se convierte con Platón en la esencia misma del hombre, a la vez que el cuerpo deviene imagen *irreal* y evanescente: "El cuerpo viviente cambia entonces de estatuto: se 'desrealiza' para devenir la imagen inconsistente, ilusoria, transitoria de lo que nosotros somos en verdad. En el mundo fantasmático de las apariencias, es 'lo que se hace ver como semejante al alma'. [...] Se ha así pasado del alma, doble fantasmático del cuerpo, al cuerpo, reflejo fantasmático del alma" (2008, II: 1541). Luego de la muerte de Dios, como hemos visto, nos sabemos –nos vivimos, nos experimentamos– cuerpos y almas fantasmáticos: un cuerpo que es sólo el reflejo *irreal* del alma, un alma que es sólo el reflejo *irreal* del cuerpo. Estos dos reflejos, sin embargo, crean un espacio específico que no se define por la existencia, sino por la subsistencia: el espacio de los fantasmas.

Apéndice II ■
¡Abre el ojo del intelecto!

Grabado que representa a Santa Caterina en un trance místico, mientras dicta a unos escribas el *Dialogo della Divina Provvidenza*. Extraído de *L'Opere della Serafica Santa Caterina da Siena*, publicadas por Girolamo Gigli en 1707, tomo III.

Dos manuscritos conservados en Florencia, uno en la Biblioteca Mediceo-Laurenziana[615] y el otro en la Biblioteca Riccardiana,[616] publicados por primera vez en 1862 por Francesco Grottanelli bajo el título *Alcuni miracoli di S. Caterina da Siena secondo che sono narrati da un anonimo suo contemporaneo*, nos informan que, en 1347, Catalina de Jacobo di Benincasa, más adelante conocida como la Seráfica Catalina, con solo siete años (o seis, según sugiere Eugenio Dupré Theseider en el Volumen 22 del *Dizionario Biografico degli Italiani*), mientras caminaba por un sendero solitario en compañía de su hermano, un poco mayor que ella, se detuvo repentinamente y,

> ...levantando los ojos al cielo, vio en el aire, no demasiado alto sobre la tierra, un pórtico mediano lleno de esplendor, en el cual le pareció ver a Cristo con una vestimenta blanquísima [...]; y salía de él un rayo como el del sol [*uno razzo a modo di quello del sole*], el cual se dirigía hacia ella, y detrás de Cristo había varios hombres blancos, todos santos, entre los cuales le pareció que se encontraban San Pedro, San Pablo y San Juan, tal como los había visto pintados en las Iglesias. (Fawtier 1921: 218)

Sabemos por la *Legenda maior* del fraile Raimondo da Capua, la cual puede ser considerada la biografía oficial de la beata, así como por la *Legenda minor* de Tommaso Caffarini, que esta visión del Salvador y de los Santos dejó una profunda marca en la personalidad de Catalina. A partir de ese momento, y sobre todo en los años sucesivos, la joven hizo votos de castidad y consagró su vida a Cristo y a la Iglesia. Muchos años después, habituada ya a las experiencias extáticas, habría de recordar esa temprana visión como un primer paso hacia la gracia y la beatitud. En el *Libro della Divina Dottrina*, también conocido como *Dialogo della Divina Provvidenza*,[617] que Catalina habría de dictar, según leemos en las aclaraciones que siguen al título de la obra, "extasiada en singular exceso y abstracción de mente", la Divinidad le recuerda a la santa esa primera experiencia mística y le explica que los ojos corporales fueron incapaces de soportar su manifestación esplendorosa y que sólo el ojo del intelecto pudo ver el sol de la divinidad.

> Como bien recuerdas, casi en el principio de tu vida, yo me manifesté a ti. Y no tanto con el ojo del intelecto [*l'occhio de l'intellecto*], sino con el ojo del cuerpo [*l'occhio del corpo*], aunque, por la luz potente [*per lo lume grande*], tu ojo del cuerpo perdió la visión y quedó solo la visión del ojo del intelecto

---

615 Biblioteca Mediceo-Laurenziana, Strozzianus, XXXI, ff° 190-198 v°.
616 Biblioteca Riccardiana, ms. n° 1267, del cual se conserva también una copia del siglo XVIII en la Biblioteca Comunale di Siena (ms. T. III. 7, pp. 82-90 et 92-100).
617 Según Theseider, el *Libro* fue terminado en el verano de 1378.

[...] tu ojo corporal no fue suficiente para sostener la luz, por eso te quedó el ver sólo en el ojo intelectual, y con él viste y gustaste el abismo de la Trinidad, todo Dios y hombre, oculto y velado bajo esa blancura. (CXI)

Cristo se manifestó, en principio, al ojo del cuerpo. Sin embargo, los órganos físicos fueron incapaces de soportar la luz divina, por lo cual perdieron la capacidad de ver. La visión fue posible porque Catalina pudo abrir el ojo del alma o del intelecto. Sólo el ojo del intelecto, en cuyo centro se encuentra la pupila de la santísima fe, fue capaz de contemplar el abismo de la Trinidad, la blancura inmaculada de la gloria divina; solo este ojo espiritual, interior, es digno y no puede ser engañado. ¿Con qué ojo –le pregunta retóricamente Dios a la santa– se debe contemplar el misterio de la Trinidad y el sacramento de la caridad?

...de tal manera que los sentidos del cuerpo son engañados: pero el sentido del alma no puede ser engañado, al menos si ella no quiere quitarse la luz de la santísima fe [*il lume della sanctissima fede*] con la infidelidad. ¿Quién gusta y ve y toca este sacramento? El sentimiento del alma. ¿Con qué ojo ve? Con el ojo del intelecto, si es que dentro del ojo se encuentra la pupila de la santísima fe [*la pupilla della sanctissima fede*]. Este ojo ve en aquella blancura todo Dios y todo hombre, la naturaleza divina unida con la naturaleza humana. (CXI)

En un grabado que ilustra el tercer tomo de *L'Opere della Serafica Santa Caterina da Siena*, publicadas por Girolamo Gigli en 1707, podemos ver a la santa, extasiada en un trance místico, ya con los estigmas de la Pasión, contemplar la luz sagrada y dictar, a los escribas que la rodean, las palabras que compondrán los diversos parágrafos del *Libro*. Es claro, por el pasaje que transcribiremos a continuación, que no se trata de una contemplación física o corporal, sino de una *visio mentis* o, más bien, de la visión del ojo del alma (*oculus mentis* u *oculus animae*). Como en el grabado, en el fragmento siguiente la Divinidad trina se presenta como un sol de justicia que irradia su luz hacia el ojo del alma.

Abre el ojo de tu intelecto [*Apre l'occhio de l'intellecto tuo*], y mira en mí, sol de justicia [*sole di giustizia*]; y verás los gloriosos ministros, los cuales, habiendo administrado el Sol [*avendo ministrato el Sole*], han asumido la condición del Sol [*la condizione del Sole*], tal como te conté de Pedro, el príncipe de los apóstoles, el cual recibió las llaves del reino del cielo. (CXIX)

Todo el *Dialogo della Divina Provvidenza* está estructurado a partir de un imperativo: ¡Abre el ojo del Intelecto! [*Apre l'occhio de l'intellecto*]. La expresión se repite más de diez veces a lo largo del texto. El ojo del intelecto, al que Catalina también se refiere con las expresiones "ojo de la misericordia" (XIII), "ojo de la piedad" (XCVIII) u "ojo de la clemencia" (CXXXV), permite no sólo ver la gloria divina sino también la situación decadente en la que se encuentran los hombres impíos e infieles.

Abre el ojo del intelecto y mira a aquellos que voluntariamente se ahogan, y mira en cuánta indignidad ellos han caído por sus culpas. [...] el ojo de su intelecto no ve ni conoce mi verdad, porque el sentimiento ha muerto, es decir que el intelecto no se ha puesto ante sí más que a sí mismo, con el amor muerto de su propia sensualidad. (XXXI)

El mar del pecado, en el cual se ahogan los impíos, es el mar de la sensualidad, de la carne. Esta imagen invertida del infierno, esta suerte de infierno acuático, es el lugar que les toca, ya en la vida terrenal, a los condenados. A cada uno de los ojos (*l'occhio de l'intellecto* y *l'occhio del corpo*) que están en juego en el *Dialogo* de la mística sienesa le corresponde un mar determinado. Así como existe un mar tenebroso y oscuro para las almas perdidas, asimismo existe un mar pacífico y luminoso para las almas devotas. El mar de la carne difiere por naturaleza del mar del espíritu. Mientras que las aguas de aquél son turbias, las de éste son límpidas y puras. En este mar luminoso, al cual accede el ojo del alma a través de una vida consagrada al Evangelio, se refleja lo humano como imagen (*eikōn*) de lo divino, según el relato del Génesis bíblico. En efecto, con un tono extático e inspirado, Catalina compara el alma con un espejo en el que lo divino se refleja en lo humano y lo humano en lo divino.

Esta luz me enseña el camino, y sin esta luz andaría en tinieblas; y por eso te dije, Padre eterno, que me iluminases con la luz de la santísima fe. Verdaderamente esta luz es un mar, porque alimenta nuestra alma en tí, mar pacífico, Trinidad eterna. El agua no es turbia, y por eso [el alma] no tiene temor, porque conoce la verdad; ella es pura y manifiesta las cosas ocultas [...] Ella es un espejo [*uno specchio*], en el que tú, Trinidad eterna, me haces conocerte; mirando en este espejo, sosteniéndolo con la mano del amor, me representa en ti, que soy una creatura tuya, y a ti en mí, por la unión que hiciste de la Deidad en la humanidad nuestra. (CLXVII)

El alma puede funcionar como un espejo cuando actualiza su visión intelectual o anímica, pero también puede opacarse y no reflejar la luz de la fe, sino las sombras sensuales de la carne. En las antípodas del *occhio de l'intellecto*, por eso mismo, se encuentra el *occhio del dannato*, el ojo físico y sensual del condenado. Este "ojo terrible y oscuro [*occhio terribile e obscuro*]" (XXXIX), a diferencia del ojo del alma que contempla la Luz de la Divinidad, puede acceder solo a una visión falaz y defectuosa.

De tal manera que el ojo enfermo [*l'occhio infermo*], del sol, que es tan lúcido, no ve más que tinieblas; mientras que el ojo sano ve la luz. Y no es por defecto de la luz que irradia menos al ciego que al iluminado, sino por defecto del ojo que está enfermo. Así los condenados ven en tinieblas, en confusión y en odio, no por defecto de mi divina Majestad con la cual él vendrá a juzgar el mundo, sino por defecto de ellos. (XXXIX)

La Luz es la misma para todas las creaturas, pero sólo quienes han purificado su visión a través de una vida devota y misericordiosa pueden contemplarla y soportarla. Como hemos indicado, sólo el ojo del alma es capaz de sostener y recibir la Luz divina. El ojo del cuerpo, habituado a la vida sensual de la carne, es impotente y potencialmente peligroso. Catalina, recurriendo a una imagen frecuente en las tradiciones místicas de al menos las tres grandes religiones monoteístas, compara el ojo de la carne (el *oculus carnis*, como lo habían llamado los Padres de la Iglesia) con un paño o una tela que le impide al ojo del alma contemplar la gloria divina. El ojo del cuerpo no es malo por sí mismo, pero es infinitamente inferior al ojo del alma, no sólo porque no logra soportar la potencia de la Luz gloriosa, sino porque resulta diariamente distraído por los placeres de la carne. La infidelidad y el amor propio, según leemos en el parágrafo XLV del *Libro*, oscurecen y obstaculizan la visión del ojo del alma cuya pupila, como hemos indicado, es la santísima fe.

Este ojo tiene la pupila de la santísima fe, cuya luz de la fe hace discernir y conocer y seguir la vía y la doctrina de mi Verdad, Verbo encarnado. Sin esta pupila de la fe no vería, como el hombre que tiene la forma del ojo, pero el paño ha recubierto la pupila que hace ver al ojo. Así, la pupila del ojo del intelecto es la fe; la cual, siendo recubierta por el paño de la infidelidad, característico del amor propio, no ve [*non vede*]; tiene la forma del ojo pero no la luz, porque se la ha retirado. (XLV)

Más adelante, en el parágrafo CLVIII, Catalina sintetiza este párrafo con la siguiente frase: "vivir inmundamente ofusca el ojo del intelecto" (CLVIII). Esta vida inmunda, por supuesto, es la vida según la carne, la vida en el pecado. Cuando los hombres se dejan llevar por los placeres terrenales, dejan de distinguirse de las bestias. El pecado original, en este sentido, es una caída en la animalidad. "La carne se levantó rápidamente contra el espíritu, perdiendo el estado de inocencia, y se volvió animal inmundo [*animale immondo*]" (XXI). La relación entre la animalidad y la inmundicia es un tópico común en la tradición bíblica. En el parágrafo XXXII, por ejemplo, Catalina compara a los condenados y a los impíos a un puerco que se revuelca en el lodo. "...quienes viven inmundamente, haciendo de su cuerpo y de su mente como el puerco que se revuelva en el lodo: así se revuelcan en el lodo de la carnalidad [*nel loto della carnalitá*]" (XXXII). Esta vida según la carne, esta vida que se hunde en el lodo del pecado, es propia de quienes han perdido la luz de la fe y se han demorado, acaso para siempre, en las tinieblas de los sentidos corpóreos. "Así hacen aquellos que, como enceguecidos, perdida la luz de la razón [*el lume della ragione*], tocan con la mano del sentimiento sensitivo" (CXXXVII). Sin embargo, a partir de Cristo, el hombre puede redimirse –ya ha sido redimido, incluso– de su falta originaria. Para lograr la redención, el ojo de la carne debe ser cerrado y el ojo del alma abierto. Una vez que el ojo del alma se ha purificado de su contaminación carnal, el hombre puede separarse del animal, es decir de la vida inmunda. Recién entonces podrá decirse que el hombre ve, que es digno de ver. La visión, la verdadera visión, en toda la tradición mística pero también en gran parte de la filosofía y los cultos mistéricos, se ejerce y se conquista con el ojo del alma. El ojo del cuerpo, en el mejor de los casos, no es sino un escalón previo –y necesariamente engorroso– del camino hacia la beatitud y la visión profunda de lo supraterreno, ya sea que se lo entienda como Dios, como Espíritu, como Uno, como Bien o como Inteligencia.

Apéndice III ■
Los ojos divinos del rey Sivi

El Rey Sivi dona su ojo, con la mano izquierda, al Brahmin ciego.
En el medio, el cirujano Sivaka con una flor de loto.
Extraído de: Beschrijving van de Barabudar; NJ Krom and T van Erp, 's Gravenhage
1920-1930.

Ananda, nacido en la región de Kapila Vastu, en la tribu de los Śākia, primo carnal y discípulo de Śākyamuni, el Buda Gautama, en el concilio de Rajagaha celebrado en el siglo V a.C., tres meses después de la muerte del Buda, recitó los sermones y las enseñanzas que le había escuchado a su maestro espiritual. De este concilio, así como de otros dos celebrados con posterioridad (en Vesali, cien años después, y en Pataliputta, doscientos años más tarde) surgieron algunos de los relatos más antiguos del budismo theravāda, los cuales constituyen el famoso Canon Pali, también conocido como Tipitaka, las "tres cestas" o las "tres canastas". En efecto, las enseñanzas del Buda, transcriptas por más de quinientos monjes en hojas secas de palmeras, se conservaron en tres cestas diferentes: la cesta de la disciplina monástica (Vinaya-pitaka); la cesta de los discursos (Sutta-pitaka); la cesta de las enseñanzas adicionales (Abhidhamma-pitaka).

Entre 1895 y 1907, la Universidad de Cambridge publicó una traducción en seis volúmenes del Canon Pali bajo el cuidado del Profesor Edward Byles Cowell. En el IV volumen, el Jātaka 499, titulado Sivi-Jātaka, nos cuenta que en cierta ocasión el Maestro, reunido con sus discípulos en el monasterio Jetavana de la India, narró la historia del Rey Sivi, una de sus encarnaciones anteriores. He aquí el relato.[618]

Una vez, comenzó el Maestro, el Rey Sivi tuvo un hijo, el Gran Ser (es decir el Buda), en la ciudad de Aritthapura, en el Reino de Sivi. El joven Príncipe estudió en el monasterio de Takkasilā. A su regreso, luego de demostrarle a su padre los conocimientos adquiridos, fue nombrado virrey. Cuando su padre murió, fue consagrado Rey y gobernó con rectitud y generosidad. Todos los días, distribuía entre su pueblo seiscientas mil piezas de oro. En el día de la luna llena, el Rey Sivi pensó que no había nada material o exterior que no hubiese dado a su gente. Sin embargo, estos obsequios no lo contentaban.

En ese momento de la narración, el Maestro reprodujo los siguientes versos (*gāthās*) que contienen el pensamiento extremo del Rey: "Si existe algún obsequio que aún no he ofrecido / son mis ojos, los cuales daré ahora, firme y sin temor" (1901, IV: 251). Luego de pensar esto, se puso su mejor ropa, se adornó con magnificencia, se alimentó con los platos más selectos y se dirigió, sentado sobre un elefante, al lugar de las limosnas.

Sakka, el rey de los dioses, que había escuchado el pensamiento del Rey Sivi, decidió probarlo y determinar si estaba resuelto efectivamente a dar sus ojos. Adoptó por eso la forma de un mendigo (*brahmin*) viejo y ciego y lo esperó en la entrada del sitio en el que se distribuían las limosnas. Cuando el Rey descen-

---

618   Puede encontrarse una versión de esta leyenda en Van Andel 1990: 141-150.

dió del elefante, el mendigo lo interpeló: "¡Larga vida al Rey! Yo estoy ciego y tú tienes dos ojos" (1901: 252). Acto seguido, profirió, como es habitual, los dos *gāthās* siguientes: "Para pedir un ojo este viejo hombre ha venido de lejos, porque no posee ninguno. / Oh, dadme uno de los vuestros, os suplico, entonces tendremos uno cada uno" (*ibid.*). Cuando el Rey escuchó esto, se decidió a cumplir el deseo del mendigo, e incluso a obsequiarle ambos ojos, tal como lo había determinado poco antes. "Un ojo me has pedido; mira, ¡te doy los dos! / Ve con buena vista, que todo el pueblo te vea. / Sea satisfecho tu deseo y vuelto verdadero" (*ibid.*). Luego de decir esto, se dirigió con el mendigo al palacio real, lo sentó en el trono y mandó a llamar a un cirujano de nombre Sīvaka. Inútiles fueron los intentos y las súplicas de los funcionarios reales para convencer al Rey de que no regalara sus ojos. El cirujano, ante la resolución del monarca, procedió a extraer el ojo derecho con un instrumento afilado. Al cortar el nervio óptico, las ropas reales se tiñeron de sangre; el dolor fue extremo. Sin embargo, el Rey, incólume, observando su ojo derecho con el izquierdo, llamó al mendigo y le dijo: "El ojo de la omnisciencia es cien o mil veces más preciado que este ojo: esta es la razón de mi acción" (1901: 254). El mendigo tomó el ojo del rey y lo introdujo en su orificio vacío. El mismo procedimiento tuvo lugar con el ojo izquierdo. El Maestro, entonces, explicó: "El mendigo ahora tenía los ojos, y el rey estaba ciego" (*ibid.*). El Rey permaneció en el palacio un par de días y pensó que un ciego no era un buen gobernante, por lo cual decidió dejar el reino en manos de los cortesanos y funcionarios y consagrarse a una vida ascética y sagrada.

Sakka, mientras tanto, comprobando que el Rey había cumplido su promesa, decidió recompensarlo. Manifestándosele, le dijo que le concedería un deseo. El Rey, entonces, solicitó morir a causa de su ceguera. El rey de los dioses, sin embargo, no le concedió la muerte, sino que lo recompensó devolviéndole la visión. Ambos ojos fueron restaurados y el Rey pudo ver nuevamente. De todas formas, estos ojos obsequiados por Sakka no fueron iguales a los ojos naturales. "Un ojo ofrecido por Sakka como el mendigo no puede ser natural, esto lo sabemos" (1901: 255). El Rey Sivi fue premiado con "ojos de Verdad Absoluta y Perfecta" (1901: 256). Y si bien en este Jātaka se afirma que los ojos del Rey Sivi no eran naturales ni divinos, lo cierto es que Sakka, antes de retornar al mundo de los dioses, profirió los siguientes versos: "Oh Rey de la tierra de Sivi, estos himnos sagrados te pertenecen, / has ganado como recompensa este par de ojos divinos. / A través de las rocas y de las paredes, de las colinas y de los valles / a cien leguas de distancia estos ojos pueden ver" (*ibid.*). El Gran Ser, entonces, rodeado por su comitiva, regresó con gran pompa a la ciudad y, dirigiéndose a la multitud que lo aclamaba, dijo: "He sacrificado un ojo mortal; y al darlo, / he recibido un ojo divino" (*ibid.*). El Rey, entonces, proclamó la Ley de la generosidad. Dicho esto, el Maestro terminó el relato, no sin antes aclarar: "En aquel tiempo Ananda era Sīvaka el cirujano, Anaruddha era Sakka, los seguidores del Buda eran el pueblo, y yo mismo era el Rey Sivi" (*ibid.*).

Apéndice IV
Cicerón: la luz y la niebla

Pocos días después de que Marco Junio Bruto, uno de los asesinos de Julio César, abandonase, el 20 de julio del año 45 a.C., la villa de Túsculo, Cicerón, en compañía de algunos amigos íntimos, se dispuso a tratar temas filosóficos y consignarlos por escrito en forma de diálogo. En el Libro I de las *Tusculanae Disputationes*, título que contiene algunas de estas reflexiones, el arpinate, acaso conmovido aún por las derrotas de Pompeyo en Farsalia, acaso por la muerte de Tulia, su hija, aborda el sombrío problema de la muerte y el ya más luminoso de la inmortalidad del alma. El punto de partida de la discusión es la aseveración de que la muerte es un mal. La conclusión a la que arriba Cicerón, retomando ideas ya planteadas por los griegos, es que si existe la inmortalidad de las almas, éstas son felices, y si no existe, no pueden ser infelices puesto que no existen. En cualquier caso, la muerte no es un mal. Roger Miller Jones, en un artículo titulado "Posidonius and Cicero's Tusculan Disputations i. 17-81", resume la conclusión de Cicerón de la siguiente manera: "Cicerón muestra que la consecuencia lógica de todas estas opiniones sobre el alma es que la muerte no es un mal, ya que el alma o bien deja de ser, o bien pasa a un estado más sublime" (1923: 203). En efecto, ya hacia el final del primer Libro, Cicerón, luego de revisar las diversas concepciones antiguas sobre la naturaleza del alma y sobre su posible o imposible inmortalidad, hace explícita su posición a la vez que identifica a la muerte, según un tópico común en el mundo griego antiguo, con el sueño:[619]

---

619 En el libro XIV de la *Ilíada*, cuando Hera desciende del Monte Olimpo para solicitarle a Hipnos, el Sueño, que duerma a Zeus, lo llama "hermano de la muerte" (XIV, 231). También en la *Ilíada*, luego de la muerte de Sarpedón, Zeus se dirige a Apolo para que lave y entregue el cuerpo de su difunto hijo a Hipnos y Tánatos (*Thanatos*) para que lo transporten a su hogar en Licia. Zeus se refiere a Hipnos y Tánatos como "hermanos gemelos" (*Ilíada* XVI, 672). Frente a la inclemente Tánatos, Hipnos se caracteriza por ser dulce y apacible. También en el libro XVI, luego de mencionar a Tánatos, Homero alude al "dulce Hipnos" (XVI, 554). Hesíodo, por su parte, se refiere a Hipnos y Tánatos, ambos hijos de la Noche, como dioses horribles:

Porque si el día último no trae el aniquilamiento, sino un cambio de lugar [*commutationem loci*], ¿qué puede haber más deseable? Si, por el contrario, él nos aniquila y destruye por completo, ¿qué puede ser mejor que adormecerse [*obdormiscere*] en medio de las penalidades de la vida y caer en un sueño eterno [*somno consopiri sempiterno*]? (1.117)

Si las almas son inmortales, lo que llamamos muerte no es más que un cambio de lugar, el pasaje de un lugar físico a un lugar metafísico; si las almas son mortales, por el contrario, la muerte es como un sueño que nos libera de los sufrimientos de la vida. En ambos casos, la muerte no es un mal. El sueño, además, es la imagen de la muerte o, también, su vestido. "En el sueño tienes la imagen de la muerte [*somnum imaginem mortis*] y cada día la usas como vestido" (1.92). Esta es una gran metáfora: cuando dormimos, nos vestimos con los atuendos de la muerte. En este marco es preciso leer el siguiente pasaje en el que Cicerón, con una clara referencia al *Fedón* –así como a la *Apología de Sócrates*–, explica que la vida no es sino una preparación para la muerte.

Ahora bien, separar el alma del cuerpo no es otra cosa que aprender a morir. Por eso, dadme crédito, hagamos esta preparación y separémonos del cuerpo, es decir, habituémonos a morir. Esta forma de actuar, durante el tiempo que estemos en la tierra, será semejante a la vida celeste [*caelesti vitae simile*] y, cuando liberados de estas cadenas de aquí abajo, remontemos el vuelo hacia lo alto, la carrera de nuestras almas se retrasará menos [...] Sólo cuando hayamos llegado allí, y no antes, podremos decir que vivimos. La vida que vivimos aquí es en realidad una muerte, de la que, si lo deseara, yo podría lamentarme. (1.75)

Vivir es aprender a morir. Pero es recién con la muerte, una vez que separamos el alma del cuerpo, que comenzamos verdaderamente a vivir. La muerte es el inicio de la vida. Al igual que Platón, Cicerón considera que esta vida terrestre es una suerte de muerte o, en el mejor de los casos, un sueño, la imagen o el vestido de la muerte. Lo mejor que podemos hacer es prepararnos para morir, esforzarnos en separar el alma del cuerpo. Esta separación, que según Cicerón acontece con una "cierta sensación de placer y [...] en un instante" (1.82-83), eleva al hombre, incluso en esta vida atormentada, a las alturas celestiales y lo aproxima a los dioses. Este cambio de lugar, esta *commutatio loci* que la muerte acarrea, supone un pasaje de lo material a lo inmaterial, de lo denso a lo liviano,

---

"Allí los hijos de la oscura Noche tienen sus moradas, Hipnos y Tánatos, dioses horribles" (*Teogonía*, 758-759). Sobre Hipnos y Tánatos, cfr. Ovidio, *Metamorphoses* XI, 592-649 y Pausanias, *Descripción de Grecia* 2.31.3 y 5.18.1.

de lo terrestre a lo celeste. Ahora bien, esta elevación del alma, lo mismo que en Platón, implica en Cicerón una mirada y una visión específicas. Para liberarse de las cadenas de aquí abajo, según leemos en el pasaje citado con anterioridad, es necesario, como en la alegoría de la caverna, acceder a otra visión y a otro régimen de luminosidad. Rápidamente la contraposición entre el alma y el cuerpo, es decir entre la vigilia y el sueño, adopta rasgos ópticos.

Y es evidente que estas percepciones que se nos presentan se mostrarán mucho más puras y límpidas cuando el alma, liberada, haya alcanzado el lugar al que su naturaleza le impulsa. Es indudable que, en la situación en que nos encontramos, aunque la naturaleza ha modelado con arte ingeniosísimo aquellas aberturas que se abren desde el cuerpo hacia el alma, ellas permanecen, no obstante, obstruidas en cierto modo por partículas de materia terrena, pero, cuando ya no exista nada excepto el alma, ningún obstáculo le impedirá percibir las cosas tal como son. (1.46-47)

El cuerpo es un obstáculo perceptivo, una interferencia visual. A diferencia de la percepción corporal, sensible, la percepción espiritual o anímica se caracteriza por ser pura (*puram*) y límpida (*dilucidiora*). Estos dos términos, que al igual que en Platón enfatizan una concepción moral de la mirada, describen la visión propia del alma (*visio animae* o *visio mentis*). A esta visión pura y límpida, que ve las cosas tal como son, se le opone la visión corporal, la percepción sensible que el arpinate identifica con la tierra y la tiniebla. En efecto, Cicerón se refiere a este mundo sensible, propio de la mirada corporal, como una "tierra envuelta en la tiniebla" (1.45). La tierra neblinosa o la niebla terrestre designan, entonces, el mundo sensible propio de la mirada corporal. Si separar el alma del cuerpo significa conquistar una vida semejante a la celestial y por lo tanto una visión pura, mantener el alma unida al (y sepultada en el) cuerpo significa limitarse a vivir prácticamente como las bestias que sólo gozan de una vida sensitiva y de una visión neblinosa. Para quitar la niebla de la vista, para limpiar la visión de todas aquellas partículas materiales que la obstruyen, es preciso activar la mirada del alma. Los sabios antiguos, asevera Cicerón, supieron percibir con "la mirada del alma [*acie mentis*]" (1.45). Sólo la *acies mentis*, la mirada incorpórea, es capaz de percibir las cosas tal como son; sólo ella, la única que puede aproximarse a los dioses, puede contemplar la verdad. La *visio animae* es, por eso mismo y necesariamente, una *visio veritatis*, una visión de la verdad. Este impulso hacia la verdad, que es también un impulso por despertar de un sueño de muerte, es algo innato a la naturaleza humana. "...en nuestras mentes hay un deseo innato e insaciable de ver la verdad" (1.44). El hombre sabio da libre curso a este deseo insaciable, pero para ello, paradójicamente, debe poner un freno a sus deseos corporales. Esta *cupiditas* espiritual o anímica, que el sabio debe saciar, es paralela a otra *cupiditas*, esta vez corporal, que debe ser reprimida. Si la *cupiditas* tiende a estimular la *acies mentis*, la mirada del alma, entonces debe ser saciada; si tiende a estimular la *acies corporis*, la mirada del cuerpo, debe ser ignorada. Este desdoblamiento del deseo, de la *cupiditas* o de la *voluptas*, es correlativo de un desdoblamiento de la belleza (*pulchritudo*). Como en Platón, la belleza en sí, la Idea de Belleza, difiere ostensiblemente de las cosas bellas. La Belleza es contemplada por la *acies mentis*; las cosas bellas por la *acies corporis*. Incluso en esta vida, asevera Cicerón, es posible acceder a esta mirada pura y celestial. Como explica Miller Jones: "Liberada del cuerpo y por lo tanto de los deseos, el alma puede darse a la contemplación de la verdad y a la visión de la belleza de los cielos y de la tierra" (1923: 211). Los sabios antiguos –y en eso consistió precisamente su sabiduría– supieron ejercitar la mirada del alma en esta vida, es decir, supieron separar, en la medida de lo posible, el cuerpo del alma. Cicerón expresa esta idea, en un pasaje en el que se detecta su pasado de jurista y orador, como un tránsito de la tiniebla a la luz:

> ...no te quepa la menor duda de que el hombre sabio abandonará contento estas tinieblas para llegar a aquella luz, sin que tenga que romper las cadenas de su prisión –porque las leyes lo prohíben– sino que, como si hubiese obtenido el permiso de algún magistrado o de alguna autoridad legítima, se irá de aquí llamado y liberado por la divinidad. (1.74)

Como el filósofo-rey de la alegoría de la caverna, cuyo ascenso a la superficie era identificado por Platón con la función de la educación, el hombre sabio ciceroniano también abandona el mundo de la oscuridad y se regocija con la luz de la verdad. Para ello no necesita, como los habitantes de la caverna platónica, romper las cadenas de su prisión. Si así lo hiciera, moriría. El hombre sabio abandona las tinieblas pero sin romper las cadenas. Según otros pasajes de las *Tusculanae Disputationes*, esta liberación del sabio acontece por designio divino. El sabio, pero también el poeta, es llamado o evocado (*evocatus*) por la divinidad. Cicerón habla de una fuerza divina [*vi divina*] (1.64) o de una fuerza superior [*maiore vi*] (1.65) que inspira a los poetas y a los artistas. "...yo no puedo creer que un poeta componga un poema solemne y cumplido sin una inspiración divina de su mente" (1.64). Esta fuerza divina que atraviesa la voz del poeta le confiere al sabio una visión pura y límpida. En la misma sección, esta fuerza divina es identificada con la filosofía, la ciencia suprema que permite disipar las tinieblas que obstruyen la mirada del alma, es decir con la ciencia que permite abrir el ojo del alma y cerrar el ojo del cuerpo. "...ha sido ella [la filosofía] la que ha dispersado la niebla del alma, como si la arrebatara de nuestros ojos [*ab oculis caliginem dispulit*], para que podamos ver todas las cosas [...] Esta fuerza que produce tantos y tan importantes efectos me parece en verdad divina" (1.64-65). La filosofía, en consecuencia, es la encargada de limpiar la niebla del alma, la *caligo animae* o *caligo mentis*. El verbo que describe su acción específica es *dispello*: dispersar, disipar. La filosofía disipa la bruma que obstruye la mirada del alma, la niebla o el vapor que exudan los cuerpos, la tierra. Es sabio quien ha aprendido a dispersar la niebla que entorpece el ojo del alma. La historia de la metafísica de Occidente, retomando estas ideas de Cicerón, y más allá aún de Platón y del orfismo, le dará a esta niebla el nombre de *cuerpo*. Quizás uno de los momentos en los que esta influencia platónica se vuelve más evidente es cuando Cicerón identifica a la visión pura del alma, la *visio mentis* o *visio animae*, con la reminiscencia (*anamnēsis*). En efecto, ver las cosas con claridad, para Cicerón, lo mismo que para Platón, no es sino recordar.

> No obstante, el alma no ve las cosas con toda claridad desde el momento en que se ha trasladado de una forma repentina a un domicilio tan desacostumbrado y desordenado, pero, cuando ella se ha recobrado y restablecido, entonces las reconoce mediante el recuerdo. De manera que aprender no es otra cosa que recordar. (1.58-59)

Poco antes Cicerón aclara que se trata de la *anamnēsis* y que lo que se recuerda es lo que Platón llamaba ideas y los romanos especies: [ἰδέαν *appellat ille, nos speciem*] (cfr. 1.58). Para acceder a este recuerdo de las Formas puras es preciso liberarse, en cierto sentido, del cuerpo y de la oscuridad que obstruye la mirada del alma, la *acies mentis*. Ahora bien, esto es posible porque ni siquiera en la vida terrestre, es decir en la vida corporal, son los sentidos los que ven. El agente o el sujeto de la visión es siempre el alma y no el cuerpo. Este último no es sino un instrumento, un *organum*. Mientras llevamos una existencia terrestre, la percepción del alma es entorpecida por el cuerpo, por las innumerables partículas materiales que la ensucian y mancillan; cuando el alma se libera del cuerpo, en cambio, la percepción se purifica y el ojo interior puede contemplar la verdad y las cosas tal como son.

> En realidad ahora ni siquiera distinguimos con los ojos las cosas que vemos, porque no existe en el cuerpo [*in corpore*] ninguna capacidad de percepción, sino que [...] existen, por así decir, una especie de conductos perforados que van desde la sede del alma hacia los ojos, los oídos y las narices. [...] es el alma la que ve y oye, y no esas partes que son una especie de ventanas de nuestra alma. (1.46)

Los órganos sensoriales son como ventanas o aberturas que comunican el mundo exterior con el mundo interior del alma, el verdadero sujeto del proceso perceptivo.[620] Esto no quiere decir que la mirada del cuerpo, la *acies corporis*, no pueda contribuir, en ciertas ocasiones, a estimular la *acies mentis*. Como en el *Fedro* o en el *Banquete*, las cosas sensibles pueden servir como puntos de partida para elevarse hasta las Formas inmutables. Cicerón lo explica con precisión: "Es evidente que del cuerpo provienen muchos estímulos capaces de aguzar la mente y otros muchos que la pueden embotar" (1.80). Los verbos que expresan esta doble acción del cuerpo sobre el alma son *acuo* (agudizar, fortalecer, etc.) y *obtundo* (decaer, obstruir, debilitar, etc.). El hombre sabio solo se apega a aquellos estímulos que agudizan el alma. Sin embargo, lo propio de la vida humana o, más bien, lo propio de la vida del alma humana, es errar u oscilar entre estos dos verbos, entre una fuerza que obstruye y oscurece su potencia y otra que la purifica e ilumina. El alma, entonces, es el sujeto y la esencia de lo humano. Conocerse a sí mismo, sostiene Cicerón aludiendo a la célebre inscripción (*gnōthi seauton*) que figuraba en el pronaos del templo de Apolo en Delfos, significa conocer el alma. "Cuando Apolo dice, por lo tanto, 'conócete a ti mismo', quiere decir 'conoce tu alma [*nosce animum tuum*]', porque el cuerpo es una especie de vasija o de receptáculo del alma; cualquier actividad que realiza tu alma es una actividad tuya" (1.52). De algún modo, sólo del alma se puede predicar la propiedad. Para que una acción puede ser considerada "mía" es necesario que se remita al alma como a su instancia ejecutora. El cuerpo, en cambio, es un mero receptáculo y por lo tanto no forma parte de la esencia humana. Quien conoce su cuerpo no se conoce a sí mismo. Y así como la propiedad es sólo adjudicable al alma, asimismo la impropiedad es sólo adjudicable al cuerpo. Aquello que me es propio, porque constituye mi esencia, es el alma; el cuerpo, en consecuencia, siendo un mero receptáculo y difiriendo por naturaleza del alma no puede ser sino impropio. Por eso el alma es el "juez único [*iudex solus*]" (cfr. 1.46) de todos los sentidos; y por eso también, "ya sea hálito vital o fuego, es divina" (1.60). Frente a la naturaleza celestial y divina del alma, el cuerpo posee una constitución meramente terrestre y densa.

El alma es más caliente o, mejor dicho, más ardiente, que este aire nuestro, que acabo de definir como denso y pesado, y ello prueba el hecho de que nuestros cuerpos, formados por elementos de substancia terrena, se calientan con el ardor del alma. (1.42)

---

620   Es importante notar que la idea de una sede del alma (*sede animae*) la toma Cicerón de los estoicos, los cuales la ubican en el corazón y la denominan *hēgemonikon*. Sobre este concepto, cfr. Long 1996: 224-249.

De algún modo, se trata de pasar de una mirada densa y opaca a una mirada liviana y prístina. Abrir el ojo del alma y cerrar el ojo del cuerpo supone una rarefacción de la mirada. El ardor del alma debe calentar al cuerpo, debe incluso –en el límite– consumirlo. Pero lejos de ser consumido por las llamas de las pasiones y de los deseos, debe ser consumido por las llamas de la virtud y de la inteligencia. Al deseo entendido como ardor del cuerpo se le opone el ardor del alma. Este último es más liviano y más caliente que la *cupiditas* o la *voluptas* corpóreas. Por eso liberarse de la prisión corporal, separar el alma del cuerpo, significa enfriar el calor de las pasiones con un calor aún más intenso pero esencialmente heterogéneo. El calor del alma debe aplacar el calor de los deseos terrestres. "Y puestos que son los ardores del cuerpo los que nos provocan la llama de casi todas las pasiones [...], nosotros seremos ciertamente felices [*beati*] cuando, abandonados nuestros cuerpos, nos veamos libres de las pasiones" (1.43-44).

La máquina óptica, en Cicerón, funciona a partir de la articulación de estos dos movimientos inversos: rarefacción y condensación, calefacción y refrigeración. En el centro de estos diversos estados se encuentra la visión y la mirada. Así como la rarefacción describe el pasaje de un estado líquido a un estado gaseoso, es decir el pasaje de un estado denso a uno más liviano, asimismo la condensación describe el pasaje inverso, de un estado gaseoso a un estado líquido y, más allá, sólido. El proceso de rarefacción de la mirada significa, siendo el alma más liviana y ardiente que el cuerpo, un tránsito de la mirada corpórea a la mirada anímica, de la *acies corporis* a la *acies mentis*; el proceso de condensación, por el contrario, significa un tránsito en sentido inverso, de la *acies mentis* a la *acies corporis*. El primero es considerado por Cicerón una liberación y un ascenso; el segundo, una condena y un descenso.

Bibliografía ■

Se consignan aquí únicamente las obras citadas a lo largo del libro. Las traducciones pertenecen al autor salvo en los casos en los que una edición castellana es explícitamente mencionada.

Libros

ABBOTT ABBOTT, Edwin (1885). *Flatland: A Romance of Many Dimensions*. Boston: Roberts Brothers.

ABRAHAMOV, Binyamin (2014). *Ibn al-ʿArabī and the Sufis*. Oxford: Anqa Publishing.

ABRAM, Jan (2007). *The Language of Winnicott. A Dictionary of Winnicott's Use of Words*. London: Karnac.

ABRAMS, Meyer H. (1971). *The Mirror and the Lamp: Romantic Theory and The Critical Tradition*. London – Oxford – New York: Oxford University Press.

ADAMS, Suzi (2011). *Castoriadis's Ontology*. New York: Fordham University Press.

AGAMBEN, Giorgio & DELEUZE, Gilles (1993). *Bartleby. La formula della creazione*. Macerata: Quodlibet.

AGAMBEN, Giorgio (1978). *Infanzia e storia: Distruzione dell'esperienza e origine della storia*. Torino: Einaudi.

AGAMBEN, Giorgio (1998). *Image et mémoire*. Paris: Éditions Hoëbeke.

AGAMBEN, Giorgio (2002). *L'aperto. L'uomo e l'animale*. Torino: Bollati Boringhieri.

AGAMBEN, Giorgio (2005). *La potenza del pensiero. Saggi e conferenze*. Vicenza: Neri Pozza.

AGAMBEN, Giorgio (2006). *Estancias. La palabra y el fantasma en la cultura occidental*. Valencia: Pre-Textos. Traducido por Tomás Segovia.

AGAMBEN, Giorgio (2007). *Il Regno e la Gloria. Per una genealogia teologica dell'economia e del governo*. Vicenza: Neri Pozza.

AGAMBEN, Giorgio (2007). *Ninfe*. Torino: Bollati Boringhieri.

AGAMBEN, Giorgio (2014). *L'uso dei corpi*. Vicenza: Neri Pozza.

AGAMBEN, Giorgio (2017). *Karman. Breve trattato sull'azione, la colpa e il gesto*. Torino: Bollati Boringhieri.

AGUSTÍN DE HIPONA (1957). *De Genesis ad litteram*. Madrid: Biblioteca de los Autores Cristianos, tomo XV.

AGUSTÍN DE HIPONA (1971). *De Spiritu et littera*. Madrid: Biblioteca de los Autores Cristianos, tomo VI.

AGUSTÍN DE HIPONA (1974-1977). *Confessionum libri XIII*. Madrid: Biblioteca de los Autores Cristianos, tomo II.

AGUSTÍN DE HIPONA (1994). *Soliloquiorum libri duo*. Madrid: Biblioteca de los Autores Cristianos, tomo I.

AGUSTÍN DE HIPONA (2006). *De Trinitate*. Madrid: Biblioteca de los Autores Cristianos, tomo V.

AGUSTÍN DE HIPONA (2007). *De civitate Dei*. Madrid: Biblioteca de los Autores Cristianos, tomos XVI-XVII.

AL-'ARABĪ (1852). *Al-Futûhât al-Makkiyya*. Bulaq Dar al-tiba'ah al-bahirah. Edición inglesa: Chodkiewicz, Michel (ed.) (2002). *The Meccan Revelations*. Varios volúmenes. Pir Press. Traducido por William C. Chittick & James W. Morris.

ALHACÉN (1622). "Kitab al-Manazir". En: *Opticae Thesaurus Libri Septem*. Basileae: Per Episcopios.

ALIGHIERI, Dante (1994). *Divina Commedia*. A cura di Giorgio Petrocchi. Firenze: Casa Editrice Le Lettere.

ALMOND, Ian (2004). *Sufism and Deconstruction. A comparative study of Derrida and Ibn'Arabi*. London – New York: Routledge.

ALTHUSSER, Louis & BALIBAR, Étienne (1973). *Lire Le Capital*. Tome I. Paris: François Maspero.

ALTIZER, Thomas (2000). *The New Apocalypse: The Radical Christian Vision of William Blake*. Colorado: The Michigan State University Press.

AMBROSI, Luigi (1898). *La psicologia della immaginazione nella storia della filosofía*. Roma: Società Editrice Dante Alighieri.

AMBUEL, David (2007). *Image and Paradigm in Plato's Sophist*. Las Vegas – Zurich – Athens: Parmenides Publishing.

ANASTOS, Milton V. (1979). *Studies in Byzantine Intellectual History*. London: Variorum Reprints.

ANDERS, Günther (2011). *La obsolescencia del hombre. Sobre el alma en la época de la segunda revolución industrial*. Vol. I. Valencia: Pre-Textos.

ANDREWS, Carol (1994). *Amulets on Ancient Egypt*. London: British Museum Press.

ANNAS, Julia (1981). *An Introduction to Plato's Republic*. Oxford: Clarendon Press.

ANTONOVA, Clemena (2009). *Space, Time, and Presence in the Icon. Seeing the World with the eyes of God*. Farnham – Burlington: Ashgate Publishing Company.

APULEYO (1914). *Apologia sive pro se de magia liber*. Oxford: Clarendon Press. Introducción y comentarios por Harold Edgeworth y Arthur Synge Owen.

ARENDT, Hannah (1978). *The Life of the Mind*. New York: Harcourt Inc.

ARISTÓTELES (1846). *Psychologie d'Aristote: traité de l'âme*. Paris: Librairie Philosophique de Ladrange. Traducido por Jules Barthélemy-Saint-Hilaire.

ARISTÓTELES (1976). *Metafísica*. Buenos Aires: Sudamericana. Traducido por Hernán Zuchi.

ARISTÓTELES (1978). *Acerca del alma*. Madrid: Gredos. Traducido por Tomás Calvo Martínez.

ARISTÓTELES (1987). "De sensu et sensibilibus". En: *Tratados breves de historia natural*.

Madrid: Gredos. Traducido por Alberto Bernabé Pajares.

ARISTÓTELES (2004). *Problemas*. Madrid: Gredos. Traducido por Ester Sánchez Millán.

ARMSTRONG, M. A. (1983). *Basic Topology*. New York: Springer.

ASÍN PALACIOS, Miguel (1931). *El Islam cristianizado. Estudio del "Sufismo" a través de las obras de Abenarabi de Murcia*. Madrid: Plutarco.

AYRES, Lewis (2010). *Augustine and the Trinity*. New York: Cambridge University Press.

BACHELARD, Gaston (1942). *L'eau et les rêves. Essai sur l'imagination de la matière*. Paris: José Corti.

BACHELARD, Gaston (1948). *La terre et les rêveries du repos*. Paris: José Corti.

BACHELARD, Gaston (1970). *Le droit de rêver*. Paris: P.U.F.

BADIOU, Alain (1992). *Conditions*. Paris: Éditions du Seuil.

BADIOU, Alain (1997). *Deleuze. El clamor del Ser*. Buenos Aires: Manantial. Traducido por Dardo Scavino.

BALTHASAR, Hans Urs von (1998). *Theodramatik. Die Personen des Spiels: 2. Teil: Die Personen in Christus*. Einsiedeln: Johannes.

BARBARAS, Renaud (2004). *The Being of the Phaenomenon. Merleau-Ponty's Ontology*. Bloomington – Indianapolis: Indiana University Press.

BARCLAY, William (1962). *Flesh and Spirit: An Examination of Galatians 5, 19-23*. London: SCM Press.

BARR SMITH, Robert (1738). *A Compleat System of Opticks in Four Books*. Cambridge: Cornelius Crownfield, Vol. II.

BARRIE, James Matthew (1911). *Peter and Wendy*. New York: C. Scribner's Sons.

BARTH, Karl (1958). *Church Dogmatics III.1. The Doctrine of Creation*. Edinburgh: T. & T. Clark. Traducido por J. W. Edwards, O. Bussey y Harold Knight.

BARTH, Karl (1962). *Christ and Adam. Man and Humanity in Romans 5*. New York: Collier Books. Traducido por T. A. Smail.

BARTH, Robert J. (1977). *The Symbolic Imagination. Coleridge and the Romantic Tradition.* New Jersey: Princeton University Press.

BASHIER, Salman H. (2004). *Ibn al-'Arabī's Barzakh. The Concept of the Limit and the Relationship between God and the World.* New York: State University of New York Press.

BATAILLE, Georges (1970). "Dossier de l'œil pinéal". En: *Oeuvres complétes.* Paris: Gallimard, Tome II.

BATAILLE, Georges (1973). "L'expérience intérieure". En: *Oeuvres complétes.* Paris: Gallimard, Tome V.

BAYNES, Norman H. (1974). *Byzantine Studies and Other Essays.* Connecticut: Greenwood Press.

BEARE, John I. (1906). *Greek Theories of Elementary Cognition from Alcmaeon to Aristotle.* Oxford: Clarendon Press.

BEHR, John (2000). *Asceticism and Anthropology in Irenaeus and Clement.* New York: Oxford University Press.

BELL, Emma; WARRE, Samantha & SCHROEDER, Jonathan (eds.) (2014). *The Routledge Companion to Visual Organization.* New York – London: Routledge.

BELTING, Hans (2007). *Antropología de la imagen.* Buenos Aires: Katz Editores. Traducido por Gonzalo María Vélez Espinosa.

BELTING, Hans (2009). *Imagen y culto. Una historia de la imagen anterior a la edad del arte.* Madrid: Akal. Traducido por Cristina Diez Pampliega y Jesús Espino Nuño.

BENJAMIN, Walter (1982). "Das Passagen-Werk". En: *Gesammelte Schriften,* ed. de Rolf Tiedemann y Hermann Schweppenhäuser. Band 5. Frankfurt am Main: Suhrkamp.

BENVENISTE, Émile (1966). *Problèmes de linguistique générale.* Paris: Gallimard. Tome I.

BENZAQUEM DE ARAÚJO, Ricardo (1994). *Guerra e paz. Casa-Grande & Senzala e a Obra de Gilberto Freyre nos Anos 30.* Rio de Janeiro: Editora 34.

BERGER, John (2008). *Ways of seeing.* London: Penguin Books.

BERGSON, Henri (1884). *Extraits de Lucrèce, avec un commentaire, des notes et une étude sur la poésie, la philosophie, la physique, le texte et la langue de Lucrèce.* Paris: Librairie Ch. Delagrave.

BERGSON, Henri (1939). *Matière et mémoire. Essai sur la relation du corps à l'esprit.* Paris: P.U.F.

BIERNOFF, Suzannah (2002). *Sight and Embodiment in the Middle Ages.* New York: Palgrave Macmillan.

BLAKE, William (1988). *The Complete Poetry & Prose of William Blake.* David V. Erdman (ed.). New York: Anchor Books.

BLANCHOT, Maurice (1955). *L'espace littéraire.* Paris: Gallimard.

BLANCHOT, Maurice (1969). *L'entretien infini.* Paris: Gallimard.

BLANCHOT, Maurice (1994). *El paso (no) más allá.* Barcelona: Paidós. Traducido por Cristina de Peretti.

BLONDEL, Maurice (1935). *L'Être et les êtres. Essai d'ontologie concrète et intégrale.* Paris: P.U.F.

BLOOM, Harold (1997). *The Anxiety of Influence. A Theory of Poetry.* New York – Oxford: Oxford University Press.

BLOOMFIELD, Robert (1824). "Nature's Music". En: *The Remains of Robert Bloomfield.* London: Baldwin, Cradock & Joy.

BLUMENBERG, Hans (2009). *Uscite della caverna.* Milano: Edizioni Medusa. Traducido por Martino Doni.

BLUMENTHAL, H. J. (1993). *Soul and Intellect. Studies in Plotinus and Later Neoplatonism.* Great Britain: Variorum.

BONFANTINI, Massimo (1972). *Introduzione a Whitehead.* Bari: Laterza.

BONHOEFFER, Dietrich (1997). "Creation and Fall: A Theological Exposition of Genesis 1-3". En: *Works,* vol. III. Minneapolis: Fortress Press. Traducido por Douglas Bax.

BORGES, Jorge Luis (1974). *Obras completas.* Buenos Aires: Emecé Editores.

BORRELLI, Arianna; HON, Giora & ZIK, Yaakov (eds.) (2017). *The Optics of Giambattista Della Porta (ca. 1535–1615): A Reassessment.* New York: Springer.

BOUILLARD, Henri (1961). *Blondel et le Christianisme.* Paris: Éditions du Seuil.

BOURRIAUD, Nicolas (2017). *L'exforme. Art, idéologie et rejet*. Paris: P.U.F.

BOWERS, Brian (2001). *Sir Charles Wheatstone FRS (1802-1875)*. London: The Institution of Electrical Engineers.

BOYLE, Deborah A. (2009). *Descartes on Innate Ideas*. New York: Continuum.

BRANN, Eva T. H. (1991). *The World of the Imagination: Sum and Substance*. Lanham: Rowman & Littleield Publishers.

BREGMAN, Jay (1982). *Synesius of Cyrene. Philosopher-Bishop*. London – Berkeley – Los Angeles: University of California Press.

BREMMER, Jan N. (1983). *The Early Greek Concept of the Soul*. New Jersey: Princeton University Press.

BRENNER, Joseph E. (2008). *Logic in Reality*. Paris: Springer.

BRENTARI, Carlo (2015). *Jakob von Uexküll. The Discovery of the Umwelt between Biosemiotics and Theoretical Biology*. New York: Springer. Traducido por Catriona Graciet.

BREWSTER, David (1856). *The Stereoscope. Its History, Theory, and Construction*. London: John Murray.

BUCHANAN, Brett (2008). *Onto-Ethologies. The Animal Environments of Uexküll, Heidegger, Merleau-Ponty and Deleuze*. New York: S.U.N.Y. Press.

BULKELEY, Kelly (2008). *Dreaming in the World's Religions. A Comparative Study*. New York – London: New York University Press.

BURKERT, Walter (2011). *Griechische Religion der archaischen und klassischen Epoche, 2. Auflage*. Stuttgart: W. Kohlhammer.

BURNET, John (1928). *Greek Philosophy. Part I: Thales to Plato*. London: Macmillan.

BUSTRIAZO ORTIZ, Juan Carlos (2008). *Herejía Bermeja*. Buenos Aires: Ediciones En Danza.

CABESTAN, Philippe (1999). *L'imaginaire. Sartre*. Paris: Ellipses.

CALARCO, Matthew (2008). *Zoographies. The Question of the Animal from Heidegger to Derrida*. New York: Columbia University Press.

CALLINICOS, Alex (1976). *Althusser's Marxism*. London: Pluto Press.

CAMUS, Albert (1935). *Métaphysique chrétienne et néoplatonisme*. Paris: La Pléïade.

CANO, Virginia (2017). *Ética tortillera. Ensayos en torno al éthos y la lengua de las amantes*. Buenos Aires: Editorial Madreselva.

CAPPELLETTI, Ángel J. (1987). *Las teorías del sueño en la Filosofía Antigua*. Caracas: Edic. del Centro de Estudios Pedagógicos "Ignacio Burk".

CARBONE, Mauro (2004). *The Thinking of the Sensible. Merleau-Ponty's A-Philosophy*. Illinois: Northwestern University Press.

CARBONE, Mauro (2015). *The Flesh of Images. Merleau-Ponty between Painting and Cinema*. New York: New York University Press.

CARY, Philip (2008). *Inner Grace. Augustine in the Traditions of Plato and Paul*. New York: Oxford University Press.

CASTEL, Louis Bertrand (1740). *L'Optique des couleurs*. Paris: Briasson.

CASTORIADIS, Cornelius (1998). *Hecho y por hacer. Pensar la imaginación*. Buenos Aires: Eudeba. Traducido por Laura Lambert.

CASTORIADIS, Cornelius (2005). *Los dominios del hombre: Las encrucijadas del laberinto*. Barcelona: Gedisa. Traducido por Alberto L. Bixto.

CASTORIADIS, Cornelius (2013). *La institución imaginaria de la sociedad*. México: Tusquets. Traducido por Antoni Vicens y Marco-Aurelio Garmarini.

CATENARO, Franco (2013). *Il pensiero politico di Platone. La vita politica come scelta di vita morale*. Teramo: Ricerche & Redazioni.

CATERINA DA SIENA (1707). *L'opere della serafica Santa Caterina da Siena nuovamente pubblicate da Girolamo Gigli. Tomo primo quarto La vita della serafica sposa di Gesù Cristo S. Caterina da Siena tradotta ora fedelmente dalla Leggenda latina che ne compilò il B. Raimondo da Capua suo confessore pel signor canonico Bernardino Pecci Accademico Intronato*. Siena: Bonetti nella Stamp. del Pubbl.

CATERINA DA SIENA (1912). *Libro della divina dottrina volgarmente detto Dialogo della divina provvidenza*. Bari: Laterza. A cura di Matilde Fiorilli.

CHAMISSO, Adelbert von (1827). *Peter Schlemihl's wundersame Geschichte*. Nürnberg: Schrag.

CHILDS, Brevard S. (1993). *Biblical Theology of the Old and New Testaments: Theological Reflection on the Christian Bible*. Minneapolis: Fortress Press.

CHISHOLM, Hugh (ed.) (1910). *The Encyclopaedia Britannica: a dictionary of arts, sciences, literature and general information*. Vol. I. Cambridge: Cambridge University Press.

CHISHOLM, Roderick M. (1982). *Brentano and Meinong Studies*. Amsterdam: Rodopi.

CHITTICK, William C. (1989). *The Sufi Path of Knowledge: Ibn al-'Arabi's Metaphysics of Imagination*. New York: State University of New York Press.

CHITTICK, William C. (1998). *The Self-Disclosure of God: Principles of Ibn al-'Arabī's Cosmology*. New York: State University of New York Press.

CHITTICK, William C. (2005). *Ibn 'Arabi. Heir to the Prophets*. Oxford: Oneworld.

CICERÓN. *De natura deorum*. Varias ediciones latinas online.

CICERÓN. *Tusculanæ Disputationes*. Varias ediciones latinas online.

CLARKE, Desmond M. (2003). *Descartes's Theory of Mind*. Oxford: Clarendon Press.

CLARKE, Michael (1999). *Flesh and Spirit in the Songs of Homer. A Study of Words and Myths*. Oxford: Clarendon Press.

CLEARY, John J. (1997). *The Perennial Tradition of Neoplatonism*. Leuven: Leuven University Press.

CLEMENTE DE ALEJANDRÍA (1857). *Protrepticus*. En: Migne, J. P., *PG*, Vol. 8.

CLERC, Charly (1915). *Les théories relatives au culte des images chez les auteurs grecs du IIme siècle après J.-C*. Paris: Fontemoing.

COATES, Peter (2002). *Ibn 'Arabi and Modern Thought. The History of Taking Metaphysics Seriously*. Oxford: Anqa Publishing.

COBB, John B. (2008). *Whitehead Word Book. A Glossary with Alphabetical Index to Technical Terms in Process and Reality*. Claremont: P&F Press.

COCCIA, Emanuele (2005). *La trasparenza delle immagini. Averroè e l'averroismo*. Milano: Bruno Mondadori.

COCCIA, Emanuele (2010). *A vida sensível*. Florianopolis: Editora Cultura e Barbárie. Traducido por Diego Cervelin.

COCCIA, Emanuele (2017). *La vida de las plantas. Una metafísica de la mixtura*. Buenos Aires: Miño y Dávila Editores. Traducido por Gabriela Milone.

COCKING, John (1991). *Imagination: A Study in the History of Ideas*. London: Routledge.

COLEMAN, Janet (1995). *Ancient and Medieval Memories. Studies in the Reconstruction of the Past*. Cambridge: Cambridge University Press.

COLERIDGE, Samuel Taylor (1907). *Biographia literaria*. Oxford: Clarendon Press.

COLLI, Giorgio (1978). *Filosofia dell'espressione*. Milano: Adelphi Edizioni.

CORBIN, Henry (1969). *Creative Imagination in the Sufism of Ibn 'Arabī*. New York: Princeton University Press.

CORBIN, Henry (1979). *Corps spirituel et terre céleste. De l'Iran Mazdéen à l'Iran Shi'ite*. Paris: Éditions Buchet/Chastel.

CORNFORD, Francis (1935). *Plato's Theory of Knowledge. The Thaetetus and the Sophist translated with a running commentary*. London: Kegan Paul, Trench, Trubner & Co. Ltd.

COTTINGHAM, John G. (1993). *A Descartes Dictionary*. Oxford: Blackwell Publishers.

COWELL, Edward Byles (1901). *The Jātaka, or, Stories of the Buddha's former births*. Vol. IV. Cambridge: Cambridge University Press.

CRAGNOLINI, Mónica (2007). *Derrida, un pensador del resto*. Buenos Aires: La Cebra.

CRAWFORD, W. S. (1901). *Synesius. The Hellene*. London: Rivingstons.

CROSS, Frank L. & LIVINGSTONE, Elizabeth A. (eds.) (1997). *The Oxford Dictionary of The Christian Church*. Oxford – New York: Oxford University Press.

CROUZEL, Henri (1956). *Théologie de l'image de Dieu chez Origène*. Paris: Aubier.

CROUZEL, Henri (1985). *Origène*. Paris: Le Sycomore.

DA VINCI, Leonardo (1947). *Trattato della pittura*. Carabba Editore.

DAMON, Foster S. (2013). *A Blake Dictionary. The Ideas and Symbols of William Blake.* Hanover – London: University Press of New England.

DANTI, Ignazio (1583). *Le due regole della prospettiva pratica di M. Iacomo Barozzi da Vignola.* Roma: Francesco Zannetti.

DE AGUILÓN, Francisco (1613). *Opticorum Libri Sex philosophis juxta ac mathematicis utiles.* Antverplae: Ex Officina Plantiniana.

DE BOEVER, Anne & MURRAY, Alex & ROFFE, Jon & WOODWARD, Ashley (eds.), (2012). *Gilbert Simondon: Being and Technology.* Edinburgh: Edinburgh University Press.

DE CERTEAU, Michel (1982). *La fable mystique, I. XVIe-XVIIe siècle.* Paris: Gallimard.

DE LA DURANTAYE, Leland (2009). *Giorgio Agamben. A Critical Introduction.* California: Stanford University Press.

DE LIBERA, Alain (1998). *Introduzione alla mistica renana. Da Alberto Magno a Meister Eckhart.* Milano: Jaca Book. Traducido por Aldo Granata.

DE LIBERA, Alain (2014). *Archéologie du sujet III. La double révolution.* Paris: Vrin.

DE LIBERA, Alain (2016). *Archéologie du sujet I. Naissance du sujet.* Paris: Vrin.

DENYS, Martin J. (2009). *Hegel and Theology.* New York: Continuum.

DE ROOY, Laurens & KNEPPER, Simon (2009). *Forces of Form: The Vrolik Museum.* Amsterdam: Amsterdam University Press.

DEBORD, Guy (1992). *La Société du Spectacle.* Paris: Gallimard.

DELEUZE, Gilles & GUATTARI, Félix (1980). *Mille Plateaux.* Paris: Éditions de Minuit.

DELEUZE, Gilles & GUATTARI, Félix (1995). *L'Anti-Œdipe.* Paris: Éditions de Minuit.

DELEUZE, Gilles & PARNET, Claire (1977). *Dialogues.* Paris: Flammarion.

DELEUZE, Gilles (1959). *Empirisme et subjectivité. Essai sur la nature humaine selon Hume.* Paris: P.U.F.

DELEUZE, Gilles (1964). *Proust et les signes.* Paris: P.U.F.

DELEUZE, Gilles (1966). *Le bergsonisme.* Paris: P.U.F.

DELEUZE, Gilles (1968). *Différence et répétiton.* Paris: P.U.F.

DELEUZE, Gilles (1969). *Logique du sens.* Paris: Éditions de Minuit.

DELEUZE, Gilles (1983). *Cinéma 1. L'image-mouvement.* Paris: Éditions de Minuit.

DELEUZE, Gilles (1985). *Cinéma 2. L'image-temps.* Paris: Éditions de Minuit.

DELEUZE, Gilles (1990). *Pourparlers (1972-1990).* Paris: Éditions de Minuit.

DELEUZE, Gilles (1993). *Critique et clinique.* Paris: Éditions de Minuit.

DELEUZE, Gilles (2003). *Spinoza. Philosophie practique.* Paris: Éditions de Minuit.

DELEUZE, Gilles (2003a). *Deux régimes de fous. Textes et entretiens 1975-1995.* Paris: Éditions de Minuit.

DELEUZE, Gilles (2004). *Foucault.* Paris: Éditions de Minuit.

DELLA PORTA, Giovanni Battista (1593). *De refractione optices parte.* Napoli: Iacobum Carlinum & Antonium Pacem.

DENERY, Dallas G. (2005). *Seeing and Being Seen in the Later Medieval World. Optics, Theology and Religious Life.* New York: Cambridge University Press.

DERRIDA, Jacques (1967). *L'écriture et la différence.* París: Éditions du Seuil.

DERRIDA, Jacques (1972). *Marges de la philosophie.* París: Éditions de Minuit.

DERRIDA, Jacques (1990). *Du droit à la philosophie.* Paris: Galilée.

DERRIDA, Jacques (1991). *Mémoires d'aveugle. L'autoportrait et autres ruines.* Paris: Réunion des musées nationaux.

DERRIDA, Jacques (1993). *Khôra.* Paris: Galilée.

DERRIDA, Jacques (1993). *Spectres de Marx.* Paris: Galilée.

DERRIDA, Jacques (2001). *Tourner les mots. Au bord d'un film.* París: Galilée.

DESCARTES, René (1897-1913). *Œuvres.* Publiées par Charles Adam et Paul Tannery. XII Tomes. Paris: Cerf.

DIADOCO DE FÓTICE (1966). "Capita Centrum de Perfectione Spirituali". En: *Oeuvres.* Editado por E. Des Places. Sources Chrétiennes, Vol. V. Paris: Cerf.

DIDEROT, Denis & D'ALEMBERT, Jean le Rond (1751). *Encyclopédie, ou Dictionnaire raisonné des sciences, des arts et des métiers*. Edición original online.

DIDEROT, Denis (1962). *Correspondance*. Vol. 9. Georges Roth & Jean Verloot (eds.), 16 vols. Paris: Editions de Minuit.

DIDI-HUBERMAN, Georges (1998). *Phasmes. Essais sur l'apparition, 1*. Paris: Éditions de Minuit.

DIDI-HUBERMAN, Georges (2001). *Génie du non-lieu. Air, poussière, empreinte, hantise*. Paris: Éditions de Minuit.

DIDI-HUBERMAN, Georges (2002). *L'image suvivante. Histoire de l'art et temps des fantômes selon Aby Warburg*. Paris: Éditions de Minuit.

DIDI-HUBERMAN, Georges (2012). *Supervivencia de las luciérnagas*. Madrid: Abada Editores. Traducido por Juan Calatrava.

DILLON, John M. (1997). *The Great Tradition Further Studies in the Development of Platonism and Early Christianity*. Aldershot: Ashgate.

DREYFUS, Hubert L. & RABINOW, Paul (1983). *Michel Foucault: Beyond Structuralism and Hermeneutics*. Chicago: The University of Chicago Press.

DUBY, Georges (1984). *L'Europe au Moyen Âge*. Paris: Flammarion.

DUFOURCQ, Annabelle (2012). *Merleau-Ponty: une ontologie de l'imaginaire*. New York: Springer.

DUNN, James D. G. (1998). *The Theology of Paul the Apostle*. Michigan – Cambridge: William B. Eerdmans.

DUPOND, Pascal (2001). *Le vocabulaire de Merleau-Ponty*. Paris: Ellipses.

DURAND, Gilbert (1964). *L'Imagination symbolique*. Paris: P.U.F.

DURAND, Gilbert (1984). *Les structures anthropologiques de l'imaginaire. Introduction à l'archétypologie génerale*. Paris: Dunod.

DYSON, Robert (2005). *St. Augustine of Hippo. The Christian Transformation of Political Philosophy*. New York: Continuum.

ECO, Umberto (2009). *Historia de la belleza*. Barcelona: Lumen. Traducido por Maria Pons Irazazábal.

EICHRODT, Walter (1967). *Theology of the Old Testament*. Philadelphia: The Weinstminster Press, Vol. II.

EKLUND, Ragnar (1941). *Life between Death and Resurrection according to Islam*. Uppsala: Almqvist och Wiksells boktryck.

ENGELL, James (1981). *The Creative Imagination. Enlightenment to Romanticism*. Cambridge – London: Harvard University Press.

ENGLISH, Adam (2007). *The Possibility of Christian Philosophy. Maurice Blondel at The Intersection of Theology and Philosophy*. London – New York: Routledge.

EPICURO (1996). *Epistulae tres et ratae sententiae a Laertio Diogene servatae. Gnomologium Epicureum Vaticanum*. Stuttgart – Leipzig: Walter de Gruyter.

ESPOSITO, Roberto (2007). *Terza persona. Politica della vita e filosofia dell'impersonale*. Torino: Einaudi.

ESPOSITO, Roberto (2013). *Due. La macchina della teologia politica e il posto del pensiero*. Torino: Einaudi.

ESQUILO (1926). *Aeschylus*, with an English translation by Herbert Weir Smyth, Ph. D. in two volumes. Cambridge. Cambridge, Mass., Harvard University Press; London, William Heinemann, Ltd., Vol. I.

FAWTIER, Robert (1921). *Sainte Catherine de Sienne: essai de critique des sources*. Paris: E. de Boccard.

FEE, Gordon D. (2007). *Pauline Christology. An Exegetical-Theological Study*. USA: Hendrickson Publishers.

FELIPE, León (1990). *Antología rota*. Buenos Aires: Losada.

FERLINGHETTI, Lawrence (1960). *Her*. New York: New Directions.

FEUERBACH, Ludwig (1883). "Das Wesen des Christenthums". En: *Sämmtliche Werke*, Vol. 7. Leipzig: Verlag Von Otto Wigand.

FILÓN DE ALEJANDRÍA (1981). *De Opificio Mundi*. En: *Works of Philo in Ten Volumes (and Two Supplementary Volumes)*. Greek/English bilingual Edition, Introduction and Translation: F. H. Colson & G. H. Whitaker. Cambridge: Harvard University Press, Loeb Classical Library, Vol. I.

FINDLEN, Paula (ed.) (2004). *Athanasius Kircher. The Last Man Who Knew Everything*. New York – London: Routledge.

FLEISCHMANN, Eugène (1975). *La Logica di Hegel*. Torino: Einaudi.

FLEISNER, Paula (2015). *La vida que viene. Estética y filosofía política en el pensamiento de Giorgio Agamben*. Buenos Aires: Eudeba.

FLUDD, Robert (1619). *Utriusque Cosmi maioris salicet et minoris metaphysica physica, atque technica Historia*. Oppenhemij Impensis Iohannis Theodori de Brÿ, Tome II.

FONDANE, Benjamin (1998). *L'être et la connaissance. Essai sur Lupasco*. Paris: Éditions Paris-Méditerranée.

FOSTER, Hal (ed.) (1988). *Vision and Visuality. Discussions in Contemporary Culture*. Seattle: Bay Press.

FOUCAULT, Michel (1966). *Les mots et les choses. Une archéologie des sciences humaines*. Paris: Gallimard.

FOUCAULT, Michel (1969). *L'archéologie du savoir*. Paris: Gallimard.

FOUCAULT, Michel (1975). *Surveiller et punir. Naissance de la prison*. Paris: Gallimard.

FOUCAULT, Michel (1994). *Dits et écrits. Tome III (1976-1979)*. Paris: Gallimard.

FOUCAULT, Michel (1997). *El nacimiento de la clínica. Una arqueología de la mirada médica*. México: Siglo XXI, 17ª edición. Traducido por Francisca Perujo.

FOUCAULT, Michel (2001). *Dits et écrits. Tome II (1970-1975)*. Paris: Gallimard.

FRATANTUONO, Lee (2015). *A Reading of Lucretius' De Rerum Natura*. Lanham: Lexington Books.

FREGE, Gottlob (1993). *Logische Untersuchungen*. Göttingen: Vandenhoeck & Ruprecht.

FREYRE, Gilberto (2000). *Assombrações do Recife velho: algumas notas históricas e outras tantas folclóricas em torno do sobrenatural no passado recifense*. Brasil: Topbooks.

FREYRE, Gilberto (2003). *Casa-grande & senzala. Formação da família brasileira sob o regime da economia patriarcal*. Recife – Pernambuco: Global Editora.

FROHSCHAMMER, Jakob (1877). *Die Phantasie als Grundprincip des Weltprocesses*. München: Theodor Ackermann.

FROHSCHAMMER, Jakob (1879). *Monaden und Weltphantasie*. München: Theodor Ackermann.

FRONTISI-LEROUX, Françoise & VERNANT, Jean-Pierre (1997). *Dans l'œil du miroir*. Paris: Éditions Odile Jacob.

FRYE, Northrop (1974). *Fearful Symmetry. A Study of William Blake*. New Jersey: Princeton University Press.

GARDNER, Alice (1886). *Synesius of Cyrene. Philosopher and Bishop*. London: Society for Promoting Christian Knowledge.

GASCHÉ, Rodolphe (2012). *Georges Bataille. Phenomenology and Phantasmatology*. Standford: Standford University Press.

GAUCHET, Marcel (1985). *Le désenchantement du monde. Une histoire politique de la religion*. Paris: Gallimard.

GERSH, Stephen (1986). *Platonism and Neoplatonism. The Latin Tradition*. Notre Dame: University of Notre Dame Press, 2 vols.

GERTZ, Sebastian R. P. (2011). *Death and Immortality in Late Neoplatonism. Studies on the Ancient Commentaries on Plato's* Phaedo. Leiden: Brill

GIAKALIS, Ambrosios (2005). *Images of The Divine: The Theology of Icons at The Seventh Ecumenical Council*. Leiden – Boston: Brill.

GILSON, Étienne (1930). *Études sur le rôle de la pensée médiévale dans la formation du système cartésien*. Paris: Vrin.

GILSON, Étienne (1973). *La filosofía nel Medioevo. Dalle origini patristiche alla fine del XIV secolo*. Firenze: La Nuova Italia. Traducido por Maria Assunta del Torre.

GIOIA, Luigi (2008). *The Theological Epistemology of Augustine's* De Trinitate. New York: Oxford University Press.

GIRONI, Fabio (2015). *Naturalising Badiou. Mathematical Ontology and Structural Realism*. New York: Palgrave Macmillan.

GIULEA, Dragoş Andrei (2014). *Pre-Nicene Christology in Paschal Contexts. The Case of the Divine Noetic Anthropos.* Leiden – Boston: Brill.

GODWIN, Joscelyn (1979). *Athanasius Kircher. A Renaissance Man and the Quest for Lost Knowledge.* London: Thames and Hudson.

GODWIN, Joscelyn (1991). *Robert Fludd: Hermetic Philosopher and Surveyor of Two Worlds (Art & Imagination).* United States: Phanes Press.

GODWIN, Joscelyn (2009). *Athanasius Kircher's Theatre of the World: His Life, Work, and the Search for Universal Knowledge.* London: Inner Traditions/Bear.

GOETHE, Wolfgang (1808). *Faust. Eine Tragödie. Der Tragödie erster Teil.* Tübingen: J. G. Cotta.

GÓMEZ DE LIAÑO, Ignacio (1982). *El idioma de la imaginación.* Madrid: Taurus.

GOOD, Edwin M. (2011). *Genesis I-II. Tales of the Earliest World.* Stanford: Stanford University Press.

GRABAR, André (1967). *The Art of the Byzantine Empire. Byzantine Art in the Middle Ages.* New York: Greystone Press.

GRANT, Iain Hamilton (2006). *Philosophies of Nature after Schelling.* New York: Continuum.

GREGORIO DE NISA (2009). *De hominis opificio.* The Fourtheenth-Century Slavonic Translation. A Critical Edition with Greek Parallel, Commentary and Glossary by Lara Sels. Bausteine zur Slavischen Philologie und Kulturgeschichte. Neue Folge. Reihe B: Editionen, Band 21. Wien: Böhlau Verlag.

GRIGSON, Geoffrey Grigson (1947). *The Harp of Aeolus and other Essays on Art, Literature & Nature.* London: Routledge.

GRILLMEIER, Aloys (1975). *Christ in Christian Tradition. From the Apostolic Age to Chalcedon (451),* Vol. I. Atlanta: John Knox Press.

GRYPEOU, Emmanouela & SPURLING, Helen (2013). *The Book of Genesis in Late Antiquity. Encounters between Jewish and Christian Exegesis.* Leiden – Boston: Brill.

GUALANDI, Alberto (1998). *Deleuze.* Paris: Les Belles Lettres.

GUÉNON, René (1945). *Le règne de la quantité et les signes des temps.* Paris: Gallimard.

GULLEY, Norman (1962). *Plato's Theory of Knowledge.* London: Methuen & Co. Ltd.

GURMIN, John Haydn (2010). *A Study of the Development and Significance of the Idea of the 'Image of God' from its Origins in Genesis through its Historical-Philosophical Interpretations to Contemporary Concerns in Science and Phenomenology.* Thesis submitted in fulfilment of the requirements for the Degree of Doctor of Philosophy. The Department of Philosophy, National University of Ireland, Maynooth.

HADOT, Pierre (1995). *Qu'est-ce que la philosophie antique?.* Paris: Gallimard.

HAMELIN, Octave (1921). *Le système de Descartes.* Paris: Félix Alcan.

HAMRICK, Willian S. & VAN DER VEKEN, Jan (2011). *Nature and Logos. A Whiteheadian Key to Merleau-Ponty's Fundamental Thought.* New York: New York University Press.

HAN, Byung-Chul (2016). *Shanzhai. El arte de la falsificación y la deconstrucción en China.* Buenos Aires: Caja Negra. Traducido por Paula Kuffer.

HANKINS, Thomas L. & SILVERMAN, Robert J. (1995). *Instruments and the Imagination.* Princeton: Princeton University Press.

HARDER, Hans (2011). *Sufism and Saint Veneration in Contemporary Bangladesh: The Maijbhandaris of Chittagong.* New York: Routledge.

HARMAN, Graham (2011). *Quentin Meillassoux. Philosophy in the Making.* Edinburgh: Edinburgh University Press.

HARVEY, Edmund Newton (1957). *History of Luminiscence. From the Earliest Times Until 1900.* Philadelphia: American Philosophical Society.

HAWKINS, John (1776). *General History of the Science and Practice of Music.* Vol. IV. London: Printed for T. Payne and Son.

HAWLEY, John Stratton & WULFF, Donna Marie (eds.) (1982). *The Divine Consort: Rādhā and the Goddesses of India.* Delhi – Varanasi – Patna: Motilal Banarsidass.

HEARN, Lafcadio (1904). *Kwaidan: Stories and Studies of Strange Things.* Boston – New York: Houghton, Mifflin and Company.

HEDLEY, Douglas (2000). *Coleridge, Philosophy and Religion. Aids to Reflection and the Mirror of the Spirit*. Cambridge: Cambridge University Press

HEGEL, Friedrich G. W. (1986). "Der Geist des Christentums". En: *Frühe Schriften. Werke I*. Frankfurt am Main: Suhrkamp Verlag.

HEGEL, Friedrich G. W. (1986). *Wissenschaft der Logik I*. Frankfurt am Main: Suhrkamp Verlag.

HEIDEGGER, Martin (1959). *Unterwegs zur Sprache*. Frankfurt am Main: Vittorio Klostermann.

HEIDEGGER, Martin (1967). *Sein und Zeit*. Tübingen: Max Niemeyer Verlag.

HEIDEGGER, Martin (1983). *Die Grundbegriffe der Metaphysik. Welt – Endlichkeit – Einsamkeit*. Gesamtausgabe, Band 29-30. Frankfurt am Main: Vittorio Klostermann.

HEIDEGGER, Martin (1984). *Die Frage nach dem Ding. Zu Kants Lehre von den transzendentalen Grundsätzen*. En: *Gesamtausgabe*, Band 41. Frankfurt am Main: Vittorio Klostermann.

HEIDEGGER, Martin (1992). *Platon: Sophistes*. En: *Gesamtausgabe*, Band 19. Frankfurt am Main: Vittorio Klostermann.

HEIDEGGER, Martin (1997). *Platons Lehre von der Wahrheit*. Frankfurt am Main: Vittorio Klostermann.

HEIDEGGER, Martin (1997a). *Nietzsche. Zweiter Band*. Gesamtausgabe, Band 6.2. Frankfurt am Main: Vittorio Klostermann.

HEIDEGGER, Martin (2000). *Brief über den "Humanismus"*. Frankfurt am Main: Vittorio Klostermann.

HEIDEGGER, Martin (2014). *Kant y el problema de la metafísica*. México: F.C.E. Trad. Gred Ibscher Roth.

HENRY, Michel (2000). *Incarnation. Une philosophie de la chair*. Paris: Éditions du Seuil.

HERNÁNDEZ, Miguel Cruz (1963). *La filosofía árabe*. Madrid: Revista de Occidente.

HESÍODO (1914). *Theogony*. London: William Heinemann Ltd.

HESÍODO (1914). *Works and Days*. London: William Heinemann Ltd.

HICKS, Robert Drew (ed.) (1907). *Aristotle: De anima*. Cambridge: Cambridge University Press.

HILDEBRANDT, Wilf (1995). *An Old Testament Theology of the Spirit of God*. U.S.A.: Hendrickson Publishers, Inc.

HILLMAN, James (1975). *Re-Visionins Psychology*. New York: Harper & Row Publishers.

HODGSON, Peter C. (2005). *Hegel and Christian Theology. A Reading of the Lectures on the Philosophy of Religion*. Oxford – New York: Oxford University Press.

HOFMANN, Johann Jacob (1698). *Lexicon universale: historiam sacram et profanam omnis aevi omniunque gentium, chronologiam ad haec usque tempora, geographiam et veteris et novi orbis ... praeterea animalium, plantarum, metallorum ... nomina, naturas, vires explanans*. Tomus primus, literas A, B, C continens. Lugduni Batavorum: Jacob. Hackium.

HOLLIER, Denis (1993). *Against Architecture: The Writings of Georges Bataille*. Cambridge – London: The MIT Press.

HOMERO (1920). *Homeri Opera in five volumes*. Oxford: Oxford University Press.

HOWARD, Ian P. & ROGERS Brian J. (1995). *Binocular Vision and Stereopsis*. New York – Oxford: Oxford University Press.

HOWELL, Penny J. (1997). *Made in God's Image? Eve and Adam in the Genesis Mosaics at San Marco, Venice*. Berkeley – Los Angeles – London: University of California Press.

HUME, David (1960). *A Treatise of Human Nature*. Oxford: Clarendon Press.

HUME, David (2007). *An Enquiry concerning Human Understanding*. Oxford – New York: Oxford University Press.

HUSSEY, J. M. (1990). *The Orthodox Church in the Byzantine Empire*. Oxford: Oxford University Press.

IDEL, Moshe (1988). *The Mystical Experience in Abraham Abulafia*. New York: State University of New York Press.

IDEL, Moshe (1990). *Golem. Jewish Magical and Mystical Traditions on the Artificial Anthropoid*. New York: State University of New York Press.

IOZZIA, Daniele (2015). *Aesthetic Themes in Pagan and Christian Neoplatonism. From Plotinus* to *Gregory of Nyssa*. London – New York: Bloomsbury.

IRENEO DE LYON (1965–82). *Adversus Haereses*. En: Rousseau, A. et al. (eds.). *Irénée de Lyon Contre les hérésies Livres I–V*, 10 vols. Paris: Cerf (pages/lines of Harvey printed in the SC margins). Book I=SC 263–64; Book II=SC 293–94; Book III=SC 210–11; Book IV=SC 100*–**; Book V=SC 152–53.

ISER, Wolfgang (1980). *The Act of Reading. A Theory of Aesthetic Response*. London: John Hopkins University Press.

JACQUETTE, Dale (1996). *Meinongian Logic. The Semantics of Existence and Nonexistence*. Berlin – New York: Walter de Gruyter.

JACQUETTE, Dale (2015). *Alexius Meinong, The Shepherd of Non-Being*. New York: Springer.

JAEGER, W. (1955). *Paideia; die Formung des griechischen Menschen*. Band III. Berlin: De Gruyter.

JAMES, William (1912). *Essays in Radical Empiricism*. New York: Longmans, Green & Co.

JAMES, William (1918). *The Principles of Psychology*. Vol. I. New York: Henry Holt.

JAPPE, Anselm (1992). *Guy Debord*. Pescara: Edizioni Tracce.

JAY, Martin (1993). *Downcast Eyes. The Denigration of Vision in Twentieth-century French Thought*. Berkeley – Los Angeles – London: University of California Press.

JAY, Martin (2012). *Refractions of Violence*. New York – London: Routledge.

JESI, Furio (1977). *La festa. Antropologia, etnologia, folklore*. Torino: Rosenberg & Sellier.

JESI, Furio (1979). *Materiali mitologici. Mito e antropologia nella cultura mitteleuropea*. Torino: Einaudi.

JESI, Furio (1980). *Mito*. Milano: Arnoldo Mondadori Editore.

JOACHIM, Harlod H. (1957). *Descartes's Rules for the Direction of the Mind*. London: George Allen & Unwin Ltd.

JOHANN, Michel (2015). *Ricoeur and the Post-Structuralists: Bourdieu, Derrida, Deleuze, Foucault, Castoriadis*. London – New York: Rowman & Littlefield International, Ltd. Traducido por Scott Davidson.

JONAS, Hans (1966). *The Phenomenon of Life. Toward a Philosophical Biology*. New York: Harper & Row.

JONES, William (1781). *Physiological Disquisitions; or, Discourses on the Natural Philosophy of the Elements*. London: J. Rivington & Sons.

JOURDAN, Étienne (1901). *De l'influence du rêve sur le délire (essai de psychophysiologie)*. Montpellier: Imprimerie Gustave Firmin et Montane.

JUAN DE DAMASCO (1975). *Contra imaginum calumniatores orationes tres*. En: B. Kotter (ed.). *Die Schriften des Johannes Von Damaskos*, III. Berlin – New York: Walter De Gruyter.

JULESZ, Béla (1971). *Foundations of Cyclopean Perception*. Chicago: University of Chicago Press.

KAISER, Walter C. (1998). *The Christian and the "Old" Testament*. California: William Carey Library.

KANT, Immanuel (1956). *Kritik der reinen Vernunft*. Hamburg: Verlag von Felix Meiner.

KARNES, Michelle (2011). *Imagination, Meditation, and Cognition in the Middle Ages*. Chicago – London: University of Chicago Press.

KEARNEY, Richard (2003). *The Wake of Imagination. Toward a postmodern culture*. London: Routledge.

KELLY, John N. D. (1968). *Early Christian Doctrines*. London: Adam & Charles Black.

KIRCHER, Athanasius (1650). *Musurgia Universalis, sive ars magna consoni et dissoni, in X libros digesta*. Roma: Ex typographia Haeredum Francisci.

KIRCHER, Athanasius (1673). *Phonurgia Nova, sive conjugium mechanico-physicum artis & natvrae paranympha phonosophia concinnatum*. Roma: Campidonæ, per Rudulphum Dreherr.

KLOOGER, Jeff (2009). *Castoriadis: Psyche, Society, Autonomy*. Leiden – Boston: Brill.

KLOSSOWSKI, Pierre (1969). *Nietzsche et le cercle vicieux*. Paris: Mercure de France.

KNAPKE, Othmar Frederick (1915). *The Scholastic Theory of the species sensibilis*. Washington D. C.: National Capital Press.

KOJÈVE, Alexandre (1979). *Introduction à la lecture de Hegel*. Paris: Gallimard.

KÜHN, Friedrich Wilhelm Assmann (1821-1833). *Claudii Galeni opera omnia*. Leipzig: Officina Libraria Car. Cnoblochii, 20 volúmenes (*De usu partium*, vols. III y IV).

LACOUE-LABARTHE, Philippe (1979). *Le sujet de la philosophie (Typographies 1)*. Paris: Aubier-Flammarion.

LANDAU, Rom (2008). *The Philosophy of Ibn 'Arabi*. London – New York: Routledge.

LAUER, Quentin (1982). *Hegel's Concept of God*. New York: State University of New York Press.

LAUTRÉAMONT, Comte de (1874). *Les Chants de Maldoror*. Paris: E. Wittmann.

LAUWEREYNS, Jan (2012). *Brain and the Gaze: On the Active Boundaries of Vision*. London: The MIT Press.

LAWLOR, Leonard (2003). *The Challenge of Bergsonism. Phenomenology, Ontology, Ethics*. London – New York: Continuum.

LEADBETTER, Gregory (2011). *Coleridge and the Daemonic Imagination*. New York: Palgrave MacMillan.

LECLERC, Ivor (1958). *Whitehead's Metaphysics: An Introductory Exposition*. London: George Allen and Unwin Ltd.

LEIBNIZ, Gottfried Wilhelm (1900). "Essais de Théodicée". En: *Œuvres philosophiques de Leibniz*. Tome II. Texte établi par Paul Janet. Paris: Félix Alcan.

LEROI, Armand Marie (2003). *Mutants: On Genetic Variety and the Human Body*. New York: Penguin Books.

LEVIN, David Michael (1988). *The Opening of Vision. Nihilism and the Posmodern Situation*. New York – London: Routledge.

LEVIN, David Michael (1993). *Modernity and the Hegemony of Vision*. Berkeley – Los Angeles – London: University of California Press.

LEVIN, David Michael (1997). *Sites of Vision. The Discursive Construction of Sight in the History of Philosophy*. Cambridge – London: The MIT Press.

LÉVINAS, Emmanuel (2004). *Autrement qu'être ou au-delà de l'essence*. Paris: Le Livre de poche.

LICETI, Fortunio (1634). *De monstrorumn natura caussis et differentiis*. Patavii: Apud Casparem Criuellarium.

LINDBERG, David (1976). *Theories of Vision from Al-Kindi to Kepler*. Chicago – London: The University of Chicago Press.

LONG, Anthony Arthur (1996). *Stoic Studies*. London – Los Angeles – Berkeley: University of California Press.

LONG, Anthony Arthur (2015). *Greek models of Mind and Self*. Cambridge – Massachusetts: Harvard University Press.

LORD BYRON (1817). *Manfred. A Dramatic Poem*. London: John Murray.

LOSSKY, Vladimir (1967). *A l'image et a la ressemblance de Dieu*. Paris: Aubier – Montaigne.

LOUTH, Andrew (ed.) (2001). *Genesis 1-11. Ancient Christian Commentary on Scripture. Old Testament I*. Illinois: InterVarsity Press.

LUCRECIO, Tito Caro. *De rerum natura*. Varias ediciones online.

LUDUEÑA ROMANDINI, Fabián (2010). *La comunidad de los espectros I. Antropotecnia*. Buenos Aires: Miño y Dávila Editores.

LUDUEÑA ROMANDINI, Fabián (2012). *Más allá del principio antrópico. Hacia una filosofía del outside*. Buenos Aires: Prometeo.

LUDUEÑA ROMANDINI, Fabián (2016). *Principios de espectrología. La comunidad de los espectros II*. Buenos Aires: Miño y Dávila Editores.

LUDUEÑA ROMANDINI, Fabián (2018). *Arcana imperii. Tratado metafísico-político. La comunidad de los espectros III*. Buenos Aires: Miño y Dávila Editores.

LUPASCO, Stéphane (1951). *Le principe d'antagonisme et la logique de l'énergie - Prolégomènes à une science de la contradiction*. Paris: Hermann.

LUPASCO, Stéphane (1960). *Les trois matières*. Paris: Julliard.

LUTOSLAWSKI, Wincenty (1897). *The origin and growth of Plato's logic; with an account of Plato's style and of the chronology of his writings*. London – New York: Longmans, Green and co.

LYONS, John (2005). *Before Imagination: Embodied Thought from Montaigne to Rousseau*. California: Stanford University Press.

MALABOU, Catherine (2005). *La plasticité au soir de l'écriture. Dialectique, destruction, déconstruction*. Paris: Éditions Léo Sheer.

MANSI, Joannes Dominicus (1767). *Sacrorum Conciliorum Nova Amplissima Collectio*. Florencia: Expensis Antonii Zatta Veneti, Vol. 13.

MARCHART, Oliver (2007). *Post-Foundational Political Thought. Political Difference in Nancy, Lefort, Badiou and Laclau*. Edinburgh: Edinburgh University Press.

MARIO VICTORINO (1844). *Adversus Arium*. En: Migne, J. P., *PL*, Vol. 8.

MARIN, Louis (1986). *La parole mangée et autres essais théologico-politiques*. Paris: Méridiens Klincksieck.

MATTÉI, Jean-François (2005). *Platon*. Paris: P.U.F.

MASPERO, Giulio & MATEO-SECO, Lucas F. (eds.), (2010). *The Brill Dictionary of Gregory of Nyssa*. Leiden – Boston: Brill.

MAYS, Wolfe (1977). *Whitehead's Philosophy of Science and Metaphysics. An Introduction to his Thought*. The Hague: Martinus Nijhoff.

McGINN, Colin (2004). *Mindsight. Image, Dream, Meaning*. Cambridge – London: Harvard University Press.

McNIECE, Gerald (1992). *The Knowledge that Endures: Coleridge, German Philosophy, and the Logic of Romantic Thought*. New York: Palgrave MacMillan.

McTAGGART, John (1910). *A Commentary on Hegel's Logic*. Cambridge: Cambridge University Press.

MEILLASSOUX, Quentin (2006). *Après la finitude. Essai sur la nécessité de la contingence*. Paris: Éditions du Seuil.

MEINONG, Alexius (1904). *Untersuchungen zur Gegenstandstheorie und Psychologie*. Leipzig: Verlag von Johann Ambrosius Barth.

MEINONG, Alexius (1907). *Über die Stellung der Gegenstandstheorie im System der Wissenschaften*. Leipzig: R. Voigtländer.

MELANDRI, Enzo (2004). *La linea e il circolo. Studio logico-filosofico sull'analogia*. Macerata: Quodlibet.

MERKER, Anne (2003). *La Vision chez Platon et Aristote*, International Plato Studies Vol. 16, Academia Verlag.

MERLAN, Philip (1968). *From Platonism to Neoplatonism*. The Hague: Martinus Nijhoff.

MERLEAU-PONTY, Maurice (1945). *Phénoménologie de la perception*. Paris: Gallimard.

MERLEAU-PONTY, Maurice (1964). *Le visible et l'invisible*. Paris: Gallimard.

MERLEAU-PONTY, Maurice (1964a). *L'Œil et l'esprit*. Paris: Gallimard.

MERLEAU-PONTY, Maurice (1995). *La Nature. Notes et cours du Collège de France*. Paris: Éditions du Seuil.

MESSER, William Stuart (1918). *The Dream in Homer and Greek Tragedy*. New York: Columbia University Press.

MILNES, Tim (2010). *The Truth about Romanticism. Pragmatism and Idealism in Keats, Shelley, Coleridge*. Cambridge: Cambridge University Press.

MILTON, John (1806). *The prose works of John Milton: with a life of the author*. Vol. I. Charles Symmons (ed.). London: J. Johnson.

MODIANO, Raimonda (1985). *Coleridge and the Concept of Nature*. London – Basingstoke: Macmillan.

MONDIN, Battista (1975). *St. Thomas Aquina's Philosophy in the Commentary to the sentences*. The Hague: Martinus Nijhoff.

MONDZAIN, Marie-José (2000). *Image, icône, économie. Les sources byzantines de l'imaginaire contemporain*. Paris: Seuil.

MOULARD-LEONARD, Valentine (2008). *Bergson-Deleuze Encounters. Transcendental Experience and the Thought of the Virtual*. Albany: State University of New York Press.

MOUTSOPOULOS, Évanghelos (1985). *Les structures de l'imaginaire dans la philosophie de Proclus*. Paris: Les Belles Lettres.

MOUTSOPOULOS, Évanghelos (2004). *La Philosophie de la musique dans le système de Proclus*. Atenas: Académie d'Athènes, Centre de Recherche sur la Philosophie Grecque.

MUNKRES, James (2000). *Topology*. U.S.A.: Prentice Hall.

MURENA, Héctor A. (1954). *El pecado original de América*. Buenos Aires: Sur.

NANCY, Jean-Luc (2002). *À l'écoute*. Paris: Édiotions Galilée.

NANCY, Jean-Luc (2007). *La dischiusura. Deconstruzione del cristianesimo I*. Nápoli: Edizioni Cronopio. Traducido por Rolando Deval y Antonella Moscati.

NANCY, Jean-Luc (2007). *Tombe de sommeil*. Paris: Éditions Galilée.

NAUTA, Lodi y PÄTZOLD, Detlev (eds.) (2004). *Imagination in The Later Middle Ages and Early Modern Times*. Leuven – Paris – Dudley: Peeters.

NEWTON, Isaac (1704). *Opticks: or, a Treatise of the Reflexions, Refractions, Inflexions and Colours of Light. Also Two Treatises of the Species and Magnitude of Curvilinear Figures*. London: Sam Smith & Bent.

NICOLESCU, Basarab (2012). *O que é a realidade? Reflexões em torno da obra de Stéphane Lupasco*. São Paulo: Triom.

NIETZSCHE, Friedrich. *Digitale Kritische Gesamtausgabe Werke und Briefe* [eKGWB] (en línea: http://www.nietzschesource.org/#eKGWB).

NISULA, Timo (2012). *Augustine and the Functions of Concupiscence*. Leiden – Boston: Brill.

NUTTON, Vivian (2004). *Ancient Medicine*. London – New York: Routledge.

NYGREN, Anders (1953). *Agape and Eros*. Philadelphia: The Westminster Press.

O'DALY, Gerard (1987). *Augustine's Philosophy of Mind*. Berkeley & Los Angeles: Cniversity of California Press.

ORBE, Antonio (1995). *La teología dei secoli II e III. Il confronto de la Grande Chiesa con lo gnosticismo*. Vol. I y II. Roma: Editrice Pontificia Università Gregoriana. Traducido por Maria Gilli.

ORÍGENES (1978). *De principiis. Introduction, texte critique de la version de Rufin, traduction par Henri Crouzel et Manilio Simonetti*. Sources Chrétiennes. Paris: Éditions du Cerf, Tome I.

ORÍGENES (1943). *Homiliae in Genesim*. Traduction par Louis Doutreleau. Sources Chrétiennes. Paris: Éditions du Cerf, Tome VII.

ORÍGENES (1967-1979). *Contra Celsum: Libri VIII*. Traduction par Marcel Borret. Sources Chrétiennes. Paris: Éditions du Cerf, Tomes I-V.

OVIDIO (1892). *Metamorphoses*. Hugo Magnus. Gotha (Germany). Friedr. Andr. Perthes.

PADEL, Ruth (1992). *In and Out of the Mind. Greek Images of the tragic Self*. Princeton – New Jersey: Princeton University Press.

PANUM, Peter Ludvig (1858). *Physiologische Untersuchungen uber das Sehen mit zwei Augen*. Kiel: Schwerssche Buchhandlung.

PARMENTIER, Alix (1968). *La philosophie de Whitehead et le problème de Dieu*. Paris: Beauchesne.

PASNAU, Robert & SHIELDS, Christopher (2004). *The Philosophy of Aquinas*. Oxford: Westview Press.

PESIC, Peter (2002). *Seeing Double. Shared Identities in Physics, Philosophy, and Literature*. London: The MIT Press.

PESSOA, Fernando (2012). *Livro do desassossego*. São Paulo: Montecristo Editora Ltda.

PIGLIA, Ricardo (1992). *Respiración artificial*. Buenos Aires: Editorial Sudamericana.

PÍNDARO (1915). *The Odes of Pindar, including the principal fragments*. John Sandys (ed.). London: William Heinemann.

PÍNDARO (2001). *Pindar's Paeans: A Reading of the Fragments with a Survey of the Genre*. Ian Rutherford (ed.). Oxford: Oxford University Press.

PLATÓN (1986-1988). "República". En: *Diálogos* vol. IV. Madrid: Gredos. Traducido por Conrado Eggers Lan.

PLATÓN (1987). "Menón". En: *Diálogos* vol. II. Madrid: Gredos. Traducido F. J. Olivieri.

PLATÓN (1988). "Fedón". En: *Diálogos* vol. III. Madrid: Gredos. Traducido por Carlos García Gual.

PLATÓN (1988). "Sofista". En: *Diálogos* vol. V. Madrid: Gredos. Traducido por Néstor Luis Cordero.

PLATÓN (1988). "Teeteto". En: *Diálogos* vol. V. Madrid: Gredos. Traducido por Álvaro Vallejo Campos.

PLATÓN (1992). "Filebo". En: *Diálogos* vol. VI. Madrid: Gredos. Traducido por M. Ángeles Durán.

PLATÓN (1992). "Timeo". En: *Diálogos* vol. VI. Madrid: Gredos. Traducido por Francisco Lisi.

PLOTINO (1989). *Enneads. In Seven Volumes*. Cambridge – Massachusetts: Harvard University Press. Edición bilingüe. Traducido por A. H. Armstrong.

PLUTARCO (1889). *Moralia*, 2. Gregorius N. Bernardakis (ed.). Leipzig: Teubner.

PÖGGELER, Otto (1990). *Der Denkweg Martin Heideggers*. Tübingen: Verlag Günther Neske Pfullingen.

POHLENZ, Max (1967). *La Stoa. Storia di un movimiento spirituale*. Vol. I. Firenze: La "Nuova Italia" Editrice. Traducido por Ottone de Gregorio.

POLANSKY, Ronald (2007). *Aristotle's De anima*. U.S.A.: Cambridge University Press.

POLYAK, Stephen (1941). *The Retina*. Chicago: The University of Chicago Press.

PONS MORENO, Álvaro M. & MARTÍNEZ VERDÚ, Francisco M. (2004). *Fundamentos de Visión Binocular*. Valencia: Universitat de València.

POSSEKEL, Ute (1999). *Evidence of Greek Philosophical Concepts in the Writings of Ephrem the Syrian*. En: Corpus Scriptorum Christianorum Orientalium. Lovaina: Éditions Peeters, Vol. 580, Tomo 102.

PREUSS, Horst Dietrich (1992). *Old Testament Theology*. Kentucky: Wenstminster John Knox Press, Vols. I-II.

PRICE, Richard & GADDIS, Michael (eds.) (2005). *The Acts of the Council of Chalcedon*. Liverpool: Liverpool University Press.

PRIESTMAN, Martin (2004). *Romantic Atheism: Poetry and freethought, 1780-1830*. Cambridge: Cambridge University Press.

PRÓSPERI, Germán Osvaldo (2015). *Vientres que hablan. Ventriloquia y subjetividad en la historia occidental*. La Plata: FaHCE-UNLP.

PRÓSPERI, Germán Osvaldo (2018). *La respiración del Ser. Apnea y ensueño en la filosofía hegeliana*. Buenos Aires: Miño y Dávila Editores.

PROZOROV, Sergei (2014). *Agamben and Politics. A Critical Introduction*. Edinburgh: Edinburgh University Press.

RAYNAUD, Dominique (2016). *Studies on Binocular Vision. Optics, Vision and Perspective from the Thirteenth to the Seventeenth Centuries*. Grenoble: Springer.

REALE, Giovanni (1999). *Corpo, anima e salute. El concetto di uomo da Omero a Platone*. Milano: Raffaello Cortina Editore.

RENAN, Ernest (1866). *Averroès et l'averroïsme*. Paris: Michel Lévy Frères Libraire Éditeurs.

REVEL, Judith (2003). *Le vocabulaire de Foucault*. Paris: Ellipses.

RIBOT, Théodule (1900). *Essai sur l'imagination créatrice*. Paris: Félix Alcan.

RILKE, Rainer Maria (1923). *Duineser Elegien*. Leipzig: Insel-Verlag.

RIMBAUD, Arthur (1975). *Lettres du voyant (13 et 15 mai 1871)*. Éditées et commentées par Gérald Schaeffer. Paris: Minard.

RIVERA CUSICANQUI, Silvia (2010). *Ch'ixinakax utxiwa. Una reflexión sobre practicas y discursos*. Buenos Aires: Tinta Limón.

RIVERA CUSICANQUI, Silvia (2015). *Sociología de la imagen. Miradas ch'ixi desde la historia andina*. Buenos Aires: Tinta Limón.

ROHDE, Erwin (1908). *Psyche: Seelencult und Unsterblichkeitsglaube der Griechen*. Tübingen – Leipzig: Verlag von J. C. B. Mohr.

ROMBS, Ronnie J. (2006). *Saint Augustine and the Fall of the Soul: Beyond O'Connell and his Critics*. Washington D.C.: The Catholic University of America Press.

RONCHI, Vasco (1955). *L'Ottica: scienza della visione*. Bologna: Zanichelli.

RONCHI, Vasco (1983). *Storia della luce: da Euclide a Einstein*. Bari: Laterza.

ROSEN, Stanley (1999). *Plato's Sophist. The Drama of Original and Image*. Indiana: St. Augustine's Press.

ROSS, David (1951). *Plato's Theory of Ideas*. Oxford: Clarendon Press.

ROSS, David (1995). *Aristotle*. London – New York: Routledge.

ROZITCHNER, León (1997). *La cosa y la cruz. Cristianismo y capitalismo (en torno a las Confesiones de san Agustín)*. Buenos Aires: Losada.

RUMI, Jalal Al-Din (1994). *Teachings of Rumi (The Masnavi): The Spiritual Couplets of Jalaludin Rumi*. London: Octagon Press. Traducido por Idries Shah.

RUMI, Jalal Al-Din (1997). *The Illuminated Rumi*. New York: Broadway Books. Ilustrado por Michael Green y traducido por Coleman Barks.

RYLE, Gilbert (2009). *The Concept of Mind*. London – New York: Routledge.

SACHS, Curt (1940). *The History of Musical Instruments*. New York: W. W. Norton & Company Inc.

SAER, Juan José (2002). *El entenado*. Buenos Aires: Seix Barral.

Saint Aubert, Emmanuel (2004). *Du lien des êtres aux éléments de l'être. Merleau-Ponty au tournant des années 1945-1951*. Paris: Vrin.

SARTRE, Jean-Paul (1964). *Lo imaginario*. Buenos Aires: Losada. Traducido por Manuel Lamana.

SARTRE, Jean-Paul (1966). *La trascendance de l'Ego. Esquisse d'une description phénoménologique*. Paris: Vrin.

SARTRE, Jean-Paul (1970). *L'existentialisme est un humanisme*. Paris: Nagel.

SARTRE, Jean-Paul (2012). *The Imagination*. London – New York: Routledge. Traducido por Kenneth Williford y David Rudrauf.

SAUSSURE, Ferdinand (1995). *Cours de linguistique générale*. Paris: Éditions Payot & Rivages.

SCHAEFFER, Jean-Marie (2009). *El fin de la excepción humana*. Buenos Aires: F.C.E. Traducido por Víctor Goldstein.

SCHOLEM, Gershom (1998). *La cábala y su simbolismo*. Madrid: Siglo XXI. Traducido por José Antonio Pardo.

SCHOPENHAUER, Arthur (1891). "Versuch über Geistersehn und was damit zusammenhängt". En: *Parerga und Paralipomena: Kleine philosophisce Schriften*, Vol. I. Leipzig: Brodhaus.

SCHULTZ, Alexander M. (2009). *Mind's World: Imagination and Subjectivity from Descartes to Romanticism*. U.S.A.: University of Washington Press.

SCHUMACHER, Lydia (2011). *The History and Future of Augustine's Theory of Knowledge*. Sussex: Wiley-Blackwell.

SCHWENK, Theodor (1991). *Das sensible Chaos. Strömendes Formenschaffen in Wasser und Luft*. Stuttgart: Freies Geistesleben.

SEDLEY, David N. (2004). *Lucretius and The Transformation of Greek Wisdom*. Cambridge: Cambridge University Press.

SERRES, Michel (2000). *The Birth of Physics*. Manchester: Clinamen Press. Traducido por Jack Hawkes.

SHAH, Idries (1971). *The Sufis*. New York: Anchor.

SHAPIRO, Gary (2003). *Archaeologies of Vision. Foucault and Nietzsche on Seeing and Saying*. Chicago – London: The University of Chicago Press.

SHAVIRO, Steven (2009). *Without Criteria: Kant, Whitehead, Deleuze, and Aesthetics*. Cambridge – London: The MIT Press.

SHAW, Gregory (1995). *Theurgy and Soul. The The Neoplatonism of Iamblichus*. Pennsylvania: The Pennsylvania State University Press.

SHELLEY, Percy Bysshe (1886). *Alastor; or, The spirit of solitude, and other poems*. London: The Shelley Society.

SHELLEY, Percy Bysshe (1915). "Defense of Poetry". En: *Selected Prose*. London: Watts & Co.

SIMON, Gérard (1988). *Le regard, l'être et l'apparence dans l'optique de l'Antiquité*. Paris: Éditions du Seuil.

SIMON, Gérard (2003). *Archéologie de la vision: l'optique, le corps, la peinture*. Paris: Éditions du Seuil.

SIMONDON, Gilbert (1989). *L'individuation psychique et collective à la lumière des notions de Forme, Information, Potentiel et Métastabilité*. Paris: Aubier.

SIMONDON, Gilbert (2006). *Cours sur la Perception (1964-1965)*. Paris: Les Éditions de La Transparence.

SIMONDON, Gilbert (2008). *Imagination et invention (1965-1966)*. Paris: Les Éditions de La Transparence.

SIMONDON, Gilbert (2013). *L'individuation à la lumière des notions de forme et d'information*. Grenoble: Éditions Jérôme Millon.

SINESIO DE CIRENE. *De insomniis*. En: Migne, J. P., *PG*, Vol. 66.

SINGER, Peter (2001). *Animal Liberation*. New York: HarperCollins Publishers.

SLOTERDIJK, Peter (1998). *Sphären I. Mikrosphärologie. Blasen*. Frankfurt am Main: Suhrkamp.

SMART, Christopher (1990). *Selected Poems*. London: Penguin Books.

SMITH, Andrew (1974). *Porphyry's Place in the Neoplatonic Tradition. A Study in Post-Plotinian Neoplatonism*. The Hague: Martinus Nijhoff.

SMITH, Jane I. & HADDAD, Yvonne Y. (2002). *The Islamic Understanding of Death and Resurrection*. New York: Oxford University Press.

SMITH, Kurt (2015). *The Descartes Dictionary*. London - New York: Bloomsbury.

SMITH, Mark. A. (2001). *Alhacen's Theory of Visual Perception. A Critical Edition, with English Translation and Commentary, of the First Three Books of Alhacen's De aspectibus, the Medieval Latin Version of Ibn al-Haytham's Kitab al-Manazir*. Philadelphia: American Philosophical Society.

SMITH, Mark. A. (2015). *From Sight to Light: The Passage from Ancient to Modern Optics*. Chicago - London: The University of Chicago Press.

SMITH, William (1859). *Dictionary of Greek and Roman Antiquities*. Boston: Little, Brown and Co.

SMOLLETT, Tobias (1907). *The Adventures of Ferdinand Count Fathom*. New York: The Jenson Society.

SNELL, Bruno (1975). *Die Entdeckung des Geistes. Studien zur Entstehung des europäischen Denkens bei den Griechen*. Göttingen: Vandenhoek & Ruprecht GmbH & Co.

SÓFOCLES (1912). *Sophocles. Vol 1: Oedipus the king. Oedipus at Colonus. Antigone*. With an English translation by F. Storr. London - New York: The Macmillan Company.

SOUTHEY, Robert (1821). *The remains of Henry Kirke White, of Nottingham, late of St. John's College, Cambridge: with an account of his life*. Vol. II. London: Longman, Hurst, Rees, Orme and Brown.

SPENSER, Edmund (1920). "The Ruines of Time". En: *The works of Edmund Spenser*. London: Macmillan and Co.

SPRUIT, Leen (1994). *Species intelligibilis: From Perception to Knowledge. Classical Roots and Medieval Discussions*. Vol. I. Leiden - New York - Köln: Brill.

STALLEY, Richard F. (1983). *An Introduction to Plato's Laws*. Oxford: Basil Blackwell.

STEENBERG, Matthew (2009). *Of God and Man. Theology as Anthropology from Irenaeus to Athanasius*. New York: T & T Clark.

STEINER, Rudolf (1988). *Von Jesus zu Christus. Zehn Vorträge mit einem vorangehenden öffentlichen Vortrag Karlsruhe vom 4. bis 14. Oktober 1911*. Dornach – Schweiz: Rudolf Steiner Verlag.

STOICHITA, Victor I. (1999). *A Short History of the Shadow*. London: Reaktion Books.

STRATTON, George Malcolm (1918). *Theophrastus and the Greek Physiological Psychology before Aristotle*. London: G. Allen & Unwin; New York: Macmillan.

STRUTT, John William (1920). *Scientific Papers*. Vol. IV. Cambridge: Cambridge University Press.

STUART, Clark (2007). *Vanities of the Eye: Vision in Early Modern European Culture*. Oxford: Oxford University Press.

STUMP, Eleonore (2003). *Aquinas*. London - New York: Routledge.

SUDA (Lexicographer). Greek and Latin in parallel columns. John Adams Library (Boston Public Library) BRL.

SULLIVAN, John (1963). *The Image of God: The Doctrine of St. Augustine and its Influence*. Iowa: The Priory Press.

TARASOV, Lev & TARASOVA, Aldina (1984). *Discussions on Refraction of Light*. Moscow: Mir Publishers.

TAYLOR, Alfred E. (1908). *Plato*. London: A. Constable.

TAYLOR, Alfred E. (1928). *A commentary on Plato's Timaeus*. Oxford: Clarendon Press.

TAYLOR, Alfred E. (1955). *Plato: the Man and his Work*. London: Methuen & Co. Ltd.

TEILHARD DE CHARDIN, Pierre (1956). *Le phénomène humain*. Paris: Éditions du Seuil.

TELLO, Nerio (2003). *Cornelius Castoriadis y el imaginario radical*. Madrid: Campo de ideas.

THOMSON, James (2012). *The Castle of Indolence. Along About Midnight*.

TIQQUN (1999). *Organe conscient du Parti Imaginaire - Exercices de Métaphysique Critique* (Tiqqun I). Paris: auto-édition.

TIQQUN (2000). *Théorie du Bloom*. Paris: La Fabrique éditions.

TIQQUN (2001). *Organe de liaison au sein du Parti Imaginaire – Zone d'Opacité Offensive* (Tiqqun II). Paris: La Fabrique éditions.

TOADVINE, Ted (2009). *Merleau-Ponty's Philosophy of Nature*. Evanston: Northwestern University Press.

TODD, Robert Bentley (1847). *The Cyclopædia of Anatomy and Physiology*. Vol. IV, Parte I. London: Sherwood, Gilbert, and Piper.

TODOROV, Tzvetan (1993). *Teorías del símbolo*. Caracas: Monte Ávila Editores.

TOLOMEO, Claudio (1885). *L'Ottica*. Torino: G. B. Paravia. Pubblicata da Gilberto Govi. Ridotta in latino sovra la traduzione araba di un testo greco imperfetto. Torino: Einaudi.

TOSCANO, Alberto (2006). *The Theatre of Production. Philosophy and Individuation between Kant and Deleuze*. New York: Palgrave Macmillan.

TOURNIER, Michel (1967). *Vendredi ou les Limbes du Pacifique*. Paris: Gallimard.

TRAKL, George. *Gesamtwerk*. Ediciones varias. Trad. cast.: (2000). *Obras completas*. Madrid: Trotta. Traducido por José Luis Reina Palazón.

TROUESSART, Joseph L. (1854). *Recherches sur quelques phénomènes de la vision: précédées d'un essai historique et critique des théories de la vision depuis l'origine de la science jusqu'à nos jours*. Brest: Imprimerie d'Édouard Anner.

TYLOR, Edward B. (1920). *Primite Cultures. Researches into de Deevelopment of Mythology, Philosophy, Religion, Language, Art, and Custom*. Vol. I. London: John Murray, Albemarle Street, W.

UEXKÜLL, Jakob von (1965). *Mondes animaux et monde humaine, suivi de Théorie de la signification*. Paris: Éditions Denoël. Traducido por Philippe Muller.

VERBEKE, Gérard (1945). *L'évolution de la doctrine du pneuma du stoicisme à S. Augustin*. Paris: Éditions de l'Institut Supérieur de Philosophie.

VERNANT, Jean-Pierre (2007). *Oeuvres. Religion, Rationalités, Politique*. Tome I. Paris: Éditions du Seuil.

VERNANT, Jean-Pierre (2008). *Oeuvres. Religion, Rationalités, Politique*. Tome II. Paris: Éditions du Seuil.

VIRILIO, Paul (1998). *La máquina de visión*. Madrid: Cátedra. Traducido por Mariano Antolín Rato.

VROLIK, Willem (1834). *Over den aard en oorsprong der Cyclopie*. Amsterdam: C. G. Sulpke.

VROLIK, Willem (1849). *Tabulae ad illustrandam embryogenesin hominis et mammalium tam naturalem quam abnormen*. Amsterdam: G. M. P. Londonck.

WAHL, Jean (1932). *Vers le concret. Études d'histoire de la philosophie contemporaine*. Paris: Vrin.

WATKIN, William (2014). *Agamben and Indifference. A Critical Overview*. London – New York: Rowman & Littlefield International, Ltd.

WATSON, Gerard (1988). *Phantasia in Classical Thought*. Galway: Galway University Press.

WESTERMANN, Claus (1992). *Genesis. An Introduction*. Minneapolis: Fortress Press.

WHITE, Simon; GOODRIDGE, John & KEEGAN, Bridget (eds.) (2006). *Robert Bloomfield: Lyric, Class, and the Romantic Canon*. Lewisburg: Bucknell University Press.

WHITEHEAD, Alfred North (1920). *The Concept of Nature*. Cambridge: Cambridge University Press.

WHITEHEAD, Alfred North (1978). *Process and Reality. An essay in Cosmology*. New York: Macmillan Publishing Co.

WINNICOTT, Donald W. (2005). *Playing and Reality*. London – New York: Routledge.

WIRTH, Jason (2015). *Schelling's Practice of the Wild. Time, Art, Imagination*. New York: State University of New York.

WIRTH, Jason & BURKE, Patrick (eds.) (2013). *The Barbarian Principle: Merleau-Ponty,*

Schelling, and the Question of Nature. New York: University of New York Press.

WITTBURTON, Ernest (1918). *Spirit, Soul, and Flesh*. Chicago: The University of Chicago Press.

WOLFF, Hans Walter (1975). *Anthropology of the Old Testament*. Philadelphia: The Westminster Press.

WOLFSON, Elliot R. (1994). *Through a Speculum That Shines. Vision and Imagination in Medieval Jeweish Mysticism*. Princeton – New Jersey: Princeton University Press.

WOLFSON, Elliot R. (2007). *Luminal Darkness. Imaginal Gleanings from Zoharic Literature*. Oxford: Oneworld.

YATES, Francis (1999). *The Art of Memory*. London – New York: Routledge.

YOUNG, Matthew (1786). *Enquiry into the Principal Phaenomena of Sound and Musical Strings*. Dublin: Joseph Hill.

YOUSEF, Mohamed Haj (2008). *Ibn 'Arabî. Time and Cosmology*. London – New York: Routledge.

ZACHHUBER, Johannes (2014). *Human Nature in Gregory of Nyssa. Philosophical Background and Theological Significance*. Leiden – Boston: Brill.

ZARADER, Marlène (2001). *L'être et le neutre. À partir de Maurice Blanchot*. Paris: Éditions Verdier.

ŽIŽEK, Slavoj (1996). *The Indivisible Remainder. An Essay on Schelling and Related Matters*. London – New York: Verso.

ZUBIRI, Xavier (1985). *Sobre la esencia*. Madrid: Alianza.

Partes de Libros

ALANEN, Lilli (2014), "The Second Meditation and the nature of the human mind". En: Cunning, David (ed.). *The Cambridge Companion to Descartes's Meditations*. Cambridge: Cambridge University Press.

ARIEW, Roger (1992). "Descartes and scholasticism: the intelectual background to Descarte's thought". En: Cottingham, John (ed.). *The Cambridge Companion to Descartes*. Cambridge: Cambridge University Press.

ASAKAWA, Ken & ISHIKAWA, Hitoshi (2010). "Binocular Vision and Depth Perception: Development and Disorders". En: McCoun, Jacques & Reeves, Lucien (eds.). *Binocular Vision: Development, Depth Perception, and Disorders*. New York: Nova Science Publishers Inc., pp. 139-153.

BENJAMIN, Walter (1985). "Kapitalismus als Religion". En: Tiedemann, Rolf & Schweppenhäuser, Hermann (eds.). *Gesammelte Schriften*, Band 6. Frankfurt am Main: Suhrkamp, pp. 100-103.

BIANCHI, Ugo (1978). "Presupposti platonici e dualistici nell'antropogonia di Gregorio di Nissa". En: Bianchi, Ugo (ed.). *La Doppia Creazione dell'Uomo. negli Alessandrini, nei Cappadoci e nella gnosi, Origen, Gregory of Nyssa*. Roma: Edizioni dell'ateneo & bizzarri, pp. 83-115.

BITBOL-HESPÉRIÈS, Annie (2016). "Pineal Gland". En: Nolan, Lawrence (ed.). *The Cambridge Descartes Lexicon*. Cambridge: Cambridge University Press, pp. 593-595.

BLUMENBERG, Hans (1957). "Licht als Metapher der Wahrheit: Im Vorfeld der philosophischen Begriffsbildung". En: (2001). *Äesthetische und metaphorologische Schriften*. Frankfurt am Main: Suhrkamp.

BRASSIER, Ray (2004). "Nihil Unbound: Remarks on Subtractive Ontology and Thinking Capitalism". En: Hallward, P. (ed.). *Think Again. Alain Badiou and the Future of Philosophy*. London – New York: Continuum, pp. 50-58.

BURGHARDT, Walter J. (1961). "The Image of God in Man: Alexandrian Orientations". En: *Proceedings of the Sixteenth Annual Convention*. Otawa – Ontario: Catholic Theological Society of America, pp. 147-160.

COCCIA, Emanuele (2008). "La cosa en el pensamiento". En: Meinong, Alexius. *Teoria de lo objeto y presentacion personal*. Buenos Aires: Miñoz y Dávila Editores, pp. 11-43.

COURTINE, Jean-François (1999). "Présentation". En: Meinong, A. *Théorie de l'objet et Présentation personnelle*. Traduit par Jean-François Courtine & Marc de Launay. Paris: J. Vrin.

DELEUZE, Gilles (2003). "L'immanence: une vie...". En: *Deux régimes de fous. Textes et entretiens 1975-1995*. Paris: Éditions de Minuit, pp. 359-363.

DUPRÉ, Sven (2008). "Images in the Air: Optical Games, Magic and Imagination". En: Göttler, Christine & Neuber, Wolfgang (eds.). *Spirits Unseen: The Representation of Subtle Bodies in Early Modern European Culture*. Leiden – Boston: Brill, pp. 71-92.

FERLINGHETTI, Lawrence (1999). "He". En: Allen, Donald (ed.). *The New American Poetry, 1945-1960*. Berkeley – Los Angeles – London: University of California Press, pp. 134-137.

GIGLIONI, Guido (2013). "Phantasms of Reason and Shadows of Matter: Averroes's Notion of the Imagination and Its Renaissance Interpreters". En: Guido Giglioni & Anna Akasoy (eds.). *Renaissance Averroism and Its Aftermath: Arabic Philosophy in Early Modern Europe*. New York – London: Springer, pp. 173-193.

GREEN, Clifford (1999). "Human sociality and Christian community". En: John W. de Gruchy (ed.). *The Cambridge Companion to Deitrich Bonhoeffer*. Cambridge: Cambridge University Press, pp. 113-133.

GUNTER, Peter (2009). "Gilles Deleuze, Deleuze's Bergson and Bergson Himself". En: Robinson, Keith (ed.). *Deleuze, Whitehead, Bergson. Rhizomatic Connections*. New York: Palgrave MacMillan.

HACKING, Ian (1986). "The Archaeology of Foucault". En: Couzens Hoy, David (ed.). *Foucault. A Critical Reader*. New York: Basil Blackwell, pp. 27-40.

JACOBSEN, Anders-Christian (2006). "The Constitution of Man according to Irenaeus and Origen". En: Feichtinger, Barbara & Lake, Stephen & Seng, Helmut (eds.). *Körper und Seele. Aspekte spätantiker Anthropologie*. München: Walter de Gruyter, pp. 67-94.

JOUANNA, J., (2005). "Soleil, toi qui vois tout". En: Laurence, Villard (ed.). *Études sur la vision dans l>antiquité classique*. Rouen: Universités de Rouen et du Hauvre, pp. 39-56.

KERÉNYI, Károly (1962). "Agalma, Eikōn, Eidōlon". En: Castelli, Enrico (ed.). *Demitizzazione e Immagine*. Padova: Cedam, pp. 161-171.

KONSTAN, David (2013). "Biblical Beauty. Hebrew, Greek, and Latin". En: Johnson, H. C. (ed.), *"The One Who Sows Bountifully": Essays in Honor of Stanley K. Stowers*. Rhode Island: Brown Judaic Studies.

LARRISSY, Edward (1998). "Blake and Platonism". En: Baldwin, Anna & Hutton, Sarah (Eds.). *Platonism and The English Imagination*. New York: Cambridge University Press.

LEMOINE, Michel (2006). "Théologie et philosophie de l'image". En: Lemoine, Michel (ed.). *L'image dans la pensé et l'art au Moyen Âge. Colloque organicé à l'Institut de Frace le vendredi 2 décembre 2005*. Turnhout: Brepols, pp. 27-40.

LOUTH, Andrew (2008). "From Doctrine of Christ to Icon of Christ. St. Maximus the Conffesor on the Transfiguration of Christ". En: Martens, Peter W. (ed.). *In the Shadow of the Incarnation. Essays on Jesus Christ in the Early Church in Honor of Brian E. Daley, S.J.* Indiana: University of Notre Dame Press, pp. 260-275.

LUDUEÑA ROMANDINI, Fabián (2009). "Eternidad, espectralidad, ontología: hacia una estétitca trans-objetual". En: Badiou, Alain. *Pequeño manual de inestética*. Buenos Aires: Prometeo, pp. 9-39.

MANN, William E. (2006). "Augustine on Evil and Original Sin". En: Stump, Eleonore & Kretzman, Norman (eds.). *The Cambridge Companion to Augustine*. Cambridge: Cambridge University Press.

MILETTO, Gianfranco (2009). "The Human Body as a Musical Instrument in the Sermons of Judah Moscato". En: Diemling, Maria & Veltri, Giuseppe (eds.). *The Jewish Body: Corporeality, Society, and Identity in the Renaissance and Early Modern Period*. Leiden – Boston: Brill, pp. 377-394.

MODRAK, Deborah K. W. (2016). "Aristotle on phantasia". En: *The Routledge Handbook of Philosophy of Imagination*. Amy Kind (ed.). London – New York: Routledge.

MONTAG, Warren (2016). "From Clinamen to Conatus: Deleuze, Lucretius, Spinoza". En: Lezra, Jacques & Blake, Liza (eds.). *Lucretius and Modernity: Epicurean Encounters Across Time and Disciplines*. New York: Palgrave Macmillan.

O'DONNELL, James J. (2006). "Augustine: his time and lives". En: Stump, Eleonore & Kretzman, Norman (eds.). *The Cambridge Companion to Augustine*. Cambridge: Cambridge University Press.

ORTEGA Y GASSET, José (1963). "Meditación del marco". En: *Obras completas. Tomo II: El espectador (1916-1934)*. Madrid: Revista de Occidente, pp. 307-313.

PERNIOLA, Mario (1995). "Sexualité inorganique et sentiment astral". En: *Georges Bataille - après tout*. Denis Hollier (ed.). Paris: Belin.

PRIESTMAN, Martin (2007). "Lucretius in Romantic and Victorian Britain". En: Gillespie, Stuart & Hardie, Philip (eds.). *The Cambridge Companion to Lucretius*. Cambridge: Cambridge University Press, pp. 289-305.

RIEDL, Clare C. (1942). "Robert Grosseteste *On Light*. Introduction". En: Grosseteste, Robert. *On Light*. Wisconsin: Marquette University Press. Traducido por Clare C. Riedl, pp. 1-9.

ROCCA, Julius (2008). "Anatomy". En: Hankinson, R.J. (ed.). *The Cambridge Companion to Galen*. New York: Cambridge University Press.

RUDA, Frank (2015). "Substraction – Undecidable, Indiscernible, Generic, Unnameable". En: Corcoran, S. (ed.). *The Badiou Dictionary*. Edinburgh: Edinburgh University Press, pp. 329-337.

SCHOFIELD, Malcolm (1995). "Aristotle on the Imagination". En: Oksenberg Rorty, A. & Nussbaum, M. C. (eds.). *Essays on Aristotle's De Anima*. Oxford: Clarendon Press, pp. 250-279.

SMITH, Mark A. (1990). "Alhazen's Debt to Ptolemy's *Optics*". En: Levere, Trevor H. & Shea, W. R. (eds.). *Nature, Experiment, and the Sciences. Essays on Galileo and the History of Science in Honour of Stillman Drake*. New York: Springer, pp. 147-164.

TESKE, Roland (2006). "Augustine's Theory of Soul". En: Stump, Eleonore & Kretzman, Norman (eds.). *The Cambridge Companion to Augustine*. Cambridge: Cambridge University Press.

THESEIDER, Eugenio Dupré (1979). "Caterina da Siena, santa". En: *Dizionario Biografico degli Italiani*. Vol. 22. [En línea: http://www.treccani.it/enciclopedia/caterina-da-siena-santa_(Dizionario-Biografico)/].

TOADVINE, Ted (2012). "The Chiasm". En: Sebastian, L.& Søren, O. (eds.). *The Routledge Companion to Phenomenology*. New York: Routledge, pp. 336-347.

VALÉRY, Paul (1921). "Au sujet d'Adonis". En: La Fontaine, Jean de. *Adonis*. Paris: Au Masque d'or Devambez.

VEENSTRA, Jan R. (2004). "The Subtle Knot". En: Lodi Nauta & Detlev Pätzold (eds.). *Imagination in The Later Middle Ages and Early Modern Times*. Leuven – Paris – Dudley: Peeters.

WADE, Nicholas J. & NGO, Trung T. (2013). "Early views on binocular rivalry". En: Miller, Steven M. (ed.). *The Constitution of Visual Consciousness: Lessons from Binocular Rivalry*. Amsterdam – Philadelphia: John Benjamins Publishing Company.

WEITHMAN, Paul (2006). "Augustine's Political Philosophy". En: Stump, Eleonore & Kretzman, Norman (eds.). *The Cambridge Companion to Augustine*. Cambridge: Cambridge University Press.

ZAKI, Mona M. (2001). "Barrier" y "Barzakh". En: McAuliffe, Jane Dammen (ed.). *Encyclopaedia of the Qur'ān*. Vol. I. Leiden–Boston–Köln: Brill, pp. 203-207.

Artículos

AUDOUARD, Xavier, "Le simulacre". *Cahiers pour l'analyse*, 3, 1966, pp. 57-72.

AZEVEDO RAMOS, Felipe, "The Metaphysics of Light in the Aesthetics of Suger of Saint-Denis". *Dionysius*, Vol. XXXII, Dec. 2014, 116-139.

BAILLOT, A. F., "Descartes à la recherche de la vérité". *Bulletin de l'Association Guillaume Budé*, n°2, juin 1963, pp. 209-215

BALJET, B. & Van der Werf, F. & Otto, A. J., "Willem Vrolik on cyclopia". *Documenta Ophthalmologica* 77, 1991, pp. 355-368.

BARR, James, "The Image of God in The Book of Genesis – A Study of Terminology". *Bulletin of The John Rylands Library*, vol. 51, Autumn 1968, N°1, pp. 11-26.

BIGGER, Charles P., "On the 'World Soul' in Plato's Timaeus". *Southern Journal of Philosophy*, Volume 5, issue 1, 1967, pp. 1-8.

BISHOP, Jeffrey. P., "Mind-Body Unity- Gregory of Nyssa and a Surprising Fourth-Century CE Perspective". *Perspectives in Biology and Medicine*, Volume 4,3 issue 4, (2000), pp. 519-529.

BOCK, Emil, "Beschreibung eines atypischen Cyclops". *Klin. Monatsbl. f. Augenh.* 1889; 27, pp. 508–522.

BORRELLI, Arianna, "Thinking with optical objects: glass spheres, lenses and refraction in Giovan Battista Della Porta's Optical writings". *Journal of Early Modern Studies*, Volume 3, (2014) Issue 1, pp. 39-61.

BRADLEY, Joff, "The Eyes of the Fourth Person Singular". *Deleuze Studies*, Volume 9, Issue 2, 2015, pp. 185-207.

BRENNER, Joseph E., "The Philosophical Logic of Stéphane Lupasco (1900-1988)". *Logic and Logical Philosophy*, Volume 19, 2010, pp. 243-285.

BUNDY, M. W., "Plato's View of the Imagination". *Studies in Philology*, Vol. 19, No. 4, 1922, pp. 362-403.

BURNET, John, "The Socratic Doctrine of the Soul". *Proceedings of the British Academy*, 7 (1915-16), pp. 3-27.

CASTEL, Louis Bertrand, "Clavecin pour les yeux, avec l'art de Peindre les sons, & toutes sortes de Pieces de Musique". *Mercure de France*, octobre 1725, pp. 2552-2577.

CLINES, D. J. A., "The Image of God in Man". *Tyndale Bulletin* 19 (1968), pp. 53-103.

COLONNA, Fabrice, "Merleau-Ponty penseur de l'imaginaire". *Chiasmi International: Merleau-Ponty. Le réel et l'imaginaire*, N° 5, (2003), pp. 111-144.

CONSTAS, Nicholas, "'To Sleep, Perchance to Dream': The Middle State of Souls in Patristic and Byzantine". *Dumbarton Oaks Papers*, Vol. 55 (2001), pp. 91-124.

CRONE, Robert A., "The history of stereoscope". *Documenta Ophthalmologica* 81, 1992, pp. 1-16.

DANIEL, Stephen H., "Descartes' Treatment of 'lumen naturale'". *Studia Leibnitiana*, 10 (1), (1978), pp. 92-100.

DICKIE, Matthew W. "Synesius, *De Insomniis* 2-3 Terzaghi and Plotinus, *Enneades* 2.3.7 and 4.4.40-44". *Symbolae Osloenses: Norwegian Journal of Greek and Latin Studies*, 77:1 (2002), pp. 165-174.

ÉCOLE, Jean, "Maurice Blondel et la métaphysique de l>être". *Revue des Sciences Religieuses*, tome 33, fascicule 2, (1959), pp. 165-170.

GERADON, Bernard de, "L'homme à l'image de Dieu. Approche nouvelle à la lumière de l'antrhopologie du sens commun". *Nouvelle Revue Théologique*, 80/7 (1958), pp. 684-695.

GREENE, William Chase, "Plato's View of Poetry". *Harvard Studies in Classical Philology*, Vol. 29 (1918), pp. 1-75

GRÜSSER, Otto-Joachim & HAGNER, Michael, "On the history of deformation Phosphenes and the idea of internal light generated in the eye for the purpose of vision". *Documenta Ophthalmologica* 74, 1990, pp. 57-85.

HELD, Julius S., "Rubens and Aguilonius: New Points of Contact". *The Art Bulletin*, Vol. 61, No. 2 (Jun., 1979), pp. 257-264.

HISLOP, Ian, "The Image of God in Man according to St. Irenaeus". *Blackfriars*, Vol. 3, No. 27, may 1946, pp. 69-75.

HISLOP, Ian, "Victorinus and the Image of God". *Blackfriars*, Vol. 25, No. 286, january 1944, pp. 429-434.

IANNI, L. A., "Lawrence Ferlinghetti's Fourth Person Singular and the Theory of Relativity". *Wisconsin Studies in Contemporary Literature*, Vol. 8, No. 3 (Summer, 1967), pp. 392-406.

JAMES, David E., "Blake's Laocoön: A Degree Zero of Literary Production", *PMLA*, Vol. 98, No. 2 (Mar., 1983), pp. 226-236.

JAY, Martin, "The Disenchantment of the Eye: Surrealism and the Crisis of Ocularcentrism". *Visual Anthropology Review*, Volume 7, (1991), pp. 15–38, March.

KAVANAGH, Donncha, "Ocularcentrism and Its Others: A Framework for Metatheoretical Analysis". *Organization Studies*, 25, 3, (2004), pp. 445-464.

KILNER, John, "Humanity in God's Image: Is the Image really damaged?". *Journal of the Evangelical Theological Society* 53 (2010), pp. 601-617.

KISSLING, Robert Christian, "The Oxhma-PNEUMA of the Neo-Platonists and the De Insomniis of Synesius of Cyrene". *The American Journal of Philology*, Vol. 43, No. 4 (1922), pp. 318-330.

KITZINGER, Ernst, "The Cult of Images in the Age before Iconoclasm". *Dumbarton Oaks Papers*, Vol. 8 (1954), pp. 83-150.

LACAN, Jacques, "Le stade du miroir comme formateur de la fonction du je, telle qu'elle nous est révélée dans l'expérience psychanalytique". *Revue française de psychanalise*, Tome XIII, N° 4, Octobre – Dicembre 1949, pp. 449-455.

LADNER, Gerhart B., "The Concept of the Image in the Greek Fathers and the Byzantine Iconoclastic Controversy". *Dumbarton Oaks Papers*, Vol. 7 (1953), pp. 1-34.

LEONI, Federico, "Carne come ritmo. Teologia e fenomenologia della carne". *Chiasmi International: Merleau-Ponty. Le réel et l'imaginaire*, N° 5, (2003), pp. 43-62.

LIBERA, Alain de, "Porphyre et Meinong". *Revue de Métaphysique et de Morale*, No. 2, Philosophies autrichiennes (Avril-Juin 1997), pp. 167-192.

LINDBERG, David C., "The Genesis of Kepler's Theory of Light: Light Metaphysics from Plotinus to Kepler". *Osiris*, 2nd Series, Vol. 2 (1986), pp. 4-42.

LUCE, Jean-Marc, "Introduction. Vision et subjectivité dans l'Antiquité". *Pallas*, 92 (2013), pp. 11-26.

MAINVILLE, Odette, "De la rûah hébraïque au pneuma chrétien: le langage descriptif de l'agir de l'esprit de Dieu". *Théologiques*, vol. 2, n° 2, 1994, pp. 21-39.

MALABOU, Catherine, "Négatifs de la dialectique. Entre Hegel et le Hegel de Heidegger: Hyppolite, Koyré, Kojève". *Philosophie*, n° 52, *Hegel: Études*, Paris, Éditions de Minuit, 1996, pp. 37-53.

MARKUS, Robert A., "'Imago' and 'Similitudo' in Augustine". *Revue des études augustiniennes*, 10, (1964), pp. 125-143.

MAZZEO, Joseph Anthony, "Light Metaphysics, Dante's 'Convivio' and the Letter to Can Grande della Scala". *Traditio*, Vol. 14 (1958), pp. 191-229.

MIDDLETON, Richard J., "The Liberating Image? Interpreting the Imago Dei in Context". *Christian Scholars Review*, 24.1 (1994), pp. 8-25.

MILES, Margaret, "Vision: The Eye of the Body and the Eye of the Mind in Saint Augustine's 'De trinitate' and 'Confessions'". *The Journal of Religion*, Vol. 63, No. 2 (Apr., 1983), pp. 125-142.

MILLER JONES, Roger, "Posidonius and Cicero's Tusculan Disputations i. 17-81". *Classical Philology*, Vol. 18, No. 3 (Jul., 1923), pp. 202-228.

MUCKLE, J. T., "The Doctrine of St. Gregory of Nyssa on Man as the Image of God". *Mediaeval Studies*, Volume 7, (1945), pp. 55-84.

NICOLESCU, Basarab, "Stéphane Lupasco et le tiers inclus. De la physique quantique à l'ontologie". *Revue de synthèse*, 5e série, année 2005, pp. 431-441.

O'MALLEY, Glenn, "Shelley's 'Air-Prism': The Synesthetic Scheme of *Alastor*". *Modern Philology*, Vol. 55, No. 3 (Feb., 1958), pp. 178-187.

PÉREZ CORTÉS, Sergio, "Platón y los sueños". *Versión*, México, vol. 21, 2008, pp. 171-193.

PESIC, Peter, "Seeing the Forms". *Plato: The Internet Journal of the International Plato Society* 7 (2007), [En ligne], mis en ligne: February 2007, URL: http://gramata.univ-paris1.fr/Plato/article75.html, consulte le 11 February 2017

PRÓSPERI, Germán, "De las alturas a la superficie. La ambivalencia de Platón en el pensamiento de Gilles Deleuze". *El banquete de los Dioses*, Volumen 4, N° 6, Mayo 2016 a Noviembre 2016, pp. 103-132.

PRÓSPERI, Germán, "La máquina elíptica de Giorgio Agamben". *Profanaçoes*, vol. 2, n°. 2, (2015a), pp. 62-83.

PRÓSPERI, Germán, "La noción de 'esquema' en el pensamiento de Michel Foucault. Hacia una ontología de la imaginación". *Agora. Papeles de Filosofía*, Vol 37, No 2 (2018a), pp. 215-235.

PRÓSPERI, Germán, "*Lux corporea, lux incorporea*. El ojo de la carne y el ojo del alma en Agustín de Hipona". *Revista Española de Filosofía*

PRÓSPERI, Germán, "Quiasmo e imaginación en el 'último' Merleau-Ponty". *Diánoia. Revista de Filosofía*, vol. LXIII, n° 80, (2018b), pp. 71-95.

PRÓSPERI, Germán, "Vicisitudes de la mirada. El ojo del alma y el ojo del cuerpo en la República de Platón". *Revista Internacional de Pensamiento Político*, I Época, vol. 11, 2016a, pp. 349-368.

RAJCHMAN, John, "Foucault's Art of Seeing". *OCTOBER*, Vol. 44 (Spring, 1988), pp. 88-117.

RENAULT, Alexandra, "Phénoménologie de l'imaginaire et imaginaire de la phénoménologie: Merleau-Ponty lecteur de Sartre et Freud". *Chiasmi International: Merleau-Ponty. Le réel et l'imaginaire*, N° 5, (2003), pp. 149-175.

REYDAMS-SCHILS, Gretchen J., "Calcidius on the Human and the World Soul and Middle-Platonist Psychology". *Apeiron: A Journal for Ancient Philosophy and Science*, Vol. 39, No. 2 (June 2006), pp. 177-200.

ROCA, Facundo, "El catolicismo dionisíaco en la 'Casa Grande' de Gilberto Freyre". *Trabajos y Comunicaciones*, 2da. Época, 2013, N°. 39. En línea: http://www.memoria.fahce.unlp.edu.ar/art_revistas/pr.6082/pr.6082.pdf

RUDOLPH, K., "Democritus Perspectival Theory of Vision". *Journal of Hellenic Studies*, 131, (2011), pp. 67-83.

RYLE, Gilbert, "Intentionality Theory and the Nature of Thinking". *Revue Internationale de philosophie*, 27, (1973), pp. 255-265.

SAGIV, Assaf, "George Steiner's Jewish Problem". *Azure*, N° 15, summer 2003, pp. 130-154.

SAÏD, Suzanne, "Deux noms de l'image en grec ancien: idole et icône". *Comptes rendus des séances de l'Académie des Inscriptions et Belles-Lettres*, Année 1987, 131-2, pp. 309-330.

SAITO, Fumikazu, "Perception and optics in the 16th century: some features of Della Porta's theory of vision". *Circumscribere* 8 (2010), pp. 28-35.

SCHWAB, Gabriele, "Genesis of the Subject, Imaginary Functions, and Poetic Language". *New Literary History*, Vol. 15, No. 3, (Spring, 1984), pp. 453-474.

SÉAILLES, Gabriel, "Comte-rendu de *Die Phantasie als Grundprincip des Welt processes*". *Revue philosophique de la France et de l'étranger*, Paris, Librairie Germer Baillière et Cie., 1878, enero-junio, pp. 198-220.

SMITH, Warren J., "The Body of Paradise and the Body of the Resurrection- Gender and the Angelic Life in Gregory of Nyssa's 'De hominis opificio'". *The Harvard Theological Review*, Vol. 99, No. 2 (Apr., 2006), pp. 207-228.

STEINER, George, "Our Homeland, the Text". *Salmagundi*, N° 66, (Winter – Spring 1985), pp. 4-25.

TAYLER, Irene, "Blake's Laocoön". *Blake Newsletter: An Illustrated Quarterly* 10, (1976), pp. 72-81.

ULLIAC, Gérard, "Le rétrécissement existentiel de l'imaginaire. À propos des délires oniriques et du rêve". *L'évolution psychiatrique*, 71 (2006), pp. 1-9.

VAN ANDEL, M. V., "King Sivi and Doctor Silva". *Documenta Ophthalmologica* 74, 1990, pp. 141-150.

VELARDE MAYOL, Víctor, "Alexius Meinong. *Líber Gegenstadstheorie. Selbstdarstellung*". *Revista de Filosofía*, 3a época, vol. 1 (1987-88), pp. 175-186.

WHEATSTONE, Charles, "Contributions to the Physiology of Vision. On Some Remarkable, and Hitherto Unobserved, Phenomena of Binocular Vision". *Philosophical Transactions of the Royal Society of London*, vol. 128, (1838), pp. 371-394.

WRIGHT, John Henry (1906), "The Origin of Plato's Cave". *Harvard Studies in Classical Philology*, Vol. 17 (1906), pp. 131-142.

ZIGGELAAR, August S. J., "François De Aguilón's Opticorum Libri Sex—First Description of the Horopter, the Area of Single Vision, in 1613". *Strabismus*, 19(4), 2011, pp. 166–167.

ZIGGELAAR, August S. J., "The Contents Of The Opticorum Libri Sex". *Strabismus*, 20(2), 2012, pp. 84–104.

Índice onomástico ■

Abbott Abbott, E. — **515-517, 519-524, 527**
Abrams, M. H. — **360**
Agamben, G. — **21-22, 39-43, 45-46, 50, 64, 90, 103, 125-127, 131-132, 134, 136, 139, 187, 221, 231, 248, 265, 275, 332, 347, 355, 383, 406, 418, 439, 522, 530**
Agustín de Hipona — **24, 105-107, 113, 143-153, 157, 171, 179-180, 205, 225-227, 232, 234, 243, 246-247, 265, 268-269, 313, 318, 465, 521, 551**
Al-'Arabī — **26, 90, 332-348, 469, 510-511**
Alhacén — **23, 54-56, 59, 67-68**
Alighieri, D. — **232-234, 265**
Althusser, L. & Balibar, É. — **477-478**
Altizer, T. — **363**
Altmann, A. — **197-198**
Ambuel, D. — **206-207, 231-232**
Anastos, M. V — **252**
Anders, G. — **355, 357**
Annas, J. — **123-124**
Arendt, H. — **17-18**
Aristóteles — **18, 22, 24, 29, 33, 53, 56, 66, 69, 80, 103-107, 114, 122, 129-140, 148, 179-180, 248, 264, 268, 301-302, 375, 408, 439, 448, 498, 504, 526, 543, 551**
Averroes — **102-103, 106, 300, 302, 338, 348-349, 351, 375, 417, 448**

Bachelard, G. — **410, 528, 548, 550-551, 566**
Badiou, A. — **290-291, 414, 536**

Balthasar, H. U. Von — **260**
Barbaras, R. — **433, 441, 443, 445, 447**
Barr Smith, R. — **86**
Barr, J. — **191-194, 199**
Barrie, J. M. — **235-236**
Barth, K. — **224, 305**
Barth, R. J. — **440**
Bashier, S. H. — **334-335**
Bataille, G. — **59-60, 170-177, 180-181, 326**
Beare, J. I. — **67, 113, 129, 134, 208**
Behr, J. — **271, 274-276, 279-280**
Belting, H. — **189, 232, 234, 253, 259-260, 262-263**
Benjamin, W. — **220, 480-481, 528**
Benveniste, É. — **401, 473**
Bergson, H. — **26, 413-423, 425-432, 434, 436, 440, 448, 453-454, 478, 507-508, 542, 567**
Blake, W. **26, 331, 358-374, 404, 434, 440**
Blanchot, M. — **26, 313, 326-327, 383, 446, 470, 473, 475, 509, 541, 545, 548, 553, 565**
Blondel, M. — **61-63, 438**
Bloom, H. — **404, 411-412**
Bloomfield, R. — **383-384, 386, 397, 401**
Blumenberg, H. — **17, 121-122, 124**
Bonhoeffer, D. — **224**
Brann, E. — **69, 140, 273**
Brewster, D. — **47-51, 86-87**

Carbone, M. — **435-436, 441, 443, 446**
Castel, L B. — **391-394**

Castoriadis, C. — 80, 82, 316, 351, 415, 436, 524-525, 528, 550, 566
Caterina da Siena — 569-571
Chamisso, A. Von — 237-238
Childs, B. S. — 191-192, 200, 202, 223-225, 376
Chisholm, R. M. — 545
Chittick, W. C. — 334, 336-338, 340, 344
Cicerón — 106, 122, 579-585
Clarke, M. — 21, 159, 161, 523
Clemente de Alejandría — 189, 205, 244-245, 274, 282, 521, 579
Clines, D. J. A. — 191-192, 199-201, 224, 243, 245
Coccia, E. — 22, 102-104, 247, 286, 300, 375, 397, 526-527, 529, 538, 547, 554
Cocking, J. — 123-124, 439
Coleridge, S. T. — 26, 362, 374, 385, 389, 394-399, 409-410, 440, 446-447, 488-489
Colli, G. — 198, 332, 384, 401, 436
Combes, M. — 453, 455-457, 466
Corbin, H. — 78, 334, 338, 341-342, 346, 348-356
Cornford, F. — 109, 206, 217
Cottingham, J. G. — 156, 159, 161-162
Courtine, J.-F. — 541
Cross, F. L. & Livingstone, E. A. — 223, 225-226, 243, 271
Crouzel, H. — 205, 227, 229-230, 271-275

Damon, F. — 362
Danti, I. — 70, 95, 465
De Aguilón, F. — 56, 68-73, 76, 87-88, 95, 166, 465
De Certeau, M. — 262-263, 319
De Libera, A. — 33, 106, 300, 541
Debord, G. — 127, 354-357
Deleuze, G. — 26-27, 42, 62, 102-103, 207-209, 211-217, 226, 232, 240, 250-252, 256, 318-319, 332, 351, 387, 403-405, 410, 414-416, 418-421, 423-430, 432, 434, 436-437, 451, 455, 460, 466, 471, 473-479, 481-483, 485, 487-488, 490, 497-499, 504, 507-511, 567
Deleuze, G. & Guattari, F. — 36, 40, 103, 317, 324, 407, 476, 482
Della Porta, G. B. — 47-49
Derrida, J. — 18-19, 21-22, 45, 64, 100, 153, 173, 177, 239-241, 334, 347, 434, 505, 526-529, 539, 554
Descartes, R. — 24, 33, 58, 69-70, 79, 89, 105-107, 155-169, 180, 182, 268, 362, 371, 434-435, 544, 551
Diderot, D. — 391-392
Didi-Huberman, G. — 103, 127, 153, 221, 239, 304, 357, 490, 526, 554
Dufourcq, A. — 434, 439, 444, 568
Dunn, J. D. G. — 180, 305, 376
Durand, G. — 80, 247, 430, 505, 565

Eichrodt, W. — 192-193, 196, 376
Engell, J. — 362, 367, 439-440
Esposito, R. — 31-32, 300, 416-417, 435, 509

Fawtier, R. — 570
Felipe, L. — 233, 399-401
Feuerbach, L. — 128, 250, 315, 352, 355
Filón de Alejandría — 189, 200-201, 205-206, 267-268, 270-271, 277, 281, 379
Fludd, R. — 76-78
Foucault, M. — 22-26, 42, 49, 60, 100-102, 105, 107, 187, 250, 257, 275, 291, 316-317, 319, 325-326, 350, 379, 382-383, 437, 471, 475-476, 485-493, 495-500, 503-505, 524, 555
Freyre, G. — 239-241, 441-442
Frye, N. — 367-369, 371-372

Galeno, C. — 47-49, 53, 65-68, 71, 76, 464
Gasché, R. — 168, 174-177
Gauchet, M. — 19, 106, 220
Giakalis, A. — 253-254
Gilson, É. — 159, 201, 268
Giulea, D. A. — 307-312

Gómez De Liaño, I. — **221**
Gregorio de Nisa — **189, 205, 247, 280-290, 301**
Grillmeier, A. — **250, 270**
Guénon, R. — **353**
Gurmin, J. H. — **197, 225, 267**

Harder, H. — **377**
Henry, M. — **196, 247, 435**
Hildebrandt, W. — **376**
Hollier, D. — **174, 176**
Howard, I. P. & Rogers, B. J. — **47, 49, 53, 56, 58, 71, 85, 88**
Hume, D. — **9, 291, 322, 416, 482**

Idel, M. — **196, 377, 379**
Ireneo de Lyon — **196, 224, 247, 256, 267-268, 271-272, 274-280, 310, 431, 521, 551**

Jacquette, D. — **536, 538, 543, 554**
James, D. — **362, 372**
James, W. — **401, 444, 451, 473**
Jesi, F. — **22, 39-43, 50, 92, 176, 319-322, 324, 345, 382, 522**
Jones, W. — **378, 382, 385-395, 404**
Juan de Damasco — **206, 246, 254-255, 259-262**
Julesz, B. — **90-91, 96**

Kant, I. — **24, 99 100, 102, 105, 107, 246-248, 264, 289, 302, 314, 319, 389, 392-393, 399, 409, 440, 444-445, 447-448, 451, 462, 471, 486, 493, 498-503, 505, 507, 528, 547, 560-561, 567**
Kearney, R. — **140, 192, 195**
Kelly, J. N. D. — **234-235**
Kerényi, K. — **35, 40, 88-89, 319, 449**
Kilner, J. — **309-310**
Kircher, A. — **380-383, 385-386, 391, 395**

Lacan, J. — **475-476, 559-562**
Lacoue-Labarthe, P. — **315**
Lehmann, E. — **202**

Leibniz, G. W. — **33, 375, 380, 400, 538**
Leroi, A. M. — **73**
Levin, M. — **17-18**
Lévinas, E. — **19, 30, 554**
Liceti, F. — **73**
Lindberg, D. — **54, 68, 113**
Lossky, V. — **189, 202, 227, 247, 263**
Louth, A. — **246, 267, 274**
Lucrecio, T. C. — **208, 390, 404-405, 409-410, 420, 508**
Ludueña Romandini, F. — **13, 33-35, 93, 221, 303, 536-537**
Lupasco, S. — **81-83, 441, 454, 459, 465, 470, 527-528, 545-546**

Mansi, J. D. — **253-254, 258**
Meinong, A. — **27, 35, 62, 79, 303, 437, 441, 483, 510, 524, 533-534, 536-545, 547, 552-555, 564**
Melandri, E. — **45**
Merleau-Ponty, M. — **22, 26-27, 61, 85, 100, 245, 332, 388, 409, 414, 416, 418-419, 432-449, 451, 469, 510-511, 536, 552, 567-568**
Middleton, R. J. — **192, 194, 197**
Miletto, G. — **379**
Miller Jones, R. — **579, 582**
Milton, J. — **366**
Mondin, B. — **205, 292-29**
Mondzain, M. J. — **189, 248-249, 252, 256, 261, 275, 307**

Nemesio de Emesa — **245, 289**
Newton, I. — **390, 403, 488**
Nicolescu, B. — **80-83, 459, 465**
Nietzsche, F. — **20, 26, 29, 60-61, 92, 106, 181-182, 187, 216, 220, 236, 240, 250, 265, 304, 312-317, 319, 321-322, 326-327, 331, 349-352, 355, 357, 368, 371, 374, 382-383, 402, 406, 414, 472, 481, 489, 491, 505, 522-524, 561-562**

Orígenes — **189, 205, 224, 227-230, 267, 270-275, 277, 281-283, 521**
Ortega y Gasset, J. — **547-552**

Pablo de Tarso — **26, 144, 151-152, 188, 206, 226-227, 244-246, 249-250, 263, 271, 274, 276, 282, 305-311, 570**
Panum, P. L. — **56-59**
Pasnau, R. & Shields, C. — **294, 297**
Pérez Cortés, S. — **206-207**
Pessoa, F. — **239**
Platón — **20-22, 24, 32, 67, 79, 93, 105-107, 109-124, 130, 132, 139, 144, 146-147, 157, 159-161, 171, 176, 179-183, 189, 200-203, 205-210, 212, 221, 223, 225-226, 228, 230-232, 236-237, 245, 250-252, 259-260, 264, 267-271, 274, 277, 280-283, 289-290, 292-296, 300, 303, 307, 313-315, 318, 320, 324, 360-361, 364, 367, 369-374, 427-428, 431, 435-436, 439, 441, 448, 471-472, 502, 511, 522-523, 527, 534, 543-545, 549, 551, 554-555, 568, 580-583**
Plotino — **106, 113, 120, 136-138, 206, 227, 267, 277, 295, 303**
Pons Moreno, Á. M. & Martínez Verdú, F. M. — **47, 53, 56-57, 76, 85**
Prósperi, G. O. — **42, 103, 151, 219, 240-241, 287, 525, 554, 561**

Reale, G. — **32-33, 35, 268**
Rimbaud, A. — **402**
Ronchi, V. — **18, 113, 208**
Rumi, J. — **377-378**
Ruth, P. — **32**
Ryle, G. — **167-168, 555**

Sachs, C. — **378**
Sallis, J. — **441-442, 447, 498, 501-504**
Sartre, J.-P. — **236, 290, 303, 346, 409, 430, 434, 463, 526, 547, 550, 564-568**
Schaeffer, J.-M. — **29-31, 33, 350**

Schwenk, T. — **407**
Serres, M. — **404-411, 420**
Shelley, P. B. — **26, 390-394, 398-401, 404, 410, 447**
Simon, G. — **19, 23, 54, 208**
Simondon, G. — **22, 26, 105, 211, 332, 432, 437-438, 451-469, 476, 481, 503, 511**
Simplicio — **134-136**
Sinesio de Cirene — **303**
Sloterdijk, P. — **23, 233, 256, 388, 398**
Smith, J. I. & Haddad, Y. Y. — **333**
Smith, M. A. — **54, 156**
Smollett, T. — **385-386**
Snell, B. — **18, 32, 403**
Spenser, E. — **379-380**
Steenberg, M. — **274**
Stump, E. — **294-297, 299-300**

Tayler, I. — **359**
Taylor, A. E. — **109, 207, 277**
Teodoro Estudita — **254, 260**
Thomson, J. — **384**
Toadvine, T. — **433**
Tolomeo, C. — **53-56, 67**
Tomás de Aquino — **205, 291-303, 375, 551**
Toscano, A. — **451, 455-456, 466**
Tylor, E. B. — **238**

Vernant, J.-P. — **23, 88, 160, 209, 233, 265, 304, 509, 568**
Vrolik, W. — **74-75**

Wheatstone, C. — **49-52**
Whitehead, A. N. — **82, 341, 351, 395, 447, 451, 488-489**
Wolff, H. W. — **192-193, 200, 224, 376**

Young, M. — **386-387**
Yousef, M. H. — **90, 334, 336**

Zaki, M. — **333-334**

Nota tipográfica

¿Podríamos aventurarnos a imaginar la máquina óptica aplicada a la gráfica? Tal vez funcionaría con un ojo tipográfico (el ojo del cuerpo), que visualiza las formas y contraformas, las variantes y los pesos visuales, y otro ojo discursivo (el ojo del alma), enfocado en los textos. Como resultado de esta estereopsis se generaría la visión de profundidad, que no es otra cosa que la experiencia de lectura.

Al destramar la mirada binocular y traer a la luz la zona oculta de solapamiento de su ojo tipográfico nos encontramos con el espíritu humanista del renacimiento toscano: Arno es el nombre que el creador Robert Slimbach asignó a la tipografía que hemos utilizado en el cuerpo de esta obra. Condimentada por las formas de estilo antiguo romano, Slimbach compone una familia versátil y muy legible, tanto en cuerpos reducidos como en formatos superiores, con más de treinta variables que presentan toda una gama de grosores posibles. A su vez, su modalidad cursiva, con rasgos descendentes cargados hacia la izquierda y amplios espacios entre líneas, está inspirada en las fuentes cancillerescas de Ludovico Arrighi, quien llevó adelante el primero de los tantos manuales de escritura del siglo XVI: *Operina de imparare di scrivere littera cancelleresca* (1522), obra que marca el inicio de una nueva etapa en la historia de la escritura: el arte público caligráfico y el fin del *scriptorium* como dominio exclusivo de pocos.

G. Miño

_____ FINIS.

Compuesta y diseñada en Suipacha, Provincia de Buenos Aires, por Gerardo Miño, esta edición se terminó de imprimir en abril de 2019 en los talleres de Imprenta Dorrego, ubicados en Av. Dorrego 1102, Ciudad Autónoma de Buenos Aires, Argentina.

www.ingramcontent.com/pod-product-compliance
Lightning Source LLC
Chambersburg PA
CBHW020825160426
43192CB00007B/534